Ute Bales

Großes Ey

© 2014
7. Auflage 2026
RHEIN-MOSEL-VERLAG
Bundesbahnhof 1, 56859 Bullay/Mosel
Deutschland
Tel.: 06542/5151
E-Mail: rhein-mosel-verlag@t-online.de
www.rhein-mosel-verlag.de
Alle Rechte vorbehalten
ISBN 978-3-89801-078-8
Ausstattung: Cornelia Czerny
Lektorat: Michael Dillinger
Titelfoto: Johanna Ey, 1929
© Galerie Remmert und Barth, Düsseldorf

Ute Bales

Großes Ey

Die Lebensgeschichte der Johanna Ey

Roman

RHEIN-MOSEL-VERLAG

Friedrichplatz, 1933

Sie waren zu fünft. Mit Fäusten und Pistolenkolben schlugen sie gegen die Tür. Glas splitterte, dann flammte Licht auf. Es waren nur Sekunden, in denen sich ihre Blicke trafen. Sie sah schwere Marschstiefel, Koppelzeug und Schulterriemen, lederne Patronentaschen. Die Stimmen der Männer waren schrill, die Gesichter jung. »Kannst du nicht grüßen?« Einer von ihnen kam auf sie zu, riss ihr den Arm in die Höhe. »Du sollst grüßen!« Sie stand barfuß, in einem geblümten Hausmantel, den sie fest um den Körper zog. Ihr Puls jagte. »Raus hier! Die Galerie ist geschlossen. Ihr habt hier nichts ...«

»Pass auf, was du sagst.« Breitbeinig stand er vor ihr: »Weißt du, was mit Leuten passiert, die nicht grüßen?« Seine Schritte dröhnten, als er auf den Wandschrank zuging, die Schubladen aufriss. Sie stürzte ihm hinterher, zerrte an seiner Schulter. »Finger weg!« Dann ging alles rasend schnell. Blätter flogen aus der Lade, Bilder von den Wänden, Rahmen platzten, Glas zerschellte. Fassungslos taumelte sie zurück, zitternd, sah gehetzte Augen, fluchende Münder, brutale Hände, hörte das heisere Lachen des Anführers. »Was erlaubt ihr euch? Was tut ihr? Die Bilder!« In ihrer Not rief sie um Hilfe, stellte sich schützend vor eine Flusslandschaft, versuchte einzugreifen, als einer ein Messer zückte, sie beiseite schob, die Leinwand aufschlitzte, von der Sekunden später nur noch Fetzen an der Wand hingen. Immer mehr Bilder flogen auf den Boden, der schwarze Inhalt einer Tuscheflasche ergoss sich über einen Stapel Zeichnungen, tropfte auf das Portrait eines Mädchens. »Das ist die Stunde der Säuberung!«, schrie ihr einer ins Gesicht. »Ausmerzen werden wir diese Schmierereien von Geisteskranken! Alles Schund und Schande!« Er zertrat ein Aquarell, zerriss Zeichnungen, die auf der Chaiselongue lagen, zeigte auf lose Blätter: »Raus mit dem Dreck! Alles raus hier! Raus!« Hände rafften, rissen, zogen; Münder brüllten, grölten, lachten. Sie spürte, wie ihr Schweiß ausbrach, wie eine klebrige, dunkle Angst sie würgte. Wie ein Strudel war diese Angst; sie sah sich darin versinken, wollte schreien und konnte es nicht. Die Knie knickten ihr ein. Schritte entfernten sich, kamen zurück. Etwas schleifte über den Boden. Dann quietschte die Tür.

Neben dem Sofa kauerte sie und horchte. Lange wusste sie nicht, ob sie allein war. Draußen schlugen Hunde an. Die Geräusche der Nacht waren andere geworden. Männer gingen herum, vernichteten, zerstörten, schändeten.

Nicht die kleinste Illusion hatten sie gelassen. Es gab keine Lügen mehr.

Ratinger Straße, 1907

Bis weit in die Nacht hatte sie Kisten geschleppt, Schränke und Regale eingeräumt, Geschirr gewaschen. Jetzt kniete sie auf nassen Dielen und schrubbte den Boden. Auf und nieder gingen die Schultern. Kreuz und quer rieb sie jedes einzelne Brett, kratzte Dreck aus den Fugen zwischen den Hölzern, den sie mit einem Wasserschwall aus dem Blechkübel wegschwemmte.

Der Rücken schmerzte, als sie sich aufrichtete. Das Hemd klebte. Sie trat ans offene Fenster, atmete nach Kühle. Über ihr hielt der große Wagen, die Deichsel flackerte. Schwan und Leier, mit ausgebreiteten Flügeln kopfüber fliegend, stürzten sich vom breiten Band der Milchstraße in eine flimmernde Weite. Schwarz und scharf hoben sich Häuser und Bäume in ein bläuliches Licht. Filigranes Pflanzengerank war wie mit der Schere geschnitten, stand leicht und körperlos, wie Tintengekritzel auf Papier.

Die Straße war ihr vertraut. Die letzte Wohnung lag nur ein paar Häuser entfernt. In dieses Haus waren sie vor Jahren schon einmal eingezogen, nur in ein anderes Stockwerk. Die Sicht aus dem Fenster hatte sich kaum verändert.

Auch damals war Sommer gewesen, der Umzug eine Plackerei wegen der Hitze. Die Kinder hatten mit angepackt und selbst Hermann, schmächtig, in Marias Mädchenkleidern, hatte sich bemüht, Küchenzeug und Wäsche die Stiegen hinaufzuschaffen. Einzig Robert, der seinen Durst nicht bezähmen konnte, war durch die Kneipen gezogen, in der Nacht volltrunken heimgekehrt, hatte die Kinder aus den Betten gerissen, allen Prügel angedroht, zu denen es nur deshalb nicht gekommen war, weil es ihr, aus welchem Grund auch immer, gelungen war, ihn zu mäßigen. Damals hätte sie ihn verlassen sollen.

Eine Weile stand sie, dann rissen sie Stimmen und Schritte auf dem Trottoir aus ihren Gedanken. Sie schloss das Fenster und ging ins Zimmer zurück.

Die Stube war hoch und ohne Enge. Ein Spiegelschrank und ein plüschgrünes Sofa hatten Platz, ein Regal mit zwei Gipsengeln und einer eckigen, gelben Vase, ein grob gezimmerter Tisch mit unterschiedlichen Stühlen, abgewaschen und ordentlich hingestellt, eine Wanduhr mit Pendel, ein Kanonenofen.

Die angrenzende Kammer war durch einen Vorhang abgetrennt. Hermann und Paul schliefen dort, im Kabuff dahinter die Mädchen. Sie hörte, wie Paul stöhnte und sich im Schlaf drehte.

Mit staksigen Schritten überquerte sie die nassglänzenden Dielen.

Im Flur blieb sie vor dem Spiegel stehen, löste den Haarknoten, betrachtete ihr Gesicht, strich eine Haarsträhne hinters Ohr. Mit der dickglasigen Brille, den wirren, lose zusammengebundenen Haaren, den geraden Schultern, dem formlosen, von vielen Geburten in die Breite gegangenen Körper, fand sie sich streng aussehend. Sie legte die Brille ab, betrachtete sich von der Seite: die braune Weste mit den abgenutzten Ärmeln, den verwaschenen Rock, die von der Arbeit rissigen Hände, das Futter, das unter dem Rock hervorsah, die nackten Füße.

Drei Stunden Schlaf blieben noch. Spätestens um vier würde sie den Ofen feuern und die Brotreste vom Vortag, darunter Brötchen und Gebäck, die Bäcker Theisen günstig abgab, aufbacken. Um fünf müsste sie Maria mit den Milchkannen losschicken. Um sechs den Backladen aufschließen. Und dann würden die ersten Kunden den Laden betreten und nach Brot und Semmeln verlangen. Das Fräulein Venske – in einem Bügelzimmer arbeitete sie – hatte zugesagt, ab sofort alles Brot bei ihr zu holen. Auch der Koch vom Ochsen und die Stallburschen aus der Schmiede wollten zu den ersten Kunden gehören, die beiden Kindermädchen von Rechtsanwalt Marx und der Notar Küpper. Sie trat näher an den Spiegel. Nur noch wenige Stunden. Tief atmete sie. Ihre Brust hob sich. Sie setzte die dicken Gläser wieder auf und horchte nach dem schweren Ticken der Wanduhr.

Wickrath

1864, in einem Schaltjahr, war Johanna im Zeichen der Fische geboren, was Mitgefühl und Herzlichkeit, aber auch Kraft und Mut sowie eine hervorragende Intuition ahnen ließ. Als jüngste von fünf Geschwistern hatte sie ständig um etwas zu kämpfen und so war sie geübt in Ausdauer und Zähigkeit, aber auch im Aushalten von Angst.

Der Vater, ein dickwanstiger Mann mit roten, kräftigen Händen und einem breiten Gesicht, das ganz von grauen, kritisch blickenden Augen beherrscht wurde, arbeitete als Tagelöhner in der Wickrather Lederfabrik. Er war ein Choleriker, der das Trinken nicht lassen konnte, was ihre ohnehin ärmliche Lage hoffnungslos machte und für eine unablässig schwelende Angst sorgte. Bei der geringsten Kleinigkeit blitzte er auf und schlug zu. Unzählige Male hatte Johanna gesehen, wie die Mutter zusammenzuckte, wenn er die Tür aufschloss und mit beduseltem Kopf, nach Schnaps stinkend, über den Flur torkelte, wie sie versuchte, ihn zu besänftigen, wie sie sich die Hände vor das Gesicht hielt, wenn er sie packte, wie sie sich duckte, wenn er auf sie einschlug, sie verdammte und beschimpfte, wie dünn ihre Stimme wurde, wenn sie sich wehrte, wie hilflos ihr Gewimmer, wenn er sie im Waschkeller einschloss.

Auch die Kinder waren Opfer seiner brutalen Launen. Der Trost der Mutter blieb vage: Alles würde besser, wenn erst das

Frühjahr käme, wenn der Regen aufhörte, wenn der Krieg gegen Frankreich gewonnen, wenn König Wilhelm Kaiser wäre.

Oft dachte Johanna, dass sie die Ursache der Schläge sei, dass sie nur gehorsamer sein müsse, fleißiger im Haushalt, besser in der Schule. Sie half, wo sie konnte, putzte und nähte, brachte gute Noten nach Hause. Seine Ausbrüche musste sie trotzdem aushalten.

Den Schlägen, den bitteren Worten und Enttäuschungen setzte sie Träume entgegen: Abhauen, weglaufen, fortgehen – einmal hätte sie es fast getan. Als nämlich ein Wanderzirkus ins Dorf kam, vom Marktplatz bis zum gegenüberliegenden Haus ein Drahtseil spannte, vier Meter hoch, und eine Tänzerin in einem blauglitzernden Kostüm mit einer Balancierstange über das Seil ging und ein anderes Mädchen, mit brauner Haut und funkelnden Ohrringen, in einem bunten, weiten Rock auf dem Platz tanzte, wäre sie fast in einen der Wagen gestiegen. Unter dem staunenden Gemurmel der Menge hatte der Vater der Mädchen das Horn geblasen, ein alter Mann die Trommel geschlagen. Die Mutter mit hoher Frisur, rot gemalten Lippen, in einem schwarzen, eng anliegenden Samtmieder über einem grünschimmernden Rock hatte die Spielorgel gedreht. Später war sie mit einer Schellentrommel herumgegangen. Einen Pfennig hatte Johanna hineingeworfen und den Kopf gehoben, als die Frau ihr zunickte. Stolz war sie gewesen auf ihren Beitrag. Fortgeträumt hatte sie sich in eine Welt der schönen Farben, der lachenden Eltern, der glücklichen Kinder. Wenn sie doch auch so hätte tanzen können. Vielleicht hätte dann der Vater das Horn geblasen, die Schwestern hätten gesungen, die Brüder das Tamburin geschlagen. Alle hätten sie bewundert, die Biegsamkeit ihres Körpers, die Eleganz, mit der sie über das Seil tanzte.

Aber zu Hause gab es keinen Vater, der das Horn blies, keine fröhliche Mutter.

Die Jahre wurden lang.

Nichts wünschte sie sehnlicher herbei als das Ende der Schulzeit. Als es endlich soweit war, schickte der Vater sie zum Arbeiten in den Haushalt eines Wickrather Apothekers. Zwar musste sie für drei Mark im Monat kochen, backen, waschen und putzen, Stunden am Plättbrett stehen, nach den Kindern sehen und Botengänge erledigen – auch ließ man sie keine Minute aus den Augen und auch nicht ohne Arbeit – aber wenigstens blieben ihr die Schläge und Beleidigungen erspart. Das Geld, das sie verdiente, nahm der Vater. Immer wieder versuchte sie, heimlich etwas davon der Mutter zu bringen; aber jedes Mal prügelte der Vater ihr auch den letzten Pfennig heraus: »Betrügerin, Nestbeschmutzerin! Den eigenen Vater bestehlen!«

Neusser Straße, Düsseldorf

Sie sah sich noch in diesen Kleidern, in denen sie von zu Hause fortgegangen war: dem grob gewebten Rock aus blauem Leinen, der bis auf die schweren Holzschuhe reichte, der hellen Bluse, darüber ein schlecht sitzendes Mieder, dem grauen Schultertuch mit Fransen. Auch an einen Pappkoffer erinnerte sie sich, der mit einer Kordel zugeschnürt war. Mit einer Pferdebahn war sie gefahren, die sich vom Bahnhof aus in die Stadt bewegte. Immer, wenn jemand die Hand streckte, hielt die Bahn und als auch sie schließlich das Zeichen gab und kurz darauf mit ihrem Gepäck auf der Straße stand, wusste sie zunächst nicht, in welche Richtung sie ihre Schritte lenken sollte. Zwei Straßenarbeiter hatte sie gefragt, die in unterschiedliche Richtungen wiesen. Dem Hinweis des Älteren war sie gefolgt, hatte einen umtriebigen Markt überquert, war dann auf eine Einkaufsstraße gestoßen, wo es Läden gab mit Schlipsen und Taschentüchern, optischen Geräten, Stoffen und Tüchern. Laut war es gewesen, ungewohnt die Geschäftigkeit. Satte Basstöne von Hupen mischten sich ins Geklingel der Radfahrer, ins Poltern der Fuhrwerke, ins Klappern der Pferdehufe. Bäckerjungen liefen mit Körben auf dem Rücken, Damen in Ausgehkostümen mit Parasols und Federhüten trippelten auf Knopfstiefeln, Herren in Trenchcoats mit Pelzkragen und dunkle Passanten in abgetragenen Kaftanen gingen vorbei, ein Zeitungsverkäufer schrie: »Der längste Tunnel der Welt ist eröffnet! Gotthardeisenbahn nimmt Verkehr auf! Der längste Tunnel der Welt! 15 Kilometer lang ...«

Vor einer Musikalienhandlung musizierten Liliputaner. Eine sehr kleine Frau spielte Xylophon und sagte dabei Gedichte auf. Sie trug einen Glasvogel auf dem Kopf, der bei jeder Bewegung wippte. Am Ende der Straße war Johanna in eine schmutzige Gasse mit Kneipen gebogen. Aus geöffneten Fenstern tönten Gläserklirren und Stimmengewirr; es roch nach Fettgebackenem. Es beruhigte sie zu sehen, wie die Leute sich veränderten, wenn sie die schmalen Gassen betraten. Wie der eine ausgiebig schnäuzte, weil er dachte, nicht gesehen zu werden. Wie ein anderer heimlich, vor dem matten Spiegel des Fensters einer Schneiderei, einen Kamm zückte.

Erleichtert war sie gewesen, endlich aus Wickrath wegzukommen. Das Angebot einer Tante, in einem Düsseldorfer Haushalt in Stellung zu gehen, hatte sie bereitwillig angenommen und sofort ihren Dienst im Haus des Apothekers aufgesagt. Der einzige Wermutstropfen blieb die Mutter. Sie litt und sorgte sich. »Düsseldorf is eso groß un du eso jung und eso allein ...«

Groß war Düsseldorf wirklich. Überall wurde gebaut: Wohnungen, Schulen, Kirchen, eine Kanalisation, Kesselwerke, Drahtziehereien, Schmieden. Es war also wahr, was sie der Herrschaft abgelauscht hatte: dass Düsseldorf noch in diesem Jahrhundert eine Großstadt würde, dass ein enormes Wachstum angesagt sei, dass die Stadt bald aus allen Nähten platzen und selbst das Umland in außerordentlicher Weise profitieren würde. Von einer Kunsthalle war die Rede gewesen, von neuen Rheinbrücken, von Eisenbahnanschlüssen. »Wer et jetzt schafft, nach Düsseldorf zu kommen, hat ausgesorgt. Von überall kommen sie, aus Belgien, aus der Eifel.« Von Stahl- und Eisenwerken hatte die Tante gesprochen, von Kesselfabriken und Blechwerken. Namen wie Poensgen, Henkel, Haniel &

Lueg waren gefallen. Bedeutsam genickt hatte die Tante und dabei die Augenbrauen hochgezogen.

Das Haus, in das Johanna einzog, lag direkt an der Neusser Straße. Es war ein langgestreckter schmutziggrauer Bau, in dem sich Dienstboten und Küchenpersonal Zimmer teilten und auf engstem Raum lebten. Aus dem ganzen Rheinland kamen sie; auch aus Wickrath war eine dabei, eine verhärmte Alte, die ihrer Herrschaft alles nach dem Feinsten richtete, in der Neusser Straße aber in Unrat und Lumpen lebte.

Im Zimmer No. 15 wurde Johanna ein eisernes Bettgestell zugewiesen, dessen Drahtnetz gerissen war, weswegen die dünne, verwanzte Matratze bei jeder Bewegung in den Rücken stach. Gleich daneben stand ein weiteres Bett, mit einem Strohsack belegt, das eine Schneiderin gemietet hatte, die Johanna in aller Frühe gehen und spätabends kommen sah. Manchmal redeten sie miteinander. Meist aber waren sie zu müde. Sie schliefen Rücken an Rücken.

Der Haushalt der Bolaerts, in dem Johanna Anstellung fand, war aufwändig und kostspielig; die Herrschaft alt und selbstgefällig. Das Haus war überladen mit Stuck, verschnörkelten Schnitzereien und riesigen Gemälden. Es gab einen Eingang für Herrschaften, wo sich am Eisenportal eine Messingschale für Visitenkarten befand. Der Eingang für Dienstboten und Lieferanten befand sich hinter dem Haus. Ein schmaler Weg führte durch den Hof, vorbei an einem Teich, in dem bemooste Karpfen schwammen.

Eigenhändig und mit mahnenden Worten hatte ihr der Hausherr ein helles, gestreiftes Waschkleid für den Sommer gegeben, ferner ein wollenes für den Winter, zwei Schürzen, zwei Häubchen.

Dr. Justinus Bolaert war früher Unternehmer gewesen. Seine Erfahrungen gab er in regelmäßigen Treffen an seinen Sohn weiter, der seit kurzem der neugegründeten Maschinenfabrik Losenhausen vorstand. Neben Kochen und sonstiger Küchenarbeit gehörte es zu Johannas Pflichten, bei den Treffen der beiden Herren Kaffee und Kuchen zu servieren und bei sämtlichen

Empfängen behilflich zu sein. Außerdem übernahm sie das morgendliche Wickeln der Beine des Hausherrn, die geschwollen und voller Wasser waren. Dr. Bolaert war in einem bejammernswerten Zustand, klagte unaufhörlich über Schmerzen in den Knochen, bewegte sich nur selten, was den übergewichtigen Körper noch anfälliger machte. Seine Unzufriedenheit ließ er am Personal aus. »Nix schaffen wolln se, aber Milch trinken und Eier essen. Hier glaubt jeder, das Geld läge auf der Straße und man bräucht es nur aufzuheben.« In Johannas Beisein schimpfte er über das Lumpenvolk, das er sich ins Haus geholt hätte, klagte, dass man für Haus und Garten nur noch Gesindel bekäme, das einem die Haare vom Kopf fräße. Er schimpfte auf die Politik, besonders über einen irischen Unternehmer namens Mulvany, der im Zuge der Überlegungen eines neuen Hafens für Düsseldorf vorgeschlagen hatte, die große Rheinschleife zwischen Heerdt und Lörick durch ein gradliniges Flussbett abzuschneiden und das alte Flussbett zu einem Hafen auszubauen. »Das ist doch nicht zu fassen! So eine Borniertheit! Wenn die das machen, wenn sie das wirklich machen, liegt Düsseldorf nicht mehr am Rhein! Stellen Sie sich das mal vor, Frollein Stocken. Wenn Düsseldorf nicht mehr am Rhein läge ...«

Die gnädige Frau konnte ebenso unausstehlich werden. Jeden Pfennig drehte sie dreimal um. Manchmal kam sie in die Küche gelaufen, sah in die Töpfe, beschwerte sich, dass Kohle vergeudet und Kartoffeln zu dick geschält würden.

Anfangs war Johanna unsicher, wenn sie Wein- oder Sektflaschen öffnen, Gläser bis zu einem bestimmten Punkt füllen, Teller und Besteck ordnungsgemäß platzieren musste. Sie wusste auch nicht, wie sie sich auf den dicken Teppichen bewegen sollte, in den Salons mit den Kronleuchtern, dem Stuck und dem kostbaren Mobiliar. Bald aber ging es; auch mit den 14 Mark Lohn kam sie leidlich zurecht. Der Arbeitstag zog sich über zwölf Stunden, jeden zweiten Sonntag hatte sie Ausgang. Meist nutzte sie die freie Zeit, um sich auszuruhen und die eigene Wäsche zu waschen. Manchmal ging sie mit Auguste und Bertha – Weißnäherinnen, mit denen sie Tür an

Tür wohnte – an den Rhein, sah auf die schleppende, lichtgrüne Flut, spazierte mit ihnen über die Königsallee oder durch den Hofgarten. Nach Wickrath fuhr sie selten und wenn, dann nur um die Mutter zu sehen.

Robert

Robert Ey stammte aus einem Dorf in der Nähe von Breslau und war durch einen Onkel in einer Düsseldorfer Brauerei untergekommen. Auf Hochglanz hatte er seine Stiefel gebracht und die Härchen auf der Oberlippe gezwirbelt, um ihr zu imponieren. Jeden Morgen und immer an der gleichen Stelle kreuzten sich ihre Wege. Wie eine heimliche Verabredung schien ihr das. Irgendwann nickte er ihr zu. Von da an dauerte es nicht lange, bis er sie ansprach.

Er war 19, ein halbes Jahr älter als sie, und seine dunklen Augen, das Lachen, die Lücke zwischen den Schneidezähnen gefielen ihr. Auch sein selbstbewusster, aufrechter Gang. Versunken stand sie in der Bolaertschen Küche am Herd, starrte auf den blubbernden Topf, dessen Deckel sich beständig hob, dabei knallende, zischende Wassertropfen auf die heiße Fläche spritzte, und dachte an das, was er ihr am Morgen zugeflüstert hatte: »Von Mittwoch an arbeite ich in der Mälzerei. Vierzig Mark im Monat krieg ich. Später gibts mehr. Und Radfahren lernen werd ich auch. Ich hab schon eins, so gut wie neu. Am Sonntag, wenn du frei hast, gehn wir in den Hofgarten. Dann wolln wir mal leben. Immer nur schuften und schaffen hält doch keiner aus. Ausführen werd ich dich. Was es kostet, ist egal. Am Sonntag warte ich auf dich, am Mittag, an der Hauptwache, Kasernenstraße!«

Die ganze Woche dachte sie an nichts anderes als an den Sonntag. Sorge mischte sich in diese Gedanken, weil sie kein Geld hatte und kein richtiges Kleid. Bis sie auf die Idee kam, sich bei Auguste Rock und Weste zu leihen, war es Samstag.

In der Nacht zum Sonntag konnte sie kaum schlafen. In aller Frühe musste Auguste ihr mit dem Brenneisen die Haare wellen, aber die Strähnen blieben widerspenstig und ließen sich nur an den Spitzen formen.

Breitbeinig stand ein Uniformierter vor der Hauptwache. Jugendliche Radschläger warteten auf Zuschauer. Einer grinste sie an: »Eene Penning, dann schlonn ech en Rad.« Eine Frau mit einem Kinderwagen mühte sich, einen Bordstein zu überwinden. Gewinsel drang aus dem Wagen. Ein Stück die Straße hinauf lehnte Robert an einem Laternenpfahl. Eine Kappe seitlich übers Ohr geschoben, die Haare rechts und links mit Pomade hinter die Ohren gebürstet, eine Hand in der Hosentasche, in der anderen eine Zigarette, die er aus der hohlen Hand rauchte, kam er ihr entgegen. Er trug einen hellen Anzug, den sie nie an ihm gesehen hatte, sein Schnurrbart glänzte. Verlegen gab sie ihm die Hand.

Sie hatte nichts dagegen, als er vorschlug, zuerst durch die Gassen zu spazieren und dann eine Fahrt zu machen. Das Reden übernahm er. Scheu ging sie neben ihm. Von der Schützenallee aus fuhren sie mit der Pferdebahn den Wehrhahn hinauf über die Grafenberger Chaussee bis Grafenberg. Von dort gingen sie zu Fuß.

So weit draußen war sie nie gewesen. Die Luft tat gut. Monatelang hatte sie nur den Küchenbrodem geatmet, den Qualm der Kohlen, und jetzt hatte sie den weiten Himmel über sich und strotzende Alleebäume. Der Himmel war wie mit Schleiern verhangen, ein schwimmendes Grau, dann und wann kam die Sonne durch, fiel durch erstes Baumgrün, fleckte den Weg und wärmte. April war es. Kinder in hellen Kleidern hüpften an der Hand der Eltern, Ammen schoben hochrädrige Kinderwagen, ein junges Paar stolzierte Arm in Arm. Johanna sah ihnen nach: sie, mit fest korsettierter Taille und weit fallendem Rock, das Haar mit einem Florentinerhut bedeckt; er in einem blauen Paletot mit Pelzkragen und einem Kaiser-Franz-Joseph-Bart. Polizisten mit Pickelhauben und Schnurrbärten begutachteten ein Dampfautomobil, eine Bahn klingelte vorbei. Eine Windböe ließ Knaben jubeln, die sich auf einer Wiese mit einem Drachen vergnügten.

Lange saßen sie auf einer Bank, erzählten sich von ihrer Arbeit. Manchmal sahen sie sich an. Robert hätte sie gern umarmt, aber Johanna war scheu. Immer wieder wies sie ihn zurück.

In ein Restaurant lud er sie ein. Alte Männer standen an der Theke, eine rauchende, dichte Traube. Musik gab es keine, dafür aber Limonade und Bier. Sie verzogen sich in einen entfernten Winkel, rückten dicht zusammen. Immer wieder versuchte Robert ihre Hand zu fassen. »Einen Tabakladen werd ich aufmachen«, schwärmte er, »Pfeifen soll es dort geben, hölzerne und irdene, auch Tabak, Zigaretten aus Russland und der Türkei und Etuis für Zigarren. Auch für Zigaretten. Wenn ich das Geld zusammen habe, gehts los. Ein Leben lang in der Brauerei, wie mein Vater, das halt ich nicht aus. Nein, wirklich nicht.« Er zog eine Dose aus der Hosentasche. »Sieh mal. Compagnie Laferme. Tabak- und Zigarettenfabriken Dresden.« Eine lächelnde Frau in einem bauschigen Kleid war abgebildet, die sich eine Zigarette anzündete. »Rococo, Nummer 85a«, las Johanna, während Robert die Dose öffnete und zwei halbe Zigaretten aus einem Papier wickelte. »Der Tabak kommt aus der Türkei. Palmenbäume gibt es dort und Leute mit Turbanen.« Er nahm eine der Hälften, klemmte sie zwischen die Lippen, tastete nach einem Schwefelholz, das er in der Brusttasche seines Hemdes verwahrte, ratschte damit über den Absatz seines Schuhs, zündete die Zigarette an, indem er kräftig daran zog. Für einen Moment schloss er die Augen und lehnte sich genüsslich zurück. Tief inhalierte er. Dann richtete er sich auf und blies Johanna lachend den Rauch ins Gesicht.

Mit Robert war alles hell gewesen. Jeden Abend, auf dem Weg von Bolaerts zu ihrer Pension, hatte er vor dem Frisörsalon am Carlsplatz auf sie gewartet, sich, wenn sie näherkam, bei ihr eingehakt und ihr Schönes ins Ohr geflüstert. Schönes, so viel

Schönes, wie sie nie gehört hatte. Jedes Mal, wenn sie ihn warten sah, jubelte etwas in ihr. Bis in die Neusser Straße hatte er sie begleitet, ihr im Hauseingang einen schnellen Kuss gegeben und war dann, ohne sich umzusehen, in Richtung Kasernenstraße gegangen, wo er ein Zimmer in einer Mansardenwohnung bewohnte.

In diesem Zimmer war sie nie gewesen, die Wirtin duldete keinen Damenbesuch. Jeden zweiten Sonntag, wenn sie frei hatte, führte er sie aus, schlenderte mit ihr durch den Hofgarten, die Königsallee entlang, die Bilkerstraße hinunter über den Carlsplatz, von dort zum Corneliusplatz, wo sie manchmal im Café Cornelius einkehrten und Sahnekaffee tranken. Auch zum Ananasberg waren sie gegangen, hatten am Selterswasserbüdchen eine Selters mit einem Schuss Himbeersaft und zwei Strohhalmen bestellt und um die Wette getrunken. Einmal, am Rhein, hatte er ihr eine Tasche geschenkt, eine Pompontasche aus schwarzem Samt mit aufgestickten grünen Vögeln und einem Verschluss aus Perlen. Innen liegend ein Brief: Du bist mein. Auf einer Brücke war das gewesen, von der er in die Fluten gespuckt hatte. Sie erinnerte sich, wie sein weißer Speichel hintrieb und sich in den Wellen des Rheins auflöste.

Für diese Sonntage lebte sie, denn da spürte sie das, was andere Leben nannten. Der Mutter hatte sie von ihm geschrieben. Dass er gut zu ihr sei und sie beschenke. Zurückgekommen war nur Sorge: dass sie auf sich aufpassen müsse, sich hüten solle vor großen Versprechungen, zu viele seien schon ins Unglück geraten.

An Robert mochte sie alles. Seine Gestalt, die Stimme, den überlegenen Ausdruck in den Augen, den Duft seiner Rasierseife. Vor allem seine Pläne. Immerzu redete er von seinem Tabakladen, erläuterte ihr den Unterschied zwischen Tabaksorten aus Arabien und den westindischen Inseln, erklärte ihr die Wirkungen von Kau-, Schnupf- und Rauchtabak, wusste alles über das Schneiden, Zerfasern, Trocknen und Rösten, hatte vor, in einer Dosenfabrikation eigene Tabaksdosen herstellen zu lassen, mit Gravur seines Namens und seines Geschäftes, auch eigene Streichholzschachteln. »Das wird was. Du könntest dort arbeiten, wenn wir erst mal richtig zusammen sind.«

Richtig zusammen sein mit ihr wollte er und hatte ihr auch dargelegt, wie er sich das vorstellte: Zuerst der Tabakladen, in dem sie beide arbeiten würden, dann heiraten, dann eine Wohnung in der Nähe des Hofgartens, später vielleicht ein Haus und Kinder. Längst gab es für Johanna keine wohligeren Momente als die, in denen er von Zukünftigem sprach. Eine festliche Hochzeit würde es geben, mit gutem Essen und richtiger Tanzmusik. Einen glitzernden Brautschleier würde sie tragen und einen Ring, die Stelle bei Bolaerts aufkündigen, stattdessen im Tabakladen bedienen, eine weiße Schürze mit Rüschen tragen, eine Kasse mit Kurbel bedienen. »Jawohl, gnädiger Herr, sehr gern, zwei Ägyptische.« Auch die Wohnung war in ihrer Vorstellung groß und geräumig, mit genügend Platz für Kinder. Eine richtige Familie würden sie sein, Robert ein guter Vater. Anders als in Wickrath. Alles wäre wärmer und liebevoller. Alle wären glücklich.

Uccle, Belgien

»Jetzt biste int Unglück jekommen«, hatte die Mutter gesagt, bevor Johanna abreiste. Dabei empfand Johanna es als Glück, dass sie das Kind nicht in Wickrath zur Welt bringen musste. Dort war alles dunkel und drohend. Nach einem schrecklichen Wutanfall hatte der Vater ihr die Tür gezeigt. Nutzlos war der Versuch der Mutter gewesen, sich ihm entgegenzustellen. Zu dünn hatte sich ihre Stimme erhoben, dann war sie unter Schlägen verstummt.

Ein paar Tage war Johanna bei einer Tante untergekommen. Auch die Tante geizte nicht mit Vorwürfen, hielt Strafpredigten, warf ihr Leichtsinn vor, prophezeite ihr, auf der Straße zu landen.

Am Schlimmsten aber war es mit Robert. Weggestoßen hatte er sie, als sie heulend vor ihm stand und sie betrachtet, als sei sie aussätzig. Alle Schuld hatte er ihr zugeschoben, ihr vorgeworfen, ihn ruinieren zu wollen. Danach war er tagelang nicht aufgetaucht. Als sie ihn vor der Brauerei abfing, tat er so, als kenne er sie nicht. Mehrfach schrieb sie ihm, schilderte ihre Angst und bat um Hilfe, bis sie schließlich einsehen musste, dass sie allein war mit der Angst, mit der Sorge, mit der Bitterkeit.

Die Straßen lagen voller Matsch, als sie ihre Tasche packte.

Mit einem Pferdefuhrwerk, das Fässer geladen hatte, kam sie bis Gladbach, verbrachte den halben Tag auf dem Bahnhof. Reklametafeln priesen Persil an und Kölnisch Wasser, Reisende saßen auf Bänken, ein Liebespaar stand eng umschlungen. Sie hatte nur eine Hoffnung und einen Gedanken: dass es in Belgien besser würde. Dort lebte Barbara, ihre Schwester, die sich nach Uccle verheiratet hatte und ihr mit Zustimmung des Schwagers ein Zimmer räumte.

Die Zeit bis zur Geburt überbrückte sie mit Küchenarbeit in einer Schänke. Ständig hielt sie sich den Bauch, zuletzt konnte sie sich kaum noch auf den Beinen halten.

Mit dem Kind kamen Fieber, Schmerzen und Blut.

Klara war ein dralles Kind mit Roberts Augen, das ihr mit der Milch auch alle Kraft aussaugte. Monate blieb Johanna schwach. Sie aß nicht, litt unter den Umständen, für die sie sich selbst die Schuld gab, warf sich vor, dass sie sich auf Robert eingelassen, dass sie ihm seine Versprechen geglaubt hatte. Dann wieder vermisste sie ihn, dachte, dass es doch Liebe gewesen war, fühlte Stolz, dass er um sie geworben hatte. Obwohl sie nichts von ihm hörte, hoffte sie insgeheim auf ein Wiedersehen.

Je länger sie in Uccle war, desto deutlicher spürte sie in den Gesten und Blicken, die Barbara mit ihrem Mann austauschte, dass sie zu einer Belastung wurde. Sie mühte sich, im Haushalt mitzuhelfen, kümmerte sich um die beiden Neffen, nähte und putzte. Ständig dachte sie an Düsseldorf. Einmal, als sie mit Barbara zusammensaß, sprach sie auch darüber, woraufhin ihr die Schwester Faselei und Dummheit vorwarf. »Wo zum Teufel willst du denn hin mit dem Kind? Wer, glaubst du, nimmt dich? Ich kenn eine, die auch so gedacht hat. In der Gosse ist sie gelandet. Du könntest dich und die Kleine doch niemals durchbringen. Ganz schön leichtsinnig warst du mit deinem Robert. Alles hast du dir verpfuscht! Wo soll Klärchen denn bleiben, wenn du arbeitest? Einen Vater hat es nicht. Dein Robert wird sich nicht kümmern. Wenn der sagt, dass es noch andere Männer gegeben hat, ist er fein raus.« Zusammengesunken saß Johanna in der Stube und dachte an Robert. Tränen schossen ihr in die Augen. »Jetzt heul doch nicht«, sagte Barbara und schob eine dampfende Tasse in Johannas Richtung. »Ich muss es dir ja sagen. So wie jetzt kann es hier nicht weitergehn. Die Wohnung wird zu klein für uns alle. Hans mokiert sich. Er hat gemeint, das Beste wäre, wenn du Klara hier lässt. Stell dir vor, er wäre bereit, sie zu nehmen. Dann könntest du zurück nach Düsseldorf, dir eine Stelle suchen. Und uns Geld schicken für das Kind.« Johanna hatte nicht geantwortet, nur mit der Tasse in der Hand dagesessen und obwohl sich alles in ihr sträubte, doch zu dem genickt, was Barbara sagte. »Glaub mir, es ist das Beste. Lass Klärchen bei uns. Hier ist sie versorgt. Wir werden dir sicher nicht den Hals zuhalten. Was braucht so ein Kind denn schon? Mit ein paar Mark sind wir zufrieden. Später, wenn es größer wird, vielleicht etwas mehr.«

Mit erstaunlicher Regelmäßigkeit schrak Johanna aus dem immer gleichen Traum. Es war ihr, als wolle sie etwas zwingen zurückzukehren in die Jahre der Kindheit, ins Haus der Eltern, wo sie so viel Angst ausgestanden hatte. Sie sah den Kiesweg vor sich, der sich hell vom Boden abhob. Der Kies knirschte nicht beim Gehen, sondern war weich wie Moos. Sogar in ihren schweren Holzschuhen fühlte sie sich schwebend. Aber jedes Mal, wenn sie die Tür berühren und das Haus betreten wollte, hinderte sie etwas daran. Es war eine unsichtbare Kraft, die ihr Beine und Arme lähmte. Manchmal, während ihr Blick über das von den Jahren gedunkelte Holz der Tür mit dem verbogenen Griff ging, konnte sie durch den halboffenen Eingang ins

Dunkle des Flures sehen: In diesem Moment wusste sie, dass sie alles nur träumte. Noch während des Traumes wartete sie auf das Erwachen, aber richtig wach wurde sie nicht; es war ein quälender Zustand zwischen Schlaf und Traum, der nur selten vor dem Morgen abbrach. Im Erwachen lag eine große Sehnsucht nach etwas Warmem, Schönem. Sie hoffte, dass der Traum zurückkehren möge, dass die Tür sich auftun und jemand mit offenen Armen sie hereinbitten würde. Aber auch andere Träume brachten immer nur Trauer und Bitternis.

Nie mehr Angst

Während der Jahre in Belgien hatte sie ständig an ihn gedacht. Obwohl alles dagegen sprach – hundert Mal hatte ihr Barbara vor Augen geführt, dass sie sich hatte täuschen lassen, dass er sie ins Elend gestürzt, dass sie ihm niemals hätte glauben dürfen – ihre Gedanken an Robert waren begleitet von einem warmen, vertrauten Empfinden, das sich nicht vertreiben ließ, auch nicht in Momenten, in denen sie sich einsam und verlassen fühlte.

Als sie dank der Vermittlung des Schwagers Anstellung und Unterkunft im Haushalt eines Düsseldorfer Notars fand, wühlte sie die Vorstellung, Robert zu treffen, tagelang auf. Das einzige, was sie schwankend machte, war Klärchen. Barbara musste ihr lange zureden, bis sie schließlich einwilligte.

Schon auf dem Weg zurück nach Düsseldorf hatte sie das Gefühl gehabt, als reiße man ihr etwas aus dem Herzen. Das Schnaufen des Zuges, das Pfeifen und Türenschlagen waren nicht so laut gewesen wie Klärchens Wimmern, das sich in ihrem Ohr hielt. Auch die vorbeiziehenden Dörfer, grünende Felder und Wiesen konnten das Bild kleiner Hände, die sich nach ihr reckten, nicht verscheuchen.

Die Arbeit im Haushalt des Notars war eintönig. Sie wäre geblieben, wenn der Notar nicht Monate später an Schwindsucht gestorben wäre. Fortan diente sie bei einem Kommerzienrat, vor dem sie große Befangenheit empfand. Der Kommerzienrat war viel auf Reisen und wenn sich seine Rückkehr ankündigte, mussten tagelang das Haus gereinigt, Kleider aufgebügelt und Blumengestecke gerichtet werden. Dann wurde auch besser eingekauft und gekocht als sonst. Aufgeregte Köche und Kindermädchen schnatterten herum, und wenn er schließlich eintraf, roch es nach herbem Parfum und starken afrikanischen Zigarren, was sie an Robert erinnerte.

An Robert erinnerte sie vieles. In ihrer Vorstellung war er voller Reue, schämte sich für das, was er ihr angetan hatte. Sie malte sich aus, wie es wäre, wenn er Klara sehen könnte. Klara, vor allem Klara. Keine Stunde gab es, in der sie nicht an das Kind dachte. Manchmal spürte sie die Trennung körperlich. Aber bis Uccle war es weit, das Fahrgeld teuer. Ständig nagte die Sorge, dass das Kind sie vergessen könnte. Jeden Pfennig, den sie erübrigen konnte, schickte sie Barbara. Sie schrieb Briefe mit immer gleichem sehnsüchtigem Inhalt, wartete auf Nachricht, hoffte und wünschte.

Es war einer dieser Tage gewesen, an dem das Heimweh nach Klara quälte und marterte. Die Luft war noch kühl, kurz vor Ostern, aber die ersten Sonnenstrahlen wärmten schon. In den Vorgärten blühten Primeln und Vergissmeinnicht. Der Kommerzienrat hatte sie zum Abholen einer Hose in eine Schneiderei am Burgplatz geschickt. Vor den Auslagen eines Hutgeschäfts stand sie, als Robert plötzlich um die Ecke bog. Sie erschraken beide. Als sie grüßte, blieb er stehen. Er redete sich über den Anfang hinweg; sie sah, dass seine Hände zitterten. Dass er in der Benrather Straße einen Tabakladen eröffnet habe, berichtete er, dass das Geschäft gut ginge und er sein eigener Herr wäre, dass er ein Fahrrad angeschafft habe und eine Taschenuhr. Es verletzte sie, dass er sich nicht nach dem Kind erkundigte und sie spürte Betroffenheit, als sie ihn darauf ansprach. »Das Kind, ja, das Kind ...« hatte er gestottert und genickt, als sie ihn fragte, ob er wissen wolle, wie alles gegangen sei.

Während der Zeit in Belgien hatte der Vater nie geschrieben. Sie war schon Wochen in Düsseldorf, als die Hauswirtin ihr einen Brief aushändigte, dessen breite, ausufernde Schrift den Absender verriet. Im Öffnen hoffte sie auf Tröstendes, Freundliches. Der Brief enthielt nichts davon. Der Vater empörte sich, dass sie nicht schon längst etwas geschickt habe, wo er sie doch mühsam aufgezogen hätte und sie genau wisse, in welcher Armut sie lebten. »Undankbar bist du! Obwohl wir uns für dich alles vom Mund abgespart haben.«

Sie war daraufhin nach Wickrath gefahren, nicht des Vaters, sondern der Mutter wegen, die sie traurig und verhärmt vorgefunden hatte. Der Vater, die Schnapsflasche in der Hand, umgeben von einem üblen Geruch, hatte ihr Niedertracht und Arglist an den Kopf geworfen und gleichzeitig die Mutter, die heulend, mit verquollenem Gesicht, am Tisch gesessen hatte, beschimpft und beleidigt. »Guck sie dir an, deine Tochter. Da hast du das Ergebnis deiner feinen Erziehung! Zu einem Kind hat sie es gebracht. Hat aber weder für uns noch für das Balg was übrig. Wird in der Gosse landen. Den Anfang hat sie ja schon gemacht.«

Lange war Johanna der leere Ausdruck im Gesicht der Mutter im Gedächtnis geblieben und sie hatte sich vorgenommen, hin und wieder nach Hause zu fahren. Aber immer wieder fand sie Ausflüchte, es nicht zu tun. Fehlende Zeit und mangelndes Fahrgeld waren Gründe, aber auch die wiederkehrenden Träume, in denen ihr das Haus der Eltern verwehrt wurde, hielten sie ab. Auch ein Bild des Vaters verblasste nicht: Wie er sich mit geballten, starken Fäusten, dem roten Gesicht mit den blitzenden Augen vor ihr aufbaute, sie seine Schnapsfahne roch, seine Flüche hörte.

Vor allem aber war es Robert, der sie daran hinderte, nach Wickrath zu fahren.

Obwohl sie sich Jahre nach ihm gesehnt hatte, fehlte ihr zunächst der Mut zu einem Treffen, so dass er sie fast zwingen musste. In einem Café am Corneliusplatz hatte er alles über Klara wissen wollen, jeder noch so kleinen Erwähnung Beachtung geschenkt. Er versprach, mit ihr nach Uccle zu reisen, brachte ihr bei weiteren Treffen eine Holzrassel, eine Spieluhr sowie das Porto für ein Paket an Klara. Als hätte er sie für die Zeit in Belgien entschädigen wollen, schenkte er ihr einen Mantel, lud sie ins Schiffchen zum Tanzen ein, machte Ausflüge mit ihr. Wieder empfand sie dieses Warme und Vertraute in seiner Nähe. Bald reservierte sie alle Sonntage für ihn. Seinetwegen verhandelte sie um einen freien Nachmittag und half im Tabakladen aus.

Robert arbeitete akribisch und ohne Pausen. Es imponierte ihr, wie er sich mit seiner Ware auskannte, seltene Tabaksorten am Duft erkannte, sich beim Feilschen der Kunden nicht beirren ließ. Es beeindruckte sie, wie er stundenlang über den Büchern saß, kalkulierte und Preise festsetzte, geschickt war im Verkauf.

Lange hatte sie sein Drängen abfangen können. Immer, wenn er sich ihr näherte, wenn seine Hände über ihren Körper tasteten, hatte sie von Klara angefangen, von der Zeit in Uccle, von der Angst und dem festen Vorsatz, so etwas nie mehr erleben zu wollen.

Aber dann war dieser Sonntag gekommen. Draußen hatte es geregnet und sie war durchnässt im Tabakladen angekommen. An diesem Tag war Robert so feinfühlig mit ihr umgegangen, hatte Kaffee gekocht und ihr seine Jacke um die Schultern gehängt. Lange hatte er sie im Arm gehalten, fest und immer fester, hatte von Heirat gesprochen und dass sie keine Angst mehr haben müsste, er sie immer schützen würde. »Nie mehr Angst«, hatte sie geflüstert und alles war so hell und leicht geworden. Da waren seine dunklen, ernsten Augen gewesen, die Hände auf ihrer Brust, die weichen Lippen, sein warmer Körper. Fallen gelassen hatte sie sich, alle Schwere losgelassen, jegliche Angst war wie weggeweht, sicher und aufgehoben fühlte sie sich, angekommen an einem guten, wohligen Ort. Nie mehr Angst.

Dann war die Blutung ausgeblieben. Jede Stunde hatte sie sich die Röcke aufgeknöpft, um nachzusehen. Auf Augustes

Rat hin setzte sie sich in einen Bottich mit heißem Wasser, aß Petersilie, besorgte sich billigen Rotwein, den sie mit Nelken versetzt eiskalt trank, sprang vom Tisch, wenn sie wusste, dass die Mieter unter ihr nicht zu Hause waren. Nichts davon half. Die Tage und Nächte waren voll von Angst, die immer dichter wurde, zermürbte und lähmte. Die Brüste spannten, schmerzten. Mehrfach hatte sie angesetzt, es Robert zu sagen, aber in der Hoffnung, dass es doch nicht so sei und sie sich vielleicht geirrt hätte, alles wieder verschoben. Verkriechen wollte sie sich, bis die Welt wieder heil wäre.

Sie konnte sich noch an sein Gesicht erinnern, als es endlich heraus war. Gezuckt hatte es um seinen Mund, kalt hatte er sie angesehen. Aufgestanden war er und zum Fenster gegangen. Sie erinnerte sich an das Lachen spielender Kinder, als er einen der Flügel öffnete und hinaussah. Irgendwann hatte er sich umgedreht und gesagt: »Dann heiraten wir eben.« Am gleichen Tag noch hatte er ihr gestanden, dass es um den Tabakladen schlecht bestellt sei, dass er die Außenstände seit März nicht mehr beglichen hätte, auch die Miete nicht. »Ich werde aufgeben und wieder in der Brauerei anfangen. Wenn es so aussieht, bleibt mir nichts anderes übrig.«

Die Hochzeit war ohne jedes Gepränge gewesen. Sie fanden ein möbliertes Zimmer mit Küchenbenutzung in der Grabenstraße. Die Möbel waren abgeschabt, die Tapeten verblasst, die Küche gedunkelt von täglichem Gerauch und Gedampf. Hellhörig war es; ständig polterten Schritte, schrien Kinder, klapperten Teller. Im schmutzigen Treppenhaus stank es permanent nach Sauerkraut und Urin.

Von Anfang an hasste Robert die Arbeit in der Brauerei. Morgens stand er schlecht gelaunt auf. Abends löffelte er mürrisch und wortkarg die Suppe, die Johanna für ihn kochte, beklagte sich, dass er ihretwegen den Tabakladen nicht fortführen könne, ihretwegen die Taschenuhr verkauft habe.

Obwohl ihr die letzten Wochen zusetzten, arbeitete sie bis kurz vor der Geburt im Haushalt des Kommerzienrates. Immer wieder versuchte sie Robert zu überzeugen, Klara zurück nach Düsseldorf zu holen. »Wir sind doch jetzt eine Familie.« Hatte Robert anfangs noch Verständnis für dieses Anliegen gezeigt, so wies er sie jetzt ab: »Ständig liegst du mir in den Ohren. Gleich zwei Bälger? Ich weiß doch nicht mal, wie es mit einem zu schaffen ist!«

Wenn sie an die Jahre dachte, die dann folgten, hatte sie Schwangerschaften und Tod, Schläge und Sorgen um Brot vor Augen. Das zweite Kind, das sie zur Welt brachte – ein Junge – starb bei der Geburt. 26 war sie, als im Jahr darauf, auf Gertrudistag, Maria geboren wurde. Sie im Arm zu halten empfand Johanna wie eine Entschädigung für das Warten und Denken an Klara.

Nach Maria kam Paul. Auf Paul folgten Hermann, Anna Elisabeth, danach Rudolf. Mehrfach wechselte Robert die Brauerei und sie waren von Düsseldorf nach Duisburg, von Duisburg nach Frimmersheim, von Frimmersheim nach Königshoven, von Königshoven nach Kerpen und von dort wieder nach Düsseldorf gezogen, wo sie von einem Jungen entbunden wurde, der nur wenige Stunden lebte. Einen Sommer später, nachdem Robert sie eine Treppe hinuntergestoßen und eine Nacht ausgesperrt hatte, stand sie eine Fehlgeburt durch. Auf die Fehlgeburt folgten Totgeburten: zwei Mädchen, ein Junge. Zwölf Mal hatte sich ihr Bauch gewölbt, vier Kinder waren am Leben geblieben. Rudolf war nur zwei Jahre alt geworden. Abgezehrt und greisenähnlich hatte er zuletzt in seinem Korb gelegen – durchsichtig die gekrampften Händchen auf dem Leinen. An einem Januarmorgen hatten sie ihn aus dem Haus getragen. Spitz und weiß war sein Gesicht gewesen. Den ganzen Weg bis zum Grab hatte sie auf den kleinen Holzsarg mit dem Tannengrün gestarrt, der sich auf den rumpelnden Rädern des Friedhofwagens zuckend hin und her bewegte.

Robert ließ allen Hass auf sein Leben an ihr aus. Verpfuscht nannte er es, vertan. Ein falsches Wort reichte und er prügelte sie windelweich. Nie gab es Ruhe. Wenn er heimkam, stank er nach Schnaps und Rauch, schrie herum, beschimpfte und beleidigte vor allem die Mädchen, denen er regelmäßig an den Kopf schleuderte, dass sie nichts wert seien und ihm nur die Haare vom Kopf fräßen. Die Kinder lebten in ständiger Angst.

Anders als ihre Mutter widersetzte sich Johanna seinen Schikanen wo es möglich war, schlug sogar zurück, vor allem, wenn es um die Kinder ging. Oft, wenn er besoffen dalag, nahm sie ihm Geld aus der Tasche, um Brot zu kaufen. Die hungrigen Kinderaugen, die geduckten, scheuen Blicke, wenn Robert heimkam, die Angst, die sie nur allzu gut kannte, verliehen ihr bisweilen eine Stärke, die Robert zur Weißglut brachte. Außer diesem Mut hatte sie nichts einzusetzen, viel zu wenig brachte das, geknebelt fühlte sie sich, sah keinen Weg, der weiter oder herausführte.

Zwei Mal in all den Jahren hatte sie Klara gesehen. Es waren Treffen gewesen, die ein dumpfes, dunkles Gefühl der Trauer zurückließen. Klara war scheu, hielt Abstand, sprach wenig. Johanna erzählte Barbara von Robert und der Angst der Kinder, bat darum, Klara weiterhin in Uccle lassen zu dürfen. »Bei euch hat sie es besser. Viel besser sogar.« Bei diesen Worten liefen Tränen über ihr Gesicht: »Es ist so, wie es mit Vater war. Vielleicht noch schlimmer. Wie gern würde ich mit allen meinen Kindern fortgehn.«

In der Kaiserswerther Straße war es gewesen. Auf Michaelstag war Robert unerwartet früh aufgetaucht, hatte herumgeschrien, weil das Essen nicht fertig und der ganze Haushalt eine einzige Schlamperei sei. Sie erinnerte sich, dass Lisbeth sich an ihrer Schürze festgekrallt und das Gesicht in den Stoff gedrückt hatte, als Robert mit erhobener Faust und aufgerissenen Augen auf sie zukam, wie die Küche voll gewesen war von seinem widerlichen Atem und seinem grölenden Geschrei. Mit einem schnellen Griff hatte er Lisbeth fortgerissen, dann wie im Rausch auf sie eingeschlagen. Sie sah das Kind über den Boden kriechen, sah Blut an seiner Schläfe, wollte Lisbeth greifen, aber da hatte er ihre Hand gepackt, ihr das Gelenk gedreht, bis sie vor ihm auf dem Boden kniete. »Du Schlampe! Nicht mal was zu fressen kriegt man hier!« Sein Atem ging laut und rau, hart schlug er ihr ins Gesicht, trat nach ihr, griff ihr in die Haare, zerrte sie, presste sie an die Wand, schlug wieder zu, schleuderte ihren Kopf von einer Seite auf die andere, drückte sie erneut gegen die Wand, würgte sie, sie röchelte, er schlug wieder und wieder und wieder. Sie hörte Lisbeth schreien, spürte einen Schmerz im Auge, sah Blut an seinen Händen.

Als er mit ihr fertig war, war ein Auge zugeschwollen, ein rotes Netzwerk feiner Äderchen durchzog das andere, die Lippe war geplatzt, von der rechten Schläfe lief Blut. Als sie es abzuwischen versuchte, lösten sich Haarbüschel unter ihren Fingern. Schniefend und japsend klammerte sich Lisbeth an ihr Bein. Das Kind zitterte, die Augen blickten leer und verloren. Im Nebenzimmer stopfte Robert Kleidungsstücke in eine Tasche. »Mir reichts! Du dreckiges Aas! Jetzt kannst du sehn, wie du fertig wirst!«

Immer wieder war das passiert. Immer wieder war das Essen verkehrt gewesen oder die Essenszeit, etwas stand nicht am richtigen Platz, jemand hatte ein falsches Wort benutzt. Einmal hatte er ihr einen Topf mit heißem Eintopf in den Nacken geschüttet, ein anderes Mal die Pfanne auf den Kopf geschlagen. Ständig hatte sie seine Drohung im Kopf: »Irgendwann schlag ich euch alle tot!«

In der Kaiserswerther Straße war es am schlimmsten gewesen. Wenn sie zurückblickte auf die unzähligen Demütigungen und Lügen, die es vor seinem Verschwinden gab, konnte sie nicht verstehen, dass sie so lange durchgehalten hatte. Eine Nachbarin war gekommen, hatte ihr Andeutungen ins Ohr geflüstert. Auch ohne die Nachbarin hatte sie es gewusst, aber nicht wissen wollen und deshalb fortgeschoben. Dann war Robert immer öfter weggeblieben, zuletzt auch nachts.

An einem Mittwoch war er gegangen. Die letzten Groschen hatte er ihr aus der Kaffeedose geschüttelt, hastig alles zusammengekratzt, ihr Beleidigungen an den Kopf geworfen, mit Schlägen gedroht. Als die Tür hinter ihm zuschlug, war sie zunächst erleichtert gewesen. Dann aber bekroch sie Angst. Angst davor, sich und die Kinder allein durchbringen zu müssen. Angst davor, keine Arbeit zu finden. Angst, mit allem allein zu sein. Ihr halbes Leben hatte sie mit ihm verbracht. Anfang 40 war sie jetzt und klammerte sich an den Gedanken, dass jeder Mensch das Recht hätte, mit seinem Leben etwas anzufangen. Wie so ein Leben anzufangen wäre, wusste sie nicht.

Ratinger Straße 45

Wenn sie nach all den Jahren an Robert dachte, war sein Gesicht verschwommen und dunkel. Auch die Faust, mit der er ihr so oft ins Gesicht geschlagen hatte, war weit weg, ohnmächtig geworden und schwach. Im Backladen in der Ratinger Straße war sie ganz auf sich gestellt. Dafür musste sie aber seine Schläge nicht mehr fürchten.

Nur wenige Schritte waren es bis zum Rheinufer. In der anderen Richtung verlief die Alleestraße; dahinter lag der Hofgarten und nicht weit der Weiher an der Landskrone. Wenn sie aus der Tür trat, linkerhand: Eisenwaren en gros, rechterhand: Hermesmeier & Cie., daneben eine Destillation, weiter unten ein Barbier, der Zähne zog. Gegenüber hatte ein Flickschuster eine Bleibe gefunden, der sich mit seiner Ahle und dem Verkauf von Kohle durchbrachte. Jede Menge Gaststätten gab es: Füchschen, Uel, Goldenes Einhorn, ganz nah die Brauerei ›Zum Uerige‹, auch das Lokal von Benders Marie. Samstags schlug ein Trödler einen Stand vor dem Haus auf: Tücher, Bänder und Knöpfe, manchmal Seifen.

Die letzten Jahre hatte sie beim Bäcker Theisen als Verkäuferin gearbeitet, sich jeden Pfennig vom Mund abgespart und gejubelt, wenn ein Groschen voll war. Niemand hätte ihr eine eigene Frühstücksstube zugetraut, schon gar nicht Robert. Sie hörte sein zynisches Lachen, sah seine missbilligend zuckenden Augen. Jahrelang hatte er ihr eingeredet, dass sie ohne ihn nichts sei und nichts zustande bringen würde, dass sie auch die Kinder nicht durchbringen könne, die man ihr ohnehin wegnehmen würde, wenn er nicht wäre.

Für ihren eigenen Laden hatte sie sich alles so gedacht wie beim Bäcker Theisen. Aber dann war es doch ein anderes Gefühl gewesen, als die Tür aufging, die Ladenglocke schellte, Kunden hereinkamen und sich umsahen. Es war wie ein Fest, als sie das erste Brot über den Tresen reichte, das erste Geld kassierte. »Frau Ey! Wenn Sie mir …«

»Ja, ja, gleich!«

»Zwei Brötchen bitte!« Eine Magd mit einem unterm Kinn verknoteten Kopftuch reckte die Hände. »Ja, sofort!« Eine Frau wühlte in ihrer Handtasche, die vollgestopft war mit Papieren und legte einen Groschen auf die Theke. »Und die Brötchen, können Sie die nicht auch morgens vorbeibringen? Ich meine jeden Morgen …«

»Aber sehr gern doch, ja natürlich, wenn Sie mir Ihren Namen und die Hausnummer aufschreiben.« Johanna wickelte zwei Brötchen in Papier. Die Frau notierte etwas und schob den Zettel über die Ladentheke. »Und abrechnen dann jede Woche?«

»Ja, jede Woche, immer montags. Das macht dann meine Tochter.« Johanna warf Maria, die in einem verschossenen Leinenkleid, die braunen Haare streng nach hinten gebunden, neben ihr stand und dampfende Milch in eine Tasse füllte, einen vielsagenden Blick zu. Seit einer Woche trug Maria mit Lisbeth Brötchen aus und jeden Morgen wurden die Wege länger. »Frau Ey, einen Weck bitte! Haben Sie auch Zopf? Und können wir anschreiben lassen?«

»Für mich ein Brot mit Wurst! Und eine Zigarette!«

»Kommt gleich, Herr Schenten.«

Zwei Mal schon war das Fräulein Venske dagewesen, hatte Streuselkuchen für die Herrschaft geholt. Der Notar Küpper hatte Brot verlangt, die Köchin vom Ochsen und die Stallburschen aus der Schmiede waren wegen der Teilchen gekommen. Ununterbrochen reichte sie Ware über die Theke, kassierte, nebenbei schmierte sie mit aufgerollten Ärmeln Brötchen, bediente den schwarzen, eisernen Ofen, dessen Hitze ihr Gesicht rot werden ließ, fuhr mit der Kohlenschaufel in glühende Scheite, bestückte Bleche mit Altbackenem, bepinselte die Brotlaibe und Brötchen mit Wasser und hob bald darauf mittels eines Holzschiebers alles wieder heraus.

»Ja, machen Sie dat denn all ganz allein?« Die Leute fragten, wollten alles Mögliche wissen, blieben und kauften. Dienstfrauen kamen und Soldaten, gegen Mittag waren es Arbeiter aus der Brauerei und ein paar Studenten von der Akademie, die sie noch vom Theisen kannte. Sie besetzten die wenigen Stühle, stützten die Ellbogen auf den verkrusteten Marmor der einfüßigen Tische, bestellten Schmalzbrote und Süßes, aßen und lasen Zeitung, rauchten und unterhielten sich, sahen aus dem Ladenfenster auf die Straße.

Kaum dass Johanna ein wenig verschnaufen konnte, füllte sich der Laden wieder. Nach der ersten Woche fühlte sie sich, als ob sie ein Gebirge bewältigt hätte. Die Beine schmerzten, aber die Einnahmen stimmten; sie konnte Vorräte anlegen und die Miete begleichen.

Gut, dass sie die Kinder hatte. Alle vier handelten, als hätten sie begriffen, dass sich Hunger und Elend nur durch Zusammenhalt und Arbeit fernhalten ließen. Maria, mit 17 die älteste, kümmerte sich um den Haushalt, wusch und putzte. Nachmittags half sie im Laden, schnitt Brötchen auf, spülte. Sie sah Johanna ähnlich, hatte nicht nur die krausen Haare, sondern auch die grauen, wachen Augen geerbt. Paul war 16, Hermann 14. Frühmorgens vor der Arbeit trugen sie Brote und Brötchen aus, an Wochenenden Zeitungen. Sie lernten bei Haniel & Lueg, einer Maschinenfabrik an der Grafenberger Allee; Paul als Dreher, Hermann als Schlosser. Tagsüber waren sie aus dem Haus. Mit den kurzgeschorenen Haaren und den ernsten Augen glichen beide ihrem Vater, waren aber verständig, beinahe altklug, mit einem immer melancholischen Ausdruck im Gesicht. Lisbeth, mit zehn die jüngste, half vor der Schule in der Backstube. Nachmittags bediente sie die Kasse. Sie war empfindlicher als Maria, still und scheu, litt unter Roberts Verschwinden. Oft sah Johanna sie dastehen, den Blick in eine unbestimmte Weite gerichtet. Sie stand dann in der immer gleichen Haltung, drehte die blonden Locken mit dem Finger, bewegte den Oberkörper vor und zurück und Johanna wusste, dass sie in Gedanken weit weg war.

Bei Johanna war alles ärmlich, aber sauber und aufgeräumt. Der Vorbesitzer hatte ihr die Ladentheke geschenkt, weil er sie nicht mehr verkaufen konnte. Für das Buffet hatte sie ihm ein paar Mark gegeben, obwohl es nicht wertvoller war als die Theke. Das Buffet gefiel ihr. Es war aus dunklem Holz, hatte links und rechts gläserne Schiebetüren mit eingeritzten Blumenranken, dazwischen breite Brotregale, im unteren Teil einen Schrank mit Fächern und Schubladen. Hinter den Schiebetüren standen Tüten mit Mehl, Nudeln und Semmelbröseln, Dosen mit Zucker und Reis, Büchsen mit Rosinen, Schachteln für Gebäck. Ein Arbeitsbrett konnte man wie eine Schublade herausziehen. Ein langes Messer lag darauf, daneben ein Kringel Schwarzwurst. Ein Ofen aus Gusseisen stand mittig, umrundet von drei Tischen, eine hölzerne Garderobe seitlich daneben, ein Schirmständer reckte seine verrosteten Messingstäbe nach der Tür. An den Verkaufsraum schloss sich die Backstube an, eng und im Sommer schon in aller Morgenfrühe stickig und drückend. Der Backofen hatte seine Tücken. Bis er richtig heizte, musste Johanna ihn ordentlich feuern, was zu einer permanenten Aufgabe wurde. Ein gebrauchter Backtrog stand seitlich vor einem Regal mit Brotkörben, Holzmodeln, Tortenplatten und Backblechen. Auch eine Semmelbröselmühle hatte sie angeschafft. Hinter der Backstube gab es noch eine Küche, ein Raum wie ein Schlauch mit einer Wasserpumpe und einem Herd.

Am Freitag vor Maria Himmelfahrt war die Backstube voller Leute. Zwei Kunststudenten drängten sich an den Wartenden vorbei, rückten ihre Stühle an den Tisch vor dem Fenster. Sie bestellten Brezeln mit Marmelade, die Maria ihnen auf einem Teller servierte. Inmitten des Lärms saß einer von ihnen und strichelte. Er wirkte entrückt, weit weg von dem, was um ihn herum vor sich ging. Er war bleich und dünn, seine Brille aus billigem Metall saß schief, die Jacke war fadenscheinig, der Hut abgegriffen. Der andere, dicker und robuster, sah zu und rauchte. Irgendwann schob der Dünne das Blatt in die Mitte des Tisches und signierte es. »Das Leben«, hörte Johanna ihn sagen, »ich nenne es: Das Leben.« Dann aber kamen ihm Zweifel am Titel. »Nein, ich schreibe nur Leben, einfach Leben, das klingt besser, ist kürzer, eindringlicher.« Der Dickere nickte. »Leben. Hmm. Klingt zwar poetischer, ist aber irgendwie unbestimmter. Es kann alles sein und auch nichts.« Der Dünne antwortete nicht, strichelte wieder. Der Dickere gab Maria einen Wink. »Ich hab so nen schrecklichen Durst. Zu trinken haben Sie wohl nichts? Ein Selters vielleicht? Oder einen Kaffee?« Maria schüttelte den Kopf. Der Student zeigte aus dem Fenster. »Darf ich rübergehn zur Selterswasserbude und was holen?«

»Milch könnt ich Ihnen bringen.« Maria sah fragend nach Johanna. »Wenn Sie wollen, mach ich Ihnen schnell ne Tasse Kaffee«, entschied Johanna, griff nach der Kaffeemühle, füllte Bohnen hinein und begann zu kurbeln.

Bald dampfte Kaffee aus geblümten Tassen. Die Studenten waren zufrieden. Johanna beobachtete, wie sie nippten, den Dampf abbliesen, heimlich Kunden skizzierten, dann mit kritischen Gesichtern über die Striche urteilten. Sie blieben den ganzen Nachmittag, unterhielten sich über ihre Seelenzustände, die sie zu Papier bringen wollten. Als Johanna ihnen zehn Pfennig für den Kaffee abnahm, fragten sie, ob sie wiederkommen dürften. »Aber natürlich. Sie dürfen es auch weitersagen, den anderen Malern.«

Noch am gleichen Tag kamen weitere Studenten.

Johanna begann sich darauf einzurichten. Jeden Tag ließ sie sich jetzt acht Liter Milch bringen, verkaufte das Glas für fünf Pfennig, Kaffee und Tee für zehn, Altgebäck ebenso für zehn,

Brötchen mit Blut- oder Leberwurst für 30 Pfennig. Heimlich bot sie auch Flaschenbier und Likör an. »Das floriert richtig gut«, flüsterte sie Maria ins Ohr, »hier ist viel mehr los als beim Theisen.«

Sie hatte kaum damit gerechnet, dass die Königlich-Preußische Kunstakademie, die um die Ecke lag, ihr Kundschaft zuspielen würde, aber jetzt, wo sich das billige Kaffeeangebot herumgesprochen hatte und immer mehr Studenten den Weg zu ihr fanden, schien es ihr folgerecht. Schon morgens besetzten sie die Tische, standen herum, verzehrten Brötchen und rauchten. Manche blieben den ganzen Tag, auch wenn sie nur einmal ein Wurstbrot bezahlt hatten. Johanna hörte sie über den Unterricht an der Akademie reden, über die Professoren und deren Marotten, über die Modelle in den Künstlerhäusern. Viele kamen aus dem Rheinland, aber es waren auch Bayern dabei und Sachsen.

Die meisten Studenten bekamen einen Monatswechsel, weswegen Johanna bald ein Pumpbuch anlegte. Walter Ophey war der erste, der sich eintrug. Er hatte Johannas Laden sozusagen entdeckt und kam nie allein. Er trug farbenprächtige Schlipse und schmierte sich Pomade ins schwarze, wellige Haar, eine stark parfümierte Pomade, deren Duft sich genauso schnell im Laden verbreitete wie sein einnehmendes Lachen. Er war immer gut gelaunt und diskutierte an allen Tischen gleichzeitig. Sein Schnurrbart erinnerte Johanna an Robert und daran, wie dessen feine Härchen früher an ihrer Wange gekitzelt hatten. Ophey erzählte ihr, dass er Meisterschüler für Landschaftsmalerei bei einem in Russland geborenen Lehrer sei und der Sammler Flechtheim Interesse an seinen Bildern habe. »Flechtheim weiß ganz genau, was er kauft. Zweimal schon hat er angefragt. Hat sozusagen eine Nase dafür. Er unterstützt unsere Idee mit dem Zusammenschluss. Wir brauchen ihn dringend, denn er hat Ahnung und Geld.« Die Künstler, die er mitbrachte, hatten erst vor kurzem miteinander ausgestellt, was sich, laut Ophey, bald wiederholen sollte. »Flechtheim hat Neues angekündigt. Er hat schon beim letzten Mal einiges finanziert. Er steht voll und ganz hinter uns!« Ausführlich redete er über moderne, französische Malerei und stiftete Johanna an, unbedingt Absinth und Rotwein bereitzuhalten. »Alle verlangen danach. Sie werden sehen, Frau Ey, das bringt noch mal mehr Kundschaft.«

Auch ein Student in einem hölzernen Rollstuhl kam regelmäßig. Er hieß Thuar, wurde von seinen Freunden die Stufe hinaufgeschoben und an den Tisch am Fenster gerollt. Er aß für sein Leben gern Apfelteilchen und trank eine Menge Kaffee. Ohne Scheu, aber mit Sarkasmus in der Stimme, erzählte er Johanna, dass er, anders als andere Studenten, seine Zeche wohl bezahlen könne, da ihm eine Versicherung bis ans Ende seiner Tage Geld schulde. »Das mit meinen Beinen war ein Unfall. Sie sind beide weg. Aber Sie sehn ja, Frau Ey, man darf sich das Leben nicht vermiesen lassen!« Dabei hob er die Tasse wie ein Schnapsglas und lachte. Meist kam er mit einem Studenten aus der Eifel, einem ernsten, stillen Mann mit markanten Gesichtszügen und brennenden Augen, mit dem er über Kunst philosophierte. Die beiden wohnten zusammen, saßen oft lange in der Bäckerei, verzehrten wenig, diskutierten heftig, rauchten viel.

Für August Deusser, einen Maler aus Monheim, waren es neben Landschaften auch Menschen, die ihn zum Stricheln zwangen. Nach einem seiner Besuche schmückte eine schnell hingeworfene Zeichnung einer drallen Bäckerin, die mit Broten jonglierte, die Wand neben dem Fenster. Deusser, groß und dünn und mit einem energischen Auftreten, organisierte Ausstellungen, erklärte Johanna, was die französischen Impressionisten mit richtigem Sehen meinten, was sie wenig interessierte und auch sofort wieder vergaß. Sein Freund Clarenbach kam seltener, blieb aber dafür umso länger. Er versuchte alle von der Wichtigkeit der Künstlergruppen zu überzeugen. »Zusammenschlüsse machen stark, wir müssen uns verbinden. Überall wird gekämpft, sogar hier! Nicht wahr, Frau Ey, an der Kunstfront genauso wie an Ihrer Backtheke.«

Um Kunst ging es ständig: um van Goghs Gelbtöne, Munchs Schatten, um Farben und Techniken, um Licht und Fluchtpunkte, um Ausstellungen und Galeristen. Irgendwann kam Zeichenprofessor Spatz von der Akademie mit seinen Studenten und bestellte Kaffee für alle. »Das glaub ich, dass es euch hier besser gefällt als drüben.« Johanna warnte er: »Dass Sie mir mal nicht zu große Konkurrenz machen. Studieren solln sie. Und ordentliche Künstler werden.«

Spatz brachte jeden Tag andere Leute mit. Einmal war es Professor Gebhardt, der sehen wollte, wo seine Studenten ihre Zeit verbrachten. Franz Karl Eduard Gebhardt war ein origineller Mensch, an die siebzig und ein lebhafter Diskutierer. Mit seinem breiten, zerzausten Bart, dem schütteren Haar und den klugen Augen glich er den Figuren aus dem alten Testament, die er mit Vorliebe malte. Er kam aus dem Baltikum, hatte in Petersburg studiert und war schon an die 30 Jahre Professor an der Akademie. Manchmal war er schwer zu ertragen, aber gutmütig und den Studenten zugetan.

Oft, wenn er in seinem schwarzen, fadenscheinigen Gehrock, flankiert von Kollegen, nahte und grüßend die Hand hob, spürte sie Stolz. Nie hätte sie gedacht, dass in ihrem Laden einmal Professoren ein- und ausgehen würden. Zwei neuwertige Schürzen schaffte sie sich ihretwegen an.

Den Kunstakademikern folgten Musiker, Schauspieler, Journalisten. Mit ihren Brötchen fühlte sich Johanna angenommen wie nie. Sie arbeitete rund um die Uhr; unermüdlich rührte und schaffte sie, kurbelte die Kaffeemühle. Mit vollgeladenem Tablett umkreiste sie die Tische, verteilte Rosinenweck auf geblümten Tellern, sammelte die schmutzigen ein, stapelte sie turmhoch und balancierte sie hinaus in die Küche. Mit sauberem Geschirr kam sie wieder zurück; jedes Mal gab die Tür zur Küche ein Seufzen von sich.

Das Geschäft lief. Sorge bereitete Johanna allerdings das Pumpbuch. Zu viel wurde gepumpt. Abends saß sie über Rechnungen, stützte den Kopf in die Hände und grübelte, wie sie den hungrigen Studenten weiterhin das Pumpen ermöglichen könnte, ohne selbst in Schulden zu geraten. Sie erwog und kalkulierte, zählte die Geldscheine, die sie in einem Beutel festgebunden unter den Röcken trug, überlegte, wie es wohl aussähe, wenn sie Mittagessen ausgäbe. Zwei Angestellte vom Theater hatten nach Unterkunft gefragt und sich auf leerstehende Zimmer im Haus berufen. Wenn sie noch Zimmer dazu pachtete, würde sie beiden Unterkunft mit Verpflegung anbieten können. Sie zählte die zahlungsfähigen Kunden gegen die Pumpkunden auf und kam auf die Idee, ein Mittagessen an die Theaterleute auszugeben. »Wenn das mit den Zimmern klappt und ich die Theaterleute in Logis und Kost habe, muss ich sowieso mehr kochen. Da könnte ich auch gleich für alle kochen«, sagte sie zu Maria und begann aufzuzählen: »Der Küpper hat sicher Interesse, auch Willi Herberholz und Gärtner, die zwei sind auf alle Fälle dabei. Der Bühnenmeister auch und Tenor Niggemeyer vielleicht. Auch der Bassist Mertens käme in Frage. Was meinst du?« Maria stand am Herd und rührte Kartoffelbrei. »Ich weiß nicht, Mutter.«

»Abendbrot könnte ich auch machen. Bratkartoffeln, Suppen und Schmalzbrote. Gurken könnten wir einlegen und Zwiebeln. Alles für 50 Pfennig die Portion. Und Tee gibt es gratis dazu!« Maria rührte weiter, während Johanna Zahlen schrieb und rechnete. Plötzlich drehte sich Maria um und fragte: »Ist es bei uns dann so wie bei Thürnagel? Wie in einem richtigen Restaurant?«

»Nee, das nicht. Bei uns soll es billig und gut sein. Was eben jeder bezahlen kann. Und gepumpt wird nur an die, die wir kennen. Wir müssen selbst aufpassen, dass wir zu essen haben.«

Flusslandschaft mit knorrigen Bäumen

»Einen Kaffee bitt schön, Frau Ey. Morgen zahl ich.«
»Gut.«
»Wie steht et mit nem Likörchen?«
»Kommt schon, der Herr.«
In der Backstube gab es jetzt auch Rollmops, eingelegte Gurken, hartgekochte Eier. Zusätzlich verkaufte sie Einmachessig. Das Pumpbuch war vollgeschrieben, aber die Einnahmen durch den Mittagstisch brachten jetzt einen Ausgleich. Das Geschäft mit den Theaterleuten florierte. Gegen sechs bot Johanna Abendbrot an. Dann war die enge Küche randvoll besetzt. Oft, wenn ihr der Andrang zu viel wurde, stellte sie einfach die Bratpfanne mit den Kartoffeln auf den Tisch und alle stachen mit den Gabeln nach den Brocken. Dazu droschen sie Skat und beredeten ihre Rollen.

Johanna erlebte die Höhen und Tiefen des Theaterlebens mit; die Krisen während der Proben, die Abstürze und Misserfolge, die Ängste vor den Premieren, die Freuden, wenn nach der Aufführung Blumen auf die Bühne und Hüte in die Luft flogen. Ständig wurden Zeitungskritiken gelesen und kommentiert; täglich kreiste die Frage, wer wohl welche Rolle bekäme, wer für welchen Part geeignet sei. Manchmal kamen sie geschminkt und in Kostümen und Johanna sah Tenor Niggemeyer als linkischen und feigen Hamlet, als rasenden Othello, als arroganten Antonius, den Schauspieler Walter als Ochs von Lerchenau, als fliegenden Holländer, als Radames in Verdis Aida.

Auch die beiden Herren vom Theater, die sie neuerdings in Pension hatte, trugen dazu bei, dass sie nicht ins Minus rutschte. Die Maler mokierten sich eine Weile, weil die Theaterleute ständig die Küche besetzten und nicht eher gingen, bis um sieben die Proben anfingen, aber insgesamt kamen alle miteinander aus. Johanna war froh, mit dem Geld der zahlenden Gäste die Defizite, die durch das Pumpbuch entstanden, wettzumachen und die Hungerkünstler, wie sie sagte, unterstützen zu können. Sie nämlich waren es, die ihr mehr und mehr ans Herz wuchsen, wusste sie doch selbst, wie sehr Armut am Leben nagen konnte.

»Frau Ey, ich hab Ihnen was gemalt«, rief Karl Blech, Student der Akademie, nachdem er sich ins Pumpbuch eingetragen hatte und hielt für alle sichtbar eine Palette in die Höhe, auf die er geschrieben hatte: »Kommet alle zu mir, die ihr mühselig und beladen seid, ich will euch erquicken.« Blechs Haare standen in die Höhe, sein blonder Schnurrbart schien wehend im braunen Gesicht. Alles lachte. Johanna hob protestierend die Hände. »So geht es aber nicht! Hier kann nicht jeder kommen und einfach Kredit nehmen! Glaubt wohl, ihr seid hier zu Hause!«
»Aber so fühlen wir uns«, antwortete Blech und erntete Pfeifen und Beifall. Johanna hielt ihn nicht davon ab, als er mit der Palette in der Hand auf einen Stuhl stieg, einen Schuh auszog, mit dem Absatz einen Stift zwischen die Steine der Wand trieb und die Palette daran befestigte. Wieder lachten alle, besonders, als Johanna mit dem Finger drohte: »Ihr meint wahrscheinlich, mit mir könnt ihr so was machen!«
Als sie am nächsten Tag die Tische besetzten, hing neben der Palette ein Schild mit einer aufgemalten Pumpe: »Hier wird nicht an jeden gepumpt. Frau Ey.« Blech faltete die Hände, flehte mit ergebener Miene: »Bitte, gute Frau Ey, das können Sie doch nicht machen. Sehen Sie uns doch an, mühselig und beladen wie wir sind.« Johanna antwortete nicht, verschwand hinter der Verkaufstheke, rasselte mit Herdringen, stocherte in der Glut bis Funken flogen und setzte einen Kessel Wasser auf. »Übertreibt es nicht«, hörte sie Savelsberg sagen, »sie muss auch sehn, wo sie bleibt. Und wir können froh sein, dass wir herkommen dürfen. Frau Ey, Sie haben doch ein Herz für uns, oder? Wir sind zwar alles Hungerleider, aber gut und ehrlich.« Savelsberg war ihr einer der liebsten. Gegen sein offenes Lächeln hatte sie nichts einzusetzen und so zwinkerte sie zurück: »Sehn wir mal.«

Ehe sie es recht begriff, wurden Essen, Kaffee und Pumpbuch für die Studenten zur Gewohnheit. Auf dem Herd stand eine emaillierte Kaffeekanne, aus der sich jeder auf Treu und Glauben bedienen durfte. Manchmal klopften sie schon in aller Frühe an die Läden, weckten Johanna mit einem Ständchen aus Katzenmusik. Schon der Nachbarn wegen fuhr sie dann in die Pantoffeln, warf sich eine Weste über, flitzte hinunter in die Backstube und sorgte mit Rollmöpsen, Heringen und Eiern, vor allem aber mit Kaffee für Ruhe. Oft waren es Meisterschüler von der Vereinigung Laetitia, die die Nacht durchgemacht hatten, bald unter den Tischen oder sonst einer Ecke saßen und Selbstgespräche führten. Auch als ab November an der Akademie Akt-Abende angeboten wurden, stürmte vorher alles zu Johanna. Ein Grammophon mit Trichter brachten sie mit. Platten kamen dazu, bald gab es ein kleines Archiv. Manchmal spielte einer auf der Ziehharmonika. Oft war der Laden so voll, dass sich Johanna kaum zwischen Gästen und Tischen bewegen konnte. Ständig waren Maria und Lisbeth damit beschäftigt, benutzte Tassen und Teller einzusammeln, zu spülen, Essen zu verteilen, Kaffee zu brühen. Nach wie vor war das Pumpbuch auf der Theke vollgeschrieben. Sogar Patres trugen sich dort ein: Pater Thomas, ein italienischer Ordensmann und Pater Raymondus von Bergen, ein holländischer Dominikaner-Pater, beide mit zerzausten Haaren, in schwarzen langen Röcken, barfuß in zerlatschten Sandalen. Sie studierten an der Akademie, um Zeichenlehrer in ihren Klöstern zu werden.

Heinz Wever, Student aus dem Sauerland, – er kam in ärmlicher Joppe und einem abgetragenen Filzhut auf dichtem, wirrem Haar – hatte es mit seinen Einträgen in das schwarze Heft zu einer beträchtlichen Summe gebracht und war von Johanna schon mehrfach mahnend darauf hingewiesen worden, als er eines Tages vor ihr stand, ihr ein in Zeitung gewickeltes Bild entgegenhielt und fragte: »Wären Sie so gütig, es anzunehmen? Sobald ich wieder Geld habe, zahle ich es aus.« Johanna war gerade dabei Rollmöpse einzulegen und hob abwehrend die Hände: »Vorsicht, hier ist alles nass. Legen Sie es auf den Tresen.« Wever entfernte das Papier, hielt eine Zeichnung in einem schmalen Holzrahmen in die Höhe. Eine Flusslandschaft mit knorrigen Bäumen war zu sehen. Wurzeln hoben sich aus dem Gras wie Schlangen. »Dieser Zeichnung hab ich zu verdanken, dass sie mich an der Akademie aufgenommen haben. Meine Mutter hat es letztes Jahr Professor Petersen zur Beurteilung geschickt. Der Professor hat daraufhin meiner Mutter geraten, mich studieren zu lassen. Wer einmal geborener Künstler sei, der könne sich nicht früh genug der Kunst widmen. Ja, Frau Ey, und jetzt bring ich es Ihnen, wo Sie immer so gut zu mir sind.« Er ging mit dem Bild in der Stube herum, hielt es an die Wand neben der Tür. »Hier würde es passen. Oder meinen Sie hier?« Er veränderte die Position. Das Bild hing nun tiefer. »Besser so?«

»Schön ist es«, sagte Johanna, »sehr schön. Passt genau dahin. Ja, warum eigentlich nicht?« Sie trocknete die Hände an der Kittelschürze, kam näher, setzte die Brille auf und betrachtete die Landschaft. »Sieht aus, als ob es hier im Rheinland wäre.«

»Nein, es ist der Kränzgenbach, bei uns im Sauerland.« Fragend stand Wever vor ihr. »Und? Was meinen Sie?« Johanna überlegte. »Sie wissen ja, dass ich genau rechnen muss. Die Miete, die Kinder ... Ständig haben alle Hunger.« Sie zögerte. »Aber für dieses Mal geht es schon. Das Bild gefällt mir. Ich hoffe bloß, dass sich das nicht rumspricht.«

Maria sprach vom Heiraten. Hans, ihr Verlobter, stammte aus einer Ratinger Arbeiterfamilie und hatte sich als Stahlarbeiter bei Klöckner zum Kompaniechef hochgearbeitet. Er war ernst und strahlte etwas Bedächtiges aus. Jeden Sonntag kam er, um Maria abzuholen. Wenn es viel Arbeit gab, packte er mit an, reparierte, was kaputt war, nagelte Bilder an die Wände. Denn Bilder gab es immer mehr. 14 waren seit Jahresbeginn hinzugekommen.

An Kaisers Geburtstag hatte Johanna Girlanden von einem Bild zum anderen gespannt, Heringe und Soleier eingelegt, Bretter auf die Sitzflächen der Stühle gelegt, damit, statt einem, drei Leute sitzen konnten. Nach dem Fest in der Tonhalle hatten die Maler ihren Laden gestürmt. Bestens aufgelegt lobten sie Johannas Dekoration, fischten Heringe aus dem Steingut, orderten Likör. Thuar liefen vor Lachen Tränen übers Gesicht. »Die Girlanden, Frau Ey, eine feine Sache, ja, wirklich! Wenn sie das nur in den Galerien auch täten. Was so eine Girlande gleich ausmacht!« Auch Wever zwinkerte ihr zu. »Das nenn ich nen Einfall. Warum auch nicht? Warum keine Girlanden? Herrlich ist das, Frau Ey!« Ophey saß auf einem durchgebogenen Brett und besah sich Johannas Zierwerk. Er hatte eine Ausstellung der französischen Impressionisten besucht und schwärmte, dass er sich nicht habe satt sehen können. »Also, wenn ich mir Ihr Girlandenwerk so ansehe. Die Farben, Frau Ey, die Farben! Das ist doch mal was ganz anderes. Es wär nicht schlecht, wenn jetzt Professor Spatz hereinkäme!« Alles kreischte. Er kam auf die Akademie zu sprechen, beschwerte sich, dass es zuginge wie vor hundert Jahren. »Vielleicht sollten wir nicht nur anders malen, sondern unsere Sachen auch anders präsentieren. Frau Ey macht es vor. Wer einmal was anderes gesehn hat, kann nicht mehr zurück. Mir geht es so mit den modernen Franzosen. Das ist was Neues und für uns unbedingt wichtig.«

»Ja, unbedingt. Ich habe Monets Seestück gesehn«, erklärte Bernhard Sopher, ein Bildhauer mit schwarzem gestutzten Bärtchen und einer Schmalztolle, während er in ein Ei biss und kaute, »grandios kann ich nur sagen. Wenn man davor steht: Schiffe, die im Nebel verschwinden, alles in Violett und Blau. Gemalt mit kleinen, kurzen Pinselstrichen. Das ist es, was das Wechselspiel des Lichts mit dem Flimmern der Luft so anschaulich macht.«

»Ich habs auch gesehn. Die Farbe ist so dünn aufgetragen, dass man die Leinwand sieht.« Ophey mischte sich ein. Er war in Paris gewesen und trauerte der Großstadtatmosphäre nach. »Düsseldorf ist armselig und tot. Das ist mir in Paris immer klarer geworden. Ich hab die Sammlung Durant-Ruel besucht. Von Degas waren fabelhafte Pastelle dabei. Dann die feinsten Monets, mit starken und trotzdem luftigen Farben. Cézannes Stillleben, eine ungeheure Menge von Renoirs. Das alles war mehr wert als die ganze Düsseldorfer Kunsthalle, wo die künstlerische Anregung gleich null ist. In Paris kann man in ein paar Tagen mehr lernen als hier in zehn Jahren. Mein ganzes Können kam mir dort reichlich lächerlich vor.« Die Diskussion wurde lauter. Hitzig stritten sie über Pinselführung und Farben, über Licht und Linien. Mehrfach hob Johanna den Finger vor den Mund. »Pssst! Denkt an die Nachbarn.« Es half immer nur kurz. Thuar hatte seinen Freund Macke mitgebracht, der mit einem Würstchen in der Luft herumfuchtelte, es dann in Mostrich tauchte, abbiss und kauend erklärte: »Die Akademie ist vermorscht vom Keller bis zum Gebälk. Sie bewegt sich keinen Millimeter, aber die Kunst bewegt sich. Es ist Zeit, dass der Sehende oder sagen wir besser der Malende die Aussage seines Bildes selbst bestimmt. Das fordert auch dem Betrachter viel mehr ab. Er ist gezwungen mitzudenken. Kunst muss endlich aufhören, belehrend zu sein.«

»Das ist gut. Sehr gut sogar. Kunst als etwas mit einem eigenständigen und vor allem geistigen Wert.« Johanna stand hinter dem Tresen, schnippelte Gurken in eine Schüssel, verfolgte die Gespräche. Ein bisschen stolz war sie, dass die Girlanden zu Diskussionen über Kunst geführt hatten. Obwohl sie nichts davon verstand, mochte sie es, wenn die Worte hitzig wurden, die Stimmung sich hochschraubte. Sie bewunderte die jungen Männer, die abgebrannt und hungrig dasaßen und trotzdem an ihrer Kunst festhielten, an ihre Bilder glaubten. In Wickrath, im Haus der Eltern, hatte es keine Bilder gegeben. Auch Künstler hatte sie nicht gekannt, nur oft genug gehört, dass Maler und auch Musiker allesamt Hungerleider und Spintisierer seien, die es, da sie den Ernst des Lebens nicht begriffen hätten, niemals zu etwas bringen würden. Waren es nicht wirklich Traumtänzereien? Erst am Morgen hatte ihr Sopher ein Bild gebracht, weil er klamm war. Voller Bewunderung für ihn hatte Hermann geäußert, Maler werden zu wollen, woraufhin sie gewarnt hatte: »Bloß nicht!«

Daran dachte sie, als sie Deusser zuhörte, der sich in mächtige Reden mit Macke verstrickt hatte. Gegenseitig warfen sie sich vor, dilettantisch zu malen. Missbilligend schüttelte sie den Kopf, als Deusser aufstand, sein Glas erhob, einen lauten Wortschwall auf moderne Kunst losließ, der mit Tischtrommeln beantwortet wurde. »Kinder, bleibt ruhig ...«, mahnte sie und hob beschwichtigend die Hände. Deusser war mit Studenten aus der Landschaftsklasse dabei, eine Künstlergruppe zu gründen. Wenn er allein kam, setzte sie sich manchmal zu ihm, sah, wie er zeichnete, wie seine braunen, sehnigen Hände den Stift über das Blatt fegten, wie sich Gesichter und Landschaften aus dem Papier hoben, wie durch Stricheln von Schatten Tiefe und Weite entstanden. Stundenlang konnte er sich ins Malen versenken. Heute aber war er nicht zu halten. »Frau Ey, ruhig bleiben geht nicht bei diesen Themen. Das brennt unter den Nägeln. Deshalb auch der Zusammenschluss. Sie werden noch sehn, wie wichtig das wird. Die Franzosen sind da viel weiter als wir. Wir müssen auch endlich von diesem Konservativen wegkommen. Und ausstellen und Bilder verkaufen.« Er zog sie neben sich auf einen Stuhl. »Zu fünft sind wir jetzt. Bretz ist dabei und Clarenbach, der mit der ständigen Zigarre. Auch Schmurr macht mit. Und Ophey. Er war Meisterschüler bei Dücker und hat an guten Ausstellungen mitgewirkt. Flechtheim, ein Kunstsammler, der sehr wählerisch ist, kauft Bilder von ihm. Das heißt was. Ophey ist fein raus. Sogar in Köln ist er dabei. Und jetzt bei uns. Im Mai werden wir ausstellen. Eine Sonderausstellung wird es geben in der Kunsthalle. Sie müssen auch kommen, Frau Ey. Sie kennen doch so viele von uns.« Johanna nickte. »Wenn ihr Ruhe haltet, überlege ich mir das. Zusammenhalten ist nie schlecht. Und wenn ihr Bilder verkauft, könnt ihr ja mal eure Schulden bezahlen.«

»Werden wir. Und dann werden wir reisen. Eindrücke sammeln, Licht ... Nach Italien soll es gehn, nach Paris. Die Kunst ist das Wichtigste, das Edelste. Wir wollen sie weiterdenken. Das ist eine Pflicht.« Johanna sah, wie seine Augen blitzten, wie er, während er redete, an den Fingernägeln zupfte. »Ich habe nicht gewusst, dass man von Kunst so besessen sein kann«, sagte sie. Deusser lachte. »Das kann man allerdings sein. Die Kunst ist alles und ohne Kunst ist alles nichts. Ich weiß nicht mehr, wer das gesagt hat, aber es stimmt. Kunst ist das einzig Uneigennützige und Zweckfreie, das der Mensch hat. Ich könnte ohne nicht leben und so wie mir geht es allen hier. Allen, die ernsthaft malen. Es sind gute Maler hier, sehr gute. Sie sehn doch selbst, was an Ihren Wänden hängt. Wenn man es nur verkaufen könnte.« Johanna seufzte. »Meint ihr wirklich, dass ihr mal davon leben könnt?«

»Daran denke ich nicht. Auch wenn es nicht so ist, werde ich weitermalen. Es wird nicht die Frage sein, ob ich davon leben kann.«

»Aber von etwas müsst ihr doch leben.«

Macke zuckte mit den Schultern. »Man kann mit sehr wenig leben, wenn man nur sein Leben mit den richtigen Tätigkeiten verbringt. Mit etwas, das Sinn gibt. Es sind so viele, die nach dem Zufall leben.«

»Was soll ich da sagen? Wenn ich über den Sinn hier nachdenke ... Ich muss mich und meine Kinder durchbringen. Was hätte ich anderes machen sollen als backen und verkaufen? Was anderes kann ich ja auch nicht.« Savelsberg mischte sich ein. Er saß am Fenstertisch und durchblätterte eine Zeichenmappe. »Frau Ey, Sie ahnen ja gar nicht, was Sie für uns sind. Die halbe Akademie rennt Ihnen doch die Bude ein. Und warum? Hier können wir sein, wie wir sind. Und malen können wir. Aber nicht nur das. Wer Halsweh hat, kriegt warmen Tee; bei kalten Füßen gibts Gestricktes und bei Magengrimmen eine Hühnerbrühe. Wenn ich die getupften Tassen sehe, hab ich das Gefühl, zu Hause zu sein. Auch Ihre Saubohnen mit durchwachsenem Speck erinnern mich dran. Außerdem kann man hier jede Menge lernen.« Diesmal musste Johanna lachen. »Was soll man hier schon lernen können?«

»Dass man in zu enge Schuhe hineinpinkeln und sie dann eine Nacht stehen lassen soll.« Savelsberg grinste. »Ja, wirklich. Das haben Sie mir mal geraten. Ich habs ausprobiert und es hat geklappt. Und Sopher haben sie mal einen Furunkel mit Schmierseife kuriert. Aber ich meine natürlich was anderes.

Zwischenmenschliches kann man hier lernen, das vor allem.« Maria rief aus der Backstube und Johanna stand auf. »Jetzt muss ich aber. Das mit dem Zwischenmenschlichen müssen Sie mir mal erklären. Ich mach das, was ich kann. Weiter nichts.«

Carmen

Die Hand mit dem Brief zitterte ein wenig. Deshalb faltete sie ihn zusammen und legte ihn ab. Sie ging zum Ofen, klappte das Türchen auf, griff nach dem Schieber und holte Brot heraus. Heiß war es in der Backstube. Der Geruch nach Aufgebackenem nahm ihr für einen Moment den Atem. Heute ist wieder so ein Tag, an dem etwas zu Ende geht, dachte sie. Sie wusste nicht, ob sie weinen oder lachen sollte. Der Brief tauchte den Tag in ein seltsam fremdes Licht. Robert hatte die Scheidung beantragt. Alles kam ihr verändert vor.

Am Morgen war auf der Oberkasseler Kirmes ein Moritatensänger auf offener Bühne verhaftet worden. Drei Morde sollte er begangen und in seinen Schauergesängen en detail zum Besten gegeben haben. Der Laden war voller Leute, die über die Strafe spekulierten. Johanna war dabei, Brot zu schneiden, als ein Passant in einem langen, weiten Mantel die Backstube betrat, vor die Bilder trat und eine Weile sinnierend stehenblieb. »Sind die zu kaufen?« Johanna sah auf. »Wenn Ihnen eins gefällt.«

»Was soll das hier kosten?«, fragte er und zeigte auf eine sommerliche Flusslandschaft. Sofort verstummten die Gespräche an den Tischen, die Köpfe fuhren herum, gespannte Gesichter richteten sich auf Johanna, die ruhig weiterschnitt, dann mit dem Messer in der Hand in Richtung der Bilder deutete. »Die Landschaft da? Die von Savelsberg?«

»Ja, genau die. Savelsberg sagen Sie? Nie gehört. Gefällt mir. Sehr schön. Sehr stimmig. Die Farbkontraste sind modern, nicht alltäglich.« Johanna legte das Messer ab, umrundete den Tresen. »Mir gefällt es auch. Haben mich schon viele drauf angesprochen. Aber billig wird es nicht. 100 Mark ist es wert.« Sie sah, wie der Student Herberholz sich das Lachen verkniff, wie Thuar unruhig den Oberkörper vor- und zurückbewegte, spürte, wie Spannung die Luft straff zog. Erwartungsvoll sahen alle zu, wie der Mann ein Taschentuch auffaltete, schnäuzte, sich dabei vor dem Bild bewegte und sich dann einen goldgeränderten Kneifer auf die gerötete Nase setzte. »Darf ich es abnehmen?«, fragte er, aber ohne eine Antwort abzuwarten, griff er nach der Leinwand, ging damit zum Fenster, wo er sie drehte und von allen Seiten betrachtete. »Hmm. Sicherer Strich. Gute Perspektive.« Dann klemmte er das Bild zwischen die Knie, zog sein Portemonnaie aus der Tasche, kramte darin herum, entnahm zwei Fünfzigmarkscheine, die er der überraschten Johanna in die Hand drückte. »Ich nehm es.«

»Sie wollen also ...«

»Hab ich doch gesagt. Wenn Sie mir das Bild in Papier schlagen könnten?« Johanna rief nach Maria, die mit der Düsseldorfer Zeitung und einer Schnur angerannt kam.

Kaum war der Mann mit dem Bild verschwunden, trommelte alles auf den Tischen: »Frau Ey, das war gekonnt! 100 Mark! Sie müssen Kunsthändlerin werden! Verkaufen Sie doch unsere Bilder!« Johanna stemmte die Fäuste in die Seiten und lachte. »Also so was! Wie wird Savelsberg sich freuen! Und es war ganz einfach!«

Savelsberg zahlte sofort sämtliche Schulden, die er bei ihr hatte und überraschte sie mit Theaterkarten. »Wir beide, morgen Abend. Das haben wir uns verdient«, sagte er, indem er Johanna ein Billet in die Hand drückte und ihr zuzwinkerte: »Die Reise geht nach dem schönen Spanien. Sie werden schon sehn. Das ist genau das Richtige. Ich meine, irgendwie passt es zu Ihnen: Spanien ... Ich begleite Sie, wenn Sie erlauben.«

»Carmen«, las Johanna, »Oper und Ballett in vier Akten.«

»Ja, eine Oper! Waren Sie schon mal in einer Oper? Helene Blumenthal als Carmen. Ich hab sie letztes Jahr gesehn. Sie ist grandios!«

Den ganzen Tag rannte Johanna aufgeregt hin und her, vergaß den Ofen zu feuern und Heringe einzulegen, erzählte allen, dass am Abend nicht gekocht würde, Maria allenfalls Suppe da hätte. Sie sorgte sich wegen der Garderobe, aber als Niggemeyer am Nachmittag auftauchte, ihr aus dem Fundus des Theaters ein schwarzes Kleid mit Rüschen und Spitzen brachte, das überdies auch noch passte, hätte sie ihn in der Backstube fast zum Tanzen aufgefordert.

Kurz vor halb sieben kam Savelsberg. Er konnte sich kaum einkriegen über Johannas Kleid, fand sie stolz und spanisch aussehend, was, wie er meinte, bestens zur Oper passe. Er selbst trug zu seinem etwas zu kurzen Kaiser-Wilhelm-Bart einen Smoking. Das Jackett war zweireihig, hatte seidenbesetzte Revers, auf den Außennähten der Hose waren Zierstreifen appliziert. Ein weißes Hemd, akkurat gebügelt, Kummerbund, Schleife und Zylinder rundeten die Sache ab. »Auch aus dem Fundus?«, fragte sie und wies auf den Smoking, aber Savelsberg schüttelte den Kopf. »Von einem Freund.«

»Die gesamte Prominenz ist hier«, flüsterte er, als sie über erleuchtete Korridore in den Saal traten: Parterre, erster Rang. Kronleuchter und bronzene Kandelaber verbreiteten ein schummeriges Licht. Von verzierten Balkonen richteten elegante Frauen mit nackten Schultern und blitzendem Schmuck Operngläser auf hereinströmende Zuschauer. Wortfetzen und Lachen mischten sich mit schrägen Tönen von Instrumenten eines unsichtbaren Orchesters. Hinter einem Vorhang probte ein Sänger; ein Kapellmeister trat mit übertriebener Wichtigkeit an ein Pult, blätterte in einem Notenheft. Mädchen vom Ballettkorps kicherten.

Johanna musterte die Eintretenden. Ihr Blick blieb an Kleidern aus Samt- und Seidenstoffen hängen, an Spitzeneinsätzen, Applikationen und Einlegearbeiten, an Frisuren, in denen Schmuck, Federn oder Kämme leuchteten, an engen Röcken, die die Trägerinnen zu kleinen Humpelschritten veranlassten, an perlenbestickten Theatertäschchen, die an geschmückten Handgelenken baumelten. »Gucken Sie mal, Fächer aus Straußenfedern sind angesagt«, fisperte sie und dachte, dass die Damen der Gesellschaft sich fühlen mussten wie berühmte Schauspielerinnen, deren Fotos sie aus den Gazetten kannte. Wieder zupfte sie Savelsberg an der Jacke: »Sehn Sie doch, die da vorne, mit dem Pelzkragen ...«

Besonders die Logen füllten sich mit Leuten in aufwändiger Garderobe. Neben einer Dame mit Turban und blitzendem Ohrschmuck flüsterte ein kahlköpfiger Mann mit einer auffallenden Schönheit. Bis ins Parterre hörte Johanna ihr Lachen. An der Brüstung saß eine alte Frau mit weißen Pudellöckchen, klappte einen spitzenbesetzten Fächer auf und zu und las im Textbuch.

Savelsberg erzählte Johanna, was er über den Inhalt der Oper wusste, aber sie war so beschäftigt mit dem, was sie sah, dass sie nur mit halbem Ohr hinhörte. Als das Licht zurückging und erlosch, wurde es still. Der Vorhang hob sich, Musik setzte ein und eine belebte südliche Straßenkulisse, rot ausgeleuchtet, wurde sichtbar. Arbeiterinnen einer Zigarettenfabrik flanierten auf der Straße, Soldaten standen herum. Blicke, Musik und Tänze verrieten, dass die Männer es auf eine abgesehen hatten: auf Carmen, eine wilde Schönheit in einem roten Kleid, die schwarzen Locken ungebändigt. Dem einzigen Soldaten, der sie ignorierte, warf sie eine Rose zu. Sofort war Johanna im Bann der Geschichte. So hatte sie sich Spanien vorgestellt: rassige Frauen mit brennenden Augen und freizügigen Kleidern, Zigeuner, Stierfechter, Bandilleros, Picadores, Schmuggler und Flamencotänzerinnen, allen voran Carmen. »L'amour est un oiseau rebelle, que nul ne peut appriviosier, et c'est bien en vain qu'on l'appelle, s'il lui convient de refuser.«

»Die Liebe ist wie ein wilder Vogel, den kein Mensch zähmen kann ...«, übersetzte Savelsberg in den Gesang, woraufhin ein Mann aus der vorderen Reihe sich ärgerlich umdrehte, den Zeigefinger vor dem Mund: »Pssst!«

Eine Geschichte aus Eifersucht und Schuld, Verletzungen und Stolz, Ehre und Freiheitsdrang rollte sich auf, die durch Musik voller Rhythmen noch gesteigert wurde. Vom Flamenco hatte Savelsberg erzählt und Johanna hatte sich auch eine Vorstellung gemacht. Was sie aber sah, als Carmen tanzte, traf sie in ihrem Innersten. Carmens Tanz war kratzbürstig und rebellisch, hochmütig und erotisch. Die harten Klänge der Kastagnetten, das Getrommel der Tamburine, der Takt der schnellen Füße waren wie der Herzschlag der Tänzerin, deren Aufruhr, Wut und Qual sich weiter und weiter steigerten. Carmen tanzte aufrecht und stolz, stampfte auf, war laut, vergaß sich. War das Freiheit? Leidenschaft? Feuer? »Es weicht Carmen keinem Gebot! Frei will ich sein, frei selbst noch im Tod.« Johanna fühlte Tränen aufsteigen, als Carmen in einem Anfall verzweifelter Eifersucht erstochen wurde und Don José, ihr Liebhaber, über dem leblosen Körper zusammenbrach.

Aufgelöst verließ sie das Theater.

Bis in die Nacht saß sie mit Savelsberg in der Backstube, wo sie über Carmen redeten, deren Verhängnis es gewesen war, freisinniger zu sein als andere. Carmen, die sich niemandem untergeordnet, die sich die Freiheiten der Männer genommen und sogar auf offener Straße geraucht hatte, imponierte Johanna. Die Seiltänzer, die sie als Kind auf dem Wickrather Marktplatz gesehen hatte, kamen ihr in den Sinn. Sie sah die bunt gekleideten Mädchen vor sich, die Mutter mit den schillernden Ohrringen und der hohen Frisur. Sie erinnerte sich, wie die Schläge des Vaters gebrannt hatten. Später die Schläge von Robert. Sie dachte an Carmen, die mit ihrem Leben bezahlt hatte. Von Roberts Brief und der Scheidung sagte sie nichts.

Paul

In der Backstube wuchs die Arbeit. Morgens um fünf stand Johanna auf, spätabends, oft nach Mitternacht, sank sie mit geschwollenen Füßen auf der Chaiselongue in den Schlaf. Obwohl vor allem Lisbeth half, wo sie konnte – Maria hatte geheiratet und erwartete ein Kind – war sie den ganzen Tag auf den Beinen, rackerte in Küche und Laden, rannte wegen Kartoffeln oder Kappes zum Markt, bediente und kassierte, hatte für jeden, der hereinkam Zeit und Worte. Wenn sie am Herd stand und mit heißen Töpfen hantierte, wenn sie Gurken schnippelte und Eier einlegte, wenn sie Wochenpläne für den Mittagstisch machte, wenn sie putzte und räumte, vor allem aber wenn sie versorgen konnte, war sie zufrieden. Glücklich machten sie auch die zunehmenden Bilderverkäufe. Manchmal kamen Leute, die nur die Bilder sehen wollten.

Bisweilen an Sonntagen spazierte sie ein Stück die Straße hinunter, an sehr schönen Tagen auch bis an die Rheinwiesen, wo Kühe standen und die schweren Köpfe nach ihr drehten, vorbeifahrende Schlepper mit ihren Lastkähnen für einen aufgeregten Wellenschlag sorgten und manchmal Kinder flache Steine über das Wasser hüpfen ließen. Ansonsten waren der Hofgarten und die Gärten der Tonhalle die äußersten Punkte ihrer Promenade. Meist aber blieb sie im Backladen, weil sie nichts vermisste. Ausnahmen waren der Karneval und das Theater. Seit sie Carmen gesehen hatte, schwärmte sie für die Oper. Hin und wieder brachten ihr die Theaterleute Karten und sie genoss es, in einer der Logen zu sitzen und in andere Welten zu tauchen. Erschüttert war sie von Aidas Sterben in Radames' Armen, im ›Fliegenden Holländer‹ litt sie mit einem Seefahrer, der den Kräften der Natur trotzen wollte, in der ›Lustigen Witwe‹ war es Helene Blumenthal, mit der sie sich verbunden fühlte, weil sie sie an Carmen erinnerte.

Aber Theaterbesuche waren selten. Meist war sie abends geschafft vom Tag. Manchmal saß sie bis in die Nacht bei den Studenten, hörte sich deren Sorgen an, rauchte selbstgedrehte Zigaretten, gab Ratschläge, empörte sich mit ihnen über die Professoren, erzählte ihnen von sich, von Roberts Schlägen, von den toten Kindern. Sie litt mit ihnen, wenn es mit dem Malen nicht ging, wenn das Geld nicht reichte, wenn sie resignierten, dass Kunst eine brotlose Sache sei und das Leben eine Farce. Manchmal gab sie eine Runde Likör aus, besonders während der Jury der Professoren, wenn der ein oder andere Student in die Meisterklasse wechselte und alle nervös waren. Sie war glücklich, wenn sie hörte: »Ein guter Ort ist das hier, Frau Ey. Ach, wenn Sie wüssten.«

Im Mai, als der belgische Baron de Caters mit einem Flugapparat auf der Grafenberger Rennbahn landete und alles von Zeppelinen schwärmte, die aussahen wie silberne Zigarren, schwenkte Johanna einen Brief durch die Luft: »Paul hat die Zusage! Er darf auf der SMS Moltke anheuern!« Ophey und Wever trommelten auf den Tischen. Glückwünsche flogen durch den Laden. Johanna strahlte und spendierte jedem ein Stück Zopf. »Stellt euch vor, meine Jungs! Hermann hat jetzt seine Schlosserlehre fertig. Bei Haniel wollten sie ihn gar nicht mehr gehn lassen. Aber er hat sich nach Berlin vermitteln lassen. Wenn es bloß nicht so weit wäre. Bei den Borsig-Werken fängt er an. Lokomotiven bauen sie dort. Ja, und jetzt der Paul! Die Moltke ist ein nagelneues Schiff. Gerade vom Stapel gelaufen! 40 Millionen Goldmark hat es gekostet. Und da ist jetzt mein Paul dabei!« Der Maler Leman, der Zeichnungen vorbeigebracht hatte, klopfte ihr auf die Schulter. »Ein Schlachtkreuzer ist das. SMS ... Seiner Majestät Schiff. Das ist ordentlich. Da wünschen wir dem Paul nur Gutes!« Johanna nickte. »Ein bisschen nachgeholfen hab ich. Der Paul wollte doch unbedingt bei der Marine dienen. Er hat auch einen Antrag gestellt, in Kiel, aber dann wollten sie ihn zur Infanterie schicken. Ich bin dann selbst zur Militärkommission gegangen. Vor Exzellenz von Sperling hab ich gestanden und gefragt, ob mein Sohn nicht bei der Marine dienen könnte. Was meint ihr, was seine Exzellenz gesagt hat?« Erwartungsvoll sah sie in die Runde. »Er hat gesagt: Ihr Sohn soll seinen Antrag nach Kiel wiederholen und bemerken, Exzellenz von Sperling befürworte das Gesuch!« Stolz stemmte sie die Fäuste in die kräftige Mitte. »Denkt mal an, zur kaiserlichen Marine geht der Junge jetzt. Er war ja auch immer so tüchtig.« Ophey rückte ihr einen Stuhl heran. »Deine Kinder sind alle tüchtig. Da kannst du stolz sein. Von der SMS Moltke hab ich gelesen. Ein prächtiger Kreuzer, das muss man schon sagen.«

»Ja, ein schönes Schiff. Und noch was«, Johanna hob Augenbrauen und Stimme, »im Juni gehts nach Amerika. In Kiel legen sie ab. Die Welt wird er sehn, mein Paul! Alles wird er erleben!« Dann wurde sie nachdenklich. »Es ist schon seltsam, wenn Kinder fortgehn. Gestern kam Post aus Berlin. Meine Scheidung ist rechtskräftig. Damit bin ich jetzt auf mich gestellt, muss keinem mehr Rechenschaft ablegen. Bin also endgültig drauf angewiesen, mich und Lisbeth allein durchzubringen. Tja, ich bin also jetzt geschieden.« Uzarski, dunkellockig, mit runder Brille im ständig ironischen Gesicht, – er war schief gewachsen und spindeldürr, besuchte an der Gewerbeschule Kurse für Buchkunst und hatte kürzlich ein eigenes Atelier bezogen – bestellte eine Runde Likör. »Den trinken wir auf dich und deine Jungs! Und zahlen tu ich heut noch!«

»Aber wisst ihr, auf wen wir auch trinken müssen?« Johanna strahlte: »Auf Maria! Sie hat am Dienstag ein Mädchen bekommen – eine Irene.« Alle klatschten und pfiffen. Herberholz spielte auf der Ziehharmonika, Ophey sang. Johanna wiegte sich im Takt. Uzarski sprang auf, verbeugte sich: »Dürfte ich es wagen ...« Er packte sie und wirbelte sie herum. Johanna lachte und lachte. »Da geh ich ins Maxim, dort bin ich sehr intim, ich duze alle Damen, ruf sie beim Kosenamen: Lolo, Dodo, Joujou, Clocio, Margot, Froufrou, sie lassen mich vergessen, das teure Vaterland!« Ophey kletterte auf einen Stuhl, schwenkte eine Tasse in der Luft, gab Herberholz ein Zeichen und stimmte ein neues Lied an: »Ein schlankes Schmackeduzchen stand im See nah an des Ufers Rand und freute sich des Lebens. Ein kleiner süßer Enterich sprach: Schmackeduzchen, liebe mich. Doch flehte er vergebens. Sie war so unnahbar und stolz, ihr

Herz war hart wie Buchsbaumholz, er wurd vor Liebe krank. Sie lachte, wenn er sang: Mein geliebtes Schmackeduzchen, komm zu deinem Enterich, lass uns beid von Liebe plauschen, innig, sinnig, minniglich!« Dabei hob Ophey ein Bein, küsste die Tasse, drehte sich auf dem Stuhl, versuchte eine Pirouette. Herberholz schrie vor Lachen. »Mein geliebtes Schmackeduzchen, komm zu deinem Enterich, lass uns beid von Liebe plauschen, innig, sinnig, minniglich!«

Am Abend kamen Frauen dazu. Die Freundin von Blech, eine Schwester von Savelsberg und drei Modelle – darunter eine Blonde, die mit ihrer Federboa alle Blicke auf sich zog. Sie quetschte sich zwischen Ophey und Uzarski, öffnete ein glitzerndes Handtäschchen, nahm eine Puderdose heraus, klappte die Dose auf, nahm die Quaste, tupfte auf dem Puder herum, und puderte sich, in den Spiegel der Dose blickend und unter dem Applaus der Studenten, Wangen und Nase. Ophey bestellte eine Flasche Mosel, Uzarski gab eine Runde Zigaretten. Johanna verzog sich hinter den Tresen, wo sie anfing zu spülen. Sie beobachtete, wie sich die Blonde auf Opheys Schoß setzte, ihm etwas ins Ohr flüsterte, woraufhin er den Kopf schüttelte und in Richtung des Pumpbuches zeigte. Herberholz' Gesang sorgte dafür, dass Uzarski aufsprang und die Frau von Opheys Schoß zerrte: »Schenk mir doch ein kleines bisschen Liebe, sei doch nicht so schlecht zu mir! Fühlst du nicht die innig süßen Triebe, wie mein Herz verlangt nach dir ...«

Die Frauen hatten die Stimmung verändert; die Studenten äfften herum, prahlten und protzten. Immer wieder sah Johanna zu ihnen hinüber. Das Lachen der Blonden wirkte eingebildet und unecht. Ein paar Takte hatte sie mit Uzarski getanzt, sich dann wieder Ophey zugewandt. Jetzt saß sie da, mit ihren schimmernden Seidenstrümpfen und hochhackigen Pumps, hielt eine lange Zigarettenspitze in der Hand und spielte, mit dem Blick kokettierend, an einer Perlenkette, die ihr bis in den Schoß fiel. Jung war sie und hübsch, das musste Johanna zugeben. Uzarski war ganz hingerissen. Herberholz, berauscht von einer Rothaarigen mit Turban, die er ständig anzufassen versuchte, rief: »Frau Ey, hoffentlich ist noch Wein da! Heut ist so ein Tag, den man feiern muss! Jetzt kommt endlich mal richtig Laune in deine Kaffeebude!« Ophey tauschte verstohlene Blicke mit der Schwester von Savelsberg, dann prostete er der Blonden zu, tänzelte vor ihr herum und verbeugte sich. »Darf ich bitten?« Immer ausgelassener wurde die Stimmung.

Die Abneigung gegen das Schäkern und Poussieren in ihrem Laden war Johanna anzusehen. Immer tiefer wurde die Falte zwischen den Brauen. Reichte es nicht, wenn sie den Studenten erlaubte, hin und wieder Essen für die Modelle mit in die Ateliers zu nehmen? Mussten sie sie jetzt mitbringen? Zurückgesetzt fühlte sie sich, vernachlässigt und an den Rand gedrängt, hatte das Gefühl, nichts wert zu sein und ausgenutzt zu werden. Waren die Studenten unter sich, war sie Vertraute, Kameradin und Gefährtin. Waren Frauen dabei, war alles anders. Gerade wollte Ophey mit der Blonden zu einem Schieber ansetzen, als Johanna energisch dazwischen ging. »Schluss jetzt! Hier wird nicht mehr getanzt. Eure Modelle gehören nicht hierher! Und das mit dem Wein hört auch auf! Wenn ihr euch vergnügen wollt, müsst ihr woanders hingehn!«

Asta

Am Vormittag war sie bei Maria gewesen, um nach dem Säugling zu sehen, der mit fiebrigen Augen und rotgebrülltem Gesicht in der Wiege lag. Sie hatte Honig besorgt, einem Bauern Salbei abgehandelt und Maria angewiesen, daraus einen Tee zu brühen, der Linderung bringen sollte. Anschließend war sie mit einem Korb Leibwäsche im Waschhaus gewesen.

Es war schon Nachmittag, als sie den Laden aufschloss und kurz darauf einem Polarforscher, der ihr von der Entdeckung des Südpols erzählte, zwei Bilder von Ophey verkaufte, zu einem Preis, den sie nicht fassen konnte.

Gut gelaunt saß sie am Nachmittag zwischen Feigler und dem Bildhauer Sopher auf der Chaiselongue. Fritz Feigler, Student bei Gebhardt, dunkelhaarig, klein und nahezu kinnlos, rühmte sich für das Stipendium, das er für außergewöhnliche Begabung bekommen hatte, als ein alter Mann angeschlurft kam, den Sopher wie einen alten Bekannten begrüßte. »Flohpitter, was machst du denn hier?« Der Alte kam näher. Er hinkte. Seine Haare waren lang und zerzaust, die Kleider nur vom Regen gewaschen. Ein Bart überwucherte das Gesicht, selbst aus der Ohrmuschel wucherte Haargestrüpp. »Flohpitter ist unser Modell für biblische Gestalten«, erklärte Feigler, »an der Akademie hält er als Abraham und Mose her, womit er sein Brot, vor allem aber seinen Schnaps verdient. Oder Flohpitter?« Der Alte hob drohend die Hand. Mit unruhigem Blick kam er auf Johanna zu. »Bin ich ausgestellt?« Als Johanna verneinte, fragte er nach einem Klaren. Sopher prustete. In ihrer Freude über den geglückten Bilderverkauf schenkte Johanna Flohpitter einen Doppelten ein und gab ihm Essen für Zuhause mit. »Dat is noch besser, wie wenn ich ausgestellt wär!«, nuschelte er und hinkte mit seinem abgeschabten Beutel hinaus. Er hinterließ einen strengen Geruch, kündigte an, wiederzukommen, stand noch eine Weile mit Sopher und Feigler vor der Tür. Johanna sah, wie er sich verbeugte, als Sopher eine Münze aus der Tasche kramte.

Sie waren kaum um die Ecke, da kam Ophey. Wochenlang hatte er sich rar gemacht, weil er mit Ausstellungen befasst war. »Es gibt eine neue Schau unseres Sonderbunds«, sagte er, indem er sich die Schuhe am Rost abtrat und Johanna die Hand hinhielt. »Drei Mal schon haben wir hier in Düsseldorf ausgestellt. Beim letzten Mal haben sie uns gesagt, die Ausrichtung sei zu international. War natürlich lächerlich. Deshalb sind wir nach Köln gegangen. Und da läuft jetzt eine Jahrhundertschau, auf der endlich auch die Jüngeren vertreten sind. Das wird einen Schub geben für die moderne Malerei.« Eine Zigarette zwischen den Fingern schwärmte er: »Es ist richtig was im Gange. Mutige Bilder sind es. Ein Kurswechsel eben. Alles spricht drüber. Es gibt natürlich Kritik, aber was macht das schon? 170 Künstler sind dabei. Darunter eine Menge Franzosen: Cézanne, Gaugin. Natürlich Van Gogh. Mitglieder der Brücke-Gruppe sind dabei,

auch welche vom Blauen Reiter. Unser guter Thuar präsentiert blühende Gärten. August Macke ist in den Arbeitsausschuss gewählt worden. Flechtheim, er ist Schatzmeister und Leihgeber, hat Werke aus seiner Privatsammlung zur Verfügung gestellt. Wir begründen übrigens einen ganz neuen Ausstellungstyp.«
Johanna zog die Schultern hoch. »Was begründet ihr?«
»Wir präsentieren die Sachen anders. Bei uns sind die Bilder auf einer weißen Wand und mit einreihiger Hängung ausgestellt. Das hat eine bessere Wirkung auf Farbe und Form. Noch sind wir im Rheinland unterwegs, später geht es dann durch ganz Deutschland. In Köln hat man uns in der ersten Woche fast überrannt. Die Zeitungen stehn voll.« Er entrollte ein Plakat und bat, es außen an die Tür kleben zu dürfen. »Sonderbund, Internationale Ausstellung, in der Ausstellungshalle der Stadt Coeln am Aachener Tor, 25. Mai – 30. Sept. 1912, 9-17 Uhr.«

An diesem Abend wurde gefeiert. Clarenbach, das Kopfhaar links gescheitelt und glatt gekämmt, mit blauen Augen und kurzem Oberlippenbart, in einem teuren, hellen Streifenanzug – er ließ einen Schneider aus London kommen und fuhr einen Chrysler – war bestens aufgelegt. Er war ein paar Tage zum Aquarellieren zwischen Kaiserswerth und Bockum unterwegs gewesen, dann vom Rhein landeinwärts bis Kalkum und Angermund gezogen, zuletzt beim Fischerwirt in Brands Jupp Salönke in Wittlaer eingekehrt. Er bestellte Champagner, den Johanna nicht hatte, rauchte nahezu ohne Unterbrechung Zigarren, erzählte einen Witz nach dem anderen und prahlte damit, ein Leben für zehn zu führen. Zusammen mit Wever begoss er die Ausstellung mit Johannas Zwetschgenlikör. Während er immer wieder das Glas ansetzte, zeichnete er Flussufer und säumende Reihen von Schwarzpappeln in Johannas Skizzenbuch. Leman, mit rötlich-blondem Kraushaar und einer ausgeprägten Tolle in der Stirn, spielte Ziehharmonika. Wever klopfte den Takt auf einem Topf, Ophey versuchte ein Tänzchen mit einer imaginären Partnerin, deren Rundungen er in die Luft zeichnete, was alle zum Lachen brachte. »Asta Nielsen – das kann nur Asta Nielsen sein«, riet Wever, erntete Applaus und kam ins Schwärmen. »Asta ist das Größte, was die Leinwand zu bieten hat. Kühl und nordisch. Sie beherrscht einen mit ihren Augen, ja, diese Molltöne im Gesicht und die Blässe ...« Er zog ein Foto aus der Tasche, das er herumreichte: Asta Nielsen mit seelenvollem Blick in einem enganliegenden, schwarzen Paillettenkleid. »Ich hab sie gesehn. Im Kino auf der Graf-Adolf-Straße und kann nur sagen ...«

»Wir verstehen, was du sagen willst.« Johanna kam mit einer dampfenden Kanne, warf ihm einen verärgerten Blick zu und füllte die Tassen. Spatz und Gebhardt – sie saßen am Fenstertisch – mischten sich ein, meinten, dass der Film zu pikant sei. Clarenbach grinste. »Schuhe und Strümpfe hat sie ausgezogen – was ist daran pikant? Was gibt es Schöneres als Frauenbeine? Oder Frau Ey? Sagen Sie uns, gibt es was Schöneres?« Johanna antwortete nicht. Zu beschäftigt war sie mit Gläsern und Flaschen. »Ach, was solls«, lachte Wever, »wir haben hier auch eine Asta. Oder, was meint ihr? Frau Ey, wollen Sie nicht unsere Asta sein?« Alle lachten und klatschten. Clarenbach schnappte sich ein Glas, trank, sein Adamsapfel hüpfte. »Ja, unsere Asta ... Frau Ey, dürfen wir Sie Asta nennen? Wollen Sie mit uns ins Kino gehn? Am Sonntag geben sie eine Liebestragödie. Wenn Sie mitgingen, Frau Ey, hätten wir zwei Astas ...«

Nachdem Spatz und Gebhardt gegangen waren, kamen Frauen hinzu. Wieder war die Blonde dabei, wieder orderten sie Wein, rauchten und sangen. Je ausgelassener die Stimmung, desto schlechter wurde Johannas Laune. Sie beobachtete, wie besonders die Blonde kokettierte und mit Sehnsuchtsblicken Ophey anwimperte, sah, wie auch Savelsberg sich nach ihr den Hals verrenkte, herumturtelte wie ein aufgeplusterter Hahn. Während Johanna Brote schmierte und Kaffee aufgoss, überlegte sie, dagegen zu steuern. Als Clarenbach sie bat, mit nach Köln zu fahren, um die Ausstellung zu sehen, schüttelte sie den Kopf. »Für sowas hab ich keine Zeit. Und sowieso reicht es für heute.«

Verstimmt blieb sie zurück. Sie verstand selbst nicht, weshalb sie das mit den Frauen derart verabscheute. Sie zog eine Zigarette aus der Westentasche, zündete sie an, machte ein paar tiefe Züge. Robert fiel ihr ein und sie spürte Übelkeit im Magen. Sie überlegte, wie es anfangs zwischen ihnen gewesen war, aber sie wusste es nicht mehr. Sie versuchte zu ergründen, wann es angefangen hatte, dass seine Küsse grob geworden waren, seine Umarmungen roh und brutal, fand aber keine Antwort. Nur die Abscheu über Momente, in denen er sie packte, war noch da und die Erinnerung an seine starke Faust, mit der er, wenn sie sich weigerte, zuschlug, bis sie liegen blieb und alles über sich ergehen ließ. Das winzige Gesicht von Rudolf tauchte auf und sie sah sich hinter einem Sarg hergehen. Plötzlich war da ein saurer Geschmack im Mund. Sie drückte die Zigarette aus, ging in die Küche, spuckte ins Waschbecken und trank ein wenig Wasser. Blut und Tod, Leben und Liebe waren so dicht beieinander.

Am Donnerstagmorgen zog eine Prozession mit Kirchenfahnen über betendem Gemurmel und betäubenden Weihrauchnebeln durch die Ratinger Straße, vorneweg der Dechant mit der Monstranz, über ihm, das Allerheiligste beschirmend, ein Stoffbaldachin. Heiligenfiguren, geschmückt mit Birkengezweig und Blumenschmuck, schwankten auf Schultertragegestellen der Messdiener. Unter Beten und Singen folgten Mädchen mit weißen Kleidern und Blütenkörbchen in der Hand. »O Engel Gottes eilt hernieder und stimmet ein in unsre Lieder. Der Tag ist festlich uns und euch. Das Himmelsbrot, das wir heut ehren, mit dem sich unsre Seelen nähren, dies Brot macht Mensch und Engel gleich ...« Plötzlich verstummte der Gesang. Johanna stand am Fenster und sah, wie alle Blicke nach oben gingen. Einige tippten sich an die Stirn, schüttelten die Köpfe. Andere lachten. Die Prozession war kaum weitergezogen, da ging Johanna nach draußen, um nachzusehen. An der Fassade des Hauses, oberhalb der ersten Fensterreihe, spannten sich aneinander geknüpfte Betttücher, verknotet an die Haken der Fensterläden. Rot flammten Buchstaben: ›Heute Eröffnung des Künstlercafés Asta‹.

Den ganzen Tag brachte Johanna das Grinsen nicht mehr aus dem Gesicht. Dass sie die Backstube Künstlercafé nannten und sie Asta, entschädigte für den Ärger des letzten Abends. Mehr denn je fühlte sie sich mit ihnen verbunden. Dennoch nahm sie sich vor, die Sache mit den Frauen nochmals anzusprechen.

Als sich später wieder alles um eine Pfanne mit Bratkartoffeln drängte, die Betttuch-Aktion ausgiebig belacht und Sopher mit vollem Mund und kauend von nächtlichen Abenteuern prahlte, sah Johanna den Zeitpunkt gekommen. »Eure Späße sind schön und gut. Aber ich will nicht mehr, dass ihr eure Freundinnen und die Aktmodelle mitbringt. Geht mit ihnen ins Füchschen oder in die Uel oder sonst wohin. Frauen bringen nur Unfrieden. Dass ihr es alle wisst. Ein für alle Mal. Es behagt mir nicht. Merkt euch das!« Herberholz und Ophey, die rauchend am Tisch vor dem Ofen saßen, sahen erstaunt auf. Eindeutig waren Johannas Worte, energisch die Stimme. Wever, sein Monokel am Tischtuch putzend, versuchte einen Witz über Johannas Laune, aber auch darauf reagierte sie eindeutig: »Die Modelle bleiben in den Ateliers oder sonst wo. Wenn sie Essen verlangen, könnt ihr was mitnehmen. Aber wenn ihr mit ihnen feiern wollt, geht woanders hin. Hier gibt es so was nicht mehr.«

»Ist gut, Frau Ey. Wir verstehn das«, lenkte Sopher ein und Wever nickte. »Aber ins Kino dürfen wir Sie trotzdem einladen, oder? Es bleibt doch dabei? Asta Nielsen. Sie denken doch dran? Nächsten Sonntag im Kino auf der Graf-Adolf-Straße.«

Bilder und Schiffe

Die Bildersammlung wuchs. Der Platz an den Wänden wurde knapp. Johannas Verkäufe kamen nicht mehr nur zufällig zustande. Längst hatte sich herumgesprochen, dass es in der Kaffeestube Ey Kunst zu kaufen gab. Immer neue Gesichter tauchten auf. Künstler aus Köln, aus dem Ruhrgebiet und aus der Eifel kamen, auch Männer in Anzügen mit Aktentaschen, die Johanna schon an ihren Blicken als Sammler oder Galeristen entlarvte. Clarenbach brachte den Maler Jungheim mit. Er war groß und kräftig, lachte viel, sagte ihr, dass er wegen der Bratkartoffeln komme, zeigte ihr seine Landschaften vom Niederrhein und aus Westfalen. Seine Hände sahen aus wie die eines Maurers und Johanna wunderte sich, dass er so feine Striche hinbekam. Begeistert hörte er Clarenbach zu, der von der Ausstellung der Sonderbündler schwärmte, die im September in Köln zu Ende gegangen war. Clarenbach reichte Fotos herum, von Sälen, die der Kunst Frankreichs, Hollands, Ungarns, Norwegens und der Schweiz gewidmet waren. Ein Foto von Opheys knorrigem Baum war darunter, ferner Fotos von Bildern eines Tschechen; fremdartige, seltsame Figuren, wie aus Holz geschnitten. »Über 600 Bilder, meist nach Ländern geordnet. Ein sehr guter Querschnitt, der jüngste Stand der Malerei. Hier die Kartoffelesser von van Gogh. Und das ist sein Schlafzimmer in Arles. Hier siehst du meine Pappeln am Rhein. Und hier – das ist Nolde. Und das Picasso. Ein Genie!« Bild um Bild schob er Johanna über den Tisch. Picassos Mandolinenspieler sah aus wie ein Feld von wirr durcheinandergeworfenen Abschnitten eines Puzzles. »Unlängst hat der Kaiser noch Bilder von Cézanne als Pariser Dreckskunst bezeichnet.« Er blätterte in seinem Bilderstapel. »Wir Düsseldorfer waren in verschiedenen Sälen. Nur Deusser hatte einen eigenen Raum.«

»Was allerdings für Missmut gesorgt hat«, bemerkte Ophey, sah Johanna vielsagend an und rollte die Augen, »ja, Deusser weiß sich zu verkaufen. Aber eins muss man ihm lassen. Er hat für die Ausstellung richtig geschuftet.«

»Das stimmt. Er hat Transparente über Straßen spannen und Postkarten drucken lassen. Sogar Sonderbund-Zigaretten gab es.«

»Bloß anfangs haben die Kataloge gefehlt. Die Bilder hatten nur Nummern und die Leute mussten rätseln, was sie da vor sich hatten. Und das bei 600 Bildern. Die Leute haben gelacht und geschimpft, konnten mit den schrillen Farben, den Perspektiven und groben Pinselstrichen nichts anfangen. Auch die Presse hat gehetzt. Die Maler wären Exzentriker und die Bilder Tapetenmuster. Das hat sich natürlich auf die Besucher übertragen. Und dann war es auch so, dass der Vorstand gespalten war und nicht unbedingt auf der Seite der Modernen stand. Ständig gab es Zank.« Clarenbach widersprach; sie stritten über Erfolg und Misserfolg, was Johanna dazu bewog, aufzustehen und in die Küche zu gehen. Über Töpfen hantierend hörte sie Clarenbach über die Wirkung der Ausstellung sprechen, die, wie er glaubte, weit über Rhein und Ruhrgebiet hinausreichen würde. Als sie mit Tellern und Gabeln zurückkam, spekulierten sie über die Mona Lisa, die jemand am helllichten Tag aus dem Louvre herausgestohlen hatte und zankten über Corots ›Frau mit Perle‹, die jetzt ihren Platz einnahm. Kaum dass Johanna die Pfanne auf den Tisch stellte, fing Clarenbach wieder von der Ausstellung an, rückte seinen Stuhl neben sie, begann, während er kaute, unterschiedliche Stilrichtungen zu erläutern, sprach über Einflüsse der modernen Kunst, von Kubismus und Fauvismus, nahm Worte in den Mund, auch Namen von Malern, die sie nie gehört hatte, was ihre Aufmerksamkeit deutlich minderte. Als es ihr zu viel wurde, zog sie einen Zeitungsausschnitt aus der Westentasche, legte ihn auf den Tisch und strich ihn glatt. »Guckt mal. Das kam gestern. Vom Paul. Ist aus einer amerikanischen Zeitung.« Sie fuhr mit dem Finger entlang der Überschrift und las: »Deutsche Kriegsschiffe in Amerika. Vom 11. Mai bis zum 29. Juni 1912 unternahm die SMS Moltke zusammen mit dem Kreuzer SMS Stettin eine Nordamerikareise. Von Kiel aus gelangten sie über Ponta Delgada nach Virginia Beach Cape Henry, wo sie mit dem Stationskreuzer

SMS Bremen zusammentrafen. Gemeinsam liefen die Schiffe in die Hampton Road ein, wo sie am 3. Juni von der amerikanischen Atlantikflotte in Anwesenheit des US-Präsidenten William Howard Taft empfangen wurden.« Sie wies auf eine Fotografie, die unter dem Text abgebildet war. »Tausend Mann sind das. Die passen alle auf dieses Schiff.« Dann fiel ihr ein, dass kürzlich ein Schiff einen Eisberg gerammt hatte und die komplette Besatzung im eisigen Wasser versunken war und sie geriet ins Zweifeln. »Was meint ihr? Tausend Mann. Ist das nicht zu schwer? Hält so ein Schiff das aus?« Clarenbach kramte seine Brille aus einem abgegriffenen Etui und zog die Zeitung zu sich heran. »Natürlich hält es das aus.« Auf einem riesigen Schiff mit zwei Schornsteinen standen winzig wirkende Matrosen salutierend an der Reling. Sie trugen dunkle Joppen und weiße Hemden mit großen Kragen. »Einer von denen ist Paul. Heizer im Maschinenraum. Wenn ich ihn doch nur mal wieder richtig sehen könnt!« Immer wieder zeigte Johanna mit dem Finger auf das Bild, justierte die Brille, suchte nach Paul. Während Clarenbach erzählte, dass der Sammler Flechtheim in der Alleestraße eine Galerie eröffnet, in der er Cézannes und Picassos zeige und außerdem eine Zeitschrift gegründet habe, die für Furore sorge, holte Johanna eine Schere, schnitt das Foto mit der Moltke aus und klebte es auf einen Karton. Sie durchwühlte Schubladen, fand einen Holzrahmen, suchte nach Hammer und Nagel. »Wie bin ich froh, dass der Paul so gut untergekommen ist.«

Deusser und Clarenbach hatten als Reaktion auf die ablehnende Haltung der Düsseldorfer Künstler gegenüber dem Sonderbund eine neue Gruppe gegründet, die Friedfertigen genannt, an deren Ausstellung nur Düsseldorfer Künstler teilnehmen sollten. Ophey, enttäuscht von Deussers Kurswechsel, ließ sich seltener bei Johanna blicken. Von Deusser hörte sie bald nichts mehr. Kurz war er dagewesen, hatte ihr von einem Umzug erzählt und sich verabschiedet.

In der Backstube ließ Sopher ein Prospekt kreisen, auf dem ein junger, nackter Mann abgebildet war, der, mit einem Schwert gegürtet, in eine weite Ferne blickte. Er hatte sich von einer neuen Körperkultur überzeugen lassen und warb für ein Zeltlager. »Um freie Körper und neue Lebensformen geht es. Weg von dieser technisierten Welt, die die Menschen unterdrückt und abhängig macht und zudem die Natur zerstört. Wir müssen uns wieder auf die Natur besinnen und auf das natürliche Leben.« Johanna winkte ab. Mathias Barz, einer der jüngsten, mit dichten braunen Haaren, gutmütigen, wachen Augen und einem Profil wie auf römischen Münzen, reichte eine Tabaksdose herum, in der er selbstgedrehte Zigaretten verwahrte. »Körperkultur? Mach du das mal. Ich hab gehört, dass du in diesen Lagern von Schnaken ausgesaugt und blödsinnig wirst vom Sonnenbrand. Na ja, auf der anderen Seite schöne nackte und kraftvolle Körper.« Johanna hob lachend den Finger. Sie mochte Barz. Vor einem Monat erst hatte er sein Studium an der Akademie begonnen, hielt sich aber öfter in der Backstube auf als im Hörsaal. Drei Bilder hatte sie von ihm angenommen. Vor Tagen waren sie zusammen im Schauspielhaus gewesen und hatten Schneider Wibbel gesehen. Es gefiel ihr, dass sich die Maler abends für sie Zeit nahmen.

Auch Wever hatte sie eingeladen. In einen Film mit Asta Nielsen. Auf harten Klappstühlen, vor dem Geflimmer der Leinwand, hatte er ihr ins Ohr geflüstert, dass Asta Nielsen ihr ähnlich sei. »Sie ist genauso stark und freiheitsliebend wie du. Eine, die das Leben kennt.« Der Film, eine Liebestragödie, erinnerte sie an ihre Geschichte mit Robert.

Jedes Mal, wenn einer der Maler sie Asta nannte, dachte sie an Robert. Auch daran, dass sie es allein geschafft hatte. Stolz machte sie das, stolz auf sich und die Kinder.

Vor allem auf Paul.

Seit er bei der Marine diente, verfolgte Johanna alles, was die Zeitungen über die kaiserlichen Flotten abdruckten. Als die Nachricht kam, dass seine Division nach Wilhelmshaven beordert worden war, war sie nicht mehr zu halten. »Da fahr ich hin! Wer weiß, wann ich ihn sonst noch mal seh. Der ist doch in der ganzen Welt unterwegs!«

Lisbeth wäre gern mitgefahren, aber Johanna konnte sich nicht leisten, den Backladen für Tage zu schließen. Auch das Geld reichte nicht.

Mit 82 Mark in der Tasche fuhr sie los und als sie zurückkam, hatte sie lange kein anderes Thema. »Alles flach, viel flacher als hier«, schwärmte sie Sopher und Wever vor, die sie nach ihrer Rückkehr mit Fragen bestürmten. »Das Meer hab ich gesehn, zum ersten Mal. Und Schiffe. Manche waren riesig wie Häuser. Im Hafen ist alles durcheinander gelaufen. Überall hab ich gesucht. Jedem Matrosen hab ich auf den Mützenrand geschaut, hab aber keinen mit ›Moltke‹ entdecken können.«

»Warum hast du nicht gefragt?«

»Hab ich doch. Aber keiner wusste was. Dann fiel mir ein, dass auf einem der Schiffe, an denen ich vorbeigegangen bin, der SMS Rheinland, ein Freund von Paul diente, der Hodes. Den hab ich von der Wache vom Schiff rufen lassen. Riesig gefreut hat er sich, als er mich sah. Er hat sofort Urlaub genommen und ist mit mir zum Kronprinzenhotel gegangen, wo die Offiziere logierten. Dort haben wir erfahren, dass die Moltke erst in der Nacht einlaufen würde.« Johanna machte eine Pause, blies Dampf von der Tasse und nippte. »Ich bin dann im Hotel geblieben, konnte aber nicht schlafen und als mir im Frühstückszimmer einer der Offiziere sagte, dass die Moltke eingelaufen sei, wollte ich in aller Frühe los, zum Hafen. Vom Offizier wusste ich, dass keiner das Schiff betreten darf. Aber ich bin natürlich trotzdem hin. An der Nassau-Brücke hab ich gestanden. Dort war An- und Abfahrt für Kriegsschiffe. Drei lagen dort vor Anker. Von der Moltke war zuerst nichts zu sehn. Nach einer Weile kam aber eine Jolle mit der Musikkapelle der Moltke an. Dann eine Barkasse. Ich hab den Fähnrich gefragt, ob ich mit zum Schiff fahren könnte. Ich wollte doch den Paul überraschen.«

»Ey, du bist unschlagbar«, sagte Sopher und pfiff anerkennend durch die Zähne. »Das mit der Überraschung hat allerdings gedauert. Aber irgendwann kam die Barkasse zurück und der Fähnrich gab mir ein Zeichen, dass ich einsteigen dürfte. Wie eine Königin hab ich mich gefühlt. Das war eine Fahrt! Herrlich auf dem Wasser! Und dann hab ich den Koloss gesehn. Riesig, so riesig, das kann man sich gar nicht vorstellen. Unheimlich die Schornsteine und das langgezogene Tuten. Die Barkasse ist bis dicht dran gefahren. Dann kam ein Kommando und ich musste über das Fallreep auf Deck steigen.«

»Das hätten wir gern gesehn!« Johanna lachte. »Das traut ihr mir nicht zu, was? Oben waren Offiziere. Die haben vielleicht geguckt. Einer kam auf mich zu, die anderen haben nur rübergestarrt. Ich hab gesagt, dass ich meinen Sohn gern sehen will, den Heizer Paul Ey.« Sopher kicherte. »Du hast es tatsächlich geschafft, auf ein Kriegsschiff zu kommen? Leute, guckt sie euch an: unsere Asta!«

»Könnt ihr euch vorstellen, dass ich die erste Frau bin, die ein Kriegsschiff betreten hat? Das hat man mir jedenfalls gesagt.« Wever klopfte mit dem Löffel gegen die Tasse, aber Johanna winkte ab. »Der Offizier hat jemand geschickt, der den Paul an Deck holen sollte. Er kam aber nicht sofort. Und weil ich bei dem Offizier stand, hab ich die Gelegenheit genutzt zu fragen, ob ich wohl 14 Tage Urlaub für meinen Sohn erbitten dürfte. Und was glaubt ihr?«

»Dass es geklappt hat! Dir schlägt doch keiner was ab, Frau Ey …« Schmunzelnd fuhr sie fort: »Sogar 21 Tage hat er bekommen. Was sagt ihr? Und dann kam der Paul, schwarz wie ein Mulatte. Von der Maschine hatten sie ihn geholt. Er flog auf mich zu und konnte vor Freude nichts sagen.« Für einen Moment schloss sie die Augen. »Ich durfte natürlich nicht lange bleiben. Aber der Paul hat wegen mir den Tag frei bekommen. Später haben wir Hodes abgeholt und sind ins Hotel gegangen, wo ich uns allen ein gutes Essen spendiert hab. Abends waren wir noch in einem Schwank. Herrlich war das. 10 Mark konnt ich dem Paul geben. Die waren übrig von meiner Reiserei.« Johanna seufzte. »Ach, war das schön.«

Himmel in tiefem Blau

Der Juni brach an, heiß und trocken. Die Badeanstalten an den Rheinufern waren überfüllt, die Ausflugsschiffe bis zum letzten Platz besetzt, Limonadenverkäufer gefragt wie nie. Die Sonne verbreitete gute Laune; sogar die Nachbarn nickten, als Johanna ihre Stühle draußen aufstellte. In der Backstube war es nicht auszuhalten. Fliegen klebten schwarz und satt an den Wänden. Teig zerlief, Milch säuerte, das Öl roch ranzig, die Dünste der Zwiebeln bissen und beizten. Die Gerüche mischten sich zu einem Brodem, ständig fächerte sie sich Luft zu, eilte dann und wann nach Luft schnappend vor die Tür, wo sie sich den Schweiß von der Stirn wischte. Eimerweise hatte sie Brause gemacht, täglich kam der Wagen der Brauerei und brachte Stangeneis.

Die Abende waren schön wie selten, die Nächte heiß und schwer. Der besternte Himmel spannte sich in einem tiefen Blau, von violetten Streifen durchzogen. Johanna stand am offenen Fenster, horchte nach lärmenden Katzen, nach dem wirren Geigen der Grillen und sah nach den Sternen. Am Nachmittag hatten Barz und Savelsberg Wein bei ihr geholt und angekündigt, dass sie mit den Fahrrädern rheinabwärts fahren und unter Sternen schlafen wollten. Johanna stellte sich vor, wie sie in der Nacht vor einem Feuer saßen und sich betranken.

In der Woche zuvor war sie mit Barz im Kino gewesen. ›Der Tod in Sevilla‹ mit Asta Nielsen hatte zu diesen heißen Nächten gepasst. Spanische Leidenschaft und Freiheitsdrang, Flamenco, Stierkampf und Tod, Asta Nielsen tanzend und singend, mit Kastagnetten und Mantilla, rassig und schön – wie gern wäre sie, wie Asta, durch Andalusien gereist. Stattdessen hatten Barz und Sopher sie zur Rheinkirmes nach Oberkassel geschleppt, sie von Bude zu Bude gezogen, in ein Karussell gesetzt, wo alles rasselte und klimperte und kreischte und sie auf einem weißen Holzpferd Kreise geflogen war, so schnell, dass ihr Tränen aus den Augen quollen. Getanzt und gelacht hatten sie, bis der Trubel und die pralle Blechmusik in die Nacht brachen, aus dem

Rhein weiche Nebel aufstiegen, die Betrunkenen grölten und schwankten und verschwanden.

Manchmal, wenn sie an die Maler dachte, wünschte sie sich, jünger zu sein. Es war wie eine Sehnsucht nach einem Stück Leben, das es für sie nie gegeben hatte. Es gefiel ihr, wie sie für die Kunst lebten, wie sie sich auf feuchtfröhlichen Festen des Vereins Laetitia, auf Bällen und Redouten im Künstlerverein Malkasten und in den Malerhäusern, bei Wetteinsätzen auf der Grafenberger Pferderennbahn und in den Varietés und Nachtlokalitäten amüsierten, vom Kölner Hänneschen und von Pola Negri schwärmten und sie für alles Mögliche ins Vertrauen zogen. Es gefiel ihr, wenn sie im Morgendämmer aus dem Bett geklingelt wurde, hinunter in die Backstube flitzte, den Finger vor dem Mund: »Pst! Pst! Wisst ihr nicht, wie spät es ist?« Da saßen sie dann verkatert auf den Sitzbrettern, konnten die Tassen kaum halten, hatten aber immer noch ein Lied auf den Lippen: »Samstags muss ich min Hämmchen han, min Hämmchen han, min Hämmchen ham, schön mager, nit zo fett, gonn ich nit nohm Bett ...«

In einer dieser Morgenstunden stand Hermann plötzlich im Backladen. Er war lange nicht zu Hause gewesen und staunte, dass es so voll war. Johanna stürzte auf ihn zu, umarmte ihn, wollte ihn gar nicht mehr loslassen. Maria, die mit Irene da war, musterte ihn wegen seines neumodischen Bärtchens, befand ihn dann aber für männlicher denn je. Irene quiekte, patschte ihm mit dicken Kinderhänden ins Gesicht, als er sie aufhob und in die Luft warf. Breit und muskulös war er geworden, das Gesicht markant, besonders an den Wangenknochen. Während er für Johanna ein mit Blumen bedrucktes Tuch und ein Stück Rosenseife aus einem Papier wickelte und sie mit verklärtem Blick daran roch, erzählte er, dass er seine Stelle in Berlin aufgesagt hätte, dass Paul ihm behilflich gewesen sei und er jetzt zu den Schiffswerften nach Wilhelmshaven wolle. »Was ihr bloß immer mit den Schiffen habt«, lachte sie, legte sich das neue Tuch um die Schultern und drehte sich vor den applaudierenden Malern, räumte Hermann einen Platz am Fenster frei, rannte nach einem Teller und kam mit gebratener Blutwurst zurück. »Dafür ist es doch viel zu früh. Auch zu fett und zu heiß«, mokierte er sich und langte ordentlich ins Mostertglas. Immer wieder betrachtete Johanna den kauenden Hermann, der von Berlin und Lokomotiven erzählte.

Hermann blieb zwei Tage, ging mit Johanna zum Baden ans Oberkasseler Ufer des Rheins, wo sie im Badekostüm, auf einen Ellbogen gestützt, auf einer Decke lag und zusah, wie er sich im Wasser treiben ließ, den Fluss durchkraulte und ihr von den grünen Holzplanken der anderen Uferseite aus zuwinkte.

Seltsam leer schien ihr der Laden, nachdem er gefahren war.

Mit Ophey saß sie bei einer Tasse Kaffee, hörte sich an, was er über die Ausstellung in der Kunsthalle erzählte, war aber in Gedanken bei ihren Söhnen. Der Tag war heiß, fast schwül. Am Morgen war ein Brief mit bunten Marken angekommen. In krakeligen, schnell hingeworfenen Sätzen bedauerte Paul, dass seine Zeit auf der Moltke zu Ende ginge. Von neuen Plänen schrieb er nichts. Johanna spürte Heimweh und Sehnsucht zwischen den Zeilen, etwas Trauriges, das sie nicht benennen konnte, das sich aber dumpf auf ihre Brust legte und das Atmen schwer machte. Den ganzen Tag ging ihr Paul nicht aus dem Kopf.

Am Nachmittag kam Barz. Er war zum Pferderennen in Grafenberg gewesen und schwitzte. Beiläufig erwähnte er, dass es in Sarajevo ein Attentat auf das österreichische Kaiserpaar gegeben habe. »Auf die Uniform haben sie gezielt, natürlich. Am eigenen Blut sind sie erstickt, beide, in ihrem offenen Wagen.«

Was zunächst keinen sonderlich interessierte, entwickelte sich zu einem Dauerthema. Sogar die Ausstellung in der Kunsthalle rückte in den Hintergrund. Jeder, der kam, stellte Vermutungen an, deutete und wähnte. Nein, zu einem Krieg würde es nicht kommen, dessen war Jupp Rübsam, Student der Bildhauerklasse, sich sicher und führte an, dass die internationalen Verbindungen, vor allem die in der Finanzwelt, einen Krieg sinnlos machen würden. Rübsam, dunkel und von kräftiger Gestalt, mit gerader Haltung und festem Blick, verbreitete Zuversicht. »Wir würden alle nur Schäden davontragen und daran kann keinem gelegen sein. Und außerdem: Wer soll das Geld für einen Krieg auftreiben?« Sie beredeten die Provokationen der europäischen Mächte, die Aufrüstung und die Reaktionen des Kaisers, spekulierten über die Treue der Bündnispartner. Johanna wusste nicht, was sie davon halten sollte.

Nachdem Serbien auf das österreichische Ultimatum zwar weitgehend einging, gleichzeitig aber seine Armee mobilisierte, ging es Ende Juli Schlag auf Schlag. Stündlich gab es Neuigkeiten. Eine Bündnismaschinerie kam ins Rollen. Und dann war es eine Schlagzeile, die Rauschhaftes, beinahe Hysterisches auslöste. Den Zeitungshändlern wurden die Extrablätter aus den Händen gerissen; Leute jubelten auf offener Straße, lagen sich in den Armen. »Krieg! Deutschland erklärt Russland den Krieg!«

Hochrufe gab es auf Kaiser und Reich, stürmisch und begeistert. Fahnenschwingend zogen Studenten durch die Straßen, aus den Kneipen grölte es ›Heil dir im Siegerkranz‹ und ›Deutschland über alles‹. Zeitungsmeldungen überschlugen sich, in denen Politiker und Geistesgrößen des Landes darlegten, wie unabdingbar alles sei, wie unerlässlich, wie unausweichlich. Kriegserklärung auf Kriegserklärung folgte. Eine nationale Trunkenheit lag wie eine Wolke über Volk und Land: »Jeder Schuss ein Russ', jeder Tritt ein Britt', jeder Stoß ein Franzos'.«

Der Herbst brannte mit seinen Blätterfeuern. Die Abende waren noch lau, aber es dunkelte schon früher. Auf der Straße kollerten Fässer über das Pflaster. Ein Bauer mit einem Bierwagen, von zwei Kaltblütern gezogen, lieferte Most und Wein in die Wirtshäuser. Im Backladen verteilten Studenten Blätter mit der Rede des Kaisers. Johanna häkelte an Topflappen, sah irritiert auf, als Wever auf einen Stuhl stieg und – die Stimme des Kaisers imitierend – loslegte: »An das deutsche Volk! Seit der Reichsgründung ist es durch 43 Jahre mein und meiner Vorfahren heißes Bemühen gewesen, der Welt den Frieden zu erhalten und im Frieden unsere kraftvolle Entwicklung zu fördern. Aber die Gegner neiden uns den Erfolg unserer Arbeit.«

»Sehr richtig!«

»Alle offenkundige und heimliche Feindschaft von Ost und West, von jenseits der See haben wir bisher ertragen, im Bewusstsein unserer Verantwortung und Kraft. Nun aber will man uns demütigen. Man verlangt, dass wir mit verschränkten Armen zusehen, wie unsere Feinde sich zu tückischem Überfall rüsten ... So muss denn das Schwert entscheiden. Mitten im Frieden überfällt uns der Feind. Darum auf zu den Waffen! Jedes Schwanken, jedes Zögern wäre Verrat am Vaterland. Um Sein oder Nichtsein unseres Reiches handelt es sich ... Wir werden uns wehren bis zum letzten Hauch von Mann und Ross. Und wir werden diesen Kampf bestehen auch gegen eine Welt von Feinden. Vorwärts mit Gott, der mit uns sein wird, wie er mit den Vätern war.« Johanna legte die Häkelarbeit aus der Hand. Ihr Blick ging von einem zum anderen. Die meisten jubelten. »Es gibt kein Zurück mehr, nur noch Vorwärts!« Barz schüttelte den Kopf. In seinen Augen stand Wut. »Das ist doch Wahnsinn! Was soll dabei herauskommen? Ein Krieg hat noch nie ...« Uzarski riss ihm das Blatt aus der Hand, schnitt ihm das Wort ab: »Doch! Ein Krieg verändert alles. Jetzt sind wir gefragt. Jeder von uns muss sich und unser Vaterland verteidigen. Das ist eine Pflicht! Wer es nicht tut, ist ein Verräter! Da gibt es kein Zögern! Ihr habt es gehört: Auf zu den Waffen! Wir werden kämpfen! Wir werden siegen!« Barz spöttelte. »Hört sich an wie ein Boxkampf.« Sopher grinste: »Durchaus vergleichbar. Sport und Spaß inbegriffen. Das Militär ist gut, man ist versorgt, man hat zu essen, alles wird von oben befohlen, man braucht nicht selbst zu denken, gar nichts, und wenn man stirbt, kommt der Lorbeerkranz.« Barz stand auf und brüllte etwas von Waffenrausch und tippte sich an die Stirn. Uzarski drückte ihn auf den Stuhl zurück. »Lass das. Sogar die Arbeiterbewegung unterstützt die Kriegspolitik. In dieser Stunde können wir doch das Vaterland nicht im Stich lassen. Hier geht es um die Verteidigung einer gerechten Sache. Wir dürfen uns nicht demütigen lassen!«

»Gerechte Sache? Das gibt es doch gar nicht. Alles was wir haben, ist aufgebaut auf dem Elend ausgebeuteter Arbeiter und Kolonialvölker!«

»Was hat das jetzt zu sagen? Ihr werdet sehn: Der Krieg wird unsere Kunst inspirieren. Wenn wir als Sieger zurückkommen, werden wir auch als Künstler ganz vorne stehen!«

»Er hat recht. Es könnte eine scheußliche Sache werden. Aber es muss sein. Es ist doch alles getan worden, das zu verhindern. Jetzt geht es nicht mehr anders. Russland hat schließlich das Feuer geschürt.«

»Wenn es nur nicht jetzt wäre«, sagte Rübsam, »gerade jetzt, mitten in der Ernte.«

»Wen interessiert denn jetzt noch die Ernte?«, lachte Sopher, »ich melde mich freiwillig. Und das solltest du auch tun. Die Felder hin oder her. Jetzt kannst du zeigen, was dir dein Vaterland wert ist.«

»Aber wir sind Künstler, keine Soldaten«, konterte Barz, worauf ihm Sopher einen Stift an den Kopf warf. »Drückeberger! Ein Faulenzer sowieso! Und ein Schwarzseher.«

In den bierseligen Gesängen, die am Abend folgten, spürte Johanna ein Gemisch aus Euphorie und Angst, eine Stimmung zwischen Furcht, Erwartung und Neugier. Auch auf der Straße waren diese Gemütslagen spürbar. Hunderte berauschter junger Männer schienen nur wegzuwollen von da, wo sie festsaßen: aus den ewig dröhnenden Maschinenhallen, den finsteren Bergwerksstollen, den Büros, in denen sie nichts zu sagen hatten, aus den Zwängen ihrer Lehrherren. Schlafwandlerisch marschierten alle in die gleiche Richtung.

Johanna verstand nicht, zu was der Krieg gut sein sollte, fühlte aber Stolz, als Paul schrieb, dass er froh sei, das Vaterland auf hoher See verteidigen zu dürfen. »Liebe Mutter, also nun haben wir den Krieg! Und ich bin auf hoher See dabei! Gott sei Dank, dass dieses elende Warten vorbei ist. Diesem verfluchten Zar – entschuldige den Ausdruck, aber ich habe für diesen Hunnenkaiser keine andere Bezeichnung – werden wir das Leder ordentlich anstreichen.« Ein Foto der Moltke hatte er beigelegt. Majestätisch, riesig und überlegen wirkte das Schiff, ein Koloss im Wasser, unbesiegbar und mächtig.

Überall gärte es, alles war brausend und laut. Militärfahrzeuge, beladen mit Kleidung, Stiefeln, Helmen und Proviant bahnten sich Wege durch jubelnde Massen, ratterten über das Pflaster. Offiziere folgten auf Pferden. Hinter ihnen gingen Soldaten zu Fuß. »Heil dir im Siegerkranz, Herrscher des Vaterlands! Heil, Kaiser, dir! Fühl in des Thrones Glanz die hohe Wonne ganz, Liebling des Volks zu sein! Heil Kaiser, dir!« Singend zogen sie am Fenster des Backladens vorbei. Sie marschierten zügig, ungeduldig. Eine Nachbarin, die sich aus dem Fenster beugte, rief: »Frau Ey, haben Sie meinen Max in Uniform gesehn? Ich will ihn nie mehr anders sehn. Alle drehn sich nach ihm um!«

Die halbe Stadt war mit Anschlägen beklebt: Sieg, Sieg, Sieg! Mit viel Propaganda wurde für Kriegsanleihen geworben. Dass der Absatz der Anleihe kriegsentscheidende Bedeutung habe, hieß es und dass auf Zinsen in Rekordhöhe spekuliert werden dürfe. Im Backladen brannten Diskussionen über ein Plakat, das an der Tür zur Küche klebte, für Anleihen warb und einen sicheren Sieg versprach. Barz war nahe dran, es abzureißen, schrie, dass man aus braven Bürgern Kriegsspekulanten machen wolle. Kunden standen auf und gingen. Hin und her flogen Meinungen. Darin, dass die Sache unterstützenswert sei, waren sich die meisten einig. Auch was den Krieg betraf.

Savelsberg war der erste. Er hatte gerade ein Stipendium für Italien bekommen, fuhr noch bis Basel, kehrte dann aber um und meldete sich freiwillig. Wever folgte seinem Beispiel, auch der Maler Bindel, dann Rübsam – er meldete sich ins Regiment der Knüfkes – schließlich Clarenbach. Jakob Thiessen, der gerade vor der Mobilmachung den Auftrag bekommen hatte, für das Rathaus in Kleve ein Kaiserbild zu malen, zögerte zuerst noch, meldete sich schließlich auch. Nur Thuar saß in seinem Rollstuhl, sah zu, wie Johanna die Herdplatten mit Schmirgelpapier bearbeitete, bewegte den Oberkörper vor und zurück, das Holz des Stuhles ächzte. Er erzählte Johanna, dass auch sein Freund Macke sich gemeldet habe. »August ist so mutig, so stark. Er meint, es geht ganz schnell. Weihnachten ist er wieder hier. Nur mich können sie nicht brauchen.«

Nach den Tagen der Mobilmachung hielt es Johanna im Laden nicht mehr aus. Die Glocke schellte nicht mehr, das Warten auf Kundschaft zermürbte. Sie schloss ab und ging in die Stadt. Hitze stand in den Straßen. Überall hingen Fahnen und Kaiserbilder. Aus einer Kolonne von Uniformen und Marschstiefeln schrie es: »Im Gleichschritt marsch, links, zwo, drei, vier … Links um!« In den Auslagen sah sie den Kaiser vereint mit dem bärtigen Franz Joseph auf Aschenbechern, Tellern, Vasen, Portemonnaies, Gläsern, sogar auf Kindertöpfchen. Auf dem Marktplatz standen Fuhrwerke von Bauern. Hände verteilten Brot, Eier, Kartoffeln und Gemüse an die durchziehenden Soldaten, die sich die Taschen füllten. Die Männer waren dreckbespritzt und trieften vor Schweiß. Immer wieder verlangten sie nach Wasser. Aus einer Kneipe grölte es: »Drei Lilien, drei Lilien, die pflanz ich auf mein Grab …«, aus einer anderen: »O Stolzenfels am Rhein …« Vor einer Kaserne standen Männer aller Altersklassen, darunter viele Studenten. Manche hatten Transparente dabei. Auf einem las sie das Wort Freiheit in einem zerlaufenden Schwarz, auf einem anderen etwas von Kampf.

Tag und Nacht passierten Truppenzüge, aus vollem Hals singend. An Rheinbrücke und Zolltor hatten Frauenvereine und Helfer vom Roten Kreuz Stände aufgebaut, reichten den Soldaten Wurst, Käse und Zigaretten. »Für unser Vaterland! Für den Sieg! Nehmt nur, nehmt nur, der Krieg ist ja in ein paar Wochen aus!« Auch Johanna hätte gern etwas gegeben und als sie mitten im Getümmel den Maler Gauer stehen sah, bat sie ihn um Geld für Zitronen. »Die haben Durst. Ich könnte eine Limonade machen. Was Frisches …« Gauer zog spontan zwei Mark aus der Tasche, die Johanna noch in der gleichen Stunde gegen eine Kiste Zitronen eintauschte. Vom Eiswagen der Brauerei Schlösser ließ sie sich eine halbe Stange Eis geben, rannte nach

Hause, wo sie eine Flasche Cognac verwahrte, schnitt die Zitronen in Scheiben, mischte Cognac, Zitronen, Wasser und Eis, eilte mit der Mixtur zum Hofgarten, wo sie mit der Kelle einem Soldaten nach dem anderen Zitronenscheiben aus der Flüssigkeit fischte. Anderentags besorgte sie sich aus dem Laden des Herrn Kramwinkel auf der Ratinger Straße Ansichtspostkarten und kleine Stücke von Bleistiften und teilte die Sachen unter den Soldaten aus, damit sie nach Hause schreiben konnten.

Irgendwann hörten die Truppensendungen auf. Die Lieder verstummten und Johanna stand allein in der Backstube. Nach Brot verlangte nur noch selten jemand, nach Kaffee niemand mehr. Unheimlich war ihr die Stille im Laden. Innerhalb von Tagen hatte sich der Künstlerkreis zerstreut. Die, die sich nicht freiwillig gemeldet hatten, waren eingezogen worden, so wie Ophey, der mit seiner Garnison Anfang Januar als Landsturmmann nach Culm geschickt wurde. Auch die Theaterleute blieben aus. Intendant Lindemann hatte sich freiwillig gemeldet und mit ihm etliche der Schauspieler. Von Niggemeyer erfuhr sie, dass die guten Werke abgesetzt seien, weil das meist aus Soldaten bestehende Publikum nach patriotischen Stücken verlangte.

Hermann schrieb eine Karte von der Adria. Johanna las von Geschwadern und einer Mittelmeerdivision und dass Großes geplant sei. Bald darauf schickte er eine Zeitungsnotiz, der sie entnahm, dass er mit 25 anderen nach Konstantinopel geschickt worden war. Der Ausschnitt trug die Schlagzeile ›Deutsche Marine am Bosporus‹ und zeigte ein Foto von Hermann, der stolz und aufrecht, ungewiss lächelnd, den Blick starr geradeaus, in Marine-Uniform vor einem der Kriegsschiffe stand. Johanna konnte nicht sprechen vor Freude. Dass sie die Schiffe Goeben und Breslau reparieren mussten, stand im Brief, dass der Krieg gut voranginge und der Sieg kurz bevorstehe. »Nun mag es gehen, wohin es will, liebe Mutter, wir wissen ja beide, wie über die Sache zu denken ist. Und wenn wir wieder in See stechen, so werde ich keine anderen Gefühle haben, wie wenn es von Düsseldorf nach Berlin ginge. Ich weiß, du denkst ebenso, und das verschafft mir eine große Ruhe ...«

Heil Kaiser, dir.

»Selbst Pferde werden eingezogen«, sagte Johanna, einen Lappen in der Hand und sah Lisbeth zu, die mit einem Handfeger vor dem Ofen kniete und Kehricht auf eine Schaufel schob. »Ochsen ziehn jetzt die Wagen.« Nachdenklich wischte Johanna über die Verkaufstheke. »Die ganze Woche waren es vielleicht zehn Kunden. Wenn das so weitergeht, werden wir schließen müssen. Für nächsten Monat weiß ich nicht, wie ich die Miete zusammenbringen soll. Für Hermann und Paul krieg ich täglich einszwanzig, aber das reicht weder vorne noch hinten. Kartoffeln sind kaum noch zu bezahlen und die Kohlenpreise schrauben sich in den Himmel.« Lisbeth fuhr herum. »Du willst zumachen?« Johanna zuckte mit den Schultern. »Es wird nicht anders gehn. Wir können von Glück reden, wenn wir hier ohne große Schulden rauskommen. Du wirst dir eine Stelle suchen müssen. Ich auch. Wir müssen sehn, dass wir die Wohnung behalten. Aber die Backstube muss weg. Und die Bilder kauft jetzt auch keiner mehr.« Bekümmert stand sie vor behangenen Wänden, während Lisbeth dastand und heulte.

Einen Monat später schafften sie die Bilder hinauf in die Stube. Der Vermieter kam und prüfte die Räume. Ein Altwarenhändler bot sich an, das Inventar zu kaufen.

Obwohl Johanna nicht viel zu packen hatte, war sie unaufhörlich am Sortieren und Verkramen. Sie packte ein und wieder aus, zählte Geschirr, Teller, Tassen, Besteck und Töpfe, hockte vor ihren Nippesfiguren, stützte den Kopf in die Hände. Am Sonntag musste sie den Schlüssel abliefern. Jetzt war Samstag. Am Tresen packte sie einen Rest Brot in Papier und zwei geflochtene Semmeln. Sie rief nach Lisbeth, schlurfte zum Ofen und löschte das Feuer. Qualm zog in den Raum. Von draußen klatschte Regen gegen die Scheibe. Unscharf sah sie Leute vorüberhasten. Gepackt standen Taschen und Tüten auf dem Boden. Zweimal, dreimal gingen sie beladen die Treppen hinauf. Dann drehte sie den Schlüssel. Metall klackte im eisernen Inneren des Schlosses.

Die Stube war eng. Überall standen Bilder. Die Kammer teilte sie sich mit Lisbeth, auch das Bett. Tage verbrachte sie in der Wohnung, konnte sich kaum bewegen, wollte nichts sehen, nichts hören. Zu abrupt war das alles über sie hereingebrochen. Sie litt und schimpfte, dann wieder warf sie sich vor, undankbar und ungerecht zu sein, verglich sich mit den Künstlern, die alles hinter sich gelassen hatten und jetzt für eine faire Sache kämpften. In St. Andreas brannte sie Kerzen ab, betete, dass es mit dem Krieg schnell gehe, wünschte sich, dass Paul, Hermann und die Maler bald zurückkehren würden und sie wieder hinter einer Ladentheke stände.

Sämtliche Zeitungen durchforschte sie nach Nachrichten von der Marine. Von großen Erfolgen der Truppen las sie, von Grenzschlachten, in denen wichtige Durchbrüche erzielt worden waren, auch dass Belgien sich fest in deutscher Hand befände. »Deutsch ist der Boden geworden, deutsch soll er bleiben – dafür wollen wir einstehen bis zu unserem letzten Atemzug, dafür wollen wir unseren letzten Blutstropfen geben!« Fast schämte sie sich, dass von der Moltke keine Rede war. Einerseits wünschte sie sich, Hermann und Paul als Helden im Krieg zu sehen, andererseits sorgte sie sich.

Nebel war schon herabgeschleiert, die Luft kühl und frostig. Lisbeth blies sich in die Finger, bibberte unter dem dünnen Tuch, als sie die Tür aufstieß und Johanna einen Zeitungsausschnitt auf den Tisch legte. »Die Moltke ist vor der englischen Küste aufgetaucht. Sie bereiten einen Angriff vor.«

»Die Moltke?« Johannas Hände zitterten, als sie das Blatt aufhob. »Da bin ich aber froh, dass Paul auch was helfen kann«, sagte sie, nachdem sie gelesen hatte. »Ja, Mutter, ich auch. Jetzt geht es schnell. Mit solchen Schiffen jagen die alles in die Flucht.«

Lisbeth drehte Geschosshülsen für die Soldaten in Verdun, Maria arbeitete zweimal pro Woche in einer Papierfabrik. An den anderen Tagen nähte sie zusammen mit anderen Frauen in einem stillgelegten Restaurant in der Schadowstraße Pelze für die Front.
Die Militärbekleidungsstelle am Fürstenwall, in der Johanna für drei halbe Tage Anstellung fand, war in einer Schule untergebracht. In einem der Klassenräume wurden Feldblusen, Waffenröcke und Unterwäsche, auch Stiefel auf Brauchbarkeit hin überprüft. In einem anderen Klassenraum standen Waschzuber. Laut war es dort. Die Luft dampfte, es roch nach Lauge. An die zwanzig Frauen standen barfuß, mit hochgekrempelten Ärmeln über die Zuber gebeugt, schrubbten Wäschestücke mit Bürsten und rieben sie auf Waschbrettern. Zwischen den Räumen gab es eine Ausgabestelle, die nur am Vormittag besetzt war.
»Die Sachen kommen alle aus dem Feld. Da darf man nicht zimperlich sein«, erklärte die Arbeiterin, die Johanna einwies und zeigte auf einen Tisch in der Ecke des Raumes. »Dahinten ist dein Platz. Jede von uns kriegt pro Tag fünf Säcke. Die werden gewogen. Danach wirst du bezahlt. Du musst sehn, was brauchbar ist.« Sie zog Johanna zu einem Tisch, an der eine alte Frau damit beschäftigt war, Knöpfe von einer Jacke zu schneiden. »Wir sammeln Knöpfe, Kragen, Schnallen, auch Ärmel. Alles was noch gut ist, kommt in die Eimer. Manchmal ist auch die ganze Uniform noch gut. Dann trägst du sie rüber in die Wäscherei. Wenn Stellen gerissen sind oder Löcher haben, sammelst du sie in dem Korb da hinten. Die bringen wir dann in die Nähstube. Was unbrauchbar ist, bindest du in Ballen zusammen. Jeder bekommt eine Schere und ein Messer. Darauf musst du achten. Die kriegt man nur einmal. Wenn du die Sachen verlierst, musst du sie ersetzen.« Sie drückte Johanna das Werkzeug in die Hand und wies auf einen der Säcke. »Das ist dein erster Sack. Wenn du gut bist, brauchst du eine halbe Stunde.

Nicht immer appetitlich, was da drin ist. Aber ne Stelle, wo du zwei fuffzig kriegst pro Tag, und das in den Zeiten, musste erst mal finden. Und aus Zucker sind wir ja nicht.«

Die erste Uniform, die Johanna aus einem prall gefüllten Sack zog, den ihr eine Bucklige auf den Tisch warf, schien brauchbar. Die Montur war nur an der Seite gerissen, die Knöpfe waren komplett. Auch die anderen Uniformen sahen passabel aus. Feldgrau waren sie, die Hosen besaßen zwei schräge Taschen, eine Uhrtasche und einen angenähten Gürtel zum Verstellen der Bundweite. An der Außennaht befanden sich manchmal rote Litzen. Die einreihigen Jacken unterschieden sich, was Knöpfe und Prägungen, Kragen und Ärmelaufschläge betraf. Die Schulterklappen waren abnehmbar und mit verschiedenfarbenen Litzen eingefasst und verrieten – das hatte ihr eine der Arbeiterinnen erklärt – das jeweilige Armeekorps.

Der zweite Sack enthielt stark verschmutzte Kleidung. »Tja, so isset eben manchmal«, rief ihr eine der Arbeiterinnen über die Schulter und rümpfte die Nase, »anfangs war dat schlimm für mich, wenn ich da reinfassen musste. Aber man gewöhnt sich an alles.« An den Uniformen klebte Dreck und eingetrockneter Schlamm. An manchen Hosen war bis zu den Knien die Farbe nicht zu erkennen. Auch die Jacken waren voller Schlamm, rochen nach Fäulnis und Schimmel. Zwei Jacken waren unbrauchbar. Johanna trennte Knöpfe ab, die in den Eimer schepperten. Die anderen Uniformen brachte sie in die Wäscherei.

Am Sonntag besuchte sie der Maler Jungheim. Sie hatten ihn ausgemustert, weil er für den Kriegsdienst zu alt war, was ihm zu schaffen machte. Über einer Tasse Tee saß er, spekulierte über die Kämpfe an der Front und betrachtete die Bilder, die an den Wänden lehnten. Dann stand er auf und ging den Stapel an Zeichnungen durch, der auf einer Anrichte lag. »Schön, sehr schöne Sachen.« Immer wieder trat er mit einer der Bilder ans Fenster und schüttelte den Kopf. »Es ist zu schade, dass momentan nicht gemalt wird. Aber wir müssen es als Unterbrechung sehen, eine Unterbrechung für uns alle. Wir müssen durchhalten, wenn es auch schwer ist.« Er handelte ihr ein Bild von Ophey ab. Johanna nickte zu seinem Preisvorschlag. »Ja, nehmen Sie nur. Ich bin froh, wenn ich was verkaufen kann. Sie sehn ja, es steht alles voll und ich weiß ja doch nicht, was ich damit machen soll. Ach, das waren schöne Jahre unten bei mir in der Backstube. Jetzt arbeite ich in einer Bekleidungsstelle, trenne Knöpfe und Schnallen von Uniformen. Ansonsten sitze ich hier und warte. Wenn man bloß was tun könnte.«

»Also wenn Sie was für den Krieg tun wollen ... Ich wüsste was. Sie könnten die Bilder zu einer Versteigerung geben. In Köln gibt es demnächst eine zugunsten der Kriegsversehrten. Es ist eine Weihnachtsspende für die Verwundeten in der Heimat. Sie würden ein gutes Werk tun, was zum Krieg beisteuern und könnten auch noch was verdienen. Wir müssen doch alle helfen, oder nicht, Frau Ey?« Johannas Blick blieb an einem Bild von Sopher hängen. Sie dachte an dessen große, träge Augen, von schweren Lidern halb verhüllt und an die Lebensweisheiten, die er dann und wann von sich gegeben hatte. »Lassen Sie mich drüber nachdenken. Die Bilder sind auch Erinnerungen. Von allen kann ich mich so schnell nicht trennen.«

Die Arbeit in der Bekleidungsstelle war ungewohnt. Erst mit der Zeit wurden die Handgriffe schneller und sicherer, nur das stundenlange Stehen machte ihr zu schaffen. Die Uniform, die sie in der Karwoche aus dem Sack zog, verursachte ihr Übelkeit. Es war die Uniform eines großen hageren Soldaten gewesen. Einer der Ärmel war abgerissen. Verkrustetes Blut zog sich über Brustteil und Schulter. In Höhe des Bauches klaffte ein Loch. Auch an dieser Stelle verklebte Blut den zerfransten Stoff. Aus einer der Taschen zog sie ein zerfetztes Muttergottesbild. Tränen schossen ihr in die Augen, sie hielt die Hände vors Gesicht. »Der, der hier dringesteckt hat, ist tot!«, rief sie. Eine der Arbeiterinnen kam näher, sah ihr über die Schultern, betrachtete die Uniform; angewidert verzog sie den Mund: »Das ist der Krieg. So ist es nun mal. Da können wir nichts machen.«

»Ein Dreck ist der Krieg!«, rief Johanna, »hier seht ihr doch, was an der Front passiert! Die sterben da draußen! Seht doch! Seht euch das an!«

Johanna litt. Sie sträubte sich gegen die Arbeit und konnte doch nichts anderes tun als durchhalten.

Im Mai machte die Moltke endlich von sich reden. Gespannt saß Johanna über der Zeitung. »Unsere Hochseeflotte ist bei einer nach Norden gerichteten Unternehmung auf den uns erheblich überlegenen Hauptteil der englischen Kampfflotte gestoßen. Es entwickelte sich am Nachmittag zwischen Skagerrak und Horns Riff eine Reihe schwerer, für uns erfolgreicher Kämpfe, die auch während der Nacht andauerten. In diesen Kämpfen sind von uns vernichtet worden: das Großkampfschiff Warspite, der Schlachtkreuzer Queen Mary, zwei Panzerkreuzer, die Zerstörer Turbulent, Nestor und Alcaster. Auf unserer Seite ist der Kreuzer Wiesbaden während der Tagesschlacht durch feindliches Artilleriefeuer und in der Nacht die SMS Pommern durch Torpedoschuss zum Sinken gebracht worden. Die Besatzung ist aufgefischt worden. Die Hochseeflotte ist im Laufe des heutigen Tages in unsere Häfen eingelaufen …«

»Gott sei Dank«, sagte sie zu Lisbeth, »sie haben es geschafft. Die Moltke ist durchgekommen.« Lange betrachtete sie die Zeichnung, die neben dem Text abgebildet war. Pfeile waren zu sehen, die das Zusammentreffen der Flottenteile darstellten. Die Nachricht beruhigte nur kurz. Täglich kamen Nachrichten von Verletzten und Gefallenen. Ständig dachte Johanna an Paul und Hermann, hielt kaum aus, dass sie nichts tun konnte.

Auch das neue Jahr brachte keine militärische Entscheidung, obwohl der verbissen geführte Kampf die Zahl der Gefallenen immer höher trieb.

Im Juni kam Post von Ophey. »Sie haben mich entlassen«, schrieb er, »ich weiß nicht, war es Glück oder Pech? Mich hat eine Lungenentzündung angeflogen. In einem Röntgenwagen haben sie mir die Brust durchleuchtet. Ich konnte meine Rippen sehen, wie bei einem Skelett. Dann wurde ich in ein Lazarett verlegt und, weil das mit mir nichts mehr wurde, aus dem

Dienst entlassen. Wahrscheinlich werde ich ans Militäramt abkommandiert. Das wäre nicht schlecht. Ich hätte geregelte Arbeit und Soldeinnahmen, könnte wieder malen und ausstellen. Hoffentlich ist diese unglückliche Zeit bald vorbei.«

Auch Johanna hoffte, aber je länger der Krieg dauerte, desto deutlicher hinterließ er seine Spuren. Läden wurden geplündert, Banden lungerten in den Straßen. Trotz Bezugsscheinen begannen sie zu hungern. Mit stumpf vor sich hintierenden Menschen stand Johanna Schlange vor Suppenküchen, Markenausgabestellen und Kartoffellagern. Was sie nach Hause brachte, war oft faul und ungenießbar.

In der Bekleidungsstelle wurde es von Tag zu Tag unerträglicher. Die Uniformen, die jetzt kamen, stanken. Sie waren voll mit verkrustetem Blut und Löchern von Einschüssen und Gemetzeln. Flecken von Kot, Urin und Eiter verklebten den Stoff. In der Kleiderverwertung begann es nach Moder, Verwesung und Tod zu riechen. Mit jedem Sack verschlechterten sich die Uniformen. Die neuen waren aus billigen Ersatzfasern fabriziert, die aufgrund der geringen Haltbarkeit schon ab Werk mit verstärkten Knie- und Ellbogenpartien ausgegeben worden waren. Armaufschläge und Taschenklappen gab es gar nicht mehr, auch keine Hosen mit roten Litzen. Selbst die Rangabzeichen waren neuerdings aus dünnem Blech. Es fiel ihr auf, dass der Farbton der Jacken immer dunkler und grüner wurde. Nur die Zahl der Knöpfe war geblieben: sechs Metallknöpfe, die den Rock schlossen und zwei auf den Seitentaschen. Marschstiefel wurden gar keine mehr abgeliefert. Sie waren gegen billige, genagelte Schnürstiefel ausgetauscht worden. Oft fand Johanna Gamaschen im Sack, gewickelt aus Lumpen. Sie wurde langsamer in ihrer Arbeit; manchmal brauchte sie pro Sack über zwei Stunden, was nicht nur den Verdienst schmälerte, sondern auch Ärger einbrachte. Die Uniformen verstörten sie zutiefst. Mehr als nach brauchbaren Teilen begann sie nach Spuren zu forschen. Tränen und Wut fühlte sie aufsteigen, wenn sie daran dachte, wie zuversichtlich ihre Maler in den Krieg gezogen waren. Dauernd stellte sie sich vor, dass vielleicht Paul oder Hermann oder einer der Maler in den Uniformen gesteckt hatte. Sie deutete Schleifspuren auf Rücken und Bauch, verbrannte Stellen und Leichengeruch, Todeskämpfe. Sie wusste, wann sie die Uniform eines Toten vor sich hatte. Dann war es so, als hielte sie etwas davon ab, Knöpfe abzuschneiden und Ärmel abzutrennen, als setze sie damit fort, was der Krieg angerichtet hatte.

Mehrfach monierten die Wäscherinnen ihre schlampige Arbeit.

In der Nacht lag sie wach, dachte an leblose, kalte Leiber. Im Traum hörte sie Schreie von Verwundeten, von Zerfetzten und Gepeinigten, sah Berge von Leichen und Leute, die den Toten die Kleider abnahmen und in Säcke packten. Die Leichen sahen aus wie die Uniformen: Blut, Eiter und Schlamm verklebten die Körper, Arme und Beine fehlten, waren zerrissen oder verbrannt. Was sie zutiefst verstörte – so sehr sie auch danach suchte – Köpfe sah sie nicht. Von diesen Träumen war sie wie versteinert. Noch im Aufwachen zogen unscharfe und schwankende Bilder herauf: Nacken und Schultern von Hermann, Pauls kräftige Arme, Rücken und Hände von Wever, nackt in einem Massengrab zwischen anderen, starren Leibern, namenlosen, abgezehrten jungen Körpern, verbraucht und leer.

Irgendwann stand sie an ihrem Tisch in der Bekleidungsstelle und zitterte. Leichengeruch zog aus dem Sack, den sie aufgebunden hatte und als sie hineingriff und eine Jacke mit einem großen klaffenden Loch an Bauch und Rücken herauszog, schwankte sie. Eine der Arbeiterinnen verhinderte gerade noch, dass sie hinschlug. »Frau Ey ... Wat is mit Ihnen?« Bleich und um Luft ringend rappelte Johanna sich auf. »Ich kann das nicht mehr aushalten. Die Uniformen ... Immer seh ich sie vor mir. Bis in den Schlaf. Ich kann das nicht mehr.«

Frauen aus der Wäscherei kamen angerannt, sprachen ihr gut zu, kochten starken Kaffee. Nur kurz glaubte sie gestärkt zu sein.

Hindenburgwall 1a

In der Küche war es kalt. An der Scheibe des Fensters rankten Eisblumen. Der Kohlensack war aufgebraucht. Tagelang schon rieb sie die Füße aneinander, behauchte die Finger. Die ganze Woche gab es kein warmes Essen. Eine Frau vom Theater brachte roten Kohl und Kartoffeln. Gelogen war es, als sie sagte: »Frau Ey, ich kann dat wirklich net all allein aufessen. Helfen Sie doch mit ...«

Wieder kam Jungheim und redete ihr wegen der Ausstellung, die zugunsten der Verwundeten in Köln stattfinden sollte, ins Gewissen. Er sprach von Unterstützung des Vaterlands und bot ihr 500 Mark für die restlichen Bilder. Johanna war unschlüssig. Sie dachte an die Maler, den Krieg, das Geld, den Hunger. Aus Angst, die Miete für die Wohnung nicht mehr zahlen zu können, sagte sie zu.

Jungheim sichtete die Bilder, trug alles in Listen ein, packte Kisten, sorgte für den Transport nach Köln. Nach Weihnachten brachte er ihr die vereinbarten 500 Mark. Kaum fassen konnte sie, als er ihr gratulierte und erzählte, dass die Bilder sehr viel mehr, nämlich einige tausend Mark eingebracht hätten und sie also einen enormen Beitrag für die Verwundeten und damit für die Heimat geleistet hätte.

Die Vorstellung, dass die Bilder so wertvoll waren, sehr viel mehr als sie es sich vorgestellt hatte, brachte sie auf eine Idee. Immer wieder hatten ihr die Studenten geraten, Bilder zu verkaufen, eine Galerie zu eröffnen, hatten ihr Verhandlungsgeschick gelobt und ihr Werke gebracht. Wäre also ein Bilderhandel nicht das Richtige?

Was ihr zu denken gab, war neben dem fehlenden Geld, dass sie keine Maler mehr hatte. Ophey fiel ihr ein, seine Adresse allerdings kannte sie nicht. Auch mangelnde Kenntnisse über Kunst machten ihr zu schaffen. »Aber ich hab doch einen gesunden Menschenverstand«, sagte sie zu Lisbeth, »und wer Brötchen verkaufen kann, kann auch Bilder verkaufen. Eine Galerie, das wär was. Nicht wie bei Flechtheim, sondern eine mit Platz für die Maler. Ja, wo sie malen können. Kaffee und Brot gäbe es weiterhin. Das Geld von Jungheim wäre ein Grundstock. Viel brauchen wir ja nicht.« Lisbeth, die ebenso wie Johanna den Backladen vermisste, klatschte in die Hände. »Mutter, das wär was. Dann wäre alles wieder wie früher. Stell dir vor, wenn erst die Maler wieder zurück sind, wie die staunen würden.«

»Ja, wenn unsere Maler wieder da sind. Ich denk so oft dran. Ach, wenn wir erst mal den Krieg gewonnen haben. Wir dürfen bloß den Mut nicht sinken lassen.«

Aus Düsseldorf war eine Lazarettstadt für die Westfront geworden. Krankenhäuser, Schulen und Ausflugslokale wurden umgerüstet, Straßenbahnen zu Lazarettwagen umgebaut, Lebensmittelkarten ausgegeben und Wohltätigkeitsbälle zugunsten Verwundeter organisiert.

Wever kam auf Heimaturlaub. Er sollte Pate stehen beim Kind eines Freundes, ließ es sich aber nicht nehmen, vor der Taufe bei Johanna vorbeizusehen und sich in Uniform vorzustellen. Einen Tornister auf dem Rücken, Brotbeutel und Feldflasche an der Seite, umarmte er sie. »Ich muss dir so viel erzählen, Asta«, begann er, während er die Rosen, die er der Wöchnerin zugedacht hatte, Johanna in die Hand drückte und sich einen Stuhl heranzog. »Es ist einiges passiert. Wenn du wüsstest! Zuerst haben wir vor Metz im Morast gelegen. Langweilig war das. Aber jetzt gibt es jede Woche was. Letzten Samstag wurden wir ganz unerwartet aus unseren Schützengräben rausgeholt, mussten bis gegen Abend marschieren und dann gings los. Für unsere arme Artillerie wars ganz schlecht. Sie kam in Maschinengewehrfeuer und existiert nun nicht mehr. Alles zusammengeschossen. Das ist schlimm, denn mit Infanterie allein ist nicht viel zu machen. Dann kamen wir dran. Zusammen mit einem preußischen Regiment ging es ganz flott vorwärts. Aber bis wir zur Ruhe kamen, war es zehn Uhr abends und eine Ruhe wars nicht, denn wir kamen auf Vorposten in die vorderste Linie und durften nicht mucken, denn sofort kam ein Hagel von Infanteriegeschossen. So ging es die ganze Nacht. Um sechs sind wir weitermarschiert. Du kannst dir denken, das ist kein Zuckerschlecken, aber wir hören immer, dass es nicht mehr lange geht und das gibt Mut.« Wever sprudelte vor Erlebnissen. Johanna schob ihm eine dampfende Tasse über den Tisch und fragte, ob er etwas von den Malern gehört habe. Wever schüttelte den Kopf. »Die sind alle irgendwo. Werden es schon schaffen. So schlimm ist es ja nicht. Bald sitzen wir wieder bei dir und du brätst uns Kartoffeln.« Johanna erzählte von Paul und Hermann, von der Arbeit in der Kleiderverwertung, von zerfetzten, blutigen Uniformen. »Albträume hatte ich davon. Wenn ich mir vorstelle, was mit den Soldaten passiert ist.« Wever winkte ab. »Natürlich ist der Krieg kein Spiel, aber so, wie du denkst, ist es auch nicht. An der Front ist es hart, da darf man nicht feige sein. Ist eben nichts für jeden. Und es gibt ja auch Schönes. Einmal war ich eingeladen auf einen Offiziersball. Es gab ein fürstliches Essen. Personal mit weißen Handschuhen und in dunkelgelber Livree lief herum. Es fing an mit Wermut und herben spanischen Weinen. Dann ging man über zu Burgunder und Bordeaux. Hierauf kam der Champagner. Ihm folgte der Cognac ...« Wever lehnte sich zurück. »Herrlich war das.« Dann wechselte er das Thema, kam auf die Bilder zu sprechen, woraufhin Johanna ihm von der Versteigerung und der Idee mit der Galerie erzählte. »Was meinst du, kann ich das schaffen, jetzt, wo ihr alle weg seid?« Wever lachte. »Also, wenn es eine schafft, dann du! Weißt du nicht mehr, wie oft wir dir das gesagt haben? Maler wirst du finden, haufenweise, wenn du willst. Weißt du, dass Flechtheim seine Galerie dicht gemacht hat? Er ist in den Krieg gezogen; dient jetzt als Leutnant bei den Ulanen. Seine Bilder werden in Berlin versteigert. Der Zeitpunkt wäre also gar nicht schlecht!« Er sprang auf, zog seine Brieftasche aus der Jacke und zählte ihr 300 Mark auf den Tisch. »Nimm das, damit du anfangen kannst.« Lachend umarmte er sie: »Sieht also ganz so aus, als hätten wir eine Galeristin, wenn wir zurückkommen!« Johanna hob protestierend die Hände. »Um Himmels willen. So viel

Geld. Das kann ich dir sobald nicht zurückgeben. Und was Flechtheim angeht – mit dem kann ich mich nicht messen.« Sie schob das Geld wieder in seine Richtung. Er schob es zurück. »Behalte es. Im Feld kann ich es sowieso nicht brauchen. Das Zurückzahlen hat keine Eile. Später komm ich bei dir essen. Dann sind wir wieder quitt.«

Eine Woche später schickte Hermann 150 Mark aus Konstantinopel. »Jetzt muss ich es machen«, dachte sie, als sie die Scheine unterm Kopfkissen versteckte.

Am Abend, als sie sich hinlegte, tastete sie nach dem Geld. Es hinderte sie am Schlaf. Stunden lag sie wach, starrte an die Decke, zermarterte sich den Kopf, rechnete und schätzte, überlegte, wie an Bilder heranzukommen wäre, an wen sie sich wenden könnte. Alle Namen ging sie durch, dachte daran, bei den Professoren von der Akademie nachzufragen, fürchtete aber Spott. Wachtmeister Westerfeld kam ihr in den Sinn. Früher hatte er Brötchen bei ihr geholt, einmal sogar ein Bußgeld von ihr ferngehalten. Er kannte das Viertel auswendig; sein Vater war schon Polizist gewesen. Oft hatte er ihr geholfen, wenn es im Backladen laut geworden war und die Nachbarn sich beschwert hatten.

Am Morgen saß sie bei Westerfeld auf dem Revier. »Eine Galerie wäre gut, ich kann das. Sieben Jahre hab ich mit Kunst und Künstlern zu tun gehabt, hab viel mitbekommen, versteh was davon. Sie kennen mich doch ... Ein bisschen Geld hab ich auch. Bloß die Künstler sind alle im Feld und ich weiß nicht, wie ich an Bilder kommen kann.« Westerfeld, in Uniform und mit gezwirbeltem Bart, war beeindruckt von Johannas Energie. »Lassen Sie mich nur machen, Frau Ey.«

Tage später brachte er Nachricht: »Ich hab mich umgehört. Renovator Spinrath würde Ihnen Bilder in Kommission geben. Das wäre doch ein Anfang. Er restauriert und Sie verkaufen.«

Joseph Spinrath war ein drahtiger Mann. Wenn seine Augen nicht in Bewegung waren, waren es seine Hände, die Beine oder der Kopf. Eine blaue Soldatenmütze saß schräg auf seinem fast haarlosen Kopf, eine dünne Zigarette steckte in seinem Mundwinkel, weswegen er ständig die Augen kniff. »Kommen Sie, ich zeige Ihnen die Bilder, die in Frage kämen.« In einem engen Raum hinter der Werkstatt lehnten unzählige Leinwände, Kartons und Rahmen an der Wand. Spinrath ging auf einen der Stapel zu und zog Bilder hervor. Christus und die Jünger von Emmaus kamen zum Vorschein. »Sehn Sie mal. Einen Gebhardt hätte ich anzubieten. Ein Ölbild.« Johanna wurde hellhörig. Spinrath hielt die Leinwand ans Licht. »Dafür gibt es Interessenten. War schon vor dem Krieg was wert. Dann hätte ich noch Defregger, Acherbach und Dücker. Dücker ist auch was. Kampf auch, Schreuer natürlich und Klaus Meyer. Einen Fritz von Wille kann ich Ihnen auch geben. Und wenn Sie wollen, Hambüchen und eventuell Liesegang. Sehen Sie sich nur um. Ich mache Ihnen ein gutes Angebot.«

Johanna genoss es zwischen Portraits und Stillleben, Skizzen und Aquarellen herumzugehen und Farben zu riechen. Spinrath kannte sich aus, wusste zu jedem Bild etwas zu sagen. Ihr fiel ein, dass auch sie zu jedem der Werke etwas sagen sollte, dass sie Bescheid wissen und manches erklären müsse, dass die Käufer etwas hören wollten. Sie achtete auf jedes Wort von Spinrath, überlegte sich Notizen zu machen. Dann aber verwarf sie diesen Einfall, glaubte, dass eigene Ideen zu den Bildern ehrlicher sein würden.

Obwohl es eine Menge leerstehender Lokalitäten gab, gestaltete sich die Suche schwierig. Unbedingt wollte sie in der Altstadt bleiben; auch durfte es nicht viel kosten. Ein Uhrmacher, der mit Spinrath bekannt war, hatte einen Laden zu vermieten, tat aber geheimnisvoll und bat sich aus, wenn die Zeiten besser würden, jederzeit wieder selbst einziehen zu können, was Johanna ihm zusicherte. Sie war außer sich vor Freude, als der Zuschlag kam. Euphorisch schrieb sie an Paul und Hermann. »Jetzt habe ich eine Galerie am Hindenburgwall, Nummer 1a. Der Laden ist zwar eng, hat auch nur ein Fenster, dafür zahle ich aber nur 20 Mark. Ich habe wenig Lager, aber es geht schon. Mitte Juni ist Eröffnung und es gibt wunderschöne Bilder.«

Paul schickte Glückwünsche aus Wilhelmshaven und Hermann schrieb, dass er Ende des Monats vorhabe zu kommen. Am gleichen Tag ging sie zu Spinrath, verhandelte eisern. Am Ende schlug er ihr zehn Bilder in Papier: zwei Dirks, ein Aquarell und ein Ölbild von Dücker, drei Zeichnungen und Pastelle von Hambüchen, ein kleines Ölbild von Kampf, eines von Liesegang und eine Tusche von Schreuer. Als sie sich trennten, bot er an, die Bilder dann und wann auszutauschen und somit für Abwechslung zu sorgen. »Es ist nicht gut, wenn ein Bild zu lange hängt.«

Johanna war voller Vorfreude. Die Arbeit lenkte von den berauschten Kriegsnachrichten der Zeitungen ab, auch von grauenhaften Frontberichten, die auf der Straße verbreitet wurden. Im Bilker Emaillierwerk hatte sie ein Schild bestellt und mit Hilfe von Gendarm Westerfeld an der Fassade befestigt. »Frau Johanna Ey – Gemälde« stand über der Tür. Westerfeld hatte auch beim Tünchen und Streichen geholfen. Maler Struck, Schüler von Gebhardt, brachte zwei Ölbilder vorbei. Sie zeigten leuchtende Sommerlandschaften und weite Himmel. »Wenn ich 20 Mark das Stück kriege, bin ich zufrieden«, meinte er und als Johanna zusagte, die Sachen in Kommission zu nehmen, versprach er für die Galerie zu werben. »Sie werden sehn, Frau Ey, wenn sich das rumspricht, rennt man Ihnen die Bude ein! Krieg hin oder her!«

Auf der Suche nach Bildern fragte sie in Kunsthandlungen nach, dachte sich, dass Kontakte zu Kunstvereinen nützlich sein könnten. Bei einem Antiquitätenhändler am Fürstenwall stöberte sie zwei signierte Studien von Gebhardt auf. Die Holzrahmen, in denen sie steckten, passten nicht zu den Abbildungen. Dass eine der Zeichnungen den Kopf des Johannes darstellte, erfuhr sie durch die Bildunterschrift. Die andere zeigte eine junge Frau in gestreifter Schürze, eine Treppe hinaufsteigend. Der Händler hatte kaum Nachfrage nach Kunst und war einverstanden, als Johanna anbot, die Zeichnungen in Kommission zu nehmen. »150 Mark, für beide. Zahlung sofort, wenn die Bilder verkauft sind«, sagte er und als Johanna damit seinen Laden verließ, hatte sie das Gefühl, ein gutes Geschäft gemacht zu haben.

In der Galerie ging sie mit den Zeichnungen von Wand zu Wand, prüfte Licht und Wirkung und entschloss sich schließlich für einen Fensterplatz. Auch das Ölbild von Dücker mit einer Historienmalerei fand dort Platz. Damit war das Fenster ausgefüllt. Sie ging nach draußen vor die Tür, betrachtete das Arrangement von weitem, dann wieder aus der Nähe. Zweimal noch änderte sie die Anordnung.

Schwieriger war es, die holzvertäfelten, braunlackierten Wände und die hellgrünen Tapeten mit dem Rankenmuster zu bestücken. Mit Leiter, Hammer und Nägeln ging sie ans Werk. Den ganzen Tag brachte sie damit zu, Motive zu vergleichen, auch Größen und Rahmen. Als die Bilder schließlich hingen, war sie erschöpft. Gegen Abend kamen Lisbeth und Maria von der Arbeit, lobten die Auswahl. Sie wetteten, welches Bild als erstes verkauft würde. »Das Bild mit den Blumen wird es sein, es ist das schönste«, schwärmte Lisbeth, indem sie auf eine Pastellzeichnung von Hambüchen wies. Maria begeisterte sich für eine der Gebhardt-Studien. »Die Frau mit der Schürze. Gebhardt ist doch berühmt, du wirst sehn.«

Aus der Wohnung in der Ratinger Straße trugen sie Stühle herüber, den Schirmständer aus der Backstube sowie Tassen und Kannen für Kaffee. Zusammen schafften sie noch einen Tisch über die Straße, der als Theke dienen sollte.

Zur Eröffnung kamen Pastor Vitz, Professor Spatz von der Akademie, mit ihm Clarenbach, dem die Klasse für Landschaftsmalerei übertragen worden war, Maler Gauer und Ophey. Gendarm Westerfeld winkte mit Rosen, hielt Johanna ein wenig zu lange im Arm, küsste sie mehrfach links und rechts, lobte ihr Kleid und die Frisur. Uzarski winkte mit einer Flasche Wein. Sie hatte ihn lange nicht gesehen und amüsierte sich über sein gespieltes Gejammer, nicht kriegstauglich zu sein. Auch Gebhardt mischte sich unter die Gäste, erfreut darüber, dass seine Zeichnungen bei ihr gelandet waren. »Donnerlitsch, Frau Ey, da ziehe ich den Hut!« Klein und breit stand Johanna zwischen den Malern, prostete Ophey zu, während Westerfeld und Jungheim ein Kanapee hereintrugen und sie für ihren Mut lobten. »In diesen Zeiten eine Galerie zu eröffnen ist kein Pappenstiel«, sagte Jungheim, während er das Möbel ablud, »aber unsere Frau Ey hat schließlich schon anderes überstanden. Nicht wahr, Frau Ey?« An diesem Tag schien alles denkbar. Mit hoffnungsfrohen Gesichtern munkelten sie über den Stand des Krieges, das baldige Ende, die gloriose Zeit danach.

Ophey erzählte, dass sie ihn ins Militäramt abkommandiert hatten. Er lud Johanna ins Kaufhaus Tietz ein, wo er Kreidezeichnungen ausstellte, die im Lazarett entstanden waren und kündigte an, demnächst Bilder zu bringen. Maria kochte Kaffee, Lisbeth ging mit der Kanne herum, hell war ihr Lachen. Flohpitter brachte Johanna eine Flasche mit Lourdeswasser, die die Form der Muttergottes hatte. Er musste sie lange Zeit mit sich herumgetragen haben, denn das Mariengesicht war nicht mehr erkennbar, das Etikett nicht mehr lesbar.

Später mischte sich Barz unter die Gäste. Seine Haare hatten den Glanz verloren, die Augen waren verschattet, wirkten grau wie alles an ihm. Mager war er geworden, seine Nase spitz. Der Anzug saß nicht mehr, seine Haut war voller Pusteln. Wortkarg stand er eine Weile bei Lisbeth, dann sah Johanna ihn im Gespräch mit Maria. Er blieb bis zum Schluss und als er mit Johanna allein war, hörte er nicht mehr auf zu reden. »Ich war an der Ostfront. Gott sei Dank ist es mit meinem Dienst nichts mehr. Hab was abbekommen und im Lazarett gelegen. Jetzt hab ich mich wieder an der Akademie eingeschrieben.« Als sie ihm eine Suppe brachte, brach er in Tränen aus. »Du kannst es dir nicht vorstellen. Niemand kann es sich vorstellen. Der Krieg – da ist nichts Ehrenhaftes, sondern nur Schmutz und Elend. Ein einziges, großes Sterben. Der Gegner soll nicht besiegt, sondern restlos vernichtet werden.« Unruhig bewegte er die Hände, rollte einen Zettel zusammen, kniff ihn in der Mitte, rollte ihn wieder auf. »Zuerst war nur dieses endlose, stumpfsinnige Exerzieren, das stundenlange Gleichschrittmarschieren, danach Sackschlitzen mit dem Bajonett. Bis zum Erbrechen haben wir das geübt. Dann lagen wir in Schützengräben, den ganzen Tag, in Pulverqualm und Giftgasschwaden, schossen und wurden beschossen. Manchmal hab ich gedacht, der Himmel explodiert. Ein Kamerad nannte mich Milchgesicht, weil ich so geschlottert hab. Ach ja, hab ich gesagt, sieh dich doch mal um. Hier wimmelt es von Milchbreifressern ... Ach, es war schrecklich. Entweder hatten wir Wachdienst oder wir mussten schanzen. Eine Drecksarbeit. Nach der Schneeschmelze war es furchtbar. Die Gräben waren reinste Schlammbahnen. Ständig wurden wir beschossen mit Mörsergranaten und Schrapnells oder von Scharfschützen aufs Korn genommen. Jeden Meter Geländegewinn konnte man mit Toten pflastern. Dreiviertel von uns sind draufgegangen. Überall lagen sie, verbluteten vor den Stellungen, schrien nach Wasser. Berge aus geschundenen Körpern. Trauben von Schmeißfliegen krochen darüber. Dazwischen aufgeblähte Pferdekadaver. Ekelhaftes Gefühl, auf weiche Tote zu treten. Immer dieser süßliche, fischige Gestank. Manchmal war nicht zu sagen, ob der Schlamm Fleisch war oder das Fleisch Schlamm. Wir haben versucht, die Toten mit Erde zu bedecken. An einem konnte man nicht vorbeigehn, ohne das Gewimmel der Würmer zu hören. Sein Schenkel war aufgebrochen. Eine weißschleimige Masse wühlte darin.« Der Zettel in seiner Hand war faserig geworden. Immer noch kniff und rollte er das Papier, seine Knöchel waren weiß. Johanna war wie erstarrt. »Ja, Frau Ey, mit all dem soll Frankreich ausbluten, aber wir nannten es Materialverschleiß. Wir sind nämlich nur Material, Frau Ey, nur Material. Sie haben uns Schnaps gegeben. Wenn wir wollten, jeden Tag. Auch Zigaretten. Das betäubt die Nerven. Den Leutnants geht es auch nicht viel besser. Sie haben vielleicht das bessere Essen, den besseren Schnaps, auch einen Burschen, der ihnen die Stiefel putzt und ein Reitpferd, aber sie müssen auch mit rein.« Johanna setzte sich neben ihn. »Neulich war Wever bei mir, er hat nichts davon ...«

»Natürlich nicht. Darüber redet keiner. Man kann ja gar nicht drüber reden. Wer kann sich hier schon vorstellen, wie es an der Front aussieht? Kein Quadratmeter Erde, der nicht zerwühlt ist. Die ganze Zeit zischen Schrapnells an, rasseln Maschinengewehre, rollen Infanteriefeuer. Und dann das Gas. Es wabert über die Schlachtfelder und stell dir vor, jetzt gibt es einen Kampfstoff, der den Atemfilter von Gasmasken durchdringen kann. Das Zeug brennt höllisch und zwingt dich, die Schutzmaske abzunehmen, was natürlich tödlich ist. Maskenbrecher nennen sie das Zeug. Ach, wenn ich dran denke. Du müsstest das Schreien und Gellen mal hören. So widernatürlich. Alle sind von nervösen Zuckungen geschüttelt, die Münder von einem schrecklichen Grinsen verzerrt. Glaub bloß nicht, dass wir keine Angst haben. In den Gräben sitzen wir und zittern, sehn, wie unsere Hosen nasse Flecken bekommen. Dann liegt plötzlich eine abgerissene Hand auf dem Sand oder ein Stück Fleisch, an dem Uniform klebt. Da liegen Rümpfe, Arme, halbe Köpfe, Beine, Gedärm. Weiche, schwammige, aufgedunsene Körper in Pfützen und Kloaken, Menschenklumpen, die zum Himmel schreien. Morgens sieht man ganze Regimenter zerfetzt am Boden. Die Übriggebliebenen kriechen im Dreck, winseln, bitten um Erlösung. Einmal rieselten kleine weiße Fetzen auf mich. Ich wollte sie wegwischen, aber sie waren weich und klebten. Da hab ich gesehn, dass es Hautstückchen waren.« Er schloss die Augen. »Ich hab gebetet, lieber Gott, schick mir einen Beinschuss, eine Armverletzung oder die Ruhr. Ach, ein Menschenschlachthaus ist es. Mit einem Höllenlärm. Die Feuerwalzen, die Granathagel, die ständigen Schreie. Weißt du, was sie schreien in ihren letzten Minuten? Soll ich es dir sagen?« Er schluckte. »Sie schreien nach ihrer Mutter. Sie schreien alle nach ihrer Mutter! Ja, davon hört man hier nichts und auch nicht da oben in den Kammern des Kaisers.«

Johanna war nicht in der Lage, ihm Tröstendes mitzugeben. Niedergedrückt sah sie ihm hinterher, wie er die Straße hinunterhumpelte und bei der Schneiderei um die Ecke bog. Wie ein übler Geruch war der Krieg hereingezogen. Um sich abzulenken, las sie Glückwunschkarten und fand Post von Hermann. »Fast wäre es geglückt und ich wäre mit einem Freund nach Düsseldorf gekommen. Auf dem Werk Hohenzollern hätte ich gern gearbeitet. Es hätte mir gut gepasst, auch damit du ein bisschen aus der Not kommst. Sie liefern Kriegsmaterial und es wäre eine schöne Arbeit gewesen. Aber jetzt liegt ein Telegramm aus Oldenburg hier. Binnen drei Tagen muss ich mich stellen. Oberst Kölble hat mir schon gesagt, dass ich nach Kiel geschickt werde, als Infanterist. Wenn ich auf Heimaturlaub komme, bin ich gespannt, die Galerie zu sehen und die Bilder …«

In der Nacht zerraufte sie das Bett. Sie hatte die blutigen Uniformen in der Bekleidungsstelle vor Augen und Hermann, der nackt und zuckend in einem Schützengraben lag, sein Körper abgezehrt und halb bedeckt von Erde. Sie sah, wie sich sein Mund öffnete, wie er die Worte »Mutter, Mutter« formte, wie schwarzes Blut hervorquoll, das sich mit Erde vermischte und ihn mehr und mehr zudeckte. Sie wollte ihn berühren, konnte aber die Arme nicht bewegen. Als er an seinem Blut zu ersticken drohte, erwachte sie.

Scheu standen die ersten Kunden in der Galerie, bewegten sich vor den Bildern, erkundigten sich nach den Preisen, kauften nichts. Es kamen auch Leute, die früher bei ihr Brötchen geholt hatten. Manche spotteten, wollten wissen, wie es denn sei, dass eine Bäckerin plötzlich Bilder verkaufe und wo denn der künstlerische Sachverstand herrühre.

Gegen Ende der zweiten Woche betrat der Kunsthändler Weinberg den Laden und interessierte sich für den Johannes-Kopf von Gebhardt. Erpicht mehr zu finden, ging er in der Galerie auf und ab, prüfte und verglich, betrachtete auch die zweite Zeichnung, kam aber wieder auf die erste zurück, fragte nach dem Preis. Einen Moment zögerte sie. Dann hob sie den Kopf: »300 Mark.« Er zündete sich eine Zigarette an, rauchte in hastigen Zügen, streifte nervös die Asche an einem Blumenuntersetzer ab. Unvermittelt kramte er sein Portefeuille aus der Tasche. »300. Na gut.«

Sechs Fünfzigmarkscheine lagen auf der Theke, nachdem er mit dem Bild verschwunden war. 150 für beide Zeichnungen waren mit dem Händler abgemacht. Sie konnte es kaum fassen. Mit einem einzigen Bild hatte sie in wenigen Minuten so viel verdient wie in sechs Wochen in der Militärbekleidungsstelle. Plötzlich hatte sie Angst. Sie nahm 150 Mark, schloss den Laden ab, eilte Richtung Fürstenwall, klopfte beim Antiquitätenhändler, zahlte ihm das vereinbarte Geld auf die Hand. Zurück in der Galerie traute sie sich nicht, ihren Verdienst anzufassen. Plötzlich kam ihr alles wie ein Diebstahl vor. Kurz dachte sie daran, dass es richtig wäre, Weinberg aufzusuchen, ihm einen Teil des Geldes zurückzubringen, ihm zu sagen, dass er zu viel bezahlt hätte.

Im ersten Monat verkaufte sie zwei Zeichnungen und hatte für Monate die Miete verdient.

Westerfeld, der fast täglich nach Dienstschluss hereinsah, war überzeugt, dass sie die geborene Händlerin sei. Anfangs war er ihr manchmal lästig, vor allem, wenn er abends nicht gehen wollte. Dann aber gewöhnte sie sich an seine Besuche, war auch froh über seine Hilfe, die er jederzeit anbot.

Den Sommer über gingen die Geschäfte zäh. Zwar kamen fast täglich Kunstinteressierte herein, kauften aber selten. Oft waren es Paare: Damen mit ausladenden Hüten und raschelnden Kleidern aus Taft und Tüll oder mit Pagenköpfen und engen Röcken, Herren in legeren Cuts mit schmalen Hosenumschlägen. Flüsternd standen sie vor den Bildern; manchmal fingen sie ein Gespräch mit ihr an. Oft klopften Maler an, die selbst Bilder bringen wollten. Johanna erkannte sie an ihren abgezehrten Gesichtern und schlechten Kleidern. Für den Krieg waren sie ausgemustert worden, Arbeit hatten sie auch nicht. Hungerleider waren es, froh um jeden Pfennig. Dankbar nahmen sie den Kaffee, auch den Platz am warmen Ofen. Die meisten durften ihre Bilder bringen. Wenn Johanna allerdings das Gefühl hatte, ausgenutzt zu werden, warf sie sie hinaus.

Am besten gefiel ihr das Auswählen. Gern saß sie vor den Mappen, blätterte, machte sich Gedanken, wem sie das Bild anbieten könnte. War sie anfangs unsicher, was das Festlegen der Preise betraf, so war sie bald in der Lage, einen guten Strich von einem dilettantischen zu unterscheiden. Dennoch waren ihre Preise willkürlich und konnten sich schnell ändern. Dann nämlich, wenn es an Essen oder Geld für die Miete fehlte. Mit Kalkulation und Buchführung wollte sie sich nicht befassen. Solange Geld in der Kasse war, stimmte alles. Auch die Luxussteuer, die neuerdings auf Kunstverkäufe erhoben werden sollte, störte sie nicht. Ende des Jahres dachte sie sich eine Summe aus, die sie beim Amt als Gewinn anführte und damit war allen geholfen: den Käufern, den Malern und ihr.

Fast hatte sie das Gefühl, sich ein wenig zurücklehnen zu können.

Dann aber bemerkte sie am Tag nach Allerheiligen beim Öffnen der Tür, dass etwas nicht stimmte. Das Schloss war verbogen, ein Holzstück klemmte im Zylinder. Sie war kaum eingetreten, da stockte ihr der Atem. Elf Bilder waren aus den Rahmen geschnitten, eine wertvolle Decke aus Rumänien, die neben der Tür über einer Stange gehangen hatte, fehlte. Leer und schief hingen die Rahmen an der Wand, brutal waren Leinwände herausgerissen worden, zerfranste Reste hingen im Holz. Fassungslos stand sie da, spürte, wie ihre Beine zittrig wurden. Auf die Lehne des Kanapees setzte sie sich, dachte daran, Westerfeld zu holen. Einsam saß sie, die Strickjacke eng um den Körper gezogen. Nur das Ticken der Uhr war zu hören. Der Gedanke, wieder mit allem von vorne anfangen zu müssen, hämmerte und stach. Sie überschlug den Verlust. Die rumänische Decke, eine wertvolle Handarbeit, gehörte ihr nicht. Ein Bäckereikunde hatte sie ihr zur Eröffnung der Galerie ausgeliehen. Den Preis konnte sie nicht schätzen. Fünf Bilder gehörten Spinrath und hatten einen Wert von 1000 Mark. Das Geld hatte sie nicht. Die anderen waren zwar weniger wert, aber auch dafür konnte sie nicht einstehen. Der Maler Gauer war angewiesen auf ihre Verkäufe, auch Altenberg, der immer magerer wurde und erst vor

Tagen nachgefragt hatte. Jetzt musste sie allen sagen, dass es nichts geworden war, nur Arbeit und Verlust gebracht hatte. Vor allem Arbeit. Immer kleiner wurde sie auf dem Kanapee.

Es war Spinrath, der sie wieder auf die Beine stellte. Seine Bilder waren durch eine Versicherung gedeckt und zwinkernd flüsterte er ihr zu, dass der Diebstahl nicht das Schlechteste gewesen sei, was ihm hätte passieren können. »Bei der Versicherung trifft es auf jeden Fall keinen Armen ...«

An Sankt Martin brachte er ihr zwei Rötelzeichnungen zum Einkaufspreis vorbei und sprach ihr Mut zu. Die Straßen hallten von singenden Kinderstimmen. Leuchtende Papierlaternen und ausgehöhlte Kürbisse tanzten an Stangen, wie Glühwürmchen schwankten sie durch das Dunkel, wogten über den Köpfen. Kinder klopften, sagten ihren Spruch auf. »De helleje Zintmätes, dat wor ne jode Mann, hä jov de Kinder Käzje, un stoch se selver an. Butz, butz, widder butz, dat wor ne jode Mann ...« Früher hatte es bei ihr Weckmänner mit Schokoladenknöpfen und einer Pfeife im Mund gegeben, aber jetzt waren zwei verschrumpelte Äpfel alles, was sie in reckende Kinderhände legen konnte. »Jitzhals, Jitzhals«, hörte sie sie rufen, als sie um die Ecke bogen. Ein langes Leben und das Himmelreich hatten sie ihr – wie sonst – nicht gewünscht, weswegen Spinrath ihnen hinterher rief: »Habt ihr nicht was vergessen?« Professor Gebhardt kam dazu, versuchte sie mit seiner ulkigen Art aufzuheitern. »Ach, lassen sie doch die Kinder ... Sie wurden bestohlen, Frau Ey? Stehlen Sie doch wieder!« Erstaunt sah Johanna ihn an. »Also bei Ihnen im Atelier möcht ich schon gern stehlen.«

»Na, dann kommen Sie doch mal.« Johanna zuckte mit den Schultern. »Machen Sie keine Späße mit mir. Ich bin gerade wirklich nicht in der Verfassung.«

»Aber so was wirft eine Frau wie Sie doch nicht aus der Bahn. Es wird schon wieder. Sie werden sehn, Frau Ey ...« Gewünscht hatte sie, dass Gebhardt ihr vielleicht ein paar Zeichnungen günstig überlassen würde. Aber als er auf der Türschwelle nur wiederholte, dass sie es schon schaffen werde und bald alles besser würde, zerstreute sich diese Hoffnung.

Sie war schon dabei, sich für die Nacht zu richten, als einer seiner Schüler aufgeregt ans Fenster klopfte. »Der Professor will Ihnen ein Bild schenken, Frau Ey. Kommen Sie morgen ins Atelier. Am Vormittag arbeitet er.«

Gebhardts Heiligem Lazarus in Öl hatte sie es zu verdanken, dass sie den Anfang wieder fand und den geschädigten Malern einen Ausgleich für die gestohlenen Werke zahlen konnte.

Nach und nach kamen auch wieder Bilder hinzu: Zeichnungen von Barz, Aquarelle von Ophey. Westerfeld gab ihr den Rat, die wertvollsten Bilder in Zeitungen zu wickeln und am Abend in die Ratinger Straße zu tragen. Oft kam er, wenn sie abschloss und half ihr dabei.

Obwohl Westerfeld alles dafür tat, die Sache aufzuklären, blieben die Bilder verschwunden.

Zum Trost lud er sie ins Füchschen ein, in die Uel, brachte ihr Blumen. Einmal war sie mit ihm im Lämmchen gewesen, wo es Schildkrötensuppe und frische Ananas gab und eine Damenkapelle auf einem Podium fiedelte. Die Paillettenkleider der Musikerinnen glitzerten, auf den Köpfen bewegten sich Federbüsche. Westerfeld zog Johanna auf die Tanzfläche, hielt sie fest und fester, kreiste mit ihr um Tänzer und Musiker. Lichter, lachende Münder, Champagnergläser, Federboas und Goldkugeln flogen heran und entfernten sich wieder. Sie spürte seine Hände, die stoppelige Haut seines Kinns an ihrer Wange, seinen Atem. Der Wein stieg ihr in den Kopf, leicht war alles, auch später, in seiner Wohnung, wo er ihr gestand, dass er einen solchen Moment lange herbeigesehnt, ihre Nähe erträumt, sie immer schon begehrt habe. Seine bittenden Augen, die Furcht in seinem Blick, eine Art Verehrung waren es, die sie dazu brachten, die Augen zu schließen, sich umarmen zu lassen und mit den Fingerspitzen sein Gesicht zu ergründen: die leichte Einbuchtung der Nasenwurzel, die Wangenknochen, das Grübchen im Kinn, die Linie der Augen, die gerade, kurze Stirn, den Ansatz der Haare, die fleischigen Ohrläppchen.

Im Dezember hing der Laden wieder voll. Allerdings fehlte es an Käufern. Nur wenige hatten Interesse an Kunst, die Leute hungerten. Längst waren Lebensmittel rationiert; die Bauern der Gegend lieferten kaum noch Milch und Butter oder Getreide. Auf den Höfen mangelte es an Arbeitskräften, Zugtieren und Kunstdünger. Schwarzhändler verschoben Lebensmittel zu Wucherpreisen; Kinder mit bleichen, ernsten Gesichtern, Körbe auf den Rücken, klopften an die Scheibe, schlugen Tauschgeschäfte vor. Viele bettelten. Schulen mussten schließen, da es keine Kohle gab. Vielfach waren sie in Lazarette umgewandelt worden.

An Weihnachten kamen Feigler und Wever auf Heimaturlaub. Sie staunten über Johannas Räume, freuten sich an den Bildern. Patriotisch waren sie nicht mehr. Vom Krieg sagten sie nichts, aber es lag eine große Sehnsucht in ihren Stimmen, als sie davon sprachen, endlich wieder malen zu wollen. Johanna hätte gern aufgetischt, aber zum Essen gab es nur warme Brühe. »Bloß nicht ans Essen denken«, riet Feigler, »einfach nicht dran denken, dass in unserer Nähe vielleicht eine fette Gans geschmort wird, bis sie schön kross, herrlich kross und goldbraun ist. Hach, einfach nicht dran denken!«

Den ganzen Monat war Westerfeld nicht dagewesen und als er Anfang Januar mit einem Blumenstrauß auftauchte, um ihr ein gutes Jahr zu wünschen, klang er anfangs verstimmt, gab zu, dass er sich mit ihr Anderes erhofft hatte, versuchte sie zu überzeugen, dass sie auf Dauer ohne männliche Hilfe nichts zuwege bringen würde und dass es keinen Mann gäbe, der so treu sei wie er. Nachdem sie ihm erklärt hatte, dass sie mit Männern kein Glück gehabt habe und auch nicht mehr daran glauben könne, jemals wieder Glück zu haben, dass sie allein besser zurechtkäme und zudem für nichts und niemand ihre Selbstständigkeit aufgeben wolle, warf er beleidigt die Tür ins Schloss.

Frierend, in einem verschlissenen Mantel und löchrigen Pulswärmern, saß sie in der Galerie, die Füße auf einem Stövchen, rieb die steifen Finger aneinander. Manchmal stand sie auf, hauchte ihren Atem gegen die beschlagene Scheibe und sah hinaus. Ein trockener, harter Husten quälte sie, der sich nicht bessern wollte. Das einzige, was Linderung brachte, war ein wässriger Tee, gebrüht aus Brennnesselblättern. Nein, von nichts und niemandem wollte sie sich unterkriegen lassen, weder von einem Mann noch von einem Krieg. Damals, als Robert nach Berlin gegangen war, hatte sie gedacht, nie mehr Boden unter die Füße zu bekommen. Und doch waren gute Jahre gekommen. Damit tröstete sie sich, wenn sie die blassen Kinder Nachläufches spielen sah, wenn Nachrichten von Verletzten und Gefallenen sie erreichten, wenn Hunger in ihrem Magen wühlte. Irgendwann würde der Krieg aufhören, einfach aufhören, die Zeit hell und licht werden, die Galerie sich wieder füllen, die Maler zurückkehren und alles so sein wie früher. »Du hältst die Stellung hier«, hatte Wever ihr aufgetragen, bevor er nach Frankreich abkommandiert wurde und sie hatte genickt. Oft, wenn sie ihre Groschen zählte, die Bilder betrachtete und auf Kundschaft wartete, dachte sie daran. Ja, sie würde die Stellung halten und Kaffee aufheben für den Tag, an dem alle zurückkämen.

Hindenburgwall 11

Über die dunklen Adventstage bewegte sich nichts. An Weihnachten verkaufte sie zwei Zeichnungen von Uzarski, deren Erlös die Miete bis Februar sicherte. Dann aber hungerten sie. Der Krieg zog sich, die Versorgungslage wurde immer schlechter. Manchmal gab es Schwarzbrot, ein scheußliches Zeug, das an der Zunge klebte, wenn man hineinbiss.

Ein nasses Frühjahr machte den Bauern zu schaffen. Von einer Marktfrau erfuhr Johanna, dass in der Eifel das Heu auf den Wiesen moderte, Kartoffeln und Rüben in den zu Schlamm gewordenen Äckern faulten. »Bald gibt et nix mehr ... Dat gibt en Hungerwinter. Äwwer maach jet dran. Et küttwie et kütt. En Jedrisse, dat is doch dat Leve.« Die Marktfrau behielt Recht. Nach einer Kartoffelfäule im Herbst blieben nur noch Steckrüben. Johanna kochte Steckrübensuppe, briet Steckrübenkoteletts, backte Steckrübenbrot, rührte Steckrübenbrei.

Des Diebstahls wegen, aber auch um Geld zu sparen, dachte sie, dass es besser sei, wenn Galerie und Wohnung unter einem Dach lägen. Lange schon liebäugelte sie mit einem leerstehenden Ladenlokal, nur wenige Häuser entfernt, dessen Lage zwischen Post und Reichsbank, Kunsthalle und Amtsgericht günstig schien. Zwei große Ladenfenster gingen direkt auf die Straße. Der Verkaufsraum dahinter war riesig, mit hohen Wänden, ideal für Bilder. Johanna forschte und fragte, fand heraus, dass es sich um städtischen Mietraum handelte, dass hinter dem Verkaufsraum noch Stube, Küche und Kammer lägen, die aber niemand mieten wolle, weil sie als Dirnenunterkunft gedient hätten und in Verruf geraten wären. Johanna war sofort entschlossen. Für 30 Mark im Monat war die Miete günstig.

Das Ladenlokal war verdreckt. Widriges Geziefer hatte sich breit gemacht. Kalk blätterte von den Wänden; irgendetwas roch faulig und feucht, seltsam klebrig nach Hunden. Der Hinterhof, den sie mitbenutzen konnte, stand voller Gerümpel.

Mit Besen, Schrubber und Lappen rückte Johanna an, fegte Spinnweben aus den Ecken, schrubbte Dreck vom Boden, füllte Schaufeln mit Staub und Schutt. Im ersten Stock gab es ein Klosett und einen Wasserhahn. Unaufhörlich lief sie, um frisches Wasser zu holen, immer wieder kippte sie Dreckwasser draußen in die Büsche. Bei einem Altwarenhändler beschaffte sie sich gebrauchtes Mobiliar, Tische und Stühle, einen schweren Ofen aus Gusseisen, einen Herd aus Emaille, diverse Küchenutensilien, Regalbretter, einen Waschzuber und eine Lampe mit Schirm für den Verkaufsraum. Maria und Lisbeth halfen, die grüne Chaiselongue über die Straße zu schaffen. Sogar Westerfeld ließ sich sehen und übernahm mit seinem Karren den Transport von Kleiderschrank, Frisierkommode, Bettgestell und Matratze.

Als sie endlich einziehen konnte, war es Gebhardt, der ihr die ersten Bilder zum Verkauf anvertraute. Bald versammelte sie eine beachtliche Auswahl südlicher Landschaften, Genrebilder, Blumendarstellungen und Stillleben von Wilhelm Schreuer, Andreas Dirks, Andreas Achenbach, Oswald Achenbach, Claus Meyer, Eugen Dücker, Fritz von Wille und immer wieder Gebhardt, mit dem sie sich bald einen Namen machte. »Das sind Bilder! Das ist Kunst!« Die Verkäufe steigerten sich, als Gebhardt im Juni zu seinem 80. Geburtstag zum Ehrenbürger der Stadt ernannt wurde, was im Ey mit einer Flasche Kupferberg begossen wurde. Außer dem Sekt brachte Gebhardt Leinwände und Farben für die Maler, denen Material fehlte. Spinrath klopfte Johanna auf die Schultern. »Frau Ey, jetzt geht die Sache vorwärts. Die Gebhardts sind besser als jede Aktie.« Mitten hinein in Johannas Euphorie platzte die Nachricht vom Tod Savelsbergs.

Alle, die darauf gewettet hatten, dass Amerika neutral bleiben würde, verloren die Wette. Nachdem ein deutsches U-Boot den englischen Passagierdampfer Lusitania versenkt hatte, erklärte Amerika Deutschland den Krieg. An der Westfront gab es neue Offensiven. Die Gegner waren zu stark, aber Hindenburg und

Ludendorff träumten weiterhin vom Sieg, Friedensinitiativen des Reichstags und Amerikas lehnten sie ab, wollten nicht sehen, dass die Soldaten des Kaisers am Ende ihrer Kräfte waren.

Zwei Tage nachdem Ludendorff zurückgetreten und die Niederlage eingestanden hatte, gab die Seekriegsleitung den Befehl, zum letzten Gefecht gegen die englische Flotte auszulaufen. »Na klar – lieber ehrenvoller Untergang als Kapitulation«, spottete Gauer. In der Galerie wurde diskutiert. Barz meinte, dass die Gemetzel sofort aufhören müssten. »Es ist genug Blut geflossen. Dass die das nicht sehn wollen. Es ist doch längst vorbei. Massenhaft Deserteure gibt es. Manche steigen einfach aus den Zügen, die an die Front fahren. Sie machen einfach nicht mehr mit, verweigern Befehle, überziehn ihren Urlaub. Ich kann das verstehn.«

»Ich auch. Die Sache ist hoffnungslos. Da kann auch die Marine nichts mehr ausrichten.« Gauer verzog den Mund. »Auf See hat es ja nur eine Schlacht gegeben. Die am Skagerrak. Das Ergebnis war immerhin unentschieden. Vielleicht glauben sie deshalb, eine Chance zu haben.«

»Eine Chance? Wer das noch glaubt. Verheizt werden sie. Denen da oben sind die Leichenberge doch egal. Das alles ist purer Wahnsinn! Sie müssen aufhören, je früher, desto besser.« Johanna, die Söhne im Kopf, mischte sich ein. »Vielleicht ist der Krieg eine Pflicht und die Feigheit eine Schande. Aber ich meine auch, dass es genug ist. Die Toten sind nicht mehr zu zählen. Und jetzt auch noch die Matrosen. Wer so was befiehlt, gehört selbst hingeschickt!«

Sie redeten über nichts anderes. Johanna litt.

Die Matrosen hatten sich zum Streik entschlossen; von einer Meuterei war die Rede. Das Feuer ihres Aufstands wirkte wie ein Flächenbrand. Arbeiter- und Soldatenräte bildeten sich. Die Stimmung schien zu explodieren. Tausende forderten den Rücktritt des Kaisers. Rote Fahnen flatterten, es roch nach Revolution.

Während es in der Stadt brodelte und dröhnte, sammelte und raffte eine Epidemie. Manche nannten sie Blitzkatarrh oder Flandern-Fieber, amerikanische Soldaten sprachen wegen der plötzlichen bläulichen Hautverfärbungen der Erkrankten von einem Purple Death. Es fehlte an Ärzten, Medikamenten und Nahrung. Spinrath spekulierte, dass die Zahl der Toten an die Zahl der im Krieg Gefallenen herankommen könne. »Eine Lungenpest ist es. Hier geht es ja noch. Aber in manchen Gegenden kommen sie nicht nach mit dem Gräberschaufeln. Tagelang liegen Leichen unbeerdigt herum, weil es keine Schreiner mehr gibt. Ich hab starke Männer gesehn, gesund und rüstig. Von einer Minute auf die andere sind sie einfach umgefallen.« Gebhardt munkelte, dass die Krankheit die Eigenschaften genau jener Krankheiten hatte, gegen die die Leute geimpft worden waren: Pest, Typhus, Lungenentzündung und Pocken. »Keiner sagt, was wirklich los ist. Eine Grippe soll es sein, aus Spanien eingeschleppt. In Wirklichkeit sind wir mit Impfstoffen verseucht worden ...«

In der Zeitung las Johanna, dass Menschenmengen, besonders in Hafengegenden, zu meiden und Haut und Kleider reinlich zu halten seien. Hände müssten vor dem Essen gewaschen und das Essen gut gekaut werden. Das Tragen von Masken wurde angeraten. Werbeanzeigen priesen Feigensirup oder Eukalyptussalben als Heilmittel an. »Ich brauch das nicht. Aber meine Jungs«, sagte sie zu einer Händlerin, die mit allerhand Wundermitteln auf dem Marktplatz, direkt unter dem Reiterbild des Jan Wellem, einen Stand unterhielt und ihr in Ermangelung von Feigensirup zwei Gläser Grafschafter Zuckerrübensirup verkaufte, die sie verpackte und an die Kaiserliche Werft nach Wilhelmshaven schickte: ein Paket an den Heizer Paul Ey, ein anderes an den Mechaniker Hermann Ey.

Tags darauf stürzte Barz mit der Berliner Zeitung in den Bilderladen. »Eychen, haste noch nen Likör? Hör dir das mal an!« Er setzte sich und faltete die Zeitung auseinander. »Deutschland – Republik« stand auf der Titelseite. Seine Stimme überschlug sich: »Es ist vorbei. Die Westfront ist zusammengebrochen. Einen Waffenstillstand haben sie unterschrieben. Und jetzt hat Scheidemann die Republik ausgerufen. Vom Balkon des Reichstagsgebäudes aus! Lies! Lies selbst!« Johanna sah ihm über die Schulter ins Blatt, rückte die Brille zurecht: »Arbeiter und Soldaten! Furchtbar waren die Kriegsjahre, grauenhaft die Opfer, die das Volk an Gut und Blut hat bringen müssen. Der unglückselige Krieg ist zu Ende, das Morden vorbei ...« Sie machte eine Pause. Ihr Mund zitterte, als sie Barz ansah. »Endlich. Jetzt kommen endlich die Jungs wieder heim.« Dann vertiefte sie sich wieder in den Text. »Die Folgen des Kriegs, Not und Elend, werden noch viele Jahre auf uns lasten. Die Niederlage ist uns nicht erspart geblieben. Der Kaiser hat abgedankt. Prinz Max von Baden hat sein Reichskanzleramt dem Abgeordneten Ebert übergeben. Eine Arbeiterregierung wird gebildet, der alle sozialistischen Parteien angehören werden. Arbeiter und Soldaten, seid euch der geschichtlichen Bedeutung dieses Tages bewusst: Unerhörtes ist geschehen. Große Arbeit steht uns bevor. Das Alte und Morsche, die Monarchie ist zusammengebrochen. Es lebe das Neue. Es lebe die deutsche Republik!« Hörbar atmete Barz ein. »Und stell dir vor, es wird noch besser. Zwei Stunden später hat Liebknecht vom Balkon des Berliner Schlosses die freie sozialistische Republik verkündet. Jetzt gehen sie natürlich aufeinander los. Radikale und Gemäßigte.« Wieder wusste Johanna nicht, was von alldem zu halten war. »Wenn bloß der Krieg aufhört«, sagte sie, blies sich eine Haarsträhne von der schweißfeuchten Stirn und verschwand, um Gläser und Likör zu holen.

Vom Fenster aus sah Johanna Tausende von Verletzten vorbeiziehen. Mit Lazarettzügen der Straßenbahn wurden sie vom Bahnhof zu den Krankenhäusern gefahren. Die Straßen waren beflaggt und mit Blumen geschmückt. Auf dem Graf-Adolf-Platz, wo sie hineilte, weil sie auf ihre heimkehrenden Söhne und Künstler hoffte, wurden laute Reden gehalten, Tabak und Brot an Soldaten verteilt. Männer mit entstellten Gesichtern und wirren, ausgelöschten Augen kamen ihr entgegen. Allen bluteten die Füße. Ausgemergelte und verbrauchte Körper, denen Arme oder Beine nur noch Stümpfe waren, steckten in besudelten Uniformen. Viele hingen zwischen Krücken; leblose Beine hinterher ziehend, hievten sie sich über das Pflaster. Andere lagen zwischen verdreckten Militärmänteln und Pferdedecken auf Tragen, warteten stöhnend, röchelnd und spuckend auf Verbandswechsel. Schweißdunst lag in der Luft und der Geruch nach Wunden. Ein Mann, dem der Mund fehlte, griff nach einem Stück Brot, wollte essen, was nicht ging. Sein gurgelndes Geschrei ging durch Mark und Bein.

Viele wurden übel empfangen. Passanten schleuderten ihnen Vorwürfe entgegen, eine Frau riss einem Soldaten das Rangabzeichen von der Jacke: »Versager seid ihr, Versager!« Andere lagen sich in den Armen, heulten, lachten, liefen durcheinander. Leute hielten Pappschilder in die Höhe: Wer kennt Johann Schlicht? Wer hat Nachricht von Hubert Reuter? Fotos waren auf den Pappen abgebildet. Immer waren es Männer mit Wehrmachtsmützen und ernsten Gesichtern. Neben den Frauen liefen Kinder mit hohlen, eingefallenen Wangen und gelber, an den Knochen klebender Haut. Von den Soldaten kannte Johanna niemand. Obwohl auch sie mit Fotos herumlief und überall herumfragte, erfuhr sie nichts über ihre Söhne, nichts über die Maler. Die ganze Woche ging es so.

Gegen Ende der Woche stand plötzlich Wever in der Tür, warf seine Mütze an die Decke und breitete die Arme aus: »Asta! Unsere Asta!« Johanna liefen Tränen über das Gesicht. »Die ganze Zeit sitze ich hier und warte auf euch ... Du bist der erste, der wieder hier ist!« Lange saßen sie zusammen. Wever war in Verdun gewesen. Stockend waren seine Berichte. Immer wieder wischte er die Augen, strich sich über die dunklen Bartstoppeln auf den Backen. »Und dabei haben wir alle gedacht, dass der Krieg was Klärendes haben würde, was Reinigendes. Du kannst dir nicht vorstellen, was wir gesehn haben.« Er erzählte, dass er auf eigene Faust zurück ins Rheinland gekommen und unterwegs Zeuge einer unsäglichen Verrohung geworden sei. »Es wird geraubt und geplündert, Waffen und Munition handeln sie wie Butter und Milch. Sie stehlen, egal was. Jeder ist sich selbst der Nächste. Es gibt keine Rücksichten mehr. Die Welt ist aus den Fugen. Jetzt werden die besetzten Gebiete geräumt. Frankreich, Belgien, Luxemburg, auch Elsass-Lothringen und die linksrheinischen Gebiete.« Johanna war froh, dass sie ihm einen Teil des Geldes zurückgeben konnte, das er ihr während des Krieges geliehen hatte. »Den Rest kriegst du auch noch. Aber nimm das schon mal, dass du wieder einen Anfang machen kannst.«

In den Wochen, die folgten, gab es täglich Neuigkeiten. Feigler, der als Infanterist gedient hatte, war zwar nicht verwundet worden, hatte sich aber ein Lungenleiden zugezogen. Husten quälte ihn, er litt an Schwindelanfällen. Artur Erdle war mit verbundenem Kopf aufgetaucht. Ein Musiker vom Theater packte Johanna trotz seines geschienten Armes und drückte sie an sich. »Wir sind raus! Haben unser Leben wieder!«

Am letzten Septembertag kamen auch die beiden Patres zurück, schnäuzten sich mehrmals vor Rührung, brachten Eier und selbstgemachtes Apfelkraut. Einer von ihnen hatte im Eller Forst Kornelkirschen gelesen; schwarzrot lagen sie in einem Körbchen.

In der Nacht klopfte Bindel ans Fenster. Sie sprang aus dem Bett, eilte ihm entgegen, tätschelte ihm, schluchzend vor Freude, die Wangen. Zwei Schauspieler waren bei ihm. Sie brachten Nachricht, dass Jakob Thiessen in Frankreich gefallen war. Einer von ihnen hatte nur einen Arm, der Ärmel seines Anzugs hing schlaff herab. Als er die Jacke auszog und das Hemd aufkrempelte, sah man den Stumpf, dunkelrot glänzend. Bindel standen Tränen in den Augen. Er hinkte an zwei Krücken, die ihm bis unter die Arme reichten, hängte Johanna sein Koppelschloss um den Hals. »Das Ding hat mich gerettet. Eine Kugel ist dran abgeprallt. Jetzt geb ich es dir, damit es dich beschützen soll.« Frierend, in dünner Jacke, saß sie im Nachthemd und mit offenen Haaren vor dem Ofen. »Was für ein Glück«, sagte Bindel, sah zu, wie sie Scheite anzündete und schüttelte den Kopf über seinen Freund, der mit gesträubtem Haar und wild fuchtelnden Händen freiheitliche Gesänge in den Raum brüllte.

Hermann schrieb aus Wilhelmshaven. Er war unverletzt. Aus einem tiefen Gefühl der Dankbarkeit heraus schloss Johanna die Augen und schlug die Hände vor die Brust: »Mein Hermann – gesund und munter! Stellt euch vor: gesund und munter. Fehlt nur noch Paul. Wie die zwei wohl aussehn? Ob sie einen Bart haben? Ich kann gar nicht abwarten, bis sie kommen.« Zur Feier des Tages gab es Erbsensuppe. Der Laden war bis zum letzten Stehplatz gefüllt. »Fast so wie früher«, nickte Johanna in die Runde, »jetzt müsst ihr bloß wieder malen.«

Seit Feigler zurück war, stand in der Stube – dem einzigen Wohnraum – ein langer Klapptisch, an dem gearbeitet wurde. Zwei Staffeleien wurden abwechselnd genutzt. Peu à peu glich die Galerie dem alten Backladen. Nur die Stimmung hatte sich verändert. Johanna sah, wie der Schauspieler Dornseiff mit seinem Glasauge jonglierte, mit einem Schlüssel dagegen schlug und es dann wieder ins leere Auge klemmte. Sie erschrak, als ein Geigenspieler, der mit Barz hereingekommen war, sich beim Hinausgehen mit einem Stock vortastete. Ihr war nicht aufgefallen, dass er blind war. Sie sah das Elend und wollte doch nicht glauben, dass nichts mehr so war wie früher. Alle hatten gehofft, da weitermachen zu können, wo sie aufgehört hatten, aber auch bei denjenigen, die körperlich unversehrt geblieben waren, brannte der Krieg weiter, fraß sich in ihre Tage, wühlte in ihren Träumen. Johanna sah sie über weißen Blättern sitzen, über leeren Leinwänden, jeder von ihnen einsam auf seine Weise.

Wochenlang brachte Bindel nichts zu Papier. Er fluchte, heulte und trank. Feigler ging es ähnlich. Über misslungenen Zeichnungen sitzend verwünschte er alles und jeden, hielt sein Leben für verpfuscht und vertan. Der Maler Pitt Kreuzberg war aus der Eifel gekommen – vier Jahre Front und Lazarett lagen hinter ihm und er war nur noch Haut und Knochen – suchte Anschluss an Gruppen, wollte malen, kämpfte eisern und verbissen und doch ging es nicht. Oft saß er da, starrte aus dem Fenster. Wenn jemand ihn ansprach, reagierte er mürrisch und gereizt. Wenn Erdle seine Mundharmonika ansetzte, füllte sich der Raum mit grellen, schrägen Tönen, ohne Rhythmus und Melodie, grausige Kompositionen, die nur schwer auszuhalten waren. Als Johanna ihm das Instrument wegnahm, fing er an zu singen, zusammenhanglos und wirr, als ob er etwas loswerden wollte, an dem er zu ersticken drohte. Auch Motive waren abhanden gekommen. Jahrelang hatten einige Kavalleriepatrouillen, reitende Artillerie, schießende Artillerie, Infanterie im Gefecht oder Unterseeboote beim Feuern auf Handelsschiffe gemalt. Alles das ging nicht mehr. Es dauerte, bis sie begriff, dass alle verletzt zurückgekommen waren, dass sich der Krieg nicht vertreiben ließ, dass auch die Zeit sobald nichts ändern würde.

Arbeitslosigkeit und Hunger sorgten dafür, dass die Leute skrupelloser wurden. Diebstähle waren alltäglich, auch Plünderungen von Geschäften. Hamsterfahrten aufs Land förderten den Schwarzhandel. Marias Mann hatte die Arbeit verloren. Sie selbst fand Anstellung in einer Fabrik, wo Prothesen für Arm- und Beinamputierte hergestellt wurden.

Im November bildete sich ein provisorischer Arbeiter- und Soldatenrat. Karl Liebknecht hielt im überfüllten Apollo-Theater eine Rede. Uzarski und Barz waren dagewesen und kamen mit Schrammen und blauen Flecken zurück.

Während im Dezember belgische Truppen die linksrheinischen Stadtteile besetzten und die Rheinbrücke gesperrt wurde, stellten Ophey und Feigler eine Ausstellung auf die Beine, für die Johanna Aquarelle beisteuerte.

Das neue Jahr begann mit Streiks und Demonstrationen. Wochenlang traute sie sich kaum vor die Tür. Mitglieder des Spartakusbundes übernahmen die Macht, besetzten Hauptbahnhof, Telegrafenamt und Polizeipräsidium und stärkten die eigenen Reihen, indem sie Inhaftierte aus Gefängnissen befreiten. Den Oberbürgermeister erklärten sie für abgesetzt. Aus Protest legten die städtischen Beamten die Arbeit nieder.

In der Graf-Adolf-Straße und auf dem Hindenburgwall kam es zu Krawallen mit Toten und Verletzten. Die Kämpfe dauerten und Johanna war manchmal im Zweifel, ob der Krieg tatsächlich zu Ende war oder wieder angefangen habe. Überall markierten Drahtverhaue und Sperren Grenzen. Egal wo sie hinwollte, sie musste mehrfach ihren Pass zeigen.

Im Schneegestöber zog ein Demonstrationszug der Kriegsbeschädigten durch die Oststraße. Johanna war bei Spinrath gewesen und sah die Marschierenden vor einer Eisenwarenhandlung um die Ecke biegen. Kriegskrüppel hielten Pappschilder in die Höhe, Zettel mit Aufschriften klebten auf Rücken oder an Stöcken. Einer vorneweg rief etwas. Sein Gesicht war eingefallen, die Augen leer, Rippen wölbten sich unter einem fadenscheinigen Hemd, von dem einer der Ärmel schlaff hinunterhing. Der Einarmige zog eine Karre mit Gummirädern, worauf ein Bärtiger angebunden war, dem beide Beine fehlten. ›Das ist der Dank des Vaterlandes‹ stand auf dem Pappschild, das sich der Einarmige umgehängt hatte. Hinter ihnen gingen Amputierte, die sich mit schief hängenden Körpern auf Krücken weiterhievten und den Passanten ihre Stümpfe zeigten. Manchmal warf ein Passant eine Münze in die ausgestreckten Soldatenmützen. Blind geschossene Männer kamen heran, an den Armen trugen sie gelbe Binden, ihre Stöcke quietschten auf dem nassen Kopfsteinpflaster. »Wir sind kaputt und krank! Wir haben alles gegeben! Haben wir gekämpft, um jetzt zu hungern?« Kriegerwitwen bildeten den Schluss: mager und voller Angst; an der Hand Kinder, die hustend hinterherkeuchten. Fußgänger wechselten die Seite, wandten sich ab, wussten nicht wohin mit ihren Blicken, flüchteten in Seitengassen. Eine Frau zerrte ihren fragenden Sohn in ein Stoffgeschäft.

Immer noch hatte Johanna nichts von Paul gehört. Jedem Soldaten, der an ihr vorbeizog, sah sie ins Gesicht. Einmal war sie einem hinterhergelaufen, aber als er sich umdrehte, hatte ein Fremder sie angesehen.

Mehr als erleichtert war sie, als Paul irgendwann durch die Fensterscheibe grinste. Aus Berlin war er angereist, hatte die Nacht in einem Zug verbracht und wirkte erschöpft. Später, vor einem dampfenden Kaffee, erzählte er von Schiffsschlachten und Angriffsmanövern. Und von Hermann, der wegen einer Meuterei festgesessen hatte, jetzt aber wieder frei sei und bald nach Düsseldorf käme.

Es lag noch Schnee, als Thuar in seinem Rollstuhl von zwei Begleitern die Stufen zur Galerie hinaufgehoben wurde. Sie fuhren ihn zum Ladentisch, versprachen, ihn in einer Stunde wieder abzuholen und verschwanden. Johanna war dabei Kohlen zu schaufeln und zögerte, ihm die schwarzen Hände zu geben. Thuar sah weder Johannas Hände noch ihren schmutzigen Kittel. »August ist tot«, war das erste, was er sagte, »August Macke. Erinnern Sie sich an ihn? Er ist vor dem Krieg ein paar Mal mit mir hier gewesen.«

»So ein großer, breiter? Mit gesundem Gesicht? Natürlich erinnere ich mich. Der, der immer auf die Akademie geschimpft hat?« Thuar nickte. »Sofort als es losging, ist er gefallen. In der Champagne. Wenn ich an diesen warmen, schönen Sommer '14 denke. So leuchtend war alles. Bis es gar nicht mehr anders ging, sind wir in kurzen Hosen gewesen, als hätten wir die letzten Sonnenstrahlen speichern wollen. Wissen Sie das noch, Frau Ey?« Johanna ging, um sich die Hände zu waschen und Kaffee zu kochen. Von der Küche aus hörte sie ihn reden. »Endlos schien mir das, so ein schöner Sommer. Was haben wir gemalt! Bunte Sachen mit grellen, mutigen Farben. Das war, bevor die Welt unterging. Und ich hab tatenlos mitansehn müssen, wie einer nach dem anderen eingerückt ist. Hab mich schrecklich nutzlos gefühlt. Und dann kamen die Briefe, diese schrecklichen schwarzen Briefe. Für Volk und Vaterland ...« Johanna brachte Tassen und schloss die Tür ab. »Damit wir unsere Ruhe haben. Jetzt ist Mittag. Kunden kommen jetzt sowieso keine.« Thuar beachtete sie nicht. »Wenn ich denke, was aus August hätte werden können. Hätte er uns nur etwas dagelassen von seinem Mut und seiner Zuversicht. Er war ganz sicher, bald zurückzukommen ...« Thuars Augen schwammen. »Kannst du dich an den Bildhauer Lehmbruck erinnern?«, fragte sie ihn, als sie Tassen auf den Tisch stellte, »er war manchmal im Backladen. Er hat den Krieg zwar überlebt, aber dann hat er es doch nicht mehr ausgehalten und sich umgebracht in seinem Berliner Atelier. Erst vor kurzem.«

»Was sagen Sie, Lehmbruck?« Johanna wollte weiter erzählen, dann aber bemerkte sie, dass Thuar mit seinen Gedanken weit weg war. »Ach Frau Ey, ich muss immer an August denken. Ständig sehe ich ihn vor mir. Wie er lacht, seine weißen Zähne, und dann, wie er sich irgendwo auf einem Schlachtfeld aufbäumt vor Schmerz, dort, wo er jetzt verscharrt ist und niemand ihn mehr findet. Wissen Sie eigentlich, dass er mich gerettet hat? Damals, als sie mir wegen des Unfalls beide Beine abgenommen haben, ist er täglich ins Krankenhaus gekommen, hat an meinem Bett gesessen. Ich hatte so viel Angst vor dem Leben ohne Beine. In mir war alles zerbrochen. Er war so kraftvoll, so gesund. Und er kam nicht aus Mitleid. Er hat mir seine Liebe zum Leben mitgebracht und den Mut, meinem Schicksal zu trotzen. Hatten Sie einen Freund, einen wirklichen Freund? Ich hatte einen – und damit allein ist mein Leben schon gerechtfertigt.« Wieder wischte er sich die Augen. »August malte mir Wüsten mit Kamelen, Dattelbäume mit Affen, Prärien mit Trappern; er überschlug sich in Erfindungen und brachte mir die wunderschöne Welt, wie sie draußen war und wie wir sie in unseren Phantasien lebten, an mein Krankenbett. Ohne ihn wäre ich nicht am Leben geblieben.« Er schloss für einen Moment die Augen. Johanna sah, dass er weinte. Später, als seine Freunde ihn abholten, bedankte er sich mit einer Zeichnung, die Maria beim Teigrollen zeigte. Es waren nur Sekunden, in denen sie dachte, dass sie ihn nicht mehr sehen würde.

Den Rest des Vormittags saß Johanna in der Küche, strickte Socken für Wever, stopfte für Feigler einen alten feldgrauen Entlassungsanzug, der zu verschleißen begann und dachte an Thuar und Macke und an Savelsberg.

Studenten waren dagewesen, hatten vom Frauenwahlrecht angefangen und angefragt, ob sie ein Plakat der Sozialdemokraten ins Fenster hängen dürften. »Frauen – gleiche Rechte – gleiche Pflichten« stand auf dem Plakat, das vor Johanna auf dem Tisch lag und auf dem sich jetzt die abgeschnittenen Reste von Feiglers Anzug sammelten.

Gegen Mittag glaubte sie ein Geräusch zu hören, weswegen sie aufstand, um nachzusehen. Ein seltsam gekleideter Mann saß in der Galerie auf dem Canapé, blinzelte durch einen Kneifer. Er trug einen zerknitterten Mantel, war an die sechzig und fast ohne Haare. Sein Gesicht war faltig, aber umweht von etwas Kindlichem. Vertieft in eine Zeichnung von Gebhardt erschrak er, als Johanna sich näherte und sprang auf. »Entschuldigen Sie, dass ich hier sitze. Die Bilder haben mich angezogen.« Seine herausquellenden wässrigen Augen zuckten, während er erzählte, dass seine Tochter an der Akademie studiere und sein Sohn Kontakt hielt mit Künstlern, die sie kenne. Johanna brachte ihm einen Malzkaffee, den er verschlabberte, indem er die Untertasse zum Überlaufen brachte. Er rauchte eine schlecht gedrehte Zigarette, die er bedenklich nah in die Nähe seines üppigen Schnurrbartes hielt. Die abflimmernde Asche hatte Löcher in seine verschabte Hose gebrannt, der Anzug war speckig. »Meine Tochter hat mich sozusagen entdeckt«, begann er und zog ein Bild aus einem Stoffbeutel, das mit ›Der schreiende Hirsch im Wald‹ betitelt war und Johanna zum Schmunzeln brachte, weil es kindlich und naiv wirkte. »Sie hat es all ihren Kunstfreunden gezeigt und sie meinten, es wäre was.« Johanna zögerte, fühlte, wie der Mann sie beobachtete. »Sagen Sie mir bitte aufrichtig, wie Sie das Bild finden.« Johannas Antwort war reine Verlegenheit. »Es ist auf jeden Fall mal was ganz anderes.« Der Mann war erleichtert. »Also, wenn Sie das sagen. Darf ich mich vorstellen? Adalbert Trillhaase. Ich bin erst seit kurzem hier und wohne in der Gartenstraße.« Er erzählte, dass er nach dem Tod seines Schwiegervaters das geerbte Vermögen seiner Frau verwalte, was ihm Zeit zum Malen ließe. »Ich habe mich mit allem

Möglichen versucht. Mit einer Leinenweberei in Bielefeld. Mit einer Eisenfabrik in Hagen. Aber das war alles nichts für mich und jetzt verwalte ich die Liegenschaften und Häuser meiner Frau.« Als er sich verabschiedete, sagte er, dass er gern öfter kommen würde, weil er sich für Kunst und Künstler interessiere. Auf selbstgeflochtenen Bastschuhen huschte er zur Tür. Johanna bemerkte, dass er sein Bein ein wenig nachzog. »Ein kleines Gebresten«, lachte er, als er ihren Blick bemerkte, »es macht mich unverwechselbar.«

Fränzi vor geschnitztem Stuhl

Not war den Menschen ins Gesicht geschrieben. Sie hatten ihr Leben lang geschuftet, um ein bisschen beiseite legen zu können und jetzt schmolz das mühsam zusammengekratzte Geld, wurde weniger von Tag zu Tag. Eben hielten sie es noch in der Hand und nun löste es sich auf wie Salz im Wasser.

Überall lungerten kräftige, gesunde Männer. Schlangen von bärtigen, abgerissenen Gestalten, verwahrlost und elend, warteten vor den Suppenküchen.

Vor der Galerie sammelten Leute vom Zirkus Hagenbeck in Clownkostümen für hungernde Artisten und Tiere. Kinder mit gelben Gesichtern reckten bei jedem Passanten die Hände. Drinnen hockte Kreuzberg vor einem leeren Blatt und fluchte. »Es ist nichts, nichts!«, schrie er, warf den Stift auf den Boden und hielt sich den Kopf. »Ich suche den Anfang, ich suche und suche und finde nichts!« Johanna brachte ihm ein Schmandbrot, aber er schob den Teller beiseite. »Es geht nicht. Es ist nichts mehr da. Alles leer. Ich hab geglaubt, ich müsste nur weitermachen, einfach nur weitermachen. Kein Mensch weiß, wie schwer das ist.«

Den anderen ging es ähnlich.

Oft, wenn Johanna längst im Bett lag, hörte sie, wie in der Stube geredet wurde.

»Das leere Blatt macht mir Angst …«

»Deshalb nehme ich ein Blatt Papier und schmiere was drauf«, hörte sie Feigler sagen, »irgendwas, einen Strich, ein Kreuz, einen Kreis, was Blödes. Manchmal fülle ich das Blatt einfach mit Farbe, bloß damit das Weiß verschwindet.«

»Wie soll es denn auch gehn? Nach all dem. Ach, die Alten haben es gut. Nolde, Heckel, Kirchner. Die, die vor dem Krieg schon fest im Sessel saßen und jetzt nur wieder anzuknüpfen brauchen. Bloß wir haben nichts mehr! Geknebelt haben sie uns, versklavt, zermürbt und zur Verzweiflung getrieben, uns jeden Funken aus dem Schädel geknallt. Wut und Neid hab ich, wenn ich an die Alten denke und an die Toten, die in Frankreich liegen.«

Wenn sie so redeten, wurde es oft laut, jemand polterte, Glas klirrte.

Immer ging es um Krieg und Tod. »Sie sind krank von diesem Krieg, krank und kaputt.« Wochenlang schlief sie mit diesem Gedanken ein. Morgens fand sie angefangene Blätter, Entwürfe, Skizzen, Farbproben. Mittags saßen sie wieder zusammen, stachelten sich gegenseitig an. Es fiel ihr auf, dass die Bilder, die jetzt entstanden, anders waren, sowohl was die Farben betraf, als auch die Motive. Oft ging sie, kaufte Leinwand, Pinsel und Farben, um wenigstens diesen Mangel auszugleichen.

»Wer entscheidet eigentlich, was Kunst ist und was nicht? Und wer bestimmt, wer wann und wo ausstellen darf?« Arthur Kaufmann, ein Maler aus Mülheim, war in Rage. Mit seiner Zigarette fuchtelnd, in einem weiten Mantel, die dunklen Haare mit Pomade zurückgekämmt, ein merkwürdiges Drahtgestell mit runden Gläsern im Gesicht, stand er vor Zeichnungen von Ophey. »Wissen Sie, Frau Ey, ich habe vor dem Krieg hier studiert. War in Frankreich, Italien, England. Ich kenne eine Menge Künstler und alle klagen. Überall dieser ständige Kampf um Ausstellungsflächen. Überall geht es darum, wer von uns öffentlichen Raum besetzen darf. Hier ist es so, dass Akademie und Künstlerverein Malkasten darüber wachen, ob und wer wie viel Platz bekommt. Eine Jury gibt es, die über Leben oder Tod eines Bildes entscheidet. Kann das angehn? Was meinen Sie?« Johanna wollte etwas sagen, aber er schnitt ihr das Wort ab. »Wir wollen ohne Zensur ausstellen. Wir müssen auch verkaufen. Sonst geht es nicht.« Den ganzen Vormittag redete er über Zusammenschlüsse, Bündnisse und Beteiligungen und als er ging, fühlte sich Johanna wie erschlagen.

Am Abend kam er wieder und sorgte für Wortgefechte, die sich bis in die Nacht zogen. Tage ging es so. Als endlich eine schriftliche Satzung für eine Künstlervereinigung auf dem Tisch lag, die die Interessen der jungen Künstler vertreten und Ausstellungen organisieren sollte und von Kaufmann, Uzarksi und dem Schriftsteller Eulenberg den Namen »Das Junge Rheinland« bekommen sollte, dachte Johanna, dass es sich gut und rheinisch anhöre. Es gefiel ihr, dass Ausstellungen und politische Aktionen geplant wurden, dass es auch mit anderen Künstlergruppen wie dem Aktivistenbund Kontakt und Austausch geben sollte. Gerecht fand sie es, dass auch Theatermaler und Textilgestalter zugelassen werden sollten, dass Herkunft und Ausbildung egal waren, dass es ein festes Programm nicht geben sollte, sondern jede Richtung toleriert werde.

An Karneval wurde die Sache begossen. Trillhaase spendierte Likör, sorgte für Leinwand und Farben. Johanna backte einen Kuchen mit einem großen K aus Zuckerguss. Als sie gefragt wurde, was denn das K zu bedeuten habe, hob sie das Glas und lachte: »K wie Kunst! Es lebe die Kunst!«

Nach Aschermittwoch planten sie eine erste große Ausstellung in der Kunsthalle. Künstler aus dem ganzen Land sollten eingeladen werden. Johanna hörte sich die Diskussionen an, las auch die Artikel in den Zeitungen. Das Für und Wider der Ausstellungen interessierte sie aber nur wenig. Sie wusste nicht, wie sie das Schimpfen der Presse einordnen sollte. Hingehen wollte sie nicht.

Völlig überraschend für alle trug sich Paul mit Heiratsplänen. In seinen ersten Wochen in Berlin hatte er eine Frau kennengelernt, die er in Briefen mit einem Engel, einem Stern, einem Licht verglich. Im April hielt Johanna eine Einladung zur Hochzeit in der Hand. Wäre Berlin nicht so weit gewesen, hätte sie Lisbeth mitgenommen. Aber das Billet war teuer; sie zählten und rechneten, aber für beide reichte das Geld nicht.

Von Düsseldorf nach Berlin brauchte der Zug über zwanzig Stunden. In einem Abteil dritter Klasse saß Johanna eingeklemmt zwischen Taschen und Kartons. Mehrfach nickte sie ein, aber das Rattern und Rucken des Zuges holte sie immer wieder zurück. Müde und zerschlagen traf sie am Morgen in Berlin ein. Vom Zugfenster aus hielt sie Ausschau nach Paul, der suchenden Blickes, eine Frau an der Seite, auf dem Bahnsteig auf und ab ging. Kaum dass er Johanna entdeckte, lachte und winkte er; freudestrahlend hob er ihre Gepäckstücke aus dem Waggon. »Mutter, das ist Gertrud!« Scheu und ängstlich hing eine junge Frau an seinem Arm und ließ ihn auch nicht los, als sie Johanna die Hand gab. »Ja, Mutter, das ist sie, deine Schwiegertochter.« Gertrud war unscheinbar. Ihr blasses Gesicht war beherrscht von dunklen, matten Augen. Das braune Haar hatte sie zum Knoten gebunden und unter einem Kapotthut versteckt. Auch die Kleider waren unscheinbar: eine braune Pelerine, ein weiter, grauer Rock, braune Schnürstiefeletten. Zur Begrüßung tätschelte Johanna ihr die Hand, die sich rau und rissig anfühlte.

Paul drängte darauf, ihr Berlin zu zeigen. »Kurfürstendamm, Brandenburger Tor, Alexanderplatz, ein berühmtes Kabarett gibt es dort. Die ganze Nacht ist was los. Die Leute feiern wieder. Wir haben aber auch einiges hinter uns. Du hast sicher von den Aufständen gehört. Jeden Tag Gewalt und Schießereien in den Straßen.« Johanna nickte. »Die Maler haben davon erzählt.«

»Sicher haben sie über Rosa Luxemburg gesprochen. Das hat alle getroffen. Aus dem Landwehrkanal hat man sie gezogen. Rechte Milizen waren es. Vorher haben Hunderttausende demonstriert und die rote Fahne geschwungen. Kampfgruppen haben sich organisiert. Sie haben die Verlagshäuser besetzt und die Reichsdruckerei. Sogar Telegrafenämter und Bahnhöfe.

Aber der Aufstand ist niedergeschlagen worden. Ruhe gibt es immer noch nicht. Im Rheinland ja auch nicht.«

Die Straßen, durch die sie gingen, waren alt und breit, bebaut mit hohen Häusern, bestanden mit Kastanien. Autos hupten, Fahrräder klingelten heran; die Glocken einer Kirche läuteten. Frauen in Anzügen, mit Bubiköpfen und Monokeln, die Augen schwarz umrandet, standen vor den Auslagen eines Schuhgeschäftes, amüsierten sich über einen winzigen Hund, der Männchen machte. Paul sprach über die Besetzung des Rheinlands und deren Folgen, über die Machenschaften der Alliierten. Gertrud sagte nichts, nickte nur manchmal und sah scheu nach Johanna, die versuchte, das Geschmiere auf einer Mauer zu entziffern: »Bolschewismus ist Tod des Friedens, Tod der Freiheit!«

Die Hochzeit war schlicht. Johanna, in einem weiten, lilafarbenen Kleid, das Lisbeth genäht hatte, konnte sich nicht satt sehen an Paul, der in einem ausgeliehenen Frack aussah wie ein Mann von Welt. Das weiße Hemd mit den gestärkten Manschetten und dem Brustlatz hatte sie ihm gekauft, der Zylinder stammte vom Schwiegervater. Gertrud, in einem schmal geschnittenen schwarzen Kleid – als einzigen Schmuck trug sie einen Chiffon-Schleier mit einer blauen Seidenkamelie – verschwand fast neben ihm. Die Brauteltern waren freundliche, einfache Leute, denen man harte Arbeit ansah. Eine Schwester und zwei Brüder von Gertrud waren dabei, alle jünger und ähnlich schmächtig wie die Braut sowie zwei bärtige Matrosen, die mit Paul gedient hatten und in einem Ausflugslokal an der Spree, wo sie feierten, Johanna mit Seemannsgarn bestrickten. Mit Flunkereien über Seeungeheuer, Magnetberge und Wassermänner brachten sie sie derart zum Lachen, dass der ganze Saal angesteckt wurde. Als Johanna auf die Moltke zu sprechen kam, berichteten sie, dass das Schiff, nachdem es sich in einer Bucht vor Schottland festgesetzt hatte, im letzten Monat von der eigenen Mannschaft versenkt worden war. »Einem deutschen Kriegsschiff steht es besser zu Gesicht, auf Grund zu liegen und zu rosten, als in die Hände der Sieger zu fallen. Beschlagnahmte Schiffe werden sowieso nicht mehr rausgegeben.« Zwischen Berliner Häckerle, Graupensuppe, Speckeiern, Hühnchen mit Papierkrausen an den Beinen, Erbspüree und Sauerkraut trauerte Johanna ein wenig um die Moltke, was die beiden Matrosen zur Fortsetzung der Seefahrergeschichten verleitete. Mit der Geschichte des fliegenden Holländers auf einem Gespensterschiff trugen sie so dick auf, dass Johanna abwinkte. »Jetzt wird es aber zu doll, nee, das glaub ich nicht.« Auch was die Versenkung der Moltke betraf, so keimten zu vorgerückter Stunde Zweifel. Paul beendete die Histörchen, indem er etwas für errötende Jungfrauen orderte und jedem eine Mischung aus Buttermilch und Himbeeren kredenzen ließ. Alles lachte, als Gertrud die doppelte Portion bekam und tatsächlich rot wurde.

Arthur Kaufmann hatte sie vor der Reise darauf aufmerksam gemacht, dass im Kronprinzenpalais eine Kunstausstellung zu sehen sei, die sie auf keinen Fall versäumen dürfe. Einzigartig sei die Schau, erstmalig würden völlig neue Bilder gezeigt. Eindringlich hatte er sie gebeten hinzugehen, auch Zeitungsberichte mitzubringen, wollte wissen, wie die Modernen im fernen Berlin gesehen und bewertet wurden.

Johanna hatte Paul gut zureden müssen, sie zu begleiten. In der Nähe des Palais, an der Straße ›Unter den Linden‹, war er vor Wochen seinem Vater begegnet. Das Zusammentreffen war peinlich gewesen und hatte Wunden aufgerissen. An diesen Ort wollte er nicht zurückkehren. Ohnehin fand er das Kronprinzenpalais abstoßend. Die Prunksucht des preußischen Herrscherhauses, die Prahlerei und Eitelkeit des Kaisers waren ihm zuwider. »Ein Protzbau ist das. Ein Bau von Gottes Gnaden, so gnädig wie Wilhelm, der da drin geboren ist. Auf Samtkissen, wohlgemerkt. Unser Kaiser von Gottes Gnaden.« Ihretwillen ließ er sich überreden mitzugehen, aber kaum, dass das Palais in Sicht kam, fing er wieder an zu lästern. »Der Kaiser ist doch längst weg«, sagte Johanna, wies auf ein Transparent, das über dem Eingang befestigt war: »Galerie der Lebenden – das ist doch jetzt was ganz anderes.«

Eine Schlange hatte sich vor einem Billethäuschen gebildet, sie mussten warten.

In den Räumen des Erdgeschosses und des ersten Stocks waren überwiegend Künstler der alten Schule ausgestellt. Eingehakt an Pauls Arm ging sie von Saal zu Saal, las die Signaturen der Bilder und freute sich, dass ihr einige der Namen vertraut waren. Einer der Säle war modernen, französischen Künstlern gewidmet. Sie sah Mädchen in einem Boot, eine Dame mit Papagei, ein Portrait des Schriftstellers Zola, ein Stillleben mit Äpfeln, den See von Annecy, Büglerinnen, Dirnen auf einem Sofa, Kartoffelesser und Zypressen. Im zweiten Obergeschoss war Kunst zu sehen, die ungewöhnlich war. Die Malerei war flächig. Farben glühten, Konturen brannten. »Das sind die Modernen«, flüsterte sie Paul zu, dem anzusehen war, dass er sich Fragen stellte. »Die Bilder kommen aus Dresden«, fuhr sie fort, »Kaufmann hat davon erzählt.« Vor einer Landschaft mit Badenden blieb Paul stehen. »Otto Müller. Sieh mal die Figuren. Merkwürdige Gestalten, alle nackt.« Er grinste, schüttelte den Kopf, ging weiter. »Und hier: Hast du schon mal jemand mit nem grünen Gesicht gesehn?« Er winkte Johanna heran. »›Fränzi vor geschnitztem Stuhl‹.«

»Ja, das ist was anderes, alles hier. Guck mal: Tanz um das goldene Kalb.« Bewundernd stand sie vor einer groben Leinwand, die Tänzer zeigte. »Paul, das ist nur mit ein paar Strichen gemalt und man glaubt, die Musik zu hören. Jetzt guck doch mal.« Paul verzog das Gesicht. »Mir gefällt es nicht. Und das da auch nicht.« Er deutete auf ein Gemälde, das auf den ersten Blick nur aus Grün und Rot zu bestehen schien. »Da kann man doch wirklich nicht sagen, ob …, na ja, Rehe im Walde… Hmm.« Vielsagend kräuselte er die Brauen. Auch für ein Aquarell von Heinrich Nauen, vor dem Johanna stand, als hätte sie einen alten Bekannten getroffen, konnte er sich nicht begeistern. Sie war gerade dabei, Paul von Nauen und dessen Gasvergiftung zu erzählen, als hinter ihnen ein Streit losbrach. Abrupt drehten sie sich um. Zwei Herren, der eine in grauem Anzug mit steifem Hut, der andere, jünger, in Sakko und Hosen mit

Aufschlag, standen sich plötzlich gegenüber wie Kampfhähne. »Was verstehen Sie schon?«, schrie der Jüngere, »es ist höchste Zeit! Viel zu lange hat man sich in der Kunst nicht bewegt. Jetzt, nach diesem Krieg, geht es nicht mehr anders. Ein Aufbruch ist das!«

»Ein Aufbruch? Was ich hier sehe ist geschmacklos und scheußlich, von Kunst ganz zu schweigen.« Abschätzig sah er nach den Bildern; der Jüngere konterte. »Kunst ist politisch geworden und das ist richtig so! Es gibt starke Vereinigungen. Und warum? Weil die Zeit reif ist ... Überreif! Um Jahre unseres Lebens hat man uns betrogen! Alles hat man uns als gut und schön angepriesen, aber belogen haben sie uns und in Schande gestürzt, als Mörder missbraucht, uns abschlachten lassen. Ich war Sanitäter. Was glauben Sie, was ich gesehen habe? Kreaturen ohne Arme und Beine, grauenhaft Zugerichtete, Verweste, viele nicht mehr identifizierbar.« Offensichtlich war er einer der Künstler, denn er wies auf ein Ölbild, das einen Irren vor leeren Betten eines Feldlazaretts zeigte. »Nie mehr kriegen die mich! Meine Bilder sollen zeigen, was wahr ist!«

»Wo bitte, ist in diesem Dreck die Wahrheit zu sehen? Hingeschludert ist das! Schmierereien sind es, die jedem, der was von Kunst versteht, Tränen in die Augen treiben!« Der Ältere wies auf das Plakat, das den Titel der Ausstellung trug. »Galerie der Lebenden – eine Schande! Wir werden ja sehn, wie diese Brücke-Meute bewertet wird. Kunst ist es jedenfalls nicht!«

»Was ist denn Kunst Ihrer Meinung nach? Diese Kunst hier tut was! Sie macht wach, sie macht Angst! Sie schmerzt! Sie wollen das nicht sehen, schon gar nicht wahrhaben – das ist es!« Außer sich vor Wut verließ der Jüngere den Saal. Schwer atmend blieb der andere zurück. Eine Weile noch stand er vor den Bildern, dann spuckte er auf den Boden. Ein weißer Placken schäumte auf dem Parkett.

Als auch er verschwunden war, trat Paul vor das Bild mit dem Irren und zuckte mit den Schultern. »Also ich weiß nicht. Aufhängen würde ich mir so was auch nicht.« Johanna kam näher, schob die Brille zurecht. »Heckel, 1916«, las sie, ging ein Stück zurück, nahm die Brille wieder ab, betrachtete die umschatteten Augen des Dargestellten, die Leere in dessen Gesicht. »Ja, so haben sie ausgesehn, als sie aus dem Krieg kamen. Genau so.« Sie blieb vor einer Zeichnung stehen, die ballspielende Kriegskrüppel zeigte. »Ich weiß nicht warum«, sagte sie schließlich, »aber ich muss sagen, dass mich die modernen Sachen viel mehr interessieren als die alten. Es ist so ein Gefühl …«

Die Verwundeten

Berlin wirkte nach. Auch die Kunst, die sie dort gesehen hatte. Sie war dabei, Weißkraut zu schneiden, als Rübsam überraschend in der Tür stand. Kaum dass er Johanna sah, breitete er seine Arme aus und wirbelte sie herum. »Dass ich dich endlich wiederseh! Du glaubst ja nicht, was das für mich bedeutet.«
»Jupp! Ich hab schon gedacht …«
»Dass ich nicht mehr komme, was? Ich komm ja auch direkt aus der Hölle.« Ein Schäferhund trottete hinter ihm her, schnoberte an Johannas Füßen. Rübsam war abgemagert, seine Haut gelb. Er hielt eine Zigarette zwischen Daumen und Zeigefinger, die brennende Spitze nach innen. Sie eilte in die Küche, brachte ihm Kaffee und ein Stück Rosinenzopf. Kauend saß er auf der Chaiselongue. »Zuerst die Front. Ein Inferno war das. Dann bin ich in Gefangenschaft geraten. Nach Marseille haben sie uns transportiert; von dort mit einem Dampfer in die Viehbunker nach Algier und dann zu Bahnarbeiten in die Wüste. Die Arbeit war knochenhart. Ständig sind wir geschlagen und mit Steinen beworfen worden. Verschimmeltes Brot gab es. Ach, wenn ich dort so ein feines Stück Zopf gehabt hätte!« Rübsam biss ab und kaute. »Wir haben alle in der gleichen Scheiße gelegen. Und überall diese ekelhaften schwarzen Fliegen, die uns in Nasenlöcher und Augen krochen. Sie wurden satt an uns. Ich bin dann mit einem Kameraden abgehauen. Nach

Tripolis. Wir wollten uns lieber erschießen lassen als weiterhin gequält werden.«

»Richtig so.« Johanna setzte sich neben ihn. »Leider sind wir den Spahis* in die Hände gefallen. Sie haben uns an Pferde gebunden und uns zwei Tage durch die glühende Wüste zurückgeschleift. Als wir im Lager ankamen, waren wir kaum noch bei Verstand. Sie haben uns in ein Erdloch gepfercht. Stehend, höchstens hockend, haben wir 22 Tage und Nächte dort zugebracht. Nachts in fürchterlicher Kälte, tags bei 40 Grad Hitze. Pro Tag gab es einen Keil Brot und faules Wasser. Zu den Späßen des Korporals gehörte es, über unsere Köpfe zu pinkeln. Ich habe Skorbut bekommen und landete im Lazarett ...« Entgeistert starrte Johanna ihn an. Ihr Kinn zitterte, wie immer, wenn sie den Tränen nah war. Sie legte ihm ein neues Stück Kuchen auf den Teller. »Iss Jupp.« Jupp griff zu. Mit vollem Mund redete er weiter. »Aber jetzt, zu Hause, geht das Elend gerade so weiter. Mein Bruder ist im Rhein ertrunken, meine Schwester lungenkrank. Mein Vater säuft. Er wirft mir vor, kein echter Soldat gewesen zu sein, weil ich doch abgehauen bin.« Johanna hätte ihn gerne umarmt oder seine Hände berührt. Stattdessen sah sie ihn nur an. Auf der Straße kurbelte ein Leierkastenmann. Rübsam summte mit: »Drüben hinterm Dorfe steht ein Leiermann, und mit starren Fingern dreht er, was er kann.« Die Tasse in der Hand, tätschelte er seinen Hund. »Ha, Bedja, aber ab heute wird alles besser.« Der Hund sprang erwartungsvoll auf, wedelte mit dem Schwanz und bellte. Johanna kraulte ihn hinter den Ohren. »Na, willst wohl raus?«

»Wenn ich wieder bei Kräften bin«, fuhr Rübsam fort, »will ich an die Akademie. Übrigens, ich habe Barz getroffen. Er unterstützt die Antikriegsbewegung.«

»Barz hat auch einiges hinter sich. Ist schwer verwundet worden. Kürzlich hat er sich dem Protestzug gegen den Krieg angeschlossen und jetzt ist er der KPD beigetreten. Er malt auch für

---

* Angehöriger einer ursprünglich türkischen, seit dem 19. Jahrhundert französischen Reitertruppe aus nordafrikanischen Eingeborenen unter französischen Offizieren

sie. Ein guter Kerl«, urteilte Johanna, indem sie aufstand und eine Flasche Johannisbeerlikör von einem Regal nahm, »und mutig, sehr mutig. Man kann sich mit ihm prima unterhalten, aber auch bestens streiten. In manchen Dingen ist er ganz eigen. Da darf man ihm nicht zu nah kommen.« Sie kippte rotfunkelnden Likör in Schnapsgläser. »Jetzt trinken wir mal auf dich! Hab ich selbst gemacht. Und dann erzähl ich dir von Berlin.«

Gegen Mittag, als Rübsam gegangen war, zog eine Gruppe von Malern an der Galerie vorbei. Johanna erkannte den Maler Gobiet und den Bildhauer Martini. Hinter ihnen her ging ein Buckliger, den sie vom Sehen kannte. Noch zwei andere waren dabei, der eine groß und kräftig mit einem langen, wirren Bart, der andere schmächtig und dünn, mit kupferrotem Haar und schmutzigen Wickelgamaschen. Gobiet winkte. Johanna grüßte zurück. Alle außer dem Rothaarigen grüßten, als sie Johanna sahen, kamen näher, betrachteten die Bilder im Fenster. Der Rothaarige sah wütend aus. Mit grimmigem Blick stand er abseits, beachtete weder Johanna noch die Bilder, spuckte im Weitergehen aufs Pflaster. Was für ein Benehmen, dachte sie.

Gegen Abend kam Martini vorbei. Er entschuldigte sich, dass er am Mittag nicht hätte hereinkommen können, es sei keine Zeit gewesen. »Wir waren bei Flechtheim. Er hat wieder eine Galerie eröffnet, auf der Königsallee, und wir wollten uns das mal ansehn. Recht gut, muss man sagen. Er will jetzt eine Dependance in Berlin aufmachen.«

»Hmm. Sag mir lieber, wer dieser rote Fatzke war, der sich so komisch benommen hat.« Martini hob erstaunt die Augenbrauen: »Wie? Du kennst den Maler Wollheim nicht, der so ein fabelhaftes Bild in der Ausstellung hat?«

»Nein, aber deshalb braucht er nicht halb so eingebildet zu sein, mich nicht zu grüßen.« Martini lachte. »Den muss man so nehmen, wie er ist. Er benimmt sich, wie er will. Ein Millionärssohn. Aufgewachsen in der Großstadt, in Berlin. Hatte immer schon beste Möglichkeiten. Heute ist er Kommunist. Kokettiert damit, von zu Hause keinen Pfennig anzunehmen. In Wahrheit haben ihm die Eltern jegliche Zuwendungen gestrichen. Er hat ein unglaubliches Charisma. Das muss man ihm lassen. Ist mit einer Konzertpianistin liiert. Tut so, als ob er die Welt verbessern kann. Natürlich schafft er das genauso wenig wie alle anderen. Neulich hat er Kant zitiert. Leider muss ich sagen, dass er dessen Schriften falsch verstanden hat. Seit dem Herbst ist er jetzt hier. Mit einem Freund ist er gekommen, dem großen, langen, der heute Mittag auch dabei war. Pankok heißt er. Ein Arztsohn aus Mülheim. Ein ruhiger, bedächtiger Kerl, irgendwie erdverbunden. Sie haben in Weimar zusammen studiert und in einer Künstlerkolonie im Norddeutschen gelebt. Jetzt sind sie dem Aktivistenbund beigetreten. Ziemlich links der Verein. Wollen was machen mit ihrer Kunst. Sie treffen sich im Haus von Doktor Quedenfeld in der Rosenstraße, einem Kunstfotografen. Dort richten sie auch Ausstellungen ein.« Martini blieb auf einen Kaffee, verhandelte mit ihr um eine Aktskulptur, die er baldigst zu bringen versprach. »Und dann bring ich den Roten mal mit. Ein unbequemer Kerl, aber er wird dir Spaß machen!«

Den ganzen Tag wurde es nicht hell. Regen klatschte gegen die Fenster, die Straße war menschenleer. In der Galerie bollerte der Ofen. Trillhaase war dagewesen, hatte Zeichnungen gebracht, die aussahen, als hätte sie ein Kind gemalt. Durchweichte Kleidung hing herum, füllte den Raum mit feuchtwarmem Dunst. Johanna spülte Tassen, Barz saß mit einem Freund über Ex-Libris-Zeichnungen und rauchte, als die Tür aufging und zwei Männer eintraten. Es dauerte einen Moment, bis Johanna in ihnen die Fremden erkannte, die mit Martini an der Galerie vorbeigezogen waren. Sie trieften vor Nässe. Der eine, mit kupferrotem Haar, einen Schnurrbart im gebräunten Gesicht und ausgedienten Gamaschen hielt sich im Hintergrund, während der Bärtige, ein Hüne in einem abgewetzten Lodenmantel und nassen Stiefeln, einen lahmen Hund hinter sich herziehend, die Hand hob: »Frau Ey, kennen Sie mich nicht mehr? Ich bin Otto Pankok. Als Student hab ich früher oft Kaffee bei Ihnen getrunken. Es ist ein paar Jahre her. Jetzt gibt es bei Ihnen wohl keinen Kaffee mehr?«

»Doch, den gibt es noch. Obwohl – Kaffee kann man das Zeug nicht gerade nennen.« Lachend betrachtete sie ihn. »Wenn ich mir den Bart wegdenke und die wirren Haare, ja, dann könnt es sein.« Im gleichen Moment schrammte Barz den Stuhl zurück und kam mit ausgebreiteten Armen auf den Hünen zu. »He, das ist doch ... Pankok! Mensch Pankok!«

Pankok zog es in die Nähe des Ofens. »Wartet! Ich mach euch einen Kaffee.« Johanna verschwand in der Küche, hörte, wie Barz zu politisieren anfing und Pankok abwehrte. »Ach, lass mich doch erst mal die Galerie sehn.«

Als sie Tassen brachte, schob Pankok zwei Fotos mit einer Widmung über den Tisch und zeigte auf den Rothaarigen: »Das ist Gert Wollheim. Wir haben in Friesland zusammen gemalt und jetzt wollen wir es hier versuchen.«

»Was malt ihr denn?« Beide lachten und sahen sich an. »Zeigt mir doch mal was.« Sie lachten noch mehr und versprachen, am nächsten Tag etwas mitzubringen. Dann gingen sie herum, zerpflückten die Gebhardt-Studien, amüsierten sich über Johannas Sammlung, unterhielten sich mit Barz. Als sie gingen, gab es Lob. »Also Frau Ey, was Sie hier auf die Beine gestellt haben ...«

Anderentags um die Mittagszeit kamen sie wieder und brachten einen Maler mit, dem Pankok vor Johanna die Mütze vom Kopf riss und ihn als Jugendfreund vorstellte. »Das ist der Maler Hermann Baptist Hundt. Wir nennen ihn Männe. Er war mit uns in Friesland und studiert jetzt an der Akademie. An der Westfront war er auch. Sie müssten ihn eigentlich kennen. Er war vor dem Krieg schon hier.« Hundts Hand fühlte sich weich an. Er trug einen dezenten Anzug, hatte feine Gesichtszüge und angenehme Manieren. Sein zurückgekämmtes Haar glänzte vor Pomade, sein Oberlippenbart war nach außen gekämmt, die Enden waren hochgezwirbelt. Wollheim legte eine Mappe auf den Tisch. Als Johanna ihnen Stühle zurechtrückte und sie aufforderte Platz zu nehmen, sahen sie sich wieder an und lachten. »Setzen Sie sich lieber, Frau Ey, sonst passiert noch was.«

Sitzend sah Johanna zu, wie Pankok die Mappe aufband und ein Portrait von Wollheim herauszog. »Wir malen, was wir sehen und fühlen. Unverfälscht und sauber.« Johanna zog die Zeichnung zu sich heran. »Schwarz-weiß. Was Ähnliches habe ich in Berlin gesehn. Bei den Modernen.« Pankok grinste. »Es ist ein Holzschnitt«, erklärte er, »ich übertrage eine Tuschpinselzeichnung auf einen Holzstock und schneide sie mit dem Schnitzmesser heraus. Damit zeige ich nur das, was wirklich nötig ist. Es ist unverstellt. Mehr braucht es nicht. Ich arbeite gern mit Holz. Es ist gutes Material.« Er legte den Druck zur Seite. Ein weiterer Holzschnitt mit dem Titel ›Wollheim spielt Geige‹ folgte. Von Nahem sah es aus, als hätte sie nur eine formlose weiße Fleckenstruktur vor sich und Johanna konnte auf den ersten Blick keinen Geiger ausmachen. Sie schob es in die Mitte des Tisches, stand auf und ging ein paar Schritte zurück. Sie brauchte einen Moment, bevor unscharfe und faserige Konturen hervortraten. Schemenhaft erfasste sie ein Gesicht und eine Geige. Die Schwarzflächen wirkten wie dicke Tintenströme, die das Dargestellte umzüngelten. Das gesamte Bild war von einer vibrierenden Unruhe beherrscht. Durch die gezackten Konturen schien es ihr, als ob Wollheim, wie von einem Blitz erhellt, plötzlich sichtbar wurde. »So was hab ich noch nie gesehn«, sagte sie irritiert. Irgendetwas Dunkles, kaum Fassbares und doch Vorhandenes, ging von dem Bild aus. Eine Weile stand sie davor, dann nickte sie: »Es gefällt mir. Ist eigen. Nichts Alltägliches. Wenn Sie wollen, stelle ich es ins Fenster.« Ungläubig starrte Pankok sie an. Auch Männe Hundt riss die Augen auf: »Frau Ey, meinen Sie wirklich?«

›Wollheim spielt Geige‹ hing keinen Tag, da brach auf der Straße ein Sturm der Entrüstung los. Während Leute vor den Fenstern das Trottoir versperrten, schimpften und lachten, saßen Pankok und Wollheim bei Johanna in der Küche, tranken Milch, in die sie Zwieback brockten. Immer wieder horchten sie nach draußen. Manchmal ging die Tür auf: »Eine Dreistigkeit! Dass

Sie es wagen ...« Mehrmals stand Johanna auf, ging vor die Tür, ballte die Fäuste nach den Rufern. »Ruhe! So haltet doch Ruhe!«

Zurück in der Stube zitterte sie vor Wut. Unter dem Toben eines größer werdenden Menschenpulks fand Pankok beruhigende Worte. »Sie lachen über uns. Sie wollen das nicht sehn! Keiner will das sehn. Es ist der verlorene Krieg. Und jetzt diese Bilder.« Draußen krachte etwas. Johanna stand auf und schloss die Tür ab.

»Ich habe den Krieg hassen gelernt«, fuhr Pankok fort, als sie zurückkam und eine Kanne Tee auf den Tisch stellte. »Ich war an der Westfront. Nordfrankreich. Bin bei einer Grabensprengung verschüttet worden. Ein Stollen stürzte ein, wir mussten fliehen, uns schnell entscheiden, in welche Richtung. Im Graben kann man keine Viertelminute überleben, wenn man nicht weiß, wohin und welcher Stollen noch Platz hat. Todesangst hab ich gehabt, als die Streben brachen. Dann der Luftdruck, der einem Augen und Trommelfell in den Kopf drückt. Ich lag eingeklemmt in einem Spalt, neben mir ein Kamerad. Seine Schreie hör ich heute noch. Im Lazarett bin ich aufgewacht. Sie haben mich also nicht als Toten vom Schlachtfeld gezogen, wie ich immer gedacht habe. Wissen Sie noch, Frau Ey, wie gläubig alle losgezogen sind? Dabei waren wir nur Kanonenfutter. Nichts anderes.« In Wollheims Gesicht zuckte es. »Kanonenfutter. Ja, das waren wir. Ich erinnere mich an Kaisers Geburtstag. All die Kaiserbüsten aus totem Gips. Danach Heldentode, massenhaft. Lorbeeren, eiserne Kreuze. Nichts waren sie wert, nicht mal das Blech, aus dem sie gemacht waren. Weit weg hätten wir damals rennen sollen, weit, weit weg. Das Malen hat mich gerettet. Ich hab vieles festgehalten: die feuchten Gräben, mannstief, den Dreck, die Drahtverhaue vor der Front, die Angstaugen. Wie wir stundenlang in den Gräben hockten, eng aneinander gepresst, nass von oben bis unten und voller Schlamm. Dann Angriff. Tagelang heulte die Luft, jede Sekunde Angst und Qual. Da hab ich oft gehofft, komm du Tod, lieber, lieber Tod.« Pankok nickte und deutete auf Wollheim. »Er quält sich jeden Tag. Hat einen Bauchschuss abbekommen.«

»Ja, Bauchschuss«, wiederholte Wollheim, »nur ein dumpfer Schlag. Und dann Magen zerfetzt. Wollen Sie mal sehn?« Er machte sich an seinem Hemd zu schaffen, aber Johanna winkte ab. »Nein, nein, lassen Sie ...« Wollheim stopfte das Hemd wieder in die Hose. »Wäre fast dran krepiert. Auch deshalb male ich. Das was wir gesehen haben, all die Gräuel, die Schandtaten, Tag für Tag – darüber kann ich nicht schweigen. Alle sollen erfahren, was Krieg bedeutet.«

»Deshalb malen wir anders, als die da draußen es erwarten. Wir pfeifen auf das, was die Akademien uns als Kunst verkaufen wollen. Wir werden ihnen das Grauen auf die Leinwand spucken. Unsere Bilder werden ihren heiligen Sebastians und Sonnenuntergängen den Rest geben und anders sein als alles, was bisher da war. Ganz anders ...«

»Ja. Wir malen nicht für die Salons, nicht für die Vestibüle der Villen. Wir werden ihnen alles zeigen. Alles.« Entschlossen saßen sie da, rauchten. In diesem Moment flogen Steine. Glas splitterte. Johanna sprang auf, rannte mit erhobenen Armen, um nachzusehen. »Jesses! Jetzt haben sie mir das Fenster kaputtgeschlagen!«

Am Abend löschte sie das Licht früher als sonst und zog sich im Dunkeln aus. Lange lag sie da, dachte an die brüllenden Leute, an den Mann in graugrünen Soldatenhosen, der Wollheim einen Hurensohn genannt hatte. Die Hoffnung, dass der Wirbel auch gutes Geschäft bedeuten könnte, pochte in ihrem Hirn. Aber war es wirklich möglich, mit dieser Kunst Geld zu verdienen? Der einzige, an dem sie bisher verdient hatte, war Gebhardt gewesen und der hatte ihr ausdrücklich von moderner Kunst abgeraten. Gebhardts warnender Zeigefinger schwebte über ihr, dann wieder dachte sie an die Maler, spürte, dass Ungewöhnliches im Gange war. Jedes Mal, wenn sie die Augen schloss, hörte sie Wollheim reden, sah sein Gesicht und die beweglichen Hände, die, abends vor dem Kerzenlicht, bizarre Figuren an die Wand übertrugen. Auch an Pankok dachte sie; wie er mit der Kerze spielte und das weich gewordene Wachs zu Kugeln formte, wie sein Gesicht mit dem von Wollheim verschmolz, ihr Lachen ineinander überfloss und dann hatte sie das sichere Gefühl, dass alles, was sie tat, richtig und gut sei, und dass sich die Leute schon daran gewöhnen würden.

Karl Schwesig war der Sohn eines ins Ruhrgebiet eingewanderten ostpreußischen Bergmanns. Die Wangen hohl und unrasiert, ärmlich gekleidet, schlotterte er in seinen verwaschenen Drillichhosen durch die Galerie. Die braunen Haare trug er langwallend um Stirn und Schläfe, die Füße steckten in Haferlschuhen. Das Auffälligste an ihm war seine Gestalt. Er ging Johanna bis zur Taille; sein Rückgrat war krumm, der Körper seltsam verwachsen. »Das interessiert mich«, war das erste, was er sagte. Dabei zeigte er auf ein Bild von Wollheim. Johanna nickte. »Ich mag es auch, aber es gefällt nicht jedem. Es ist schwer zu verkaufen.« Irgendwie kam ihr der Bucklige bekannt vor. »Sind Sie nicht neulich mit Gobiet und Martini und noch ein paar anderen an meinem Fenster vorbeigegangen?«

»Ja, das ist möglich. Ich kenne eine Menge Maler. Bin selbst einer. Im Frühjahr hab ich der Akademie meine Arbeiten vorgelegt und jetzt habe ich ein Stipendium bekommen.« Er streckte Johanna die Hand entgegen. »Karl Schwesig. Man hört viel über Sie und da wollte ich selbst mal sehn.«

Wieder so ein armer Schlucker, dachte Johanna, lud ihn ein sich zu setzen, wollte wissen, was ihn zur Kunst gebracht hatte. »Ich komme aus Gelsenkirchen. Habe in einer Bürostube gearbeitet. Mein Vater war gegen den Künstlerberuf. Da hab ich mich allein durchgeschlagen. Eine Weile hab ich mir mein Studium zusammengelauscht. Unter den Fenstern der Akademie hab ich gestanden. Aber jetzt habe ich ja das Stipendium.« Trotz seiner Jugend sah Schwesig kränklich aus. Sein selbstbewusstes Auftreten passte nicht zu seinem hinfälligen Körper. Auch seine Offenheit irritierte Johanna. »Dass ich verkrüppelt bin, sehn Sie ja. Bei einsneununddreißig hab ich aufgehört zu wachsen. Rachitis. Hab deswegen jahrelang nur Hilfsarbeiten gemacht. Aber immer gemalt. Wegen meiner Behinderung hab ich das Stipendium bekommen. Aber ich will es Ihnen sagen: Ich kann dort nicht malen, wie ich will. Es ist eine bürgerliche Einrichtung. Deshalb suche ich nach neuen Wegen. Ich würde gern mal kommen, wenn hier gemalt wird. Ich muss viel nachholen.«

»Kommen Sie, wann Sie wollen. Und bringen Sie Bilder mit.« Zweifelnde Augen sahen sie an. »Sie wollen meine Bilder sehn?«

Am Samstagabend hatte Johanna Bilder von Pankok ins Fenster gehängt. Am Sonntagmorgen wurde sie von Kreischen und Johlen geweckt. Wieder hatte sich vor der Galerie eine Menschentraube gebildet. Im Schlafrock linste sie von der Küche aus nach den Fenstern, sah aufgeputzte Kirchgänger, darunter einen Mann in Frack und Zylinder, der einen Stock schwenkte und etwas von Schande und Blamage schrie. Eine Handvoll Arbeiter stand lebhaft gestikulierend auf dem Trottoir, eine Frau mit einem Kinderwagen kam ans Fenster, trommelte gegen die Scheibe. »Eine Beleidigung ist das! Warum holt denn niemand die Polizei?«

In Johanna kroch Wut hoch. Sie schloss die Zwischentür und zog sich in die Küche zurück. Das Geschrei vor der Tür klang jetzt dumpf. »Sollen sie doch«, dachte sie, »jetzt stelle ich die Modernen gerade aus, jetzt gerade.« Während sie Wasser in einen Kessel füllte und die Gasflamme zündete, überlegte sie, dass sie damit zwar ins Gerede käme, aber auch ins Gespräch, was dem Geschäft nicht schaden würde. Dann wieder bedachte sie die Qualen, die es kostete, bis ein Bild fertig war und schämte sich, dass sie einen möglichen Profit daneben gestellt hatte. Eine Weile stand sie, horchte nach den Stimmen, dann riss sie das Summen des Kessels aus ihren Gedanken. »Diese Hornochsen da draußen! Morgen werde ich Wollheim und Pankok das komplette Fenster anbieten. Ausstellen sollen sie dort, was sie wollen.« Sie nahm den Kessel und goss dampfendes, sprudelndes Wasser in eine Kanne. »Ach was, morgen ... Heute werde ich es ihnen sagen!«

Mit kritischem Blick stand Kaufmann vor Wollheims Selbstbildnis. Er hatte Schwesig dabei, der sich allen als der Neue vorstellte und spontan äußerte: »Ein gutes Bild. Wirklich sehr gut.« Barz verzog die Lippen. »Gut ist zu wenig. Es ist wahr. Deshalb ist es gut. Man braucht einen Moment, bis man versteht!«

»Bloß wer versteht das schon? Wir vielleicht, weil wir den Krieg gesehn haben. Und sonst? Zu mir hat neulich einer gesagt, das was ich male, könnten ebenso gut seine Kinder malen.« Johanna sah, wie er litt. »Das hier versteht keiner. Deshalb trommeln sie an die Fenster ...«

»Vielleicht wollen sie es nicht verstehen?« Wollheim kam herein, warf seine Jacke über einen Stuhl. »Das läuft auf dasselbe heraus. Wecken werden wir sie! Sie sollen begreifen, dass sie der Auseinandersetzung mit dem Krieg nicht ausweichen können. Auch nicht, wenn sie sich Blumenbilder aufhängen!« Wollheim zog Skizzen aus seiner Mappe, die er auf dem Tisch ausbreitete. Die Brille am Kleid putzend kam Johanna näher. »Neues? Für die Galerie?« Schwesig reckte den Hals. Pankok sah ihr über die Schulter. »Die Skizzen sind gut. Die können Sie nehmen. Aber, Frau Ey, wissen Sie eigentlich, dass unser guter Wollheim noch was für Sie hätte?« Breit stand Pankok vor ihr. »Der Kunsthändler Flechtheim hat es von Remels nach Düsseldorf transportieren lassen. Als er es sah, ist er Wollheim in den Rücken gefallen und vom Geschäft zurückgetreten. Dann hing es in der Kunsthalle, aber nur kurz. Die Leute waren empört.«

»Nicht mal geschenkt haben will es einer«, ergänzte Wollheim, »sogar der Versuch, es dem Arbeitervolkshaus zu stiften, schlug fehl. Jetzt hängt es im Keller der Kunsthalle.«

»Wovon sprecht ihr?« Fragend sah Johanna von einem zum anderen. »Von einer Art Selbstportrait«, sagte Pankok mit zynischem Grinsen. »Willst du es sehn?« Erwartungsvoll sah Wollheim sie an. »Wenn du es haben willst, schenke ich es dir, aber du musst es hier in der Galerie aufhängen.«

»Ich würds mir zuerst ansehn«, riet Barz, der hinzugekommen war und in Wollheims Mappe blätterte, »manche seiner

Werke sind mehr als unbekömmlich.« Johanna zögerte keinen Moment. »Natürlich will ich es sehn. Holt es her.«

»Wenn du meinst, dass du es aushältst.« Wollheim formte sein Gesicht zu einer Fratze, krampfte die Hände, ließ einen Schrei los, verbog sich, wimmerte, hielt sich den Bauch. Irritiert hob Johanna die Hände. »Was um Himmels willen ...«

»Das Geschoss hat Wucht und wirkt sofort. Dagegen hat ein Mensch nichts einzusetzen. Du versuchst deine Innereien festzuhalten, aber der Schmerz ist zu groß, größer als alles, lauter als deine Schreie. So musst du dir das Bild vorstellen«, erklärte Wollheim, der jetzt wieder gerade stand, und fügte hinzu: »Ich habe es in einer Ausstellung für kriegsgeschädigte Künstler gezeigt. Aber dann haben die Düsseldorfer Nachrichten eine scharfe Kritik gebracht und ich musste es wieder entfernen. Sie meinten, dass ich auf eine Sensation hinarbeite. Dass meine Malerei so verwildert sei wie meine Gesinnung.«

Schwesig ging mit, auch Barz und Uzarski, der einen Leiterwagen besorgt hatte.

Verstört starrten alle auf das Bild, das Pankok und Barz am Nachmittag auf einen Tisch hoben und mit Johannas Schirmständer stützten. Es war riesig; gemalt auf schwere Holzbohlen. Niemand sprach.

Drohend und schreckend stand plötzlich der Krieg im Raum. Am Rand eines Granattrichters, vom giftigen Licht einer Leuchtkugel beschienen, bäumte sich zwischen zerspellten Baumstümpfen ein Mensch auf. Es waren nur Sekunden, die auf dem Bild festgehalten waren: der Einschlag eines Geschosses in den Magen eines Soldaten, sein Aufbegehren gegen den Tod, das Herausquellen der Eingeweide, entsetzt hochgerissene Arme mit verkrampften Händen, ein qualvoll verzerrtes Gesicht mit einem weit geöffneten Mund, Leid herausbrüllend. Von den Füßen war das Fleisch losgelöst. Sehnen und Knochen wirkten wie Wurzeln. Die Eingeweide klafften auseinander; aus dem aufgerissenen Leib schoss Blut. Die Erde unter ihm war zerrissen und schwitzte Gift. Grenzenlos war der Schmerz, die

Wunden schreiende Anklagen. Aus Mangel an Material hatte Wollheim zwei Eichenbohlen in der Mitte zusammengefügt, was zusätzlich wie eine Verletzung wirkte.

Sie standen um das Bild wie um einen Sarg. Johanna war die erste, die sprach. »Es ist, als ob ihr mir einen Sterbenden bringt. Als ihr da draußen im Krieg wart, hab ich in einer Bekleidungsstelle für Militär am Fürstenwall gearbeitet. Ich musste Militärkleider zerschneiden, Knöpfe und Schnallen abtrennen, alles sammeln, was noch brauchbar war. Die Uniformen waren von Verletzten und Toten. Schweiß und Blut hingen noch drin. Und wisst ihr, was ich jedes Mal gesehn hab?« Sie machte eine Pause, starrte weiter auf das verstörende Bild und schluckte. »An jeder Uniform, an den Einschüssen, den Rissen und dem Blut konnte ich sehn, was mit den Männern passiert ist. Ich hab immer gewusst, ob da ein Toter dringesteckt hat. Auch die Angst konnte ich riechen.« Wieder entstand eine Pause. Schwesig drängte nach vorne. »Ich hab im Krieg als Schreiber in einem Bergwerk gearbeitet, weil man mich wegen meines verkrüppelten Körpers da draußen nicht brauchen konnte. Ich hätt mich schon gern schlachten lassen. Aber stattdessen haben sie schöne, wohlgestaltete Männer geschlachtet.« Fassungslos sahen alle auf den Buckligen. Johanna nahm die Brille ab und wischte sich die Augen. Ihr Kinn zitterte.

Neue Kunst - Frau Ey

Die Grippe, die für zahllose Tote gesorgt hatte, ebbte ab, aber die Zahl der um Brot Bettelnden nahm zu. Allen stand Hunger im Gesicht.

Barz hatte Johanna Besuch aus der Eifel angekündigt und ihr den Bildhauer Moog vorgestellt, der zwecks Anfertigung eines Kriegerdenkmals nach Düsseldorf gekommen war. Im vergangenen Jahr war Barz mit zwei Malerfreunden bei ihm gewesen. Schwesig rückte sofort näher, als Moog Blutwurstringel und Schinken aus der Tasche kramte. Johanna klatschte in die Hände. »Blutwurst!« Moog grinste. »Die schmeckt. Solange ich Arbeit hab, gibt et auch Wurst. Bloß wat ich jetzt machen muss, ist alles wegen dem Krieg. Neuerdings gibt et ja die Denkmalinitiative. Jedes Dorf will ein Kriegerdenkmal. Ich klopf den ganzen Tag Namen in Steine, so viele Namen, dat kann man sich gar net vorstellen. 1888, 89, 90 geboren, gefallen 1914, 15, 16. Wie jung die waren. Hatten alles noch vor sich. Meistens wollen sie, dat ich Helden drauf schreibe. Oder Väter und Söhne. Der Auftrag für Düsseldorf muss bis Allerheiligen fertig sein. Wegen der Kranzniederlegung.« Für Johanna packte er sechs Eier aus einer zusammengerollten Zeitung, die sie sofort in die Pfanne schlug. Während sie aßen lud er alle in die Eifel ein, sagte, dass bei ihm Brot und Butter zwar dünn, aber für Künstler immer vorhanden seien, was ihm einen Applaus einbrachte. Besuche wie seiner waren selten.

In der Galerie ging es ums Überleben. Händeringend wartete Johanna auf Kunden. Auch die ersten Ausstellungen des Jungen Rheinlands brachten nichts außer Kritik. Zum Trost brachte Trillhaase manchmal Zigaretten für die Maler, auch Farben und Leinwände. Jedes Mal betonte er, dass die Kunst nicht stehen bleiben dürfe und dass es an ihm nicht liegen solle. Er und sein Sohn Siegfried kamen regelmäßig zu den Treffen ins Hinterstübchen, gehörten aber doch nicht richtig dazu. Siegfried war kontaktscheu und schweigsam. Auch Adalbert, der Alte, brachte es fertig, Stunden dazusitzen und nichts zu sagen. Er lächelte, blickte allen unverwandt und freundlich in die Augen. Nur manchmal holte er aus zu einem langen Monolog – oft über die Bibel – was aber beziehungslos blieb; für richtige Gespräche war er nicht zu haben. Etwas Seltsames und Weltfremdes strahlte von ihm ab. Auch von seinen Bildern ging ein ähnlich merkwürdiges Odeur aus wie von ihm selbst. Es waren naiv gemalte Tiere und Menschen, Kindergemälden ähnlich und doch eigen. Beide, Vater und Sohn, waren von unglaublichem Schaffenstrieb beseelt, hatten dabei aber nicht die Absicht, einem der Künstler nachzueifern. Sie taten auch nichts dafür, dazuzugehören. Pankok hatte den Alten einmal zu Hause besucht und ihn gedankenversunken vor einem Sekretär sitzend vorgefunden. Auf die Frage, was er da mache, hatte Trillhaase geantwortet, dass er vor den Maserungen des Holzes meditiere und immer neue Figuren und Gesichter darin entdecke. Auf Pankoks Vorschlag hin begann Trillhaase die Gestalten, die er im Holz entdeckte, zu zeichnen und brachte seither, immer in Begleitung seiner Frau oder seiner Kinder, die die Werke hineintrugen, die seltsamsten Bilder in die Galerie. »Ist es eigentlich Kunst, wenn so ein alter Knacker wie ich plötzlich wild wird und so lächerliches Zeug hinschmiert?«, wollte er von Johanna wissen, die froh war, dass Pankok ihr die Antwort abnahm: »Ein Künstler soll das gestalten, was ihn im Innersten bewegt. Nur so entsteht Wahrheit in der Kunst.« Er zeigte auf Trillhaases Darstellung einer Wildschweinjagd. »Das Bild ist frisch und irgendwie unschuldig. Da denke ich an die Primitiven, an uralte wilde Völker. Es ist alles sehr ursprünglich und originell. Ja, naiv eben.« Auch Wollheim bestärkte ihn, seinem von Akademien unbelasteten Talent freien Lauf zu lassen, woraufhin Trillhaase gestand, dass er das genau habe hören wollen und es zum Anlass nehmen werde, sich ab sofort nur noch seinen Liebhabereien zu widmen: dem Lesen und Träumen, vor allem dem Malen.

Auf dem Trottoir vor der Galerie sorgten Trillhaases ungeschickte Malereien für Aufregung, wurden belächelt, als Kinderkram abgetan. Gebhardt kam, schüttelte den Kopf über die ausgestellten Bilder, redete Johanna ins Gewissen. Besonders über Wollheim goss er Kränkendes und Verächtliches. Auch der Direktor der Akademie machte Front gegen die Modernen. In einer Rede in der Aula verspottete er eine Plastik von Lehmbruck, einem ehemaligen Schüler der Akademie, der sich das Leben genommen hatte, weil er den Krieg nicht verkraften konnte. Wollheim, der die Rede gehört hatte, war außer sich über das Maß an Taktlosigkeit. »Lehmbruck hat ein Meisterwerk geschaffen. Aber das verstehn sie nicht! Das Ganze ist nichts anderes als eine Kriegserklärung an mich und diesen Laden hier.«

Johanna, der die Beleidigungen bis ins Mark gingen, sorgte sich um ihre Existenz. Dennoch räumte sie auch die Kammer neben der Küche für moderne Bilder. Nur in der Stube zeigte sie noch gewohnte. So hatte sie es in Berlin gesehen: Links moderne Kunst, rechts traditionelle. Die Kombination wirkte und endlich geschah, worauf sie die ganze Zeit hoffte: Irgendwann stand ein Kunde im Laden, zeigte auf Wollheims Friesenmädchen, feilschte und zahlte.

»Wenn wir in ein Dorf kamen, war es immer das Gleiche: Erste Kompanie bis zur Kirche, dann rechts! Zweite Kompanie links! Dritte Kompanie bei der Kirche geradeaus bis zum Ausgang des Dorfes! Einrücken! Häuser und Scheunen öffnen!« Johanna merkte, wie Wevers Stimme schrill wurde, wie immer, wenn er litt. »Wenn es immer Scheunen gewesen wären! Wir haben in feuchten Löchern gelegen, in Unterständen aus Wellblech. Auch nachts, bei Frost. In den Barackenlagern war es nicht besser.«

»Vergiss die Gräben nicht! Die Gräben: tagelang, wochenlang. Und das ewige Schanzen! Gräben richten, Stacheldraht drüber. Tagsüber schoss die Artillerie die Gräben kaputt und abends wurde gestürmt. Mal hielten wir die Gräben, mal die Franzosen. Hin und her ging es. Kampf um jeden Meter.«

»Und jeder Meter gepflastert mit Leichen!«

Wieder waren sie in solche Gespräche vertieft. Johanna hörte nur mit halbem Ohr zu. Zusammen mit Wollheim suchte sie nach einem Platz für den ›Verwundeten‹. Prüfend sahen sie

sich um. »Wie wärs hier?« Wollheim, das Bild geschultert, deutete auf eine leere Stelle im Flur. Johanna schüttelte den Kopf. »Nein, zu dunkel. Ich hätte es gern bei mir in der Kammer.« Wollheim keuchte unter dem Gewicht des Bildes, schleppte es bis zum Ende des Flures, klinkte mit dem Knie die Tür zu Johannas Kammer auf. Sie zeigte auf die Wand, wo ihr Bett stand. »Da, übers Bett.« Er sah sie an und schüttelte den Kopf. »Bist du sicher?« Dann zog er die Schuhe aus, stieg auf das Bett, rief nach Wever, der helfen sollte. Zusammen mühten sie sich das Bild über dem geschnitzten Kopfteil an die Wand zu halten. »Hier? Sag schnell, es ist schwer ...«
»Ja, genau da.« Sie reichte Wever Nägel und Hammer; kurz prüften sie die Höhe. Ins Klopfen des Hammers fragte Wollheim: »Und da drunter willst du schlafen?«

Am Nachmittag war es ihr weniger aufgefallen. Jetzt, am Abend, schien es ihr, als ob das Bild das Zimmer beherrsche: den Schrank, Nachttisch und Stuhl, die Falten der Steppdecke auf dem Bett, die Vorhänge, die Frisierkommode mit dem Glasaufsatz.
Vor der Kommode zog sie sich aus, legte Strümpfe und Rock über den Stuhl, knöpfte die Bluse auf. Im Glasaufsatz des Möbels spiegelten sich hervorquellendes Gedärm und verkrampfte Hände. Sie versuchte diesen Blick zu vermeiden, was nicht gelang. Im Rücken spürte sie dieses Abbild der Qual und als sie sich umdrehte, schien das Bild gewachsen zu sein. Sie zog das Nachthemd über den Kopf, löschte das Licht, verkroch sich unter der Decke. Irgendetwas war anders im Zimmer, es roch sogar anders. Mit offenen Augen lag sie und starrte ins Dunkel. Die Straßenlaterne brannte noch und warf ein gelbes Licht durch den Spalt, den der Vorhang gelassen hatte. Über ihrem Kopf hoben sich die Umrisse des Bildes von der Wand ab. Das Rot der Wunden leuchtete. Das Leuchten war mit einem Geräusch verbunden, einem schmerzlichen Geräusch, das sich wie das Kratzen einer Geige anhörte. Sie stand auf, zog den Vorhang zu, legte sich wieder, wartete auf Schlaf. Stunde um Stun-

de wälzte sie sich von einer Seite auf die andere, mal empfand sie die Decke als zu warm, dann wieder störte sie das Ticken des Weckers. Erst gegen Morgen fiel sie in einen Dämmer, der keine Erholung brachte.

In aller Frühe schlurfte sie in die Küche, um Kaffee zu kochen. Den ganzen Tag drückte sie eine seltsame Stimmung, die sie auf das Wetter zurückführte und auf den geplatzten Ankauf eines Ölgemäldes von Gebhardt. Am Abend war sie wie zerschlagen.

Als sie zur Nacht das Licht in der Kammer anknipste, zuckte sie zusammen. Es war ihr, als ob das Bild seine Farben ins Zimmer gösse. Das Blut, das aus dem aufgerissenen Leib tropfte, war so rot und schreiend, unheimlich und zähnefletschend, dass sie sich abwenden musste. Sie zog den Vorhang zu, vergewisserte sich, dass kein Licht durchkam und knipste die Lampe aus. Unruhig lag sie unter der Decke; die Beine zuckten. Je mehr sie sich Schlaf wünschte, desto wacher wurde sie. Sie lag mit offenen Augen, starrte auf das helle Fenstervierteck. Die Gedanken kreisten. Am Abend war Pankok dagewesen und hatte wieder von Schützengräben und Zerfleischungen angefangen. Vielleicht konnte sie deshalb nicht schlafen. Sie stellte sich Pankok vor, wie er Gräben aushob, in der Erde Schutz suchte, sich kauerte hinter Erdwällen, in Höhlen und Löchern, in Wasser und Schlamm, Kratern und Trichtern. Sie sah Massen von Ratten so groß wie Katzen, schwarzes Ungeziefer, verwesende Körper. Die Uniformen in der Bekleidungsstelle kamen ihr in den Sinn, verklebt von Schlamm und Blut, verpestet vom Leichengeruch. Sie hörte Wollheim schreien, zuerst weit weg, dann immer näher, zuletzt dicht neben sich. Schweißnass fuhr sie auf.

Die Bilder der Nacht verblassten auch am Tag nicht.

Es regnete, der Rinnstein vor der Galerie lief über. Den ganzen Tag kam kein Kunde. Wollheim sah vorbei, blieb aber nur kurz. Früh dunkelte es.

Auch in der dritten Nacht dauerte es, bis sie einnickte. In einem kurzen, tonlosen Traum sah sie Paul auf einer Trage liegen. Seine Arme und Beine sahen aus wie Äste eines Baumes;

eine dünne Blutspur zog sich vom Mund bis zur Brust, tropfte in eine Schüssel, in der ein Fisch schwamm, der Wollheims Augen hatte. Jemand packte sie und zwang sie hinzusehen. Sie schrie nach Paul, schrie und schrie, bis sie vom eigenen Schreien erwachte. Heftig atmend richtete sie sich auf, tastete nach dem Knopf der Lampe und als sie sich nach dem Bild umsah, schien es ihr, als bewege es sich. Der rote Schirm der Nachttischlampe ließ die dunklen Stellen stärker hervortreten, auch die Konturen des Soldaten. Sein Aufbäumen war endlos und qualvoll, Eingeweide und Blut spritzten, Hände und Arme verkrampften sich, sein Mund formte einen Schrei, dann brach er zusammen, schlug auf die verschlammte Erde. Seine Hände zuckten, immer wieder zuckten sie, wollten nicht aufhören zu zucken. Sie stand auf, kramte in den Schubladen der Kommode nach einem Tuch, stieg auf das Bett, warf den Stoff über das Bild. Dann legte sie sich wieder und horchte in die Nacht.

»Ich bin nicht stark genug. Ich ertrag es nicht«, sagte sie zu Wollheim, als sie am Morgen in ausgelatschten Pantoffeln durch die Galerie schluffte, wo er in seinem roten Mantel in aller Frühe Geige spielte. Als er den Geigenbogen ablegte, fuhr sie fort: »Dein Bild ist wahr. Jeder Strich ist wahr. Ich weiß, so ist es gewesen. Bloß, ich kann es nicht ertragen. Drei Nächte geht das nun schon so, dass ich nicht schlafen kann. Zuerst wusste ich nicht warum, aber jetzt weiß ich es.« Wollheim nickte. »Keiner erträgt das. Deshalb sind die da draußen auch so wütend. Unzählige Mütter haben ihre Söhne verloren, Frauen ihre Männer, Kinder ihre Väter, aber die Wirklichkeit dieser sinnlosen Tode darzustellen ist ein Verbrechen. Alle wissen es, nur darf man nicht darüber reden, geschweige denn, es darstellen.« Johanna nickte. »Mir sind auch die blutigen Uniformen nicht aus dem Kopf gegangen. Da bin ich aufgestanden, hab ein Handtuch über das Bild geworfen. Danach war es besser und ich konnte schlafen. Jetzt werde ich einen Vorhang davor hängen, den ich öffnen kann, wenn ich stark genug bin, es auszuhalten.«

Vielleicht hing es mit Wollheims kämpferischen Tönen zusammen, vielleicht auch mit den Gesprächen, in denen sich die Maler Mut zusprachen: Sie begannen wieder zu malen.

Täglich entstanden Bilder. Sie malten das, was sie erfahren hatten: Den Tod als tanzenden Sensenmann, als Knochengerippe marschierend unter Soldaten, als Würger auf Schlachtfeldern, als Herr der Granaten, als Gebieter der Sonnen. Waren Johanna die Symbole und Zeichen lange fremd gewesen, so begann sie sie jetzt zu deuten. In Opheys grellem Sonnenaufgang erkannte sie einen Neuanfang, in Pankoks Sonnenzyklus die heile Welt. Oft wunderte sie sich, was ihre Maler alles zusammenbrachten. Über manches musste sie lange nachdenken. Wenn sie auch nicht alles verstand, hörte sie besonders Pankok gern zu, wenn er über Kunst sprach. Mit ihrem Strickzeug rückte sie dicht an ihn heran und versuchte seine Wortbilder, wie sie sagte, in sich aufzunehmen: »Diese Zeit hat eindeutig zu sein«, erklärte Pankok. »Zum Beispiel ein Bild, das die Sonne zeigt, braucht nicht ihre sämtlichen Eigenschaften zu zeigen, sondern muss klar ausdrücken: Sie ist heiß. Oder sie ist stechend. Wenn zum Beispiel einer ausdrücken will, dass eine Straßenbahn quietscht, dann müssen alle Linien und Farben des Bildes bemüht sein zu quietschen.«

Wollheim machte die Galerie zu seinem Wohnzimmer. Er kam täglich vorbei, oft in einem Schwall von Künstlern und Literaten, diskutierte, stritt mit allen und jedem. Mit schnell hingeworfenen Provokationen begann er, entwarf in ruhelosen Sätzen eine Situation, wobei er leicht vom Hundertsten ins Tausendste kam. Ebenso geschah es, dass eine Beiläufigkeit zur Hauptsache wurde, weil ihn plötzlich ein vorher wenig beachteter Gedanke selbst so fesselte, dass er ihn zerstückelte und zerhackte. Gerieten die Zuhörer in seinen Bann, war es wie eine doppelte Zündung. Dann wuchs er noch weiter aus sich heraus, zerpflückte jeden Einwand, was oft dazu führte, dass er mit Leuten aneinander geriet und Johanna um ihr Inventar fürchtete. Seinen Hetzereien hielt sie Geduld entgegen: »Ach, ärger dich doch nicht ständig. Dafür ist das Leben viel zu kurz.«

Erschrak sie anfangs über seine derben Wutausbrüche und die ungezügelten Reden, so war es doch Wollheim, dem sie immer mehr Sympathie entgegenbrachte. Sie befand ihn männlicher als die anderen, mochte seine ständig gestikulierenden Hände, die blitzenden Augen, die Art wie er manchmal lachte, wenn er sich nach ihr umdrehte. Sie verzieh ihm sämtliche Frechheiten, die er sich ihr gegenüber herausnahm, etwa, wenn er ihr den Nacken kraulte und sie dabei Dummchen nannte, ließ es sich gefallen, wenn er ihr einen Klaps auf den Hintern gab. Nicht nur einmal hatte sie sich bei der Vorstellung ertappt, wie sich seine Haut anfühlen würde, sein sehniger Körper. Einmal hatte er, ihren Blick bemerkend, gefragt: »Na, Eychen, gefalle ich dir?« Da war sie irritiert in die Küche geflohen, den spöttischen Wollheim vor Augen und hatte daran gedacht, dass er so alt wie ihr Hermann sei, ergo dreißig Jahre zwischen ihnen lägen, und dennoch hatte sie sich nicht zu alt gefühlt für das, wonach sie sich sehnte.

Wollheim und Pankok beteiligten sich an Aktionen und Büchern des Aktivistenbundes. Pankok schrieb ein Gedicht über Rosa Luxemburg, in dem er ihr Rosen um die zerschossene Schläfe und Lenzlilien um die blutende Kehle legte. Wollheim schloss einen seiner Artikel mit der Forderung, die Welt zu zerschlagen, alles abzubrechen, sich loszusagen von allem Bestehenden, alle Sicherheiten aufzugeben, hinter allem das Nichts zu erspüren und sich dem neuen Weg voll Verheißung, Sehnsucht und Qual zu stellen.

Im April schlossen sie sich dem Jungen Rheinland an, planten Ausstellungen, wetterten gegen Akademie und Malkasten, machten Front gegen deren Auswahlverfahren, in denen entschieden wurde, wer wo ausstellen durfte. Immer neue Künstler stießen zu ihnen. Johanna gefiel es, wenn sie mutig und laut waren und um ihre Kunst kämpften, wenn sie dasaßen und strichelten und innerliche Kämpfe austrugen. Das Herz ging ihr auf, als Schwesig, an einem Sonntagmorgen – sie widmete ihm gerade eine Ausstellung – auf der Straße herumschrie und Dampf abließ. Vom Fenster aus beobachtete sie, wie er mit einem Fahrrad großformatige Bilder über den Hindenburgwall in Richtung Galerie transportierte und den Sonntagsspaziergängern, die belustigt auf seine Bilder wiesen und etwas von jecker Kunst riefen, entgegenhielt: »Ja, guckt nur hin! Das ist Revolution auf der Leinwand!« Woraufhin die Leute lachten: »So ein kleiner Kerl mit so nem Buckel will Revolution machen.« Demütigung und Schmerz standen ihm im Gesicht, als er die Tür aufstieß und die Bilder ablud. »Lass sie, das macht mich nur stärker«, sagte er, als Johanna ihm helfen wollte. »Ich bin zwar klein, aber groß im Aushalten.« Als er hörte, dass sie eine seiner Zeichnungen verkauft hatte, pfiff er und lachte, verglich sie mit Johanna Sebus, die vor hundert Jahren im Rhein ertrank, weil sie andere retten wollte und kündigte an, sie in den Kleidern der Sebus malen zu wollen. Er fuchtelte mit den Händen in der Luft herum, machte ein paar Tanzschritte, zog Johanna die Brille vom Gesicht, setzte sich selbst die dicken Gläser auf die Nase, fing an zu torkeln, weil ihm vom Durchsehen schwindelte und verlangte Likör für alle.

Bei Johanna wurde jeder Bilderverkauf begossen. Meist waren es Gebhardts. Manchmal flunkerte sie, erzählte von Kunden, die sich für neue Kunst begeisterten, tat so, als ob sie etwas verkauft hätte, zahlte kleine Beträge aus, die gegen Mietschulden und Hunger halfen.

Auch im Falle Schwesigs hatte sie zu einer Notlüge gegriffen und es machte sie ebenso glücklich wie ihn, als sie sah, wie zufrieden er die Ellenbogen auf den Tisch schob, mit einer Gabel Kartoffeln aus einer schwarzgebrannten Pfanne stocherte, die sie ihm neben das Likörglas geschoben hatte, und kaute.

Überhaupt war sie stolz, dass die Männer die Galerie zu einem Taubenschlag gemacht hatten. Wollheim schrieb seine Dramen bei ihr, spannte Bogen um Bogen in eine alte Maschine mit blankgewetzten Tasten. Über Stunden ging das Getippe, seine Fingerkuppen waren vom Wechseln des Bandes permanent schwarz. Überall hatte er seine Arbeiterzeitungen ausgebreitet, auch Bücher von Dostojewski und Gorki. Pankok knurrte manchmal dazwischen, zog, wenn er nachdachte, an seinem Bart, schnitzte an Holzstöcken oder – wenn Johanna nicht hinsah – an einer Brosche aus Elfenbein, die er ihr zugedacht hatte: ein zerklüftetes Ey-Konterfei war bereits erkennbar.

Oft funkte es zwischen den beiden. Obwohl anfangs Feuer und Flamme, spürte Johanna, dass Pankok nicht sonderlich überzeugt war von den neuen Bündnissen. Die Mitglieder des Aktivistenbunds hielt er für ausgekochte Schwätzer, dem Jungen Rheinland warf er Vereinsmeierei vor. Was ihm ebenfalls aufstieß – Johanna sah es ihm an – war die Art und Weise, wie Wollheim vor entflammtem Publikum und auf einem Tisch stehend über die Abschaffung des Geldes und die Liquidierung des Kapitals redete. Für Pankok war das nur ein Vorwand, sich in Szene zu setzen. Konkurrenzdenken, Buhlen um Publikumsgunst und Wollheims Eitelkeit waren ihm zuwider. Auch was die Ziele des Vereins betraf, so waren sie nicht einig und Johanna hatte oft Mühe, die beiden ruhig zu halten. »Aufhören! Sofort!«, sagte sie dann, setzte sich paffend dazwischen und schob jedem eine Praline zu.

Das Ey

In Düsseldorf gärte es. Nachdem sich die Reichsregierung außerstande sah, Kriegsentschädigungen von zweieinhalb Milliarden Goldmark aufzubringen, besetzten französische Truppen die Stadt. Sie beschlagnahmten Tonhalle und Stahlhof, räumten Häuser und Schulen, legten Industrie, Verwaltung und Verkehr lahm. Verhaftungen und Ausweisungen waren die Folge; Versammlungsfreiheit gab es nicht mehr, Presse wurde zensiert.

Hass auf die Franzosen und ihre marokkanischen Kolonialtruppen kochte. Gegen die mit Turbanen und fremden Umhängen bekleideten Spahis, die sich, wo immer sie auftauchten, Frauen und Mädchen packten, die Leute schikanierten, prügelten und raubten, formierte sich Widerstand. Es kam zu Sprengungen französischer Einrichtungen, zu Überfällen auf französische Militärposten, zu Morden an deutschen Kollaborateuren. Dennoch war kein Abzug der Truppen erzwingbar. Schwarzhandel und Schmuggel blühten wie nie.

Johanna fürchtete um ihr Geschäft. »Das Reich rückt immer mehr ab. Die Kohleförderung geht zurück. Was glaubt ihr, wo das hinführt? Als ob wir nicht genug Arbeitslose hätten!« Was ihr außerdem zu denken gab: die neue Kunst war kaum verkäuflich. Immer noch schlugen Leute vor dem Schaufenster Radau, lachten oder gingen verärgert weg. Oft ging Wollheim hinaus und begann ein Gespräch über moderne Malerei oder die Sinnlosigkeit der Akademien. Manchmal half Schwesig, bis ausdiskutiert war und die Leute weitergingen. Kladden schrieb Wollheim voll mit Kommentaren und Analysen, die er verwerten wollte, wenn er selbst einen Lehrstuhl für Kunst besetzen würde. Er zog damit durch die Atelierhäuser, wo er, wenn Johanna der Kragen platzte, die Debatten über Menschen, Politik, Kriege und Philosophie fortsetzte.

Ganze Stapel von ungerahmten Bildern standen und lagen herum. Irgendwo aus dem Kunsthaufen ragte ein Tisch empor mit einer Kaffeekanne, leergetrunkenen Tassen, Schnapsgläsern, Häufchen von Asche, Pinseln, Tuschefläschchen. Wo keine Bilder lagen, standen angeformte Tonklumpen. Zwischen grell gemalten Leibern mit überkopfgroßen Mäulern, aufgerissen und drohend, sortierte Pankok, auf dem Boden kniend, Blätter für Johannas Fenster. Sein wallendes Haar und der ausufernde Bart passte zu den Kommissstiefeln, der abgetragenen Manchesterhose und dem immergleichen Wollpullover. Wollheim stand am Fenster und spielte Geige, Barz und Hundt bespannten einen Rahmen mit Leinen. Johanna, die gerade einen jungen Mann, der wegen eines Aquarells von Ophey hereingekommen war, zur Tür gebracht hatte, stemmte die Arme in die Seiten. »Habt ihr gehört, was der alles wissen wollte? Wo Pankok herkommt, wo er aufgewachsen ist. Ob Lahs im Krieg war? Wovon

Hundt sich inspirieren lässt.« Wollheim unterbrach sein Spiel. »Die Jüngeren setzen sich mit Kunst anders auseinander. Das ist absolut im Sinne der Kunst.«

»Deshalb hab ich ihm auch angeboten, dass er das Bild mit nach Hause nehmen kann. Probeweise. Er muss ja wissen, ob er damit leben kann.«

»Das gefällt mir. Bilder auf Probe. Das ist richtig und konsequent. Typisch für unser dickes Ey.«

»Ich hab eben meine Erfahrungen«, entgegnete Johanna, »du weißt ja, wie es mir mit deinem Verwundeten gegangen ist.« Wollheim setzte den Geigenbogen wieder an. Grell wurden die Töne. Johanna hielt sich die Ohren zu. Wilder und wirrer wurde das Spiel, vor und zurück bog sich sein Körper, bis er plötzlich Geige und Bogen sinken ließ: »Was meint ihr? Eine Zeitschrift geben wir heraus. Mit Fotos, Zeichnungen, Texten! Mit Gedanken zu einem freien Lebensstil und revolutionärer Kunst. Die Leute haben Fragen zu unseren Bildern!« Barz und Hundt antworteten mit Tischtrommeln. »Nicht schlecht! Der Zeitpunkt ist gut. Alle reden über uns. Wir haben Öffentlichkeit!« Hundt zeigte mit dem Pinsel auf Wollheim. »Sieh ihn dir an Frau Ey: Gert Wollheim. Ein feuerspuckender Vulkan. Alles in ihm kocht, sein Gemüt ist aufgepeitscht und reizbar. Er will was verändern und kämpft mit allen Mitteln.« Johanna warf einen kritischen Blick auf Wollheim, lachte, als Barz einen Trinkspruch losließ und das Glas hob: »Ach Wollheim ... Lasst uns mal auf unsre Frau Ey was trinken! Sie versteht uns. Das alles hier ist nur möglich dank Tante Ey!« Sie lachte noch mehr, als Barz vorschlug, die Zeitung, die Wollheim herausgeben wollte, nach ihr und damit nach dem Zentrum zu benennen. »Ey. Das Ey.«

»Das Ey?«

»Ja natürlich! Das Ey!« Wollheim setzte die Geige wieder an. Grelle Tonverwirrungen flossen ins Klatschen und Johlen. »Sehr gut! Das Ey!« Johanna strahlte. »Ach Kinder«, sagte sie, »dreißig Jahre jünger, was könnt ich euch da alles sein.«

Viele vom Jungen Rheinland beteiligten sich. »Das Ey« wurde zu einem Sprachorgan. Das Heft stellte nicht nur die Künstler vor, die bei Johanna ausstellten, es forderte die Etablierten des Kunstbetriebs zum Duell: die Akademie und ihre unnachgiebigen Professoren, Galerien, Presse und den Malkasten, altgedienter Versammlungsort der Künstler, wo die Vergangenheit mit patriotischen Abenden und vaterländischen Vorträgen, viel Alkohol, Sentimentalitäten und Militärmärschen gefeiert wurde. »Jeder Künstler ist uns willkommen, der aus überlebter Schablone heraus Erneuerung anstrebt.« So hatten sie für den ersten Katalog des Jungen Rheinland formuliert und ein Ausstellen ohne Zensur gefordert, was neue Künstler anzog: Theo Champion, Peter Janssen, Heinz Tappeser. Aus Wuppertal kam der Pole Jankel Adler. Er war von kleiner, zäher Gestalt. Sein Kopf mit dem schwarzen Haar war beherrscht von glühenden Augen unter buschigen Brauen; Augen, die traurig blickten und doch etwas Fragendes und Bohrendes hatten. Wo er hinkam, war er Mittelpunkt, ein unermüdlicher und unnachgiebiger Diskutierer, der ein fast fehlerfreies Deutsch sprach, das durch den polnischen Akzent einen besonderen Reiz erhielt. Er drückte sich oft umständlich aus, etwa: »Die Geschichte ist nämlich die ...«, und während er das sagte, ordnete er seine Gedanken, um sie anschließend mit Prägnanz und gelegentlicher Härte vorzubringen. Er war gesellig, liebte korrekte, beinahe elegante Kleidung – immer trug er einen breitrandigen, schwarzen Hut – und sang mit sehnsüchtiger Stimme jiddische Lieder. Oft erzählte er Johanna von seiner Heimat, vom Kohlengeschäft in Lodz, von neun Geschwistern, von König David und Baal Schems Tochter, von der Mühle des Großvaters, von dessen Bart, der bis zur Erde gereicht hatte. Adler war bald unzertrennlich mit Arthur Kaufmann verbunden.

In Düsseldorf hatten sich Freikorps gebildet. Primaner wurden von ihren Lehrern aufgefordert einzutreten. Dafür bekamen sie leicht und schnell ihr Abitur. Studenten trugen farbige Mützen, Bänder, Abzeichen und Schärpen, fochten auf Mensuren, brachten sich Schmisse bei und sangen völkische Lieder. Die meisten benahmen sich, als sei kein Kaiser geflüchtet, kein Krieg verloren worden. In der Kunsthalle hing neben anderen Erzeugnissen des Jungen Rheinlands ein Bild von Schwesig: Studenten in Galauniformen, mit Schmissen in den karikierten Gesichtern, Bierseidel vor sich. Die Presse tobte, schlug vor, dass Wollheim, Schwesig und Pankok – womit sie die peinlichsten Vertreter der jüngsten Malerei meinten – im Hause Ey, wo sie bisher ihre Werke zur Schau stellten, bleiben sollten. Keiner von ihnen gehöre in die Gemeinschaft von Künstlern mit Verantwortungsgefühl.

Auf der Freilichtbühne im Grafenberger Wald wurde eines von Wollheims Dramen aufgeführt. Johanna war stolz auf sein Talent, auf die Art, wie er vor dem Publikum stand und das Stück ankündigte, auf die klugen Worte, die er benutzte, auf den Applaus, der folgte. Von der Aufführung bekam sie nicht allzu viel mit, denn ständig hatte sie Wollheim im Auge, der in der ersten Reihe saß, nervös herumzuckte und den Darstellern seltsame Zeichen gab.

Im Juli waren Hitze und Schwüle kaum auszuhalten. Die Geschäfte liefen nicht. Niemand kaufte. Ständig nörgelte Johanna herum, zankte mit Wollheim, der es schaffte, sie abzulenken, indem er sie ins Strandbad nach Oberkassel mitschleifte. Am Rand eines Pappelwäldchens lag sie missmutig im Schatten, bewachte die Kleider und blätterte in Journalen. Wollheim, ein guter Schwimmer, rettete fast täglich ein Menschenleben.

Abends entstanden Aquarelle aus leichten, hellen Farben, die den Sommer zeigten. Sogar diese Bilder sorgten für Aufregung. Passanten klopften an die Fenster, schrien, traten gegen die Tür. Arbeiter drängten lebhaft gestikulierend an die Scheibe. Mittags, wenn Johanna sich lang legte, musste sie sich Wattefusen in die Ohren stopfen.

Kämpfe

Die meisten Künstler der Ey-Gruppe gehörten auch zum Jungen Rheinland. Das Junge Rheinland wuchs und stellte aus, schaffte es, als Gruppe in der großen Ausstellung im Kunstpalast dabei zu sein. Hatten die Maler anfangs noch geglaubt, durch ein Bündnis mit der Arbeitsgemeinschaft bildender Künstler mehr erreichen zu können, so mussten sie im Jahr darauf bei den Vorbereitungen zu einer neuen Ausstellung im Kunstpalast einsehen, dass wieder Hürden der Zensur aufgestellt worden waren und dass die Arbeitsgemeinschaft, von der sie sich einiges versprochen hatten, aus einer nationalistischen Einstellung heraus eine geplante internationale Kunstschau nicht unterstützte. Hitzige Wortgefechte zwischen Traditionellen und Modernen folgten. Beleidigungen gingen hin und her. Das Verhältnis zwischen rechts und links spannte sich. Eins führte zum anderen. Schließlich trat das Junge Rheinland geschlossen aus der Gemeinschaft aus, auch aus den Planungen zur anstehenden Ausstellung, und verlagerte die Geschäftsräume in Johannas Laden am Hindenburgwall.

Johanna war überrumpelt, rauchte vor Aufregung nahezu ununterbrochen, sah einen riesigen Berg von Arbeit auf sich zukommen, plante zusätzliche Ausstellungen und hoffte, endlich Geld verdienen zu können.

Presse reagierte und berichtete, Prominente kamen, Leute interessierten sich, kauften. Nie hätte Johanna es für möglich gehalten: Mit einem Schlag war sie ins Zentrum einer neuen Bewegung gerückt. Wollheim plante ein neues Monatsheft des Vereins, formulierte ein Manifest, in dem er mehr Ausstellungsmöglichkeiten für moderne Kunst forderte, dazu die Abschaffung der Akademien und aller Institutionen, die der fortschrittlichen Entwicklung im Weg stünden. Pankok lieferte Holzschnitte und Graphiken, entwarf die Titelblätter. Uzarski, der sich selbst Kommunist ohne Parteibuch nannte, illustrierte neben dem Heft auch Bücher und schrieb an einem Roman, in dem er am Beispiel seines Mopses die Nachkriegszeit und das deutsche Wesen persiflierte, was ihm zeitweise eine große Fangemeinde, aber auch Gegner im reaktionären Lager einbrachte. Immer deutlicher wurde, dass Johannas Galerie zur Denkfabrik einer neuen Kunstrichtung wurde. Das neue Monatsheft – in gelbes Papier gebunden, mit einem feuerspeienden Vulkan auf der Titelseite – war kritisch und begleitete nicht nur sämtliche Veranstaltungen, sondern brachte, ähnlich wie »das Ey«, auch Biografien der Künstler, Besprechungen ihrer Werke, Anekdoten und Literarisches. Schon die erste Ausgabe, herausgegeben mit Hilfe des Warenhausbesitzers Tietz, erhitzte die Gemüter. Wollheim hatte einen bissigen Text verfasst, der sich gegen den Maler Nauen richtete. Der war, weil ihm die Akademie eine Professur angeboten hatte, aus dem Jungen Rheinland ausgetreten, wo er im Vorstand gewesen war. Die meisten empfanden sein Überlaufen als Verrat, was den Kampf gegen den Akademiebetrieb nochmals anschob.

Dass die Fehden bei ihr ausgetragen wurden, war etwas, das Johanna gefiel. Auch die ständigen Querelen mit Wollheim verschafften ihr nicht selten Genugtuung. Wenn er sie um etwas bat, wurde sie oft grob und ausfallend. Dann konnte jede Äußerung von Wollheim falsch sein und für Streitereien und Vorwürfe sorgen. Häufig schrie sie herum, warf ihm an den Kopf, ihren Laden zum Irrenhaus zu machen, Käufer zu vergraulen und ständige Tumulte zu verursachen, die sie dann auszubaden hätte. Wollheim mit seinem reizbaren Gemüt konterte sofort, verstieg sich in Beleidigungen. Dass sie keine Ahnung von Kunst habe, auch nicht von Politik, dass sie am besten den Mund halte und Kaffee koche. Die Wortschlachten dauerten Stunden, manchmal Tage. Unerträglich waren sie einander. Wollheim, der mit Logik und Wissen argumentierte, biss sich oft die Zähne an ihr aus. Seine Argumente schmetterte sie mit haarsträubenden Einwänden und Behauptungen ab, mit denen sie zustieß wie mit einem Schwert. Wollheim, die Fassung verlierend und nach Luft schnappend, warf mit Stiften nach Johanna, schrie, dass man es bis auf die Straße hören konnte: Sie solle erst mal was Ordentliches lesen, ehe sie solche Antworten von sich gäbe. »Ich soll was lesen? Ich?« Ebenso gut hätte er auf Johannas Kopf Holz hacken können. Oft waren sie danach angeschlagen und schwermütig. Aber irgendwann schenkte sie ihm wieder Likör ein, lächelte ihn an und strich über seine Hand: »Komm, sei nicht mehr böse. Das machen wir nie, nie mehr ...«

»Du bist unsere erkorene Mitte«, sagte Hundt, der bei ihr einen Zahnabszess auskurierte, weswegen sie ihm literweise Kamillentee brühte. »Ich will dich malen. Nicht nur ins Notizbuch, sondern in Öl. Das hast du verdient. Ich will dich so malen, wie du dich mal gern sehen würdest.« Johanna sah ihn fragend an. »Wie?«
»Na so, wie du am liebsten gemalt werden möchtest.« Sie hatte keine Zeit zu antworten, denn der Wasserkessel pfiff und sie eilte in die Küche, wo sie Kamillenblüten mit heißem Wasser übergoss. Während die dicken Blüten hüpften, sich vollsogen und das Wasser gelb färbten, dachte sie an die Seiltänzerin auf dem Wickrather Marktplatz, an bunte Kleider und glitzernde Ohrringe, liebäugelte mit der Idee, als Tänzerin dargestellt zu werden. Doch dann blitzte ein neuer Gedanke auf und als sie Hundt mit der dampfenden Kanne entgegeneilte, strahlte sie: »Kannst du mich als Spanierin malen? So wie Carmen?« Hundt stutzte. »Carmen? Hmm. Warum eigentlich nicht? Irgendwie passt das. Ja, Ey, geht in Ordnung. Ich überleg mir was.«
Schon am nächsten Tag legte er los. Mit einem roten Tuch um den Hals saß sie ihm Modell.
Bei der letzten Sitzung bat er sie, die Augen zu schließen, was sie unter Protest schließlich tat. Sie hörte, wie Papier raschelte, wie er aufstand und auf sie zukam. Sein Hemd roch verschwitzt, sie spürte, dass er etwas in ihr Haar steckte. Als er ihr erlaubte, die Augen wieder zu öffnen und ihr einen Spiegel reichte, sah sie Glitzerndes auf ihrem Kopf. Hundt lachte. »Aus dem Theaterfundus. Aus Spanien. Für dich. Sehr schön, ja Ey, sehr schön.«
»Für mich? Echt aus Spanien?« Sie drehte den Kopf, äugte nach dem Gebilde in ihrem Haar, fühlte Stolz, als es in ihrer

Hand lag: »Ein spanischer Kamm, aus Perlmutt, eine wunderbare Arbeit ...«

»Johanna Ey mit rotem Tuch und spanischem Kamm – so nenne ich das Bild«, sagte Hundt, verzog sich wieder hinter die Staffelei und fixierte Johannas Kopf. Stolz und gerade saß sie vor ihm.

Seit die Galerie Zentrum des Jungen Rheinlands war, gab es so viele Ausstellungen wie nie. Dennoch war allen klar, dass bei den wachsenden Mitgliederzahlen nicht jeder berücksichtigt werden konnte und das Ey keine Dauerlösung war.

Die Ausstellungen sorgten dafür, dass der Laden ständig voll war, auch wenn wenig verkauft wurde. Die Auswahl der Bilder trafen die Maler selbst; ohne Jury. Mit Johanna war eine Miete vereinbart. Sie war einverstanden, dass jedes Mitglied in einem der zwei Fronträume turnusmäßig Anspruch auf zwei Wochen Ausstellungsplatz haben sollte. Auch auf zwei Maler gleichzeitig einigten sie sich und darauf, dass Johanna bei Verkäufen ein Drittel des Preises zustehe. Bei manchen Entscheidungen fühlte sie sich in den Hintergrund gedrängt, kämpfte und schrie herum, dass der Laden ihr gehöre, dass sie das Sagen hätte und ergo bestimmen könne. Mehrfach versuchte sie Musiker und Schriftsteller zu präsentieren, was die Maler ihr verübelten. Auch deshalb gab es Streit.

Während sie in den Vorderräumen mit Kommissionsware auf Basis fester Preise und Provisionen handelte, machte sie die einträglicheren Geschäfte im Hinterzimmer mit Werken, die ihr gehörten. Hier war sie frei in der Preisgestaltung. Obwohl ihre Preise immer zufällig waren, je nach eigener Lage und der der Künstler schwankten, steigerten sich die Verkäufe. Dabei führte sie kein Buch und Nullen hängte sie an und ab, wie es ihr gerade in den Kopf kam. Sie wusste, was die Leute hören wollten, flunkerte manchmal, wenn jemand etwas fragte, wovon sie keine Ahnung hatte. Ohnehin verstand sie die Bilder auf ihre Art, fabulierte über Motive und Absichten, über Hintergründe und Ideen. Die Maler erhielten größere und kleinere Beträge, auch Vorschüsse. Immer aber gab es Essen und Trinken: Kaffee und Kuchen, Schnaps und Wurstbrote, manchmal Eintopf.

Im Frühjahr gerieten die Leute über eine Kreuzigungsszene in Rage. Diesmal rückten Polizisten an, trommelten gegen die Scheibe. »Das muss verschwinden!«, befahlen sie. Pankok, der auf dem Kanapee saß und zeichnete, sprang auf, berief sich auf den Isenheimer Altar. Die Polizisten, unkundig dieses Einwandes, ordneten die Entfernung des Bildes an. Johanna sagte zu, das Bild durch ein anderes zu ersetzen, dann aber ärgerte sie sich und beließ es, wo es war. Am nächsten Tag wimmelte der Gehweg von Kirchgängern und frömmelnden Rechthabern. »Das ist Gotteslästerung!«, schrien sie, »so ein zerwühltes Bild! Was soll das eigentlich sein? Kunst?« Eine Redakteurin vom ›Mittag‹ mischte sich unter die Leute, machte Notizen. Johanna stand an der Tür, fuchtelte mit den Armen, wurde laut, brachte vor Aufregung ihre Sätze nicht zu Ende, setzte zwei Reporter an die Luft, die in der Galerie angefangen hatten zu fotografieren. »Raus hier! Raus! Verschwindet!« Kurz gab es ein Handgemenge. Einer der Reporter hatte Pankok als Urheber der Schmierereien ausfindig gemacht, tippte mit dem Finger an die Stirn, warf ihm vor, die Leute zu beleidigen und nicht zu wissen, was Kunst sei. Breitbeinig stand Pankok vor ihm. Seine Augen blitzten. Dann schob er den Mann zur Seite, durchquerte mit energischen Schritten den Raum und trat vor die Tür. »Warum empören Sie sich? Warum stehen Sie hier herum und empören sich? Doch nur, weil Sie an verkitschte Bilder gewöhnt sind, die mit der Wirklichkeit nichts zu tun haben! Jesus ist brutal gequält und zu Tode gefoltert worden. Was glauben Sie denn, wie das abgelaufen ist? Das war eine blutige, schmerzhafte Sache! Und deshalb sehen Sie auf diesem Bild weder einen verzückten Jesus mit goldenem Lendenschurz noch einen mit Heiligenschein! Mit solchen Dingen kann man eine Kreuzigung nicht darstellen.« Er streckte seine linke Hand aus, wies mit der rechten auf die Innenfläche und sagte: »Nägel hat man ihm durch die Hand getrieben. Das muss man sich mal vorstellen, solche Nägel …«

Gegen Abend verebbte der Tumult. Die Redakteurin war geblieben, saß im Gespräch mit Pankok, hin und wieder schrieb sie, rauchte, lachte. Schwesig und Barz spielten Schach. Geräuschlos schoben sie die Figuren über die karierten Felder des Schachbretts, beide hoch konzentriert. Wollheim lag entspannt auf der Chaiselongue, die Füße auf dem Tisch, und zeichnete an der Illustration eines Artikels für den Aktivistenbund. Neben Kaffeekanne und dicker Zigarre lagen Stifte und Pinsel. Uzarski zog ein Manuskript aus der Tasche, schob es neben Schwesigs Teetasse. »Meine eigenen Verbesserungen sind Sudelwerk. Ich finde mich nicht mehr zurecht. Ich bräuchte jemand, der mir den Roman ins Reine tippt. Mit zweifachem Durchschlag. Du hast doch in einem Büro gearbeitet. Könntest du das nicht machen? Die Kosten für Papier kann ich aufbringen. Es müsste übersichtlicher werden. Was denkst du?« Schwesig nahm das Heft, blätterte, las ein Stück, vereinbarte aber nichts mit Uzarksi, der, den Kopf auf die Hände gestützt, vor ihm saß und ihn flehend ansah. Johanna stand auf einem Fußbänkchen und war dabei, Hundt die Haare zu schneiden, als ihr eine Idee kam. »Ne Galerie nur für die neue Kunst richten wir jetzt ein.« Sofort drehten sich alle Köpfe. »Ich hab mir das überlegt. Alles andere kommt jetzt weg. Noch heute Abend helft ihr mir, die Kammer freizuräumen und alles, was drin ist, in den Keller zu schaffen«, entschied sie. »Und dann werden eure Bilder dort rein gehängt. Und Sie, Frollein«, dabei wies sie mit der Schere auf die Journalistin neben Pankok, »Sie können das alles ruhig aufschreiben.«

»Zuerst Köchin und Bäckerin – jetzt Hebamme der neuen Kunst!«, lachte Wollheim, stand auf, nahm ihr die Schere aus der Hand, fasste sie um die Schultern und wirbelte sie im Kreis herum, bis sie vor Freude gluckste. »Seht her!«, rief er, »unsere Tante Ey.« Dann setzte er sich an den Tisch, kritzelte eine Weile auf einem Zettel herum, sprang wieder auf und stellte sich auf einen Stuhl: »Liebes Ey, holdes Eychen, hör mal zu, das ist für dich.« Er räusperte sich, dann las er:

»Deine Augen sind die Ferne, deine Worte sind der Wind.
Dein Herze, das ist die Werkstätte der ganzen Menschengemeinde.
Dein Sinn, das ist die Erschaffung allen Gebildes,
deine Hände, das ist der Balsam auf müden und verzweifelten Seelen.

Deine Füße sind der sanfte Abendtritt des Schlafes.
Deine Wangen sind leuchtende, Erquickung spendende Signale, in
Bäumen hängender reifer Südfrüchte, dem Wanderer, der auf leichtem Boot gezogen kommt, heimathoffend.

Dein milder Kaffee ist der Trost weinender, wehklagender Geister,
deine Zigaretten zerbeißen den Schmerz zerrissener Ehen,
dein warmer Ofen ist Zentrum armer, obdachloser, schaffender
Genien in Düsseldorf.

Lass uns alle bei dir bleiben, denn siehe,
der Tag hat sich geneigt
und es lechzt der Mund nach Schnaps
und hoher geistiger Zwiesprache.«

Ergriffen sah Johanna auf Wollheim, dann auf seine Zeilen. »Das ist wirklich schön, sehr schön. Das wünsch ich mir für meinen Grabstein. Ja, dass ihr es alle wisst: Das soll mal auf meinem Grab stehn.«

Jeden Tag kamen Bilder dazu. Über der Theke und draußen an der Fassade kündete ein Schild: ›Neue Kunst. Frau Ey‹. Oft sah sie, wie sich Leute an ihren Fenstern die Nasen platt drückten. Manchmal klebten morgens Zettel an der Tür: ›Dichtmachen!‹ – ›Ausräuchern!‹ – ›Schließen!‹ Mehrfach griff Polizei ein, mehrfach wurde Johanna aufgefordert, Bilder aus dem Fenster zu entfernen, was aber immer nur für kurze Zeit geschah, weswegen Werke beschlagnahmt und bald auch Prozesse geführt wurden. Das rote Malkästle, wie das Ey im Geheimen genannt wurde, war belebt wie nie. Der Kaffeeumsatz stieg enorm. Hatten sich anfangs die Künstler noch in die hintere Stube zurückgezogen, wenn die Gespräche besonders kritisch wurden, so entlud sich der unruhige Geist der Gruppe bald auch auf der Straße, wo Theaterleute, Kunstkritiker und Literaten die Köpfe reckten, wenn Uzarski das Bürgertum herunterputzte und vor den Rechten warnte. Oder wenn wild artikulierend Wollheim über die Akademie und die Professoren lästerte, die seine scharfen Reden ebenso fürchteten wie seine kompromisslosen Ansichten. Eine Zigarette im Mundwinkel tobte er, dass er in den von der Akademie veranstalteten Ausstellungen keine gültige Vertretung der rheinischen Kunst sehe, dass die Werke moderner Künstler systematisch ausgelassen würden, dass auch der Malkasten Hort des Spießer- und Muckertums, zudem nur ein geselliger Verein bourgeoiser Gesinnung sei, dass es längst Zeit sei, für die neue Kunst zu arbeiten und zu kämpfen. Mit aufgerollten Hemdsärmeln und geballten Fäusten erschien eine Abordnung vom Malkasten und drohte, den Eyerladen in die Luft fliegen zu lassen.

Die Idee, dass Wollheim einen öffentlichen Vortrag halten solle zwecks Aufklärung über neue Kunst, kam von Johanna und wurde – wie fast alles im Ey – begossen. Wollheim ging zum Direktor der Akademie, bat um einen Saal. Natürlich wurde abgelehnt, was ein neuer Anlass für Explosionen war. Johanna sah in der Ablehnung kein Hindernis: »Dann machen wir es eben hier.« Kurz darauf warb ein Anschlag am Fenster für Wollheims Vortrag.

Die Galerie war voll bis auf den letzten Platz. Bei glühender Hitze standen die Leute bis auf die Straße. Frauenrechtlerinnen in schwarzen Kleidern hielten Transparente in die Luft. Johanna erkannte ehemalige Kunden vom Backladen und Professoren von der Akademie. Wollheim war in seinem Element. »Akademien sind die Hydra, die bekämpft werden muss! Sie sind Versorgungshäuser für Professoren, die, wenn sie von ihrer Kunst leben wollten, verhungern müssten ...«

»Dä Wollheim spillt verröckt«, sagten die Leute und ballten die Fäuste. Polizei rückte an, versuchte die aufgebrachte Menge zu bändigen. Wollheim ließ sich nicht beirren. In einer heftigen Anklage forderte er den Rücktritt des Akademiedirektors. »Er ist ein Lump an der Kunst! Ich habe nach einem Raum für diesen Vortrag gefragt, aber er hat abgelehnt. Jetzt frage ich Sie: Hat ein vom Volk ernährtes und eingesetztes Institut die Berechtigung, solche Forderungen so parteiisch zu behandeln? Wo anders als dort wäre wohl der Ort, wo eine Angelegenheit der Malerei zur Sprache kommen soll und wo kein Eintrittsgeld gefordert wird, sondern jedem ein Stuhl zum Sitzen angeboten wird und Sicht auf die Werke ... Das Volk hat ein Recht auf seine Kunst. Wer sich einer solchen Sache so unverhohlen widersetzt, handelt nicht getreu seinen Aufgaben. Dazu sind aber Professoren und Direktion eingesetzt. Das Volk leistet trotz der großen Kriegssteuer immer noch Zahlungen für die Akademie. Wenn Frau Ey es schon wagt, solche Bilder auf einer so belebten Straße zu zeigen, müssen wir Rede und Antwort stehen. Dieser Forderung will ich jetzt Genüge tun ...«

Wollheims Rede elektrisierte. Die Druckwellen erreichten sämtliche Kulturabteilungen des Rheinlands. Immer heftiger wurden die Streitereien. Auch im Malkasten gab es Versammlungen. Beleidigungen gingen hin und her.

In diese brodelnde Stimmung brachte Wollheim eine junge Frau, die scheu in der Galerie stand, sich an ihrer Tasche festhielt. »Darf ich vorstellen«, lachte er, als er Johannas kritischen Blick sah, »das ist Trude Brück, Malerin und eine der ersten Frauen an der Akademie. Sei ein bisschen freundlich zu ihr. Sie ist mutig und lebt für die Kunst. Hat ohne Wissen der Eltern eine Mappe geschickt. Der Vater ist dagegen. Sie hat von uns gehört, will dem Jungen Rheinland beitreten und an Ausstellungen teilnehmen. Stell dir vor, sie hat vor, mit Schwesig zusammen ein Atelier zu mieten. Sie ist eine von uns, Ey. Und noch was: Ihre Bilder sind gut.«

Trudes Gesicht kam Johanna bekannt vor, aber doch nicht bekannt genug, als dass ihr Näheres eingefallen wäre. Die schwarzgelockten Haare, die ernsten dunklen Augen und die schönen, filigranen Hände erinnerten Johanna an eine Schauspielerin vom Theater. Trude wirkte in ihrem Leinenkleid mit dem Spitzenkragen ein wenig altmodisch, aber als Johanna mit ihr ins Gespräch kam, merkte sie schnell, dass sie eine Frau mit geraden Vorstellungen vor sich hatte. »Ich war schon mal hier. Aber ich konnte nichts kaufen, weil ich kein Geld hatte.«

»Ansehn ist kostenlos«, sagte Johanna und bot ihr einen Platz auf der Couch an. »Mein Vater ist immer noch gegen das Studium«, begann Trude, »er will, dass ich tanze, Klavierstunden nehme und heirate. Aber ich möchte malen und jetzt bin ich in der Damenzeichenklasse von Professor Keller. Wir zeichnen lebensgroße Akte mit Kohle und Wischer.«

»Und? Macht es Freude?«

»Unbedingt. Zwei Modelle gibt es: Dora, die mit einem Expander ihre Muskeln derart bearbeitet hat, dass wir jede Bewegung studieren können und dann gibt es noch Flohpitter. Er säuft und muss erst sein Holzbein ablegen, ehe er sich aufs Podium setzt.«

»Den kenn ich. Er kommt manchmal hier vorbei, will wissen, ob er ausgestellt ist. In Wirklichkeit will er einen Likör.« Sie lachten. »Ja, dickes Ey«, mischte sich Wollheim ein, »jetzt geht die Geschichte wieder ein Stück weiter. Frauen an der Akademie – und neue Bilder. Jetzt kriegst du echte Weibsbilder.« Zu Trude gewandt sagte er: »Bring doch mal welche mit. Das interessiert uns doch, was Ey?« Als Trude in der Tür stand, fiel ihm der Abschiedsgruß des Brutus an Cassius vor der Schlacht bei Philippi ein: »Gehab dich wohl, mein Cassius, für und für. Sehn wir uns wieder, nun, so lächeln wir ...« Worauf Trude ihm die Gegenstrophe zuwarf. »Gehab dich wohl, mein Brutus, für und für, sehn wir uns wieder, lächeln wir gewiss ...« Wollheim sprang auf sie zu, umarmte sie. »Komm wieder, Kamerad! Abends nach acht zeichnen wir hier.«

Walddämonen und Windsbräute, Lustmörder und Kriegskrüppel

Draußen wütete ein Sturm. Wind heulte, eisgekörnter Schnee prasselte gegen die Scheiben, türmte sich auf, rutschte von abschüssigen Dächern. Jeden Morgen schaufelte Johanna den Gehweg entlang der Galerie frei, streute Sand und Asche, aber schon nach wenigen Stunden war wieder alles zugeschneit. Obwohl sie den Ofen ordentlich feuerte, zog es durch alle Ritzen. Rücklings trat ein Mann ein, klopfte sich den Schnee von Jacke und Hut. Johanna fluchte, weil er die Tür zu lange aufließ und Nässe hereintrug. Wie ein Vagabund stand er in einem schwarzen Cape vor Pankoks Holzschnitten, rieb sich die klammen Hände, unruhig waren seine Schritte, alles an ihm bebte und vibrierte: das weißblonde Haar, der durchdringende Blick seiner wasserblauen Augen, selbst die Adlernase. Er fasste Wollheim ins Auge, der rauchend über Zeichnungen saß, dann aber aufsprang und dem Fremden die Hand schüttelte. Wollheim schien amüsiert. »Ja, ja, 1914 gestorben und 1918 ins Leben zurückgekehrt«, hörte Johanna ihn sagen. Der Fremde nickte. »Sehr richtig. Es war eine Wiedergeburt, eine verdammt schwere.« Wollheim winkte Johanna heran. »Darf ich dir Max Ernst vorstellen? Er hat meine Kampfrede gegen die Akademie gehört. Er unterstützt eine Kölner Gruppe, die sich Dada nennt. Noch einer, dem es aus der Seele schreit.« Ernst unterbrach ihn: »Korrekt. Was wir jetzt machen, ist das Resultat dieser großen Schweinerei, des blödsinnigen Krieges, wo wir nur Stumpfsinn, Ekel, Gräuel und Absurdes gesehn haben. Vier Jahre Feldartillerie. Selbst Kotzen half nicht.« Er schüttelte Johanna die Hand, ließ sich auf das Kanapee fallen, lobte die Wärme. Johanna bot ihm einen Grog an und während sie eilte das Getränk zu richten, hörte sie Ernst sagen, dass er zurückschlagen wolle mit Angriffen auf die Grundlagen der Zivilisation, die den Krieg herbeigeführt hatten. »Wir müssen ihnen die Sinnlosigkeit von Logik, Intellekt und bürgerlicher Kultur vor Augen halten. Wir müssen laut sein, viel lauter als sie! Unsere Waffen sind Bilder, Texte, Fotos ... und Lärm. Wir müssen schreien, so laut wir können! Wir müssen der Ekel sein! Und wo können wir am besten treffen? Mit Angriffen auf die Sprache, auf die Syntax, auf die Logik!« Johanna kam mit dem Grog, sah zu, wie er daran nippte. »Wie kann man die Sprache denn angreifen?«, fragte sie. »Ganz einfach: Indem man gegen ihre Regeln verstößt: Bimm bamm bamm bumm bamm bamm bimm bamm bamm bumm bamm bamm, platsch bluff, bloff, bluff, razzz, zrrrr ...« Johanna schüttelte den Kopf. »So was!« Ernst war ihr auf Anhieb sympathisch. »Er hat im Kölner Brauhaus eine Holzskulptur ausgestellt, ein Beil dazu gelegt und das Publikum aufgefordert zuzuschlagen«, sagte Wollheim mit anerkennendem Blick auf Ernst. Ungläubig riss Johanna die Augen auf. »Und? Haben sie es getan?« Ernst grinste. »Und ob. Sie haben sich provoziert gefühlt und die Skulptur kurz und klein geschlagen.« Er erzählte Johanna, dass er auf einem Fronturlaub in Köln zwei Künstler kennengelernt hatte, die mit einer neuen Bewegung den Krieg und die komplette Zivilisation anprangerten. »Da-da-da! Dada! Wir geben eine Zeitschrift heraus, die offiziell von der britischen Besatzung verboten wurde. Auch eine Ausstellung haben sie uns dicht gemacht.« Fragend sah Johanna ihn an. »Dadada?« Die Tasse mit dem heißen Grog dampfte. Ernst trank in kleinen Schlucken. »Ja, Dada. Die Dada-Ausstellung in Köln war ein Skandal. Zur Eröffnung rezitierte ein Mädchen in einem weißen Kommunionkleid Verse von Jakob van Hoddis. Ihr könnt euch vorstellen ... Skandalös war auch, dass der Zugang zur Ausstellung durchs Herrenklo führte. Aber das eigentliche Objekt des Entsetzens war ein mit gefärbtem Wasser gefülltes Aquarium, aus dem eine hölzerne Frauenhand herausragte. Auf dem Boden des Aquariums lag ein Wecker, auf dem Wasser schwamm eine Frauenperücke. Ein Nervenkranker bekam einen Tobsuchtsanfall, weswegen die Ausstellung dann geschlossen wurde. Ich wurde wegen Pornographie angeklagt, weil ich ein nacktes Paar abgebildet hatte. Aber das wurde dann zurückgenommen. Auch die Schließung wurde wieder rückgängig gemacht, nachdem ich erklären konnte, dass es sich bei dem Paar um ›Adam und Eva‹ von Dürer handelte. Na ja, das war nur ein Anfang. Wir müssen viel mehr tun. Die verlogenen und scheinheiligen Ideale des Bürgertums müssen enttarnt und zerstört werden! Das ist es, was mich treibt.«

Ernst stammte aus Brühl, war mit einer Kunsthistorikerin verheiratet und, wie Wollheim wusste, Mitglied der Lunisten, einer spiritistischen Bohème-Gruppe, was ihn irgendwie undurchsichtig machte und das Exzessive, was er an sich hatte, betonte. Auf seinen Reisen nach Paris hatte er den Dichter Apollinaire, den Maler Delaunay und früher auch August Macke kennengelernt, den er dafür verantwortlich machte, dass aus ihm ein Maler geworden war. Die Reden Wollheims hatten ihn nach Düsseldorf gebracht und schon nach ein paar Tagen trat er dem Jungen Rheinland bei. Solange er in Düsseldorf war, kam er täglich. Ernst mochte das Umtriebige, die Diskussionen im Ey. Stundenlang saß er da und schnitt Köpfe, Arme, Beine oder Tiere aus Zeitungen, schob auf einer weißen Pappe alles hin und her, leimte es zusammen, klebte einen Löwenkopf auf den Körper eines Mannes, quetschte aus dicken Tuben Farbe drumherum, strich sie breit und kratzte sie wieder ab. Auf Johannas Küchenfenster kleisterte er den Schädel eines Ungeheuers, dass es aussah, als starre ein Untier hinein. Seine Lust an Erfindungen, seine Besessenheit Steine, Tiere und Pflanzen zu deuten, amüsierten Johanna. Die Art, wie er Materialien und Worte ineinander schob oder auseinanderzupfte, wie er scheinbar Zufälliges aufs Papier brachte, ließ sie manchmal glauben, in einem Irrenhaus zu sein. Aber so wie er Leichtes und Lustiges verbreitete, umgab ihn auch etwas Beklemmendes und Düsteres, das sie anzog: seine blauen Augen, die im Bruchteil einer Sekunde, ohne erkennbaren Anlass, von Amüsiertheit zu stechender Härte wechseln konnten; seine Launen, die sein Gesicht öffneten, aber schnell wie eine Tür zuschlagen konnten. Es war der Sinn für Aufrührerisches und Freches, Magisches und Unheimliches, das sie mit ihm teilte. Dass er mit seiner

Arbeit den Menschen entmenschen wolle, erklärte er Johanna und malte Krallen, Geschlinge, Gekröse, Gesichtslose, Uraffen, Walddämonen und Windsbräute, versteinerte Wälder, erstarrte Sonnen, erfrorene Städte, Labyrinthe voller raffender Mäuler und lauernder Augen, für Johanna alles völlig orientierungslos. »Wie du das bloß machst ...«

»Die Frage, wie es gemacht wird, ist für Handwerker. Das Warum ist entscheidend. Und das ist eine Frage für Philosophen, für einige jedenfalls.« Johanna erkannte in ihm den Rheinländer, sah in seinen Bildern rheinische Hexenmädchen, die von hohen Felsen herab blonde Haare kämmten, Zwerge und Teufel, Drachengestalten in Felsenhöhlen. Sie sagte es ihm, woraufhin er verwundert meinte: »Natürlich. Das sind meine Wurzeln.« Unter die unsinnigsten Gegenstände setzte er seinen Namen: Dadamax. Er nannte sich auch so, sprach von sich selbst in der dritten Person, was sich für Johannas Ohren anhörte, als läse ihr Schwesig aus Winnetou vor: »Hier bringt dir Dadamax ein Bild. Es heißt ›Knochenmühle der gewaltlosen Friseure‹. Der Galerist Flechtheim will es nicht«, sagte er; sie aber nickte, nachdem sie es sich dicht vor die klobige Brille gehalten hatte: »Dann gib es mir.«

Sie war dabei, das Fenster umzudekorieren, stand mit einem Lappen auf der Leiter, als Pankok und Wollheim lebhaft diskutierend hereinkamen und sich auf die durchgesessene Chaiselongue fallen ließen. Sie hatten einen dünnen, schlaksigen Mann mit abrasierten Haaren dabei, den sie ihr als Maler und Grafiker vorstellten. »Sieh mal, Eychen, das ist Conrad Felixmüller. Er kommt aus Dresden und ist dort ziemlich bekannt.« Johanna wischte sich die Hände an der Schürze ab und stieg von der Leiter, um Felixmüller zu begrüßen. Kurz standen sie im Gespräch, als Wollheim drängte: »Wie wärs, Eychen, wenn du noch einen unter deine Fittiche nimmst? Wir haben beste Zeichnungen und Collagen von jemand gesehn.« Pankok nickte bedeutsam. »Ja, wirklich außergewöhnlich. Felixmüller hat uns auf ihn aufmerksam gemacht.« Felixmüller kratzte sich verlegen am Kopf. »Es geht um Otto Dix. Aus ihm wird mal was und ich würde gerne ein gutes Wort für ihn einlegen.«

»Was malt er denn?« Während Johanna wieder anfing, mit einem Lappen das Fenster von Staub und Mücken zu befreien, erzählte Felixmüller, dass Dix am Rand der Existenz lebe, dass man ihm helfen müsse, dass seine künstlerische Kraft es lohnen würde. »Er malt tragische, verzweifelte Bilder, die unseren ganzen Jammer zeigen. Auch brutale Sachen. Dirnen und Messerstecher, Lustmörder, Pornographisches, natürlich Bilder vom Krieg. Eine Galerie hat er nicht. Im Graphischen Kabinett bei Dr. Koch hat er mal ausgestellt. Viel dabei herausgesprungen ist nicht.« Als Ernst hereinkam und sich ins Gespräch mischte, legte Johanna den Lappen an die Seite, setzte sich neben Pankok, kramte ein zerbissenes Mundstück aus der Weste und zündete sich eine Zigarette an. Sie wunderte sich, dass Dix anscheinend allen bekannt war. Felixmüller zog ein Foto aus der Tasche, das eine Gruppe von Malern zeigte. »Das sind wir Dresdner. Und das ist er. Otto Dix.« Er wies auf einen düster blickenden Mann mit streng zurückgekämmten Haaren. »Ein armer Kerl. Hat nicht genug, um satt zu werden. Manchmal isst er irgendwo eine Suppe und lässt das Brot dazu in der Tasche verschwinden. Abends zieht er durch Bordelle, durch Cafés und Kneipen und zeichnet, was er dort sieht: Die Krönung der Schöpfung: den Menschen – das Schwein. Er kommt aus einer Arbeiterfamilie, die ihm nicht helfen kann. Einzelgänger. Wohl auch deswegen einsam. Aber kompromisslos in seiner Arbeit und von einem ungeheuren Drang beseelt die Dinge zu begreifen. Er malt genial. Hat ein Meisterschüleratelier am Antonsplatz.« Johanna gefiel, was sie über Dix hörte. »Dann soll er mal was schicken.«

Noch am Abend schrieb Pankok an Dix und bat um Zusendung von Zeichnungen. Die Antwort kam postwendend:

14. Juli 1920, An das Ey, Düsseldorf
Ihrem Wunsche gemäß sende ich Ihnen heute 10 Radierungen und zwar:

I. Kriegskrüppel, II. Streichholzhändler 2 Stück, III. Lustmörder, IV. Billardspieler, V. Dame im Café, VI. Kartenspieler, VII. Straße, VIII. Matrose und Mädchen, IX. Fleischerladen.
In Summa 10 Stück. Außerdem habe ich die Kunsthandlung Bergh Düsseldorf veranlasst, Ihnen weitere 4 Stück, die ich dort habe, zuzusenden. Sie hätten dann also 14 Stück. Wollen Sie mir bitte den Empfang der 4 Blätter von Bergh bestätigen?
Hochachtungsvoll Otto Dix, Dresden, Antonsplatz 1
P.S. Die Blätter kosten pro Stück 75,00 Mk netto.

Der Brief klebte auf einem Pappkarton. Als sie den Deckel hoben, lagen verstaubte und verschmutzte Zeitungen obenauf. Johanna schüttelte sich. »Das ist ja ekelhaft.«

»Du dumme Alte!«, schrie Wollheim sie an, »hat das was zu sagen, wenn die Zeichnungen gut sind?« Wollheim fuhr sich mit der Hand durch die Haare, schob die Zeitungen beiseite. Aktzeichnungen kamen zum Vorschein. Pankok, der angefangen hatte an einem Holzstock zu arbeiten, stand auf und kam näher. Bald beugten sich alle über Dix' Radierungen. Zackige, dünne Striche zeigten feiste Männer, dicke Frauen mit überquellendem Fleisch, grotesk herausgeputzte Invaliden. Alles war wie auf Papier gekratzt, wie Tätowierungen auf der Haut. Die Maler waren sich einig: »Die sind gut. Sogar sehr gut.« Johanna zählte die Blätter und rechnete. Dix' Sachen gefielen ihr. Auch sein Foto fand sie frech und frei. Den Zeichnungen lag ein Holzstock bei, sowie ein Text eines Dresdner Malers für die Zeitschrift ›Das Ey‹.

Sie schrieb an Dix und lud ihn nach Düsseldorf ein. Dix schrieb zurück, dass ihm eine Reise nur möglich sei, wenn es ihr gelänge, eine seiner Zeichnungen zu verkaufen. Johanna setzte alles daran, vor allem, als sie las, dass er gerne auch Ölbilder schicken würde, die Transportkosten aber zu hoch seien. Als ihr jemand 100 Mark für eine Zeichnung gab, legte sie den Schein in ein Kuvert und schickte ihn nach Dresden.

Pankoks Hochzeit kam wenig überraschend. Die Redakteurin vom ›Mittag‹ war es, eine blonde, ruhige Frau namens Hulda, mit der er sich einig fühlte. Johanna hatte er verraten, dass er erstmals in seinem Leben meine, von einem Menschen verstanden zu werden und dass er das gar nicht glauben könne. Seine Karte aus Dresden, geschrieben auf der Hochzeitsreise, steckte im Flur an einer Kohlezeichnung und gab Johanna das Gefühl, etwas verloren zu haben.

Obwohl sie keines seiner Bilder verkauft hatte und sich seit Wochen mit einer heftigen Erkältung herumschleppte, arrangierte sie für Max Ernst im Herbst eine Einzelausstellung und beauftragte den Vergoldermeister Figge mit einem Dutzend Rahmen. Irgendwie glaubte sie an Ernsts Kunst. Sein Talent, die ihm eigene Welt und die unberechenbare Phantasie beeindruckten sie. Ernst wollte kleine Sachen zeigen: Hüte, Gesichter, Instrumente. Sich schnäuzend lief sie hinter ihm her, entschuldigte sich für das ekelhafte Niesen, machte Vorschläge für die Platzierung der Bilder. Ernst hörte ihr nicht zu. Er wusste genau, welches Werk an welchem Platz hängen sollte und ergänzte alles mit Texten seiner Dada-Freunde.

In diese Vorbereitungen kündigte Otto Dix seinen Besuch an.

Alle Delikatessen und Liköre, die Johanna aufbringen konnte, standen zum Empfang bereit. Hundt und Pankok holten ihn vom Bahnhof ab. Trude kochte arabischen Kaffee in einem Kupferkännchen, das sie aus Frankreich mitgebracht hatte. Wollheim kam mit Leni, seiner Freundin. Dix, in fliegendem Cape, mit großem Hut, in übertrieben weiten, zu kurzen Hosen und zu eng gebundener Krawatte, begrüßte Johanna mit Handkuss. Er war klein und hatte etwas von einem Lebemenschen. Auch wenn er wenig sprach, war er äußerst lebendig, beinahe zappelig in seinen Bewegungen, schien alles aufzusaugen, was er sah. Sein scharf geschnittenes Gesicht war das eines Rauchers: fahl und pickelig. Die Unterlippe schob er permanent vor, wodurch sich tiefe Linien um die Mundwinkel gegraben hatten. Sein Blick aus grauen Augen war kritisch, fast brutal. Die gewulstete, breite Stirn deutete auf einen Denker hin. Seine blonden Haare hatte er zurückgebürstet und mit reichlich Pomade an den Kopf geklebt. Die muskulösen Hände waren die eines Arbeiters. Er trug Blätter unterm Arm, die bald von Hand zu Hand gingen und von ihm mit unveredeltem sächsischen Fabrikarbeiterdialekt knapp kommentiert wurden. Es waren Zeichnungen, auf denen er seine Kriegserlebnisse festgehalten hatte. Mit heftigen Bleistift- und Kreidestrichen, in düsteren, manchmal auch grellen Wasserfarben entfalteten sich Landschaften, von Schützengräben durchzogen, aufgerissen von Granattrichtern. Geisterhafte Stoßtrupps drangen in dunkle Gefilde, Geschosse barsten, Leiber zerfetzten. Alles war in eine allwaltende Dynamik einbezogen, die wimmerte und wirbelte, die die Zähne fletschte und Feuer schürte. Sich selbst hatte er mit fixierenden, starrenden Augen konterfeit.

Abwartend und beobachtend saß er da, schlürfte Kaffee über seine bläulichen Lippen, achtete auf jede Regung Wollheims. Weil niemand etwas sagte, fing er plötzlich selbst an zu reden. »Ich bin für harte Formen. Auch für harte Konturen, die die Dinge schonungslos zeigen. Zum Beispiel diese endlosen Kolonnen der Heere. Oder dass wir zugleich Schlächter und Gejagte waren. Dieser Blutrausch, dann das Vergrabensein in Unterständen und Stollen, tief unter der Erde, zwischen Ratten, Branntwein und dem Pestgestank verwesender Kameraden. Die Jagd durch die Sperrfeuer, das Ducken in Granatlöchern … Ich meine, außergewöhnliche Situationen wie der Krieg zeigen den Menschen in seiner ganzen Größe, aber auch in seiner ganzen Verworfenheit, ja Viehmäßigkeit.« Johanna war irritiert. Sie fing von Wollheims Verwundetem an, erzählte Dix, dass sie drei Nächte nicht habe schlafen können, zog ihn in die Kammer, wo er eine Weile auf ihrem Bett saß und Wollheims Bild verinnerlichte. »Ja, der Krieg. Wir haben ihn gesehn. All die Zerfetzten, das Blut, das himmelschreiende Gestöhn. Danach der Schnaps, die Besäufnisse, die Bordelle in Valenciennes, Cambrai oder Warschau.« Wollheim und Pankok kamen dazu. »Es ist für die Leute nicht leicht, darin Kunst zu sehen«, fuhr Dix fort, indem er weiterhin auf Wollheims Bild sah, »sie fassen solche Bilder als Beleidigungen auf. Es ist schwer, sich das anzusehen. Aber ist es nicht so, dass man bei scheußlichen Dingen intensiver hinsieht, weil sie einem näher kommen?« Wollheim zündete sich eine Zigarette an. »Wir erleben hier gerade eine heftige Auseinandersetzung mit Kunst. Seit Monaten gibt es Proteste vor dem Fenster. Das Schreien da draußen zeigt natürlich, dass sich die Leute Gedanken machen. Sie sind sogar interessiert, könnten ja sonst einfach weitergehn. Bloß ist die Wahrheit, die wir zeigen, schwer verdaulich.« Auch Dix kramte eine Zigarette aus der Jackentasche. Ein seltsames Faltenspiel ging über sein Gesicht, als er sie anzündete. »Der Krieg war eine scheußliche Sache, aber trotzdem etwas Gewaltiges. Ich meine, man muss ihn als Naturereignis betrachten.« Ein kritischer Blick von Wollheim traf ihn. »Ein Krieg ist nicht naturgegeben.«

»Da bin ich anderer Meinung. Ich wollte das auf keinen Fall versäumen. Hab mich freiwillig gemeldet. Man muss den Menschen in diesem entfesselten Zustand sehn, um etwas über den Menschen zu erfahren. Über seine Untiefen, alles das.« Wollheim und Pankok sahen sich an. »Auf diese Erfahrung hätten wir gern verzichtet. Jeder hier«, sagte Wollheim, der sich ebenfalls auf Johannas Bett niederließ und Dix' Darstellung eines Verwundeten ins Licht hielt. »Also, ich habe den Krieg hassen gelernt. Menschen gegen Menschen. Wenn man mit gewaltig allerdings Gewalt meint?« Dix schob die Unterlippe vor. »Gewalt hat was Gewaltiges. Jede Form von Gewalt. Nehmen Sie die Naturgewalten. Vulkanausbrüche, Erdbeben. Aber auch der Krieg. Ich wollte sehn, wie neben mir plötzlich einer umfällt und weg ist und die Kugel trifft ihn mitten rein. Das musste ich alles ganz genau erleben. An der Front hatte ich Gelegenheit dazu. Hunderte Kohlezeichnungen sind dort entstanden. Landschaften hab ich gemalt. Bizarre Formen der Trümmerstädte, zerschossene Wälder, aufgerissene Erde. Ich bin neugierig. Aber auch ein Realist. Ich musste das alles mit eigenen Augen sehen, alle Untiefen des Lebens, um mir zu bestätigen, dass es so ist. Deshalb bin ich auch freiwillig hin. Sie haben mich bei der Feldartillerie und als MG-Schütze eingesetzt und ich muss sagen, dass es ein Erlebnis war.«

»Aber ein Erlebnis im schlimmsten Sinne. Ich denke, der Krieg hat uns an Grenzen gebracht.« Dix antwortete nicht sofort. Er stand auf, ging in den Verkaufsraum und kam mit einer Mappe voller Radierungen zurück, die er auf Johannas Bett ausbreitete. Wollheim griff nach einem Blatt mit der Skizze einer abgehärmten Schwangeren. Schweigend reichte er das Blatt an Pankok weiter. Johanna zog ein Blatt aus dem Stapel, das einen Erhängten zeigte. Dix' Art zu zeichnen hatte etwas Rücksichtsloses. Viehisch und barbarisch waren seine Striche: Messer im Blutbauch zu sternklarer Nacht, Menschentiere in einem grauenhaften Milieu, wurmzerfressene Schädel, sexuelle Not und ihre Phantasien: Bordellmädchen, wollüstige Matrosen, Straßenläuferinnen, Vergewaltigungen, alles gefühllos und kalt. Brutal und obszön agierten seine Kreaturen auf dem Papier. Der erste, der sprach, war Wollheim. »Ich muss sagen, dass ich nie zuvor Bilder gesehn habe, die den Krieg aus einer solchen Nähe und in einer solchen Schärfe zeigen, wie diese hier.«

»Es ist alles steigerbar«, erwiderte Dix, »es gibt von allem ein Mehr und ein Größer. Auch vom Schmerz und vom Krieg.« Sein Gesicht blieb starr, während er das sagte.

Gegen Abend kam Ernst. Auch er hob ein Blatt nach dem anderen auf, betrachtete die Zeichnungen lange und genau. »Der Krieg hat uns um fünf Jahre unseres Lebens betrogen. Wir waren dabei, wie all das, was man uns als recht, schön und wahr gepriesen hatte, in einen Abgrund von Lächerlichkeit und Schande stürzte. Was ich hier sehe, ist richtig. Auch meine Werke aus jener Zeit sollen nicht gefallen, sondern aufheulen lassen!« Den ganzen Abend sprachen sie über den Krieg, tranken Likör und rauchten, reichten Zeichnungen herum. Es war weit nach Mitternacht, als Johanna Dix den Schlafdiwan in der Stube zeigte, den er dankbar in Beschlag nahm. Johanna wunderte sich über das, was er aus seinem Pappkarton zog: abgetragene Kleidungsstücke, dazu Lackschuhe, schwarz und ein bisschen abgenutzt, Parfums, eine Haarhaube. »Alles für die Schönheitspflege«, grinste er, stellte sich vor einen Spiegel und bürstete das blonde Haar mit Brillantine, bis es, glatt und glänzend, wie angeklebt, am Kopf haftete. Für Johanna zog er ein aus Stanniol, Glasperlen und Stücken von Poesiealben knalligbunt zusammenmontiertes Kitschwerk aus dem Koffer, das Pankok ihr mittels des roten Geschenkbandes, das die Sache zusammenhielt, an den Haltern der Küchenlampe befestigte.

Das erste, was Johanna für Dix tat, war das Loch auf der Sitzfläche seiner Hose zu flicken. Die Stopfstelle hielt nicht, immer wieder wurde sie von seinen mageren Knochen durchbohrt, bis Kaufmann ihm einen seiner Anzüge schenkte. Mit dem Anzug und einem Empfehlungsschreiben der Dresdner Akademie machte er Besuche in Galerien und Museen, spann Kontakte, wurde Mitglied des Jungen Rheinlands. Der Kunstsammler Koch war so begeistert von seinen Bildern, dass er ihm spontan eine Serie abkaufte.

Dix arbeitete ununterbrochen. Oft malte er in Wollheims Atelier und kehrte gegen Abend ins Ey zurück, beteiligte sich aber nie an den Gesprächen, sondern zeichnete die Anwesenden. Ihren Diskussionen ging er aus dem Weg. »Ach, lasst mich doch mit eurer dämlichen Politik in Ruhe – ich geh lieber in den Puff.« Einmal, als er mit Johanna allein war, verriet er ihr: »Ich wollte, ich könnte auch mal so schöne Sätze über Kunst machen. Aber ich kann nur malen.«

Mehrfach bat er Johanna, ihn in ihre Kammer zu lassen, wo er dann auf dem Bett lag und auf Wollheims Bauchschuss starrte. »Ich habe auch ein Bild gegen den Krieg angefangen«, sagte er zu Wollheim, als sie abends in der Galerie saßen, »habs nur immer wieder unterbrochen. Groß soll es werden, 2,50 auf 2,50, und alles, was ich gesehn hab, muss herhalten: zerschossene Köpfe und zerfressene Gliedmaßen. Man soll kaum unterscheiden können, was Erdmassen und was zerstückelte Glieder sind. Ich will zeigen, wie sich die Erde die Menschen einverleibt, wie sich Gedärm, Fleisch und Blut mit Erde vermischen, wie Leichen verwesen und weiße Würmer darin wühlen. Ich war in der Anatomie und habe gesagt, dass ich Student bin und Leichen malen will. Man hat mich vor zwei sezierte Frauenleichen geführt, die mit groben Stichen zusammengeflickt waren. Ich hab mich hingesetzt und gezeichnet. Ich bin dann noch mal dort gewesen und habe Eingeweide und Hirn verlangt. Sie haben den Kopf über mich geschüttelt, brachten mir aber doch eine Schüssel mit Hirn, die ich aquarelliert hab. Das Bild soll mein Meisterstück werden. Schützengraben wird es heißen.« Wollheim riet ihm, den Plan unbedingt umzusetzen. »Du kannst bei mir im Atelier malen. Jederzeit.«

Fanatisch entwarf Dix Zeichnungen für seinen ›Schützengraben‹, gönnte sich kaum Pausen. Er unterbrach seine Arbeit erst, als ihn der Kunstsammler und Urologe Dr. Koch, der ihm bereits Bilder abgekauft hatte, mit einem Portrait beauftragte.

Von Max Ernst hatte sich Johanna mehr erhofft. Aber nichts tat sich. Dann aber gelang es ihr, Dix' Radierung eines Kartenspielers zu verkaufen. Vor dem Kunden, einem Arzt aus Leverkusen, hatte sie Dix eine grandiose Zukunft prophezeit und dass der Krieg und alles, was damit zusammenhinge, einmal in einem ganz anderen Licht gesehen werde. Die neue Kunst sei ihrer Zeit voraus und würde in Bälde den Wert um das Doppelte, wenn nicht um das Dreifache steigern. »Drei Stück verkauft! Für fast fünfhundert Mark! An einen Bänker! Er war ganz begeistert davon«, log sie, als Dix abgebrannt und hungrig vor ihr stand. Sie hatte nur eins verkauft, die vorgegaukelten Verkäufe auf dem Speicher hinter Gerümpel versteckt und seinen Lohn durch den Verkauf einer Landschaft von Barz finanziert. »Du bist die erste, die für mich was tut«, sagte er, als sie das Portemonnaie öffnete und ihm das Geld auf die Hand zählte, »in Dresden hat überhaupt keiner den Mut, mich auszustellen. Die haben alle Scheiße in der Hose. Sittliche Gründe, sagen sie. Ich bin aber auch nicht mehr scharf drauf, als Dresdner Spießerschreck aufzutreten. Meine Bilder existieren und werden wahrscheinlich bis auf weiteres das böse Gewissen aller Kunsthändler, Ästheten, Expressionisten und anderer alter Tanten und Gänse sein. Hach, endlich mal ein bisschen Geld. Hab trotzdem das Gefühl, ich komm auf keinen grünen Zweig. Ich weiß ja, dass dir mein Zeug so leicht keiner abkauft. Aber ich bleib dabei. Hab mir überlegt: Entweder ich werde berühmt oder berüchtigt.«

Anfangs verprasste er das Geld, das sie ihm auszahlte, in Bordellen, Tanzdielen und Kaffeehäusern. Großzügig und leichthändig gab er es aus.

Morgens kam er mit Zeichnungen abgehärmter und aufgeschwemmter Huren zurück. Lola, Hertha und Bertha nannte er sie. Scharf überzeichnend trieb er deren Bildnisse ins Hässliche. Um das Seelenleben seiner Modelle scherte er sich nicht. Missbilligend verzog sich sein Mund, wenn er vor Johannas Spiegel stand, Schaum im Gesicht und mit dem Messer am Kinn herumschabte: »Sie stehn da, warten wie Spinnen im Netz. Falsche Blondinen und aufgeblasene Brünette. Jeden Abend stehn sie unter den funzligen Laternen, Schleier vorm Gesicht und Federn im Haar, behängt mit allem möglichen Tand und Flitterzeug. Alles unecht. Eulen, die mich nicht wollen und die ich auch nicht will. Ich kann sie nicht ausstehen, auch ihre müden Küsse nicht, aber ich muss sehn, was da ist. Die Weiber, die Triebe und das alles«, erklärte er Johanna, die ihm vorwarf, zu wenig Respekt vor den Damen der Nacht zu haben.

Seit er alle Nachmittage im Haus des Urologen Koch verbrachte, wurden seine nächtlichen Ausflüge seltener, er selbst aber zusehends verschrobener. Anfangs hatte er Johanna noch Skizzen gezeigt für die Auftragsarbeit. Sie zeigten einen Schlächter mit süffisantem Grinsen aus einem zerhackten Gesicht voller Narben und Schmisse. Bald aber erfuhr sie kaum noch etwas von seinen Fortschritten. Abends kam er spät, verzog sich auf den Schlafdiwan. Wenn er morgens seinen Kaffee schlürfte, war er einsilbig und verschlossen. Auch von seinem Kriegsbild sprach er nicht.

Trude

»Professor Heupel-Siegen findet meine Arbeiten abartig. Es wären Perversitäten und Schweinereien, die an keiner Akademie geduldet würden. Er hat mich aus der Aktklasse geworfen, gesagt, ich soll mich nicht mehr blicken lassen. Er ist gegen das Frauenstudium, macht ständig bissige Bemerkungen. Wir tun immer so, als würden wir nichts hören.« Heulend saß Trude Brück auf der Chaiselongue, verkrampft hielt sie ihre Mappe. »Ach, beruhige dich. Es kommt nie so schlimm, wie man anfangs meint. Über was hat er sich denn so aufgeregt?« Johanna – sie hatte sich den ganzen Morgen mit einem Kunden herumgeplagt, der sich einen Kauf lange überlegt hatte und dann nicht zahlen wollte – setzte sich neben Trude, die anfing, die Mappe aufzubinden und eine Zeichnung auf den Tisch legte. »Über das hier.« Johanna hielt das Blatt dicht vor die Brille. Im Vordergrund einer Stadt war ein betrunkener schwankender Arbeiter mit Schlapphut abgebildet, an dessen Arm eine ängstliche, zarte, hochschwangere Frau ging, die vor sich hinblickte, während ihr Mann mit der linken Hand eine vorübergehende pralle Dirne, die sich nach ihm umdrehte, festhielt und anlachte. Darunter stand: Ehe der Hahn kräht, hast du mich dreimal verleugnet. Johanna dachte an früher, an Robert, der ihre Schwangerschaften mit Schlägen und rohen Worten begleitet hatte. »Das auf dem Bild ist ganz richtig. Vielleicht hat dein Professor sich selbst wiedererkannt?«

»Ich habe das wirklich gesehn, im Gedränge der Graf-Adolf-Straße, also nur gezeichnet, was ich selbst erlebt habe.«

»Ja, ich weiß das und du weißt es auch und es ist auch so, dass du auf deinen Bildern die Wahrheit zeigen sollst und das hast du getan.« Sie stand auf und kam mit Zeichnungen von Dix zurück, einem Kriegsbild und einer Bordellszene, die Trude lange betrachtete. »Vielleicht ist es ein Unterschied, ob ein Mann so was malt oder eine Frau. Professor Spatz hat mich heulen sehn, kam auch zu mir. Er wollte meine Mappe sehn und hat mich gelobt. Er sagte, Heupel-Siegen hätte so seine

Eigenheiten und ich soll doch einfach wieder hingehn. Wenn er mich noch mal rauswirft, könnte ich in seiner Klasse mitmachen.« Johanna tätschelte Trudes Hand. »Aber das ist doch ein Angebot.« Trude schüttelte den Kopf. »Ich weiß nicht, ob ich da noch mal hingehe.«

Die Max-Ernst-Ausstellung zog Kölner Dadaisten an, die morgens schon die Galerie belagerten und sich bis zum Abend nicht verscheuchen ließen. Sie stellten die gesamte Kunst in Frage, dichteten einen für Johannas Ohren groben Unsinn zusammen, provozierten mit sarkastischen Sprüchen. Ernst und Wollheim waren in ihrem Element. Dix hingegen saß in einem Korbsessel, die Füße auf dem Fensterbrett, und nahm an den Kunstdebatten keinen Anteil. Sie dauerten ihm zu lange und wenn Johanna ihn ansprach und fragte, warum er so still sei, kam immer nur: »Hach, des is doch alles een Mist!«

Johanna war froh, als die Kölner abfuhren. Die Ausstellung war schlecht besucht. Die wenigen, die kamen, hielten Ernst für einen Spinner. Verkauft wurde so gut wie nichts. Johanna war es, die ihm Sachen abkaufte, weil keiner sonst sie haben wollte.

Sie war schlecht gelaunt, als sie am Neujahrstag die Bilder abhängte. Um sie abzulenken, schlug Wollheim ihr einen Gang zum Rhein vor, wo er das Hochwasser zeichnen wollte.

Seit Ende November hatte es ununterbrochen geschneit. Jeden Morgen, in aller Frühe war Johanna aufgestanden, um Schnee zu schippen. Dann waren nach trocken-kalten Tagen die Temperaturen wieder gestiegen und mit Beginn der zweiten Dezemberwoche hatte Tauwetter eingesetzt, das von warm-feuchten Luftmassen begleitet wurde, die auf die kalte Luft zwischen den Gebirgen des Rheingebiets aufglitten und extreme Niederschläge bewirkten. Aare, Murg, Kinzig, Neckar, Lahn und Mosel brachten dem Rhein hohe Wassermassen. Ein kurzer Kälteeinbruch ließ die Wasserstände an Weihnachten wieder sinken, bevor heftige Regenfälle ein neues schnelles Ansteigen zur Folge hatten. Am frühen Morgen des Neujahrstages erreichte der Scheitel der Mosel den Rhein. An mehreren

Orten wurden Deiche überspült. Von Pegelständen von bis zu acht Metern war die Rede.

Obwohl Johanna in ihrem Mantel fror, war sie froh, aus der Galerie fortzukommen. »Ist dir eigentlich aufgefallen, dass wir uns kaum noch ungestört unterhalten können?«, fragte sie Wollheim und zählte sämtliche Turbulenzen der letzten Wochen auf, die sie davon abgehalten hatten. »Ich komme zu gar nichts mehr. So eine Woche ist so gut wie nichts.«

Eine Menge Leute waren unterwegs; Kinder jubelten und drängelten: »Hochwasser! Hochwasser!« Bis zum Marktplatz stand das Wasser, in manchen Gassen kniehoch. Keller waren vollgelaufen, das Pflaster war schlüpfrig, bei jedem Schritt quollen Schlamm und Blasen zwischen den Steinen hervor; es roch modrig. Wo sonst eine Fischerbude gestanden hatte, breitete sich ein See aus. Am Zolltor fuhren Kähne, in der Altstadt hielt zwar eine Hochwassermauer den Fluss aus den Straßen, dennoch gab es Ecken, in denen sich die Leute nur über Bretter fortbewegten. Jungen mit aufgekrempelten Hosen schippten mit Eimern Wasser aus einem der Kähne. Leute gafften nach Männern in hohen Stiefeln, die ein Seil um einen Brückenpfahl gewickelt hatten, an etwas zogen und sich Kommandos zuriefen.

Der Rhein sah aus wie ein weites, flutendes Meer. Wasser und Wolken waren in ihrem Grau kaum zu unterscheiden. Die Wiesen von Niederkassel waren verschwunden, mit ihnen Gras und Kühe. Nur die Kronen der Pappeln ragten aus dem Wasser, an manchen Stellen stand Weidengestrüpp heraus wie vereiste Haarbüschel. Riesige Eisschollen, starr und ineinander verkeilt, schienen sich in der lautlosen, dunklen Flut zu stapeln. Eine Weile sahen sie zu, wie die Männer versuchten, mit langen Stangen die dicken Schollen von den Brechern zu lösen. Während Wollheim die Schollen ins Visier nahm und strichelte, ließ sich Johanna über unentschlossene, nervende und unverschämte Kunden aus, über das Feilschen, das sie hasste. Dann fing sie von den Max-Ernst-Bildern an, denen sie besseres wünschte als Spott und Kritik, kam auf Trude Brück zu sprechen, die wieder an der Aktklasse teilnahm. »Trude ist einfach wieder zu Heupel-Siegen in die Klasse. Er übersieht sie, lässt sie aber in Ruhe.« Wollheim behauchte sich die Finger. Wie Rauch stand ihm der Atem vor dem Mund. »Sie hat es wirklich nicht leicht. Ich bin froh, dass du sie ein bisschen unter deine Fittiche nimmst. Ja, Eychen, was ich dir noch sagen wollte ...« Er unterbrach, richtete den Blick in grauen Dunst. »Ich werde heiraten. Ich bin mir so sicher mit Leni. Habe ihr eine Brautmappe gemacht. Zwölf Lithographien sollen es werden. Drei kann ich dir schon zeigen.« Ein winziges Zucken um ihre Augen verriet ihr Missfallen. »Eine Hochzeit also. Hmm. Erst Pankok, dann du ... Na ja, wenn du meinst. Leni versteht dich, was nicht immer leicht ist.« Sie wollte noch etwas hinzufügen, aber Wollheim knuffte sie in die Seite und grinste. »Lass. Ich weiß, was du sagen willst.« Dann strichelte er wieder, erzählte, dass er Mitbegründer einer Arbeitersiedlung in Eller geworden war, für die auch Leni sich engagiere. »Freie Erde nennen wir das Grundstück. Stahlarbeiter, Bauarbeiter, Fliesenleger siedeln dort. Sie sind heftigen Angriffen durch die Polizei ausgesetzt. Der Besitzer des Geländes drängt auf Räumung. Aber wir kämpfen. Die Leute dort sind mehr als mutig. Sie kämpfen mit Fäusten und Zähnen. Sie haben es verdient, dass wir uns neben sie stellen. Wir müssen raus aus dem Kapitalismus, raus aus der profitorientierten Kapitalwirtschaft. Wir brauchen neue Produktionsformen, weg von dieser stumpfsinnigen und menschenunwürdigen Plackerei in den Fabriken und Stahlhütten. Sobald das Wetter sich beruhigt, fangen wir an, das Land zu roden, Gärten anzulegen und zu bauen.« Johanna betrachtete ihn von der Seite. Wie entschlossen er doch war; wie sicher er den Stift hielt und die Linien ansetzte. Ihr Blick ging über seine rotgefrorenen Hände mit den langen Fingern, die feuchten lockigen Haare, um die er seinen Schal gewickelt hatte, die von Kälte gerötete Haut, die abgeschabte Jacke und die durchweichten Lederschuhe. Eine Weile sah sie ihm zu, dachte an die Hochzeit. Das Gefühl, ihn zu verlieren, war wie der Geruch, der vom Fluss herüberzog: schwer und drückend. Irgendwann sagte sie: »Gehn wir. Ich hab nasse Füße.«

Die Kämpfe in der Siedlung brachten neue Unruhe. Wollheim schien nicht mehr zu schlafen. Ständig war er unterwegs. Kam er in die Galerie, dann um zu schreiben oder Flugblätter zu entwerfen. Fast nebenbei hatte er in einem weißen Anzug geheiratet und Leni, seiner Braut, zwölf Bilder gewidmet, die wochenlang auf dem Fußboden der Galerie ausgebreitet lagen. Seine Bilder wurden immer lauter.

Auch die Bilder der anderen wurden greller. Blaue Bäume, orangefarbene Wege, rote Gewässer, daneben zerfetzte Leiber, Anklagen an die verwirrte Gesellschaft. Sie zeigen das, was Johanna überall zu spüren glaubte: eine tiefe Verunsicherung. Den Krieg hatten sie stumm duldend überstanden. Und jetzt war Angst geblieben. Das, woran sie geglaubt hatten, war fort, das Neue verworren und bedrohlich. Wollheim war der Meinung, dass die Zivilisation komplett versagt habe und jetzt ein radikaler Schnitt folgen müsse. Manchmal verunsicherte sie, was er sagte; dann wieder fand sie es tröstlich. Sein Engagement für die Arbeitersiedlung war so schnell erloschen wie es gekommen war. Es hatte Spannungen gegeben. Die Streitereien der Siedler – 25 Personen, die zusammen in einem Haus wohnten und Tag und Nacht über freie Liebe, Partnerwechsel und Nacktkultur diskutierten – zermürbten. Am Ende zerschlug sich die Gruppe. Wollheim sprach nicht mehr darüber. Stattdessen wurde er Dozent an der Volkshochschule, referierte über die Freiheit der Kunst, den Blauen Reiter, Dada, die Expressionisten und die Surrealisten mit dem neuen Rheinland verbanden, plädierte für öffentliche Vorträge und Zugang zur Kunst für jeden. Immer war der Andrang zu seinen Vorträgen enorm.

Dix war immer noch mit dem Portrait des Urologen Koch befasst. Schwesig, der kurz vor Weihnachten vor Kälte schlotternd mit einem Sack Kohlen ankam, den er für sie im Gartenatelier der Akademie geklaut hatte, war redselig, als er den

Ofen feuerte. Grinsend blies er ihr Gerüchte ins Ohr: »Stell dir vor, Dix hat sich verliebt. In Martha, die Frau von Koch. Und er geht völlig offen damit um. Für mich ist das unbegreiflich. Da gibt ein Mann wie Koch ein Portrait von sich in Auftrag, ist überzeugt von Dix' Talent und sieht zu, wie der ihm seine Frau abspenstig macht. Er tut nichts dagegen, obwohl er mit ihr zwei Kinder hat.«

»Vielleicht weiß er nichts. Und was sind das überhaupt für Sachen?«

»Er weiß alles. Dix hat mir erzählt, dass sie jeden Abend das Grammophon aufdrehen und dass Martha, Kochs Frau – er nennt sie übrigens Mutzli – kolossal aufs Tanzen aus ist. Sie tanzen diese amerikanischen Tänze, Charleston und Shimmy. Jimmi nennt sie ihn deshalb. Dix liebt das, sieht ja auch aus wie ein halber Amerikaner. Koch findet das albern, sitzt aber dabei, sieht den beiden zu und säuft. Und nebenbei malt Dix sein Portrait.«

»Hast du es gesehn?« Schwesig kniete vor dem Ofentürchen und pustete in die Glut. »Ja. Er malt ihn als Wüstling. Du müsstest es sehn: Koch in seinem Behandlungszimmer mit so einem gynäkologischen Stuhl im Hintergrund. Wie ein Folterinstrument sieht das aus. Und dann steht er da, mit seinem aufgedunsenen Gesicht und den Mäuschenaugen, den Kittel geöffnet, die Ärmel aufgekrempelt wie ein Schlachter, in der Hand eine Spritze. Auch seine Schmisse sind deutlich. Hinter ihm Giftflaschen. Das Bild ist eine Beleidigung. Du weißt ja, wie Dix ist. Vielleicht hat er Spaß dran, Koch mit seinem durchdringenden Blick zu entlarven. Weiß der Kuckuck, warum der ihm ständig Bilder abkauft. Das Bild von Koch ist jedenfalls alles andere als Reklame für Aufträge. Aber Dix hat in ihm wohl einen Gönner gefunden.« Immer noch blies Schwesig das Feuer an. Als die Flammen knisterten, schloss er das Türchen, stand auf, drehte für Johanna eine Zigarette. »Ist halt ein Glückspilz, unser Dix. Hat jetzt ne stramme Frau und Geld. Dabei spuckt er den Leuten auf den Teppich, wenn er malt. Hab sogar gehört, dass er seine Pinsel da ausspritzt, wo er gerade steht. Eine Riesenschweinerei. Aber anscheinend kann er sich das leisten. Trotzdem, ich wette drauf: Das mit Kochs Frau geht schief.«

Als Dix am Abend über einem Teller mit gestampften Kartoffeln saß, sprach Johanna ihn auf das Portrait an und versuchte, auch etwas über das Verhältnis zu Kochs Frau zu erfahren. Dix reagierte nur auf das Portrait, hielt ihr einen Vortrag über Inneres und Äußeres bei Gesichtern, dem man am nächsten käme, wenn man die Leute nicht kenne. Daraufhin verschwand er. Erst gegen Ende der Woche tauchte er wieder auf und bat Johanna, ihm ein Atelier zu besorgen. »Ich habe Aufträge und hier gibt es keine zwei Meter Platz und bei Wollheim ist es auch schwierig.«

Jeden, der die Galerie betrat, fragte sie nach Räumlichkeiten. Mehr als zehn Blätter von Dix waren in der letzten Woche über die Ladentheke gegangen und sie war sich sicher, dass es sich lohnen würde, alles für die – wie sie sagte – neue Sache Otto Dix einzusetzen. Nahezu sämtliche Einnahmen investierte sie in den Ankauf seiner Grafiken.

In Oberkassel fand sie einen Lagerraum, groß zwar und als Atelier geeignet, allerdings pfiff der Wind aus allen Ecken. Trotz der Kälte, die wegen der schadhaften Wände kaum fortzubringen war, sagte Dix zu. Ein paar Mal hatte Johanna ihn in diesem Atelier besucht, das, anders als die mit Kunst und Kram vollgestopften Werkräume, die sie von Wollheim und Barz kannte, kahl und leer und kalt blieb. Nur der Boden lag voller Skizzen und Blätter. Wochenlang grub er sich dort ein. Johanna, die seinen Schaffensdrang kannte – manchmal war er tagelang nicht ansprechbar und aß kaum – brachte ihm geschabtes Fleisch mit Zwiebeln und Holländer Käse.

Wenn sie in der Galerie nicht malten, spielten sie Schach, diskutierten sich die Köpfe heiß, lasen Hesse, Trakl und Nietzsche, Gedichte aus der Menschheitsdämmerung, planten Aktionen der Solidarität, kritzelten Johanna das Skizzenbuch voll, hörten Schönberg, Alban Berg und Debussy, tobten sich auf mitgebrachten Instrumenten aus, analysierten und beurteilten das

Gehörte, worüber Johanna oft in Rage geriet und herumschrie, dass sie alle ins Irrenhaus gehörten.

Pitt Kreuzberg, der regelmäßig aus der Eifel kam, um über Johanna seine Bilder zu verkaufen, war beflügelt von der Idee des neuen Menschen. Der neue Mensch würde ein Humanist sein, ein Missionar, ein Prophet, aufgeklärt und aktiv, ein spirituelles Wesen. Kreuzberg befasste sich mit Anthroposophie, sah eine Zeit heraufziehen, in der sich der Künstler nicht nur begreife, sondern ergreife, einer, der nicht nur Geschöpf, sondern auch Schöpfer sei. Er stellte Übereinstimmungen zwischen der zerschleuderten Sprache und den befreienden Formen der Kunst fest. Auch in der Musik hörte er dieses Schäumende. Stundenlang verstrickte er sich mit Wollheim in solche Diskussionen.

Wer das Laute und Aufgebrachte nicht vertrug, war Pankok. Sooft es ihm möglich war, verzog er sich auf Dörfer, wo er in Einsamkeit lebte, in Kohle und Papier schwelgte, erniedrigte Tiere, zerschundene Frauen und Tagelöhner zeichnete, die sich von dem ernährten, was sie der Erde abrangen und in Krankheit und Elend hinstarben. Johanna verriet er, dass er bei ihnen das Gefühl habe, der Natur und den Elementen nah zu sein. Sie fand, dass die Bilder, die er nach Düsseldorf zurückbrachte, immer ausdrucksstärker, die Schwarz-Weiß-Technik eindringlicher, die Kontraste stärker wurden.

Jeden Abend zeichneten sie, manchmal um die Wette, oft gemeinsam über ein Thema und doch jeder für sich. Das Startsignal gab Johanna, indem sie mit dem Löffel gegen einen Teller schlug. Gegenseitig zeigten sie sich ihre Machwerke und ein Getöse brach los oder eine Diskussion. Zweimal die Woche kam auch Trude zum Zeichnen. Obwohl sie nichts dafür tat, den Männern zu gefallen, war Johanna sicher, dass Trudes Anwesenheit die Maler vom Arbeiten abhielt. Vor allem störte es sie, dass Wollheim sich so intensiv mit ihr beschäftigte. Sie litt darunter, dass sie keinen Zugang zu ihren Themen hatte und keine Möglichkeit fand mitzureden. Überflüssig fühlte sie sich, wenn es um Sophokles und Aischylos ging, um da Vinci und die Renaissance; wenn sie Beethoven hörten, wenn Wollheim Stücke aus Hölderlins Hyperion oder Homers Odyssee hersagte. Sie zuckte mit den Schultern, als er Bachs Matthäuspassion, die er in allen Einzelheiten kannte, eines seiner gewaltigsten Erlebnisse nannte. Unangenehm berührt war sie, als er den Chorteil wiedergab, sich dabei steigerte und die seltsamsten Grimassen zog. Und wenn er dann, irgendwann, die Stelle herausschrie: »Tod, wo ist dein Stachel? Dein Stachel? Hölle, wo ist dein Sieg«, glaubte sie es mit einem Verrückten zu tun zu haben. Immer wieder skandierte er die Stelle, war ganz außer sich, nur der Bewegung, den Worten, der Musik hingegeben. Erst neulich hatte sie mitbekommen, dass er Trude zu einem Konzert eingeladen hatte, von Bach war die Rede, von Toccata und Fuge, wovon sie nichts verstand.

Sie wartete einen günstigen Moment ab und zog Trude an die Seite. »Sieh mal, Trude«, begann sie, »ich hatte ein schweres Leben früher. Zwölf Geburten und nach der letzten lief mir mein Mann mit einer anderen weg. Damals habe ich einen Backladen mit Kaffeeküche aufgemacht, wo es warmes Essen gab und Maler kamen. Viele konnten das Essen nicht zahlen und tauschten Bilder gegen ihre Schulden. Andere blieben mir alles schuldig. Aber stell dir vor, diejenigen, die mir die Schulden beglichen, wurden gute Maler, und die, die mich damit sitzen ließen, haben es zu nichts gebracht.« Nach längerem Schweigen nahm sie Trudes Hand und bat sie, nicht mehr so oft zu kommen. »Trude, du bist ein schönes Mädchen. Bisher war ich hier bei meinen Malern die Mitte, aber seit du kommst, ist das nicht mehr so wie früher. Bitte erzähl das niemandem. Ich weiß ja, dass du mit keinem von denen was hast, aber ich bitte dich doch darum.« Trude verstand, umarmte sie und ging.

Misstrauisch beäugte Johanna auch die Beziehung zwischen Dix und Martha Koch. Immer wieder glaubte sie ihm sagen zu müssen, dass es keinen Zweck habe, schon der Kinder wegen, und auf keinen Fall gut gehen werde.

Die Sache ging dann wirklich nicht gut. Für Koch, der ein Verhältnis mit Marthas Schwester unterhielt, kam die Trennung von seiner Frau nicht ungelegen.

Johanna erschrak, als Dix kam, um sich zu verabschieden. »Wir gehn nach Dresden. Hier ist alles schwierig. Martha nehm ich mit. Die Kinder lassen wir bei Koch. Bilder schicke ich dir weiterhin, wenn es geht.« Johanna hob die Hände, versprach ihm Ausstellungen und Verkäufe. Irgendetwas war passiert, das sie nicht durchschaute. Sie fragte und forschte, aber er ließ sich auf nichts ein. »Es geht nicht anders. Und dass du es weißt: Martha und ich werden heiraten.« Für Letzteres hatte Johanna nur einen abfälligen Satz: »Das geht doch keine zehn Wochen gut.«

Sittenvergifter

Im Ey gab es jeden Tag Neues. Johanna stellte Christian Rohlfs aus, einen Maler aus Holstein, bei dem die Farben wie ein Gewirr von Fahnen auf der Leinwand flatterten. Nach Rohlfs zeigte sie Opheys farbensprühende Blumenstillleben, Schwesigs Lulu, den Dorfzirkus, sein Portrait von Trude Brück und Trillhaases schlichte, arglose Landschaften.

Das beliebteste Motiv war sie selbst. In den Skizzenbüchern, – schwarze, große Notizhefte, die auf den Tischen lagen und sich füllten, wenn die Maler abends dasaßen und redeten – war sie in allen Varianten abgebildet. Manchmal, wenn sie morgens beim Kaffee saß, blätterte sie die Hefte durch und fühlte Stolz, wenn sie sich in den Kritzeleien erkannte. Aber auch in großen Formaten und in Öl war sie verewigt: als Glucke, als Engel, als Chimäre, mit Königskrone und Rembrandthut, lachend und weinend, von der Seite, von vorne, von hinten, in Bleistift, Feder, Kohle und Tusche. Hundt malte sie mit ihrem enormen Hinterteil auf einer Leiter stehend, auch als Fallschirmspringerin hatte er sie abgebildet, Kreuzberg malte sie schlafend, mit brennender Zigarette in der Hand, Wollheim gab sie als Landesmutter mit Krone wieder, Pankok stellte sie auf einem Esel reitend dar, im Kreis ihrer malenden Freunde. Janssen legte sie aufs Sofa, in der Haltung der bekleideten Maja von Goya. Hunderte von Ey-Portraits kursierten. Es war eine Ehrensache unter den Künstlern, auch ein Jux, sie in der Küche oder auf dem Klo zu zeichnen. Manchmal, wenn sie Geld hatte, vergab sie auch Aufträge und ging zu Portraitsitzungen in die Ateliers, um sich malen zu lassen. Sowieso zeichnete jeder jeden. Pankok zeichnete Hundt, Hundt malte Schwesig, Schwesig malte Wollheim, Wollheim malte jeden, am liebsten sich selbst.

Immer noch löste das Zurschaustellen von anders gearteten, provokanten Bildern Wut und Empörung aus. Anfang des Jahres hing ein Bild von Barz im Schaufenster, das als Gotteslästerung gesehen und den Verkehr zum Stocken brachte. Barz zeigte Christus am Kreuz im Schützengraben: Vor ihm ein erschossener Soldat, im Hintergrund ein Erschossener an einem Pfahl, ferner exerzierende Soldaten auf einem Kasernenhof, eine schwarz-weiß-rote Fahne, ein unterernährtes Kind und eine Bordellszene. Die 15. Station nannte er es und verstand es als Mahnung an den Krieg. Eine Sichtweise, die von den Leuten auf der Straße nicht geteilt wurde.

Dann stellte Wollheim aus. Unter seinen Werken war wieder eines, das in der Galerie zu Streit führte. Schwesig war dafür, es ins Fenster zu stellen, aber Pankok warnte: »Denkt an die Leute.« Hin und her gingen die Argumente, bis der Vorstand des Jungen Rheinlands entschied, das Bild öffentlich zu zeigen, was das Fass zum Überlaufen brachte. Das Bild hieß ›Lenkbares Stück Festland passiert unter wehender Flagge den Raum von Omega‹ und war ein Ausbund an Hässlichkeit. Wollheim hatte sich als Zwitter dargestellt, der auf einem hoffnungslos dahintreibenden Fetzen Land stand, das einem Geschwür, einer einzigen großen Wunde ähnelte und den Betrachtern das Entsetzen ins Gesicht ritzte. Es war eine vernichtende Kritik an Europa und seiner korrupten und morbiden Gesellschaft. »Wollheim ist ein Sittenvergifter, einer der in den Schweinestall gehört! Er zeigt sein Geschlechtsteil, mit Geschwüren behaftet!« Während sich draußen eine Traube vor dem Fenster bildete, während gepfiffen, verhöhnt und gelästert wurde, stürzte sich Wollheim hinaus in den Tumult und schüttete seine Wut über den Gaffern aus. Über dem dünnhäutigen kantigen Gesicht mit dem regen Muskelspiel, der scharf vorspringenden Nase, den tief in den Höhlen liegenden, bohrenden und glühenden Augen, über der hohen, von Querfalten durchzogenen Stirn, lohten die Flammen seines roten Haares eigenwillig und widerspenstig. Jede Regung seiner Gedanken war in den Gebärden und der Mimik seines Gesichtes, das sich bis zur Grimasse steigerte, abzulesen. Er brannte. »Ihr werdet mir noch ganz hohle Münder haben, wenn ihr so krampfhaft weiterlacht und euch die Bäuche einstampft vor unserem Schaufenster! Habt ihr nicht den Krieg erst neulich gesehn, ihr lieben Staatsbürger? Mordende Schweinerei, welche Eigenschaft man ja an einem Tier noch bespeien würde!« Draußen knallte etwas und Johanna, die in der Küche geblieben war, eilte, um nachzusehen. Jemand hatte mit Dreck geworfen, ein anderer gespuckt. Ein weißlich schäumender Placken schleimte die Scheibe herunter. »Die werden mir das Glas noch einschlagen!«, fürchtete sie, während Wollheim Hass spie: »Die gesamte Tradition und Kultur ist in Wirklichkeit fabelhaft wertlos! Angesichts des Blutbades von Millionen zwangsweise geschlachteter Menschenleiber kann und darf hier keiner seine Hände in den Schoß legen!« Schwesig kam hinzu. Johanna sah, wie auch er eine Faust machte und mit durchdringendem Blick die Leute musterte. »Hier könnt ihr sehn, was Krieg heißt! Das wollt ihr nicht, wie? Aber wir werden euch zwingen! In einen Spiegel sollt ihr sehn! Entsetzen sollt ihr euch vor unsren Bildern!« Johanna fürchtete eine Schlägerei, denn Wollheim stieß einen Mann, der sich Schwesig drohend näherte, mit der Hand derart vor die Brust, dass er rückwärts taumelte. »Richtig! Wir werden nichts vergessen, was wir an Kränkung erlebt haben! Wir malen nicht mehr wie die alten Meister. Wir sind nicht mehr eins mit Gott und der Welt. Wir sind aus Abrahams

Schoß rausgeflogen ... Und deshalb malen wir nicht mehr, was ihr von uns verlangt! Vielleicht wollt ihr mal sehn, wie es ist, wenn ich meine Finger tief in mein heiß geliebtes Material grabe, den Palettendreck streiche, ihn mit meinem federweichen Stahlspachtel streichle und dann den Ölduft einsauge? Wollt ihr mal sehn, wie das ist? Wie mich mein kleines Mädchen vergeblich unterm Kinn kitzelt, ich aber nur an Cadmiumrot und Goldocker denke und an den faustdicken Schneeberg meines metallisch duftenden Zinkweiß!« Wollheims Stimme vibrierte. Niemand, so schien es Johanna, konnte reden wie er. Niemand war so verletzt, so innerlich aufgewühlt, krank vor Schmerz und doch so stark wie Wollheim. Sie beobachtete, wie er zwischen den Leuten herumging. Die Zigarette, die sie angebrannt hatte, war ausgegangen, aber sie hielt sie weiter in Höhe des Mundes, zwischen Zeigefinger und Mittelfinger. Immer, wenn sie Wollheim ansah, hatte sie das Gefühl, zu ihm zu gehören, mit ihm verbunden zu sein, denn er war in allem, was er tat, so sicher. Ihr fiel ein, dass er wieder weggehen könnte und sie vielleicht nicht die Kraft haben würde, ihn zu halten. Dabei brauchte er doch irgendetwas Festes. Es war nur ein Dunstbild, ein verbogener Gedanke, in dem sie ihn auf sich zukommen sah, er die Hände nach ihr ausstreckte, ihr über Gesicht und Hals strich und sein Mund so nah kam, dass sie seine Worte warm auf der Haut spürte: »Du hast mich gern. Sag mir, dass du mich gern hast.« Ihre Gedanken liefen weiter, Gedanken an Wollheim, an Umarmungen und seinen warmen Körper. Zwanzig Jahre jünger, dachte sie, nur zwanzig Jahre.

Am Tag nach Ausstellungseröffnung – Johanna stand über einem Waschbrett in der Küche und schrubbte Wollheims Hosen – erschien ein Polizist und nahm das heikle Bild aus dem Fenster. »Sudeleien sind es schamlosester Art! Und der Fabrikant solcher Sudeleien hält an unserer Volkshochschule Vorlesungen über Kunst! Welch unsagbarer Schmutz, welches zersetzende Gift wird dadurch ins Volk getragen?« Johanna verteidigte Wollheim, sprach über dessen Verwundung, suchte nach

Erklärungen. Ihrem Einsatz war es zu verdanken, dass das Bild dablieb. Gegen zehn kam Wollheim, beklebte den anstößigen Teil seines Aktes mit dem Datumsblättchen eines Abreißkalenders – es war ein rotes, weil Sonntag war – und stellte das Bild zurück ins Fenster. Wieder rückte Polizei an: Wortkarge Herren, die misstrauische Gesichter machten, die Augen suchend umherwandern ließen, die Galerie nach weiteren Schandtaten durchwühlten und Wollheims Werk diesmal beschlagnahmten.

Ein Männerverein zur Bekämpfung der öffentlichen Unsittlichkeit protestierte im Namen seiner Mitglieder und Wollheim flog von der Volkshochschule. Es gab eine Gerichtsverhandlung, die mit heftigen Protesten einherging, eine Berufung und eine erneute Klage. Johanna war als Zeugin geladen; Sachverständige wurden geholt, Professoren von der Akademie, Museumsdirektoren, Zeitungskritiker, sogar die Intendantin des Schauspielhauses, Louise Dumont, wurde gehört. Johanna saß mit belegten Broten und hartgekochten Eiern im Gerichtsgebäude und harrte der Dinge. Das Urteil lautete schließlich auf Freispruch und Freigabe des Bildes. Der Maler des Bildes könne schließlich nicht verantwortlich gemacht werden für unsittliche Phantasien, die sich bei den Leuten entwickelten. Louise Dumont war von Wollheim so angetan, dass sie ihm anbot, eines seiner Stücke zur Aufführung zu bringen.

Wollheim ließ die Korken knallen. Bis zum frühen Morgen feierten sie, amüsierten sich über einen Brief von Dix, der sich bei Johanna für Radierplatten bedankte. »Liebe Mutter Ei, Ei, Ei! Die Sache mit Wollheim ist recht lustig! Wollheim soll nur mit der ganzen – anstelle eines Wortes hatte er eine riesige Geschützbatterie gezeichnet – reinhalten. Aber kriegsstark.« Unter dem Geschriebenen fand sich Gekritzeltes: ein Feuerwehrmann mit dem beschlagnahmten Bild, Johanna in drohender Gebärde mit Feuerhaken und geballter Faust, neben ihr Wollheim mit einer Sprechblase: Macht mir überhaupt nichts!

Unruhe

Während der Zeit in Dresden hatte Dix ihr immer Blätter geschickt: Barrikadenkämpfe, aufreizende Frauentypen, geklebte und gemalte Kreaturen. Einmal, nachdem sie für ihn eine ganze Serie mit Aquarellen verkauft hatte, schwebte sie als Illustration auf einer Postkarte in die Galerie. Dix hatte sie als rettenden Engel, mit einem breiten Lächeln im runden Gesicht und einem 2000er-Schein in der Hand gezeichnet und darunter geschrieben: Dankespost von Dix. Zuletzt war eine Hochzeitsanzeige gekommen und ein Brief, in dem er seine Rückkehr ankündigte.

Niesend und hustend saß sie im Laden, als er laut grüßend hereinkam. Er hielt Martha an der Hand und das erste, was er tat, war, für sie einen Platz auf der Chaiselongue freizuräumen. »Setz dich, Mutzli.« Johanna sah ihm an, dass er heftig verliebt war. Martha war jung und füllig. Ihr schwarzer Pagenkopf umrahmte ein rundes, gutmütiges Gesicht mit geröteter Haut. Sein Gesicht hingegen war zerrissen von tiefen Linien und starr wie eine Maske. Sein Gang war der eines Cowboys, der durch Bars schlendert. Sehnig waren die gespannten Muskeln. Er trug ein in Papier geschlagenes Bild unterm Arm, das er an den Schirmständer lehnte. »Wir sind wieder da, Martha und ich. Diesmal für immer. Sie haben mir das Meisterschüleratelier gekündigt. Jetzt habe ich hier Aufträge bekommen. Ich brauche ein Atelier. Und natürlich eine Wohnung. Trillhaase wollte sich doch kümmern. Weißt du was darüber? Übrigens: Martha ist schwanger.« Jetzt erst fiel ihr Marthas Bauch auf. »Otto hat so viel von Ihnen erzählt und da dachten wir ...«

»Ja, ja, das passt schon. Ich bin ja froh, dass ihr wieder hier seid. Ich mache uns was Warmes. Und dann erzählt ihr mal.«

Später, am Tisch, konnte Johanna Dix' Worten nicht recht folgen. Sie blieb skeptisch, als er die freundschaftliche Beziehung zu Koch lobte. Immer wieder strich sie ihm über die Schulter. Martha allerdings besah sie mit strengem Blick, blieb ihr gegenüber kühl und abweisend, erzählte von Wollheims Prozess, von den ständigen Turbulenzen und sagte Hilfe zu.

Bevor sie gingen, schob Dix ihr das verpackte Bild, das er mitgebracht hatte, über den Tisch. Mit düster verkniffenen Augen forderte er: »Machs auf. Es wäre gut, wenn du es kaufen würdest. Ich hab es in Dresden gemalt.« Johanna entfernte das Papier und hob ein Ölbild ans Licht. Alt, gebrechlich und abgehärmt zeigte es Dix' Eltern mit gebeugten Rücken, ernsten faltigen Gesichtern und großen verschafften Händen. »Mein Vater hat schwer gearbeitet. In einer Eisengießerei. Meine Mutter war eine Näherin.«

Für Dix' Bild kratzte Johanna alles Geld zusammen und räumte ein Fenster. Auch diesmal lachten die Leute. »Na, das sind ja schöne Eltern.«

Als Unterkunft fand sich eine Stube unterm Dach. Quittengelb strich Martha den Raum, doch dann entdeckte sie eine Wanze und wollte wieder ausziehen. Die Suche nach einem Atelier war schwieriger. Dix hatte Zeichnungen und Holzstöcke aus Dresden mitgebracht, auch die Leinwand für sein großes Kriegsbild, den ›Schützengraben‹. Wollheim, angetan von diesem Thema, bot ihm sein Atelier an. Bald erschwerte das riesige Leinenstück Wollheims Zugang zu einem Schrank. Dix malte auf grobem Rupfen, mehr schlecht als recht zusammengenähtem Sackleinen.

Trillhaase war mit seiner Familie in den Hindenburgwall 1 gezogen. Sein Haus war vollgestopft mit Möbeln, Kunst und Firlefanz. Wollheim nannte es Raritätenkasten, Kaufmann Kitschbude. Wohl fühlten sich alle. Auch Johanna ging ab und zu hin, quetschte sich zwischen ihre Maler auf enge Rokokobänke, ließ sich Zigaretten und Likör bringen. Wenn Wollheim und Ernst über Kunst redselten, kreischende Bilder von den Wänden fauchten, betende Marien aus alten Kirchen die Hände falteten und Stränge blonder Frauenhaare an der Decke schaukelten – alles aneinander und übereinander – wollte sie dabei sein. Vor allem, wenn Trillhaase aus einem Wust von Rechnungen, Zeitungen und Packpapier sein Skizzenbuch hervorzog, ein Tagebuch dunkler Nächte, voller Tabaksasche, und die Ideen durchwachter Stunden, die Niederschriften seiner Träume preisgab. Dann saß sie und dachte, welch tiefgründige Gedanken und skurrile Vorstellungen doch in Menschenhirnen reiften. An einem dieser Abende malte Dix die komplette Familie Trillhaase. Eng an ein Tischchen mit einer Rosenvase gedrängt, saßen der Alte und seine Frau, kerzengerade und stockstellt, die Augen weit geöffnet und wie geblendet von ihrem gegenüber, dem malenden Dix. Hinter ihnen, stehend, Sohn Siegfried und Tochter Felicitas als Portrait an der Wand. Trillhaase war begeistert, woraufhin er Dix eine Wohnung in seinem Haus am Hindenburgwall 3 anbot. »Dann habt ihr es nicht so weit zu uns.«

Die Zwistigkeiten zwischen den Künstlervereinigungen und dem Jungen Rheinland hörten nicht auf. Wollheim erklärte täglich, dass Kampf notwendig sei. Um das Junge Rheinland zu stärken und die zersplitterten Kräfte gegen den angepassten Kunstbetrieb zu bündeln, hatte er mit Uzarski und Kaufmann alle fortschrittlichen Künstlervereinigungen Deutschlands aufgerufen sich zusammenzuschließen. »Das ist ein Schritt der Befreiung. Düsseldorf wird ein Ort der Kunst. Und deine Bude, Ey, zu ihrem Zentrum. Jetzt geht es nur noch voran! Voran!«

Zusammen schafften sie es, dass das Junge Rheinland, die Berliner Novembergruppe und die Dresdner Sezession ein Kartell bildeten, was allen im Ey Auftrieb gab, vor allem Wollheim, der durch seine Entlassung als Dozent kaum noch Geldeinnahmen hatte. Als es im Frühjahr darum ging, die große städtische Kunstausstellung neu zu gestalten, sahen sich die Künstler des Jungen Rheinlands als stärkste Gruppe berechtigt, sich entsprechend zu präsentieren. Als daraus nichts wurde und Wollheim vom Reichskunstwart in Berlin eine Absage für die Unterstützung der internationalen Künstler erhielt – es kränke den nationalen Stolz, Werke von Künstlern aus Feindbundländern auszustellen, solange Teile von Deutschland besetzt seien –

boykottierten sie die Schau und arrangierten auf eigene Faust eine Gegenausstellung. Zuerst sah es so aus, als hätten sie alles gegen sich. Die Presse hetzte, öffentliche Räume wurden ihnen verweigert. Dann aber stellte Uzarskis ehemaliger Arbeitgeber, der kunstbegeisterte Warenhausbesitzer Leonhard Tietz, bei dem Uzarski die Werbeabteilung geleitet hatte, ihm den kompletten vierten Stock seines Warenhauses zur Verfügung, was im Ey mit einigen Likören begossen wurde. Die Räume waren mit drei Lichthöfen und großzügigen Flächen wie geschaffen für eine Ausstellung.

Vom Ey aus mobilisierten sie Künstler in ganz Europa, schrieben Einladungen an Museen und Galerien, verfassten Pressetexte, entwarfen Plakate. Der Zuspruch war unerwartet hoch. Künstlergruppen meldeten sich; Bilder kamen aus Italien, Russland, Holland, Frankreich, sogar Japan. Werke von Archipenko, Barlach, Chagall, de Chirico, Feininger, Heckel, Kirchner und Picasso waren dabei. Der russische Maler Kandinsky schrieb das Vorwort für den Katalog. Schriftsteller wie Eulenberg, Lasker-Schüler, Werfel und Rolland gehörten dem Ehrenausschuss an. Für die Künstler des Jungen Rheinlands war die Schau eine riesige Bühne. Wollheim feuerte pausenlos: »Wir lassen uns nicht länger bevormunden! Die Zeit ist da, den Gedanken der neuen Kunst mit aller Macht ins Licht des Tages zu rücken, mit aller Macht das zu sagen und zu zeigen, was zu dieser jungen Kunst treibt und was diese Kunst von sich aus zu bewegen trachtet!« Ganze Nächte arbeiteten sie durch, stellten ihre besten Werke zusammen. Dix zeigte seinen ›Fleischerladen‹, Hundt sein Ölbild ›Atelier‹, Jankel Adler, als Vertreter des Landes Polen, war mit dem Portrait seiner Eltern dabei: der Vater mit ungeschorenem Bart, mit Augen, braun und zugleich wie Asche, mit einem Gesicht von gebranntem Ocker, voll Runzeln und Falten. Johanna war mittendrin, plante, organisierte, improvisierte. Sie war Gastgeberin, Laufmädchen, Einpackerin, Sekretärin und Geldspenderin in einem. Zwei Bilder hatte sie für die Spende ins Pfandhaus gebracht. Ein Dutzend Künstler quartierte sie in der Galerie ein, bekochte sie mit Suppe. Ununterbrochen brühte sie Kaffee. Morgens lagen schlafende Gestalten überall, wo Platz war.

Johanna kaufte und verkaufte, tauschte und handelte, vermittelte und sammelte; darunter Bilder von Nolde, Klee und Picasso, einen japanischen Holzschnitt, eine Kokosnussschale aus der Südsee und ein Stück bemalter Seide aus der Mongolei, von Raupen gesponnen. Jetzt, wo sie Geld verdiente, vergab sie Aufträge an Maler, die nichts oder nur wenig verkauft hatten, erfand begeisterte Kunden, zahlte, und ließ die Blätter in Truhen und Schränken verschwinden. Ihre Suppen wurden dicker, zwischen den Bratkartoffeln glänzten Speckstreifen. Bald waren auch die beliehenen Bilder aus der Pfandstube zurück.

Tagelang schwebte sie; erzählte allen von ihren Erfolgen und lobte besonders Wollheim, der ihr mehrfach aus einem Berliner Kunstblatt vorlesen musste, das der Ausstellung einen großen Artikel gewidmet und sie als richtungsweisend und epochal bezeichnet hatte. »Hier steht, dass wir sogar die große Schau im Kunstpalast in die Schranken der Bedeutungslosigkeit gewiesen hätten. Dass dort alles im Kitsch schmort und sich nur wenige Moderne ahnungslos in diese Wüste verirrt hätten ...«

Im Juni feierten sie in den Räumen des Zoologischen Gartens ein Künstlerfest und alle hätten zufrieden sein können, wenn nicht ständige Querelen die Luft verpestet hätten.

Zuerst kursierte ein anonymes Flugblatt. Es enthielt Anfeindungen gegen jüdische Künstler und kritisierte die unterschiedlichen Richtungen des Jungen Rheinlands. Wollheim vermutete unzufriedene Mitglieder hinter der Schrift. Dann kam es wegen eines Ausstellungsstückes von Max Ernst – die Größe des Exponates wurde moniert – zu einem Streit, der deshalb nicht eskalierte, weil Ernst nur besuchsweise vor Ort war. Vor allem zwischen Pankok und Wollheim schwelte es. Schon vor der Ausstellung war Johanna immer wieder dazwischen gegangen, wenn sie wie Hähne aufeinander losgingen. Pankok litt unter Wollheims Ehrgeiz. Er warf Wollheim vor, alles was gut sei, zu imitieren, eitel, ruhmsüchtig und prahlerisch zu sein, sich aufzuplustern wie ein Kirmesschwein. Wollheim hingegen feilte an seiner Rolle und beflügelt von seinem gewonnenen Prozess und dem Erfolg der Ausstellung glänzte er selbstsicherer denn je. Johanna hatte ihn wegen Pankok zur Rede gestellt, aber es war nur Geschrei dabei herausgekommen. Auf Wollheim ließ sie ohnehin nichts kommen. Zu sehr bewunderte sie, wie sicher er dastand, wie treffend seine Wörter waren, wie klug die Bilder. Außerdem mochte sie es, wenn er auf den Tisch schlug und allen seine Kunstauffassungen um die Ohren schleuderte.

Dann wurde gemunkelt, dass Wollheim die Jury beeinflusst habe, einige von Pankoks Bildern aus der Ausstellung zu entfernen, obwohl sie bereits angenommen waren. Johanna konnte sich nicht vorstellen, dass sie sich derart bekriegten. Es beruhigte sie, als Wollheim ihr versicherte, dass die Sachen nicht gepasst hätten und andere Künstler seinetwegen zu kurz gekommen seien. Pankok allerdings hatte sie nie zuvor so wütend erlebt. In seinem Lodenmantel, die wirren Haare von einem Hut gebändigt, stand er bald darauf in der Galerie, tobte, dass Wollheim zu viel Einfluss habe, dass weder dessen Lebensstil noch seine Kunstauffassung mit den Grundsätzen des Jungen Rheinlands vereinbar seien. Dann holte er zum Schlag gegen Johanna aus: »Und du, Frau Ey, bevorzugst Wollheim auf Kosten anderer in einem Maß, das nicht mehr erträglich ist. Damit missachtest du die Grundsätze unseres Kreises. Es ist ja auch so, dass du immer nur Sympathie darüber entscheiden lässt, was und wen du ausstellst. Das ist undiplomatisch und löst Streit aus.« Johanna stutzte. »Sympathie sagst du. Und was ist daran schlecht? Ich wüsste nicht, dass ich einem von euch was getan hätte. Seit Jahren schmiere ich euch Brote und koche Kaffee, erlaube jedem seine Bilder zu bringen. Wollheim soll ich bevorzugen? Und wenn schon. Seine Bilder gefallen mir eben. Und da hat keiner von euch sich einzumischen!«

Zuerst dachte sie, dass sich alles schnell wieder einrenken werde. Dass dem nicht so war, musste sie begreifen, als Pankok ihr in einem Brief an den Vorstand Geschäftsschädigung vorwarf und gleichzeitig die Zustände im Ey anprangerte.

Manche Werke würden vor Kunden schlecht gemacht, andere emporgehoben, von einer prekären Verquickung von Kunst und Kommerz schrieb er, die keiner bei der fast als Heiligen verehrten Frau Ey erwartet hätte. Johanna tobte. »Geschäftsschädigung? Wem hab ich denn das Geschäft geschädigt? Seit Jahren tu ich alles, um eure Geschäfte zu fördern. Ich selber krieg doch kaum die Miete zusammen. Ich bin es doch, die überhaupt eure Geschäfte möglich macht.« Sie beriet sich mit Wollheim, empörte sich, schrie herum, stritt alles ab. Sogar Kunden bekamen ihre Launen zu spüren.

Pankok zog es nach anfänglichem Einmischen vor, in den Süden zu reisen. Er empfand alles, angefangen vom Leben in der Stadt über Kunstauffassungen bis hin zu den Streitereien im Verein und im Ey als einschränkend und den Radau, den die Sache in der Öffentlichkeit verursachte, unerträglich. Nicht ohne Verwundung an Herz und Seele, im Wissen, für Künstlervereinigungen ungeeignet zu sein, auch nicht für die revolutionärsten, warf er die Tür ins Schloss und kurz darauf dem Jungen Rheinland die Kündigung auf den Tisch.

Im Oktober bekam Johanna Nachricht, dass Werke von Pankok verschwunden seien und zwar diejenigen, die nicht zur Ausstellung gelangt waren. Pankoks Frau trug die Sache zum Vorstand. Von skandalösen Vorgängen war die Rede, sogar von unlauteren Absichten. Pankoks Bilder hätten von der Internationalen Ausstellung aus zu einer weiteren nach Berlin geschickt werden sollen, waren aber dort nie angekommen. Die Wogen im Ey schlugen hoch, Verdächtigungen schwelten, breit wurde der Fall aufgerollt.

Wieder musste Johanna sich Angriffe und Beschuldigungen gefallen lassen. Sie schlief nicht mehr, fühlte sich wie eine Löwin, die an allen Ecken kämpfte; die Sache stand knapp davor, der Polizei übergeben zu werden.

In diese Aufregung hinein wurde ein Bild von Dix, das ebenfalls im Fenster hing, beschlagnahmt. Die Rückenansicht einer Hure war zu sehen, die sich in einem enggeschnürten Korsett vor einem Spiegel schminkte: die Vorderansicht im Spiegel zeigte sie mit gespreizten Beinen und einer vorne geöffneten Rüschenunterhose. Wieder wurde prozessiert. Am Abend vor der Verhandlung spielten sie im Ey Gerichtshof. Nach langer Zeit war die Stimmung ausgelassen. Dix schien sich auf das Spektakel zu freuen. Johanna unterstützte ihn mit Likör und Zigaretten. »Angeklagter, warum haben Sie das Corpus Delicti mit solch abscheulicher Deutlichkeit gemalt?« Kaufmann, der den Part des Staatsanwalts hatte, kräuselte kritisch die Brauen. Dix' Antwort sorgte für Lachsalven: »Das ist doch das Handwerkszeug der Dame.« Alles schrie, Gläser wurden gehoben. »Wenn du so antwortest, behalten sie dich«, warnte Schwesig ins Gelächter und riet ihm, zu erklären, dass er mit dem Bild die männliche Jugend habe warnen wollen. Auch darauf hoben sie die Gläser.

Der Ratschlag erwies sich als brauchbar. Dix wurde entlastet, das Bild freigegeben.

Weil das Deutsche Reich keine Reparationskosten leistete, machte Frankreich seine Drohungen wahr, marschierte ins Ruhrgebiet ein, nahm die wichtigsten Kohleschächte und Fabriken als Pfand. Ein Sturm der Entrüstung brach los. Landgericht und Polizeipräsidium, Tonhalle und Stahlhof, Wohnhäuser und Schulen wurden besetzt, Grenzen gezogen, Stacheldraht gerollt, Erdwälle ausgehoben, Schlagbäume aufgestellt und Wachposten platziert. Im Süden regierten die Engländer, im Westen, links des Rheins, die Belgier. Der Rest fiel an die Franzosen, bis auch das alles auseinanderfiel und sich wieder neue Besatzungszonen mit eigenen Rechten, Pässen, Visa und Passierscheinen bildeten. Die Reichsregierung rief zu passivem Widerstand auf, finanzierte ihn sogar. Nationalisten und Kommunisten verübten gemeinsam Sabotage- und Sprengstoffanschläge. Blutige Streiks der Bevölkerung legten das gesamte Ruhrgebiet lahm. Ein Untergrundkämpfer sprengte die Eisenbahnbrücke bei Kalkum und wurde vom französischen Kriegsgericht zum Tod verurteilt. Im Mai wurde er erschossen. Auf den aktiven Widerstand reagierten die französischen und belgischen Soldaten mit rücksichtsloser Gegengewalt. Tausende Menschen wurden aus dem besetzten Rheinland ausgewiesen. Die Kosten der Kämpfe überstiegen die Reichsfinanzen und drohten Wirtschaft und Währung zu ruinieren. Notenpressen druckten rund um die Uhr. Notgeld wurde ausgegeben; bündelweise trugen die Leute es nach Hause, zählten und zählten.

Es gab kein Brot, kein Mehl, keine Kartoffeln, keine Milch. Still und leicht starben Kinder, Alte und Schwache. Getrieben von Hunger stürmten Leute die Läden, brachen Lager auf, schmuggelten Waren, kämpften mit Fäusten und Waffen um Brot und Mehl, wurden beschossen, verwundet, getötet.

Johanna saß in der Galerie und fror. Weiß stand ihr Atem in der Luft. An Kohle war nicht heranzukommen; auch nicht an Holz. Dix war mit Kaufmann nach Saig in den Schwarzwald gefahren, wo er an einem Kriegszyklus arbeiten wollte. Auch Wollheim war unterwegs.

Den ganzen Monat hatte sie nichts verkauft. Das Warten und Hoffen schien ihr immer sinnloser, je turbulenter die Geldwerte auseinanderdrifteten. Eingemummt in ihren dicken Mantel überlegte sie, ein Darlehen aufzunehmen und Bilder zu verpfänden.

Bald öffnete sie nur noch von zehn bis zwölf, dann schloss sie, wartete den neuen Kurs ab, der gegen halb vier bekannt gegeben wurde, rechnete Preise um, die sie meist in Gulden oder Dollar angab. Danach begann der Verkauf wieder.

In der Zwischenzeit besuchte sie die Maler in ihren Ateliers, fuhr mit der Tram zu den Künstlerhäusern, vergab Portraitaufträge von sich selbst. Wenn sie sah, dass es allzu schlecht bestellt war, zahlte sie Inflationsmarkbeträge aus, die nur manchmal halfen, die Miete zu sichern.

Das Umrechnen und Geldsortieren nahm Zeit in Anspruch. Einmal – nach dem dringend nötigen Verkauf einer Kohlezeichnung von Hundt – lag ein halber Waschkorb voller Scheine. Der Kunde, ein Angestellter der Stadt, war mit einem Sack voller Banknoten dagewesen und hatte beim Bezahlen wertlose Scheine in die Luft geschleudert: »Kaufen Sie, was Sie kriegen können, Frau Ey! Sie drucken und drucken. Ans Sparen brauchen wir nicht mehr zu denken. Ein Brot kostet Millionen. Vier Komma zwei Billionen zahlt man für einen Dollar. Heute reicht mein Geld noch für ein Würstchen, morgen wahrscheinlich für gar nichts mehr. Nach mehr zu fragen ist Unsinn. Zu viele sind es, die die Arbeit für noch billigeres Geld machen. Ich darf gar nicht dran denken, wem diese Entwicklung in die Hände spielt. Mittlerweile rechnen wir mit 15 Stellen vor dem Komma. Sagen Sie mir, Frau Ey, wie soll man mit 15 Nullen rechnen?«

Die Künstler hungerten und froren.

Ein paar Mal hatte Johanna Trude vor dem Fenster stehen sehen. Mager und blass war sie ihr vorgekommen in der verschlissenen Jacke und den dünnen Schuhen. Irgendwie rührte sie Trudes Hingabe für die Kunst. Eigentlich hatte sie hinausgehen, sie einladen wollen hereinzukommen, aber jedes Mal zögerte sie, bis Trude wieder verschwunden war. Johanna stellte sich vor, wie schwer diese Zeiten auch für Trude sein mussten, auch, weil sie sich zwischen all den Männern zu behaupten hatte. Plötzlich war sie beschämt, dass sie sie ausgeschlossen hatte. Sie schrieb ihr einen Brief, bat sie, in die Galerie zu kommen.

Als Trude schließlich vor ihr stand, nahm sie sie in den Arm, sagte ihr, es sei anständig und ein Freundschaftsbeweis gewesen, niemandem von ihrer Abmachung zu erzählen und fern zu bleiben. »Aber nun komm, so oft du willst. Du gehörst doch dazu!« Sie holte Gläser, füllte sie mit Branntwein, prostete der überraschten Trude zu: »Wir vergessen das jetzt. Trink, so viel du magst.« Dann plante sie mit ihr eine Ausstellung und bat, Arbeiten vorbeizubringen. Trude war glücklich.

Es war März, als Pankoks Bilder zwischen allerhand Unrat im Hinterhof der Galerie gefunden wurden, wo jemand sie abgestellt und Schnee und Regen überlassen hatte. Wasser war ins Papier gezogen, die Farben waren verlaufen, die Rahmen fielen morsch auseinander. Eine von Pankoks Plastiken, ebenfalls im Hof abgestellt, lag zerschlagen hinter Gerümpel.

Niemand wusste etwas, niemand wollte etwas gesehen haben. Wochenlang schwelten Verdächtigungen.

Seit dem Streit mit Pankok wachten die Künstler noch eifersüchtiger darüber, wie und mit wessen Bildern Johanna die Wände bestückte. Immer schwieriger wurde es, alles so zu arrangieren, dass niemand zu kurz kam und sie Bilder verkaufen konnte. Auch Arthur Kaufmann warf ihr vor, zu große Unterschiede zwischen den Malern zu machen. Uzarski wies sie auf die Vereinsregelungen des Jungen Rheinlands hin, zählte auf, wer wie oft und mit wie vielen Bildern vertreten gewesen sei. Über sein vorwurfsvolles Gesicht ärgerte sie sich. Was war falsch daran, wenn sie ihr Gefühl darüber entscheiden ließ, was und wen sie ausstellte? Gerade dabei konnte sie auf ein zuverlässiges Fingerspitzengefühl und einen ebensolchen Instinkt vertrauen, mit dem sie oft verblüffte. Hatte sie nicht den ganzen Laden für die jungen Künstler umgestellt, die einzige Stube zum Versammlungsraum, Atelier und Übernachtungszimmer gemacht? Nach wie vor schmierte sie Stullen, kochte Suppen, stopfte Löcher, setzte neue Hosenböden ein, strickte Strümpfe und warme Schals, pumpte Geld auf zukünftige Berühmtheit, kaufte heimlich Bilder aus den eigenen Ausstellungen und sagte, es habe sich ein Käufer gefunden. Und Wollheim? Wollheim war nun einmal einer ihrer Liebsten, einer, dem sie nichts abschlagen konnte. Keiner war wie er. Niemand sonst brannte derart für die neue Kunst. Manchmal hielt sie den Atem an, wenn er aus Ungeduld den Pinsel wegwarf und mit den Fingern malte, die Hand als Palette benutzte, mit den Fingernägeln Linien in die Farben kratzte. Deshalb waren seine Bilder permanent dabei; deshalb fand sich immer eine Ecke, die sie für ihn freiräumte.

Als Uzarski mit einer Ausstellung an der Reihe war und am Tag nach Düsseldorfer Kirmes ein Pärchen die Galerie betrat und sich für eine seiner Grafiken interessierte, fielen Johanna dessen Beschuldigungen ein. Das Gefühl, sich rächen zu wollen, wuchs, was darin mündete, dass sie genau das tat, was Uzarski ihr vorgeworfen hatte. Sie führte die Kunden in das zum Hof gelegene Zimmer und empfahl: »Mit Uzarski sollten sie sich gar nicht erst abgeben. Die richtige Kunst kommt hier.« Dabei pries sie ein Gemälde von Wollheim an: Mädchenzopf droht dem großen Bären. Die Leute stutzten, sahen sich an. »Das also ist richtige Kunst?«, fragte die Frau, musterte Johanna von oben bis unten, drehte sich auf dem Absatz und verließ, gefolgt von ihrem Mann, grußlos die Galerie.

Was dann losbrach war ein Sturm der Empörung. Die beiden Leute entpuppten sich als Verwandte von Uzarski, der, als er davon hörte, vor Wut kochend in die Galerie stürzte: »Siehst du! So machst du es! Aber so geht es nicht! Mit mir nicht!« Breitbeinig stand er vor ihr, seine Augen blitzten: »Wenn du meine Bilder nicht magst, musst du endlich ein offenes Wort sagen. Schluss mit den Heimlichkeiten. Du brauchst mir nichts vorzumachen. Warum bin ich hier ausgestellt, wenn es keine Kunst ist? Was ist denn richtige Kunst? Sag mir das, Frau Ey! Oder soll ich es dir sagen?« Sie kam nicht dazu, ihm zu antworten, denn erhitzt und mit hochrotem Kopf fuhr er fort: »Wollheim, das ist richtige Kunst! Ja, Wollheim! Immer Wollheim! Überall Wollheim! Warum steht nicht gleich Wollheim über der Tür? Das ist eine Bevorzugung, die ich nicht mehr dulden werde! Mir reichts!«

Obwohl Johanna alles versuchte, die Sache wieder ins Reine zu bringen, auch einige Entschuldigungen fand, brachte Arthur Kaufmann, der Uzarski unterstützte, den Fall in die nächste Versammlung ein. Johannas ungewöhnliche Geschäftsmethoden standen zur Debatte, dass sie Unterschiede mache und keine Bücher führe. Stimmen flogen durcheinander, die Diskussion wurde laut. Schwesig kippte Kaufmann den Rest seines kleinen Hellen ins Gesicht. Seine Stimme überschlug sich, wand sich in schrille Höhen, als er Kaufmann packte, ihn anfuhr, dass er, der sich seit Jahren bei Johanna vollgefressen und gesoffen habe, es sich nicht erlauben dürfe, die gute Ey zu beleidigen. Wieder ging alles durcheinander. Jemand erklärte seinen Austritt, andere folgten. Auch Adler, Ophey und Rübsam kehrten dem Verein noch am gleichen Abend den Rücken.

Johanna, die mit einem derartigen Affront nicht gerechnet hatte, kämpfte und stritt, verteidigte und rechtfertigte sich. Nächtelang schlief sie schlecht, so setzte ihr der Vorfall zu. Sie sah ein, dass sie Uzarski Unrecht getan hatte, bereute den Vorfall, wusste aber nicht, wie sie die Sache wieder ins Lot hätte bringen können, auch, weil sich Uzarski von ihr fern hielt. Sie schrieb ihm, aber auch das änderte nichts.

Bald gab es zwei Fronten: Eine neugegründete Rheingruppe mit den Unzufriedenen aus dem Ey und das geschrumpfte Junge Rheinland. Irgendwie fühlte Johanna sich ungerecht behandelt. Ständig dachte sie daran, dass sie doch alles getan hatte, um zu helfen. Wie oft waren Hunger und Not ihrer Künstler das Motiv gewesen, Bilder auszustellen? Immer war sie stolz gewesen, wenn sie etwas verkaufen und den Malern Geld in die Hand drücken konnte. Dix, der zwar der neuen Rheingruppe beigetreten war, ihr aber trotzdem die Freundschaft hielt, tröstete sie damit, dass bei der Vielzahl der Mitglieder und den geringen Platzmöglichkeiten Zwistigkeiten ganz normal seien. Es sei auch normal, jemanden zu bevorzugen. Das Leben böte für alles einen Ausgleich. »Einmal hast du einen Vorteil, bald ein anderer.« Trotz allem Zuspruch konnte sie sich nicht beruhigen. Noch etwas quälte. Der Wert der Mark sank und sank. Lebensmittel und Brot waren immer noch nur auf Karten zu haben und viel zu knapp bemessen. Bei ihr und auch in den Ateliers stapelten sich die Bilder. Jeder kämpfte für sich.

»Wir gehn nach Lübeck«, sagte Maria, die mit Irene einen Korb Wäsche in Johannas Küche trug. »Hans hat dort eine Stelle in einem Hochofenwerk. Hier ist alles so schlecht. Er hat es überall versucht. Er will unbedingt.« Johanna bemühte sich ruhig zu bleiben. »Ihr wollt weg?« Irene, dicht an Maria gedrängt, hielt den Kopf gesenkt. Johanna sah nur ihre fast blonden Haare und unten die plumpen Schuhe. »Dann kommst du wohl bald in eine neue Schule«, sagte sie und kramte ein zerbrochenes Karamellstückchen aus der Schürzentasche. Irene lutschte, setzte sich an den Tisch und erzählte Johanna von einer Bruchrechnung, an der sie lange gesessen hatte, die aber nicht aufgehen wollte. Mehrfach strich Johanna ihr über den Kopf, lobte ihren Fleiß im Rechnen. Besorgt sah sie nach Maria, die angefangen hatte, die Wäsche zusammenzulegen. »Mach dir keine Sorgen, Mutter. Wir besuchen dich. So weit ist es ja gar nicht.«

Marias Umzug kam plötzlich. Im Juni packten sie Kisten und Koffer. Johanna begann Irene und Maria zu vermissen, noch bevor sie abreisten. Im September – nachdem wieder tagelang kein Kunde dagewesen war – hielt sie es nicht mehr aus, klebte einen Zettel mit neuen Öffnungszeiten ins Fenster, bat Lisbeth um Unterstützung im Laden und reiste nach Lübeck.

Als sie zurückkam, waren die Tage kühl und regnerisch geworden. Herbststürme zerrten an den Blättern. Schwesig holte sie vom Bahnhof ab und ging mit ihr in die Stadt. Auf der Graf-Adolf-Straße fuhren französische Panzerwagen. Am Rhein standen Nebel. Heftiger Wind zerzauste ihnen die Haare. Während ein Schauer niederging, Kähne im Wasser ächzten und Gischt an die Ufer spritzte, erzählte Schwesig von Demonstrationszügen, von Separatistengruppen, die Angst und Schrecken verbreiteten, von Zuständen wie im Krieg. Schlotternd zog er die Jacke enger. »Tausende sind weg. Franzosen und Belgier haben ihre Arbeit übernommen. Viele wissen nicht mehr, wo sie hin sollen. Sie schlagen sich irgendwie durch, schlafen auf Parkbänken, verlottern und verhungern. Du wirst sehn, hier bricht bald alles zusammen.« Regentriefend kehrten sie in die Galerie zurück, saßen am Fenster und sahen auf die Straße, wo Regen die Rinnen überlaufen ließ. »Es ist alles nichts«, sagte Johanna, »egal, was wir tun. Sie machen doch mit uns, was sie wollen.«

Am Tag, an dem die Rheinische Republik ausgerufen wurde, räumte Johanna sämtliche Bilder aus den Fenstern, zog einen Vorhang vor und verriegelte die Tür. Während sie in der Galerie saß, schrien sich vor dem Stadttheater Menschen ihre Kehlen heiser. Fahnen in allen Farben wurden geschwungen, der preußische Adler war dabei, auch die rote Fahne der Kommunisten, die Kriegsfahne der Veteranen. Nationalhymne, Kaiserhymne und die Internationale mischten sich: Dann flogen

Fäuste und Knüppel, Säbel wurden gezogen, Kugeln zischten und spritzten. Am Ende lagen Tote auf dem Platz. Von einem Blutsonntag schrieben die Zeitungen. Danach gab es Aufstände, Putschversuche, Attentate. In München nutzte ein Rechtsextremist das Chaos der Stunde, um im Bürgerbräukeller die nationale Revolution auszurufen. Wieder glaubte Johanna, alles zu verlieren. Ein Kredit drückte; sie hatte Bilder verpfändet und glaubte nicht, sie je wieder einlösen zu können. Rastlos ging sie in der Galerie auf und ab und rang die Hände.

Sie führte es auf Dix' Karrieredenken zurück, als sie hörte, dass er zu Nierendorf, einem Galeristen aus Köln übergelaufen war, der ihm einen ständigen und steigenden Verkauf der Bilder, zudem entsprechende Propaganda, Beiträge in Kunstzeitschriften sowie Ausstellungen versprochen hatte. Sie versuchte mit ihm zu verhandeln, aber die Sache mit Nierendorf war abgemacht. Im Juni erfuhr sie, dass Dix Vater eines Mädchens geworden war, das den Großteil seiner Zeit beanspruchte und zu seinem liebsten Modell wurde: Nelly. An der Akademie war er Meisterschüler geworden und studierte bei Herberholz Radiertechnik. Sein Erfolg wuchs. In der Galerie ließ er sich immer seltener blicken. Als Barz zu Ohren kam, dass es dem Galeristen Nierendorf gelungen war, den Schützengraben, den Dix endlich vollendet hatte, an ein Kölner Museum zu verkaufen, mutmaßte er, dass Dix jetzt ein gemachter Mann sei. »Ich habs gesehn. Es ist nicht nur die Sensation des Hauses, es wird ihn auf einen Schlag berühmt machen. Das Bild hängt ein bisschen abseits, in einem besonderen Raum. Die Feuilletons sind voll davon. Die Leute stehn Schlange.« Er war mit Sopher in Köln gewesen und nun voller Bewunderung für Dix. »Das Bild muss man aushalten können. Der erste Eindruck: unerhörte Farben. Und dann Leichenberge von Nahem. Gedärm, Fleisch und Blut. Ein Teil der Leichen ist verwest, weiße Würmer kriechen heraus. Ein Gruselkabinett von zerschossenen Köpfen und zerstückelten Gliedmaßen. Man sieht regelrecht, wie sich die Erde die Menschen einverleibt. Tote Augen starren dich glasig an, überall Verstümmelung und das in allen schrecklichen Details. Es ist genauso faszinierend wie abschreckend. Die Leute schwanken zwischen Bewunderung und Entsetzen. Schaudernd stehn sie davor, flüstern, suchen mit Lupen die Oberfläche ab. Offiziersvereine protestieren, die gute Gesellschaft ist natürlich schockiert. Ein Skandal. Und Dix hat für den Wirbel nur ein Achselzucken übrig. Dass er die Bürgerlichen hasst, sagt er, diese intellektuellen, kunstliebenden Kreise, weil sie doch nichts verstehn. Dass er ihre Konventionen hasst, diese Ichsucht, das Getue, wenn sie vor den Bildern stehn. Er weiß, dass er auf die Anerkennung dieser Spießer nicht angewiesen ist, wohl aber auf ihr Geld.«

Lange ging Pankok der Ärger mit Johanna nach. Als er sich endlich durchrang, sie zu besuchen und ihr Bilder aus Italien brachte, stand ihr Erleichterung ins Gesicht geschrieben. »Wie bin ich froh! Ich dachte schon, dass du für alle Zeiten fortbleiben würdest. Eine üble Sache, die mir immer noch nachgeht. Aber ich kann dir versichern ...«

»Ja, ja, altes Ey. Schon gut. Du tust, was du kannst. Es ist nicht alles gut und richtig, aber wo ist es das schon.« Er packte Zeichnungen aus, auf denen er den Süden Italiens eingefangen hatte: das gefurchte Gesicht eines Bauern, staubige Wege, Büsche mit Schlangen, Sträucher harten Laubes voller Dornen, gewaltige Felsen, Wälder von Korkeichen, rätselhafte weiß gekälkte Trulli*, märchenhaft und Ewigkeiten alt. Er berichtete ihr von seinem Malerfreund Gilles, den er auf Capri getroffen hatte, erzählte von gebeugten Schäfern, ausgedörrt von der Sonne, von Menschen, die in Höhlensiedlungen lebten, an steilen Felshängen eines zerklüfteten Flusstales. »Da draußen war es gut für mich. Gut und ehrlich. Hier ist alles nur auf Sensation aus. Ich fange an, die Stadt zu hassen. Die einzige Triebkraft, die ich hier sehe, ist die Geschwindigkeit. Schneller, schneller, schneller. Immer weiter, höher, schöner. Jedes Fenster ist ein

---

* Rundgebaute Steinhäuser in Apulien

Schaufenster, das anreißen soll. Plakate in den grellsten Farben sollen dein Hirn überzeugen, dass es nötig für dich ist, Gummi zu kauen, Margarine zu essen und deine Schuhe mit Blitzblank zu putzen. Auf dem Land hast du das alles nicht. Pflanzen und Bäume schweigen, bringen dich zurück, dorthin, wo du hergekommen bist. Ich muss regelmäßig raus hier, es wird mir immer fremder und raubt mir Kraft. Auch die vielen Menschen bekommen mir nicht. Wollheim ist da ganz anders. Er ist in Berlin aufgewachsen. Aber ich will weg von Orten, an denen Menschen sich nicht mehr auf sich selbst besinnen können.« Fragend saß Johanna vor ihm. »Ich meine«, fuhr er fort, »dass wir in einer Zeit leben, in der Menschen immer mehr von der Natur fortgetrieben werden. Sie werden immer mehr von Maschinen beherrscht. Das laufende Produktionsband hält den Arbeiter in seinen Klauen, den Angestellten, den Industriellen. Die Menschen machen sich abhängig davon. Sie drücken auf die Knöpfe unserer technischen Glanzleistungen und bewundern die eigene Unterjochung. Wir dürfen das nicht kritiklos hinnehmen. Es gibt nur eine Sorte Mensch, die stolz ist auf diese Knebelungen: Es ist der Bürger. Die riesige Masse der Spießer.« Eine Frau klopfte, trat ein, brachte für Wollheim einen Steyler Missionsboten. Das Titelblatt war mit Kopfjägern aus Neuguinea bebildert. Johanna warf es auf einen Stapel Zeitschriften vom Aktivistenbund, wo es sich farblich seltsam ausnahm. Pankok griff danach, begann zu blättern. »Was will er denn damit?« Johanna war froh über die Ablenkung und dass Pankok nicht wieder mit den Streitereien anfing.

Max Ernst war aus Köln gekommen. Mit gekreuzten Beinen hockte er vor Farbenkasten und Blättern auf dem Boden, forderte Johanna auf, ihm ein Thema zu nennen, er werde sofort eine Improvisation darüber anstellen. »Rosinen und Mandeln schlagen die Eingeborenen Mitteleuropas zu Meerschaum und eilen nach stattgehabter Denudation den Ereignissen in bester Absicht voraus.«

»Wie du redest ...« Ernst lachte und schob Zeichnungen in Richtung der Chaiselongue. »Ist es nicht herrlich, was man so aneinanderreihen kann? Das steigt alles aus dem Unterbewusstsein auf, ohne Kontrolle des Zusammenhangs. Wenn man es nur laufen lässt. Es ist so eine erstaunliche Beredsamkeit, viel Gefühl, ein Reichtum an Bildern solcher Qualität, dass wir nicht ein einziges derselben bewusst und willentlich hätten hervorbringen können. Wir nennen diese neue Art des Ausdrucks mit dem Namen Surrealismus.« Johanna hob eine der Zeichnungen auf. Für sie waren es unverständliche Kritzeleien, die aber doch auf seltsame Art zu ihr sprachen. »Mit dem, was ich sage, aber auch mit meinem Geschriebenen und Gemalten zeigte ich Verbindungen von scheinbar beziehungslosen Dingen. Auch Widersprüche.«

»Wie nennt ihr das? Diese neue Art? Ich habs schon wieder vergessen.«

»Sürrealismus. Mit Ü.«

»Also für mich bist du ein richtiger rheinischer Jeck.«

Er erhob sich vom Boden, schwankte. Die Beine waren ihm eingeschlafen und kribbelten. »Krib, krib, kribbeln, bibbeln, libbern, ibbern«, lachte er und ließ einen Tropfen Grün auf sein Blatt fallen. »Siehst du, liebstes Eieiei, das ist es, was dir gefehlt hat.« Als sie ihm von den Streitereien im Verein berichten wollte und davon anfing, dass sie sich doch immer für alle und alles eingesetzt habe, kam er auf sie zu, griff ihr in die Haare, so dass der Dutt sich löste, wirbelte ihr mit den Fingern die Strähnen durcheinander, lachte, als sie sich wehrte: »Ach lass doch dieses ganze Zeug mal aus deinem Kopf fliegen! Denk was anderes. Ri-ra-raus-raus-raus damit!« Bevor er ging, kramte er Bücher für Wollheim aus seinem Gepäck: Dostojewski, Apollinaire, Baudelaire.

Ein Fest der Künstler im Planetarium sorgte dafür, dass die Stimmung sich besserte. Im Suff hatten sie eine Ausstellung im Ey geplant, eine, die neben guter Kunst Gemeinsames zeigen sollte. »Was denkst du, Eychen, was haben wir vor?« Dreimal ließ Hundt sie raten, dreimal lag sie daneben. Wichtig hob er den Finger: »Wir meinen, es wäre an der Zeit, mal ne richtige Eyer-Ausstellung zu zeigen. Was meinst du? Es gibt massenhaft Bilder von dir, in tausend Posen und Varianten, von unterschiedlichen Malern, in allen möglichen Techniken.« Johannas ungläubiger Blick wanderte von einem zum anderen. »Meint ihr mich? Wenn mir früher mal einer gesagt hätte, dass es über mich ne Ausstellung gäbe – ich hätte ihm einen Vogel gezeigt. Ich – ein Modell für Maler? Nee, nie, wirklich nie hätt ich das gedacht.« Sie hob das Glas, das sie ihr mit Sekt vollgegossen hatten, lachte laut und herzhaft über sich selbst; alles an ihr wackelte. »Nee, an mir ist doch wirklich nix dran.«

Sie konnte kaum fassen, was alles zusammenkam. Aus jedem Bild, auch aus den spöttischen, las sie Verbundenheit. Ein seltsames Gefühl war es, die Wände voller eigener Portraits zu sehn: Sie selbst ruhend, schlafend, strickend, beim Aufhängen von Bildern oder Karten spielend. »Frau Küken legt ein Ey« stand darunter oder »Mutter Ey und ihre Küken.« Hundts Portrait, das sie mit spanischem Kamm zeigte, bildete den Mittelpunkt. Sie dachte an Robert und was er wohl sagen würde, wenn er das sehen könnte.

Zur Eröffnung war die Galerie zum Bersten voll. Alle waren gekommen, sogar Uzarski. Kuchen und Likör hatten sie ihr gebracht; auf dem Tisch stand ein Strauß gelber Nelken. Hundt steckte ihr mit Hilfe ihres spanischen Kammes eine aus Spitzen gefertigte Mantilla ins Haar und flüsterte ihr ins Ohr, dass sie das als eine Art Krönung verstehen dürfe. Wollheim hatte einen Straßenmusikanten mit einem Schifferklavier hereingelockt. Er war seltsam gekleidet, trug einen Schnurrbart nach Tatarenart und lange Haare, die im Nacken mit einem Band zusammengebunden waren. Mit tiefer Melancholie im Blick spielte er alles aus dem Stegreif, was sie ihm zurief: Strauß, Lehar, Zigeunermusik. Locker hielt er sein Instrument vor der Brust, zog es auseinander, dass es mit seinem Blasebalg Luft zog, fuhr wild mit den Fingern über die Tasten, während um ihn herum alles schunkelte und auf den Stühlen wippte. Johanna war glücklich wie lange nicht mehr.

Am nächsten Tag hielt ein Pferdefuhrwerk vor der Galerie. Zwei Männer sprangen vom Bock, hievten eine Holzkiste von der Ladefläche. »Vorsicht. Bilder«, sagte einer zu Johanna, starrte auf ihre Mantilla, die sie sich am Morgen ins Haar gesteckt hatte und grinste seinen Kollegen vielsagend an. Sie füllten einen Lieferzettel aus und verschwanden. Die Kiste war mit Seilen verschnürt. Einen Absender konnte sie nicht ausmachen. Sie eilte in die Küche, um ein Messer zu holen. Kaum war sie zurück, da stand Ernst in der Galerie, gekleidet wie ein Gentleman. »Mäxchen«, lachte sie, »was für eine Überraschung!«

»Ich brauche Geld«, sagte Ernst und wies auf die Kiste. »Ist alles von mir. Ich konnte es bloß nicht tragen. Großartig siehst du aus. Das Ding da«, – er zupfte an ihrer Mantilla – »macht was aus dir!« Unruhig ging er in der Galerie herum, bewunderte die Johanna-Portraits, befand die Idee grandios, bereute, dass sie nicht von ihm stammte. Kaum dass er saß, fing er von seinen Plänen an. »Ich muss nach Paris. So schnell wie möglich. Paris ist Antwort und Ziel. Dreißig Jahre Deutschland sind genug.«

»Du willst weg? Und was ist mit deiner Familie?«

»Ich geh allein.«

»Und deine Frau?«

»Lou bleibt hier. Wir werden uns trennen.«

»Aber sie hat doch ...«

»Ja, sie hat alles getan. Sie hat aufgehört Geige zu spielen, um mich nicht zu stören. Sie hat Freunde fallenlassen, die ich nicht mochte. Sie las nur Bücher, die ich gut fand. Es war zuviel. Verstehst du das? Für sie und den Jungen ist gesorgt. Éluard, mein Freund, hat mir seinen Pass geschickt, weil ich kein Visum bekommen habe. Ich kann bei Éluards wohnen.«

»Mit einem falschen Pass?« Johanna sah ihn skeptisch an. »Also Courage hast du ja.«

»Ich brauche meine Freiheit, es drängt mich. In Paris gibt es grandiose Künstler. Ich habe Freunde. Eine Arbeit werde ich schon finden. Jetzt habe ich schon zwei Jahre Fabrikarbeit hinter mir, zwei Jahre Tinnef für Touristen fabriziert, da kommt es auf ein drittes nicht an. Vom Malen kann ich ja nicht leben.«

Johanna trennte die Seile durch und öffnete die Kiste. »Das ist ja eine ganze Sammlung.«

»Es sind 18. Ich hoffe, du kannst sie zu Geld machen.« Ernst zog eine Reihe kleiner Collagen aus der Kiste. »Immer wieder Vögel«, sagte Johanna und betrachtete eine Zeichnung mit einer Frau, bei der ein Vogel zwischen den Beinen hervorsah. »Das kommt mir alles vor wie Märchenfiguren. Und die Landschaften sind so, wie ich mir das Paradies vorstelle.«

»Märchenfiguren? Ja, meine Fabelwesen könnte man für Märchenfiguren halten. Tiermenschen sind es. Oder Menschvögel. Sie leben in Gärten und Wäldern. Als Kind hatte ich mal einen rosa Kakadu. Loplop. Er hatte ein Nest in den Lüften … Er starb zur gleichen Zeit, in der meine Schwester geboren wurde. Das war für mich bedeutungsvoll. Verstehst du das?« Johanna antwortete nicht, sah zu, wie Ernst Bilder aus der Kiste hob und an die Chaiselongue lehnte. »Das ist mein ›Souvenir de Dieu‹. Johanna versuchte die Titel der Bilder zu entziffern. »Es ist ein seltsames Bild. Auch hier – bei den Nachtigallen und Kindern, da musst du mir helfen, damit ich es verstehe. Und das hier, deine heilige Cäcilie, erinnert mich an ein Bild von Wollheim. Kennst du sein Gretchenbild? Wie eine ramponierte Puppe. Manchmal glaube ich, dass ihr euch diese Dinge zusammenträumt. Und dann diese Titel: ›Unruhe meiner Schwester‹, ›Elefant von Celebes‹, ›Weib, Kreis und Blume‹, ›Pietá oder die Revolution bei Nacht‹, ›Inneres Gesicht‹ – wie kommt man bloß auf so was?«

»Ganz einfach. Wir spielen Onkel Otto.« Fragend sah Johanna ihn an. »Onkel Otto sitzt in der Badewanne und lacht. Kennst du das nicht? Es ist ein Kinderspiel. Hast du es nie gespielt?«

»Bei uns wurde nicht gespielt.«

»Sollen wir mal?« Ernst stand auf, kramte einen Papierbogen und Stifte aus seiner Tasche. »Komm, setzen wir uns an den Tisch.« Indem er den Bogen waagerecht legte und sechs senkrechte Spalten zeichnete, forderte er sie auf, einen Titel oder einen Verwandtschaftsgrad in die erste Spalte zu schreiben. Als sie zögerte, erklärte er: »So was wie Doktor, Minister oder Bruder. Dann musst du die Spalte einknicken, so dass ich sie nicht lesen kann. Ich schreibe dann einen Namen auf, dann bist du wieder dran mit einem Tunwort, zum Beispiel spielt, putzt, schreit. Dann schreibe ich ein Verhältniswort auf wie unter, über, neben, in oder auf. Dann kommt ein Hauptwort mit einem Artikel, bis alle Spalten in einer Zeile voll sind.«

»Also ich soll jetzt einen Verwandten eintragen?«

»Ja, es kann auch ein Beruf sein oder so was.« Johanna dachte nach, schrieb schließlich das Wort Tante, wobei sie aufpasste, dass er nichts sehen konnte. Dann knickte sie die Spalte ein und schob ihm das Blatt zu. Hin und her ging der Zettel. Ein Tunwort wollte ihr länger nicht einfallen, aber schließlich war auch die letzte Spalte beschriftet. »Jetzt kriegst du was zu lachen.« Johanna strich das Blatt glatt und las: »Tante Johanna rollt unter Kanonenfutter ein Schiff.« Sie prusteten vor Lachen. »Tante Johanna rollt ... Na sowas! Das könnte tatsächlich ich sein. Nochmal, das machen wir nochmal.« Wieder gingen Stift und Papier hin und her. Johanna kam aus dem Lachen nicht heraus. »Bruder Wollheim pinkelt über Tannenspitzen seinen Kaffee.«

Barz kam dazu; jetzt wurde es noch bunter.

»Oheim Otto wiegt unter Tischkanten das Haus.«

»Schmiedemeister Schwesig klopft auf Wolle ein Hase!«

»Direktor Ey schwebt mit Dampf im Zopf!«

Den ganzen Nachmittag ging es so. Johanna drängte weiter zu spielen, aber Ernst war verabredet. »Wenn ihr die Vernunft abschalten und den Zufall heranholen wollt, sind solche Spielchen allerfeinstens«, erklärte er, bevor er ging. »Die Kombinationen sind unendlich. Alles schön jenseits von Logik und Vernunft. Ist es nicht unsäglich gut? Als ich es mit Éluard gespielt habe, kam mal raus: Der exquisite Leichnam wird neuen Wein trinken. Jetzt nennen wir die Ergebnisse unserer Spiele immer ›Cadavres exquis‹.«

Ernst hatte ihr die Bilder teils in Kommission gegeben, teils hatte Johanna sie gekauft, so dass er kurz darauf nach Paris reisen konnte. Mit seinem ›Souvenir de Dieu‹ ging es ihr ähnlich wie mit Wollheims Verwundetem. »Ein Kopf wie Gott mit einer Spindel vor dem Mund. Es ist für mich unheimlich. Ich konnte es am Anfang gar nicht ansehen, habe des Nachts Alpdrücken bekommen ...«, schrieb sie ihm.

Der Kölner Galerist Nierendorf hatte Dix angetragen, einen Radierzyklus zum Thema Krieg anzufertigen und angekündigt, dafür ordentlich die Werbetrommel zu rühren. Um ein besseres Atelier zu bekommen, schrieb Dix sich in der Akademie ein, bewarb sich in der Klasse von Professor Nauen als Meisterschüler, was für einen Teil der Leute im Ey offene Fahnenflucht ins Lager des Gegners bedeutete. Er aber schmetterte sämtliche Anfeindungen ab: »Des is ja doch allens een Mist. Ich muss arbeiten!« Johanna, die weiterhin auf seine Bilder hoffte, verteidigte ihn: »Lasst ihn in Ruhe!«

Noch jemand vertrat den neuen Kurs der Akademie. Jean Paul Schmitz war, ebenso wie Leman und Hundt, Meisterschüler bei Nauen geworden. Schmitz, krausköpfig, von Johanna deshalb Krause genannt, schwärmte von den Impressionisten, was sich auch in seinen Bildern widerspiegelte. Während er sein Fahrrad mitten in der Galerie auf den Kopf stellte, mit einem Ölkännchen an der Kette arbeitete, dabei immer wieder das Vorderrad antrieb, erzählte er vom neuen Kurs an der Akademie. »Mich interessieren van Gogh und Matisse. Nauen war in Paris, hat das alles gesehen und studiert. Er lässt uns diskutieren und ausprobieren.« Wollheim, der auf der Chaiselongue lag und las, wurde hellhörig. »Nauen ist Teil einer bürgerlichen Einrichtung, die die Freiheit in der Kunst schon deshalb nicht fördern kann, weil sie von Freiheit keine Kenntnis hat.« Schmitz blieb bei seinem Urteil. »Nauen sagt, dass kein Werk objektives Bild der sichtbaren Wirklichkeit ist, sondern ein selbstständiger Organismus, eine Fläche, belebt mit dem Rhythmus der Linien und Farben.« Johanna konnte ihm nicht folgen. »Hmm. Hauptsache, Nauen versteht euch.« Woraufhin Wollheim sie anzischte: »Ach was verstehst du denn schon?«

Pankok, der seit seiner Hochzeit als Pressezeichner für den »Düsseldorfer Mittag« arbeitete und in Theatern, Kabaretts und Landtagssitzungen zeichnete, war nach Hannover geschickt worden, um als Gerichtszeichner den Prozess gegen einen Serienmörder zu dokumentieren. Den ganzen Winter beschäftigte ihn der Fall des Fritz Haarmann, der wegen Mordes an 24 Jungen zum Tode verurteilt worden war. In allen Details erzählte Pankok Johanna von den Gräueltaten und brachte ihr irgendwann ein großes, gleichnishaftes Kohlengemälde, das einen durch die Nacht schleichenden monströsen Menschen mit übergroßen Händen und den Zügen Haarmanns zeigte, aus dessen linkem Arm hässliche verkrampfte Finger wuchsen. »Unglaublich«, staunte Johanna, »das hätte keiner besser machen können. Die Hände und der Blick sind es. Heimtückisch und verschlagen. In diesen Augen muss man suchen. Da liegt der Grund.« Als Pankok erwähnte nach Italien reisen zu wollen, um sich abzulenken, versprach sie, alles zu tun, um das Bild bald zu verkaufen. »Fahr nur. Lenk dich ab. Nach so einem Bild brauchst du Sonne und Licht.«

Im Juni kam ein Brief von Max Ernst. Ob sie nicht alle seine Bilder kaufen wolle, er müsse nach Indochina verschwinden und brauche binnen acht Tagen 4000 Mark für die Schiffskarte.

Tage später – Johanna wollte ihm soeben mitteilen, dass sie alles zu tun versuche – stand er in der Galerie. »Ein Freund ist nach Köln gefahren. Da bin ich mitgekommen. Sonst hätte ich alles schicken müssen.«

»Warum hast du nicht geschrieben, dass du kommst? Ich hätte doch was gebacken und was weiß ich noch alles.«

»Ich wollte nicht, dass du dir Arbeit machst. Außerdem sollte es eine Überraschung sein.« Ernst trug zwei schwere Mappen auf dem Rücken. Seine Jacke saß schlecht, sein sonst modischer Haarschnitt hatte die Form verloren. Johanna räumte ihm einen Platz auf der Chaiselongue, die voller Zeitschriften lag.

»Ich hoffe, du hast meine Post bekommen?« Ernst umarmte sie, lachte und küsste sie auf den Mund. »Deine Sorgenbriefe? Aber siehst du, Eychen, ich wusste es. Es geht immer irgendwie. Jetzt lebe ich schon eine ganze Weile mit falschem Pass und es geht.« Während er die Mappen auf den Boden legte, begann er zu erzählen. »Ein Filmkomparse war ich. Zuletzt hab ich mich als Arbeiter in einer Zigarettenspitzenfabrik durchgeschlagen. Wohnen konnte ich bei Éluards. Ich bin mit ihnen in ihr Haus nach Eaubonne gezogen, nah bei Paris. Dort habe ich Wände und Türen bemalt. Großartige Gemälde sind entstanden. Fabelwesen und Paradiesgärten. Und hier bringe ich dir alles, was transportabel ist. Ich brauche Geld. So viel wie möglich und so schnell wie möglich. Ich kann nicht anders. Es kostet mich alles, aber ich muss es tun.« Er begann die Mappen aufzubinden. Johanna räumte den Tisch frei. »Gefällt dir Paris nicht mehr?«

»Paris ist bunt und schrill und irgendwie auch meine Stadt. Aber es gibt neue Pläne. Es hat sich viel verändert. Du kennst Gala nicht, die Frau von Éluard, aber wenn du sie kennen würdest, könntest du mich verstehn.«

»Ist es wegen ihr?«

»Wegen ihr und mir und wegen Éluard. Ach, überhaupt wegen allem.« Eines der Bilder, das er in der Mappe transportiert hatte, war in dickes Papier eingeschlagen. »Hier, voilà, la belle Jardinière, meine schöne Gärtnerin«, sagte er, »ich habe es im Haus von Éluard gemalt. Es ist aus der Collage ›Femme Oiseau‹, meiner Vogelfrau, entwickelt.« Eine Frau mit einem seltsamen Körper war dargestellt. Etwas Traumhaftes und Unwirkliches ging von ihr aus. Sie hatte die Augen geschlossen und eine Hand in den Nacken gelegt, als träume sie. Etwas in ihrem Gesicht fehlte. Unter den Lungenflügeln, die wie bei einer medizinischen Puppe aufklappbar wirkten, war der Bauch als offene Kugel dargestellt. Der Unterleib wurde zum Teil von einer Taube verdeckt. Die Figur stand riesengroß in einer Landschaft. Rechts hinter ihr, am Himmel, erschien eine männliche Figur mit erhobenen Armen und einem Früchtekranz um Hals und Lenden. Seine Ganzkörperbemalung erinnerte Johanna an

Afrika. »Afrika«, lachte Ernst, »›La belle Jardinière‹ heißt eine Raffael-Madonna, die im Louvre hängt. Genauso nennt sich aber auch ein Warenhaus in Paris, so ein ganz altmodisches, für Leute, die aus der Provinz kommen, um ihre Knaben einzukleiden. Das hat mich verleitet, diesen Titel zu wählen.«

»Und die Frau?« Ernst sah Johanna überrascht an. »Es ist Gala, die Frau von Éluard. Sie hat mir Modell gestanden.« Er sprang auf, zog eine Tröte aus der Tasche, entlockte ihr einen schrillen Ton. Dann machte er ein paar Tanzschritte, tat, als ob er über ein Seil balancierte und begann zu singen: »Roll nicht von deiner Spule, sonst bricht dein Backsteinzopf, sonst picken dir die Winde die Flammen aus dem Kropf. Sonst fließt aus deinen Röhren der schwarze Sternenfisch und reißt mit seinen Krallen die Erstgeburt vom Tisch.« Johanna lachte, schüttelte den Kopf. »Du bist nicht zu fassen ... Deine Bilder sind für mich Wunderwerke. Aber das größte Wunderwerk bist und bleibst du!« Dann wurde sie ernst. »Willst du Lou wirklich verlassen? Ach nein, sag es nicht. Ich seh es ja. Weißt du, dass aus dir ein richtiger Franzmann geworden ist?« Sie betrachtete die schwarze Jacke über einer hellen Drillichhose, die weißen Gamaschen über den Schuhen, die Pomade im Haar. »Ja, ein Franzmann. Und das sind meine Pariser Freunde«, sagte er, indem er ein weiteres Bild aus dem Packpapier schälte. »Au Rendez-vous des amis, signiert Décembre 1922«, sagte er, »das war für mich das Jahr eins. Damit hat etwas Neues angefangen, was ganz anderes. Letztes Jahr habe ich es im Salon des Indépendants gezeigt und da hatte ich das Gefühl, dass es etwas auslösen wird.« Sinnend sah er auf das Bild. Johanna hob es auf den Tisch. Ein schroff gezacktes, in kalten Türkistönen gehaltenes Gebirgsmassiv erhob sich in einen nachtschwarzen Himmel, an dem sich helle Kreise abzeichneten. Am linken Rand agierten an Marionetten erinnernde Figuren. Den Vordergrund bildete eine Gruppe von Personen, die vor einer gezackten Hochgebirgslandschaft teils in der Luft zu schweben schienen, teils auf seltsamen Felsen standen oder sich gegenseitig auf dem Schoß saßen. Einer der Dargestellten schien die Tasten eines unsichtbaren Klaviers zu bedienen. Von rechts eilten mit weit ausholenden Schritten Personen heran. Ein Mann tänzelte in einem roten Schal, ein anderer in einem antiken Gewand, ein dritter trug einen Lorbeerkranz um die Hüften. Wie in einem geheimen Zirkel schienen sich die Männer über seltsame Handzeichen zu verständigen. Ein Messer und ein kompliziert geteilter Apfel schwebten auf einer sonderbaren Unterlage. Den Personen waren Nummern zugeordnet und links und rechts, am unteren Bildrand, hatte Ernst Namenstafeln angebracht. »Das sind alles deine Freunde?« Sie las die Namen von Robert Desnos, Hans Arp, André Breton, Paul Éluard, Louis Aragon und Giorgio de Chirico, den sie kaum aussprechen konnte. Dann entdeckte sie Ernst auf dem Schoß eines Mannes sitzend. »Merkwürdiges Bild. Du selbst, die Nummer vier. Warum hast du dich ...« Ernst unterbrach sie. »Es ist Dostojewski. Er bedeutet mir sehr viel. Er hat gesagt, dass er das, was die meisten Menschen als phantastisch betrachten, für das innerste Wesen der Wahrheit hält.« Johannas Blick blieb an der einzigen Frau hängen, die auf dem Bild abgebildet war. Sie trug die Nummer 16 und Johanna suchte auf der Tafel nach ihrem Namen. »Gala Éluard.«

»Ja, Gala. Im Sommer vor zwei Jahren habe ich sie zum ersten Mal gesehn.« Er zeigte auf die gezackte Bergkette im Hintergrund des Bildes. »Das sind die Tiroler Berge. Wir haben uns damals mit den Dadafreunden dort getroffen. Die meisten waren schon abgereist, als Éluard mit Gala kam. Mit diesen beiden hier ...«, – wieder zeigte er auf das Bild –, »habe ich noch eine Reise nach Wien gemacht. Hier, das ist Breton. Er war mit dabei und hat bei der Gelegenheit einen Psychoanalytiker in der Berggasse aufgesucht, der Träume deutet. Vielleicht hast du von ihm gehört. Er hat Unglaubliches erforscht. Ja, und hier, zwischen all dem, steht Gala. Sie hat eine ganz neue Stimmung in unseren Kreis gebracht. Éluard hat mich danach mit ihr in Köln besucht. Die beiden haben bei mir Collagen ausgesucht. Illustrationen für seinen neuen Gedichtband. Damals hat das mit Gala angefangen. Ich bin kurz darauf nach Paris gereist, zu Éluards. Sie gefallen mir beide. Was und wie er schreibt fesselt mich ungeheuer. Ja, und Gala ...« Er brach ab und sah wieder auf das Bild. Gala umgab etwas Düsteres. Mit ihrem dunklen Haar, dem orientalisch verschleierten Gesicht und den schwarzen Augen, wirkte sie auf Johanna undurchsichtig und aufreizend. »Es ist nicht einfach. Eine Weile hat Éluard es geduldet. Dann hat er angefangen, mit ihrem Körper zu prahlen, mit ihrer Erotik.« Johanna schüttelte entrüstet den Kopf. »Das macht keiner, der Anstand hat.«

»Ach, Frau Ey. Es schockiert dich vielleicht, aber wir leben dort frei. Jeder tut das, was er für richtig hält. Mit jedem.« Um Johannas Mund zuckte es. »Was?«

»Es ist eben so. Es sind wichtige Erfahrungen. Das verstehst du nicht. Zwar gibt es ständige Eifersuchtsattacken, Unverständnis, Affären. Aber es ist ungeheuer spannend. Alle in der Gruppe leben so. Es ist eine Form jenseits aller Moralvorstellungen. Éluard ist mein Freund. Ein sehr enger Freund. Er hat sich gewünscht, dass ich und Gala in seiner Gegenwart miteinander schlafen. Es ist ein Spiel mit ungeheurem Reiz.« Johannas Kinn zitterte vor Empörung. »Ich versteh ja vieles nicht, was ihr macht. Aber das?«

»Das mit uns dreien geht jetzt schon eine ganze Zeit. Momentan bin ich die Hauptfigur, während er eine Nebenrolle hat. Aber jetzt ist was passiert, das ich noch nicht durchblicke.«

»So was muss doch schiefgehn.« Ernst zuckte mit den Schultern. »Ob es schief geht oder nicht? Im März jedenfalls sollte Éluard Geld seines Vaters zur Bank bringen. Statt es abzugeben, ist er verschwunden. Jemand hat ihn noch in einem Bistro gesehen. Inzwischen wissen wir, dass er eine Fahrkarte nach Marseille gelöst hat. Von dort ist er per Schiff in Richtung Südostasien aufgebrochen. So wie der Dichter Rimbaud. Einfach auf und davon. Die Eltern fürchten um ihn; glauben, dass er sich das Leben nehmen will. Sensibel genug ist er ja. Éluard hat mich immer und überall unterstützt. Er hat mir seinen Pass geliehen und kauft mir Bilder ab.«

»Und teilt mit dir seine Frau.« Ernst reagierte nicht auf Johannas missfälligen Blick. »Zuletzt haben wir ein Manifest aufgestellt. Das Manifest des Surrealismus. Er hat das alles in seine Dichtung aufgenommen, hat geschrieben, was wir gemalt haben. Jetzt ist er in Saigon. Wir werden ihm folgen. Deshalb brauche ich das Geld.«

»Saigon? Mein Gott, wo ist das denn?«

»Irgendwo am südchinesischen Meer. Ich habe keine Ahnung, was mich erwartet. Aber ich muss dorthin.« Nachdenklich saß Johanna auf der Couch und betrachtete das Bild. Köpfe und angedeutete Körper hinter der Gruppe fielen ihr auf. »Und die hier, hinter den anderen?«

»Das sind die, die nach uns kommen.« Mit vielem, was Ernst erzählte, konnte sie nur wenig anfangen. Den ganzen Nachmittag redeten sie, tranken Kaffee, rauchten. Immer wieder kamen sie auf Paris zu sprechen. Ernst erzählte von Parks und Straßen, Cafés und Bars, zuletzt von seinen Freunden, von Schlaf- und Schwebezuständen, von okkulten Séancen, in denen sie sich in Trance und Hypnose versetzten. »Wir wollen die Quellen unseres Unterbewusstseins ergründen. Nur so können wir an die darin verborgenen Kräfte gelangen. Einer meiner Freunde, Desnos, der mit der Nummer 17, ist ein Meister des hypnotischen Schlafs. Ein Hellseher. Seine Träume und Weissagungen setzt er um in Gedichte, in Bilder, auch in Taten. Er ist überhaupt das beste Objekt für Rauschzustände. Wenn er mich nur ansieht, fällt er schon in Trance.« Ernst rührte Zucker in seinen Kaffee; ein klingelndes Geräusch zog auf. »Wenn du schlafen gehst, hörst du nicht auf zu denken. Dein Geist ist hellwach. Du träumst. Viele meinen, Träume seien weit weg und völliger Blödsinn. Aber das ist nicht so. Träume sind Feinde von Verboten und Gesetzen. Sie bringen dich zum Kontinent deiner Seele. Wie Kolumbus in ein neues Land. Sie verraten so viel über dein eigenes Ich, über dein Sein.«

»Was seid ihr bloß alle für seltsame Gestalten«, sagte Johanna und schlug mit einer zusammengefalteten Zeitung nach einer Fliege, die sich auf Gebäck niedergelassen hatte.

Eine Nacht brauchte sie, um zu überlegen, wie sie es machen könnte. Dass die Bilder nahezu unverkäuflich sein würden, wusste sie. Trotzdem zweifelte sie keinen Moment an dem, was sie tat. Am Morgen holte sie ihr bestes Kleid aus dem Schrank, polierte die Schuhe, steckte sich den spanischen Kamm ins Haar, legte sich einen Schal um die Schultern und ging in die Stadt. Eine halbe Stunde dauerte es, bis das Geschäft mit der Sparkasse abgeschlossen war und sie einen kleinen Kredit hatte. Das Geld reichte nicht. Vertieft in den Vertrag saß sie in der Galerie und rauchte. Es war Zufall, dass sie in diesen Tagen in Verhandlungen mit einem Kölner Museum stand, das sich für Dix' Bildnis seiner Eltern interessierte. Sie stand auf, holte Briefpapier und einen Füller, schrieb an den Museumsleiter, bat um einen Vorschuss, bot an, dass sie den Dix für 5000 Mark verkaufen würde, wenn sie innerhalb der nächsten vier Wochen das Geld bekäme.

Das Museum reagierte sofort. Das Geld kam prompt. Auch Johanna zögerte keinen Moment. Sie rannte zur Post und schickte, noch bevor die acht Tage vorbei waren, einen Teil des Geldes an Ernst, den anderen brachte sie Dix.

Drei Gemälde von Ernst gab sie gegen Algerienbilder von Trude Brück. Wollheim tauschte zwei Landschaften gegen Ernsts Nachtbild mit schwarzem Vogel. Die schöne Gärtnerin, die bei den Malern größten Beifall fand – Wollheim bezeichnete das Bild als klassisch, schön und surreal – fand einen Platz im Hinterzimmer.

Dame im lila Kleid

Im Frühjahr, nachdem Johanna zwei seiner Radierungen verkaufen konnte, überfiel sie Dix mit einem Ansinnen. »Ich hab einen Wunsch. Sogar einen großen. Und weil ich jetzt etwas Geld habe, kann ich ihn endlich aussprechen.« Er zählte das Geld, das sie ihm für die Radierungen auf den Tisch gelegt hatte, in seine Börse und grinste. »Das war mehr als dringend. Wenn du wüsstest, wie abgebrannt ein Mensch sein kann.«

»Das weiß ich. Auch deshalb will ich dich was fragen.« Energisch sah sie aus in ihrem blauen Rüschenkleid, den hochgesteckten Haaren, dem gutmütigen, aber bestimmenden Blick. »Ich weiß ja, dass ich mich auf was gefasst machen kann, aber ich möchte, dass du mich malst. Gegen Bezahlung.« Dix stutzte. »Ich hab dich oft gemalt. In deinem Notizenbuch gibt es Skizzen.«

»Nein, keine Zeichnung. Ein Ölbild. Male mich wie eine Spanierin. Mit meinem spanischen Kamm. So, wie eine moderne Frau eben aussieht.«

Bei seinem nächsten Besuch trug Dix eine Feldstaffelei unterm Arm. Ein mitgebrachter Beutel enthielt neben Farben und Stiften einen rotglänzenden Stoff, den er über die Chaiselongue breitete. »Das ist der Hintergrund. Was meinst du?« Zufrieden ließ sie sich auf der Couch nieder, suchte nach der richtigen Position, befühlte den Stoff. Während Dix die Staffelei aufbaute und sich Stifte zurechtlegte, steckte sie sich ihren spanischen Kamm ins Haar.

»Zuerst ein paar Zeichnungen, dann sehn wir ...«

Steif saß sie mit überschlagenen Beinen, ein schwarzes Spitzentuch umrahmte das Gesicht. Sie hatte den Blick fest auf ein Bild von Kaufmann gerichtet, hörte das leichte Kratzen des Bleistifts auf dem Papier.

Dix arbeitete schweigend. Immer wieder sah er auf, durchforstete ihr Gesicht, ihre Haltung. Dann strichelte er wieder. Plötzlich hielt er inne. »Nein, so geht es nicht. Steh auf. Wir machen es anders.« Er bat sie, sich neben das Fenster, vor eine Bilderwand zu stellen. »Wie eine Königin sollst du aussehen. Kennst du diese Herrscherbilder in den Schlössern? Die Adelsportraits? Herzoginnen in blauem Umhang mit Hermelinkragen? In repräsentativer Haltung selbstverständlich. Stell dir Eleonore Amalie von Schwarzenberg oder Ludwig XIV vor.« Johanna musste lachen. »Ich und Amalie von Schwarzenberg ...« Auch Dix lachte. »Genau. So in der Art. Ein Dreiviertelportrait oder ein Kniestück könnte es werden. Und groß. Ein richtiges Format. Ein Meter auf einsfünfzig. Aus deinem Kamm mach ich ein Diadem. Das ist es überhaupt. Das Ding soll rausstechen. Und dann der rote Stoff als Hintergrund. Ja, das ist gut. Ich will mit dem Kopf anfangen. Nimm mal das Tuch ab.« Er nahm ein neues Blatt, markierte Punkte, begann mit den Umrissen des Kopfes. Sie wollte etwas sagen, schwieg aber, denn als sie in seinem Gesicht las, erkannte sie, dass sie zu einem Objekt geworden und es für ihn gleichgültig war, wen oder was er vor sich hatte. Hinter seiner wulstigen Stirn arbeitete es. Da waren nur noch das Ineinanderschneiden von Linien, die Kontraste von Farben und Licht, die Tiefe des Raumes. In seinem Blick lag etwas Gieriges und Grausames. Jedes noch so kleine Detail schien er zu erfassen, zu zerstückeln und zu zerschneiden. Er arbeitete verbissen. Seine Anspannung übertrug sich auf Johanna. Immer wieder verlagerte sie das Gewicht von einem auf das andere Bein; manchmal zuckten die Hände. Sie sprachen kein Wort.

Als er die Sitzung beendete und ihr die Skizze zeigte, war sie erleichtert. Er hatte sie nicht, wie sie es befürchtet und bei anderen erlebt hatte, seziert und herabgesetzt. Mit wenigen Strichen, Linien und Schattierungen war es ihm gelungen, ihren strengen und entschlossenen Gesichtsausdruck einzufangen, auch die leicht provozierende Haltung.

Schon tags darauf wechselte er zu Leinwand und Ölfarben.

Lange standen sie vor Dix' Portrait. »Es ähnelt den Fürstinnenbildern von Velazquez«, stellte Wollheim fest, »so wie du dastehst. Stolz und aufrecht. Mit viel Präsenz. Irgendwie gewaltig. Fehlen nur noch Reichsapfel, Zepter und Krone.« Auch Schmitz stand prüfend vor dem Bild: »Ja, wie eine Königin, ganz richtig.« Johannas Blick durch dicke Gläser war streng und entschlossen. Ihre Hand mit kleinen wulstigen Fingern war energisch zur Faust geballt und lag auf einem kleinen Tisch, während die andere ein wenig hilflos an ihrem formlosen Körper ruhte. Links neben ihr war eine Säule zu sehen, rechts ein dunkelroter, prächtig drapierter Vorhang. Das Besondere aber war die Farbe des Kleides. Dix hatte Violett gewählt, das Violett der Könige. Ein dunkler Pelzkragen hob sich ab vom Weiß ihrer Haut. »Ich meine, das ist ein Bild für die Ewigkeit. Da ist Dix eines der besten Portraits gelungen, die es von dir gibt. Er ist ein hartnäckiger Forscher, entfernt brutal alles Beiwerk, trifft mit Präzision den wahren Grund der Dinge.« Schmitz trat zurück, betrachtete das Bild mit Abstand. »Es zeigt exakt, was dich ausmacht. Die Brille, die kleinen Augen, das Doppelkinn. Auch die Armut und das Verruchte, das so ein bisschen an dir haftet. Und das Königliche. Du bist ja auch eine Königin, hier in der Galerie, für uns, dein Malervolk.«

Luftbilder aus Händeweiß und Blutrot, Traumgrün und Vogelblau

Das Junge Rheinland reduzierte sich weiter. Johanna war wieder allein verantwortlich für die Galerie. An der Akademie hatte es einen Wechsel gegeben. Der neue Direktor, Walter Kaesbach, galt als Förderer moderner Kunst. Seine Benennung war in der Stadt umstritten, auch im Ey wurde diskutiert. Es ging das Gerücht, dass Kaesbach sich dafür einsetze, den Ey-Künstlern Ausstellungsmöglichkeiten in städtischen Instituten einräumen zu wollen. Außerdem war die Galerie in die Liste der Sehenswürdigkeiten der Stadt aufgenommen, was im Ey zwar gefeiert wurde, aber nicht dazu beitrug, dass mehr Bilder verkauft wurden. Auch die neue Reichsmark erschwerte das

Verkaufen. Johanna musste wieder einen Kredit aufnehmen, dessen Rückzahlung ihr Sorgen machte.

Wollheim organisierte eine Ausstellung mit dem Titel ›Der Kampf‹. Er nannte die Ausstellung proletarisch; die Zeitungen hingegen werteten die Schau als Entgleisung und Geschmacklosigkeit. Daraufhin engagierte er sich für eine Zeitschrift, die kritische Zeichnungen und ebensolche Texte gegen Militarismus und Klassenjustiz sowie die Verbrechen der Hakenkreuz-Korps veröffentlichten. Dass die Zeitschrift auf wenig Interesse stieß und schon nach drei Nummern Schluss war, schien ihm nichts auszumachen. Ständig brannte er bei Ungerechtigkeiten, kämpfte gegen Missstände, seine Tatkraft war unendlich.

Im Sommer sorgte eines seiner Theaterstücke, das im Lichtspielhaus an der Steinstraße aufgeführt wurde, wegen heftiger Angriffe auf die Justiz für Wirbel. Das Stück verurteilte die Todesstrafe und erklärte die Titelfigur, einen Staatsanwalt, zum eigentlichen Mörder. Presse berichtete, Reporter stürmten die Galerie, befragten Johanna, wie sie zu den ständigen Provokationen ihres Zöglings stehe, warfen ihr vor, Keimzelle und Brutstätte für Nestbeschmutzer zu sein. Vor einem von ihnen baute Johanna sich auf, verschränkte die Arme vor der Brust und sagte in pikierte Gesichter: »Niemand außer Gott steht es zu, über Leben und Tod eines anderen zu richten.«

Bis Ende des Jahres blieb es unruhig. Dann legten sich die Diskussionen wieder. Monatelang war Pankok mit Werner Gilles in Italien gewesen. Nach seiner Rückkehr stapelten sich Aquarelle, Tuschen, Zeichnungen, farbenfrohe Portraits des Südens auf Johannas Tisch. Auch Dix hatte sich mit Kaufmann und Uzarski ein halbes Jahr in Italien aufgehalten. Bei ihm hingegen war die Ausbeute der Bilder weniger üppig ausgefallen. Außer Zeichnungen der mumifizierten Leichen in den Katakomben von Palermo – viele Stunden hatte er in dieser Gruft verbracht – war nur ein Aquarell dabei: Fischerboote vor einem Dorf am Meer. »Ich kann son Zeug nicht malen«, sagte er, betrachtete sein Aquarell und schüttelte den Kopf: »Und man könnte so schön Geld damit verdienen. Ist doch schade, dass ich so was nicht malen kann.« Er kramte Skizzen von Palmen aus der Mappe. »Palmen, Palmblätter, Palmstämme ... Ach, was glaubt ihr, was es heißt, so eine lebendige Palme zu zeichnen? Ein Jahr brauchen wir Nordländer, bis wir die richtig und ganz erfasst haben. Aber soviel Zeit hat man ja nicht.« Schmitz, sichtlich gelangweilt von Dix' Palmblättern, ging zum Fenster, öffnete den Laden. Wollheim zischte ihn an, dass es zu kalt würde, aber Schmitz reagierte nicht.

Auf dem Straßenstück, das über die Königsallee zum Hindenburgwall führte, hatte man über Nacht Weihnachtsstände aufgeschlagen. Ein Straßenmusikant in Frack und Zylinder stand im Nieselregen, kurbelte eine Drehorgel und sang. Mit einem Stock zeigte er auf Bilder, die er auf einer Tafel präsentierte: »Sabinchen war ein Frauenzimmer, dabei gar tugendhaft. Sie diente treu und redlich immer bei ihrer Dienstherrschaft. Da kam aus Treuenbrietzen ein junger Mann daher. Der wollte gern Sabinchen besitzen und war ein Schuhmach-her ...«

Neben dem Musikanten, an einer Litfaßsäule, klebte ein verregnetes Plakat: Tatjana Barbakoff und Marcel Boissier. Russische Tänze und Parodien. »Habt ihr das Plakat gesehen?«, fragte Schmitz und wies nach draußen, »das ist doch die Tänzerin, von der Clarenbach erzählt hat. Die ganze Akademie macht er ihretwegen verrückt. Sie soll ein Wunder sein. Vor Jahren ist sie im Schauspielhaus aufgetreten. Clarenbach war Dauergast und hat ihr täglich Lobeskarten in die Garderobe geschickt. Ihre Schönheit, die Kostüme die sie trägt, ihr Tanz – das müssen wir sehn!« Wollheim und Barz traten ans Fenster. Das Plakat versprach Einzigartiges: »Phantastisches Tanzspiel. Fremdartig wie der ferne Osten.« Barz zog ein Prospekt mit einem Foto aus der Tasche: »Hat mir heute morgen jemand in die Hand gedrückt. Das ist sie ...« Das Prospekt wurde herumgereicht. Eine Frau saß mit angewinkelten Beinen auf einem Kissen, die Hände im Schoß gefaltet. Ihr auffällig geschminktes Gesicht mit asiatisch geschnittenen Zügen war nur im Profil zu sehen. In den schwarzen, in der Mitte gescheitelten Haaren glitzerte ein Schmuck. Ihr mit Blumen besticktes rotes Seidenkleid erinnerte an Illustrationen eines Hauffschen Märchenbuches. »Sie hat was Feines, Zerbrechliches.«

»Wie eine Plastik sieht sie aus, wie von einem Bildhauer geschaffen.«

Des Geldes wegen waren sie unschlüssig, aber als Hundt am Tag der Vorstellung mit rosafarbenen Billetts winkte, war keiner mehr zu halten. »Ich lad euch ein! Heute Abend gehts ins Corso«, lachte er und zeigte auf jeden einzelnen: »Ihr kommt alle mit. Wollheim, Barz, Kreuzberg, Schwesig, Pankok ... Ihr seid alle eingeladen und werdet jetzt mal was zu sehen kriegen.«

Johanna, die keine Lust auf russische Tänze verspürte, lehnte ab, zu viel sei noch zu tun und bei allem Spaß müsse ja schließlich einer bleiben, um Bilder zu verkaufen. Den ganzen Abend fegte sie, klopfte Staub aus dem Sofa, wischte Möbel ab.

Sie hatte gerade ein Bild von Uzarski von der Wand genommen und wollte den Wedel ansetzen, da sah sie Wollheim zurückkommen. »Wo sind denn die anderen?«

»Sie kommen gleich.«

»Wie wars?«

»Gut, sehr gut.« Sie wunderte sich, Wollheim so einsilbig und verstimmt zu sehen, hatte aber keine Zeit zu fragen, denn lebhaft schwatzend fielen die Maler ein, begleitet von einer Frau, die, im Pulk der Männer, von einem schwarz gekleideten Hutträger in Beschlag genommen wurde, sich von Barz einen Pelzmantel abnehmen und einen Stuhl bringen ließ. »Das ist die Barbakoff«, flüsterte Schwesig ihr zu, indem er sich einen Stuhl schnappte, sich dann, wie alle anderen, um den Tisch drängte, an dem die Frau jetzt Platz nahm. Der Schwarzgekleidete, der mit dem Rücken zu Johanna saß, entpuppte sich als Journalist. Johanna beobachtete, wie er Papier und Bleistift zückte. »Na, dann wollen wir mal ...«

Alle in der Galerie waren beeindruckt. Die Frau war von seltener Schönheit. Ihre Augenbrauen waren fein wie Striche. Ihre schwarzen, im Nacken verknoteten Haare glänzten. Ihr Gesicht, die Anmut und der geschmeidige, ausdrucksvolle Körper versprühten einen seltsamen Zauber, dem sich auch Johanna nicht entziehen konnte. Die Art, wie die Frau lachte, sprach und sich bewegte, sorgte dafür, dass der Geräuschpegel abfiel, alle aufmerksam dasaßen, sich kein Wort und keine ihrer Gesten entgehen ließen. Johanna – in aller Eile hatte sie sich Kamm und Mantilla ins Haar gesteckt – spähte durch ihre dicken Brillengläser, kam leiser heran als sonst. Einen kurzen, kritischen Blick auf die Tänzerin konnte sie nicht verhehlen. Entgegen ihrer Gewohnheit bedankte sie sich für die Bestellung einer Flasche Kupferberg, deren Inhalt bald in hohen Gläsern prickelte. Wollheim, den Kopf voll roter, wallender Wolle, das Auge glitzernd und forschend und schon um drei Gedankengänge voraus, neben ihm Hundt, mit Chlorodont gepflegten Zähnen, sportlich und schön wie immer, Schwesig, zwerghaft schlau und angriffslustig, Schmitz, wippend und pfeiferauchend, Kreuzberg, im Geiste die Szenerie malend – alle reckten die Köpfe.

Tatjana Barbakoff sprach in einem drolligen, porzellanfeinen Deutsch und lächelte dazu mit einem unnachahmlich ernsten Zug um den Mund. »Ja, richtig, Barbakoff ist mein Künstlername. Ein gebräuchlicher jüdischer Familienname bei uns in Aizpute«, antwortete sie auf eine Frage des Journalisten, der Notizen machte. »Meine Mutter hat gerne chinesische Stoffe gekauft. Farbige, schmückende Seidenstoffe. Schon als Kind habe ich damit gespielt, mich darin vor dem Spiegel bewegt. So kam ich zum Tanz.«

»Kennen Sie China?«

»Nein. Aber ich möchte einmal hin, bald schon, um zu sehen, dass alles so ist, wie ich es mir in meinen Träumen vorstelle.« Wieder schrieb der Journalist und fragte auch etwas zu China. »Ich fühle in meinem Blut, dass alles das, was ich künstlerisch auszudrücken versuche, von dort ist.« Wollheim, der seit der Vorstellung im Corso kaum geredet hatte, stürzte den Sekt in einem Zug hinunter, wischte sich herablaufende Tropfen vom Kinn und rückte mit seinem Stuhl näher. »Aber das sind doch chinesische oder sagen wir asiatische Tänze?« Sie betrachtete ihn aufmerksam, dann nahm sie das Glas, prostete ihm zu und trank. Ihr Gesicht wurde ernst. »Ich stamme aus Lettland. Das Baltikum gehört zum Zarenreich, deshalb gelte ich als russische Tänzerin. Echte asiatische oder chinesische Tänze habe ich nie gesehen. Ich brauche das nicht. Ich war auch nie neugierig darauf, denn ich bin mir ganz sicher, dass meine Tänze richtig und gut sind und auch gar nicht anders sein können.« Wollheim starrte sie an. Seine Augen hatten einen seltsamen Glanz bekommen. »Nur etwas«, fuhr Tatjana fort, »ein Einziges brauche ich zu meinem Tanzen. Es sind die alten Kostüme, die man mir aus China geschickt hat. Wenn ich ihr starres Gold zwischen den Fingern fühle, wenn sich diese unendlich weiche Seide an meinen Körper schmiegt, kommt der Traum wie von selbst zu mir. Dann weiß ich, wie Asien ist, wo ich nie gewesen bin.« Ihre schwarzen Augen waren fest auf Wollheim gerichtet, der unter diesem Blick wie gefangen war. »Und ich irre mich nicht. Wenn ich einmal hinkomme, wird alles genauso sein, wie ich es seit meinem zehnten Lebensjahr tanze.«

»Darf ich Sie malen?«, fragte Wollheim unvermittelt.

Seit dem Auftritt der Barbakoff war Wollheim verändert. Obwohl ihn Johanna mehrmals gefragt hatte, sprach er nicht über die Vorstellung. Von Barz erfuhr sie, dass Tatjana unvergleichlich gewesen sei. »Bestickte Seidenkostüme hat sie getragen, eine Buddhastatue gemimt und dabei das Gesicht ganz starr gehalten. Nur die Hände hat sie bewegt. Hast du diese Hände bemerkt, Johanna? Solche Hände habe ich noch nie gesehen. So grazil, so schön ... Danach ist sie als chinesische Prinzessin aufgetreten. Ein blaues Gewand mit Silberspitzen trug sie, sehr kostbar. Mit zierlichen Menuettschritten hat sie Händel getanzt. Einmal war sie Marie Antoinette. Zuletzt tippelte sie zur Trommel in einem Umhang mit aufwändiger Rosenstickerei wie eine Chinesin beim Gang durch einen Garten. Du glaubst es nicht, wenn du es nicht gesehen hast, aber die Blumen schienen zu duften, Falter heranzutaumeln. Alles sah so leicht aus. Allein die Kostüme waren Kunstwerke. Sie hatte auch kaum Maske nötig. Nur die Augen hat sie umrandet und die Wangen weiß gemalt. Malerei war das«, schwärmte er, »eine Frau, die Bilder tanzt.« Er kramte das Prospekt hervor und blätterte: »Hier steht: Tanz gewordene bewegte Plastik aus händeweiß, traumgrün, blutrot. Und dann dieses rassige Gesicht. Der geschmeidige, schöne Körper, die Gestik der Hände. Einmal hat sie mich angesehn. Wie eine Ikone.« Johanna sah in ein träumendes Gesicht. »Wollheim hat es wohl nicht gefallen«, forschte sie. »Wollheim? Der war wie elektrisiert. Keinen Blick hat er von ihr gelassen.«

Den ganzen Dezember traten Tatjana Barbakoff und ihr Mann im Corso Cabaret auf. Nach der Show kamen sie in die Galerie, wo sich alle um Tatjana scharten, die Züge ihres Gesichtes studierten und die Skizzenbücher mit ihr füllten: Rübsam, Hundt, Pankok, vor allem Wollheim, der seine Frau Leni, eine Pianistin, nach heftigen Eifersuchtsszenen zu überreden versuchte, Tatjana am Klavier zu begleiten. Leni lehnte ab. »So was kann ich nicht spielen.«

Als Tatjana abreiste, lagen Bilder für eine komplette Ausstellung auf dem Tisch.

Im Februar feierten sie Karneval, gossen sich mit Johanna als maskiertes und kostümiertes Knäuel in die Gassen der Altstadt, wo die Läden voller Larven, Goldbänder und Perücken lagen und sich am Rosenmontag eine lärmende Masse zusammenschob, drängte und drückte, in grotesken Sprüngen hüpfte und walzte. Ein Wagen mit schunkelnden Nixen in grünschuppigen Kleidern und goldenen Haaren drohte zu kippen; Radschläger folgten, dann eine Truppe Rheinfischerinnen, bewaffnet mit Reusen und Netzen. Zu lange war der Karneval verboten gewesen, auch ein Umzug mit Wagen. Aber jetzt war keiner mehr zu halten. Überall rasselten Knarren, schrillten Pfeifen, es dudelte, trommelte und quietschte: »Helau! Helau!« Im Lärm von Pauken wurde Johanna umringt, ließ sich hochheben und herumwirbeln, warf Kusshände, schunkelte zu schrägen Tönen aus billigen Tröten, bildete mit einer Gruppe von Harlekinen eine johlende Polonaise, zu der sie alle am Rand Stehenden mitschleifte, stampfte eingehakt an Hans Wurst und Till Eugenspiegel den Takt der Schellen. Verschwitzte, lachende Gesichter mit bunten Filzhüten kamen näher und entfernten sich, Strohpuppen mit pompösen Perücken und Pappnasen, glitzernden Bändern, Luftschlangen und Konfetti winkten und kreischten. Eine monströse Tierfigur aus Pappmaché tanzte vorbei, gefolgt von Mädchen mit Kränzen und Schleiern der Düsselnixe, dahinter Hoppeditz und Maritzebill mit einem Gaudí-Kinderwagen, in dem Schnapsflaschen versteckt waren. Mit Schwesig und Schmitz quetschte sie sich in volle Altstadtkneipen, wo es Büttenreden gab, Flaschen von Hand zu Hand und von Mund zu Mund gingen, Mutzen gebacken und wirbelnde Musik gespielt wurde, sich alles ineinander und miteinander drehte, sie abgeküsst wurde und aus voller Kehle sang: »Es war einmal ein treuer Husar, der liebt sein Mädchen ein ganzes Jahr, ein ganzes Jahr und noch viel mehr, die Liebe na-ham kein Ende mehr ...«

Max Ernst schrieb eine Postkarte, die den Eiffelturm zeigte. Er wollte wissen, was der Verkauf seiner Bilder mache. Seinen knappen Sätzen entnahm Johanna, dass die Sache in Indochina vorbei war, er jetzt ein Atelier in Paris mieten wolle, einen Vertrag mit einem Sammler in Aussicht habe, was ihm ein festes Einkommen sichern würde, er aber nach wie vor Geld brauche. Mit dem Verkauf von Ernsts Bildern sah es schlecht aus. Für das ›Rendez-vous des amis‹ gab es hin und wieder Anfragen, aber jedes Mal, wenn es ernst wurde, erklärte Johanna es für unverkäuflich. Nichts davon schrieb sie ihm. Stattdessen bot sie Künstlern, die sich für seine Sachen interessierten, einen Tausch mit Bildern an. Die getauschten Bilder ließen sich besser verkaufen. Vom Erlös schickte sie eine Weile jeden Monat 300 Mark nach Paris.

Am Tag, als Eduard von Gebhardt starb, hatte ein Scherenschleifer gegenüber der Galerie einen Schubkarren mit Wetzstein abgesetzt. »Messer zu schleifen, Rasierklingen zu schleifen, Scheren zu schleifen!« Johanna sah, dass ein Junge bei ihm war, der – da der Meister beide Hände zum Schärfen der Messer brauchte – den Stein mittels einer Kurbel andrehte. Den ganzen Mittag kurbelte der Junge, während dicht an seinem Kopf die Funken vorbeistoben. Das durchdringende Geräusch des Metalls auf dem Stein lag über der gesamten Straße, mischte sich mit dem Lärm der Autos. Ein paar Mal war Ruhe, dann, wenn der Alte den Jungen die Messer austragen schickte. Die ganze Zeit dachte Johanna an Gebhardt. Auf seltsame Weise verband sie das metallene Geräusch mit seinem Tod, weswegen sie es nicht fertigbrachte, wie sonst hinauszugehen und Messer schleifen zu lassen.

Direktor Schwab von der Rheinischen Bahngesellschaft hielt sich die Ohren zu, als er die Galerie betrat. »Das ist aber ne Musik.« Er hatte Bilder reserviert und zählte Johanna das Geld auf den Tisch. »1250 Mark für die Frau mit Buch, 1600 Mark für die Tänzerinnen.«

»Endlich kann ich Schwesig sein Geld geben«, rief sie Trude Brück zu, die im hinteren Teil des Ladens dabei war, Leinwand über einen Keilrahmen zu spannen. Als Schwab gegangen war, kochte sie für Trude einen Kaffee aus Zichorienwurzeln. Die dampfende Tasse in der Hand, kam sie aus der Küche. »Vielleicht kann ich ja Kaufmann mal was anbieten. Hab gehört, er hat ein Gruppenbild angefangen, das uns alle zeigt. Weißt du was davon?« Trude sah auf. »Ja, ich war mit Schwesig in seinem Atelier. Kaufmann hat uns Skizzen gezeigt. Er hat alle, die bei dir gemalt haben, zu sich bestellt und Einzelportraits angefertigt. Die fügt er jetzt zu einem riesigen Bild zusammen. Ich bin nicht dabei ...« Sie sprach undeutlich, weil sie sich Nägel zwischen die Lippen geschoben hatte, von denen sie einen nach dem anderen – Rahmen und Leinen zwischen die Knie geklemmt – mit einem Hammer ins Holz trieb. »Ich würde so gern mal sehn was er macht«, sagte Johanna, »es ist nur, seit der

Sache mit Uzarski hab ich das Gefühl, dass er mir aus dem Weg geht. Er kommt zwar manchmal, aber er ist irgendwie seltsam.«

»Denk einfach nicht mehr dran. Ich glaube nicht, dass Kaufmann nachtragend ist. Es wird ein richtig großes Werk und dich hat er in die Mitte genommen. Das heißt schon was.« Trude stellte den Rahmen ab, griff nach einem Stück Papier und zeichnete Johannas Umrisse. »Du bist also hier in der Mitte, siehst sehr stolz aus, trägst ein Streifenkleid und sogar einen Schmuck. Und hier, links von dir, da sitzt Wollheim.« Trude zeichnete weitere Umrisse. »Rechts Schwesig und Trillhaase. Neben Wollheim Uzarski. Na ja, so ungefähr. In der Reihe dahinter der Dichter Eulenberg, Theo Champion, Jankel Adler, die Schauspielerin Schewior im Kostüm der Johanna von Orleans, dann natürlich Kaufmann selbst, neben ihm Ophey und Dix. Fast im Hintergrund stehen seine Frau und Nicolini als Vertreter der Künstlergruppen. An der Wand, als Zeichnung auf einer Staffelei, will er Ernst te Peerdt verewigen. Er war doch für ihn einer der Pioniere. Die hat er alle der Reihe nach in sein Atelier bestellt. Was sagst du?« Johanna zählte die Umrisse. »14. Das wird ein Bild für die Ewigkeit. So wie das Rendez-vous von Mäxchen.« Sie dachte an Pankok und Ernst. »Meinst du nicht, er hätte Ernst und Pankok ...« Trude schüttelte den Kopf. »Das musst du ihm überlassen. Er ist der Maler. Und du weißt doch, wie eigenwillig er ist.«

Abschiede

Von einem Tag auf den anderen hatte sich Wollheim entschlossen, mit Leni nach Berlin zu gehen. Im Ey ließ er durchblicken, dass er alle Auftritte von Tatjana sehen wolle und sie unterstützen müsse, dass Tatjana vor ihrem künstlerischen Durchbruch stehe und demnächst ein mehrseitiger Artikel über sie im ›Stachelschwein‹ erscheine, den er mit einem Bild ergänzen werde.

Johanna war ratlos. Wollheims Pläne sorgten dafür, dass für sie eine Welt zusammenbrach. »Unsere Sache hier hat sich gelohnt«, erklärte er ihr, »die Akademie ist zwar immer noch eine Akademie, aber freier und offener. Für mich heißt das, ich muss Neues anfangen!«

Missgelaunt, die Mantilla auf dem Kopf, hockte Johanna tagelang in der Küche, rauchte, brühte einen Kaffee nach dem anderen, verweigerte es, Bratkartoffeln zu machen, wollte nichts hören und niemanden sehen. Einzig wenn sie Wollheims Stimme hörte, sprang sie auf, versuchte mit ihm zu verhandeln und ihn zum Bleiben zu überreden, aber er ließ sich auf nichts ein. »Du bist wie eine Klette. Begreif doch. Meine Düsseldorfer Zeit ist vorbei.«

Obwohl Tatjana durch Süddeutschland tourte, ahnte Johanna, dass Wollheims Abschied mit ihr zu tun hatte. Sie forschte herum, erfuhr aber nichts Genaues. Wollheim traute sie sich nicht zu fragen.

Zu seinem Weggang brachte er ihr ein Bild, das er ›Abschied von Düsseldorf‹ nannte. Etwas Schwermütiges, Melancholisches hing daran. Inmitten eines bunten Treibens reckten sich extravagant gekleidete Damen in dramatischen Posen dem einzigen Mann im Bild entgegen: Wollheim selbst, als Dandy mit Frack und Zylinder, Uzarskis Mops zu Füßen. Es war ein pompöser, ironisch-schriller Abgesang auf seine wilde Zeit am Rhein, der etwas von einer Beerdigung hatte. Johanna heulte, als sie es sah. Auch die anderen saßen trüb vor ihren Gläsern, tranken Schabau, rauchten Zigarren. Gegen Morgen spielte Barz traurige Lieder auf der Mundharmonika. Hundt und Schmitz waren nach ungezählten Schnäpsen mit dem Kopf auf dem Tisch eingeschlafen. Wollheim strichelte mit einem Kohlestift, der ständig abbrach. Ein paar hingeworfene Striche erfassten Schwesigs Zustand; ernst und bedrückt sah er in eine unbestimmte Weite. Die unterschiedlich dicken Kohlestriche ließen sein Gesicht düster und leidend erscheinen. »Ich weiß nicht, was es ist mit dir«, sagte Wollheim, als er Schwesig das Blatt zuschob, »aber irgendwas ist es …« Dann stand er auf, gähnte, streckte sich und fing an, sich von den Schlaftrunkenen zu verabschieden. Er schwor Johanna, die Verbindung zu halten, auch Bilder zu schicken und Texte. Er kramte nach einem Horoskop, das er für sie aus der Zeitung geschnitten hatte, aber trotz intensiven Suchens nicht finden konnte. »Es hat unsere Situation auf den Punkt getroffen. Aber alles wird gut, alles … Ich geh jetzt. Das Leben ist kurz und viel zu weit die Seele!« Unter Tränen sicherte Johanna ihm zu, immer, immer und immer, bei ihr ein Zuhause zu haben.

Im Ey wurde es ruhig. Die Kämpfe wurden leiser und verebbten, sogar das Verhältnis zu Mitgliedern des Malkastens entspannte sich. Ophey und Hundt zog es nach Italien. Trude Brück unternahm eine Studienreise nach Algerien und verschwand für Monate. Pankok entzog sich der hektischen Stadt, um sich in einem Fischerdorf des Nordens der Natur hinzugeben. Seines Kunsthändlers wegen siedelte Dix mit Frau und Tochter nach Berlin über. Feigler wurde Professor in Weimar, Max Ernst schrieb weiterhin aus Paris, probte an neuen Techniken.

Kaufmann hatte sein Gruppenbild vollendet. Den Düsseldorfer Nachrichten entnahm Johanna, dass es zur Großen Kunstausstellung gezeigt werden sollte. Schwesig, der vorbeikam, wusste Näheres. »Das war ein hartes Stück Arbeit. Kaufmann hat Monate damit zugebracht. Zuerst die vielen Einzelporträts. Unzählige Sitzungen waren das. Dann erst hat er alle arrangiert. Und was glaubst du, was passiert ist?« Schwesig konnte sich das Grinsen nicht verbeißen. »Als Uzarski davon Wind bekam, dass er neben Wollheim stehen sollte, bestand er drauf, übermalt zu werden. Auf keinen Fall wollte er neben Wollheim stehen! Es gab richtig Stunk. Kaufmann war völlig fertig. Die ganze Zeit ist er sich mit den Fingern durch die Haare gegangen; dann hat er auf den Tisch geschlagen, als ob das was genützt hätte. Über zwei Wochen hat er allein an Uzarski gemalt. Und es war gut! Es ist immer noch die alte Geschichte wegen damals. Zuletzt wollte Uzarski überhaupt nicht mehr mit drauf. Kaufmann hat ihn weggewischt und geschworen, nie mehr auch nur Ähnliches anzufangen.«

Aufträge

Die französische Besatzung war abgezogen. Die Gesolei, eine Ausstellung für Gesundheitspflege, soziale Fürsorge und Leibesübungen, sollte zur größten des Landes werden. Allerorten wurde gebaut: Pavillons, Bürohochhäuser, Häuser in Backsteinarchitektur. Am Rhein entstand ein riesiger symmetrischer Gebäudekomplex mit Ziegelfassaden. Von einem Planetarium, von Gärten und einer Rheinterrasse mit Konzertsälen war die Rede. Ein Stadion nahm seinen Betrieb auf. Ein Flughafen entstand auf dem Platz in Lohausen. Hermann fand eine Anstellung im neuen Reichswirtschaftsmuseum, Paul beim Presseamt. Für die Künstler gab es offizielle Aufträge. Von überall her kamen Maler. Auch Wollheim ließ sich sehen, weil er Mitglied des Ausstellungsvorstandes geworden war. Johanna backte Kuchen, legte Heringe ein und strickte Socken. Alles für ihn. Enttäuscht war sie, dass er sich kaum Zeit für sie nahm. Sonderbar und fremd kam er ihr vor.

Die Galerie stand voller Leute, da quetschte sich Adler durch die Reihen. »Wir werden die neue Rheinhalle ausmalen. Die Rheingruppe hat Aufträge bekommen. Jupp Bell ist dabei, ein Maler aus Köln, auch Kaufmann und Ophey. Wandbilder wollen sie und wir sollen Vorschläge machen. Ich soll ein Wandbild fürs Planetarium entwerfen.« Adler war überglücklich.

»Weißt du, wie lange ich keinen Auftrag mehr hatte?«, fragte er, ließ sich auf einen Stuhl fallen und steckte sich eine Zigarette an. »Endlich. Die Hungerzeiten sind vorbei. Jetzt wirds was, ihr werdet sehn.«

»Es gibt noch ne gute Nachricht«, sagte Barz und knuffte Adler in die Seite, »jetzt haben sie schon den zweiten Modernen als Lehrer an die Akademie berufen. Campendonk wird Professor für Wandmalerei und Mosaik.«

»Das ist noch nicht sicher.«

»Dann wartet mal ab.« Adler trommelte sich vor Vergnügen auf die Schenkel. »Wenn das wahr ist, wenn das wirklich wahr ist, dann gehts jetzt wirklich aufwärts.« Johanna spendierte eine Runde Likör. »Endlich versteht euch mal einer mit eurer Kunst.« Als sie später den Tisch abräumte, lag auf Adlers Platz ein kleiner, aus Papier gefalteter Drachen, dem jemand das Gesicht eines gutmütigen Ungeheuers aufgemalt hatte.

Das Junge Rheinland begann sich aufzulösen. Nach zähen Verhandlungen gab es zwar neue Ideen, auch eine Neugründung wurde vorbereitet. Die Geschäftsstelle befand sich nicht mehr bei Johanna, sondern in der Wohnung von Heinz Tappeser, einem Maler aus Hinsbeck. Johanna vermisste das Umtriebige. Manchmal kam es ihr seltsam vor, dass ihre Maler, vor Jahren noch um Geld für einen Kaffee verlegen und die Gesellschaft verfluchend, jetzt als Professoren an Akademien wirkten, die sie selbst einmal für überflüssig und abschaffenswert erklärt hatten. Auch dass manche ihrer Bilder inzwischen in Museen hingen und einer der Maler, den sie entdeckt hatte, sich damit rühmen konnte, eine Kunstrichtung geschaffen zu haben: Max Ernst.

Sie war froh, als Trude aus Algerien zurückkam und ihr einen Packen Bilder auf den Tisch legte: Zedern und Berberaffen, der buchtenreiche Saum der Mittelmeerküste, verhüllte Frauen in weißen Gewändern, Krüge tragend, Berber mit Turbanen und Pferden, Hände mit seltsamen Tätowierungen. Johanna war begeistert. Den ganzen Mittag verbrachte sie über den Blättern, träumte sich in ferne, warme Gefilde. Eines von Trudes Bildern tauschte sie gegen eine Zeichnung von Dix, ein anderes gegen eine von Wollheim, ein drittes gegen eine Arbeit von Ernst. Für das Frühjahr arrangierte sie eine Ausstellung, die so viel einbrachte, dass Trude kurz darauf nach Spanien reisen konnte.

Die Künstler, die zu ihr kamen, wurden immer jünger. Oft war sie an ihre Kinder erinnert, rechnete, wie alt die toten Kinder jetzt wären, verglich. Sie nannten sie manchmal Mutter, was ihr missfiel. Robert Pudlich war einer von ihnen. Pudlich, Anfang 20, hatte sich mit sechs Bildern an einer Ausstellung des Jungen Rheinlands in der Kunsthalle beteiligt. Seinen Broterwerb bestritt er mit Pressezeichnungen für die Volkszeitung. Er war groß und hager, in sich gekehrt. Seine melancholisch-ironischen Augen versteckten sich hinter runden Brillengläsern. Johanna mochte ihn, weil er still und sensibel war. In seiner Kunst experimentierte er mit unterschiedlichen Techniken, brachte Sand auf die Leinwand, den er mit dicken Farben so lange verkratzte, bis Objekte sichtbar wurden. Hin und wieder kaufte er Zeichnungen von Dix, Ernst, Adler oder Trillhaase, die er an den Wänden seines Ateliers befestigte und intensiv studierte. Sein liebstes Modell war Johanna. Auf einem der Blätter schob er seinen spindeldürren Körper dicht an ihren heran; auf einem anderen erschoss sie am Tag der Schlacht von Austerlitz einen preußischen General, auf einem weiteren saß sie auf einem Plumpsklo, dessen Tür offen stand, und bedeckte das Schamhaar mit den Händen. Objekt des Tratsches wurde Johanna, als eine Federzeichnung von Pudlich die Runde machte, die sie lächelnd und bekennend mit einer Zigarette zwischen den Fingern zeigte, Rauch in einen hellen Raum blasend: »Ich, die Kunsthändlerin Johanna Ey, sage euch: Raucht Bergmann Klasse.« Neben ihr war eine Pappschachtel abgebildet. »Frauen, die rauchen, sind zu allem fähig«, hatte Pudlich auf die Rückseite des Bildes geschrieben und Johanna zugeflüstert: »Marlene Dietrich raucht. Sie ist ja auch ein Biest. Puffmütter rauchen. Und freie Frauen, so wie du.«

Die Zigarettenwerbung hatte sie noch bekannter gemacht. Ging sie ins Operettenhaus an der Jahnstraße, wurde sie erkannt, mit Handküssen begrüßt und bestaunt. Im Schauspielhaus der Louise Dumont, mit der sie seit den Verhandlungen um Wollheims Skandalbilder befreundet und deshalb oft zu Gast war, war sie sogar einmal beklatscht worden. Aber auch dort, wo sie hinging, um Neues und Interessantes zu hören, fiel sie mit ihrer Mantilla auf und genoss es, wenn Köpfe sich nach ihr verrenkten und die Leute tuschelten.

Jacobo

Er kam zur Eröffnung von Pudlichs Ausstellung. Schauspieler und Literaten standen im Gespräch, Reporter kamen und fotografierten, Johanna füllte Sektgläser, so dass er ihr nicht sofort auffiel. Poeta las sie auf der Visitenkarte, die er ihr in die Hand drückte, indem er sich vor ihr verbeugte und seinen Namen nannte: »Jacobo Sureda. Ich komme aus Mallorca.« Sureda war groß und schlank. Die schwarzen, zurückgekämmten, von Brillantine glänzenden Haare lagen gekräuselt und gescheitelt um einen gepflegten Kopf mit bräunlicher Haut und tiefschwarzen Augen. Ein Schnurrbart verdeckte die Oberlippe. Johanna mit ihrem Faible für Spanien war sofort von ihm angetan, lud ihn ein, sich zu setzen, brachte Tee und Gebäck. »Was machen Sie in Düsseldorf?«

»Ich bin Korrespondent für die Zeitung El Día und schreibe Artikel über die politische Situation in Deutschland. Außerdem interessiere ich mich für Kunst. Ich habe von Ihnen in der Zeitung gelesen und da wollte ich selbst sehen.« Pudlich und Schmitz wurden aufmerksam, rückten Stühle heran, fragten, was Sureda über Deutschland denke und wie er die Entwicklung einschätze. Eine Weile ging es um Politik, bald aber um Kunst, um spanische Landschaften, um das Leben im Süden. Sureda erzählte, dass er auf Mallorca geboren, dass sein Vater

Lehrer und die Mutter eine Malerin sei. »Ich male, radiere und zeichne. Hab mir alles selbst beigebracht. Eigentlich habe ich Ingenieurwissenschaften studiert, aber meine Leidenschaft gilt der Malerei und dem Schreiben. Es ist etwas Großes mit der Kunst. Mich hat sie gepackt. Ja, und momentan reise ich.«

»Sie sprechen gut deutsch«, wunderte sich Johanna und Sureda lachte: »Das habe ich meinen Eltern zu verdanken. Mein Vater ist der Meinung, wer die Welt verstehen will, muss die Menschen verstehen. Bei uns zu Hause waren immer alle möglichen Leute aus allen möglichen Ländern zu Gast. Ich habe davon sehr profitiert.« Er erzählte, dass er dabei sei, einen Gedichtband zu veröffentlichen, dass er aber noch nicht wisse, wie und wo und für Ratschläge dankbar sei. Er reichte Buntstiftzeichnungen herum und Pudlich schlug spontan vor, sie für die nächste Zeitschrift vorzumerken. Am Abend saßen alle und malten. »Dass es so was gibt«, staunte Sureda, »eine Galerie, in der gemalt und gearbeitet wird.«

»Es mag vielleicht nicht üblich sein«, erklärte Schmitz, »aber hier wird nicht nur Kunst verkauft, sondern auch über Kunst geredet und Kunst gemacht. Sie riechen es ja: Wir grundieren sogar unsere Leinwände hier!« Von diesem Tag an kam Sureda alle Abende.

Ständig musste sie ihn ansehen: Seine schmalen Lippen, die immer aussahen, als lächelten sie. Die Augen, die melancholisch, oft auch traurig blickten, die geschwungenen, beweglichen Brauen, die seinem Gesicht etwas Waches, Lebendiges verliehen. Oft saß er, die Arme um das Knie geschlungen, auf der Erde, betrachtete mit versonnenem Blick die werdenden Bilder auf den Staffeleien – die fertigen interessierten ihn weniger –, rauchte und summte sehnsuchtsvolle Lieder. Ab und zu unterbrach er das Summen. Dann saß er regungslos, sein Gesicht wirkte müde und angespannt und Johanna hatte das Gefühl, als ob er Schweres mit sich herumtrage. Gern hätte sie gefragt und mit ihm ein Gespräch angefangen, lauerte auf eine Gelegenheit. Als sie sich bot und sie mit ihm allein war, wusste sie nicht, wie sie anfangen sollte. Sie brachte ihm Kaffee, lächelte verlegen, als sie ihm die Tasse reichte und ihre Hände sich berührten. »Es geht Ihnen nicht gut, oder?« Fragend sah er sie an. »Wieso meinen Sie das?« Wieder saß er regungslos und presste die Lippen zusammen. Es dauerte, bis er ihr anvertraute, dass es einen weiteren Grund gäbe, weswegen er nach Deutschland gekommen war. Dass er nämlich eines üblen Lungenleidens wegen jährlich nach Sankt Blasien im Schwarzwald fuhr, dass er seit der Kindheit daran herumlaboriere, viel Zeit in Kliniken und Sanatorien zugebracht habe und ständig an den Tod erinnert sei, weil er alle paar Tage Blut spucke. »Ich rechne nicht damit, besonders alt zu werden. Ich bin schon zufrieden, wenn ich Luft bekomme und atmen kann. Letztes Jahr hat man bei mir einen der Lungenflügel künstlich zum Kollabieren gebracht, um die Lunge zum Stillstand und zur Ausheilung zu bringen, aber es hat nichts geholfen. Jetzt soll es bald einen Impfstoff geben, der für mich aber wohl zu spät kommt.« Offen sprach er über den Tod und das Sterben und wie er es sich vorstellte, wollte auch wissen, wie sie darüber dachte. Als Johanna ihm von ihren toten Kindern und der Zeit mit Robert erzählte, griff er nach ihrer Hand, streichelte sie, sagte etwas auf Spanisch und sah sie lange und ernst an: »Bei dir geht es mir gut, besser als im Sanatorium.«

Irgendetwas war mit Johanna geschehen. Etwas, das sie nicht benennen konnte, das den Tag hell machte und ihre Stimmung hob. Sie liebte seine Stimme mit dem warmen Akzent, der nach Ferne und Meer klang, seine verstehenden Augen. Manchmal, wenn sie mit ihm allein war, rauchten sie Zigarillos und er las ihr aus seinen Büchern vor. Dann schloss Johanna den Laden ab, kochte Tee, setzte sich neben ihn auf das Kanapee und lehnte den Kopf an seine Schulter. »An einem Orte der Mancha, an dessen Namen ich mich nicht erinnern will, lebte vor nicht langer Zeit ein Junker, einer von jenen, die einen Speer im Lanzengestell, eine alte Tartsche, einen hageren Gaul und einen Windhund zum Jagen haben. Eine Schüssel Suppe mit etwas mehr Kuh- als Hammelfleisch darin, die meisten Abende Fleischkuchen aus den Überbleibseln vom Mittag, jämmerliche Knochenreste am Samstag, Linsen am Freitag, das verzehrte volle Dreiviertel seines Einkommens; der Rest ging drauf für ein Wams von Plüsch, Hosen von Samt für die Feiertage mit zugehörigen Pantoffeln ...« Über Don Quijote und Suredas eigenwillige Betonungen lachte sie Tränen. Wenn Sureda Gedichte seines katalanischen Landsmanns Joan Maragall las, von dem er seitenlange Passagen auswendig wusste, brauchte Johanna keine Übersetzung. Am Klang von Suredas Stimme glaubte sie etwas von diesem Land zu verstehen, von der glühenden Sonne, von Nächten mit Grillengetön, von Gitarrenklängen, von der großen Sehnsucht nach Freiheit, von Leidenschaft und vom Meer. »... torna el mar més blau, d'un blau que enamora al migdia clar: entre els pins me'l miro ... Dues coses hi ha que el mirar-les juntes me fa el cor més gran: la verdor dels pins, la blavor del mar ...«

Nachts träumte sie von wilden, fernen Schluchten, über die er sie trug, von klackenden Kastagnetten und Gitarrenmusik, von seinen weichen Händen und den schwermütigen Blicken. Einmal war sie, während er las, an seiner Schulter eingeschlafen und er hatte so lange weitergelesen, bis sie aufwachte.

Mit Pudlich saß Sureda oft über Gedichten, feilte an Worten und Reimen, mühte sich mit der deutschen Übersetzung. Strophe für Strophe versuchte er klingen zu lassen, strich mit seinen gebräunten Händen Wörter aus oder nahm sie in die nächste Zeile mit. Ein ganzes Heft hatte er mit Gedichten gefüllt. Mit Hilfe eines Freundes aus dem Schwarzwald, den er bei seinen Kuren in St. Blasien kennengelernt hatte, wurde der Gedichtband gedruckt, den er schließlich Johanna widmete. ›El Prestidigitador de los Cinco Sentidos‹ lautete der Titel und sie hatte sich mit Bleistift die Übersetzung notiert: Der Jongleur der fünf Sinne.

An Weihnachten gab es Kaninchen nach spanischer Art; an Silvester Flamenco und roten Wein. Im Januar packte Sureda die Koffer. Sämtliche Bilder, die er bei Johanna gemalt hatte, ließ er bei ihr zurück. Sein Abschied schmerzte alle, die ihn kennengelernt hatten, besonders Johanna, die gedrückt herumschlich und auf Fragen, was mit ihr los sei, gereizt reagierte: »Nichts.« Die Zeit mit Sureda war erfüllt gewesen und anders. Obwohl sie wusste, dass es nicht stimmte, fühlte sie sich verlassen und innerlich wund.

»Einmal muss es ja sein«, sagte er ins Händeschütteln und lachte, während sie dastand und dachte, dass sie sich den Moment wie ein Bild im Kopf merken wollte. »Kommt doch alle und besucht mich«, forderte er sie auf, »ich bitte euch. Unser Haus ist ein offenes Haus. Alle Maler und Musiker, die auf die Insel kommen, besuchen es. Macht es doch wahr. Es gibt dort viele Künstler, interessante Menschen. Ich werde Kontakte herstellen. Es ist gar nicht so weit, wie ihr meint ...«

Johanna klebte die Zunge am Gaumen. Sie stotterte herum und als er sie in den Arm nahm und ihr übers Haar strich, konnte sie die Tränen nicht zurückhalten. Einen Moment noch stand er, die Hand auf der Türklinke. »Versprich mir, dass du kommst, Johanna.« Flüsternd fügte er hinzu: »Vor allem du, Johanna.« Als er von der Straße aus winkte, stand sie hinter dem Türglas und hielt die Klinke, die noch warm war von seinen Händen.

In der Nacht lag sie wach, stellte sich vor, wie er durch weite Landschaften reiste, sah vom Wind gejagte Wolken über fernen Bergen und wie sein Zug sich in einer fliederfarbenen Dämmerung verlor. Von da an kamen Briefe, die Johanna in einer Zigarrenkiste sammelte. Es waren Briefe, die immer ähnlich anfingen: Liebes Eychen, Meine liebe, liebe Johanna, Liebstes Eylein oder Guten Tag, meine liebste Johanna.

Luft des Südens

Die ganze Woche schon lehnte Suredas Einladungsbrief an einem Blumentopf auf der Fensterbank. Eine bunte Marke klebte darauf, die nach Sonne aussah. Jetzt hatte sie den Brief für alle lesbar an den Spiegel im Flur geheftet. Eingemummt in eine dicke Strickjacke stand sie davor und dachte daran, wie warm es auf Mallorca war, wie blau das Meer, wie mächtig die Dattelbäume. Jupp Bell, der vor Wochen eine Tänzerin geheiratet hatte, war auf Suredas Einladung hin nach Mallorca gereist und schrieb Karten, auf denen das Meer zu sehen war. Johanna stellte sich vor, wie Bell unter Palmen saß, Kokosmilch trank und Anita, seine Frau, ihm etwas vortanzte. Es machte sie wütend, dass nicht auch sie einmal reisen sollte. 63 war sie, nur in Belgien gewesen und sonst nie über Deutschland hinausgekommen. Natürlich saß ihr der Kredit bei der Sparkasse im Nacken. Erst kürzlich hatte sie zwei wertvolle Bilder zu einem Spottpreis verkauft, weil sie Mietschulden begleichen musste. Schmitz, dem sie davon erzählte, klopfte ihr auf die Schultern. »Nur Mut. Du bist doch sonst nicht so zaghaft. Einladungen nach Mallorca kommen nicht jeden Tag. Außerdem: Sureda wartet.«

Sie zögerte, bevor sie sich durchrang, zwei Bilder zu beleihen. Ein mulmiges Gefühl begleitete sie auf dem Weg zur Sparkasse. Als sie zurückkam, klebte ein Zettel an der Einladungskarte: »Ich komme mit. Jean Schmitz, alias Krause.« Auch Willi Werth, Pianist am Theater, war Feuer und Flamme und schlug vor, eine Reisegesellschaft zu organisieren. »Jupp Bell ist ja schon da. Und Alfred Leithäuser, ein Malerfreund aus Barmen, malt dort spanische Stillleben. Wir werden sicher einige Bekannte treffen.« Der Maler Leman schrieb aus Frankreich, dass er ebenfalls mitwolle, sogar das Fahrgeld schon habe und in Paris zusteigen werde. Johanna schrieb an Wollheim, bat ihn, sie zu begleiten und zählte alle auf, die sich schon angeschlossen hatten. Zurück kam die Nachricht, dass er mitkäme, wenn sie so lange warten würde, bis er einen Pass hätte. Johanna war glücklich.

Wochenlang sprach sie von nichts anderem als von der Reise. Es war eine Stimmung, für die Pudlich ein Wort in den Raum warf, das sich wie eine Krankheit anhörte: Hispanophilie. Er brachte ihr einen Langenscheidt mit, aus dem sich Johanna Wörter herausschrieb, die sie für wichtig hielt: Buonas Dias, por favor, café con leche, manzana. Ein paar Brocken Spanisch könnten nichts schaden, meinte auch Schmitz, schlug vor, eine Stunde pro Tag zu üben. Er versuchte ihr das rollende Rrr beizubringen, was sie aber beim besten Willen und trotz einiger Liköre nicht herausbrachte.

Eigentlich hätte es Mitte März losgehen sollen. Allerdings gestaltete sich die Sache mit den Pässen schwierig. Fragebögen mussten ausgefüllt, ein polizeiliches Leumundszeugnis eingereicht, Suredas Adresse hinterlegt werden. Außerdem mussten sie eine größere Summe Bargeldes nachweisen. Der Fragebogen kam zurück, zwei Bürgen wurden verlangt. Professor Kaesbach von der Akademie und der Kustos des Düsseldorfer Museums waren behilflich. Dann ging es um Fahrkarten, um ein Visum für Belgien und eines für Frankreich. Der Banker Wohltat, der jeden Sonntagmorgen in der Galerie saß und vorzugsweise Blätter von Max Ernst kaufte, erledigte die Sache mit der Bürgschaft und wechselte ihr 60 Mark in Peseten, was Johanna zum Singen brachte: »Nun ade, du mein lieb Heimatland, lieb Heimatland, ade! Es geht nun fort zum fremden Strand, lieb Heimatland, ade! Und so sing ich denn mit frohem Mut, wie man singet, wenn man wandern tut, lieb Heimatland, ade.«

Eingequetscht zwischen Koffern und Taschen saßen sie im Zug nach Köln. Von Köln ging es über Herberthal, wo Zollrevision war. Von dort fuhren sie über Lüttich und Namur nach Paris. Während Werth und Schmitz schliefen, war Johanna nicht vom Zugfenster fortzubringen. Hinter Lüttich schien ihr die Landschaft fremdländisch und eigenartig. Bei den Steinbrüchen der Wallonie glaubte sie, ägyptische Pyramiden vor sich zu haben.

Schon beim Einfahren des Zuges in den Pariser Gare du Nord erkannte sie Wollheim. Er trug einen hellen Sommeranzug, dazu einen Filzhut von haariger Sorte über seinem brandroten Haar, braune Lackstiefeletten mit Gamaschen – die Stiefelspitzen waren nach oben gebogen. Sein Mantel reichte ihm bis zu den Knöcheln, die Hände steckten in feinen Lederhandschuhen. Johanna flog ihm entgegen. Auch Leman, der neben Wollheim die Arme ausbreitete, war die Freude über das Wiedersehen anzusehen. Er kam frisch vom Frisör, hatte sich den Bart scheren lassen, was ihn, wie Johanna fand, um Jahre verjüngte.

In Paris hatte Johanna das Gefühl, als könne sie binnen kürzester Zeit alles erleben: Straßenkünstler jonglierten und schluckten Feuer, andere malten großflächige Gemälde mit Kreiden auf das Pflaster, neben ihnen reckten zerlumpte Bettler die Hände.

Am Abend fielen ihr verwelkte Frauen mit Gesichtsschleiern und schöne Mulattinnen auf, auch Zuhälter mit Goldringen und sie dachte darüber nach, wie das Leben der Reichen in so einer Stadt wohl aussähe.

Im Viertel um den Montmartre standen, obwohl es nicht warm war, Stühle und Tische im Freien. Das Nachtleben hatte gerade eingesetzt. Vor dem Moulin Rouge tänzelten leicht bekleidete Damen mit Federboas und hochhackigen Schuhen vor Männern in teuren Anzügen. Aufreizende Blicke, tiefe Dekolletees, hohe spitze Absätze, lockende, rote Münder – die ganze Straße flirrte und sang. Eine Blondgelockte mit kleinen hochsitzenden Brüsten und einem ausladenden Hintern tippelte vor Wollheim, bewarf ihn mit eindeutigen Blicken. »Gut, dass ich dabei bin«, lachte Johanna, »wie würde das sonst enden?«

Am anderen Morgen gingen sie zum Louvre. Selbst Wollheim, der sonst immer einen zynischen Satz auf den Lippen hatte, war voller Bewunderung für Rubens, Hals und Tintoretto, Michelangelo und Botticelli. Gern wäre Johanna noch geblieben – sie genoss das Großstädtische, das Bunte – aber die Zeit reichte nur noch für eine Fahrt mit der Metro zur breiten Avenue des Champs-Élysées.

Die Nacht im Zug war unbequem und laut. Johanna saß am Fenster, sah in die Schwärze. Lichter flogen heran und verglühten wieder, der Zug pfiff und krachte, wenn er über Weichen fuhr. Sie stiegen in einen anderen Zug, hörten Pfeifsignale, sahen blasse Nachtgesichter auf den Bahnsteigen. Der Schaffner kam, knipste Löcher in die Fahrkarten, dann kam ein Zöllner, durchblätterte die Pässe, musterte die Gesichter.

Leman las und rauchte, Schmitz und Werth dösten. Wollheim, der neben Johanna saß, vertrieb sich die Zeit mit Zeichnen. Ab und an stupste er sie in die Seite und zeigte ihr Pariser Köpfe, wie er seine Karikaturen nannte: Gesichter von Frauen, die ihm am Montmartre aufgefallen waren. Spät in der Nacht fing er an, von Berlin zu erzählen, von seinem Atelier in Moabit, von seiner Teilnahme an einer Ausstellung in Pittsburgh. Von Tatjana sagte er nichts.

Übernächtigt kamen sie am Morgen in Barcelona an und Johanna war froh, als Wollheim am Bahnhof einen Einheimischen auftrieb, der sie mit einer Taxameterdroschke für ein paar Peseten zu einem Hotel fuhr, das einigermaßen komfortabel war.

Bis zum Mittag schlief sie. Von der Stadt bekam sie wenig zu sehen. Nur am Nachmittag flanierten sie entlang der Rambla Fleurida, einer Promenade, die entlang unzähliger Cafétische vom Zentrum bis zum Hafen führte. Wie in Paris waren auch hier Straßenkünstler und Musiker unterwegs. Blumenhändler und Tierverkäufer warben durch lautes Pfeifen, aus Akazienbäumen tschilpten Tausende von Spatzen. Wollheim erzählte vom katalanischen Jugendstil, von seinem berühmtesten Vertreter Antoni Gaudí, der tragischerweise unter eine Straßenbahn geraten war, und überredete Schmitz, mit ihm nach Eixample zu fahren, um sich die von Gaudí unvollendete Kirche Sagrada Família anzusehen. Johanna wollte zurück ins Hotel, Schlaf nachholen.

Zuerst hatte sie sich auf die Schiffsreise gefreut. Als das Schiff aber ablegte, sie auf dem Oberdeck standen und Leman in hohen Tönen die Schönheit des Meeres besang, verging ihr der Sinn für Romantisches. Unsicher stand sie an der Reling, hatte das Gefühl, jemand zöge ihr den Boden unter den Füßen weg. Obwohl das Meer ruhig war, schwankte das Schiff auf und ab, schlingerte mit den Wellen. Ihr Magen drehte sich. Sie krampfte sich ans Geländer, würgte, hielt sich den Bauch. Werth brachte sie in die Kabine, eine Stewardess stellte ihr eine Blechschüssel ans Kopfende des Bettes. »Das kommt vor. Vergeht, sobald Land in Sicht ist.«

Die ganze Nacht kämpfte sie mit dem Wellengang.

An Deck traute sie sich erst wieder, als Leman ihr versicherte, dass Palma demnächst zu sehen sei.

Oben wimmelte es von Passagieren. Aufgeregt stand sie in ihrem weiten, schwarzen Kleid, einen Topfhut auf den Kopf, an der Reling und hielt die Hand über die Augen. Da war das glitzernde Meer, eine helle Sonne, ein weiter Himmel, da war das Schwanken des Schiffes, der gischtende Schaum. Tümmler zogen im Kielsog mit, über ihnen kreischten Möwen. Aus der Luft schnappten sie Krumen von Brot, die ein Passagier ihnen zuwarf. Sie hatten Paris bei kalter Witterung verlassen und es gefiel ihr, die Weste auszuziehen und milden Wind auf der Haut zu spüren. Zwar war sie unausgeschlafen, fröstelte in der Brise, aber der transparente Hauch des Äthers, das Atmen und Rauschen des Meeres entschädigten. Tief sog sie die Lungen voll mit meerwürziger Luft. Weit draußen schaukelten Fischerboote im Wasser. »Was für ein Element, so gewaltig«, sagte Wollheim, der neben sie ans Schiffsgeländer trat. Als sich aus einem dünnen blauen Nebel die Steilküste Mallorcas abzeichnete, rief er ins Spritzen der Wellen: »Voilà: la Ciudad de Palma de Mallorca – Stadt der Palmen. Bienvenido Johanna!« Das noch ferne Bild der Stadt fiel über das Wasser und lag zitternd auf dem unruhigen Gekräusel: der Hafen, weiße Häuser, über alldem ein gelbes Bauwerk, das alles beherrschte. Durch eine Laterna magica hatte sie einmal ein Foto dieser Küste gesehen. Sie erinnerte sich, dass gleich dahinter eine Aufnahme von der Loreley gekommen war.

Zum Greifen nah schien Johanna das Festland, aber bis zur Hafeneinfahrt dauerte es. Ungefähr eine Stunde beherrschte die Kathedrale von Palma das Bild, zuerst kolossal und massig, dann immer filigraner werdend. Angestrengt hielt Johanna Ausschau nach der Landungsbrücke, wo sich Leute versammelt hatten. Maultiere, mit Körben bepackt, standen am Pier, Frauen mit bunten Tüchern, barfüßige Kinder. Der erste, den sie erkannte, war Jupp Bell mit Mütze und Feldstecher. Immer näher kam die Küste und endlich sah sie Sureda winken und die Arme ausbreiten. Rufe flogen hin und her, Sprachen klangen durcheinander, Koffer, Pappschachteln und Korbflaschen wurden zusammengestellt. Die Geschwindigkeit des Schiffes fiel ab, Maschinen stampften, Winden kreischten, Ketten rasselten. Sonnenverbrannte Männer vertäuten das Schiff, zogen die Laufplanke an Land.

»Hola Johanna! Hola! Hola!« Der Empfang war mehr als herzlich. Sogar Tränen flossen. Sureda, in grüner Drillichhose mit Bauchschärpe und einem verwegenen Tuch um den Hals, konnte Johanna lange nicht loslassen. Immer wieder umarmte er sie. Bell mit seinem gebräunten, von Furchen durchzogenen Gesicht, dem breiten Kinn und dem ewig lachenden Mund, küsste sie auf die Stirn. »Bienvenido, Johanna.« Sureda hatte ihnen eine Pension besorgt, zudem ein Automobil für das Gepäck bestellt, das sich, sobald alles verstaut war, mit Gestank und Geknatter entfernte. »Wir nehmen das Fuhrwerk«, sagte Sureda, strich Johanna eine Haarsträhne aus dem Gesicht und wies auf einen geschmückten Karren mit vorgespanntem Esel, »dann seht ihr was von Land und Leuten.« Lachend und scherzend half er ihr auf den Tritt. »Wenn du wüsstest, wie ich mich freue ...«

Unter Winken, Rufen und Hundegebell fuhr das Gespann an.

Die Innenstadt von Palma war umtriebig. Das Gewimmel und Gehupe der Autos und elektrischen Bahnen, die Geschäftigkeit der Händler, die vielsprachigen Rufe, die vielen Esel, an denen alles wackelte, weil ihnen Körbe, Teppiche und Gefäße mit Wasser aufgebürdet waren, die Domino spielenden Herren in hellen Anzügen auf der Terrasse eines feudalen Hotels mit breiten Steintreppen – eine andere Welt war das.

Der Esel ging langsam; ergeben folgte er der staubigen Straße entlang der Hafenbucht. Der, der den Esel am Strick führte, ein finster blickender Mann, murmelte seltsame Worte. Immer wieder sah er sich nach Sureda um.

Alles schien Johanna anders als im Rheinland: Luft und Landschaft, Häuser und Menschen. Die Straßen waren eng. Ladenbesitzer hockten vor der Tür, ihre Buden waren mit Plachen gegen Sonne geschützt. Alte Männer saßen auf wackligen Stühlen, tranken Kaffee oder dösten. In weitbauchigen Tongefäßen wuchsen breitblättrige Pflanzen mit merkwürdigen Blüten. Die Fenster der Paläste waren rätselhaft verhangen. Häuser und Plätze schienen ihr feudaler und imposanter als die rheinischen, die Menschen, die ihr begegneten, stolzer und unzugänglicher. Sureda machte sie auf den Palacio Real aufmerksam. Aber längst hatte sie das imposante Gebäude entdeckt, das, wie Sureda erklärte, mit seinen Galerien, Türmen, Terrassen und Arkaden aus den Wolken heraus über das Meer hinüber nach Spanien sehen könne. Immer wieder wies er auf Bauwerke – Castell de Bellver und Llotja dels Mercaders – gab Erklärungen. »Wir sind ein maritimes Land, ein Land, dessen Menschen es auf die Meere trieb.« Er erzählte von Seefahrern, Sklavenhaltern, einer Bibliothek mit historischen Schiffskarten, von den arabischen Bädern der Mauren, ihren prächtigen Gärten, der berühmten Fiesta de Moros y Cristianos, von großen Promenadenkonzerten an jedem Sonntag. Zu den Männern gewandt sagte er: »Es gibt hier auch eine Malerschule, die Bildhauer, Architekten und Graveure ausbildet. Einige von ihnen sind weltberühmt geworden.«

Stadtauswärts wurde die Fahrt holpriger. Olivenhaine mit knorrigem Baumbewuchs säumten den steinigen Weg. Sie kamen durch ein Dorf mit weißgetünchten Häusern und flachen Dächern. Kochtöpfe mit Majoran und Rosmarin standen auf Fenstersimsen, Maiskolben hingen zum Trocknen in den Öffnungen der Gänge, Wäscheleinen mit buntem Leinzeug spannten sich zwischen Zitronen- und Orangenbäumen, eine abgezehrte Katze zwängte sich durch den Spalt einer Mauer. Eine Frau wusch Wäsche an einem Brunnen; ihr Blick aus schwarzen Augen war abweisend.

Die Vegetation bildete bizarre Formen. Feigenbäume klammerten sich an Abgründe, üppig wuchsen Palmen und Kakteen, Reben schlangen ihre Ranken in fremdes, wildes Geäst. Felsspitzen zeichneten scharfe Konturen gegen einen gleißenden Himmel. Eidechsen klebten auf Steinen. In der Ferne drehten sich Windmühlen mit sechs Flügeln, die Johanna mit ihren Seilen und Tauen an die verwickelte Takelage eines Schiffes erinnerten. Esel, an Mauerringe gebunden, schliefen im Stehen. Eine laue Luft trug die Geräusche des Dorfes und des Meeres herüber.

Abrupt blieb der Esel vor einer Treppe stehen. »Hier hinauf«, sagte Sureda, half Johanna beim Absteigen und zeigte auf ein Wirtshausschild, das unter den üppigen Zweigen eines Olivenbaums nicht auffiel: Son Vent. »Haus des Windes«, flüsterte er in ihr Ohr. Innen waren die Tische gedeckt; ein erhebender Anblick für durstige und verstaubte Reisende. Sureda führte Johanna an einen Tisch, der unter dichtem Rebenlaub stand. Trauben hingen fast auf den Tisch und Johanna dachte, dass so das Schlaraffenland aussehen müsse. Bald gingen Schüsseln von Hand zu Hand, wurden Gläser gefüllt und Trinksprüche ausgebracht. Es duftete nach Gewürzen, Wein und Öl. Der Wein stieg schnell in den Kopf. Sureda tauchte dunkles Brot in grüngelbes Öl, reichte es Johanna: »Buen provecho! Pa amb oli!« Schalen mit Oliven und Krabben machten die Runde, Schüsseln mit eingelegtem Gemüse, gefüllten Tomaten und Avocados. Vier Gänge gab es: Fischsuppe vorweg, dann frittierte Artischocken, ein herrlich nach Rosmarin duftendes Lammfleisch, zum Nachtisch Orangen, zu allem Wein und Wasser. Johanna war der Meinung, nirgends so gut gegessen zu haben und wollte von jeder Speise das Rezept haben. Sureda musste ihr alles ganz genau erklären. Am Ende hielten sie sich die Bäuche.

Sureda erzählte von Künstlern, die hier lebten, von wütenden Stürmen und strengen Wintern im Norden, vom fruchtbaren

Süden, der Getreidekammer der Insel. Es belustigte Johanna, als sie erfuhr, dass sie weniger als 300 Kilometer von Afrika trennte, dass es Skorpione auf den Zimmern geben könne, dass das Meer von allen Punkten der Insel aus zu hören sei. Später ließ Sureda eine Flasche Palo bringen, einen Kräuterlikör, der nach Karamell und Lakritze schmeckte, packte seine Gitarre aus, sang vom Meer, von felsigen Höhen, von armen Fischern.

Als die Sonne sank und sich dem Meer zuneigte, dabei eine glitzernde Spur auf die Wellen zeichnete, brachte er Johanna zu einem Felsen oberhalb des Restaurants. »Es sieht so aus, als ob sich ein Weg im Wasser auftue, als ob man darüber laufen könne«, sagte sie, »hier hab ich das Gefühl, weit weg zu sein von allem. Hör mal, das Rauschen ...«

»Ja, ein ewiges Lied. Jedes Land hat seine eigene Melodie«, sagte er, indem er ihre Hand nahm, »hier sind es Klagemelodien, ein Wispern und Flüstern. Unser Gesang ist melancholisch und traurig, ein bisschen arabisch: Das helle Geschrei der Wassermäuse, die dumpfen, stillen Nächte, der Wellenschlag des Meeres. Hier tönt das Meer anders als am Festland. Und nachts, du wirst es noch hören, herrscht eine tiefere Stille als überall sonst. Vielleicht hörst du die Glocken der Eselinnen und Maultiere, die die Nacht auf den Weiden zubringen, das Zirpen der Grillen. Auch den Bolero, die Kastagnetten und Zithern. Überall, an einsamsten Plätzen und in dunkelsten Nächten, wirst du diese Musik hören. Sie wird dich nie mehr loslassen, weil alles, was Menschen ersehnen, darin steckt. Es gibt hier nicht einen Bauern, der keine Gitarre hat. Auch Gerüche sind etwas, was jedes Land für sich hat. Hier ist es der Geruch des Öls, das so stark ist, dass selbst die Luft, die Häuser und Menschen, ja alles danach riecht. Sämtliche Speisen werden damit zubereitet, alle Küchenwände sind von seinem Rauch geschwärzt. Wenn du dich hier mal verlaufen solltest, brauchst du nur diesem ranzigen Geruch zu folgen und du kannst, selbst zwischen Felsen und Kaktusgebüsch, sicher sein, einen Mallorquiner zu finden.« Johanna lachte. »Vielleicht eher eine Mallorquinerin, die Eier brät ...« Sureda nickte. »Schon möglich. Hast du das Licht bemerkt? Und die vielen verschiedenen Schatten? Es sind die Luftschichten, der Inseläther, der schon Tausende von Malern inspiriert hat. Nur wenigen ist es gelungen das festzuhalten. Er ist etwas Magisches.« Immer wieder drückte er ihren Arm. »Ach, ich bin so froh, dass ich dir all das endlich zeigen kann.« Als sie wissen wollte, wie es ihm ging, legte er ihr den Finger über den Mund: »Psst. Meine Krankheit ist meine Krankheit. Ich lebe damit. Aber du siehst ja, jetzt sitze ich hier bei dir und bin glücklich. Lass uns davon nicht sprechen. Dann denke ich auch nicht dran.« Schweigend saßen sie auf dem Felsen, beobachteten, wie Boote über das schimmernde Wasser glitten, der Himmel dunkel wurde, der Mond aufstieg und die weißen Blüten einer frühen Narzissenart zum Leuchten brachte.

Anderentags – sie hatten in der Finca übernachtet – lud Sureda alle nach Valdemossa ein, seinem Geburtsort, einem Klostersitz im Norden der Insel. Sie fuhren mit einer Tartane, einem Pferdefuhrwerk mit vier Sitzen, das mit Schaffellen ausgelegt war. Johanna, Leman und Wollheim saßen mit dem Rücken zum Kutscher; Sureda, Werth und Schmitz ihnen gegenüber. Schmitz ließ die Beine baumeln. Der Kutscher hockte auf einem Brett, Kopf und Mütze wackelten, hin und wieder spuckte er seitlich ins Gras. Der Weg war schlecht und begrenzt von alten Mauern mit losen Steinen. Nach ein paar Kilometern ging es bergauf. Überall gähnten Abhänge, Schluchten und Gräben. »Das ist der Weg?« Fragend sah Johanna nach Sureda. »So tiefe Löcher?« Sureda lachte: »Ja, ein Abenteuer, was?« Sie wurden ordentlich gerüttelt. Manchmal stutzte das Tier und weigerte sich, einen Abhang hinab oder einen Felsen hinaufzusteigen. Immer wieder sah Sureda nach Johanna, die ängstlich die abgefahrenen Beschläge der Räder beäugte und jedes Mal erschrak, wenn eines der Räder auf Fels, das andere durch Pfützen ging. »Keine Sorge. So leicht kippt es nicht. Er kennt sich aus«, beruhigte Sureda und wies auf den Kutscher, der sorglos, mit übergeschlagenen Beinen, dasaß und mit der linken Hand eine Zigarette drehte.

Von staubigen Serpentinenpfaden in Zickzacklinien, alle von weißen Mauern begrenzt, eröffneten sich grandiose Ausblicke auf Berge und weiße Dörfer, deren Häuser sich aneinanderschmiegten, sich an Abhänge und Felsen klammerten, auf verfallene Castillos, auf Hohlwege zwischen Hecken, Myrten und Geißblatt, Felsen, von denen man glauben konnte, sie seien vom Himmel gefallen. Mückenschwärme summten heran; in den Baumkronen hockten Raben. Ein Greifvogel kreiste über einer Herde Ziegen, verschwand hinter einem Olivenhain, tauchte auf über wilden Orangenbäumen, deren Düfte satt und schwer waren. Der Weg wurde steil. Die Gebirgskette von Valdemossa erhob sich plateauweise. In der Ferne zog sich eine Kette von Menschen über einen schmalen Serpentinenpfad an einer Steilwand hoch und verschwand hinter Felsen. Das Pferd scheute, sein Rücken war schweißnass. Leman und Werth mussten absteigen. Über drei Stunden dauerte der Anstieg, dann ließ der Kutscher die Leine locker. Das Gefährt holperte ein Stück bergab, ein Koffer rutschte vom Trittbrett, platzte in den Staub.

Ein Dorf mit einer Kirche, auf einem Berg gelegen, kam in Sicht. »Da oben ist es, das Kartäuserkloster!« Sureda wies auf einen Gebäudekomplex mit dicken Mauern, der alles überragte. Alle waren erleichtert, der Kutsche zu entsteigen und wieder Boden unter den Füßen zu haben. Der Weg zur Kartause, gesäumt von Steineichen und Johannisbrotbäumen, war anstrengend und ging über Felsgeschiebe, entlang eines ausgetrockneten Bachlaufs. Es roch harzig. Die Füße fanden kaum Halt; alle paar Schritte blieb Johanna stehen und wischte sich die Stirn.

Um das Kloster herum wuchsen riesige Rhododendronbüsche. Sureda erzählte die Geschichte von George Sand und Chopin, die hier einen Winter verbracht hatten. Dann summte er eine Melodie und lachte. »Kennt ihr das? Es ist das Regentropfenprelude, das Chopin hier komponiert hat.« Wollheim summte mit. »Ahh, du kennst es.« Sureda nickte ihm anerkennend zu. »Man glaubt tatsächlich den Regen zu hören. War wohl ein verregneter Winter hier oben.« Mit der Hand über den Augen stand Wollheim und sah in die Ferne. »Die Winter können hier ziemlich unangenehm werden«, sagte Sureda, »und einsam. George Sand soll Nächte durchgeschrieben haben, während er komponiert hat. Sie war herzlich froh, wieder von hier wegzukommen. Die Kinder wurden krank und sie konnte weder ordentliche Nahrung noch Medizin beschaffen. Übrigens, sie waren nicht verheiratet«, flüsterte er Johanna ins Ohr.

Vom Kloster selbst, umgeben von massiven Steinmauern, sahen sie außer den dämmerigen Kemenaten mit den kargen Einrichtungen – Bett und Stuhl sowie eine Waschgarnitur aus blaubemaltem Porzellan auf einem weißlackierten Eisengestell – wenig. Einzig die Zellen zwei und drei waren ausgestattet mit den Hinterlassenschaften der berühmten Bewohner: einer Haarsträhne von Chopin, seiner Totenmaske und seinem Klavier, dazu Sands Manuskript ›Winter auf Mallorca‹. Hier glaubte Johanna ein wenig vom Hauch der Präludien und der Leidenschaft zu atmen, der einst durch diese Räume gezogen war.

Nicht weit vom Kloster lag das ehemalige Anwesen der Suredas, der Palacio del Rey Sancho. »Der Besitzer hat mir den Besuch gestattet. Wir können hineingehen. Ich habe einen Schlüssel. Meine Familie hat lange hier gelebt. Wir sind eine alte Familie. Meine Vorfahren sind mit Jakob dem Eroberer auf die Insel gekommen. Später haben sie in Kettenhemden gegen die Heiden gekämpft. Es sind Admiräle aus der Familie hervorgegangen, sogar ein Ketzer. Mein Ur-Urgroßvater war ebenso wie ich der Kunst zugetan«, erzählte Sureda, »er bot Schriftstellern, Malern, Musikern, aber auch Politikern dieses Haus als Herberge an. Diese Tradition haben wir lange fortgeführt. Kennt ihr Rubén Darío? Ein berühmter Poet. Er kam auf Einladung meines Vaters. Obwohl die Mönche schon nicht mehr hier lebten, hat er sich in einer Kartäuserkutte portraitieren lassen. Meine Mutter hat fast alle Gäste, die hierher kamen, gemalt.«

Während er einen schweren Schlüssel im Schloss drehte und alle hereinbat, zählte er seine Ahnen auf, die hier gelebt hatten, bis er zu der Stelle kam, wo Namen und Jahreszahlen nebulös wurden. Sie betraten Zimmer in der Form länglicher Vierecke, sehr hoch, kühl und düster, die Wände nackt und weißgetüncht. Nur über den Türen waren Familiengemälde eingelassen, die von der Zeit dunkel geworden waren. Im Jagdzimmer war es dämmrig. Auch hier waren die Türen schwarz vom Alter. Goldbordierte Tafeln hingen darüber: abgeblätterte, zersetzte Familienwappen waren es. Zwischen Wandteppichen und verblichenen Seidentapeten lauerten gemalte Füchse in üppig wuchernder Vegetation. Auf einer Kaminkonsole breiteten ausgestopfte Pfauen ihr Gefieder aus. Die Möbel waren mit weißen Tüchern verhangen. Auf dem Boden lagen Teppiche mit langen Troddeln; in die Ecken hatte jemand rote Kreuze gestickt. Kisten mit in Stroh gepacktem Essgeschirr und Gläsern standen herum, Bettzeug und Decken in Körben, gebündelt und beschriftet, das meiste von Mäusen zernagt. Sureda hob eine indische Lackschachtel aus einer Kiste und betrachtete die Malerei. Sekunden stand er versunken. »Wir haben hier alles verloren. Aber es gibt Leute, die damals viel mehr verloren haben. Mein Vater hat alles für die Kunst gegeben. Das hat uns in den Ruin getrieben. Tja, so war es nun mal. Und dann meine Mutter mit ihrer Leidenschaft für Malerei.« Die anderen Räume waren abgeschlossen und Suredas Schlüssel passte nicht. »Schade, ich hätte euch das gern gezeigt. Rauschende Feste haben wir hier gefeiert. Ja, richtig große Gesellschaften hat es hier gegeben.«

Draußen blendete die Sonne. Beim Abstieg über Felsgeröll und Ziegenpfade drehte sich Sureda mehrfach um. Dann bot er Johanna seinen Arm. »Jetzt hast du gesehn, was ich dir immer zeigen wollte. Es ist ein Ort der Sehnsucht. Jedenfalls für mich.« Entfernt blökten Ziegen. Ferkel suhlten im Dreck. Kleine zottelige Hunde kamen angekläfft; aufgeregt wackelten ihre Schlappohren. In einer Kabuse lebte ein Maler mit Frau und Kind. Für wenige Peseten bot er Getränke an, verschwand im Haus, als Sureda etwas sagte, kam mit Gläsern und einer gefüllten Karaffe zurück. Das Getränk schmeckte nach Mandeln und erfrischte. Er sprach Schmitz auf mallorquinisch an, was alle zum Lachen brachte. »Ja, stimmt«, meinte Werth, »schwarz wie du bist, könntest du glatt als Spanier durchgehen.« Wollheim, den die Neugier trieb, brachte den Mann dazu, seine Bilder zu zeigen. Es waren großformatige Aquarelle, die Blumen und Landschaften zeigten, bunt und sommerlich. Als Wollheim ihm zu erklären versuchte, dass er auch Maler sei, packte der Mann seine Bilder zusammen, ging ins Haus zurück und verriegelte die Tür.

Von Valdemossa ging es nach Deià, einem hügeligen Dorf mit engen, verwinkelten Gassen und Steinhäusern mit bunt bemalten Wandkacheln. Künstler lebten hier. Düster blickende Frauen saßen im Schatten von Steineichen. In der Ferne zerflossen Meer und helle Küstenstreifen, Himmel und Horizont in Grün, Weiß und Blau. Eine Frau mit einer schwarzen Manilla zog einen Esel, beladen mit Tongefäßen, hinter sich her. Der Kopf der Frau, ein Teil des Gesichts und Hals waren bis auf die Schultern verhüllt. »Sie bringt den Bauern Wasser auf die Felder«, erklärte Sureda, dem Johannas Blick nicht entgangen war. Mit Hinweis auf die schwarze Farbe der Mantilla fügte er hinzu: »Sie ist verheiratet.« Johanna sah der Frau nach. »Das erinnert mich an die Flucht nach Ägypten«, sagte Werth, »Maria, Josef und das Kind.«

»Ja, fast biblisch.« Wollheim lachte. »Es sind Bilder von Dingen, die ich schon fast vergessen habe: Ziehbrunnen, Fischer mit Netzen, Ölbäume, die Schleier der Frauen. Uralte Bilder, ruhig und schön.«

Wollheim genoss die Besuche in den Ateliers. Mit seinem Kauderwelsch aus Französisch und Spanisch durchstreifte er sämtliche Werkräume. Er kannte den Maler Bruck, der Tür an Tür mit einem argentinischen Künstler lebte, der, als sie anklopften, gerade dabei war auszuziehen. Kisten und Koffer standen im Flur, Bilder von farbenfrohen südlichen Landschaften lehnten aneinander. Leman, begeistert von Haus und Garten, fragte spontan, ob er es mieten könne. Die Zusage kam so spontan wie die Idee. Voller Begeisterung über die neuen Pläne lud er alle in eine Fonda ein, bestellte Kaninchen mit Erbsen, orderte Wein. Indem er das Glas hob, eröffnete er, dass ein Dorf wie Deià immer schon sein Traum gewesen sei und er jetzt ausprobieren werde, hier zu leben. Zwei mallorquinische Künstler kamen dazu, begrüßten Sureda, rückten ihre Stühle links und rechts neben Johanna, stellten ihr Fragen zu Deutschland und zur Kunst, wollten wissen, wie ihr die Insel gefalle. Anfangs mühte sie sich mit Händen und Füßen, suchte nach Worten, wurde nicht verstanden. Sie war auf Sureda angewiesen, der übersetzen musste, was ihr nicht behagte. Immer wortkarger versank sie in ihrem Stuhl, zuckte lustlos mit den Schultern, wenn jemand sie ansprach. Zuletzt saß sie nur noch schweigend da und war froh, als Leman die Rechnung verlangte. Über Sureda, der sie beim Hinausgehen bat, doch nächstens freundlicher zu seinen Freunden zu sein, ärgerte sie sich. »Es ist komisch, wenn man freundlich ist und nicht sprechen kann«, sagte sie, »man sieht blödsinnig aus, wenn man die Leute anlächelt und nichts sagen kann. Da ist es doch besser, man bleibt in seiner Reserve.« Sureda schüttelte den Kopf. »Aber es macht doch nichts, wenn du nicht reden kannst. Ich helfe dir doch. Vielleicht bist du nur müde.«

Sie übernachteten im Haus des Malers Bruck. Johanna wäre überall geblieben, so erschöpft war sie. Erst gegen Mittag des nächsten Tages brachen sie auf. Leman blieb in Dejà.

In Palma nahmen Wollheim, Schmitz und Werth den Bus zu ihren Appartements im Zentrum der Stadt. Sureda brachte Johanna nach Establiments, einem Viertel im Norden, wo er ihr im Haus seiner Familie zwei Zimmer gerichtet hatte. Eyland nannte er ihr neues Refugium, was sie zum Lachen brachte. In der Bibliothek des Hauses, einem düsteren Salon voller goldschnittiger Bücher mit Lederrücken, Lesepulten und gepolsterten Sesseln – Landkarten und alte Stiche hingen an den Wänden – lernte sie Suredas Familie kennen.

Die Mutter, eine schöne Frau in einem schwarzen Spitzenkleid, das am Hals mit einer Kamee geschlossen war, bleich, mit melancholischen Augen und silbernem Haar, war von einer achtunggebietenden und einnehmenden Art. Sie hieß Johanna auf Deutsch willkommen, umarmte sie, küsste sie links und rechts auf die Wange, ließ von einem ungeschickten Hausmädchen eine Flasche Orvieto öffnen, verteilte Gläser und prostete Johanna zu: »Wir freuen uns sehr. Wir wissen, was Sie für die Kunst tun. Jacobo hat sich bei Ihnen in Deutschland sehr wohlgefühlt.« Auch der Vater, ein eleganter Grande mit grauem Haar und einem strahlenden Gebiss, umarmte und küsste Johanna auf die gleiche ungewohnte Art wie seine Frau. Er trug eine gestreifte Hose, ein weißes Hemd und eine Halsbinde in dezentem Grau – reine Seide, wie Johanna vermutete. Suredas Bruder Pedro war groß für einen Spanier, und erinnerte Johanna, auch wegen seines Bartes, an den holzgeschnitzten heiligen Josef in der Kirche von Wickrath. Er hatte feingliedrige Hände, eine tiefe Stimme, schwarzes gewelltes Haar und Umgangsformen, die Johanna typisch mallorquinisch vorkamen. Er redete laut, gestikulierte wild, überschüttete sie mit Freundlichkeiten, bot ihr eine Zigarette an aus einem vergoldeten Etui. Als sie zugriff, kam er mit Feuer und einem Gebäck aus Kartoffeln, schilderte ihr lang und breit, dass er sich zur Schriftstellerei hingezogen fühle und jetzt endlich aktiv werden wolle, um diese Neigung auszuleben. Er übersetzte Ey mit Ei, was ihr bei den Suredas sofort den Namen Señora Huevo einbrachte. Die Unterhaltung wurde in einem Gemisch aus Spanisch, Englisch und Deutsch geführt. Sureda hatte sie auf der Fahrt gebeten, falls ihr eine Tasse Tee angeboten würde, dankend abzulehnen. Seit sie den Palast in Valdemossa hatten räumen müssen, seien nämlich keine heilen Tassen mehr im Haus und Geld dafür schon gar nicht. Johanna befolgte seine Bitte. Nach dem Orvieto tranken sie statt Tee Hierbas, einen Kräuterschnaps von grünbräunlicher Färbung, aus Henkelbechern.

Gegen Abend zeigte Sureda ihr Haus und Zimmer. Zwischendurch erzählte er von Pedro. »Mein Bruder malt auch und hat ganz in der Nähe ein Atelier.« Sureda zwinkerte. »Dort liegt ein weißes Schaffell vor dem Kamin, auf das er seine Besucherinnen legt. Er hat massenhaft Aktmodelle.«

»Er ist ganz anders als du«, sinnierte Johanna, »du bist mir lieber. Was der um alles ein Gedöns macht.« Sureda verstand das Wort Gedöns nicht, weswegen er sie irritiert ansah. »Ja, Gedöns, viel Geschrei um nichts.«

Am Ende eines langen Korridors lagen zwei Zimmer. »Ich habe diese hier ausgewählt, damit du dich gut erholst und wir nah beieinander sind. Sie sind beide für dich«, sagte Sureda, stieß das Fenster auf, woraufhin Luft und Licht hineinströmten. Ein weitläufiger Garten mit Palmen und Zedern war zu sehn. In das andere Zimmer, das zur Straße hinausging, mündete ein weiteres Kämmerchen, dahinter befand sich eine Küche mit einem Eisenherd. Die Räume waren karg eingerichtet, aber geräumig und – wie Johanna fand – südlich. Es gab einen dunkel gebeizten Schrank, ein Bett mit einem harten Kopfkissen, einen Strohsessel, einen antiken Tisch mit einer Intarsie, die allerdings beschädigt war, eine Tapetentür, mit Rosenmuster beklebt. Eine Fliegenklatsche aus Draht steckte in einem der Zimmerbalken. Die nackten Wände waren weiß getüncht, wie sie es im Rheinland nur von Ställen oder Kellern kannte. Einzig über einem Kamin hingen zwei gerahmte Kitschbilder, auf denen Vögel nach gemalten Trauben pickten. Johanna fühlte sich unbehaglich. Während sie Sureda über eine Wendeltreppe nach unten folgte, dachte sie, dass sie lieber in der Nähe von Wollheim, Schmitz und Werth geblieben wäre. Durch eine hohe Eisentür gelangten sie in den Garten, wo Sureda ihr einen Platz zum Sonnen zeigte und dann auf die verhangenen, riesigen Fenster seines Ateliers wies, das keine zehn Schritte entfernt lag. Irgendwie stimmte sie der Gedanke, ihn nah zu haben, weich. Als er Holz heraufholte und den Kamin feuerte, kam die alte Stimmung wieder auf. Bei rotem Wein saßen sie bis in die Nacht vor dem Feuer und erzählten.

Am Morgen – Johannas Gelenke schmerzten von den ungewohnten Gängen durchs Gebirge – machten sie sich auf den Weg zu Jupp Bell, der mit seiner Frau Anita auf Hochzeitsreise war und sich in einem von Sureda vermittelten Haus eingemietet hatte. Das Haus lag in Genova, inmitten eines mit Kakteen und Palmen bewachsenen Gartens, umrahmt von knospenden Mandel- und Orangenbäumen. Myrten standen kurz vor der Blüte, Salbei und Rosmarin wucherten ineinander. Eine weite Treppe führte zu einer von Kletterpflanzen überwucherten Veranda, die von der üppigen Krone einer Palme geschattet wurde. Auf einem Tisch standen Krüge mit Wasser und Wein.

Anita, in weißer Schürze, die schwarzen Haare zum modischen Pagenkopf geschnitten, hantierte in der Küche. Es roch nach Knoblauch und Öl. Sie hatte Kartoffeln und Zwiebeln geschält, in kleine Stifte geschnitten und in einer feuergeschwärzten Pfanne Öl erhitzt. Jetzt war sie dabei, die rohen Kartoffeln anzubraten. Johanna, der die steigende Hitze zusetzte – sie schwitzte und atmete schwer – sah zu, wie Anita Eier aufschlug und mit roten Würstchen zu einer Tortilla verrührte. Jupp Bell lockte sie auf die Veranda, wo sie bald breit und behäbig auf einem Liegestuhl ruhte, was ihn sofort zu einer Zeichnung bewegte: Frau Ey, auf einer Chaiselongue in der Sonne schmelzend. »Du glaubst ja gar nicht, wie weit ich gestern gelaufen bin«, murmelte sie mit mittagsschläfriger Stimme, »dabei habe ich mir nur Ruhe vorgenommen.«

Zum Essen kam der Maler Leithäuser dazu, der mit seiner Familie in Son Negre lebte und zu Studienzwecken auf der Insel war. Er rieb sich den Bauch, als Anita einen Teller, mit dem sie ihre Tortilla de Patatas zugedeckt hatte, lüftete. Mit vollem Mund sprach er von Stillleben und Landschaften, nannte Cézanne seinen Meister und erzählte Johanna von den Mühen, die es bereitete, Licht und Atmosphäre darzustellen. Weit ausholend erklärte er, dass er Farbe als Folge von Licht und Atmosphäre sehe, gab sich alle Mühe, ihr etwas über seine Absichten zu erläutern. Johanna war erleichtert, als Wollheim kam, das Gespräch unterbrach und alle aufforderte, mit zum Strand zu kommen.

In S'Arenal, einem Fischerdorf, hatte Sureda ein Häuschen direkt am Strand gemietet. Für 50 Peseten konnten sie es den ganzen Monat nutzen. Sie besorgten einen Spiritusbrenner, ein billiges Modell, dazu Brennstoff und eine Pfanne, ferner Eier und Brot, Öl und Wein. Wollheim und Sureda trugen die Rucksäcke: Getränke und Proviant waren darin, aber auch Farbkasten, Papier und Pinsel, Wasserflaschen zum Aquarellieren.

Johanna war selig über den Strand: alles war bestreut mit Muscheln und kleinen, an Land gespülten Seetieren. Tief bohrte sie ihre Füße in den heißen Sand.

Kinder tobten herum. Gedankenlos spielte eine Frau mit ihrem Fächer. Weiter draußen zogen sehnige, sonnengegerbte Männer in dunklen Joppen von bunten Booten aus Fischernetze ein.

Wollheim rammte eine Feldstaffelei in den Sand. »Eine feinere Malermutter als dich gibt es nicht«, lobte er Johanna, die die Sonnenrichtung prüfte und dann einen Schirm aufspannte. »Das hättest du dir doch nie träumen lassen, dass du dich mit Rucksack und Farbkasten in Spanien bewegst und allerhand Allotria mit dir getrieben wird!«

Wollheim war der erste, der ins Meer sprang. »Nichts Besseres als tauchen!«, rief er Johanna zu, »nichts Schöneres, als die schimmernden Beine der Damen unter Wasser zu betrachten, sie ein bisschen zu kitzeln und zuzuhören, wie sie kreischen! Komm, Señora Huevo, lass dich auch mal kitzeln.« Er amüsierte sich über Johanna, die den Rock hoch raffte und vorsichtig die Zehen ins Wasser hielt. »Na komm schon, lass die kleinen dicken Füße ruhig mal tauchen«, reizte er, spritzte mit Wasser, woraufhin Johanna Schutz hinter einem Felsen suchte, was alle mit Lachen quittierten. Eine Schwester von Bell, die mitgereist war, zeigte sich zur Freude Wollheims in einem engen schwarzen Trikot. Dass Johanna schließlich doch die Beine badete, war ihr zu verdanken. Sie planschte und spritzte mit einer solchen Lust, dass es ihr letztlich alle nachmachten. Den Rest des Nachmittags verbrachte Johanna abwechselnd unter Bells zerfleddertem Sonnenschirm; dann wieder lag sie auf Wollheims mitgebrachtem Berliner Tageblatt in der prallen Sonne, aß Orangen und spuckte Kerne in den Sand. »Ich brauch hier auch so bitter wenig«, lachte sie, während Sureda, in seinem Strandstuhl, das Notizbuch in der Hand, die Beine übereinandergeschlagen, den Bleistift ansetzend, ihre Umrisse peilte. Wollheim sah zu, wie er strichelte. Unvermittelt fing er von Leni an, kritisierte die Ehe als Institution, sprach über Moral, was Johanna konfus vorkam, und endete bei Tatjana. »Ich weiß nicht, ob du das verstehn kannst, aber es gibt nur noch sie. Ich kann einfach nicht anders. Für Tatjana ist es genauso. Sie steht kurz vor dem Durchbruch. Ihr letzter Auftritt in Berlin hat unglaublich viel Presse gebracht. Eine deutsche Illustrierte hat sie ganzseitig auf der Titelseite abgelichtet. In einem Lotuskostüm. Ich habe sie in diesem Kostüm gemalt. Ist es nicht gut, dickes Ey, dass wir lieben können?« Johanna antwortete nicht. Sie dachte an Leni und sah nach Sureda, der den Hintergrund seiner Zeichnung mit dicken Strichen schraffierte.

Gegen Abend, bei einem Spaziergang, kaufte Johanna mit Hilfe von Bells Übersetzungskünsten hölzerne Kastagnetten für Maria, Bastsandalen für Lisbeth, für sich selbst eine schwarze Mantilla aus Spitzen, einen Fächer aus Elfenbein, weiße Kordelschuhe und Ansichtskarten. Wenn Johanna sich für etwas interessierte, fragte Jupp Bell nach dem Preis und handelte. »Quanto costat?« Immer hängte er ein T an das costa, so dass es Johanna vorkam, als ob er Kölsch spräche. Bald konnte sie es selbst. »Kwanto kost dat?« Johanna rechnete Pesetas gegen Mark, befand den Mantilla-Kauf als billig, vor allem, als Anita ihr die Versprechungen der Händlerin übersetzte, die versicherte, dass man sein ganzes Leben davon profitiere. Sie steckte Johanna die Mantilla ins Haar, hielt ihr einen Spiegel vor. Während Johanna sich betrachtete und dabei das glitzernde Schleiertuch befühlte, kam ihr der Zirkus in den Sinn, der in ihrer Kinderzeit durch Wickrath gezogen war: die Frau mit den schaukelnden Ohrringen, der Federboa, dem bunten Rock. »Du bist eine geborene Mantilla-Trägerin. Sie kleidet dich«, flüsterte Sureda ihr zu und kündigte an, sie darin malen zu wollen.

Der Abend am Strand war das Schönste für Johanna. Werth hatte Strohstühle herangeschafft, Wollheim ein Feuer angeblasen, Sureda Fische mit Speckstreifen umwickelt, die er an einem langen Stecken über die Glut hielt und von Zeit zu Zeit mit Wein beträufelte. Schmitz spielte auf der Mundharmonika, Werth sang. Johanna konnte sich nicht satt sehen am Sternenhimmel. Immer wieder sah sie hinauf. Sureda hatte eine Kerze angezündet und zeichnete. Während er strichelte, erzählte er von einer Frau namens Elinor, die sich einer Schule wegen in Paris aufhalte und fügte hinzu, dass er kaum erwarten könne, sie wiederzusehen, weil er sich verliebt habe. Es war Johanna wie ein Stich ins Herz, ein kurzer Moment, in dem ihr Atem aussetzte, als er von Elinors Familie anfing, von den Umständen, wie und wo sie ihm zum ersten Mal begegnet war. Sie musste sich beherrschen, ruhig zu bleiben. Als er ihr sein Blatt zeigte, konnte sie es kaum ansehen. Als sie es dann doch tat, war nicht Elinor, sondern sie das Motiv. Jung sah sie aus, viel jünger als sie war und auch schlanker. Sie gefiel sich, aber dann packte sie der Gedanke an Elinor und dass er sie so gemalt haben könnte, wie er sie sich wünschte. Schon verwandelte sich ihre Freude in Missmut. Ihre Augen durchbohrten ihn wie zwei Nadeln, skeptisch und forschend. »Ich weiß, wie ich aussehe. Du darfst mich ruhig so malen, wie ich bin.« Ihr eisiger Gesichtsausdruck hielt sich. Auf dem Heimweg sprach sie nicht mit ihm. Er verabschiedete sich höflich in einem Ton, der um Entschuldigung zu bitten schien. Grußlos ging sie auf ihr Zimmer.

Eine Weile hoffte sie, dass er nochmals bei ihr anklopfen würde, stellte sich vor, wie sie die Tür öffnen, ihn hereinbitten, zwei Gläser mit Rotwein füllen und sagen würde: »Ich habe auf dich gewartet.« Aber er kam nicht.

Am Morgen bereitete Sureda das Frühstück, aber sie blieb eigensinnig wegen der Zeichnung. Mehrmals fing sie davon an. Sie aß nichts, trank auch nicht den Kaffee, den er ihr gebrüht hatte, sondern verzog sich auf ihr Zimmer, wo sie missgelaunt auf dem Balkon saß und auf die Straße sah.

Der Nachmittag war schwül und sie beschloss, in den Garten zu gehen. Vom Korbsessel aus sah sie den Eidechsen zu, die unbeweglich, die winzigen Augen in eine unbestimmte Ferne gerichtet, auf einer Mauer in der Sonne lagen. Es duftete nach Pinien und Myrte. Immer wieder fegte sie mit einer kurzen, ungeduldigen Handbewegung die Ameisen weg, die an ihrem Bein krabbelten. Irgendwie tat es ihr leid, dass er sich so anstrengte, es ihr behaglich zu machen, aber immer wieder dachte sie an Elinor, konnte nicht aus ihrer Haut, fand sich selbst unausstehlich.

Sie entschloss sich nach Palma zu fahren, aber schon auf halbem Weg reute sie ihr Aufbruch. Am liebsten wäre sie wieder umgekehrt, aber sie blieb in der Elektrischen, fuhr nach Genova zu Bells, wo sie über Nacht blieb.

Erst am Nachmittag des anderen Tages saß sie wieder mit Sureda am Tisch. Er war gereizt und wirkte bekümmert. Trotz ihrer Entschuldigung war die Verstimmung nicht wegzuwischen. »Ich glaube, ich mache dir hier nur Ärger«, sagte sie, »du mühst dich und machst alles gut. Ich bin ungerecht und ...« Er unterbrach sie. »Nein, Johanna. Das ist es nicht. Aber wenn du dich über mich ärgerst, kannst du auch bei Jupp Bell wohnen. Vielleicht gefällt es dir dort besser.« Er sah sie kaum an, unruhig wippte er mit dem Fuß. Sie bat ihn etwas zu erzählen, wie an den anderen Abenden, aber er stand auf, trank sein Glas aus und schüttelte den Kopf. »Nein, ich kann nicht. Ich geh schlafen.« Noch spät hörte sie ihn in seinem Zimmer umhergehen.

Am Morgen – sie wollten nach Palma fahren – bemühte sie sich, für Sureda auf dem Holzfeuer Kaffee zu kochen. Die Hauswirtin mochte sie nicht bitten; sie sprach einen mallorquinischen Dialekt, was eine Verständigung schwierig machte. Versuche mit dem Wörterbuch hatte Johanna gemacht, ein Gespräch war dabei nicht herausgekommen. So blieb ihr nichts übrig, als selbst Feuer zu entzünden und auf einem an der Vorderseite des altertümlichen Herdes eingelassenen Kessel Wasser zu erhitzen, was ihr, nachdem sie eine Weile im Qualm stand und sich die Finger an einem der Eisenringe verbrannt hatte, sogar gelang. Sie backte Eier in einer blank geriebenen Kupferpfanne, deckte den Tisch und hoffte auf ein Lob. Stattdessen folgte nach einem Morgengruß nur der Satz, dass es besser sei, wenn er allein nach Palma fahre, da er viele Besorgungen zu machen habe. »Ich denke, es wäre netter für dich, wenn du hierbliebest.« Er trank weder den Kaffee, noch rührte er die Eier an. Er war schon im Garten, als er sich nochmals nach ihr umdrehte: »Oder willst du doch mitkommen?« Verstimmt blieb sie zurück. Außer Apfelsinen aß sie den ganzen Tag nichts. Sie ärgerte sich, dass er sie im Unklaren über seine Rückkehr gelassen hatte und nicht gefragt hatte, wie sie den Tag verbringen wollte. Es machte ihr zu schaffen, dass sie nie etwas Genaues wusste. Sie blieb auf der Veranda, wartete, schrieb Briefe, las und döste.

In der Nacht horchte sie nach seinen Schritten, hoffte, dass er bei ihr anklopfen würde, aber nichts geschah und irgendwann schlief sie ein.

Es war schon Nachmittag, da hörte sie ihn die Treppe heraufkommen. »Eychen, bist du da? Ich habe dir Frau Bruck mitgebracht.« Sofort war sie wieder verstimmt. Mit Frau Bruck konnte sie nichts anfangen. Sie stand auf, öffnete die Tür und dann musste sie lachen: Vor ihr stand Wollheim, zwei Flaschen Rotwein in der Hand. Sureda schwenkte eine Tüte mit Lebensmitteln. »Jetzt kochen wir uns was.« Fast zwei Stunden brachte er am Herd zu. Es gab Costillas de cordero – Lammkoteletts – zwischendurch Sobrassada und einen Gemüseauflauf, den er Tumbet nannte, mit Kartoffeln, Auberginen und Zwiebeln. Später saßen sie im Garten vor ihren Staffeleien, wo Wollheim und Sureda malten und über die Straßenschlachten debattierten, die sich Nationalsozialisten und Kommunisten in Berlin geliefert hatten.

»Für meine Spanierin«, sagte Sureda und überreichte Johanna am Abend eine blaue, in Stoff eingeschlagene Schachtel mit einer schnörkeligen Goldschrift: Insula maior. Gespannt öffnete sie den Deckel. Ein Kamm aus schillerndem Schildpatt lag auf rotem Samt. Sureda nahm den Schmuck, steckte ihn Johanna ins Haar, lächelte, als sie sich vor einem Spiegel drehte. Stolz und glücklich sah sie aus. »Sehr schön ist das. Viel zu schön für mich.« Sie setzte sich auf das Bett, zog Sureda neben sich. »Schön wäre ich immer gern gewesen. Einmal, ich war noch ein Kind, kam ein Zirkus in unsere Stadt. Eine Seiltänzerin war dabei. Alles war bunt und lustig. Anders als bei uns daheim. Fast wäre ich damals mitgezogen. Dein Kamm erinnert mich daran.« Sie zog den Kamm aus dem Haar, betrachtete ihn lange und nachdenklich. Dann erzählte sie von dem prügelnden Vater, von der Ehe mit Robert, von Klara, die in Brüssel lebte, von Rudolf, der nur zwei Jahre alt geworden war, dessen mageres Gesichtchen sie immer wieder vor sich sah. »Wenn ich heute hier sitze, mit deinem Kamm und der Mantilla, dann bin ich froh und dankbar, dass das alles vorbei ist. Nie hätte ich mir träumen lassen, einmal hier zu sein. Nein, nie. Der Kamm hier ist ein Stückchen Freiheit. Er macht die Frauen stolz und schön. Vielleicht verstehst du das nicht, aber wie gut ist es doch.«

Sie legte den Kamm eingepackt auf eine Bank. Später kam Wollheim. Zu spät verhinderte sie, dass er sich darauf ausstreckte. Ein kurzes Knacken hatte zur Folge, dass sie mit Wollheim ein gewaltiges Lamento anfing. Als sie Sureda die gebrochenen Hälften zeigen wollte, fand sie ihn über einem Brief an Elinor sitzend. Ein Foto einer Frau stand vor ihm. Vier Seiten waren vollgeschrieben. Als er Johanna bemerkte, raffte er das Papier zusammen und schob es zur Seite, woraufhin sie aus dem Zimmer stürzte.

In der Nacht saß sie am offenen Fenster, sah in den Garten und auf die Hecken, die in einem fahlen Licht lagen. Das Nachtgestirn leuchtete schwach; auch Sterne glimmerten nur vereinzelt. Dass es Sureda Ernst war mit Elinor, hörte sie aus allem, was er tat und sagte. Sie dachte darüber nach, wie lange die Sache halten würde; auch seine Krankheit kam ihr in den Kopf.

Der Gedanke, dass selbst die klügste und geistreichste Frau es nicht verstehen würde, ihn auf Dauer zu halten, verschaffte ihr ein wenig Genugtuung.

Um wieder einzulenken, stimmte sie zu, als Sureda tags darauf vorschlug, nach Palma zu einem Fotografen zu fahren, um ein Erinnerungsfoto zu machen. Aber auf der Fahrt sprachen sie kaum und auch die Sitzung beim Fotografen sorgte nicht für Besserung ihrer Laune. Sie machten Einkäufe und tranken Kaffee zusammen. Er schenkte ihr einen neuen Kamm, dann trennten sie sich.

Am Nachmittag fuhr Johanna nach Genova zu Bells, mit denen sie ein paar Stunden am Strand verbrachte. Sie fühlte sich allein gelassen und unglücklich und obwohl Jupp und Anita alles taten, um sie aufzuheitern, blieb sie niedergedrückt und seelenwund. Sie hatte Kopfweh, fühlte sich schlapp – das müsse von der Hitze sein – hatte keine Lust sich zu unterhalten und selbst von der kräftigen Hühnersuppe, die Anita gekocht hatte, aß sie nur wenig.

Die Nacht über blieb sie in Genova. Am nächsten Tag brachte Jupp sie nach S'Arenal zu Wollheim und den anderen, mit denen sie ans Meer ging und abends in einer Fonda einkehrte, wo die Frau des Wirts melancholische Liebeslieder auf der Gitarre spielte, was Johanna Tränen in die Augen trieb.

Auch am nächsten Tag lockte das Meer. Sureda wollte kommen und Johanna hatte Wollheim versprochen, etwas zu kochen und das Essen zum Strand zu bringen, was von allen mit Beifall aufgenommen wurde. Den Holzofen einzuheizen scheute sie sich, aber um den Spirituskocher anzufeuern, fehlten Streichhölzer, weswegen sie sich, das Wörterbuch in der Hand, an Wollheims Wirtin heranwagte. Die Konversation zog sich und erst nachdem Johanna etwas von Phosphor und Allumette gesagt hatte, ging ein Aah über die Lippen der Frau.

Auf dem Spirituskocher kochte Johanna Reis und frische Erbsen. Auch Pommes frites, wie Sureda sie liebte, wollte sie machen, schälte Kartoffeln und schnippelte sie in eine Pfanne mit Öl, worin sie anschließend Spiegeleier mit Speck briet.

Später saßen sie kauend auf Strohstühlen am Strand, jeder einen Teller auf den Knien. »Eychen, das hast du ganz allein gemacht? Es ist fantastisch«, lobte Sureda, fügte hinzu, dass sie die geborene Mallorquinerin sei und das Essen der Beweis für ihre spanische Seele. Sie hielt dagegen; bemängelte, dass sie nichts von dem verstanden habe, was die Hauswirtin ihr erklärt hatte, dass sie überhaupt die Leute ohne seine Hilfe nicht verstehen könne, dass ihr das ganz und gar nicht passe. »Mit dem Wörterbuch geht es auch nicht. Die Leute hier verstehn genauso wenig Spanisch wie ich. Es ist ja so, wie wenn ein Rheinländer nach Westfalen kommt und Plattdeutsch hört. Und du, Jacobo, wirfst mir ständig vor, ich wär nicht nett genug zu deinen Freunden. Dabei sieht es blöd aus, wenn man jemand anlächelt und kann nicht mit ihm sprechen.« Wollheim versuchte sie zu beruhigen, erklärte, dass sie nicht nur eine Mallorquinerin sei, sondern eine Frau von Welt, eine moderne Frau, die immer und überall klarkäme, die mutig geblieben sei trotz schlimmer Schicksalsschläge. »Schluss mit dem Geschwätz! Meine Vergangenheit ist meine Vergangenheit. Jetzt bin ich hier, wo ich nie gedacht hätte, mal zu sein. Ich bin eben angewiesen auf euch. Das passt mir nicht. Nee, glaubt ja nicht, dass es mir nichts ausmacht.«

Mit Wollheim saß sie im Ca'n Joan de S'aigo in Palmas Altstadt. Ein verfleckter Zettel mit dem Speiseangebot lag auf dem Marmortisch. Wollheim schwankte zwischen Arròs brut und Sobrassada. Auch Johanna war unschlüssig. Am Ende bestellten sie zwei Kaffee. »Sag mal, Eychen, ich hab dir doch neulich von Tatjana erzählt. Darf ich dich mal was fragen?« Johanna sah ihn erstaunt an »Ja, sicher.« Wollheim zögerte. »Ich bin mir aber nicht sicher, ob du antwortest.«

»Dann warte doch mal ab.«

»Es ist wegen dir und Sureda. Du liebst ihn doch, oder? Das spüre ich.« Johanna griff nach der Tasse, als ob sie sich an etwas festhalten müsse. Sie trank und zündete sich eine Zigarette an. »Also, was soll ich dir sagen ... Und wozu willst du es wissen?« Wollheim zuckte mit den Schultern. »Vielleicht bin ich einfach neugierig.«

»Er ist jung, ich bin alt. Er hat Elinor und das ist gut für ihn.«

»Ist das alles?«

»Ja.« Die Hand, mit der sie die Zigarette an den Mund führte, zitterte leicht. »Weißt du, dass er sehr krank ist?« Sureda kam über den Platz, winkte. Er machte kurze, schnelle Schritte und ging mit hängenden Schultern. Wollheim, der am Tag zuvor mit der Eisenbahn nach Soller gefahren war, dort eine neu erbaute Villa in modernem Stil besichtigt hatte, fing ein Gespräch über spanischen Jugendstil an, verwickelte ihn in Details, kam auf deutsche Einflüsse zu sprechen, dann auf österreichische. Sureda war sichtlich gelangweilt. Auch Johanna konnte ihm nicht folgen, drängte auf einen Spaziergang durch Palma. Sureda, dem einige Besorgungen einfielen, rief sofort nach der Bedienung. Wollheim blieb mürrisch auf seinem Stuhl sitzen.

Mit Johanna am Arm war Sureda kaum auf die Plaça Espanya gebogen, als er ihr gestand, so sehr er auch Wollheim schätze, sein Gerede nicht immer ertragen zu können und froh sei, mit ihr allein zu sein. »Heute Abend gibt es Kaninchen mit Porree und Erbsen. Ich kenne eine Metzgerei, nicht weit von hier. Da holen wir uns was.«

Keifend und zankend standen Händlerinnen mit Bauchläden auf der Plaça, Leute stöberten im feilgebotenen Plunder. Eine der Frauen hatte ein unermüdliches Maulwerk. Ein Schnellfeuer von Worten entlud sich über einem musizierenden Gaukler, neben dem ein Mädchen, angefeuert vom Rufen einer Handvoll Jugendlicher, zum Geschepper einer Büchsenmusik tanzte. Nackte Arme züngelten sich in die Luft, Kastagnetten klapperten, Füße stampften, schwarze Locken flogen. Während die Händlerin den Musikanten anfauchte, kam Johanna Carmen in den Sinn. »Eine mallorquinische Carmen«, sagte sie zu Sureda, was ihn zum Lachen brachte. »Was du hier siehst, ist alles andere als Carmen. Flamenco ist erst gut, wenn er dich zum Weinen bringt.«

In der Metzgerei, zu der Sureda sie führte, lag trotz der vorgerückten Stunde noch reichlich Fleisch aus. Schinkenstücke hingen an eisernen Haken, Kleinteile wie Hahnenkämme, Nieren, Füße mit Hufen, Hühnermägen und rote Hautlappen von Federvieh lagen auf Planken, Beile und Messer auf einem zerhackten Holzklotz. Der Metzger – er hatte ein strenges, zerfurchtes Gesicht und einen bläulich rasierten Bart – stand in blutverschmierter Schürze hinter der Theke, grüßte auf mürrische Art, ohne die Eintretenden anzusehen. Alles war voller Fliegen. Wo es nicht schlürfte und saugte, schwirrte es durch den Laden. Sureda besah sich die Schüsseln. »Hi ha conill?« Der Mann wies mit einem Klopfholz auf eine Schüssel, hob ein abgezogenes Kaninchen aus dem Blutsud und hielt es in die Höhe. »Bé, me l'emport.« Neben dem Kaninchen erstand er noch Blutwürste, die er Butifarras nannte, dazu eine Tüte mit Leber, Mägen und ähnlichem Gekröse, die er Johanna in die Hand drückte.

Mit der Straßenbahn fuhren sie nach Establiments. Von der Haltestation war es ein Fußweg zu Suredas Haus. Steil ging es treppauf. Von Zeit zu Zeit blieb Johanna stehen, auch weil ihr die Luft ausging, sah über die Landschaft, die der aufsteigende Mond in ein bläuliches Licht getaucht hatte. Als er ihre Hand nahm, dachte sie an das Meer, das nah war und jetzt ganz schwarz lag. Sie spürte seine Wärme, schloss die Augen, als er zu erzählen begann: »Es war eine schlimme Zeit, jene Zeit der maurischen Streifzüge und Überfälle. An der ganzen Küste entlang wurden Wachttürme gebaut und die Turmwächter gaben mit Rauchsignalen bei Tag und Feuer bei Nacht einer dem anderen Alarmzeichen. Die Häuser wurden tunlichst nah aneinander gebaut. Die Kirchen verwandelten sich in Festungen mit Brustwehr und Schießscharten. Sie dienten als Zuflucht für Weiber und Kinder ...« Als er mit der Rückeroberung durch Christenheere endete, stand der Mond an einer anderen Stelle. Arm in Arm gingen sie weiter. Zu Hause begab er sich sofort in die Küche und begann noch um Mitternacht ein lärmendes Hantieren mit Töpfen und Pfannen. Johanna, die es nicht gewohnt war, so spät zu essen, protestierte lachend, aber als er ihr duftende Kaninchenstücke servierte, konnte sie sich nicht erwehren. »Dein Nachtessen ist köstlich«, lobte sie, »du tust so viel für mich. So viel, wie sonst keiner.«

Anderentags schlief sie bis in den Mittag. Sureda hatte ihr im Atelier ein Frühstück gerichtet und sobald er sie durch die Wohnung schlurfen hörte, lief er hinunter und bat sie nach oben. Als sie beim Türöffnen eine Lampe streifte, sorgte sein »Kannst du nicht aufpassen?« sofort für schlechte Laune. »Du tust ja so, als ob schon das größte Malheur passiert wäre«, sagte sie, hob die Lampe auf und stellte sie zurück an den Platz. »Die Lampe ist wertvoll. Das sieht man doch«, gab Sureda zurück, woraufhin Johanna sich empört umdrehte und aus dem Zimmer stürzte: »Jetzt ist mir das Frühstück verleidet.« Sureda lief ihr hinterher, brachte Kaffee, fragte ob sie Milch haben wolle, aber Johanna, tief gekränkt, ärgerte sich weiter. »Ich bediene mich selbst.« Ein Wort ergab das andere. Johanna schleuderte ihm Vorwürfe entgegen, dass er sie zu viel allein ließe und sie nie wisse, wann er zurückkäme, dass sie sich ohne ihn nicht verständigen könne, dass das spanische Zeitempfinden unmöglich sei, sie sich auch niemals daran gewöhnen werde. Aufgeregt fuchtelte sie mit den Armen. Sein Schnurrbart zitterte, er antwortete auf Mallorquinisch, was sie noch wütender machte. Zuletzt rannte sie hinaus, knallte im Unmut der Enttäuschung die Tür derart zu, dass drinnen etwas schepperte.

Eine Stunde später fand er sie im Garten. Sie war erleichtert, als er sich einen Stuhl neben sie zog und ihr die Hand tätschelte. »Ich weiß auch nicht, weshalb ich so launisch bin«, sagte sie, »ich bin unausstehlich. Sicher bist du froh, wenn ich bald verschwinde.« Er brauchte eine Weile, bis sie sich beruhigte, redete ihr gut zu, versicherte ihr mehrfach seine Freundschaft.

In der Nacht schlief sie ohne Decke, fühlte sich leicht und aufgehoben.

Mehrmals besuchte sie Bells in Genova, fuhr nach Deià, um Leman zu treffen, machte lange Spaziergänge, schrieb Ansichtskarten ins Rheinland, die fast immer das Meer zeigten: »Ratet mal, wo ich jetzt bin ...« In S'Arenal war sie am liebsten, wo Wollheim, Schmitz und Werth fast den ganzen Tag am Strand lagen, dösten, rauchten, zeichneten. Abends gingen sie zum Tanzen in eine Fonda, wo sie mit den Bauern ein kurioses Mallorquinisch versuchten und deren Lieder sangen.

Dann aber kam ein Telegramm, das Wollheims Reise beendete. Sein Vater war gestorben und obwohl er kein inniges Verhältnis zu ihm hatte, merkte man ihm die Trauer doch an. Er beschloss abzureisen, was allen leid tat.

Am Gründonnerstag, kurz nachdem Wollheim sich verabschiedet hatte, fuhr Johanna mit Sureda und Schmitz nach Palma. Sureda hatte für den Abend Ungewöhnliches angekündigt. Das Automobil, mit dem sie fuhren, war breit und Palmas Straßengewirr eng. In den Gassen in Richtung der Kathedrale rückten Häuserwände beängstigend nah an das Autoblech heran. »Vorsicht! Das gibt Schrammen«, warnte sie, aber Sureda winkte ab: »Ach was, geht schon.« Der Wagen hielt neben einem Brunnen. Katzen dösten im Schatten eines Karobbaumes, Kinder spielten mit Murmeln. Patres und Betschwestern kamen ihnen entgegen. Hinter ihnen erschien Leman, rauchend und winkend. »Es ist Semana Santa«, sagte er, »Karwoche. Ich zeig euch die Kathedrale. Die müsst ihr sehn.« Sureda hakte sich bei Johanna ein und blinzelte: »Jetzt siehst du die schönste Kirche der Welt. La Seu. Aber das ist längst noch nicht alles für heute.«

La Seu ragte in den Himmel. Auf der Plaça vor dem Eingang lungerten Bettler. Einer von ihnen, ein Aussätziger mit verschmuddelten Kleidern, reckte die Hände, flehte für Johanna den Segen des Himmels herab. Sein geleiertes Gebettel und die ständigen Verbeugungen führten dazu, dass sie die Geldbörse auspacken wollte. Sureda schüttelte den Kopf und zog sie weiter. Unter den Flüchen und Verwünschungen des Bettlers zeigte er in Richtung des Meeres. »Mare nostrum. So hat es Cäsar genannt. Von dort sind sie herangesegelt, die Eroberer, vor Jahrhunderten. Bald darauf wurde der erste Stein für diese Kirche gelegt!« Das Meer lag glatt und ruhig; der Horizont verschwamm. Eine Weile standen sie, sahen auf Stadt, Hafen und Bucht, atmeten die salzige Luft, jeder in seinen Gedanken. Luft und Wasser waren von gleicher Farbe, Boote zogen unter den Wolken, Möwen tanzten dazwischen.

Auch von innen beeindruckte La Seu mit Größe. Alle reckten die Hälse, als sie eintraten. »Gewaltig, was?« Johanna blieb mitten im Gang stehen. Die gigantische Höhe des Mittelschiffes und der Umschwung von der Hitze draußen zur Kühle drinnen verursachten einen leichten Schwindel. Die Bänke des Hauptschiffes, auch die vielen Altäre, waren mit Palmen- und Olivenzweigen geschmückt. Wächserne Votivgebilde steckten darin. Sonnenlicht durchdrang eine riesige Glasrosette, spielte mit unzähligen bunten Glasstücken, projizierte sie als rote, grüne, blaue Tupfer auf Säulen, Pfeilern und Gängen des Kirchenschiffs, setzte die Farbpartikel auf der gegenüberliegenden Fassade wieder zusammen und gaukelte so eine zweite Rosette vor. Leman versuchte eine Erklärung, mit der er allerdings stecken blieb. Vor einer von brennenden Kerzen erhellten Marienfigur blieben sie stehen, sahen zu, wie Johanna eine Münze in ein eisernes Kästchen warf und eine Kerze anzündete. In einem gefüllten Kelch schwamm der Docht wie auf goldenem Öl. »Manche Leute glauben doch tatsächlich, dass sie mit Gott handeln können«, lästerte Schmitz, »eine Kerze, damit ich in den Himmel komme. Eine andere, dass ich in der Lotterie gewinne, die dritte, dass ich gesund bleibe, die vierte für Glück in der Liebe.« Johanna warf ihm einen bösen Blick zu. Auch Leman konterte. Dass das ein ungerechtes Urteil sei, dass man den Leuten den Glauben nicht nehmen dürfe. Schmitz winkte ab. Er war auf anderes aufmerksam geworden und fixierte Gaudís schmiedeeisernen Baldachin über dem Hauptaltar. Indem er allen den katalanischen Modernismus und die Parallelen zum Jugendstil explizierte, dabei heftig kritisierte, dass Gaudí seine Arbeit nicht habe vollenden können, weil er der Kirchenleitung zu modern gewesen sei, staunten alle über Johanna, der bei der Betrachtung des Heiligen Benedikt ein Spruch einfiel: »Sankt Benedikt macht Zwiebeln dick«, sagte sie, erkannte Sankt Augustinus, auch Ambrosius und den Heiligen Sebastian. Einzig bei Hieronymus und Johannes geriet sie ins Zweifeln, waren doch beide mit Büchern dargestellt. Dem verwunderten Sureda erklärte sie, dass jeder einigermaßen echte Rheinländer dazu in der Lage sei, weil die meisten so katholisch wären wie die Katalanen.

Noch lange danach, als sie in einem Café eine Sopa löffelten und Leman Zigaretten drehte, die so dünn wie Gänsekiele waren, lachten sie über Johannas Weisheiten: »Barbara im weißen Kleid, verkündet gute Sommerzeit! Regnets an Sankt Nikolaus, wird der Winter streng und graus.« Schmitz, dem noch etwas zur Gotik der Kathedrale einfiel, ging mit seinen Kommentaren unter. Alle sahen auf Johanna. »Sankt Lazarus, nackt und bar, macht einen linden Februar!«

Gegen Abend kam Frau Leithäuser dazu. Sie schlenderten durch Gassen, durchkramten die Souvenirbuden, tranken Kaffee. Auf einer staubigen Plaça gab es einen Menschenauflauf. Klatschen und Pfeifen zogen über den Platz; Leute drängten, Köpfe reckten sich. Regungslos stand ein Paar auf einer Bretterbühne und starrte ins Nichts. Sie, das Haar rabenschwarz und hochgesteckt, mit brennenden Augen, in einem roten langen Kleid, die Arme hoch erhoben – er, im schwarzen Anzug mit Goldschärpe und Hut. Zwei Musikanten nahmen ihre Plätze ein, Gitarrenklänge und Gesang erhoben sich, die Starre des Paares löste sich, alles an ihnen schien in einen festgelegten Rhythmus überzugehen, der Füße, Beine, Hüften, Taille, Finger und Hände, Arme, Schultern und Kopf einbezog. Energisch, fast aggressiv, waren die Schritte, die sich mit der Musik steigerten. Sie bogen und reckten sich, sprühten Funken, stampften auf den Boden, dass sie manchmal in einer Wolke aus Staub zu verschwinden drohten. Das Publikum klatschte und schrie, immer wilder und berauschender wurde der Tanz. Da war es wieder, dieses Kratzbürstige und Rebellische, das Johanna schon bei Carmen gebannt hatte. Je länger sie zusah, desto deutlicher glaubte sie in diesem Tanz eine Wahrheit zu entdecken: Aufrecht sein, stampfen, laut sein, sich vergessen – das hatte etwas mit Freiheit zu tun. Sie klatschte und lachte, sah nach dem tanzenden Paar, dann nach Sureda, der ihr zuzwinkerte, sie dann am Arm fasste: »Die beiden sind gut. Man kann nicht wegsehen, was? Das ist Flamenco – da steckt unsere Seele drin: Liebe, Leidenschaft, Erotik. Ich wundere mich nur, dass sie jetzt tanzen. Wir haben Karwoche. Aber die Stadt ist voller Menschen und wer kann es ihnen verdenken?« Sie blieben, bis sich das Paar unter Jubel und Beifall verbeugte, die Musikanten mit dem Hut vorbeikamen und Sureda das Zeichen zum Aufbruch gab.

Auch vor einem Café drängten sich Leute. Im Dämmerlicht gingen Verkäufer herum, priesen Kruzifixe und Heiligenbilder an. Die Gassen, in die sie kamen, waren überfüllt. Frauen in großer Mantilla und auffallendem Schmuck schoben sich durch die Menge, Kinder standen Spalier. Dumpfes Trommeln, Kettengerassel und Peitschenhiebe tönten aus Gassen und über den Platz. Trommler bestimmten den langsamen Rhythmus der Schritte von unzähligen Büßern, die Kerzen tragend und barfuß, in fremdartigen Kutten, herankamen. Spitz zulaufende Kapuzen ließen nur einen kleinen Schlitz für die Augen; Eisenketten an Händen und Füßen erschwerten den Gang. Eine lebensgroße Darstellung des letzten Abendmahls zog an Johanna vorüber, ein Marienaltar mit schützendem Baldachin, schwankende Holzkreuze geschmückt mit Olivenzweigen. »Santa Catalina de Thomás, San Antonio de Viana …« Vor dem dunkelnden Himmel schienen die Figuren zu schweben. Von den Trägern waren nur Füße zu sehen, die unter den schweren Samtvorhängen der Altäre hervorsahen. Junge Männer in Mönchskutten sorgten dafür, dass die Kerzen nicht ausgingen. Den Büßern folgten Offiziere in Paradeuniformen, flankiert von Musikanten. So klagend und niedergedrückt die Melodien waren, so ergreifend war die Prozession für Johanna.

Zu Hause in Establiments erklärte ihr Sureda, dass es Bruderschaften seien, wovon es eine ganze Menge in Palma gäbe.

»Es gibt sie seit dem Mittelalter. Die Mitgliedschaft wird vom Vater auf den Sohn vererbt. Es ist eine Ehre, dabei zu sein. Die Kapuze garantiert, dass der Träger anonym bleibt. Buße ist bei uns Privatsache.« Er brachte Kaffee in einer kupfernen Kanne, dazu heißes Gebäck, das er als Spezialität rühmte. »Ensaimadas, süßer Teig mit Schweineschmalz.« Sureda redete über Religionen und Traditionen, Johanna war müde und bald nickte sie ein, den Kopf auf der Lehne einer Couch. Eine Fliege hatte sich herabgesenkt und rüsselte sich auf dem Rand des Tellers eine Mahlzeit zusammen.

Ende April stolperte Johanna über einen Holzbalken und verstauchte sich den Arm. Tagelang war sie zu nichts fähig, was sämtliche Pläne zunichte machte. Sureda kümmerte sich, begleitete sie zum Arzt, der ihr eine Salbe zusammenrührte. Sie jammerte festzusitzen und noch abhängiger geworden zu sein, fluchte über die Schmerzen.

Mit dem Mai kam die Hitze.

Die Erde brannte, die Steine glühten. Um die Mittagszeit lag alles reglos. Fensterläden waren verriegelt, der Duft der Orangenbäume hatte sich verflüchtigt, das Meer sah aus wie ein glatt gespanntes Tuch, das die Sonne spiegelte. Die Luft flimmerte. Hunde lagen im Schatten der Häuser. Bis auf streunende Katzen, die sich unter feindseligem Gefauche um Essensreste balgten, bewegte sich nichts.

»Die Sonne kann einem den Verstand nehmen«, sagte Johanna, »wie in einem Backofen ist das. Selbst die Katzen sind blind davon.« Die Terrasse, auf die sie hinaustrat, lag im Schatten. Von hier sah sie ein Stück Straße, den Garten mit den Akazien und Zitronenbäumen, durchzogen von geometrischen Buchsbaumhecken, dahinter das Meer und die kleine Landzunge, die sich in die blauen, glitzernden Flächen schob. Sureda hatte ihr einen Liegestuhl mit geflochtener Sitzfläche hinausgestellt, wo sie unter einem Oleander, ein Taschentuch über dem Gesicht, die Mittagshitze verdöste. Der Kaffee, den Sureda ihr gegen drei auf einem Holztablett servierte, wurde zur Gewohnheit.

Sie mochte diese schwülen Nachmittage, die voller Schweigen und Melancholie waren, den flimmernden Dunst des Meeres. Wenn sie den Kopf leicht drehte, konnte sie in sein Atelier sehen. Sie beobachtete, wie Sureda vor der Staffelei stand, die Palette hielt, sich beim Stricheln auf seltsame Weise verbog. Er hatte die Angewohnheit, ein Bein hinter das andere zu stellen und sich vorzubeugen, was merkwürdig aussah und verkrampft wirkte.

Manchmal legten sie eine Lesestunde ein. Fast immer war es Sureda, der ihr seine Gedichte vorlas. Es lag weniger daran, dass sie die Gedichte nicht verstand, weil er sie auf Katalanisch las, es lag am Klang seiner wohligen Stimme, weswegen Johannas Augenlider sich oft wieder senkten. Oft erwachte sie erst, wenn die Sonne niedriger stand und das Lachen von Kindern an ihr Ohr drang. Mit nachlassender Hitze belebte sich auch die Straße wieder. Wie Insektenschwärme trieben die Kinder hierhin und dorthin. Schwarz gekleidete Alte saßen auf wackligen Stühlen; aus ihren emsigen Händen wuchsen meterlange Spitzen aus weißem Garn. Männer mit Strohhüten spielten Karten im Schatten einer Platane. Sie tranken Hierbas und erhoben sich erst, wenn es anfing dunkel zu werden. Meist war die Flasche dann leer und die Männer schwankten.

Nachts genoss sie das kühle Laken des Bettes, glaubte das Meer zu hören, aber in solcher Ferne und so schwach, dass die Töne unbestimmt blieben. Auf Mallorca schlief sie, wie lange nicht mehr. Es war eine tiefe Ruhe des ganzen Körpers, eine Gelöstheit, die sie nicht nur an den Inselbewohnern, sondern auch an Schmitz und Werth bemerkte. Nie hatte sie die beiden so ausgeglichen und ruhig erlebt, versöhnt mit sich selbst und ihren Bildern.

Noch einmal trafen sich alle in Palma, freuten sich an gutem Essen, langen Spaziergängen und warmen Abenden unter Sternen.

Den letzten Abend auf Mallorca verbrachte Johanna mit Sureda. Er schlug vor, sie bis Paris zu begleiten, wo er sich mit Elinor und dem Maler Picasso treffen wollte. Zunächst lehnte sie ab, Elinor wollte sie nicht begegnen. Wieder spürte sie dieses Stechen und Bohren in der Brust, dann aber gab sie nach, nickte, kochte einen Kichererbseneintopf und bat ihn, nachdem sie das Geschirr abgewaschen hatten, um einen Gang zum Hafen.

Seit sie auf der Insel war, war kein Tropfen Regen gefallen. Es surrte und schwirrte durch die Luft, Leuchtkäfer blinkten auf, erloschen und blinkten, Fledermäuse raschelten über ihre Köpfe, taumelten und fingen sich wieder. Irgendwo balkte ein Esel. Es roch nach Meer und fischigen Netzen. Sterne leuchteten, hielten ihren Glanz den Fittichen der Nacht entgegen. Wie ausgesät blinkte Licht an Licht. »So ein Himmel lässt mich ehrfürchtig werden«, sagte Sureda und zeigte hinauf, verlor sich für Minuten im Anblick der Unendlichkeit. »Wie sind wir Menschen doch klein und unbedeutend«, fuhr er fort, »was wissen wir schon von dem, was über uns ist? Aber glaub mir, es ist etwas Großes und Friedliches.« Eine große Leichtigkeit kam über sie. Etwas klang in ihren Ohren, rauschend und säuselnd, und als er ihren Kopf nahm und sie auf die Stirn küsste, musste sie weinen.

Der graue Schleier der Nacht hatte sich noch nicht gehoben, als Johanna mit Sureda, Schmitz und Werth am Hafen aus einem Taxi stiegen. Reisende standen wartend zusammen, eine schwarzgekleidete Frau trug einen schreienden Säugling in einem Tuch, Gepäckträger saßen auf einer Karre. Alle waren gekommen: Suredas Geschwister, seine Eltern, Leithäusers, Brucks und Bells. Sogar die Wirtsleute standen und winkten, überreichten Johanna ein Körbchen mit Orangen und Zitronenzweigen. »Adiós, adiós! Ven pronto de nuevo!« Schmitz fotografierte, Tränen flossen in Umarmungen, ins Rufen und Winken.

Dann stand sie an Deck und fröstelte, sah, wie die Winkenden und der Hafen sich immer weiter entfernten, die Kathedrale kleiner wurde, die Häuser zu einem weißen Fleck verschmolzen, die Küste langsam verschwamm. Ein gutes Stück noch flankierten Möwen das Schiff. Irgendwann begann die Sonne zu flammen: rot und golden spiegelte sie sich auf den Wasserflächen. Sie war froh, Sureda bei sich zu haben.

Der Hafen von Barcelona war heiß und voller Menschen. Sie fuhren zum Hotel Europa, wo Sureda Zimmer gebucht hatte. In der Hotelbar bestellten sie eiskalten Anislikör, ließen sich in weiche Sessel fallen, wischten sich den Schweiß von der Stirn. An der Decke surrten Schaufelblätter eines Ventilators, ein Gast versteckte sich hinter einer Zeitung, ein Grammophon spielte. Schmitz erkannte ein Stück von Sidney Bechet und begann, im Takt des Jazz mit den Fingern zu schnipsen. Johanna nickte ein und wurde erst wieder munter, als Sureda vom Hoteldiener Karten für einen Stierkampf bringen ließ. Er hatte allen vorgeschwärmt, von Kunst gesprochen, die typisch und historisch sei und das Wesen des Landes in einer Art zeige, die man nur bei einer Corrida erleben könne. Johanna und Schmitz waren sofort dabei. Einzig Werth sagte ab, zog einen Museumsbesuch vor.

Sie gingen in die Stadt, flanierten durch die Parks und entlang der Einkaufsstraßen. Der Stierkampf war für fünf Uhr angesagt. Die elektrische Bahn, mit der sie zur Arena fuhren, war ebenso überfüllt wie die Straßen, die Bars, die Restaurants. Die Hitze stand. Auf der palmenbestandenen Plaça brauste und dröhnte es. Platzkarten, Stierköpfe aus Stoff und Heiligenbilder wurden angeboten. Der Schlager war eine selbstleuchtende Maria im Strahlenkranz für zwei Peseten. Johanna wurde von einem warmen Pferdekörper an die Seite gedrängt, rief nach Sureda, kämpfte sich mit Ellenbogen durch quetschende Menschenmassen, die ebenfalls mit Ellenbogen ein Vorankommen erzwangen.

Vor einem Madonnenbild brannten Kerzen; ein betender Torero kniete im Staub. Schiebend und schwitzend, unter Anrempelung hitziger Fanatiker, gedrückt und geschoben erreichten sie La Monumental, die Plaça de Toros. Es war ein massiger Rundbau, dessen Tribünen, angefüllt mit Tausenden Rufern, Klatschern und Trommlern sich buntschillernd und lärmend auftürmten. Schon bevor es losging, schien die Arena zu explodieren. Überall schwirrten Fächer, Männer mit schwarzen

Hüten schwenkten Fahnen und Bänder. Ihr Rufen war hitzig und wild: »He, he, olé, olé‹!« Die Sonnenplätze waren die billigsten. Johanna war erleichtert, dass Sureda für Schattenplätze gesorgt hatte. Die Kampffläche lag in der kochenden Hitze. Um die mit rötlichem Sand ausgestreute Arena war eine Bretterwand gebaut worden. Verkäufer mit Bauchläden gingen durch die unteren Reihen, priesen Päckchen mit gerösteten Mandeln an. So geschickt sie die Knabbereien Zuschauern in der zwanzigsten oder dreißigsten Reihe zuwarfen, so geschickt fingen sie die Centimos auf, die zurückflogen.

»Sie können sich nicht satt sehen«, meinte Schmitz, der sich eine dunkle Brille aufgesetzt hatte und das Durcheinander der Farben, der Stimmen, der Gerüche augenscheinlich aufsog. »Sechs Stiere sind es, jeden Sonntag. Und jedes Mal ist es so. Sie kriegen nie genug davon. So ein Stierkampf soll übrigens die einzige Veranstaltung sein, bei der die Spanier pünktlich sind. Ansonsten wird ja alles auf morgen verschoben. Mañana eben.« Sureda nickte. »Hier lebt es sich am besten, wenn man den Sinn für die Zeit beiseite schiebt. Oft ist schon morgen, auch wenn ich noch meine, es sei gestern. Jetzt und heute ist eher selten.«

Ein Tor öffnete sich, Fanfaren schmetterten, zwei Reiter galoppierten in die Arena, verneigten sich vor Leuten in einer geschmückten Loge. Das Pfeifen und Toben über den Zuschauerrängen wurde stärker, als eine Gruppe von Männern in eng anliegenden prächtig gestickten Kostümen einzog und mit buntem Papier umwickelte Lanzen hochhielten. »Das sind die Banderilleros, dann gibt es noch die Matadores, das sind die wichtigsten, und die Picadores. Die Spieße dort«, Sureda wies auf die Lanzen, »haben Widerhaken. Ziemlich grausig für eine Rheinländerin, was?« Johanna antwortete nicht; zu beschäftigt war sie mit dem, was sie sah und hörte. »Die Picadores«, fuhr Sureda fort und wies auf Reiter mit Lanzen, deren Pferde Strohmatten an den Seiten trugen, »reizen den Stier und machen ihn müde. Manchmal müssen sie ihn natürlich auch ablenken.« Sureda gestikulierte und lachte, Johanna verstand nicht alles, ohrenbetäubend war der Lärm. Dass der Stier lange Stunden ohne Fressen in einer dunklen Zelle gehalten worden sei und fürchterliche Wut hätte, wenn man ihn herausließe, verstand sie. Dann gingen Suredas Worte in einem noch tosenderen Tumult unter. Ein Matador betrat den Sand, bekreuzigte sich, wedelte mit seinem Cape, tänzelte in einem goldfarbenen Bolero mit Stickereien und goldenen Fransen, einer knielangen Hose mit Brokatborten und einer funkelnden Gürtelschärpe siegessicher vor der Menge. Jeder Schritt, jede Geste schien eine Bedeutung zu haben. »Den würde ich gern mal von Nahem sehn.« Johanna saß im durchstaubten Schatten, dicke Schweißperlen auf der Stirn, die Hand über den Augen. Sekunden später preschte angefeuert und gereizt von Knallen und Schlägen ein Stier in die Arena. Ein schwerer, brauner Koloss von einem Tier rammte, geblendet vom Licht, gegen eine Schutzwand, taumelte, zielte mit spitzen Hörnern und gesenktem Kopf auf den Matador, änderte die Richtung, hielt auf ein rotes Tuch zu, mit dem einer der Banderilleros ihn abzulenken versuchte, fand aber nichts hinter dem Tuch, kehrte um, nahm erneut das Tuch ins Visier, fand wieder nichts dahinter, drehte um, seine Hufe wirbelten den Staub. Mehrfach ging es so, das Rufen und Toben steigerte sich wie die Wut des Stieres. »Fantastisch, dieser Kerl! Seht doch, wie er schnaubt.« Sureda klatschte in die Hände. »Ahhh, das lässt ihn kochen …« Er beugte sich zu Johanna: »So kann der Matador genau studieren, wie er läuft, wie er angreift, mit welchem Horn er zustößt.« Neben Sureda geriet eine Engländerin in einen Schreikrampf, für den Johanna kein Verständnis aufbrachte: »Da bleibt man doch weg, wenn man keine Nerven für so was hat.« Während Sureda Johanna den Kampf erklärte, attackierte der Matador mit prahlerischer Gestik und tänzerischer Haltung den Stier mit Speeren. Ebenso graziös verkroch er sich hinter der Schutzwand, wenn das Tier zum Angriff ansetzte. Johanna sah, wie der Bulle blutete und in Panik geriet. Er warf den schweren Kopf, zeigte die Hörner, seine Angriffe gingen ins Leere. Wieder traf ihn ein Speer, dann noch einer und wieder einer. Immer mehr Blut tränkte die Papierblumen der Lanzen. Ein Reiter kam heran, Hand und Speer hoch erhoben,

Staub wirbelte, einen Moment scheute das Pferd. Dann jagte er am Stier vorbei, durchtrennte mit seinem langen Spieß den Nackenmuskel des Tieres. In Strömen pulste jetzt Blut aus dem Genick des geschwächten Bullen, der dem vorgehaltenen Tuch nur noch widerwillig und langsam folgte. Als er keinen ernsthaften Angriff mehr versuchte, stieß der Matador ihm seinen Säbel durch den Nacken. Die Vorderbeine des Stiers knickten ein, die Zunge hing heraus, Speichel rann in den Sand, Blut schoss aus Augen und Maul.

In diesem Moment schien die Arena zu explodieren. »Das war der Todesstoß!«, schrie Sureda, sprang mit erhobenen Armen von der Bank, riss Johanna den Hut vom Kopf, den sie sogleich wieder erwischte und festhielt. Alles kreischte und schrie. Mützen, Chapeaus und Kappen flogen durch die Luft, ein Gewirr von roten und schwarzen Tüchern erhob sich. »Olé, olé!« Schrill war die Pfeifenmusik; Johanna hielt sich die Ohren zu. Ein Maultiergespann zog den toten Stier über den Platz. »Ein Ohr kriegt er als Trophäe«, sagte Sureda ins Gejauchze und wies auf den sich immer noch verbeugenden Matador, der seinen Hut schwenkte. »Mit einem Stoß geschafft, das ist bestens, wirklich allerbestens.«

»Es ist gegen die Natur«, sagte Schmitz, als sie später in einem Café vor einem Malvasia saßen und rauchten. »Es ist auch gegen die Kreatur. Jedes Lebewesen will leben und respektiert sein.« Sureda hielt dagegen, versuchte ihm die Tradition des Stierkampfs näherzubringen, explizierte ihm die Kampfphasen, sprach vom Respekt, den die Toreros den Stieren entgegenbrächten. »Im Duell Mensch gegen Stier muss es doch um Leben und Tod gehen. Du lehnst den Stierkampf aus Unkenntnis ab. Der Stier leidet nicht. Er ist in einem Zustand völliger Hingabe. Und das hat auch was mit Schönheit zu tun.« Schmitz' vorwurfsvoller Blick ließ ihn verstummen. »Schönheit? Das ist doch nicht zu fassen! Ihr habt doch alle gesehn, wie elend dieses schöne Tier verendet ist!« Er fuchtelte mit seiner Zigarette in der Luft herum und begann Aristoteles zu zitieren, dozierte über Tod und Seele, dass das Denken den Menschen zu einem sittlichen Wesen mache, weil nämlich das Denken der Weg zur Vernunft sei und kein denkender Mensch sich gegen ein Tier stellen könne; er kritisierte die Römer, die mit ähnlichen Spielen den Pöbel ruhig gehalten hätten. Zuletzt war er bei den Soldaten in den Schützengräben, beim Hass der Welt, bei Tätern und Opfern.

Von Barcelona aus nahmen sie den Nachtzug nach Paris. Eine ganze Kiste mit Bildern hatten sie im Gepäck. Als sie am Morgen ankamen, regnete es. Missmutig kramte Johanna eine Weste aus dem Gepäck, lamentierte über das Wetter. Der Bahnsteig war voller Leute. Dennoch wusste sie sofort, dass es Elinor war, die neben einer Tafel mit Fahrplänen stand, die Hand über den Augen und in die Abteile spähte. Auch Sureda hatte die Frau mit dem Dutt entdeckt. Er winkte und rief etwas, drängte voran, stürzte auf sie zu, verlor sich für Sekunden in einer heftigen Umarmung. Es dauerte, bis er sich umdrehte. Sein Gesicht war erhitzt, seine Augen gerötet. »Das ist Elinor. Meine Verlobte. Ach, ich bin so froh ...«

Elinor war jung. Wenn sie lachte, bildeten sich Grübchen auf ihren Wangen. Ihr langes braunes Haar hatte sie geflochten, im Nacken zu einer Schnecke eingerollt und mit Nadeln befestigt. Sie trug einen braunen Wollmantel und moderne Schnallenschuhe mit hohem Absatz. Sie sprach kein Deutsch, lächelte immerzu, begrüßte alle mit Küssen, hakte sich bei Sureda ein und lehnte im Gehen ihre Wange an seine Schulter.

Im Zug nach Paris hatte Johanna diesem Moment entgegengebangt, aber jetzt, wo sie Elinor sah, schmolz die Befangenheit. Zuerst wollte sie es sich nicht eingestehen, aber Elinor passte zu ihm. Sie war jung und, wie er, behaftet mit etwas Aristokratischem, einem gewissen Stolz, der sich in Bewegungen und Gesten ausdrückte. Trotz aller Sprachbarrieren mühte sie sich, mit Johanna ins Gespräch zu kommen, zog Sureda als Hilfe heran, wollte wissen, wie ihr Mallorca gefallen habe, was anders sei als im Rheinland, ob sie Spanisch gelernt habe und was sie zum mallorquinischen Essen meine.

Mit der Untergrundbahn fuhren sie zum Boulevard Madeleine, saßen bei Café au lait und Croissants, flanierten schwätzend und lachend über die Champs-Élysées bis zum Bois de Boulogne, wo sie zufällig einem Bühnenbildner vom Düsseldorfer Theater über den Weg liefen, der sie alle zum Essen zu sich nach Bellevue einlud. Werner Schramm kannte sich in Paris bestens aus und erklärte sich sofort bereit, sie zu begleiten. Als Johanna vom Eiffelturm anfing, den sie sehen wollte, meinte er, dass es sich bei der protzigen Konstruktion um nichts anderes als eine tragische Straßenlaterne handele, die die gesamte Stadt entstelle. »Es ist eine Entehrung. Ein zu groß geratener Brückenpfeiler. Vor Jahren gab es noch heftige Proteste von Seiten der Künstler. Mittlerweile halten alle den Mund, weil das Ding eine Menge Geld bringt.«

Mit einer Drahtseilbahn fuhren sie hinunter zur Seine, wo sie ein Schiff bis zur nächsten Brücke nahmen. Von dort war es nicht weit zum Eiffelturm. Die ganze Zeit beäugte Johanna Sureda und Elinor. Keine Geste, kein Blick entging ihr. Auch Schramm schaffte es nicht, sie mit seinen Pariser Geschichten abzulenken. Als sie vor dem Kartenhäuschen des Eiffelturms Schlange standen, wo er ihr erklärte, dass Kolosse doch von immerwährender Anziehungskraft seien und auf ägyptische Pyramiden zu sprechen kam, sah sie, wie Sureda Elinor küsste. In diesem Moment hakte sich Schramm bei ihr ein. »Wissen Sie, Frau Ey, dass der Eiffelturm das höchste je von Menschen errichtete Bauwerk ist? Es ist fraglich, ob es jemals überragt wird. Auf Menschen wirkt es ebenso grandios wie die Pyramiden. Bis hinauf sind es mehr als 1400 Stufen. Man kann über 70 Kilometer weit sehen.« Johanna reckte den Kopf. Die Spitze des Turms versank im Nebel und Johanna malte sich aus, was es wohl oben alles zu sehen gäbe. Dann aber sah sie wieder Sureda und Elinor, Elinor und Sureda. Sie war froh, dass ein Aufzug sie bis zum ersten Stock brachte. Bei der Fahrt spürte sie Druck auf den Ohren.

Die Sicht auf Stadt und Umland enttäuschte. In der Nacht hatte es geregnet, die Luft war diesig und Paris wie von einer grauen Decke verhangen. Menschen und Autos bewegten sich wie Ameisen, das Dächermeer schien unendlich, nur unterbrochen von Kirchen und Türmen, die sich im Dunst verloren. Sie tranken Kaffee und Schmitz fotografierte vor dem trüben Hintergrund eines luftigen Ortes: Schramm mit Johanna, Elinor mit Johanna, Johanna und Sureda, Sureda mit Elinor, Johanna mit Werth.

Später stiegen sie unzählige Treppenstufen zur Kirche Sacré Cœur hinauf, sahen sich Montmartre an, standen vor den Arbeiten der Künstler vom Place du Tertre, die ihre Porträts, Karikaturen und Scherenschnitte für fünf Francs anboten. Überall lockten Cafés und Restaurants, Tische mit Petroleumlampen standen bis auf die Straße. Chez la Mère Cathrine kehrten sie ein, wo es überbackene Zwiebelsuppe gab, dann Fleisch auf Spießen, das über Feuer gebraten und mit den Händen gegessen wurde. Geigenspieler zogen von Tisch zu Tisch. Eine blinde Bettlerin verkaufte Maiglöckchen, einem jungen Mulatten gelang es, Schmitz mittels eines Taschenspielertricks zwei Francs abzuknöpfen. Nach dem Essen drängte Elinor darauf, ins berühmte Lapin Agile zu gehen. Johanna lehnte ab, der Zug ginge zu früh, sie müsse ins Bett. Elinor bat und bettelte. Johanna lenkte ein. »Ich gehe nur mit, wenn ihr mir versprecht, mich morgen früh nicht zum Bahnhof zu bringen.« Es dauerte, bis Sureda einwilligte; zu gern hätte er sie begleitet.

Vor dem Lapin mussten sie warten. Das Lokal war überfüllt und der Wirt ließ nur Leute herein, wenn andere hinausgingen. Die Räume waren niedrig, die Wände rauchgeschwärzt und voller Bilder. Chanteusen in knappen schillernden Kleidern lachten und trällerten, schwangen ihre langen Beine, die Leute klatschten und pfiffen. Bald saßen sie mittendrin, sangen den Refrain mit und tranken Ceris, Kirschen mit Branntwein. Werth klimperte auf einem Piano, Johanna rauchte durch ein zerbissenes Mundstück, genüsslich inhalierte sie, blies langsam den Rauch aus und schloss die Augen: »Schön ist es hier. Und wisst ihr warum? Weil man sich hier benehmen kann, wie man will.« Plötzlich ließen Gitarrenklänge Sureda aufspringen. Er griff nach Johannas Arm, zog sie auf eine Tanzfläche mit bunten Lampen, die im Wirbel ihres Flamencos wie Sterne funkelten.

Johanna als Spanierin

In den ersten Wochen fand sie sich kaum zurecht. Die Galerie schien ihr dunkel und still. Jeden Tag dachte sie an die Reise, an das klare Licht des Südens und an Sureda, dem sie sofort nach der Ankunft einen langen Brief schrieb.

Hundt, dem sie ihre Spitzenmantilla vorführte, war begeistert, ging mehrfach um sie herum. »Das muss man festhalten«, sagte er und während er sich Papier zurechtlegte und beim Skizzieren immer wieder den Kopf hob, um Johannas neuartigen Ausdruck zu studieren – dabei sah er über die Brille hinweg auf Johanna und durch die Brille hindurch auf das Blatt – erzählte er ihr vom spektakulären Flug eines Amerikaners, der im Alleingang den Atlantik überquert und es ohne Zwischenlandung von New York bis Paris geschafft hatte. »Eine Sternstunde für alle Flugpioniere«, schwärmte er, kam dann auf die neuesten Entwicklungen der Kunst zu sprechen und kündigte an, Johannas Portrait auf der nächsten Jahresausstellung des Jungen Rheinlands zeigen zu wollen. »Johanna Ey als Spanierin – es soll ein ganz anderes Bild von dir zeigen. Erotisch, leidenschaftlich, dominant – eine Spanierin eben.«

In der gleichen Woche ließ sie sich in Mantilla, mit Fächer und spanischem Kamm fotografieren und schickte Sureda eines der Fotos nach Mallorca. Zurück kam großes Lob für das Portrait und die Bitte, neue Bilder bei ihr ausstellen zu dürfen. Er erwähnte, dass der Maler Picasso ihn mit Frau und Kind besucht hatte und dass er vielleicht bald in den Schwarzwald reisen werde, der Lungen wegen.

Im Winter stellte das Junge Rheinland zum letzten Mal gemeinsam aus. Gleichzeitig feierten sie im Ey zehn Jahre fortschrittliche Kunst. Johanna war zu einem Bauern nach Niederkassel gefahren, hatte Spargel frisch vom Feld geholt, ihn nach mühsamem Schälen mit einer Mehlschwitze und Schinken auf Platten serviert, Weinflaschen entkorkt und das Grammophon angeschlossen. Im Gedudel der Musik, im auf- und abschwellenden Geplauder und Gelächter saßen sie um den langen Zeichentisch. Hundt tänzelte um Johanna herum, hob das Bein, krempelte ein Hosenbein auf, strich sich über die behaarte Haut und verdrehte die Augen: »Ich bin von Kopf bis Fuß auf Liebe eingestellt, denn das ist meine Welt, und sonst gar nichts! Das ist, was soll ich machen, meine Natur: ich kann halt lieben nur und sonst gar nichts ...« Worauf Johanna aufstand, die Hände vor die Brust warf und mit den Hüften kreiste: »Männer umschwirren mich wie Motten das Licht, und wenn sie verbrennen, dafür kann ich nichts ...« Alles tobte und schrie, als Johanna den Tisch umrundete, Barz in die Haare griff und Schwesig über den Bart strich. Neue Gesichter waren dabei: Julo Levin aus Stettin, Franz Monjau, den sie von der GeSoLei kannten, außerdem Bruno Goller, mit permanenter Wollmütze auf dem Kopf, dessen Bilder Teile des Universums seiner Kindheit zeigten: den kleinen Putzmacherladen seiner Mutter, in dem er zwischen Hüten, Bändern, Spitzen, Kleiderpuppen und ausschließlich weiblichem Personarium aufgewachsen war. Auch Heinz Tappeser kam jetzt öfter. Er unterhielt eine elektrische Lichtpausenanstalt in der Bahnstraße, wo er Plakate und Schriften meist für Kunsthandlungen vervielfältigte. Er kam vom Niederrhein, malte mit Vorliebe südliche Landschaften in Öl, war ein lauter Räsonierer und engagierte sich für Ausstellungen. Er war drahtig und behänd, seine dunklen Haare und Augen hatten etwas Wildes. Auch er feuerte Johanna an. »Ja, tanz Johanna! Tanz mit uns!« Noch einen Grund zum Feiern gab es, weswegen Hundt die Korken fliegen ließ: Pudlich war auf der Ausstellung Deutsche Kunst im Kunstpalast der große Preis zugesprochen worden. »Hoch! Hoch! Hoch! Er lebe hoch!

Und auch unsere Johanna lebe hoch! Deine Galerie ist die Wiege der neuen Kunst ... Was wären wir ohne unser dickes Ey?« Johanna hob das Glas wehmütig auf das Junge Rheinland und Wollheim. »Hoffen wir, dass alles gut weitergeht.«

Schon auf Mallorca hatte sie mit Wollheim eine Ausstellung für das Frühjahr verabredet. Seither waren Briefe hin- und hergegangen. Es passte, dass er bei einer Ausstellung im Kunstpalast dabei sein sollte und ihm die Akademie für die Vorbereitungszeit ein Gastatelier zur Verfügung stellte. Er kam an einem Freitag spätabends. Tatjana Barbakoff war bei ihm. Seine Haut war blass, sein Blick noch intensiver geworden. Gekleidet war er wie ein Arbeiter: mit Wickelgamaschen, zerlatschten Gummistiefeln, langem Schal und Hut. Lachend umarmte er Johanna und klatschte ihr auf den Hintern. »Ja, schau genau hin. Vor dir steht Gert Wollheim, anerkannter und größter Banause des Jahrhunderts. Aber er liebt das Ungeheuer Ey ...« Johanna hatte ihn erst am nächsten Tag erwartet und geriet in Verlegenheit, weil nichts gekocht war. Wollheim ließ sich in Johannas Korbstuhl fallen, wollte wissen, ob es Neuigkeiten gäbe, betrachtete die Zeichnungen, die Hundt von ihr gemalt hatte und nickte anerkennend. »Was Kleider doch ausmachen. Die Mantilla ist genau das Richtige für dich.« Dann fing er von der Ausstellung an, zeigte Johanna eine Liste mit Bildtiteln. »Ich habe mich in der Hauptsache für Bilder von Tatjana entschieden. Momentan kriege ich ohnehin nichts anderes aufs Papier.« Tatjana hatte auf der Chaiselongue Platz genommen und ließ ihn reden. In ihrem roten Mantel mit dem schwarzen Kragen wirkte sie graziler denn je. »Tatjana in Braun soll ganz vorne hängen, daneben Zeichnungen, die ich von ihren Tänzen gemacht habe. Das große Portrait, Tatjana stehend, dort links neben der Tür und ein Stück darunter, Tatjana als Akt. Nein, besser an die Wand gegenüber.« Was die Bilder betraf, so blieb Wollheim kompromisslos. Johanna fragte ihn nach weiteren Motiven, aber er blieb dabei, nur Tatjana zeigen zu wollen.

Zu Ausstellungseröffnung hing gleich neben dem Eingang eine stehende Tatjana in einem braunen Mantel, daneben Tatjana liegend, als Akt. An den Wänden der Galerie sammelten sich Zeichnungen von ihren Tänzen. Im Hinterzimmer füllte sie in russischen und chinesischen Kostümen die Flächen. Im Flur hingen ihre Portraits. Allen, die kamen, erklärte er, was er schon Johanna gesagt hatte: dass er derzeit zu nichts anderem fähig sei. Die einzige, die es schaffte ihn abzulenken, war Trude Brück, die ihm vom neuen Heine-Denkmal berichtete, das für Streit sorgte und ihn in eine Diskussion über Thomas Mann verwickelte, der zu einer Lesung in den Malkasten kommen sollte. Mehrfach versuchte Johanna sich ihm zu nähern, strickte ihm Strümpfe, kochte ihm Sauerkraut mit Speck. Sie vermisste die alte Vertrautheit, litt, weil er kaum Zeit für sie hatte.

Auch dem Jungen Rheinland trauerte sie hinterher. Sie war skeptisch, als die restlichen Mitglieder zusammen mit der Rheingruppe und freien Künstlern und Förderern die Rheinische Sezession gründeten und glaubten, damit die Spaltungen zu überwinden. Als das Atelier des Bildhauers Sopher zum Treffpunkt und zur Geschäftsstelle erklärt wurde, fürchtete sie, abgedrängt zu werden. Ohnehin stockten die Verkäufe. Die Wollheim-Ausstellung blieb nahezu erfolglos. Der große Käufer, auf den sie sehnlichst wartete, kam nicht. Zudem konnte sie einen Bankkredit nicht zurückzahlen und war rückständig mit der Miete.

Während sie in Angst schwebte, man könne ihr den Laden dicht machen, ließen die Künstler es sich nicht nehmen, ihren 65. Geburtstag ordentlich zu feiern. Den ganzen Tag ging die Ladenglocke. Weil sie kein Geld hatte, alle in eine Wirtschaft einzuladen, blieben sie in der Galerie, wo Maria und Lisbeth für belegte Brötchen, eingelegte Heringe, Rollmöpse und Eier, Bier und Likör gesorgt hatten. Der ganze Laden schwamm in Alkohol und Blumen. Briefe und Telegramme stapelten sich auf den Tischen. Der Bildhauer Martini hatte eine Torte gestiftet, die mit einem riesigen Ei und 65 kleinen Marzipaneiern verziert war.

Pankok kam, trug seine Tochter Eva huckepack, beide waren im Reisefieber; eine Reise nach Spanien stand an. Trude Brück schenkte ihr eine Zeichnung mit Palmen. Barz kam mit der Schauspielerin Hilde Stein, die er ihr als seine zukünftige Frau vorstellte. Polizist Westerfeld erschien in voller Uniform, küsste sie auf den Mund, verlas ein Gedicht, woraufhin alles klatschte und pfiff. »Was ist besser als Gold? Jaspis. Was ist besser als Jaspis? Weisheit. Was ist besser als Weisheit? Frauen. Und was ist besser als eine gute Frau? Nichts!« Vertreter der Künstlervereinigungen brachten Geschenke, Solisten vom Opernhaus ein Ständchen. Zwei Redakteure fotografierten und notierten. Jean Schmitz griff nach Johannas Händen, wirbelte sie herum, forderte alle zu einer Polonaise auf. Paul und Hermann winkten, Jupp Bell reihte sich mit Anita ein, auch Pudlich mit Freundin, hinter ihnen der Schauspieler Karl Kyser und die Leiterin des Schauspielhauses, Louise Dumont. Lou Straus, inzwischen von Max Ernst geschieden, zog ihren Sohn Jimmi hinter sich her und brachte ihr ein Fläschchen mit flüssigem Haarwaschmittel. »Das ist das Neueste«, lachte sie und prostete Johanna zu, die in Mantilla, den Schildpattkamm im Haar, den Rummel augenscheinlich genoss. Johanna wies auf die Briefumschläge: »Hoffentlich sind da Geldgeschenke bei. Die ganze Zeit schon gucke ich nach den Lampen und hoffe, dass sie mir den Strom nicht abdrehen. Aber sonst ist alles so schön. Sureda hat eine Kiste Valdepenas geschickt und Babuschen aus Kaninchenfell. Direkt aus Mallorca. Und von Mäxchen kam eine Karte aus Paris.« Sie löste sich von Lou, die sich bei ihr eingehängt hatte, griff in den Briefstapel, fischte ein Telegramm heraus, pochte auf die Tischplatte und bat um Ruhe: »Hört euch mal an, was das Mäxchen schreibt.« Sie räusperte sich, dann versuchte sie zu singen: »Grosses Ey, wir loben dich, Ey, wir preisen deine Stärke, vor dir neigt das Rheinland sich und kauft gern und billig deine Werke!« Alles schrie vor Heiterkeit. »Das ist gelungen, wirklich sehr gut!« Pudlich schlug sich auf die Schenkel, wollte gar nicht mehr aufhören: »Vor dir ne-eigt das Rhei-einland sich ...« Alle stimmten ein. Johanna wurde rot vor Lachen, fingerte verlegen an ihrem schwarzen Spitzenschleier. »Der gute Max. Wenn er doch nur hier sein könnte.« Hundt, der seine Gitarre dabei hatte, zupfte ein paar Akkorde, flink glitten seine Finger über die Saiten des Instruments. Schon begann Johanna im Rhythmus zu klatschen, griff nach den Kastagnetten, die Hundt ihr mitgebracht hatte, reckte die dicken Arme, stampfte mit den Füßen und drehte sich, wobei sie eine unglaubliche Beweglichkeit entwickelte. Ein Arm ging nach oben, sie warf einen feurigen Blick auf den Musikanten, klackte mit den Holzklappern. »Ho, ho! Olé, olé ...« Sie wirbelte um die Leute, die klatschend herumstanden. Immer schneller wurde der Takt, immer schneller bewegte sie die Füße. Gesichter flogen an ihr vorbei, lachende Münder, erhobene Gläser. Mitten in ihren Tanz platzte der Oberbürgermeister, der, nachdem er einen Doppelten gekippt hatte und die Musik abebbte, zu einer Rede ansetzte: »Liebe Mutter Ey! So darf wohl auch der Oberbürgermeister der Stadt Sie Mutter Ey nennen und Ihnen danken, dass Sie so vielen Künstlern im Kampf ums Leben beigestanden und manchen nicht nur zum guten Künstler, sondern auch zum reifen Menschen erzogen haben. Das haben Sie an der Kunststadt Düsseldorf getan und deshalb fühle ich mich als Oberhaupt dieser Stadt verpflichtet, Ihnen zu Ihrem Ehrentag meine herzlichen Glückwünsche zu überbringen. Sie haben nicht aus dem Vollen geschöpft, sondern sich am Munde absparen müssen ...«

Die Rede ging in Applaus unter, vor allem, als er erwähnte, dass dem Schreiben eine Flugkarte beiläge sowie zwölf Theaterkarten zum beliebigen Gebrauch. Wieder setzte Musik ein, Galerie, Flur und Küche füllten sich mit tanzenden Paaren. Direktor Kaesbach, sein Gesicht war rot und speckig vom Essen und Trinken, brachte Glückwünsche der Akademie. Die Professoren Schmurr und Spatz bescheinigten ihr, unvergessen zu bleiben – Schmurr nannte sie in seinem Brief Asta. Ein dicker, untersetzter Mann gratulierte vonseiten der General-Intendanz des Städtischen Theaters. Vom Postamt nebenan kamen Grüße, eine Wirtschaft in der Nähe schickte warmes Essen herüber. »Jetzt musst du auch endlich mal was über dich schreiben«, riet Hundt, »eine Biografie zum Beispiel. Wir würden sie im Dezemberheft des ›Scheinwerfers‹ bringen. Was meinst du?«

»Auch wir hätten gern, dass Sie aus Ihrem Leben berichten, wenn Sie so gut sein möchten, Frau Ey«, bat einer der Redakteure und drückte Johanna seine Visitenkarte in die Hand. Was sie unendlich erleichterte: Am Abend fand sie 20 Mark unter einer Flasche Kölnisch Wasser. Jupp Bell hatte in Ermangelung eines Geschenks den Schein hinterlassen, den Johanna glücklich durch die Luft schwenkte: »Gott sei Dank.«

Die Nachricht vom Börsenkrach erreichte Deutschland am Freitag, dem 25. Oktober. Die Börsen reagierten zunächst mit einem leichten Anstieg, da anzunehmen war, die Amerikaner würden nun in den europäischen Markt investieren. Doch in den USA setzte sich der Abwärtstrend fort. Die Kurse fielen so weit, dass Kredite nicht mehr gedeckt waren. Um den Kapitalmangel auszugleichen, forderten ausländische Banken die sofortige Rückzahlung ihrer Kredite samt Zinsen, weshalb Aktien zu Schleuderpreisen verkauft wurden. Am Dienstag brach der Markt endgültig zusammen, Kurse fielen ins Bodenlose.

In einer verkohlten schwarzen Pfanne dampften Bratkartoffeln auf Johannas Küchentisch. Einen Rest Reibekuchen gab es auch. Die ganze Galerie stank nach verbranntem Öl. Schwesig, der sich den Teller voll geladen hatte und neben Johanna in den Kartoffeln herumstocherte, war der Meinung, dass das der Start für eine Krise sei, wie es noch keine gegeben hätte. »Jetzt kommts. Das Geld wird knapp, die Produktionen stocken, Arbeitslosigkeit wird sich in nie gesehene Höhen schrauben.« Johanna zuckte mit den Schultern, kaute. »Meinst du?« Mit dem Börsensturz wollte sie sich nicht befassen. Zu undurchsichtig waren ihr die Geldgeschäfte, undurchsichtig wie die Folgen, die das Ganze haben könnte. »Weißt du, Johanna«, fuhr er fort, »das ist die logische Konsequenz des kapitalistischen Systems. Es gehört abgeschafft. In Russland, wo keine profitgierigen Kapitalisten die Produktion bestimmen, sondern das arbeitende Volk, kann so was nicht passieren.«

»In der Zeitung steht, dass das Judentum ausgeschaltet gehört. Was haben die eigentlich damit zu tun?«

Am Nachmittag kaufte sie im Tabakladen ein Schreibheft mit Linien. Stunden saß sie über den Blättern, zerbiss den Stift, brütete über den Anfang: »Jetzt bin ich 65 Jahre alt und will meinen Lebenslauf oder meine Biografie oder, ich glaube, wenn man tot ist, sagt man Memoiren, schreiben. Am 4. März 1864 in Wickrath bin ich geboren als Kind armer Eltern. Mein Vater Trinker, meine Mutter eine geduldige, treue Frau. Wir Kinder zu fünft, ich war die jüngste, lebten jeden Tag in Angst, was kam ...« Immer wieder strich sie durch, schrieb unter und über die Zeilen. Das Gedankensammeln fiel schwer. Nach einer Weile stand sie auf und begann Papiere zu sortieren und aufzuräumen.

Gegen Mittag linste eine junge Frau durch das Fenster in die Galerie. Sie hielt die Hände ans Glas, um besser zu sehen. Neben ihr tauchte ein Mann auf. Die Frau zeigte auf eines der Bilder. Johanna sah, wie der Mann nickte und etwas sagte. Kurz darauf ging die Ladenglocke. »Die Bilder da draußen haben uns reingelockt. Dürfen wir uns umsehn?« Johanna war dabei, einen Tisch, den sie des Geburtstags wegen verschoben hatte, wieder an seinen alten Platz zurückzuschieben. »Natürlich. Wenn Sie der ein oder andere Maler interessiert – ich kann Ihnen noch mehr zeigen.« Die Frau war groß und schlank, trug ein hellblaues Kleid mit Streifen und einen Strohhut unter braunen, gelockten Haaren. Ohne Scheu ging sie herum, belustigte sich über Trillhaases Tiere, interpretierte ungeniert Adlers singende Mädchen. Johannas kritischer Blick hemmte sie nicht. »Das ist mir zu flächig, da passiert ja gar nichts.« Vor einem Bild von Max Ernst blieb sie stehen, verzog den Mund. »Die Leute auf dem Bild sehn so aufgefächert aus, wie aufgestelzt. Findest du nicht?« Der Mann kam näher, antwortete aber nicht. »Es ist ein sehr wertvolles Bild«, mischte sich Johanna ein, »von Max Ernst.«

»Wertvoll hin oder her. Sein Strich gefällt mir. Es sieht aus, als sei es schnell hingemalt, aber er wird wohl seine Mühe damit gehabt haben.«

»Und ob. Es sind Kämpfe, die die Künstler ausfechten. Kämpfe mit sich selbst und das sind die mühevollsten. Ich seh jeden Tag, wie sie sich abquälen, wie sie zweifeln und die Dinge in Frage stellen.«

»Sie mögen die Maler, was?«

»Ja und Ernst ganz besonders. Von ihm hab ich auch Zeichnungen. Überhaupt von allen. Wenn Sie mal sehn möchten.« Die Frau drehte sich nach ihrem Begleiter um: »Du hast doch noch Zeit, oder?« Johanna ging zum Grafikschrank, zog an einer der Schubladen, hob einen Stapel loser Papiere heraus, von denen sie eines nach dem anderen auf den Boden warf und Preise dazu nannte. »Das ist von Pudlich, einem ganz jungen Künstler. Kostet 80 Mark. Das hier ist von Barz, 65 Mark. Und hier – das sind arabische Landschaften von einer Künstlerin, die lange in Algerien war.« Der Stapel lag falsch herum. Sie drehte das obere Blatt in Richtung der Kunden. »Die Künstler, die ich zeige, gehn alle bei mir ein und aus. Pudlich, Barz, Kaufmann ... Hier kommen die Zeichnungen von Max Ernst. Er hat sie in Paris gemalt. Es ist eine ganze Reihe. Gefällt Ihnen was davon?« Die Frau nickte. »Ja, die Zeichnung mit dem Fisch. Ist es überhaupt ein Fisch? Dieses riesige Auge ...«

»Ernst malt Tiermenschen. Er gehört zu meinen besten. Er lebt in Paris. Man muss ihn verstehen, was nicht so einfach ist. Das mit dem Auge kostet 80 Mark.« Die Frau hob die Zeichnung auf, betrachtete sie genauer. »Wir sind Studenten der medizinischen Akademie und haben leider wenig Geld.« Auch der Mann sah auf das Blatt. Sein Blick war abfällig. »Was gefällt dir daran?«, fragte er die Frau, »es ist verworren. Ich weiß nicht, was es sein soll.« Johanna nickte ihm zu. »Ich verstehe, was Sie meinen. Aber es ist nicht immer alles auf den ersten Blick zu verstehn. Wenn Sie mit einem Bild nicht zurechtkommen, müssen sie es übers Bett hängen und so lange drunter schlafen, bis sie es verstehn.« Die Frau sah Johanna erstaunt an. »Machen Sie das so?«

»Ja, und es hilft. Wenn Sie wollen, gebe ich Ihnen das Bild mit nach Hause und Sie probieren es aus.«

»Aber Sie kennen uns ja gar nicht.«

»Ich habe keine Kunden, die mit Bildern durchgehn. Nehmen Sie es ruhig mit. Ich notiere mir Ihren Namen. Wenn es Ihnen nicht gefällt, bringen Sie es zurück. Über den Preis werden wir uns schon einig.« Fragend standen beide vor ihr. »Na, nehmen Sie schon. Ich bin fast immer da.« Sie rollte die Zeichnung zusammen, ging zum Schrank und kramte nach einer Schnur. »Wir sind Lydia Cordes und Artur Bau. Wir kommen ganz sicher zurück«, sagte die Frau, »morgen schon.«

»Lassen Sie sich Zeit. So ein Bild braucht Zeit.«

Lydia Cordes kam ohne die Zeichnung zurück. »Es ist verrückt«, staunte sie, »aber es war genau so, wie Sie gesagt haben. Es hat eine Weile gedauert. Ich wollte sehn, ob was mit mir und dem Bild passiert. Ich meine, ob mehr passiert, wenn ich mich drauf einlasse. Bloß der Preis. 80 Mark sagten sie?«

»Ich lasse es ihnen für 70.« Lydia nickte, öffnete die Tasche und zählte Johanna Scheine auf den Tisch. »Danke. Es ist etwas Schönes, sich mit Kunst zu umgeben. Das Bild macht mich fröhlich. Wieso weiß ich nicht.«

Von da an kamen die beiden regelmäßig. Für Lydia waren die Besuche in der Galerie etwas, das sie aus dem Alltag in der Klinik riss. »Hier bin ich in einer ganz anderen Welt«, gestand sie Johanna. »Wir kommen so gern. Seit wir die Zeichnung gekauft haben, sehn wir Kunst mit anderen Augen. Ständig entdecken wir Neues. Ich überlege immer, was ich in einem Bild finden kann. Ob da drin was los ist ... Wir befassen uns mit Psychologie, mit dem Unterbewusstsein und mit Träumen. Mit den Dingen hinter den Dingen. Es ist wie eine Reise.« Johanna kochte Kaffee. Nebenbei erzählte sie Lydia, dass es schwierig sei, Max Ernst zu verkaufen. »Ich habe nur wenig Kunden, die sich interessieren. Es ist wohl, weil sich nur wenige drauf einlassen.« Lydia verstand. »Bei diesen Bildern muss man natürlich was Entscheidendes dazu tun: Denken nämlich. Ich habe Freud und Adler gelesen. Vielleicht komme ich deshalb damit zurecht.« Mit der Kaffeetasse in der Hand versank Lydia in einem Ölbild: dem ›Roten Akt‹ von Ernst. Irgendwann glaubte sie, einen Zusammenhang zwischen dem Bild und sich selbst erkennen zu können. »Kunst hat so viel zu sagen. Man muss nur herausfinden, was sie mit einem anstellt.«

Still und heimlich hatte Barz geheiratet. Seine katholische Familie war gegen die Heirat mit einer Jüdin gewesen, aber er hatte sich nicht beirren lassen. »Sie haben immer wieder versucht, mich umzustimmen. Dabei ging es gar nicht um Hilde, sondern immer nur darum, dass sie Jüdin ist.« Er brachte Johanna einen Stapel Zeichnungen. Während sie darin blätterte, trat Artur Bau ein, fragte nach dem ›Roten Akt‹, stand eine Weile davor, betrachtete das Bild mit einer Lupe. Sein Blick war konzentriert. »Ich weiß noch nicht, was ich davon halten soll. Aber meine Verlobte weiß es. Ich will es ihr kaufen. Ist es recht, wenn ich 200 Mark anzahle? Den Rest bringe ich nächsten Monat. Geht das?« Johanna war einverstanden. Er wartete, bis sie die Leinwand in Papier geschlagen hatte, klemmte es unter den Arm, grüßte und verschwand.

»Er und seine Freundin schätzen Mäxchens Bilder. Es sind so wenige, die das tun«, sagte sie zu Barz, »neulich haben sie wieder eine Auswahl mitgenommen. Sie schläft drunter. Das hab ich ihr empfohlen. Vielleicht bringt sie den Akt auch wieder zurück. Sie hat nämlich letztes Mal gesagt, dass sie es vorzieht, das Bild in der Galerie zu besuchen.« Johanna lachte, blätterte weiter in Barz' Zeichnungen. »Es sind prima Leute. Stammkunden mittlerweile. Sie kommen, sitzen da, gucken den Malern beim Stricheln zu, reden und trinken Kaffee mit uns. Manchmal bleiben sie, bis es Bratkartoffeln gibt.« Einen Stapel Blätter hatte sie aussortiert und auf den Tisch gelegt. »Die nehm ich. Sie sind gut, sehr gut. Damit könnte man fast eine Ausstellung machen.«

Tage später saß Lydia wieder unter einem Ölbild von Max Ernst. Sie war erkältet, hustete und nieste. Während Johanna ihr eine Brühe wärmte, erging sie sich in Interpretationen. »Der Himmel ist so wie alle Himmel, bloß, dass die Taube senkrecht nach oben fliegt. Und die Frau? ›Heilige Cäcilie‹ nennt er das

Bild. Die heilige Cäcilie spielt Klavier, ein imaginäres Klavier.« Johanna, die in der Küche mit Geschirr klapperte, rief sie hinterher: »Frau Ey, wieso soll das eigentlich die heilige Cäcilie sein?« Johanna kam mit der dampfenden Brühe und stellte Tassen auf den Tisch. »Er hat mir erzählt, dass er auf die Idee kam, als er in einem Buch die Illustration eines Bronzegusses sah, die eine Statue zeigte. Er hat die aufgebrochene Hülle gesehen.«

»Aber wieso Cäcilie?«

»Ich weiß nur, dass die heilige Cäcilia die Patronin der Kirchenmusik ist.«

»Dann ist das also eine Orgel«, entschied Lydia und forschte weiter: »Der Guss sieht aus wie ein Kokon. Dazu passt dieses zerbröselte Mauerstück.« Johanna schöpfte mit einer Kelle Brühe in geblümte Tassen, dann ging sie, um Löffel zu holen. »Es sind mehrere Schichten Farbe. Eine merkwürdige Stimmung. Von Cäcilie sehe ich nicht viel. Das meiste ist ja vom Mauerwerk verdeckt. Sie ist eingesperrt und blind.« Johanna dachte an Max Ernst. »Vielleicht ist es ein Traum.«

»Ja. Möglich ist auch, dass sie gar nicht blind ist, sondern dass die geschlossenen Augen bedeuten, dass sie sich nach innen öffnet. Für das Unbewusste. Oder vielleicht wurde ihr die Freiheit genommen. Die Heiligen sind doch gequält und gemartert worden. Und sie hält fest an dem, für das sie lebt. Der Vogel ist wahrscheinlich ein Zeichen von Freiheit.« Lydia schlürfte an der Brühe. Sinnend saß sie vor dem Bild, konnte sich aber nicht entschließen, es mitzunehmen.

Trude Brück hatte sich von Johanna verabschiedet. Eine Stelle als Zeichenlehrerin zog sie nach Saarbrücken. Auch Pudlich machte sich rar. Seit er den Kunstpreis gewonnen hatte, war er auf sämtlichen Ausstellungen der Gegend vertreten und vor allem beschäftigt mit Maria, seiner Freundin, die Fotografin war und von ihm Ma genannt wurde. Monate war auch Ophey nicht mehr dagewesen. Sein Gesundheitszustand hatte sich bedenklich verschlechtert. Johanna schickte ihm Pakete mit Keksen und gestrickten Socken an die Ostsee, in den Harz und nach Garmisch, versuchte ihm Mut zu machen, indem sie eine Karte mit dem Konterfei Lindberghs beilegte, dem es gelungen war, den Atlantik zu überfliegen. »Nur Mut! Sieh doch mal, was alles möglich ist!« Aber die Kuraufenthalte halfen nicht. Im Januar starb er. Seine Asthmaanfälle und die Herzkrämpfe hatten ihn nur 47 Jahre alt werden lassen. Sein Tod war der Grund, weswegen keiner der Ey-Künstler Lust auf Karneval hatte. Johanna hängte seine Bilder ins Fenster, mit verwässertem Blick sah sie auf seine Pastelle und Ölgemälde, auf eine lichtdurchflutete grüngelbe Wiesenlandschaft mit Weiden, die, von einer tiefstehenden Sonne beschienen, lange Schatten warfen.

Hundt schaffte es, sie aus düsteren Gedanken zu reißen. Mitten in der Galerie hatte er seine Staffelei aufgebaut und eine riesige Leinwand gespannt. Diesmal hatte er sich ein lebensgroßes Bildnis von Johanna als Spanierin vorgenommen. Tagelang war er mit der Auswahl der passenden Accessoires befasst. Einen schwarzen langen Mantel eng um den Körper geschlungen, so dass ein tiefer Ausschnitt entstand, der den Ansatz ihrer Brüste zeigte, so stand sie am Rosenmontag vor seiner Staffelei. Auf ihre Schultern fiel eine Mantilla aus Spitzen, die er ihr mit einem spanischen Schildpattkamm ins Haar gesteckt hatte. Fastnachtsjecken in spitzen Papierhüten lärmten herein, schnorrten jeder einen Schnaps, sprangen vor Hundts Staffelei herum. Einer streckte ihm seine lange Nase aus Pappmaché ins Gesicht, woraufhin Johanna beschwörend die Hände hob. »Bleibt von dem Bild weg, die Farbe ist doch nass!« Der mit der Nase entdeckte eine Ähnlichkeit zwischen Johanna und dem, was auf Hundts Leinwand entstand, denn er kam dicht an sie heran, strich ihr übers Haar und flüsterte ihr ins Ohr: »Wat siehste jood us op dem Bild, sehr jood ...« So schnell sie gekommen waren, verschwanden sie.

Unruhe

Hatte es lange Jahre Proteste gegen die neue Kunst gehagelt, so wurde das Interesse der Öffentlichkeit jetzt in eine andere Richtung gelenkt. Im Namen der Kunst, der Sittlichkeit und des Taktes gab es Ärger wegen eines Denkmals, das Jupp Rübsam im Ehrenhof, nahe der Hofgartenrampe, für die Toten des 39. Infanterieregiments geschaffen hatte. Als Mahnung gegen Krieg und Terror hatte er Kameradschaft und gegenseitige Hilfe dargestellt: Seine wuchtige, aus schwarzem Basalt gehauene Skulptur zeigte zwei Soldaten, von denen die rechte Figur einen Stahlhelm trug, die linke eine Kopfbinde. In Verbundenheit hatte der Helmträger seine Hand auf die Hand seines neben ihm liegenden Kameraden gelegt. Eine Geste, die in der Öffentlichkeit als zu wenig deutsch getadelt wurde. Zwischen Düsseldorfer Nachrichten, dem Stadtanzeiger und dem Tageblatt tobte ein Wettstreit der Meinungen. Von Entehrung der deutschen Kunst war zu lesen, von einer Verunglimpfung des deutschen Frontsoldaten, von einer Schande für die Stadt. Zudem wurden die schwulstigen afrikanischen Lippen der Figuren beanstandet. Von Beseitigung war die Rede. Einen Tag nachdem Johanna sich das Denkmal angesehen hatte, zerfetzte eine Sprengladung den Stein; der links liegenden Figur wurde das Kinn abgerissen.

Eine ungute Stimmung breitete sich aus. Die Geschäfte liefen schlecht. Wieder war Johanna nicht in der Lage, die Bankkredite zurückzuzahlen. Die Mietrückstände schraubten sich höher und höher, die Kündigung drohte. Zwei Mal konnte sie mit vagen Versprechungen die Sache hinausschieben. Dann aber sperrte man ihr Strom und Wasser. Am gleichen Tag kam ein Brief in einem grauen Umschlag, der, nachdem sie darüber in Tränen ausgebrochen war, allen wie ein Schlag ins Gesicht vorkam. Rot unterstrichen war das Wort Räumungsklage und der Satz, dass zum ersten September Schluss sein würde.

Johanna sträubte sich und bangte, sah sich dort angekommen, wo sie schon so oft gewesen war, beklagte die schlechten Zeiten, fluchte und heulte. Tagelang ratschlagte sie mit den

Künstlern, grübelte über der Frage, wie und wo Geld aufzutreiben sei. Sie beriet sich mit ihren Kindern, fragte bei den Banken nach. Trotz allen Zuspruchs und aller Bemühungen war eine Lösung nicht in Sicht. Sie schlief nicht mehr. Mit einer Öllampe ging sie nachts in der Galerie auf und ab. Manchmal stieg sie auf die Leiter, hob das Licht vor eines der Bilder, wünschte und betete. Zu ihrem Geburtstag war sie von allen gefeiert worden. Damals hatte sich die Stadt einiges einfallen lassen. Der Oberbürgermeister hatte große Worte gemacht, allerhand Prominenz war gekommen, Zeitungen hatten berichtet. Alle hatten ihre Verdienste um Kunst und Künstler hervorgehoben, alle waren gut zu ihr gewesen. Jetzt standen die Dinge anders; alles war an Geld gebunden und Geld hatte sie nicht. Aber immerhin war sie eine bekannte Frau und mit allem, was sie für die Künstler der Stadt getan hatte ein Aushängeschild, wie der Bürgermeister auf die Geburtstagskarte geschrieben hatte.

Unter Zischen entwich Dampf aus einem Flötenkessel. Es folgten ein paar heisere Töne, dann gellte ein durchdringender Pfiff durch die Galerie. »Jetzt weiß ich, was ich zu tun habe«, verkündete Johanna, nahm den Kessel vom Herd, füllte Hagebutten in eine Kanne, übergoss alles mit dampfendem Wasser. Schwesig und Tappeser, kauend über einer Pfanne Bratkartoffeln, sahen auf. »Wisst ihr noch, wie mich an meinem Geburtstag alle in den Himmel gelobt haben? Der Oberbürgermeister war da, hat eine Rede gehalten. Dann all die Blumen und Karten«, sagte sie, indem sie Tappeser eine Tasse Tee zuschob. »Natürlich wissen wir das.« Erwartungsvoll waren die Augen auf Johanna gerichtet, die sich einen Stuhl heranzog und eine Zigarette anzündete. »Wie lange glaubt ihr, steht die alte Post nebenan schon leer?« Tappeser zuckte mit den Schultern. »Sicher übers Jahr.« Johanna inhalierte den Rauch. »Länger. Es ist städtisch. Und schwer zu vermieten. Ich weiß das. Die Stadt hat mir damals Hilfe versprochen. Jetzt werde ich sie beim Wort nehmen. Sie können mich doch schlecht erst loben und dann rausschmeißen? Hier in meiner Galerie wollen sie wohl was Neues anfangen. Wenn ich also nicht hierbleiben kann, wenn das wirklich nicht geht, werd ich anfragen, ob ich neue Räume kriege. Und zwar kostenlos. Wo ich doch so viel für die Kunst getan habe und ein Aushängeschild bin, wie sie sagen. Immerhin ist meine Galerie im Baedecker mit drei Sternen versehen. In den neuen Räumen könnte ich auch wieder eine Kaffeestube eröffnen, so wie früher.« Tappeser stutzte. Dann schlug er mit der Faust auf den Tisch. »Na klar, das ist es!« Auch Schwesig ließ die Gabel sinken. »Stimmt. Statt dich rauszuklagen, sollen sie dich unterstützen. Du kriegst ja nicht mal Künstlerhilfe. Natürlich! Dass wir daran nicht gedacht haben? Ja, genau das musst du denen mal klarmachen und dann muss was passieren. Das bisschen Miete werden die leicht verschmerzen. Es geht ja schließlich nur um die Miete, das Essen kriegst du ja durch den Handel immer zusammen.«

»Genau. Wir müssen denen sagen, dass ein Stück Düsseldorf verloren wäre, wenn du den Laden dicht machen müsstest. So viele städtische Häuser stehn leer. Was würden sie schon verlieren? Ein kleiner Mietausfall, mehr doch nicht. Im Gegenteil. Sie würden was gewinnen. Renommee nämlich. Und eine Pflicht würden sie erfüllen gegenüber der Kunst und den Künstlern dieser Stadt!«

»Richtig. Und wenn sie es nicht machen, geht es durch die Presse. Dafür sorgen wir dann schon! Stellt euch vor, wie sich das anhören würde: Stadt setzt Mutter Ey vor die Tür! Oder: Stadt verweigert Mutter Ey Räumlichkeiten ...« Tappeser rieb sich die Hände. »Ey, ich glaube, das ist die Rettung.« Johanna stützte den Kopf in die Hände. »Und wenn das immer noch nicht hilft, lade ich die Bilder auf einen Handkarren und mache einen Propagandazug durch die Stadt.«

Noch am gleichen Tag setzten sie einen Bittbrief auf, der gegen Ende der Woche bereits einige Unterschriften von Künstlern und Kunden, Solisten vom Opernhaus, Schauspielern und Musikern des Schauspielhauses trug. Der Künstlerverein Malkasten lieferte das Briefpapier:

»Unterzeichnende bitten um Genehmigung folgenden Gesuchs: Mutter Ey, Besitzerin der Ausstellung Hindenburgwall, ist gezwungen, ihr Lokal zu räumen. Die Verpflichtungen der Frau Ey betragen RM 1800,-. Sie schlägt nun vor, diese Summe mit Bildern aus ihrem Besitz begleichen zu dürfen. Frau Ey ist seit einem Vierteljahrhundert um die junge Künstlerschaft restlos bemüht, hat die Sympathie von Alt und Jung. Sie bittet um kostenlose Räume und um eine Café-Konzession, die hinreichen würde, ihr eine Unterhaltsmöglichkeit zu bieten.«

Die Stadt reagierte, indem sie Johanna eine Wohnung anbot. Johanna schrieb zurück, stellte klar, dass eine Wohnung für ihr Vorhaben nicht geeignet sei und dass, wenn sie ihr Geschäft nicht fortführen könne, es den jungen Künstlern kaum gelingen werde, eine Ausstellungsmöglichkeit zu finden, geschweige denn Bilder zu verkaufen. Sie erinnerte daran, dass viele Künstler durch ihre Hilfe öffentliche Anerkennung gefunden hätten und dass sie einen wichtigen Beitrag zum Bild Düsseldorfs als Stadt der Kunst geleistet habe.

Über die Antwort der Stadt tobte sie tagelang: »Jetzt wollen sie mich in ein Altersheim stecken! Fein raus wären sie damit, sehr fein raus. Und wie sie an mir herumbohren! Ich hätte doch allen Grund, mich nach einem derart arbeitsreichen Leben endlich zurückzulehnen. Dass ich mich nicht gegen mein Glück sträuben soll, sagen sie. Mein Glück nennen sie das – in einem Altersheim zu versauern!«

Johannas Wut steigerte sich wie das Engagement ihrer Künstler, die alles dafür taten, den Fall in die Öffentlichkeit zu tragen. Bald berichteten Zeitungen, unterstützten Johannas Idee, schrieben, dass es besonders für die Stadt eine Ehrensache sein müsste, sie zu unterstützen. Im neueröffneten Schadow-Keller richtete der Wirt eine lustige Ecke ein, die neben Düsseldorfer Mostertgläsern und einigen Radschlägern in Holz auch ein Bild von Johanna zeigte, gemalt von Hundt. Ein Kölner Blatt brachte eine Karikatur, auf der städtische Beamte zu sehen waren, die mit roher Gewalt Johanna aus ihren Räumen trieben.

Hauptsache gerettet

Lange saß sie im Wohlfahrtsamt vor einem Schreibtisch mit Schreibmaschine. Unruhig zuckten ihre Hände, weil das Gespräch mit dem Beamten immer wieder von Telefonaten und der Suche nach Unterlagen unterbrochen wurde.

Als sie hinauskam, strahlte sie. »Alles gut!«, rief sie, als Tappeser und Barz, die auf sie gewartet hatten, sie bestürmten. »So schnell lass ich mich nicht mürbe kriegen! Sie haben mir den Laden im Postgebäude zugesagt. Und zwei Zimmer dazu. Zwar auf jederzeitigem Widerruf, aber immerhin. Nur Wasser und Strom muss ich zahlen. Jetzt machen wir wieder Ausstellungen. Mit allen, die Lust haben! Bloß eine Lizenz für eine Kaffeestube gibt es nicht. Ich hab denen gesagt, dass ich neue Kundschaft brauche und dass ich die leichter mit einem Kaffeeladen bekommen kann, als mit einer Galerie allein. Das muss doch jeder einsehn. Aber davon wollten sie nichts hören. Dafür haben sie sich drauf eingelassen, dass ich die alten Mietschulden mit Bildern abbezahle. Mit Kaffee wäre es natürlich leichter gewesen. 1800 Reichsmark in Bildern ... Wenn ich mal zu Vermögen komme, muss ich für die Benutzung der Räume zahlen. Das musste ich unterschreiben. Aber wann soll das sein? Hauptsache, wir sind gerettet.« Sie lachte, hakte sich bei Tappeser und Barz ein, die mit ihr wie in einem Triumphzug über die Königsallee gingen, sie in ein Fotogeschäft buxierten, ein Foto machen ließen und sie dann in die Galerie brachten, wo Hundt und Schwesig mit einer Sektflasche warteten. »Als erstes stelle ich Theo Champion aus, der hat es endlich mal verdient«, sagte Johanna und hob das Glas, »danach ist Schreiber dran. Und dann Pankok mit seinen Frankreichbildern. Und die malenden Patres sollen auch mal bald dabei sein, Pater Erwin und Pater Wolfram.«

Den Ausgleich für 1800 Reichsmark erbrachte sie in Form von Kunst. Wollheims Selbstbildnis wurde auf 500 Reichsmark taxiert, Dix' Tanzsaal auf 400, sein ›Weiblicher Akt‹ auf 450, Bindels Bildnis Frau Ey auf 150, ebenso wie Jupp Bells Bote und seine Villa Borghese. Die Pferde von Max Ernst waren eine Zugabe. Johanna versuchte sich die Sache schön zu reden. Zu Tappeser sagte sie, dass Opfer gebracht werden müssten, sie aber sicher sei, die Bilder irgendwann zurückzubekommen.

Für das neue Lokal durchstreiften die Maler mit Sammelbüchsen das Café Fleisch, das Düsselschlösschen am Rheinufer, sprachen die Schachspieler im Hofgarten an und die Sonntagsspaziergänger auf der Kö, brachten eine Brauerei dazu, Stühle und Tische zu spenden, ein Bierlokal eine Garderobe. Eine Lampenfabrik sorgte nicht nur für Lampen, sondern auch für sämtliche Installationen.

Der Umzug lief wie von selbst. Hundert Hände packten an. Möbel und Bilder, Hausrat, Kleider und Porzellan wechselten die Räume. Während Tappeser und Erwin Wendt – ein Maler, der erst kürzlich von Dresden an die Akademie gekommen war und die Galerie mit frechen, karikaturhaften Tuschezeichnungen versorgt hatte – die grüne Chaiselongue hinüberschafften, saß Johanna über den Zeilen für die Einladungskarten:

Neue Galerie auf dem Friedrichplatz! Johanna Ey gibt sich die Ehre, Sie und Ihre Angehörigen zur Eröffnung der neuen Ausstellungsräume im Hause Hindenburgwall, Ecke Friedrichplatz, am Sonntag, dem 26. Oktober 1930, vormittags 11 ½ Uhr ergebenst einzuladen. Die erste Ausstellung in den neuen, wesentlich größeren Räumen steht unter dem Motto: Aus zehn Jahren junger Düsseldorfer Kunst.

Der Auftakt war vielversprechend. Der helle vielfenstrige Raum hing voller Bilder: Feigler, Wollheim, Pankok, Dix, Bindel, Heckroth, Janssen. Von Leman, Pudlich, Hundt und Trillhaase waren farbenprächtige Aquarelle dabei. Auf allen Tischen lagen oder standen Arbeiten. Johanna fühlte sich an ihren Geburtstag erinnert. Den ganzen Tag kamen Leute, brachten Grußkarten und Blumen. Regierungsrat Niermann hielt eine Rede, die Professoren Kaesbach, Bindel und Herberholz beschenkten sie im Namen der Akademie mit einem großen westfälischen Schinken. Anna Klapheck, eine Kunsthistorikerin, die erst kürzlich nach Düsseldorf gekommen war, zeigte sich begeistert, in ein so lebendiges Kunstleben hineingeraten zu sein. Pudlich, seit kurzem verheiratet, kam in einem Schottenanzug mit Ma, seiner Frau. Paul und Hermann fuhren mit einem Auto vor; Maria reiste aus Lübeck an. Die Ausstellung hatte Zulauf, wie lange nicht mehr. »Hier kannst du endlich mal deine ganzen Schätze ausbreiten und zeigen, was du in den letzten Jahren zusammengebracht hast«, sagte Lou, die geschiedene Frau von Max Ernst, die erstaunt war, dass es so viel Platz gab. Eine Landschaft von Pudlich ging über die Ladentheke, auch das Bildnis einer Dame von Hundt. Ein Krefelder Seidenfabrikant kaufte Johannas Portrait, das Dix von ihr gemalt hatte. Zwei Bilder von Feigler waren vorgemerkt worden. Lydia zahlte Ernsts' Heilige Cäcilie an und vereinbarte Ratenzahlung. Wochenlang hatte Johanna es mit dem Gesicht an der Wand aufgehängt und auf die Rückseite eine Landschaft geklebt, weil sie städtischen Zugriff befürchtete. Jetzt war sie froh, dass Lydia es hatte.

Am Abend hielten sie mit Grammophon, Tango und Schnapsgejohle ein Fest ab. Abwechselnd tanzten sie mit Johanna: »Wenn du mal in Hawaii bist und wenn es grade Mai ist, und wenn dein Herzchen frei ist, dann komm zu mir. Im Lande der Gitarren, da will ich auf dich harren, ach halt mich nicht zum Narren und komm zu mir ...«

Die Euphorie hielt nur kurz. Die Ausstellung von Theo Champion war kaum besucht, auch andere Bilder verkauften sich nicht. Die Finanzlage blieb bedenklich. Wochen später saß sie resigniert über Zetteln voller Zahlen. »Es reicht einfach nicht«, sagte sie zu Tappeser, »nicht mal für Wasser und Strom. Es kommt einfach nichts rein. Und die Stadt hat mir immer noch keinen Vertrag für die Räume geschickt.« Tappeser schüttelte bedenklich den Kopf. »Darauf brauchst du nicht zu warten. Das machen die nicht. Sonst wird ja ein Mietverhältnis draus und dann werden sie dich sobald nicht los.«

»Manchmal glaube ich, das mit den Räumen haben die sowieso nur gemacht, weil sie Rabatz gefürchtet haben. Es wäre natürlich auch alles viel teurer gekommen, wenn mich die Wohlfahrt hätte unterstützen müssen. Aber so ist es eben auch nichts.«

»Aber du hast doch Bilder verkauft?«

»Ja, zur Eröffnung. Und seither zwei kleine Sachen den ganzen Monat. Zwei Grafiken musste ich an die Stadt abgeben. Für Strom und Wasser. Wenn ich das nicht gemacht hätte, hätten sie mir die Bude schon wieder zugemacht. Es ist ja nicht nur das. Ich hab auch noch Schulden bei der Sparkasse.« Sie stützte den Kopf auf die Hände und sah zu, wie sich Tappeser eine Zigarette drehte. Seine Stimme beruhigte: »Es gibt für alles eine Lösung. So einfach geben wir uns nicht geschlagen. Dann müssen wir eben noch mal mit der Stadt verhandeln. Da muss doch was zu machen sein.«

Wieder gingen Briefe hin und her. Lange tat sich nichts. Immerhin erreichten es Vertreter der Kunstvereine, dass sie monatlich 50 Reichsmark Künstlernothilfe erhielt.

Meistgemalte Frau Deutschlands

Pudlich riss die Tür auf, durchquerte mit großen Schritten die Galerie, rief nach Johanna. Er fand sie Kartoffeln schälend in der Küche, stürzte auf sie zu, umarmte sie und lachte: »Sieh mal, was ich hier habe!« Er wedelte mit einer Illustrierten, die er mehrmals wegzog, wenn sie danach schnappen wollte. »Ach, wenn du sie mir nicht geben willst, dann lass doch.« Sie wollte sich wieder ans Schälen begeben, da hielt Pudlich ihr die Seite vor die Nase. »Mutter Ey – die meistgemalte Frau Deutschlands. Neun Bilder von dir sind drin ... Und das in einer Berliner Zeitung.« Ungläubig sah sie ihn an, riss ihm die Zeitschrift aus der Hand und rückte die Brille zurecht. Eine ganze Bildseite war ihr gewidmet. »Die meistgemalte Frau in Deutschland. Das soll ich sein?« Sofort begann sie zu lesen. »Mutter Ey, früher Inhaberin einer Bäckerei, war vielen jungen Künstlern eine Helferin und ist viele hundert Mal gemalt und gezeichnet worden.« Sie sah auf. »Mutter Ey schreiben sie. Ach, die sollen nicht immer Mutter schreiben. Das hat der Bürgermeister an meinem Geburtstag zu mir gesagt und seitdem sagen es alle. Es gefällt mir nicht. Ich bin doch keine Mutter für alle.« Kopfschüttelnd vertiefte sie sich wieder in den Text. »Die Düsseldorfer Kunsthändlerin Frau Johanna Ey, eine der originellsten, mütterlichsten und liebenswürdigsten Naturen, ist für ihre Freunde, die jungen Maler, ganz einfach ›das Ey‹. Aus ihrer Kaffeestube hat Frau Ey ein Kunststübchen gemacht. Daraus ist ein Kunsthandel hervorgegangen, der trotz der äußerlich bescheidenen Form durchaus ernst zu nehmen ist. Mutter Ey hat die Bedeutung vieler Maler, so die von Otto Dix, als erste erkannt und ihnen die Wege geebnet. Alle, denen sie geholfen hat, haben Frau Ey gemalt; so ist sie zur meistgemalten Frau Deutschlands geworden.« Johanna war irritiert. Erwartungsvoll stand Pudlich vor ihr. »Was sagst du? Sieh doch, neun Bilder! Unser Ey in allen Varianten. Das Spanierinnenbild in der Mitte und dann eins von Barz, eins von Bindel, zwei von Wollheim, eins von Janssen, zwei von Hundt und zwei von mir!« Er zeigte auf das Bild von Janssen und lachte. »Janssen hat mir erzählt, wie es zu diesem Bild gekommen ist.«

»So? Hat er das?« Pudlich grinste, blies die Backen auf, fing an laut zu schnaufen und zu stöhnen. »So bist du bei ihm die Treppe rauf gestiegen. Keuchend kamst du oben im Atelier an, bist aufs Sofa gesunken und eingeschlafen. Ja, und als du wach wurdest, hatte er das Bild fertig: Frau Ey schlafend. Hier schreiben sie: Frau Ey ruhend. Ja, Ey, du bist wirklich inspirierend. Dein Gesicht, deine Kugelgestalt mit den kurzen Kinderärmchen … Ein gefundenes Fressen für uns.« Während Johanna ihn mahnte, nicht frech zu werden, schwärmte er weiter: »… die Brillengläser, das energische Doppelkinn, überhaupt deine Wandlungsfähigkeit. Immer, wenn du die Brille abnimmst, kommt eine neue Ey zum Vorschein. In deinem Gesicht steht immer alles deutlich drin: Freude, Würde, Melancholie, Klugheit, Güte, manchmal auch Bosheit. Sogar auf den Bildern mieft es nach Bratkartoffeln und kaltem Zigarettenrauch. Hmmm.« Er atmete tief ein und schloss genießerisch die Augen. »Ich mag alle Bilder mit dir. Die, auf denen du Strümpfe strickst, die, auf denen du auf dem Klo sitzt. Hundertfach gemalt schreiben sie. Das reicht ja gar nicht. Tausendfach haben wir dich gemalt! Und warum? Weil wir dich ehren und lieben! Und weil du immer für uns da bist. Ja Ey, du bist verewigt für alle Zeiten. Das hast du verdient. Auch, dass du jetzt in der Zeitung bist.«

Die Nachricht verbreitete sich rasant. Touristen kamen, knipsten die Galerie von außen, kamen herein, musterten Johanna von Kopf bis Fuß, fotografierten sie vor den Bildern, sahen sich um, wollten wissen, wie eine Frau wie sie es von der Bäckerin zur Galeristin geschafft hatte, wunderten sich über ihren Werdegang. Im Theater bekam sie einen Platz in der Ehrenloge, im ›Scheinwerfer‹ erschien ein Auszug ihrer Biografie. Prominente schrieben sich ins Gästebuch ein: Lilian Harvey, Brigitte Helm, Otto Gebühr, den Johanna als Friedrich den Großen im Kino erlebt hatte. Sammler kamen aus Belgien und Luxemburg, aus Schweden und Holland, interessierten sich, kauften. Einer hatte ihr auf einen Schlag fünf Pudlichs abgehandelt, ein anderer zahlte Höchstpreise für Dix und Ernst. Schauspieler wie Harry Halm tranken Kaffee bei ihr, der Komponist Brockt widmete ihr ein Libretto seiner Oper ›Morphium‹. Der Dichter Ringelnatz – eine kauzige Gestalt in einem abgegriffenen Matrosenanzug – beehrte sie vor einem Kabarettauftritt und trug ihr bei einem Glas Schnaps sein Gedicht vom Seemann Kuttel Daddeldu vor. Was sie freute: Die Presse berichtete zu Gunsten der jungen Künstler. Eine Berliner Zeitung beschrieb Johanna als lieb und nett und anekdotenreif, verglich sie mit einem Elefanten, zu dem man Onkel sagen möchte. Darüber ärgerte sie sich.

Ich bin die fesche Lola

Wie immer zur Karnevalszeit waren Mitglieder des Malkastens dabei, ein Künstlerfest zu organisieren. Pompöser und origineller als in den vergangenen Jahren sollte es werden, auch mehr Leute anlocken. Kostümprämierungen, Männerballett, Maskentänze, Musik, allerhand Leckereien und eine Tombola waren geplant. Aufträge für Dekorationen und Wandmalereien wurden vergeben. Der Billardsaal sollte von jungen Künstlern gestaltet werden und Goller, Kaufmann, Schumacher-Salig, ein Maler aus Mönchengladbach, und Jean Schmitz wurden als Dekorationsmaler ausgewählt. Goller und Schmitz hatten die Idee, Masken zu malen und die Veranstaltung komplett unter dieses Thema zu stellen. Kaufmann war der Ansicht, dass ein Motto her müsse. Die Ideen sprudelten. »Was Buntes soll es werden, was Buntes und Freies!«

Wochen waren sie mit der Planung beschäftigt. Alle Nachmittage verbrachten sie im Malkasten und pinselten. Bestens aufgelegt saßen sie abends bei Johanna und taten geheimnisvoll, wenn sie nach dem Stand der Dinge fragte: »Du wirst schon sehn.«

Tage später – ein Kunde hatte sich nach einem Bild von Pankok erkundigt, das Johanna aus dem Fenster nehmen musste – sah sie Barz winkend und lachend näherkommen. Ungeduldig stand er in der Galerie, wartete, bis Johanna den Kunden bedient hatte. Dann prustete er los: »Weißt du es schon?«

»Was soll ich wissen?«

»Na, von deinen Malern. Sie sind fast fertig mit dem Saal. Aber jetzt halt dich fest! Die vom Malkasten sind schon alle in Ohnmacht gefallen.« Barz war voller Lachen, Tränen liefen ihm über das Gesicht. »Was glaubst du, was die Malkästler gesehn haben, als sie in den Billardsaal kamen?« Barz' Verrenkungen und Grimassen ließen auf Lustiges schließen. Johanna schüttelte den Kopf. »Woher soll ich das wissen? Karikaturen von sich selbst?«

»Besser! Viel besser! Nackte Frauen! Durch den Billardsaal schweben Mädchen auf Wolken – und alle nackt! Goller und Schmitz schwirren zwischendurch, aber das beste, das allerbeste: Über dem Büffet thronst du als Putte im Kostüm der Eva in all deiner Pracht – auch nackt.« Einen Moment stutzte sie, dann brach sie in Lachen aus. »Ha! Ich als Putte im Evakostüm? Da muss ich sofort hin!«

»Ich fürchte, das geht nicht. Die Stammtischler sind sofort zum Vorstand gerannt. Es gab eine Versammlung. Ich war dabei. Einer hat immer wieder Schweinerei in den Saal gebrüllt: Schweinereiiiii! Ich hör das immer noch.« Ein neuer Lachanfall schüttelte ihn. »Kaufmann wurde schon einbestellt. Du kennst ja die vom Malkasten. Und Nackte im Malkasten – wo kommen wir denn da hin? Jetzt muss alles übermalt werden. Sogar der Vogel, den Goller in die Luft gemalt hat. Und warum? Weil der saubere Geist der Malkästler darin eine Anspielung sieht, hinter die andere vielleicht nicht so leicht gekommen wären.« Barz konnte sich kaum einkriegen. »Das bringt uns richtig in Karnevalslaune! Wirst sehn, dieses Jahr wirds was.«

Die Presse reagierte mit scharfen Beiträgen: Von einem Skandal war die Rede. »»Wenn nicht Stadtverwaltung, Polizei und Hausfrauenverein schleunigst eingreifen, wird Düsseldorf bald in aller Welt als ein Sündenbabel, als ein Pfuhl sittlicher Verkommenheit berühmt sein ...« Johanna war dabei, Kohl zu kochen. Sie stand im Gedampf, während ihr Tappeser aus der Zeitung vorlas. »Moral muss her, so kann das nicht weitergehen. Sonst kehren die Zeiten wieder, da der Maler Wollheim mit seinem roten Schopf die Königsallee schändete und bei Mutter Ey im roten Malkästle Dynamitattentate auf den Biedersinn unserer Bürger ausgeheckt hat ...« Tappeser spottete. »Rotes Malkästle ...« Johanna rührte im Topf. »Also was die sich so vorstellen.«

»Es geht noch weiter. Jetzt greifen sie Goller und die anderen an, beschweren sich, dass der Auftrag nie an ihn und Konsorten hätte vergeben werden dürfen. Hier steht: Trägt doch der Schumacher-Salig einen Spitzbart von der französischen Sorte, die man Henriquatre nennt, der andere schändet den ehrlichen Namen Schmitz durch den vorgesetzten Jean und Kaufmann würde in keine solide Naziversammlung hereingelassen werden. Ha! Also ehrlich – über diese Wertung würde ich mich sogar freuen.« Er las weiter. Plötzlich stutzte er. »Die Übeltäter müssen die Schande überpinseln! Hör mal: Die Gestalten erhalten sämtlich um die Mitte des Leibes eine Gemüsegarnierung und Frau Ey gar aus Krepppapier ein Röckchen!« Johanna fuhr herum: »Was? Ein Röckchen? Das wäre eine Verleumdung! Ich bin doch in keinem Ballett!«

Am Karnevalssamstag kam in der Innenstadt der Verkehr zum Erliegen. Die Straßen waren voller Narren mit knarrenden Rätschen, von Leuten in Harlekinkostümen und Papierhüten, die nichts anderes als Tanzen, Singen, Schunkeln und Trinken im Kopf hatten. Abends lockten Maskenbälle, die bis in den anderen Tag hinein dauerten: im Breidenbacher Hof, in der Uel und im Füchschen, in sämtlichen Sälen. Der Presserummel trug dazu bei, dass auch der Saal im Malkasten aus allen Nähten platzte. Immer mehr Verkleidete strömten herein, steuerten auf den Billardsaal zu, äugten nach den Wänden, konnten aber nichts Verwerfliches entdecken. Kreppröckchen zierten die nackten Gestalten, die Brüste waren von Rosen und Gemüsegarnierungen bedeckt. Johanna kam in Begleitung von Lisbeth und Goller, inspizierte sofort die Wände, erkannte sich schon von weitem, lachte über die Verhüllungsversuche und das Baströckchen, meinte, dass das echte Darunter sicher mehr zur Stimmung beigetragen hätte. Auf dem Wandbild trug sie Mantilla und Kamm im offenen Haar und Kastagnetten um den Hals. Ihr mit Tüll drapierter Busen bewirkte, dass Goller einen Vergleich anstellte. »Das Original ist natürlich unschlagbar.« Lisbeth, in einem luftigen Plisseekleid aus Chiffon und einem Blumenhütchen auf hochgetürmten Haaren, fand seine Bemerkung unpassend und konterte damit, dass er Johannas Brüste sicher nie zu Gesicht bekommen hätte und ergo nichts dazu sagen könne. Johanna befand sich insgesamt als zu dick und zu kurz geraten, forderte von Goller Wiedergutmachung in Form eines Tanzes.

Im Saal reckten bunte Figuren aus Pappmaché bizarr verlängerte Hände, rissen ihre Münder auf, hingen schaukelnd von der Decke. Eine Gruppe von Teufeln hatte eine wilde Polonaise begonnen, raste in Zickzacklinien durch den Saal. Alles lachte, jubelte, schrie. Zauberer und Hexen, Schuljungen und Indianer, Nixen und Zwerge liefen durcheinander. Es gab Kostüme mit Goldflitter und Tüll, Perücken aus Papier. Spanierinnen und Stierkämpfer tanzten Tango. Frauen in Tüllkleidern und Halbmasken, Männer in Frauenkleidern krakeelten: »Helau! Helau!« Lachsalven steigerten sich zu Kreischen und Füßetrampeln. Mädchen in Baströcken hüpften herum, die Kirschmünder rund und rosig. Eine von Scheinwerfern bestrahlte Spiegelkugel goss ein Gestöber von farbigen Lichtern über die immer bunter werdende Fülle des Saales. »Vor ein paar Tagen hat einer vom Malkasten, einer von den alten, den Akt von dir von der Wand gerissen«, schrie ihr Goller beim Tanzen ins Ohr, »obwohl wir dich schon übermalt hatten. Auch die anderen Sachen sind zerfetzt worden. Sie fürchten uns. Sie fürchten die Modernen wie die Pest. Die Bilder waren natürlich hin. Zu Kompromissen waren wir nicht mehr bereit, aber dann hat der Vorstand beschlossen, alles wieder provisorisch zusammenzuleimen. Immerhin. Aber wenn es hier so bleibt, werde ich austreten. Hier macht sich nämlich ein ziemlich brauner Geist breit. Manchmal sitzen sie unten in der Kantine, wo es nach abgestandenem Bier stinkt und grölen patriotische Lieder ...« Barz rempelte die Tanzenden. »Tanzt schneller, schneller!« Er trug einen Matrosenanzug, aus seiner Frau Hilde war eine Krankenschwester mit Stethoskop und Spritze geworden.

Wendt wartete mit einem Fliegenpilz-Hut an der Theke, stellte allen seine Freundin Käte vor. Goller verlor sich in einem Pulk Marienkäfer. »Tolle Frauen dabei, was? Und viel nacktes Fleisch«, flüsterte Tappeser Johanna ins Ohr und hatte dabei eine Dame im Auge, die sich in einem knappen Hularöckchen nach einem Pfennig bückte. Schwesig erschien als Schuljunge, was ein anhaltendes Pfeifen einiger Damen auslöste. Später lag er zur Erheiterung aller in einem Kinderwagen, wo er tatsächlich hineinpasste. Es wurde gesoffen, musiziert, geschauspielert. Hundt trat in einem Männerballett auf und erntete Beifall für einen Handstand, bei dem ihm das Bustier verrutschte. Zwischen Torten, Mokka und Likören, Schnaps und reichlich Sekt wurde gesungen und geschunkelt. Tappeser sackte schon vor Mitternacht über dem Tisch zusammen. Schmitz musste ihn mühsam aufrichten. Ein Musikant mit einem Akkordeon auf dem Schoß und einer Seemannsmütze auf dem Kopf klopfte den Takt mit dem Fuß. Mit heißem, glänzendrotem Gesicht klatschte Johanna zu seinem Rhythmus, ließ sich von Wendt auf die Tanzfläche ziehen und herumwirbeln, stolperte vorbei an angetrunkenen Paaren und kreischenden Clowns und konnte selbst gar nicht aufhören zu schreien und zu lachen. Ihr Hut saß schief, die Schminke war verschmiert, aber sie fühlte sich leicht und sorglos. Etwas Fiebriges, Atemloses und Explosives riss sie mit. Verbunden fühlte sie sich mit ihren Künstlern, empfand Stolz auf alle, auch auf sich selbst, klapperte mit den Kastagnetten, hob das Glas auf alles Mögliche, tanzte und applaudierte. Sie schrie nach den Musikanten, wenn die Musik aussetzte, quiekte und kreischte, als Tappeser auf einen Stuhl stieg und unter dem Getöse und dem Applaus der Leute ein Portrait in die Höhe hob, das sie nackt zeigte: »Ich bin die fesche Lola, der Liebling der Saison, ich hab ein Pianola zu Haus in mein Salon. Ich bin die fesche Lola, mich liebt ein jeder Mann, doch an mein Pianola, da lass ich keinen ran ...« Lisbeth hielt sich prustend die Hand vor den Mund. »... Und will mich wer begleiten, da unten aus dem Saal, dem hau ich in die Seiten und tret ihm aufs Pedal ...«

Die Ernüchterung des Aschermittwochs hielt sich. Die Galerie hing voller Bilder, aber Käufer fehlten. Die ungeklärte Mietsituation machte Johanna zu schaffen. Trotz der guten Phase im vergangenen Herbst war das Darlehen nicht abgelöst. Am Morgen war jemand von der Sparkasse dagewesen, hatte ihr die Schulden vorgerechnet, war anschließend mit taxierendem Blick von Bild zu Bild gegangen.

Barz fand sie heulend, gebeugt über schwarzen Kladden. »Ich kann rechnen, wie ich will. Das wird nicht mehr. Hier wird bald alles beschlagnahmt.« Immer wieder nahm sie die Brille ab und wischte sich die Augen. Barz wusste nicht, womit er sie beruhigen sollte. Er schob ihr eine Zigarette über den Tisch, aber sie nahm weder die Zigarette, noch sah sie ihn an. »Ja, alles hier wird beschlagnahmt«, wiederholte sie, »du wirst sehn. Mit nichts werden wir bald dastehn. Mit nichts.« Barz zündete sich eine Zigarette an. Eine Weile saßen sie schweigend in der Galerie. »Du darfst nicht so schwarz sehn«, sagte er schließlich, »irgendwo tut sich doch immer eine Tür auf.« Johanna seufzte. »Bloß wo?«

Barz inhalierte den Rauch. »Und wie wärs, wenn du deine Bilder auf Wanderschaft schickst? Wenn sie unterwegs sind, kann sie dir so schnell keiner nehmen.« Johanna sah auf. »Wie meinst du das?« An der Kunsthandlung marschierten uniformierte Kolonnen vorbei. Tritte von schweren Stiefeln dröhnten. Barz ging zum Fenster. »Bagage. Nichts als Bagage ...« Auch Johanna trat ans Fenster. »Die marschieren, als hätten sie einen Besen verschluckt.« Einer der Uniformierten kam dicht am Fenster vorbei. Er hielt den Blick unter einem braunen Helm streng geradeaus; auf seiner Brust prangte ein Adler mit ausgebreiteten Schwingen. Barz' Hand formte sich zur Faust. »Das werden immer mehr.«

»Ach, lass sie. Sag mir lieber, wie du das mit der Wanderschaft meinst.«

»Eine Wanderausstellung meine ich. Durch mehrere Städte. Das ist doch angesagt. Wir könnten das organisieren. Jeder von uns hat Kontakte.« Barz war abgelenkt. Immer noch waren die harten Schritte der Marschstiefel zu hören. »Täglich werden es mehr. Wenn man die Wahlergebnisse liest, kann man sich nur wundern. Wer wählt eigentlich diese Verirrten? Das ist doch nicht zu fassen!« Johanna wollte sich auf solche Rede nicht einlassen. »Ach, Barz. Ich hab ganz anderes zu denken. Hier wird bald dicht gemacht, wenn mir nichts einfällt. Und wo soll ich dann hin mit den Bildern? Meinst du, das mit der Wanderausstellung könnte eine Lösung sein?«

»Ich meine, du solltest darüber nachdenken. Die Bilder kämen rum, andere Leute würden sie sehen und vielleicht auch kaufen. Du würdest noch bekannter werden. Damit wären sicher Chancen verbunden.«

Tagelang grübelte Johanna über Barz' Idee. Alle, die sie befragte, befürworteten den Plan und boten Hilfe an. »Jeder hier hat Verbindungen, Kontakte zu Kunstvereinen und Galerien«, sagte Schwesig. »Wenn wir das alles in einen Korb werfen, kommt schon was zusammen.«

»Wir könnten in Köln anfangen«, empfahl Adler, »da hab ich Kontakte, da wäre sicher was drin.« Wieder schrieben sie Briefe, fragten bei Stadtverwaltungen an, suchten Geldgeber, erkundeten Ausstellungsräume. Bald verhandelte Johanna mit Berlin, Dresden, Hamburg, Hannover, Antwerpen, Amsterdam und Rotterdam. »Ich will alles zeigen, was bei mir gewachsen ist«, sagte sie, »die Bilder von Mäxchen, sein Rendez-vous der Freunde, die großen Sachen von Wollheim, ja, einfach alles.«

Der Kunstverein Köln schickte die erste Zusage. Wochen dauerte es, bis die Bilderauswahl feststand und ein Katalog erstellt war, in dem sämtliche Werke verzeichnet und mit Texten erläutert waren. Der Katalogumschlag war tiefschwarz. In der Mitte war die Form eines Eies weiß ausgespart und mit ›Sammlung Ey Düsseldorf‹ beschriftet. Levin meinte, dass es wie eine Todesanzeige wirke, irgendetwas Düsteres habe, worüber Johanna erschrak. Dann aber stand sie stolz vor den Kisten mit Bildern, Plastiken, Aquarellen und Grafiken, sah auf das Mädchenbildnis von Jankel Adler, eine Straßenszene von Otto Dix, auf das Treppenbild von Max Ernst, auf Holzschnitte von Pankok, Aquarelle von Schwesig und Trillhaase und auf sich selbst als Spanierin, gemalt von Pudlich.

Eine moderne Frau

Artur und Lydia hatten geheiratet und Johanna war Trauzeugin gewesen. Noch am Tag danach konnte sie sich nicht einkriegen über glasierten Schinken mit Madeirasoße, Gänsestopfleber in Aspik, Steinbutt und zarte Kalbslendchen, Champagnergelee mit Ananas. Während sie Malzkaffee aufschüttete und Farben und Blätter zur Seite räumte, in Gedanken bei Eistörtchen mit Schokoflocken war, sich nebenbei mit Lisbeth über ein Paar weggeworfener Schuhe stritt, die in ihren Augen noch brauchbar gewesen wären, stürmte Schwesig in den Laden. »Habt ihr schon gehört? Hitler war hier. Er hat vor dem Industrie-Club gesprochen. Thyssen, Henkel, Haniel und Poensgen waren dabei. So ein Bündnis von Großindustrie und NSDAP darf es nicht geben! Natürlich haben wir versucht, die Sache zu stören.«

»Und?«

»Es waren vorher schon Informationen durchgesickert. Wir haben uns vor dem Parkhotel mit Flugblättern und Sprechchören aufgebaut. Andere auf dem Corneliusplatz. Linke Parteien und Gewerkschaften, alles hat protestiert: Hitler bedeutet Krieg! Auf dem ganzen Platz hat man es gehört. Natürlich ist Polizei angerückt. Mit Stöcken. Das Übliche eben. Ein paar von uns sind verhaftet worden. Die Rede konnten wir nicht verhindern. Er kam durch einen Seiteneingang rein.«

»Hast du gehört, was er gesagt hat?«

»Es durften nur Clubmitglieder rein. Aber wir haben dann doch erfahren, dass er gegen den Marxismus gehetzt hat. Dass der Marxismus ausgerottet, die Gewerkschaften zerschlagen, das Parteiunwesen beseitigt gehörten. Um eiserne Disziplin und einen gesunden deutschen Volkskörper ging es. Regeneration des deutschen Volkskörpers auf Basis der arischen Rassebestandteile und so fort.« Er sprang auf, kerzengerade stand er, hob die Hand an die Schläfe. Immer wieder amüsierten sie sich, wenn er Hitlers Stimme imitierte: »Wenn die derzeitige Entwicklung anhält, wird Deutschland im bolschewistischen

Chaos versinken. Um das zu verhindern, brauchen wir ein weltanschauliches Programm, wodurch unsere Einheit und Stärke wiederhergestellt wird! Auch der wirtschaftliche Aufschwung kommt dann ganz von selbst!« Alle lachten. »Hach, ihr kennt ja das Geschwätz. Jedenfalls muss seine Rede auf die Versammelten einen tiefen Eindruck gemacht haben. Ich wette drauf, dass schon Stunden später ordentliche Zuwendungen aus den Quellen der Schwerindustrie in die Kassen der NSDAP geflossen sind.« Nachdenklich saß er im Sessel, wärmte sich die Hände an der Tasse. Schließlich sagte er: »Ich werde in die KPD eintreten. Damals, als sie Luxemburg und Liebknecht ermordet haben, wollte ich das schon. Jetzt mach ich es.«

Immer mehr wuchs die Sorge vor einem Wahlsieg der Rechten. Hitlers Kontaktaufnahme zur Großindustrie irritierte. Als das Warenhaus Tietz wegen Missständen angeprangert wurde – der Besitzer war Jude – malte Schwesig einen Maskenball: Es zeigte den Reichspräsidenten Schacht, den Boxer Schmeling und Vertreter der Presse zusammen mit Begleiterinnen, die zu ihren Abendkleidern Gasmasken trugen. »Maskenträger – so oder so. Hitler will Krieg, nichts anderes. Jetzt hilft nur Zusammenhalt. Kommt mit! Die KPD hat zu einer antifaschistischen Aktion aufgerufen.«

Johanna sah die Kolonnen, die durch die Straßen marschierten, alle im Gleichschritt und in bräunlichen Uniformen. Sie hörte auch Hitlers Stimme im Radio, diese grelle Stimme, die ständig schrie. Sie kannte sein Foto von Illustrierten und doch schien er ihr weit weg, unwirklich und schemenhaft. Auch Levins Unkenrufe brachten nur Unbehagen. Sie hatte genug mit sich selbst zu tun, mit den Bildern, mit den Ausstellungen.

Die Bilderschau in Köln brachte zwar wenige Verkäufe, dafür aber gute Pressemeldungen. Es folgten Königsberg, Mannheim und Wiesbaden. Immer war eine Abordnung ihrer Künstler mit dabei. Zweimal auch Johanna selbst. Dann stand sie im Blitzlichtgewitter der Kameras, wies auf die Bilder, erzählte von den Kämpfen der Maler, strich über das Modell einer Skulptur, die

Sopher gefertigt hatte und in Lebensgröße im Hofgarten einen Platz finden sollte: Johanna als Eselreiterin.

Den ganzen Februar fiel Schnee. Im März taute es, blieb aber kalt. Kinder spielten im schwarz gewordenen Matsch. Ein Mann mit verschlossenem Gesicht warf einen Blick in Johannas Auslagen, zog den Kragen hoch und eilte weiter. Eine junge Frau betrat die Galerie, hinterließ wässrige Spuren auf den Dielen. Sie war elegant gekleidet, trug ein knapp geschnittenes Kostüm, engtailliert, dazu Pumps mit hohen Absätzen. Sie erkundigte sich nach einem Pastell, das ihr vor Tagen im Fenster aufgefallen war. Suchend sah sie sich um. »Ich sehe es nicht mehr. Ein Portrait war es, eine Dame mit einem Hut und im Hintergrund eine Brücke.«

»Die Dame mit dem Federhut, ich weiß schon«, sagte Johanna und machte sich an einem Schubladenschrank zu schaffen, zog eine Mappe mit Zeichnungen heraus und blätterte. »Ich habe einiges umgehängt. Es ist immer gut, wenn es im Fenster Abwechslung gibt.« Johanna legte ihr zwei ähnliche Pastelle vor. »Die sind beide von Uzarski. Die Farben sind schön, nicht?« Die Frau griff nach dem ersten. »Das hier ist es. Das andere gefällt mir auch, aber dies hier noch mehr. Und ich hätte gern auch den Rahmen, in dem es hing.« Sie erkundigte sich nach dem Preis, war sofort einverstanden, zahlte und nannte Johanna eine Adresse, an die sie es geschickt haben wollte. »Zum Lohausener Flugplatz? Was macht denn eine Frau wie Sie so weit draußen?«

»Mein Mann ist Direktor der Lufthansa.«

»Da sind Sie bestimmt schon mal geflogen?« Die Frau lächelte. »Na klar. Ich fliege immer. Eine moderne Frau fliegt eben heutzutage.«

Die Frau war kaum um die Ecke, da fiel Johanna der Freiflug ein, den sie zum Geburtstag bekommen hatte. Kurzentschlossen griff sie zum Telefon, ließ sich mit dem Flughafen verbinden, verlangte den Flugleiter, den sie kannte, erklärte, sie wolle fliegen und war verblüfft, als er sie fragte, wohin es denn gehen solle. Bisher war ihr das Ziel nebensächlich erschienen. Kurz entschlossen verlangte sie Barcelona. Beleidigt verzog sie das Gesicht, als der Flugleiter ihr Essen an der Ruhr vorschlug. »Es ist doch ihr erster Flug, Frau Ey. Da würde ich eine kurze Strecke empfehlen. Man weiß ja nicht, wie es Ihnen bekommt.« Empört lehnte sie ab. »Essen ist viel zu nah. Außerdem, was soll ich dort? Ich bin eine gesunde und seebefahrene Frau. Hat der Flugdirektor vielleicht Angst um seine Tüten? Essen kommt gar nicht in Frage.« Hin und her gingen Vorschläge und Argumente, bis sie sich schließlich auf Hamburg einigten.

Am letzten Samstag im März fand im Büro des Flugplatzdirektors eine Feier statt. Presseleute mit Fotoapparaten standen in einer Reihe, ein Buffet mit Häppchen war aufgebaut, eine hochnäsige Sekretärin mit Brille und Hochsteckfrisur füllte Sektgläser. Ein Abgeordneter der Stadtverwaltung winkte, kam auf Johanna zu und umarmte sie. Lisbeth war mitgekommen. Aufgeregt nippte sie an ihrem Sekt. Pudlich stand in seinem zu engen Anzug verlegen herum. Hundt griff unverschämt oft nach den Lachsbrötchen. Die ganze Zeit kaute er. »Damit kommen wir jetzt alle in die Zeitung«, sagte der Abgeordnete und deutete auf die Fotografen. »Die ganze Stadt wird erfahren, dass Sie geflogen sind. Kürzlich ist übrigens eine 80-Jährige gestartet. Sie gehören also mit 67 zur Flugjugend ...« Pudlich rollte die Augen nach oben, flüsterte Johanna zu: »Merkst du nicht, dass sie bloß Reklame mit dir machen wollen?« Johanna warf ihm einen beleidigten Blick zu: »Und wenn schon. Ich will auch mal was erleben. Grade jetzt, wo ich so kurz vor der Pleite stehe.«

Vor dem Abflug gab es Kirsch und Genever. Lisbeth hakte sich bei Johanna ein, als sie auf den Platz gingen. Motorengeräusche einer Propellermaschine sorgten dafür, dass ihre Sorgen von allen gehört wurden. »Mutter, wenn das Ding abstürzt«, schrie sie gegen den Lärm, »überleg dir das noch mal ...«

»Sie brauchen keine Sorge zu haben«, beruhigte der Direktor, »Ihre Mutter fliegt mit Sabena. Das ist eine belgische Linie,

die hier einen Stützpunkt hat. Die Maschine ist dreimotorig ...«
Der Direktor konnte seine Erklärungen nicht zu Ende bringen. Johanna wurde umringt von Pressefotografen, stellte sich in Positur, lachte und winkte. Kameras blitzten. Hundt und Pudlich kamen plötzlich Bedenken. Händeringend standen sie da. »Eychen, bleib bei uns ... Flieg nicht fort, Eychen!« Sie aber stemmte den molligen Arm in die Hüfte: »Ich bin eine moderne Frau! Ich fliege! Wenn andere Frauen durch die Lüfte gondeln, geht Johanna Ey nicht zu Fuß.« Abschätzend sah sie auf die enge Bordtür. »Hmm, mein Gewicht«, zweifelte sie und ließ sich von der Stewardess versichern, dass das für ein Flugzeug eine Kleinigkeit sei.

Die Gänge der Maschine waren mit Teppichen ausgelegt, die Sitze hatten blaue Samtpolster mit weißbezogenen Kopflehnen. Es roch nach Parfum, die Beleuchtung war gedämpft. Johanna setzte sich in einen der Clubsessel, zog die Jalousie des schmalen Fensters hoch, winkte nach Hundt und Pudlich, die vor der Flugzeughalle auf den Start warteten, sang: »Reicht mir zum Abschied noch einmal die Hände ...«, was eine ältere Dame, die hinter ihr einstieg, zum Lachen brachte. Die Türen wurden verriegelt, etwas brummte, rauschte, rumpelte. Manchmal kam ein Quietschen dazu. Das Flugzeug umrundete den Platz. Ein bisschen beklemmend war ihr zumute. Es schepperte und ruckelte, Räder beschleunigten auf dem Asphalt. Dann fing das Flugzeug an zu steigen. Die Winkenden, der Platz und die Landebahn wurden klein und kleiner, die Straßen zu Streifen, die Felder und Wälder zu Karos in Braun, Schwarz, Grün. Da lag Ratingen, wie in einer Spielzeugschachtel. Tief unter sich erkannte sie den Pütt, das Kohlenrevier. Ein wohliges Gefühl war es, als das Flugzeug über Wolken schwebte. Wie Wattebäusche, weiß und wollig sahen sie aus. So hatte sie sich den Himmel vorgestellt. Eine Frau, die ihr gegenübersaß, schien von alldem unbeeindruckt. Sie nahm ein Stück Stoff aus der Tasche und begann in 600 Metern Höhe einen Sofaschoner zu nähen. Johanna war es unbegreiflich, wie man während des Fliegens einer so banalen Tätigkeit nachgehen konnte. Sie zündete sich eine Zigarette an, sah noch eine Weile ins Weiß. Dann schloss sie die Augen und bald durchzogen kräftige Molltöne den Raum. Als sie erwachte, stand ein Steward in einem blauen, goldbeknopften Jackett vor ihr: »Gnädige Frau, Hamburg ...«

Johanna konnte nicht glauben, dass sie schon angekommen war. Es dauerte, bis sie sich zurechtfand. Von Hamburg sah sie wenig. Die Zeit reichte gerade für einen Kaffee mit Irene, ihrer Enkelin, die in Reinbek wohnte und nicht fassen konnte, dass sie eine fliegende Großmutter hatte. Noch am gleichen Abend flog sie zurück. »Nie wieder betrete ich einen Eisenbahnwagen, jetzt, wo ich mal über den Wolken geschwebt bin«, erklärte sie Lisbeth und Pudlich, die sie am Flughafen abholten und wie eine Rarität bestaunten.

Die Kölner und die Mannheimer Presse berichteten über die Bildertournee, Ostpreußische und Königsberger Zeitung, auch die Hannoversche, brachten Artikel mit Fotos. Ein amerikanischer Kunsthändler schrieb an Johanna und bat vorbeikommen zu dürfen.

Ein Kulturabgeordneter des Theaters klopfte an, legte eine abgeschabte Aktentasche auf den Tisch, rückte seine Krawatte zurecht und sah sich um. Kaum dass Johanna ihn begrüßt hatte, fing er an, ihr sein Engagement für die Städtischen Bühnen zu explizieren, sprach von hohen kulturellen Ansprüchen und von der Wichtigkeit der darstellenden und bildenden Kunst. Auf seinen Wangen, die mit höchster Sorgfalt rasiert waren, verzweigten sich Äste hochroter Äderchen. »Nehmen wir das Apollo-Theater. Wir bieten dort Tanz, Akrobatik, sogar Tiernummern. Stellen Sie sich vor, zwei dressierte Affen! Kennen Sie die schon?«

»Nein. Aber das Apollo kenn ich. Meine Maler haben mich mal hingebracht.«

»Dann wissen Sie ja, wovon ich rede. Jetzt haben wir eine Idee. Eine Idee, die Sie sicher begeistern wird, denn sie hat mit Kunst zu tun. Auch mit Ihren Künstlern und natürlich mit Ihnen als Hauptperson. Und es wäre zudem ein guter Zweck damit verbunden.« Er räusperte sich mit einem fettigen Blinzeln aus verquollenen Augen, drehte die Daumen vorwärts und rückwärts, machte ein wichtiges Gesicht und fuhr fort: »Sie sind doch die meistgemalte Frau Deutschlands. Darauf sind wir alle stolz hier. Die Stadt kann sich mit Ihnen rühmen.«

»Und?«

»Na ja, weil Sie jetzt eine Berühmtheit sind, haben wir uns gedacht, Sie in eine Show zu integrieren.«

»Mich? In eine Show?«

»Ja, die Show: So ist Düsseldorf. Ihr Auftritt käme ganz am Schluss.« Er lachte und beugte sich vertraulich vor. »Das Beste kommt doch immer am Schluss.« Johanna konnte sich des Lachens nicht erwehren. »Wollen Sie, dass ich mich lächerlich mache?«

»O nein! Im Gegenteil. Wir haben die Idee, am Schluss der Show sieben Staffeleien mit Leinwänden auf die Bühne zu bringen. Sieben Maler, nach Ihrer Wahl natürlich, holen Sie aus Ihrer Loge ab und geleiten Sie unter Marschklängen durch das Parkett auf die Bühne. Dort entstehn dann sieben Portraits, von Ihnen, der meistgemalten Frau Deutschlands. Die wollen wir dann für wohltätige Zwecke versteigern. Die Feinheiten müssen wir natürlich noch abstimmen.« Er machte eine Pause, sah sie erwartungsvoll an. »Was halten Sie davon, Frau Ey?«

Noch am gleichen Tag hatte sie die Künstler zusammen. Pudlich, Hundt, Tappeser, Wendt, Kampf, Füsser und Schöllgen waren sofort dabei. »Natürlich Frau Ey! Das machen wir! Das stärkt unsere Bekanntheit. Durch so was kann man nur gewinnen!« Hundt schrie vor Begeisterung. »Unbedingt! Eychen, das wird was.« Auch Tappeser, sonst eher bedächtig, war sich sicher, dass es eine lohnenswerte Sache werden würde, die nicht nur Spaß bringe, sondern Glanz und Gloria dazu.

Bald kündeten Plakate des Apollo-Theaters von der lustigen Schlussnummer: Sieben Maler malen ein Modell. Im Ey wurde geübt und auf Schnelligkeit gemalt. Allein die Vorbereitungen gerieten zum Pläsier und als es dann losging, Tappeser und Wendt sie unter Kapellmeister Moesgens Gladiatorenmarsch auf die Bühne brachten und dort unter Tosen, Jubel und Applaus Bilder entstanden, dachte sie an die Zirkusleute aus Kindertagen, mit denen sie fast einmal durchgebrannt wäre, sah sich selbst auf einem Seil balancieren, hoch über dem Marktplatz von Wickrath, in einem Trikot mit Glitzerbesatz. Sie stellte sich vor, wie ihr Vater das Horn blies, wie die Geschwister die Orgel drehten. Sie sah bewundernde Blicke der Zuschauer, hörte Paukenschläge und einen Tusch. »Mesdames et Messieurs, nous présentons avec grand plaisir Jo-anna et les sept artistes!« Die Leute applaudierten, forderten Zugaben. Johanna sah ihre Mutter, wie sie Eintrittsgeld in einem Tamburin sammelte. Mit ihrer hohen Frisur, den schaukelnden, goldenen Ohrringen, einem bunten, weiten Rock und dem schwarzen Mieder ging sie herum, winkte lachend zu Johanna hinauf, die mit einem bunten Schirm wirbelte. Johanna drehte den Kopf, verharrte sekundenlang in der Pose eines melancholischen Harlekins.

Die jungen Künstler waren weniger politisch, dafür waren sie in allen Facetten der Kunst bewandert: sie bearbeiteten Glas und Porzellan, punzierten Leder, brannten in Holz, töpferten und schnitzten. Vor allem feierten sie, trieben Späße mit Johanna, malten weiterhin unzählige Portraits von ihr, skizzierten und zeichneten Liebevolles und Witziges, aber auch Belangloses.

Lange war Pankok nicht da gewesen. Als er Johanna kurz vor Allerheiligen Kohlezeichnungen vorbeibrachte, fiel ihr auf, dass er sich verändert hatte. Es war nicht nur wegen des Bartes, den er sich hatte abnehmen lassen, es war eher eine ungewohnte Harmonie, die er ausstrahlte, die ihm etwas Selbstsicheres, Überlegenes gab. Er erzählte ihr, dass er bei einem Aufenthalt in Les Saintes-Maries-de-la-Mer die jährliche Marienwallfahrt der Zigeuner miterlebt habe und augenblicklich hingerissen und beseelt gewesen sei von diesem Volk, weil es, wie kein anderes, seinen Vorstellungen von Urtümlichkeit und Lebendigkeit entspreche. »Jetzt hab ich auch hier Zigeuner entdeckt. Ganz in der Nähe. Im Heinefeld. Ich weiß nicht, ob du die Gegend kennst. Obdachlose hausen dort in selbstgebauten Baracken; es ist alles eingezäunt von Stacheldraht. Die Zigeuner müssen, um Stempelgeld zu kriegen, sesshaft sein. Sie haben also die Räder von den Wagen montiert, die Achsen auf Böcke gehievt und sich beim Amt gemeldet. Du glaubst gar nicht, wie schön diese Menschen sind. Sie leben in Schmutz, sammeln Abfälle, bauen Verschläge oder Vorbauten für die Wagen, auch Ställe für das Federvieh. Sie haben jahrhundertelange Ausgrenzungen und Demütigungen hinter sich und trotz alldem ihren Stolz behalten. Ich habe mir dort ein Atelier eingerichtet. In einem Hühnerstall am Sperlingsweg. Sogar einen Ofen habe ich dort. Sie nennen mich Molari. Das heißt Maler.«

»Molari? Ach du mit deinen einsamen, armen Leuten«, sagte Johanna, indem sie die Bilder betrachtete, die er vor ihr ausbreitete. »Ich bewundere sie. Sie sind das Gegenbild zum Spießer, den ich hasse. Sie haben für mich etwas so Unbefangenes, wie wir es längst verloren haben. In ihrer Armut liegt etwas zutiefst Menschliches, etwas unzerstörbar Menschliches. Es ist sogar so, dass die Armut ihnen eine gewisse Freiheit schenkt. Und Würde. Ich finde dort so viel Unverdorbenes. Manchmal stehn sie um mich herum, wenn ich male, oft so dicht, dass ich sie bitten muss, mir ein bisschen freien Blick zu lassen. Sie sagen etwas in ihrer Sprache, geben mir Zeichen und lachen. Ich will den Winter über bei ihnen bleiben.«

»So sehr gefallen sie dir, dass du nicht in den Süden reist?«

»Ja, so sehr gefallen sie mir. Sie sind Symbole der Freiheit und der Lebensfreude. Sie sind der Natur und den Elementen so nah. Sie heißen Pizolo und Herteli und Maaz. Sind diese Namen nicht schon Musik? Sie haben Gemeinschaft mit dem Wind und den Gestirnen. Wenn der Großvater Geige spielt, fühlen selbst die Kleinen, wie unendlich die Welt ist und was sie noch alles durchwandern müssen, um hinter die großen Geheimnisse zu gelangen. Was sind die Menschen der Großstadt, denen Sicherheit über alles geht, doch für arme Kerle gegen diese Naturkinder. Die Bilder will ich in der Kunsthalle zeigen. Und meine Sinti werde ich mitbringen.«

Das ganze Jahr verbrachte Pankok im Heinefeld. Seine Zigeunerbilder hingen in Galerien und Museen, wurden von Presse und Publikum als soziale Anklagen verstanden. Kam er ins Ey, musste er sich deswegen Kritik gefallen lassen. »Jetzt lebst du da draußen, kannst aber heimgehen, wenn du Hunger hast«, lästerte Schwesig, »dann kaufst du dir ne Wurst. Wenn es dich friert, ne Decke. Und wenn dich der Ischias plagt, legst du dich zu Hause ins warme Bett und lässt einen Arzt kommen. Von dieser Warte aus ist es leicht, soziale Missstände anzuprangern.«

»Ich prangere nichts an«, protestierte Pankok, »ich verehre diese Leute. Ich bewundere die Freiheit, die sie sich trotz allem bewahrt haben. Eine Freiheit, die man mit Geld nie erlangen kann.«

Am Abend, nachdem Pankok gegangen war, saß Schwesig mit Johanna bei Tee und Brot. »Pankok ist unglaublich konsequent. Er hat angefangen, einen Bilderzyklus zu zeichnen. Es soll eine umfassende Sache werden. Er kämpft gegen alles, was eng macht. Auch wenn es nicht immer so aussieht – ich bewundere ihn.«

»Was für ein Bilderzyklus?«

»Er möchte die gesamte Passion Christi zeigen. In Kohle. Und zwar mit Leuten vom Heinefeld. Kennst du das Heinefeld?«

»Ich weiß, wo es liegt.«

»Eine armselige Gegend. Total verkommen. Früher war es mal ein Munitionsdepot. Obdachlose und Bettler lungern herum, Zigeuner haben dort ihre Wagen aufgestellt. Alles wilde Siedler. Genau die macht Pankok zu seinen Modellen. Also nicht gerade das, was die Regierung sehn will.«

Hatte die Wanderausstellung vielversprechend angefangen, so blieb Johanna bald auf ihren Kosten sitzen. Den ganzen Sommer hoffte sie, aber die Leute kauften nicht. Wenn auch in der Galerie dann und wann ein Blatt für 20 oder 50 Mark über den

Ladentisch ging, so reichte es kaum für das Nötigste. An die Tür hängte sie ein Schild: Eintritt 20 Pfennig. Sie hoffte, dass es wie in einem Museum sein könnte. Aber selbst die Pfennige zahlte niemand. Von den Stammkunden konnte sie nichts nehmen, von Freunden sowieso nichts und Fremde kamen zu selten.

Im Herbst kam ein Brief, den Johanna lange nicht öffnen wollte. Weil sie Wasser und Strom nicht mehr zahlen konnte, hatte die Stadt beim Amtsgericht Klage eingereicht, mit dem Antrag, das Ladenlokal zu räumen. »Jetzt soll ich plötzlich was zahlen, hier steht sogar was von Mietschulden, dabei sollte doch alles mietfrei sein. Es geht alles wieder von vorne los«, sagte sie zu Tappeser, »sie glauben, dass ich mit den Wanderausstellungen Geld verdient hätte und ich hab doch damals unterschrieben, dass, wenn ich mal zu Vermögen kommen sollte ...« Tappeser unterbrach. »Aber was denken die sich denn? Wenn du mal zu Vermögen kommst!« Außer sich vor Wut riss er ihr den Brief aus der Hand. »Da vermarkten sie dich als Altstadtoriginal: Frau Ey in einer Revue, Frau Ey, die originellste aller Nudeln! Auf wappengeschmücktem Büttenpapier bescheinigen sie dir, was du alles für diese Kunststadt getan hast, betiteln dich als Wegbahnerin der modernen Kunst. Wie oft haben sie Leute hierher geschleppt, die dann mit der Leica um dich rumgegangen sind, während du freundlich lächeln und diesen Begrüßungsblödsinn über dich ergehen lassen musstest! Das Lächeln hättest du dir bezahlen lassen sollen! Stattdessen haben sie dich belächelt und bestaunt.«

»Ja, ist es nicht merkwürdig, dass ich von der Reklame, die sie mit mir gemacht haben, bald nicht mal mehr ein Dach überm Kopf behalten soll?«

»Das ist unmöglich.« Tappeser griff nach dem Brief und las: »... dass Frau Ey in der Zwischenzeit zu hinreichendem Vermögen oder Einkommen gelangt ist ... Das ist mehr als grotesk. Wie sollst du denn zu Vermögen gekommen sein?«

»Das weiß ich auch nicht. Sie glauben es jedenfalls.« Tappeser warf das Schreiben auf den Tisch. »Aber du bist nicht zu Vermögen gekommen. Das denken sie vielleicht, weil du in allen

Zeitungen stehst. Die machen sich keine Vorstellung, wie es ist, von moderner Kunst zu leben. In den Wohnzimmern hängt doch immer noch die Kunst von vorgestern, dieses kleinbürgerliche Kitschzeug. Heidelandschaften oder Mittelgebirge, die schwach ahnen lassen, dass es in Frankreich mal die Impressionisten gab. Überall röhrende Hirsche und Sonnenuntergänge. Ja, wenn du so was hättest! Natürlich haben sie dir geholfen mit den Räumen. Aber sie haben dich auch ausgenutzt. Glauben sie jetzt, auf dem Prozessweg Mieten zurückzubekommen? Hier ist doch nichts zu holen und das wissen sie genau! Eine Schikane ist es, sonst nichts! Das sollten die Zeitungen mal schreiben.« Auch Barz, der hinzukam, lästerte über die Beamten. »Was wollen die eigentlich? Ein Ladenlokal, das nicht zu vermieten ist und das unbenutzt verfallen würde? Die Stadt gibt doch praktisch gar nichts. Und um dieses Nichts will sie jetzt prozessieren?«

Die Sache sorgte für böses Blut. Tappeser setzte sich dafür ein, dass Zeitungen berichteten. Wochenlang schwelte, was schließlich hochkochte. Keiner hatte wirklich geglaubt, dass die Stadt den Prozess durchziehen würde. Die Beamten legten Kosten auf den Tisch, die für Johanna aufgewendet worden waren, verwiesen auf das Angebot eines Platzes im Altersheim, das sie abgelehnt hatte. Sie widerriefen die alten Abmachungen, ordneten die Räumung des Lokals an und forderten für die Zeit ab Urteilsverkündung bis zum Tag der Räumung eine Entschädigung von fünf Reichsmark täglich sowie Übernahme der Gerichtskosten.

Johanna schlief nicht mehr. Sie schrieb Briefe und ließ schreiben. Wieder setzten sich Künstler und Schauspieler ein. Auch Künstlervereine und Presseleute machten Stimmung gegen die Stadt. Johanna verhandelte und kämpfte, hoffte auf Aufschub und dass man sie aufgrund ihrer Berühmtheit verschonen würde.

Immer wieder versuchte sie, ihre Bilder auf Reisen zu schicken, schrieb an Stadtverwaltungen und Museen. Sogar bei Mussolini fragte sie nach, ob die Sammlung nicht in Rom gezeigt und Italien keine Zuschüsse leisten könne. Die Antwort war abschlägig. Auch aus Detroit kam eine Absage. Das Einzige, was Auftrieb gab, war das Interesse der Universität Chicago. Im November besuchte sie der Präsident der Hochschule, prüfte die Bilderschau, verplauderte einige Stunden bei Kaffee und Kuchen, erzählte ihr von den Vorarbeiten zur Weltausstellung, fragte sie, ob sie bereit sei, eine Abteilung für deutsche Kunst zu bestücken und bat um Übersendung von Reproduktionen. Über all das berichtete die Presse, sogar in Amerika, wo sie als Wegbahnerin und Muse der rheinischen Maler gepriesen wurde. Briefe mit Chicago gingen hin und her, die Zusage kam, aber die Planung zog sich. Johanna hoffte und bangte. Aber dann lehnte die Universität es ab, die Kosten für den Transport der Bilder zu übernehmen. Johanna setzte alle Energien ein, um an Geld zu kommen. Als nichts half, fragte sie erneut bei der Sparkasse nach einem Kredit, der nur deshalb zustande kam, weil sie ihre wertvollsten Bilder als Sicherheit bot. Für das Darlehen von 4000 Mark suchte die Bank neun Bilder aus, von denen sie wusste, dass der Wert wesentlich höher war: sechs von Wollheim, je eins von Feigler, Bindel und Hundt. Die Abgabe schmerzte, gerade jetzt, da auch Wiesbaden zugesagt hatte und sie auf jedes Bild angewiesen war. Wochen dauerte es, bis eine neue Auswahl für Chicago zusammengestellt war und 17 Holzkisten mit Plastiken, Aquarellen und Grafiken verschnürt und verschraubt auf den Weg nach Amerika gebracht waren.

Die ganze Zeit bibberte Johanna um die Galerie. Anfang Januar verlor sie den Prozess gegen die Stadtverwaltung. Sie feilschte darum, bis März bleiben zu können, bat, ihren 70sten Geburtstag in der Galerie feiern zu dürfen, was man ihr widerwillig erlaubte. Wie eine Drohung stand die Frist im Raum. Obwohl die meisten Bilder unterwegs und damit in Johannas Augen vorläufig gerettet waren, tauchte wieder einer der städtischen Beamten auf, suchte sich zur Sicherung der Mietschulden nochmals eine Reihe Bilder aus und verteilte sie in städtischen

Dienstzimmern. Um alles, was sie abtreten musste, fühlte sich Johanna betrogen.

Sie war nicht imstande gewesen sich zu wehren. Zu viel Kraft kostete das alles und jetzt saß sie wie gelähmt in der Galerie, betrachtete die Lücken an der Wand, die die abgehängten Bilder hinterlassen hatten. Pudlich brachte ihr ein Stück Cremetorte vorbei. Eine Weile redeten sie, bis Johanna aufstand und begann, das Fenster neu zu dekorieren. Pudlich half bei der Bilderauswahl, stieg mit Hammer und Nägeln auf die Leiter. Johanna gab Ratschläge. Carl Barths ›Vorstadtstraße‹ hing nicht lange, da stürzte ein Mann in den Laden, der sich als Kriminalbeamter ausgab: »Wo steht dieses Haus?« Johanna sah ihn fragend an. »Welches Haus?«

»Das Haus auf dem Bild im Schaufenster.«

»Wieso? Und überhaupt: Das ist doch ein Bild!«

»Aber das Haus muss doch irgendwo stehn.«

»Aber ich bitte Sie, das Haus ist doch gemalt, bloß gemalt. Das ist, wie wenn Kinder Schiffeversenken spielen. Da werden doch keine Schiffe versenkt.« Der Wortwechsel dauerte, bis sich in all dem Wirrwarr herausstellte, dass dem Beamten das Haus verdächtig vorkam. Mit der Drohung, dass er die gedachten Bewohner des gemalten Hauses ermitteln und beobachten werde, verließ er den Laden.

Eine Lachsalve erhob sich. Barz und Hundt, die hinzugekommen waren, schlugen sich auf die Schenkel. Auch Pudlichs erste Reaktion war Lachen. Er ging zum Fenster, nahm das Bild ab, betrachtete es lange und gründlich. »Kaum zu glauben, was von so einem Bild ausgehen kann. Aber es hat wirklich was. Diese Kälte hier ... Dann das Verschlossene, die Einsamkeit. Es ist eine ganz seltsame Atmosphäre. Irgendwie bedrohlich.« Er drehte das Bild in Richtung der Maler, die dasaßen und rauchten. »Was glaubt ihr, was denen noch einfällt, wenn schon so ein Bild verdächtig sein kann.«

»Ach, lass ihn doch nach dem Haus suchen, er wird schon sehn ...« Wieder brach Gelächter aus. Johanna wusste nicht, was sie dazu sagen sollte, stemmte die Hände in die Hüften. »Da seht ihr mal, was man mit Kunst so alles erleben kann.«

»Und vielleicht noch erleben wird. Noch können wir lachen. Wenn die Nazis ans Ruder kommen, ist es vorbei damit.« Barz nahm Pudlich das Bild ab und hängte es zurück ins Fenster. »Hindenburg wird nie und nimmer einem Regierungswechsel zustimmen können, weil das das Ende der Weimarer Republik bedeuten würde und ergo ausgeschlossen ist. Und selbst wenn, dann nur, weil er weiß, dass Hitler bei der nächsten Reichstagswahl durchfallen wird.« Hundt lehnte sich zurück, malte mit der Zigarette Rauchkringel in die Luft. »Ich hab mir sein Buch mal angesehen. ›Mein Kampf‹. Selten so nen Quatsch gelesen. Kaum auszuhalten. Der reinste Wortradikalismus. Nichts davon ist ernst zu nehmen. Möchte wissen, wer diese Sülze lesen soll. Dass er Kunstmaler werden wollte, schreibt er.« Barz hielt dagegen. »Du siehst doch, was läuft. Was war das denn eben? Ein Spaß? Na ja, du hast gelacht. Aber ich meine, das sollten wir so nicht hinnehmen. Es gibt jetzt eine Vereinigung von Künstlern, die Front macht gegen diese schwachsinnigen Braunhemden. Ein Zusammenschluss revolutionärer bildender Künstler. Asso nennt er sich. Meist Kommunisten, aber auch Parteilose. Mutige Leute. Schwesig und Lauterbach sind dabei, auch Levin. Und ich jetzt auch.« Hundt winkte ab. »Ach was. Damit verpulverst du nur deine Energie. Wer gegen den Strom schwimmen will, braucht starke Arme. Was ihr da macht, ist Kraftverschwendung. Die verschwinden schon wieder. Na ja, so was muss einfach wieder verschwinden.« Barz wurde sichtlich sauer. »So einfach ist das? Sie verschwinden also wieder? Einfach so? Seht ihr denn nicht, dass sie es systematisch machen? Der Stürmer schmäht die Juden, der Völkische Beobachter nennt sich nicht Zeitung, sondern Kampfblatt und ist voller Phrasen und Radau. Goebbels erinnert im Radio die Massen an das Gift des Versailler Vertrages. Hitler beschwört kreischend sein Drittes Reich herauf und erinnert an offene Rechnungen, die dann fällig sind. Und alle glauben es! Sie werden stärker und stärker. Guckt sie euch doch an, die großen

Redner und Stiefelträger! Dass ihr da die Achseln zucken und lachen könnt. Also ich für meinen Teil hab mich entschieden.«

Im Winter hatten sie noch Witze über Hitler gemacht. Über seine Zuhälterfrisur, über die abgehackte Stimme, die marionettenartige Haltung. Ende Januar war es niemand mehr zum Lachen. Hindenburg hatte Hitler zum Reichskanzler berufen. Die Straßen waren mit Tannenreisig und Bändern geschmückt, es gab Fackelzüge und Aufmärsche durch die Hauptstraßen. Von Häusern und Plätzen flatterten Hakenkreuzfahnen. Jungvolk stand mit leuchtenden Augen, die Arme hochgereckt, die Münder aufgerissen zum Sieg-Heil. In den Straßen und Gassen überboten sich die Leute mit Spekulationen. »Das ist ein Modernisierungsschub! Ein Jahrhundertereignis!«

Im Februar brannte in Berlin der Reichstag. Es hieß, die KPD habe den Brand gelegt. Es kam zu Verhaftungen; Zeitungs- und Demonstrationsverbote wurden ausgesprochen. Auch gegen Juden erhoben sich Stimmen. Unzählige Hilfspolizisten wurden rekrutiert, mit Pistolen ausgestattete SA- und SS-Schlägertrupps beherrschten die Straße. Demonstrationen gab es trotzdem; allerdings mit fatalen Folgen. Widerstand, wie er vor allem aus den Arbeitervierteln kam, wurde mit großer Brutalität niedergeschlagen. Die Hatz auf Regimegegner war rücksichtslos. Innerhalb von Wochen wurden aus Nachbarn Feinde, aus dem Land ein Willkürstaat mit Tausenden von Entrechteten.

Pankok war in der Schweiz gewesen und brachte Johanna Nachricht von Wollheim. »Er ist mit der Barbakoff nach Ascona geflüchtet. Eine üble Zeit für die beiden. Aber es geht vielen so. An der Grenze zur Schweiz haben wir viele Künstler getroffen. Wenn dort was passiert, ist es nur ein Sprung auf die Höri. Dort hat sich eine richtige Enklave gebildet. Was manche jetzt aushalten müssen ... Unfassbar. Sopher ist übrigens in die USA emigriert. Er war noch bei mir und schickt dir Grüße. Er ist Jude wie Wollheim. Ich habe mit Wollheim lange über ihn gesprochen. Auch über Kaufmann, Schwesig und Levin. Übrigens Levin wurde verhaftet. Genaues weiß keiner. Und Woll-

heim tut unerschrocken, aber du kannst dir vorstellen, wie sehr ihn das alles belastet. Wir haben uns auch endlich über unsere alten Streitereien ausgesöhnt. In diesen Zeiten müssen wir solche Sachen vergessen. Da gilt es zusammenzustehn.«
Er erzählte, dass er angefangen habe, eine Serie von Bildern zu malen, die er Passion nennen wollte. »Es sind meine ersten Werke, die nicht nach der Natur oder nach Fotos entstehn, sondern ganz nach dem, was ich im Kopf habe. Natürlich haben sie Ähnlichkeit mit den Zigeunern, aber auch die habe ich im Kopf. Wenn ich genug zusammenbekomme, zeige ich vielleicht einen Teil auf der Essener Westfront Ausstellung.« Sie waren mitten im Gespräch, als es von draußen an die Scheibe klopfte. Trillhaase hatte ein Paket geschultert, das er, nachdem Johanna ihm geöffnet hatte, auf den Verkaufstresen hievte. »Hab dir nen Radioempfänger besorgt. Du willst doch die Rede des Führers hören. Er spricht heute Abend im Berliner Sportpalast.« Johanna schüttelte den Kopf. »Ach, was soll ich mir das anhören? Außerdem hättest du mit dem Gerät warten sollen. Sie haben doch gesagt, dass es bald billigere Empfänger geben soll.« Hinter ihm betrat Barz die Galerie, drückte Johanna ein Flugblatt in die Hand: »Wer Hitler wählt, wählt den Krieg.« Während sie auf das Blatt sah und Trillhaase den Empfänger auspackte und an den Knöpfen drehte, knuffte Pankok Barz in die Seite. »Pass auf mit deinen Flugblättern.«
In der Scheibe des Radios flackerte Licht auf. Ein brummender Ton folgte. Johanna sah zu, wie Trillhaase die Antenne ausrichtete und prüfte. Es pfiff und rauschte. Irgendwie glaubte sie das Wort Jude gehört zu haben. »Ich wüsste mal gern, was die neue Regierung eigentlich mit den Juden hat.« Fragend sah Johanna auf Barz. »Da stecken Eifersucht und Missgunst dahinter. Die Juden haben immer schon für alles Mögliche herhalten müssen. Bloß die Nazis, die machen jetzt eine richtige Hatz draus.« Trillhaase klopfte gegen das Gerät. »Verdammt, wieso kommt da nichts?« Tappeser kam hinzu. »Lass mich mal.« Im Radio knackte es. Unterbrochen von Rauschen und Piepsen

meinte Johanna ein Lied zu erkennen, das aber selbst durch angestrengtes Lauschen nicht zu verstehen war.

Es dauerte, bis der Empfang stimmte. Am Abend saßen sie um das Gerät, rauchten, diskutierten über Goebbels' Propagandakünste. Eine Weile schon quollen Jubelgeschrei und Heilrufe aus den mit Stoff bespannten Lautsprechern. »Ruhe jetzt, es geht los ...«, sagte Barz und im Raum wurde es still. Goebbels begann seine Rede mit Angriffen auf das Berliner Tageblatt und die Rote Fahne. Er nannte die vorhergegangene Propaganda der Regierung eine Stümperarbeit, die NS-Regierung werde zeigen, wie man das machen muss. »Und wenn die jüdischen Zeitungen glauben, heute noch mit versteckten Drohungen die Nationalsozialisten einschüchtern zu können, wenn sie heute glauben, unsere Notverordnungen umgehen zu dürfen: sie sollen sich hüten ... Einmal wird unsere Geduld zu Ende sein und dann wird den Juden das freche Lügenmaul gestopft werden.« Riesiger Applaus folgte. Dann wurde das Deutschlandlied gespielt, die Beifallsstürme wurden lauter, der Jubel schriller. »Unser Führer, Adolf Hitler hat das Wort.« Wieder knackte und rauschte es. Hitlers Stimme war grell und durchdringend. »Deutsche Volksgenossen und -genossinnen! Am 30. Januar dieses Jahres wurde die neue Regierung der nationalen Konzentration gebildet. Ich glaube, dass nunmehr die Voraussetzungen erreicht sind, um die ich das vergangene Jahr gekämpft habe.« Johanna hielt sich die Ohren zu, so grell wurden Applaus und Pfiffe. »Und da erheben sich nun eine große Anzahl von großen Aufgaben vor uns. Die erste, und damit der erste Programmpunkt: Wir wollen nicht lügen und wollen nicht schwindeln!« Wieder gab es Bravo-Rufe und Beifall. Barz hob die Hand hinter die Ohrmuschel. »Ich habe deshalb ... Ich habe deshalb es abgelehnt, jemals vor dieses Volk hinzutreten und billige Versprechungen zu geben.« Lautes Klatschen folgte. Dann erklärte er, dass Politik die Aufgabe habe, das Trennende im Volk durch Stand, Geburt, Vermögen, Wissen nicht zu verstärken, sondern zu überwinden. Er habe den Kampf gegen den Marxismus als Ziel erhoben. Marxismus bedeute die

Verewigung der Zerrissenheit der Nation, bedeute Verrat an der Arbeiterschaft, am Bürgertum, an Millionen armer Handwerker, bedeute den Angriff auf die Grundlagen der Nation. »14 Jahre haben die Parteien geherrscht, die Folge: das Heer ist zerbrochen, die Flotte ausgeliefert, die Kolonien weggegeben. Im Friedensvertrag sind dem Volk wahnsinnige Verpflichtungen auferlegt. Das Volk droht zu zerfallen, Korruption hält Einzug. Es kann niemand hier gegen mich aufstehen und zeugen, dass ich je gesagt habe, der Wiederaufstieg Deutschlands sei nur eine Frage von wenigen Tagen. Immer und immer wieder predige ich, der Wiederaufstieg der deutschen Nation ist die Frage der Wiedergewinnung der inneren Kraft und Gesundheit des deutschen Volkes.« Wieder wollte der Applaus nicht aufhören. »Wie sie das machen«, staunte Barz und schüttelte den Kopf, »diese Propaganda-Apostel. Billige Worte sind es. So wiegelt man also die Leute auf. Kommunisten und Sozialdemokraten haben bald nichts mehr zu sagen. Ihr werdet sehn: Bald sind sie ganz mundtot. Jetzt wird alles in den Dreck getreten, wofür einmal gekämpft wurde. Mit freiem Denken ist es vorbei. Sie werden allen ihre Wahrheit aufzwingen. Merkt ihr denn nichts? Die Straßen und Plätze sollen neue Namen bekommen. Wir werden auch neue Tugenden und ne neue Moral kriegen.«

»Ach woher denn!«, entgegnete Hundt, der hereingekommen war und sich über der Ofenplatte die Hände wärmte, »das mit den Straßen tut keinem weh und die Gedanken bleiben frei. Das ganze Braunzeug hält sich doch nicht. Du ziehst an einem Windchen einen Sturm herbei. Was die wollen, macht doch keiner mit.«

»Alle machen mit! Du wirst sehn, dieses Dritte Reich wird dauern. Und es wird ein Reich der Barbarei.« Tappeser unterbrach. »Seid doch mal leise, er ist ja noch nicht fertig.« Trillhaase drehte die Lautstärke höher. Hitlers Stimme wirkte nun noch schriller und war von euphorischem Applaus begleitet: »Und so, wie diese Bewegung heute die Führung des Deutschen Reiches überantwortet bekommen hat, so werden wir einst dieses Deutsche Reich wieder zur Größe, zum Leben zurückführen und sind hier entschlossen, uns durch gar nichts dabei beirren zu lassen!« Johanna ging zum Fenster. Zwei Narren zogen Arm in Arm über die Straße. Sie trugen Bajazzokostüme und sangen. Ein Musikant – auf dem Rücken trug er einen Papagei in einem Käfig – spielte auf einer Ziehharmonika. Eine Frau zog ein Kind mit einer Pappmaske hinter sich her. Als Johanna sich umdrehte, blieb ihr Blick an einem Bild von Julo Levin hängen. Es zeigte einen mühsam am Boden kriechenden nackten Mann, Hiob in seiner Einsamkeit, dem Teufel zum Spielball geworden. »Ich wüsst mal gern, wo Levin ist«, sagte sie unvermittelt, »weiß denn keiner, wo sie ihn hingebracht haben?«

Mallorca, 1933

Sureda hatte ein Paket geschickt. Als sie es öffnete, roch es nach Sonne und Meer. Auf eine Karte hatte er einen Blumenstrauß gemalt, darunter stand in gelber Schrift: »Komm bitte bald, liebste Johanna. Ich warte schon so lange.« Dreimal war der Satz unterstrichen. Den Inhalt des Pakets – Schafskäse und zwei Büchsen Calamares in Öl – teilte sie mit dem Kunstsammler Visser und dem Bühnenbildner Heckroth. Zum Dank und um Johanna von den zermürbenden Gedanken, die sich ständig um die Räumung der Galerie drehten, abzulenken, hatten sich die beiden überlegt, ihr mit einer Fahrkarte eine Freude zu machen. »Du musst mal raus hier«, sagte Heckroth, als er Tage später mit Visser bei ihr anklopfte und sie ihnen, kaum dass sie saßen, den neusten Drohbrief der Stadt vorlas. Er zwinkerte ihr ein Auge und schubste Visser in die Seite, der fortfuhr: »Wir haben uns was überlegt. Weil du doch so oft an Mallorca denkst und deinen Sureda bestimmt wiedersehen willst, meinen wir, es wäre gut, wenn du mal wieder hin könntest. Und damit du das alles auch genießen kannst, haben wir bei einer Bank in Palma 600 Peseten für dich hinterlegt.« Mit diesen Worten kramte Visser eine Mappe mit Reiseunterlagen aus der Tasche, die er ihr in die Hand drückte. »Ihr habt waaas?« Johanna konnte es nicht fassen, fiel beiden um den Hals, eilte, um die Flasche mit dem Aufgesetzten zu holen. Dann aber kam ihr die ungeklärte Situation mit der Stadt in den Kopf und Heckroth hatte alle Mühe, sie davon zu überzeugen, dass das Leben zu genießen sei, wenn sich die Gelegenheit böte. Es dauerte, bis sie ihm zustimmte: »Ach, was soll ich hier sitzen und auf mein Ende warten, wenn ich genauso gut an der Sonne und bei Jacobo sein kann!« Sie versuchte, die beiden zu überreden mitzukommen, aber Heckroth und Visser waren in Ausstellungen eingebunden; ähnlich war es mit den anderen. Den meisten fehlte das Geld.

Johanna reiste allein. Von Anfang an war die Reise anders als die erste. In Paris hatte sie nur zwei Stunden Aufenthalt, so dass sie im Bahnhof bei ihrem Gepäck sitzen blieb. Auch in Barcelona hielt sie sich nicht auf. Hatte sie auf der ersten Überfahrt in einer Kabine mit zwei Personen genächtigt, so musste sie sich jetzt mit acht den knappen Platz teilen. Zudem wies man ihr das oberste Bett zu, in das sie nur mit Leiter gelangen konnte. Sie protestierte und maulte; es war eine mühsame Prozedur, bis sie lag. Lange konnte sie sich nicht beruhigen.

Obwohl niemand sie erwartete – Sureda wusste zwar, dass sie kommen wollte, kannte aber den Ankunftstermin nicht, weil sie ihn überraschen wollte – hielt sie doch Ausschau, als das Schiff Kurs auf den Hafen Palmas nahm.

Kaum an Land übertönten Zeitungsjungen das Grüßen und Rufen der Ankommenden. Der Hafen war voll mit hastenden, lärmenden Menschen. Von einer mit Grünspan überzogenen Statue gurrten Tauben. Vor dem Büro einer Schiffsgesellschaft sammelte sich eine Gruppe von Touristen vor einem Radiogerät. Es waren meist Deutsche. Johanna erkannte sie an den Zeitungen, die sie mit sich trugen und an der Art, wie sie sich bewegten. Sie zerstreuten sich wieder, weil der Strom versagte und der Apparat tot blieb. Auf der überfüllten Plaça buhlten Schuhputzer und Zeitungsjungen um Kunden. Mit schrillen Stimmen riefen sie die »Ultima hora« aus. Einer von ihnen versuchte es auf Deutsch: »Historischer Tag! Wahltag in Deutschland! Das Neueste! Lesen Sie das Allerneueste, Señora!« Johanna schob ihn beiseite.

Mit einem Taxi fuhr sie zur Pension Weyer, einer deutschen Pension in El Terreno, die Heckroth und Visser ihr vermittelt hatten. Sie erfrischte sich und trank Kaffee. Die ganze Zeit stellte sie sich Suredas Gesicht vor, wenn sie in Genova auftauchen würde.

Ein Mädchen klopfte und brachte einen Brief, den Hermann an die Pension weitergeleitet hatte. Sureda schrieb, dass er sich in einem Sanatorium in Barcelona aufhalte, bald aber nach Palma käme und wie schön es wäre, sie dort zu treffen. Johanna war maßlos enttäuscht, schrieb zurück, dass sie bereits in Palma sei.

Tage des Wartens vergingen.

Dann erreichte sie eine Einladung nach Genova, geschrieben von Elinor. Johanna, verstimmt und gereizt, zog es vor, bis zu Suredas Entlassung in der Pension Weyer zu bleiben.

Gegen Ende der Woche hielt ein Taxi vor der Pension. Johanna, die auf der Terrasse einen Kaffee trank, sah einen hageren Mann aussteigen, der sich die Krawatte richtete. »Jacobo!« Sofort sprang sie auf und eilte ihm entgegen. »Hola Johanna! Johanna, du Liebe! Endlich, lass dich umarmen, liebe Johanna!« Es dauerte, bis sie sich losließen und einander ansahen. »Mager bist du geworden«, war das erste, was Johanna sagte. »Sei froh, dass man das von dir nicht behaupten kann«, lachte er und während sie der Terrasse zustrebten und sich setzten, erzählte er vom Sanatorium und den Anwendungen, von einer Reise nach Amerika, von Bildverkäufen. »Endlich haben wir Zeit. Du musst mir auch alles erzählen. Wie es dir geht und wie es in Düsseldorf ist. Ich nehme dich mit nach Genova. Elinor wartet schon. Da hast du es bequemer. Ich will dich doch in meiner Nähe haben.«

Zuerst war es ihr weniger aufgefallen. Jetzt aber, während der Fahrt im Taxi, sah sie, wie fahl seine Haut geworden war, wie hohl die Wangen. Die Backenknochen traten im Mittagslicht schärfer hervor. Dunkle Schatten lagen um seine Augen, die Hände waren knochig und kraftlos. Alles an ihm wirkte kraftlos. Sie erschrak über seinen Zustand, redete sich hinweg über das, was sie sah.

Suredas Haus in Genova war von Terrassen und Gärten umgeben. Die Aussicht auf Palma und das Meer war überragend. Winkend kam ihnen Elinor über den Kiesweg entgegen. Johanna hätte sie fast nicht erkannt. Sie trug die Haare anders, hatte ein Tuch um den Kopf. Während Sureda den Fahrer bezahlte, zog Elinor sie beiseite. Die Verständigung war schwierig, aber soviel konnte sie ihren Worten und Gesten doch entnehmen: Sureda ging es schlecht. Elinor legte die Hand auf ihre Brust, atmete laut, röchelte und sagte: »Jacobo.« Sie sah besorgt aus.

Später beim Kaffee war ihm kaum etwas anzumerken. Er hatte Johanna sein Kind auf den Schoß gesetzt, ein winziges Mädchen, das seine melancholischen Augen geerbt hatte, mit patschigen Händen an Johannas Kette riss und versuchte, sich den bunten Anhänger in den Mund zu stecken. Johanna war ganz gerührt, konnte sich nicht satt sehen an den zarten Füßchen, dem zahnlosen Lachen, den samtschwarzen Augen. »Was für ein schönes Kind! Pilar Corazon ...«

Nach Kuchen, Gebäck und Zigaretten führte Sureda sie durch das Haus und zeigte ihr seine Bilder. Alles, was er in den letzten Jahren gemalt hatte, war farbenfroh und verriet seine Herkunft: Märchenszenen mit bunten Figuren, Landschaften, auf denen Palmen in blaue Himmel ragten und Felsen zu glühen schienen. »Ja, Mallorca, immer wieder Mallorca. Hier bin ich verwurzelt. Ich muss das malen. Ich habe es erfahren. Es ist doch so, dass man nur das wirklich darstellen kann, was man erfahren hat, oder?«

Johanna nickte. »Ja, so ist es wohl. Siehst du Jacobo, jetzt hast du alles, was dir Freude macht. Ein schönes Haus, eine gute, liebe Frau und ein feines Kind. Das freut mich so sehr für dich. So sehr.« Er wurde ganz still und es dauerte einen Moment, bis er sagte: »Ja, Ey, ich will es dir sagen. Du siehst ja, wie ich aussehe. Es ist unheilbar. Ich habe das ja schon lange, aber es ist immer schlimmer geworden. Die Medikamente helfen nicht mehr. Die Ärzte wissen zu wenig darüber. Sie sagen, ich lebe vielleicht noch zwei Jahre. Eher weniger.« Johanna fuhr zusammen, verwirrt fasste sie nach seiner Hand. »Oh bitte, Jacobo, sag nicht so was.«

»Es ist die Wahrheit. Ich habe keine Angst vor dem Sterben. Bloß einmal noch möchte ich fühlen, was Gesundsein heißt.« Sie sah ihn an, ratlos. Dann liefen Tränen über ihr Gesicht.

In seinen Briefen hatte Sureda zwar von seiner Krankheit geschrieben, aber immer war Hoffnung mitgeschwungen. Jetzt aber klangen seine Worte verzweifelt.

Gegen Mitternacht ging Johanna auf ihr Zimmer, wo sie eine Weile am Fenster saß und in die Schwärze sah, wo Wind die Wolkenballen fegte. Dass sie es auf Mallorca nie habe regnen sehn, hatte sie ihm einmal gesagt. Seine Antwort war beruhigend gewesen: »Irgendwann regnet es überall. Das ist nun einmal so.« Die ganze Nacht dachte sie an ihn, drehte sich im Bett, dachte auch an das Kind, das er nicht aufwachsen sehen würde. Dann wieder kam ihr alles unwirklich vor, Suredas Krankheit, seine Worte.

Beim Frühstück am nächsten Morgen blieb sein Platz leer. Gegen Mittag zeigte er sich kurz, trank ein wenig Wasser und verschwand wieder im verdunkelten Schlafzimmer. Am Nachmittag kam ein Arzt, kurz darauf eine Pflegerin. Gegen Abend verlangte er nach Johanna.

Als sie sein Zimmer betrat, stützte er sich auf und reckte die Hände. Dann wehrte er plötzlich ab. »Mich anzusehn ist eine Zumutung. Es ist nur so, dass ich dich so gern sehen will.« Johanna setzte sich ans Fußende des Bettes, betrachtete die Haut seiner Hände, die dünn und bläulich über die Knochen gezogen war, die Umrisse seines Körpers unter dem weißen Leinen, sein verlegtes Haar. »Kein schöner Anblick, was? Ich habe doch hoffentlich mal anders ausgesehen?« Sie beugte sich zu ihm und flüsterte: »Damals, als du in die Galerie kamst, hab ich gedacht, dass du der schönste Mann bist, den ich je gesehn hab.« Er lächelte. »Damals ging es mir gut. Aber ich habe immer gewusst, dass es nicht so bleiben würde. Meine Krankheit hat mir schon früh Grenzen gezeigt. Sie war immer ein Teil von mir. Und doch habe ich gehofft, dass alles so weitergeht hier auf der Welt, wo wir es uns doch gut eingerichtet haben. Meine Augen werden auch immer schlechter. Aber es kann vielleicht ein Glück sein, wenn man nicht mehr alles so genau sieht. Der Arzt hat gemeint, dass ich wieder ins Sanatorium zurück muss. Aber ich habe ihm gesagt, dass ich dir vorher noch mal meine Insel zeigen will. Nach Deià werden wir fahren. Vielleicht nach Valdemossa.«

»Ja, das werden wir. Wenn es dir besser geht.« Sekunden sahen sie sich an. Dann beugte sie sich zu ihm und strich ihm verschwitztes Haar aus der Stirn. Ein Buch rutschte vom Bett. Johanna bückte sich danach. »Da ist also meine Kameliendame heruntergefallen«, sagte er, »hoffentlich war das kein Zeichen. Ich bin fast durch damit. Nicht gerade ermunternd. Sie ist schwindsüchtig, genau wie ich. Mit ihr zusammen liege ich im Sterben …« Er legte das Buch in die Schublade des Nachttisches. Dann wollte er wissen, wie die Stimmung in Deutschland sei. »Hast du gehört, wie die Wahlen ausgegangen sind?« Er sah besorgt aus. »Nein, auf dem Schiff gab es kein Radio.«

»Elinor hat mir heute früh aus der Zeitung vorgelesen. Die Nazis haben 43 Prozent bekommen. Zusammen mit den Deutschnationalen haben sie jetzt eine knappe Mehrheit. Ehrlich gesagt bin ich froh, dass wir weit weg sind.« Johannas Hände zuckten. »Ich hab es gar nicht hören wollen. Gestern am Hafen war schon so ein Geschrei deswegen. Mit diesem Ergebnis kann die Stadt mit mir jetzt verfahren, wie sie will.« Sie stellte sich vor, wie Wollheim mit der Faust auf den Tisch schlug, dachte an die Arbeiter, die bei Klöckner, Rheinrohr oder Mannesmann malochten, sah, wie sie auf die Straßen gingen und Transparente schwangen, sah, wie Barz seinen Koffer packte. »Was denkst du, Johanna, wie es weitergeht bei euch? Hitler ist ja anscheinend zum Gott aller Deutschen aufgestiegen und wie steht es in den zehn Geboten: Du sollst keine fremden Götter neben mir haben.« In sein Lächeln mischte sich Husten. Johanna zuckte die Schultern. »Ich werde bald zurückmüssen. Für die Galerie sieht es schlecht aus. Sie werden mir wohl den Laden dicht machen. Für die jüdischen Künstler ist das besonders schlimm. Julo Levin, kennst du ihn noch? Er hat als Zeichenlehrer in einer Schule gearbeitet. Er ist verhaftet worden. Auch Monjau und Barz sind gefährdet. Sie haben Handzettel verteilt: Wer Hitler wählt, wählt den Krieg. Sie reden mit mir wenig über Politik. Ich weiß aber, dass alle grundanständige Maler sind.«

»An ihrer Stelle hätte ich auch Angst. Die ersten Köpfe sind ja schon abgeschlagen. Am schönen Rhein herrscht wohl jetzt eine andere Stimmung. Aber die Galerie werden sie dir lassen. Sie sind doch alle so stolz auf dich. Sie brauchen dich. Und das mit den Juden wird hoffentlich nicht so kommen, wie manche meinen. Na ja, Angst hätte ich trotzdem. Aber weißt du, der deutsche Waffenrausch bringt mich nicht aus der Fassung.« Sein Lächeln war schwach und endete abrupt, als ein Hustenanfall seinen Körper krampfte. Er tastete nach Tüchern und einer Schale aus Blech, die auf dem Nachttisch stand. Blutiger Auswurf quoll aus seinem Mund, rötete die Tücher. Die Pflegerin, die Johanna am Nachmittag gesehen hatte, eilte herbei. Sie waltete mit der Sicherheit eines Menschen, der gern befiehlt. Sie hieß Johanna aufstehen und Abstand nehmen, klappte die Rückenlehne des Bettes höher, zog eine Spritze auf. »Gehen Sie, gehen Sie«, bestimmte sie in gebrochenem Deutsch, »merken Sie nicht, dass Sie stören? Unser Patient braucht Ruhe.«

In den Tagen die folgten, sah sie Sureda zwar täglich, meist aber nur kurz. Sein Zustand war zwar nicht schlechter geworden, aber auch nicht besser. Oft, wenn er röchelnd dalag, mit weit geöffnetem Mund und verzerrtem Gesicht versuchte, Luft in die Lungen zu bekommen, saß sie neben ihm, hielt seine Hand. Auch wenn die Pflegerin kam, ließ sie sich nicht verscheuchen. Nur wenn Elinor bei ihm saß, machte sie Spaziergänge, ging zum Strand oder fuhr nach Palma. Ein Kiosk in der Nähe der Stierkampfarena führte die Münchener Nachrichten, manchmal auch die Frankfurter Zeitung. Sie las die Überschriften, war im Unklaren, was sie glauben sollte. Sie erfuhr, dass Europa und die Welt sich uneins waren, wie den Nazis zu begegnen sei, dass sich überall Kabinette berieten, Menschen protestierend auf die Straße gingen. Voller Unruhe war sie wegen der Galerie.

»Die Schweinerei geht uns nichts an«, sagte Suredas Bruder Pedro, der vorbeikam, um Señora Huevo zu sehen. »Hitlers Arm wird nicht bis hierher reichen.« Er übersetzte ihr einen Artikel aus einer spanischen Zeitung, die mit kritischen Tönen kommentierte, wie die SA den Sieg der nationalen Revolution in Berlin gefeiert hätte. »Auf dem Kurfürstendamm ist es zu Ausschreitungen gekommen. Alles gegen die Juden. Blutige Verfolgungsjagden haben sie sich geliefert. Einen der Bürgermeister, einen Juden, haben sie aus dem Rathaus gezerrt und blutig geschlagen. Dann haben SA-Trupps ein Krankenhaus gestürmt und sämtliche jüdischen Ärzte aus dem Gebäude getrieben. Also, was sie da tun? Ich kann mir das gar nicht vorstellen.« Pedro schüttelte den Kopf. »Andererseits sorgen sie für Arbeit, weswegen sicherlich einige den Mund halten. Ich habe gehört, dass in Deutschland ordentlich gebaut werden soll: Straßen, Autobahnen. Eure Eisen- und Stahlindustrie wird profitieren.« Ein kritischer Blick aus dicken Gläsern traf ihn. »Ich weiß nicht, wer davon profitiert«, sagte Johanna, »ich weiß nur, dass es Tausende von Flüchtlingen gibt. Von meinen Malern weiß kaum noch einer, wo er hin soll. Keiner mehr, der frei sagen darf, was er denkt.« Sekunden blieb es still. Dann schnäuzte sich Pedro vernehmbar die Nase. »Aufstehen müsstet ihr in Deutschland! Geschlossen aufstehen!« Johanna schüttelte den Kopf. »Das wird nicht passieren. Die Leute reden, telegrafieren, schreiben und regen sich auf, aber ich glaube, es sind zu viele, die es dulden.«

Gegen Ende der Woche verschlimmerte sich Suredas Zustand. Sanitäter kamen, trugen ihn auf einer Trage aus dem Haus, die Treppen hinunter, vorbei an Oleander und Zitronenbäumen, verfrachteten ihn in einem Transportwagen, der auf Staubstraßen Johannas Blick entschwand. Noch am gleichen Tag brachte Elinor das Kind zu Suredas Mutter, packte einen Koffer und machte sich auf den Weg ins Krankenhaus nach Barcelona. Es kostete sie Kraft, Johanna davon abzuhalten, mitzufahren.

Johanna hatte das Gefühl, dass Elinor sie loswerden wollte und zog es vor, sich in die Pension Weyer zurückzuziehen, wo sie auf Nachricht aus Barcelona wartete. Um sich abzulenken, nahm sie den Autobus und fuhr nach Deià, um Leman zu besuchen. Seit Jahren lebte er auf Mallorca, hatte Johanna immer wieder Karten geschrieben und Bilder geschickt. Von ihm wusste sie, dass das Dorf inzwischen Treffpunkt berühmter Maler war, dass sich auch Schriftsteller und Philosophen, ein ungarischer Wahrsager, eine italienische Operndiva und sogar ein russischer Ikonenmaler dort niedergassen hatten.

Leman bewohnte ein Haus am Berghang über den Dächern von Deià mit einer wunderbaren Aussicht auf Küste und Meer. Er stand in Arbeitsanzug und Unterhemd im Garten und war dabei, Rosen zu schneiden, als er Johanna näherkommen sah. Mehrfach kniff er die Augen, dann ließ er die Schere fallen und eilte auf sie zu: »Johanna? Du bist keine Erscheinung? Bist du wirklich hier?« Er gluckste vor Freude: »Komm rein, komm rein ...« Er zog sie ins Haus, kochte Tee, brachte Gebäck, erkundigte sich nach Wollheim, Schmitz und Werth, schwärmte von der gemeinsamen Reise. Beide verloren sich in Erinnerungen, bis sie auf Sureda zu sprechen kamen. »Ich habe ihn vor kurzem gesehen. Er sah nicht gut aus und er weiß, wie es um ihn steht. Aber du kennst ihn ja. Er hat immer guten Mut.« Johanna erzählte, was sie wusste, auch dass Angst um ihn sie nicht schlafen ließ. »Bist du seinetwegen hier?«

»Ja. Aber jetzt ist er in Barcelona, im Sanatorium.« Nachdenklich sah er sie an. »Warum bleibst du nicht hier? Jetzt, wo es doch in Deutschland so übel zugeht. Du wärst in seiner Nähe.

Als Kunsthändlerin hättest du es hier leichter und Künstler gibt es wie Sand am Meer. Und noch was, Johanna. Ich habe viel gesehn. Den Balkan mit seinen vielen Völkern und Sprachen, Griechenland, Algier und Paris, Capri mit der blauen Grotte. Aber nichts ist so schön wie Deià. Hier werde ich 100 Jahre alt. Deutschland – das würde ich kein Jahr aushalten. Gerade jetzt nicht. Nicht auszumalen, wenn ich zurück müsste.«

Nach dem Essen kündigte er an: »Ich muss dich Graves vorstellen. Sicher hat dir Sureda von ihm erzählt. Ein Schriftsteller. Ziemlich berühmt. Zudem mein Nachbar und Vertrauter. Neulich haben wir von dir erzählt. Er will dich unbedingt kennen lernen. Er hat ein sehr gastfreundliches Haus. Du wirst sehn.«

Nicht weit von Leman entfernt, am Ende des Dorfes, oberhalb eines Fischerpfades, wohnte Robert von Rank-Graves. Auch er hatte Deià auserkoren, weil ihn Vegetation und Farben, die klare Luft und das Klima nicht mehr losgelassen hatten. Die Haustür stand offen, Leman rief etwas, aber niemand antwortete und so traten sie ein. Graves Haus war neu gebaut: mit einem Turmzimmer, weiß getüncht, tiefen Balkendecken und Steinböden belegt mit den üblichen Palmblattmatten. Die Einrichtung des Wohnzimmers war einfach: ein runder dunkel gebeizter Tisch und hochlehnige Stühle mit Lederrücken, in die Wappen gepunzt waren, daneben Ständer mit Stearinkerzen. »Er nennt sein Haus Ca n'Alluny, weil es so abgelegen ist. Im Dorf nennen sie ihn Don Roberto. Jeden Tag geht er hinunter zur Cala und badet im Meer«, sagte Leman, während er an eine verschlossene Tür klopfte und lauschte. »Vielleicht ist er unten ...« Graves saß am Schreibtisch vor dem Kaminfeuer in Mantel, Mütze und Handschuhen und fror. Er schrieb an einem Roman über den römischen Kaiser Claudius. Sofort ließ er alles stehen und liegen, schrammte den Stuhl zurück und kam mit ausgebreiteten Armen auf Johanna zu. Er hatte von ihr gehört, sie auch sogleich erkannt, wusste sogar, dass sie zum zweiten Mal da war, verhieß ihr, dass es ihr einmal so gehen würde wie ihm, den die Insel nie mehr losgelassen habe. »Deutschland ist so anders«, sagte er, indem er zum Bücherschrank ging, in einer Schublade kramte und Fotos herauszog, die er vor Johanna auf dem Tisch ausbreitete. »In Düsseldorf war ich öfter ...« Er zeigte ihr eine alte Aufnahme vom Graf-Adolf-Platz und wollte wissen, in welcher Richtung vom Reiter Wellem aus gesehen die Galerie läge. Dann brachte er Gebäck und während er Limonade in Gläser füllte, mokierte er sich über die vielen Urlaubsmaler, die zu Tausenden in Passagierdampfern ankämen und die Insel veränderten. »Die Insel wird regelrecht überlaufen. Und jetzt ist es ja auch so, dass immer mehr Leute Deutschland verlassen, um sich in Sicherheit zu bringen. Den Malern und Schriftstellern kann ich es nicht verdenken. Mittlerweile hört man hier genauso viel Deutsch wie Spanisch. Es gibt sogar Buchläden mit deutschen Büchern, Kinos mit deutschen Filmen. Natürlich auch Boutiquen und Blumenläden, Konditoreien und Tanzbars, Hotels und Pensionen – überall ist Deutsches dabei. Im Theater könnt ihr Lilian Harvey sehn, Magda Schneider und Willy Fritsch. Bisher war ja auch alles billig hier. Fleisch, Butter und Milch sind zwar nicht üppig, dafür gibt es aber Obst in Hülle und Fülle, auch Zigaretten, Kaffee und Wein. Im Winter braucht man keine Kohlen. Wir können uns hier sogar Angestellte leisten. Es wird alles dafür getan, die Inseldeutschen bei Laune zu halten. Jede Menge Programm gibt es. Liederabende und solche Sachen. Auch eine Ortsgruppe der NSDAP gibt es.« Dann redete er über Spitzel, die auf der Insel aufgetaucht sein sollen. »Nach dem Rechten sollen sie sehn, hier, in der deutschen Kolonie auf den Balearen. Man muss natürlich vorsichtig sein, was man sagt. Stellen Sie sich vor, zur Wahl in Deutschland wurden alle Auslanddeutschen aufgefordert, wählen zu gehen. Damit das außerhalb Spaniens und auch außerhalb der spanischen Gewässer vonstatten gehen konnte, hat man alle auf einen Dampfer eingeladen. So richtig mit Musikkapelle an Bord, ein bisschen Gelegenheit zum Tanzen und Schunkeln. Deutschland, Deutschland über alles ... Bier vom Fass und Wurst mit Senf soll es gegeben haben. Der Führer ist eindeutig als Sieger aus der Urne hervorgegangen. So schön unter Gesang und auf deutschem Boden mitten auf dem Meer. Sogar die Möwen sollen geflüchtet sein vor dem Heilgebrüll. Mein Verleger war dabei. Er war außer sich, weil er mit Nein gestimmt hatte, was aber als Ja herauskam. Außerdem musste er am Schluss 15 Peseten berappen. Davon war vorher keine Rede gewesen.« Er hob sein Glas, räusperte sich und prostete Johanna zu. »Sie sollten hier bei uns bleiben.« Dann rückte er näher an sie heran: »Ihr Deutschen seid doch ein begabtes Volk. Ein kluges Volk. Die Welt verdankt euch viel. Kant, Schiller, Leibnitz ... Und jetzt diese Kurzsichtigkeit. Ich verstehe nicht, dass solche Dinge im Gange sind. Was sagen sie in Deutschland? Was sagen die Leute in Deutschland?«

Jeden Tag fragte sie in der Pension nach Post aus Barcelona, aber jeden Tag schüttelte der Wirt den Kopf. Auch aus Deutschland kam nichts.

Einmal noch fuhr sie nach Palma. Aber sie stieg nicht mehr zur Kathedrale hinauf, setzte sich in kein Café, sondern blieb am Hafen, wo sie den Fischern zusah und ein Stück am Strand spazierte. Steine lagen hier, glitschig und mit Algen bewachsen. Felsen ragten aus dem Meer, die Linie zwischen Wasser und Himmel lag verschwommen und weit, der Sand war trocken und sie hinterließ kaum Spuren.

Sie vermisste das Gemächliche, das Bunte und Lebensfrohe. Ihre Gedanken waren bei Sureda und sie beschloss, nicht länger zu warten, sondern die Koffer zu packen und nach Barcelona zu fahren.

Sonntags ging kein Schiff und so verlegte sie die Abreise auf Montag. Am Hafen von Barcelona nahm sie ein Taxi und ließ sich zur Klinik bringen. Den Nachmittag verbrachte sie an Suredas Krankenbett. Sie fand ihn schwach und hinfällig, sein Gesicht war käsig aufgedunsen. Alle paar Minuten schüttelte ihn ein Husten, der sich quälender anhörte denn je. Einmal waren sie draußen gewesen. In seiner Bleichheit hatte er den Stock ergriffen und war hinter ihr hergehumpelt. Sie waren kaum vor der Tür, da musste Johanna ihn stützen. Sie führte ihn zu einer Mauer, wo er sich setzte. Mehrfach spuckte er Blut, röchelte, rang nach Luft. Laut und rasselnd ging sein Atem. Zurück auf dem Zimmer ließ er sich auf das Bett fallen, brauchte eine Weile, bis er ruhiger atmete.

Im Zimmer roch es nach Putzmitteln. Das Linoleum auf dem Boden glänzte wie ein Spiegel. Auf der Fensterbank stand eine Topfpflanze mit braungefleckten Blättern. Johanna packte ihr Notizheft aus, rückte einen Stuhl heran und las ihm aus ihren Lebenserinnerungen vor. In einer Lesepause begann er von seinen zuletzt gemalten Bildern zu erzählen und welche Qual sie ihn gekostet hatten. Im Bemühen, sich an etwas zu erinnern, hielt er die Augen halb geschlossen. Sein Mund zuckte, als wollte er etwas sagen, die untere Kieferpartie fiel herab. In diesem Moment war ihm alle Selbstbeherrschung entschwunden und sein Gesicht offenbarte die ganze Verwüstung seines Zustands. »Ich musste einfach malen, immer malen, bis zum Ende meiner Kraft. Die Kunst hat etwas ungeheuer Besitzergreifendes. Nur wenn ich male, spüre ich, dass ich lebe. Verstehst du das?« Johanna drückte seine Hand. »Ja, ich weiß.« Er öffnete die Augen und sah sie lange an. »Jetzt habe ich deine Erinnerungen nicht zu Ende gehört. Es war so schön, dass du mir vorgelesen hast.«

»Ich lasse sie hier. Dann kannst du alles in Ruhe lesen.« Sie versuchte gefasst zu bleiben, aber es war ihr, als ob ihr jemand ins Herz steche. Sie stand auf und legte das Notizheft in seine Schublade. Dann, plötzlich, drehte sie sich um, kniete vor seinem Bett. »Warum?«, fragte sie, fasste nach seinen Händen und weinte.

Sie hatte Sureda kaum verlassen, da ging ein Wolkenbruch nieder. Vom Meer herüber blies es, die Frauen hielten ihre Hüte fest, aus den Bäumen wirbelten Blätter. Der Schauer war kurz, fegte aber innerhalb von Sekunden Plätze leer und verschlammte die Straßen.

An einem Fischerstand überlagerte der Geruch nach gerösteten Sardinen den Geruch nach Regen. Ein Fischer hantierte über einem Feuer; eine glutäugige Katze schlich herum, eine von hunderten, die immerwährend um Fischernetze streiften. Aus dem offenen Fenster eines Hauses drangen keifende Stimmen eines zankenden Paares.

Das Meer lag unruhig und spiegelte seltsame, ferne Lichter. Die aufgewühlten Wellen trugen Schmutz und Unrat ans Ufer. An einem Steg erschrak Johanna über ein Knäuel Ratten, eine dunkle Schattenmasse aus Schwänzen, Schnauzen und Beinen, sprang zur Seite, sah den weghuschenden Tieren nach. Barfüßig kam eine Zigeunerin heran. Ihr schwarzes Haar, in der Mitte gescheitelt, glänzte vom Regen. Ohrhänger aus schwerem Gold schimmerten; an jedem Finger funkelte ein Ring. Sie trug einen Säugling in einem Tuch vor der Brust, flüsterte etwas, sah mit brennenden Augen auf Johanna, die versuchte, sie fortzuscheuchen. Immer noch flüsternd – es waren deutsche Worte, die sich anhörten wie ein Gebet – folgte sie Johanna, die sich ärgerlich nach ihr umsah. »Ich kann dir alles sagen. Ich lese aus der Hand, lege auch Karten. Ich weiß viel über deine Vergangenheit und deine Zukunft.« Johanna blieb stehen. Auf der Treppe zur Plaça standen sie sich gegenüber. »Du hast ein gutes Gesicht. Hast vielen geholfen. Aber jetzt, einem Freund, kannst du nicht helfen.« Johanna erschrak. »Es ist ein guter Mensch«, fuhr die Zigeunerin fort, »ein kluger Mensch.« Johanna fröstelte. »Ja, ein guter Mensch. Ein Freund.« Sie zog die Weste enger um den Körper, ließ es zu, dass die Zigeunerin näher kam, nach ihrer Hand griff und die Linien betrachtete. Das Kind im Tuch zuckte mit den Beinen. Die Hand der Zigeunerin war braun und warm. »Du kannst nicht hier bleiben. Dein Abschied von der Insel ist für immer.« Dann ließ sie die Hand sinken, presste das Kind eng an die Brust. »In allen Händen lese ich dasselbe.«

Angst

Barz und Lisbeth winkten vom Bahnsteig aus, halfen ihr mit dem Koffer. Lisbeth hakte sich bei ihr ein. »Gut siehst du aus. Frisch und erholt. Die spanische Sonne ist doch anders als unsere. Dass du es gleich weißt: Von der Stadt kam immer noch nichts.« Jungvolk, bepackt mit Tornistern, Decken und Zeltplanen, drängte lärmend an ihnen vorbei. Zwei Uniformierte patrouillierten durch die Bahnhofshalle. »Du kannst dir nicht vorstellen, was hier läuft«, flüsterte Barz, erkundigte sich dann aber nach Sureda. Während sie über den Hindenburgwall gingen und Johanna von Suredas Zustand und der Stimmung auf Mallorca erzählte, spürte sie, dass Barz an etwas herumdruckste.

Von weitem sah sie Zettel an ihren Fenstern kleben. »Jetzt haben sie schon wieder …« Barz blieb stehen. »Bitte erschrick nicht. Ich hätte es dir sofort sagen müssen. Es geht schon eine ganze Weile. Erst gestern Abend hab ich das Zeug abgerissen. Ich wollte nicht, dass du es liest. Aber jetzt kleben schon wieder welche.« Energisch überquerte Johanna die Straße, trat vor die Fenster und las: »Dichtmachen! Ausräuchern! – Raus aus öffentlichem Wohnraum! – Rote Drecksau raus! – Die Mutter des Ungeziefers muss verschwinden.«

Johannas Kinn begann zu zittern. Der Puls jagte. Sie riss die Zettel ab, zerknüllte sie und warf sie auf die Straße.

Von innen schloss sie die Tür ab. Während sie die Taschen auspackte und Lisbeth und Barz für Kaffee sorgten, klopfte Schwesig ans Fenster. Was er später beim Kaffee erzählte, bestätigte alle Vorahnungen. »Jetzt ist es so, dass alle anderen Parteien entweder freiwillig oder zwangsweise aufgelöst worden sind. Auch die SPD. Freiwillig – wenn ich das schon höre. Die neue Regierung hat jetzt alle Möglichkeiten. Es gibt ein Gesetz, wonach sie nicht nur Verordnungen, sondern auch Gesetze und Verträge mit dem Ausland beschließen können. Die Gesetze dürfen sogar von der Verfassung abweichen. Es gibt keine Weimarer Republik mehr. Das ist vorbei.« Johanna legte Unterwäsche und Handtücher auf einen Stapel. »Begreifst du das, Johanna? Sämtliche Grundrechte sind außer Kraft gesetzt.«

»Wie kann so was gehn?«

»Bei denen scheint alles zu gehn.« Er zögerte mit dem, was er sagen wollte. »Johanna, da ist noch was. Die Bilder, ich meine die Bilder, die wir nach Chicago geschickt haben ...«

»Was ist damit?«

»Sie sind nur bis Hamburg gekommen. Dort hat man sie beschlagnahmt. Jetzt liegen sie in irgendeinem Lager. Tappeser hat sich schon die Finger wund geschrieben – nichts.« Fassungslos hob sie die Hände. »17 Bilderkisten ...« Auf dem Tisch vor dem Fenster standen noch die Blumen, die Hundt ihr vor der Reise gebracht hatte. Sie standen verwelkt wie auf einem vergessenen Grab.

Nicht ausmalen durfte sie sich, was der Verlust der Bilder bedeuten würde.

Außer den Bildern ihrer Künstler waren auch eine Landschaft von Chagall dabei, ein Strandbild und zwei Zeichnungen von Picasso, ein Stillleben und eine Landschaft von Klee, zwei Landschaften von Nolde, neun Arbeiten von Max Ernst und ein Frauenportrait von Jawlensky. Der Wert war immens.

Jeder Versuch, Auskunft zu bekommen, scheiterte. Sie erwog, nach Hamburg zu fahren, schrieb an Artur und Lydia Bau, die seit dem Frühjahr dort lebten. Baus versprachen, die Sache in die Hand zu nehmen. Lange geschah nichts. Artur Bau nutzte alle Kontakte, konnte aber auch Wochen später über den Verbleib der Bilder nichts sagen.

Um alles sah sich Johanna gebracht. Zudem rechnete sie jeden Tag mit der Räumung. Angst ging um. Im Malkasten wurde zur Feier der nationalen Erhebung eine Hitler-Eiche in den Garten gepflanzt. In der Galerie vermuteten, befürchteten, ahnten und mutmaßten sie. Die Zeichen waren nicht zu übersehen. »Wer malen will, muss der Reichskammer beitreten«, sagte Wendt, »wenn du zu Ausstellungen zugelassen werden willst, musst du Mitglied werden. Ansonsten gibt es keine Bezugsscheine für Leinwand und Farben – nichts. Bis Dezember müssen wir angemeldet sein. Meldepflicht. Ich bin ein freischaffender Künstler. Du weißt, wo ich politisch stehe. Aber wenn ich von meiner Kunst leben will, hab ich keine andere Wahl.« Schwesig protestierte: »Beitreten? Der Reichskulturkammer? Vor unseren Augen vollzieht sich eine unglaubliche Schweinerei. Und dabei sollen wir mitmachen? Weißt du, was das heißt? Damit erreichen sie eine vollständige Kontrolle über sämtliche Künstler und Vereine. Es mündet in Gleichschaltung. Ich habe die Verordnung gelesen. Sie wollen, dass jeder von uns zwei Werke einreicht und dann entscheiden sie, was deutsch und echt ist und wer Künstler sein darf. Nee, da mach ich nicht mit.« Barz stimmte zu. »Es wird immer schlimmer. Wir müssen aufpassen, was wir sagen. Vor allem, zu wem. Man munkelt, dass es Arbeitslager gibt für Oppositionelle!« Entrüstet stemmte Johanna die Hände in die Hüften. »Das können sie nicht tun.«

»Tun sie aber. Auch an der Akademie hat es einen Rechtsruck gegeben. Kaesbach hat es als erstes getroffen. Die Akademie soll von allen Elementen gesäubert werden, die der deutschen Kultur im Weg stehen. Auch Professoren sind rausgeflogen, allen voran Campendonk. Mit unseren Künstlergruppen ist es auch nichts mehr. Es ist eine Frage der Zeit, bis auch die Sezession aufgibt. Sogar aus dem Malkasten sind etliche ausgestiegen. Alles in Auflösung. Was du noch nicht weißt: Dix hat seine Professur verloren. Berufsverbot. Jetzt lebt er auf der Höri am Bodensee. Falls was passiert, ist er schnell in der Schweiz. Für die jüdischen Künstler ist das alles eine Katastrophe.« Er zog ein Zigarettenpäckchen aus der Jackentasche. Das Foto einer Tänzerin steckte zwischen Papier und Folie. »Sieh mal. Die Barbakoff als Sammelbild. In jeder Eckstein-Packung sind jetzt Tänzer zu finden. Für ein Album zur deutschen Tanzkunst. Bei der Barbakoff haben sie wohl nicht aufgepasst. Ist doch eine Jüdin. Wollheim jedenfalls haben sie von der Preußischen Akademie der Künste ausgeschlossen. Jetzt ist er mit ihr nach Frankreich emigriert. Er soll sogar ein Atelier haben. Im 16. Arrondissement. Die Barbakoff trainiert dort.«

Begriffe wie ›entartete Kunst‹ oder ›gesundes Volksempfinden‹ grassierten wie eine Grippe. SA und Rotfront mit Sturmriemen und Knüppeln in der Hand waren alltäglich. Im Ey war von Arbeitsverboten die Rede, von Ausbürgerungen, von Flucht und Exil. Mit Schwesig war Johanna im Kino gewesen, hatte gesehen, wie Hitler in der Wochenschau eine Front von Soldaten abschritt, ein Mädchen begrüßte, das vor ihm knickste, auch, wie er sich mit seinem Schäferhund vor einer Alpenkulisse präsentierte und in die Kamera winkte.

Schwesig bekam Tobsuchtsanfälle, wenn er die Zeitung aufschlug und den Führer sah. Mit Fäusten trommelte er auf dessen Foto herum und schrie: »Diese verlogene Fresse! Was er tut, ist gegen die Verfassung, gegen jedes Menschenrecht! Er macht Hunde aus uns und niemand tut was!« Barz war auf seiner Seite. »Ja, wir müssen uns auf alle Schikanen gefasst machen. Die lassen nur eigene Gesetze gelten.« Er griff nach Schwesigs Zeitung und blätterte. Heckroth, der Bühnenbildner, winkte ab und begann zu singen. »Davon geht die Welt nicht unter, sieht man sie manchmal auch grau ... Ach, beruhigt euch. Was die Künstler betrifft, nein, das glaube ich nicht. Das würde heißen, dass sie Tausenden von uns Berufsverbot aussprechen müssten und das können sie doch gar nicht organisieren. Das ganze Kulturleben wäre lahm gelegt. Die gehn doch selbst gern ins Theater. Nee, das kann ich mir nicht vorstellen.« Barz schrie ihn an: »Das kannst du dir nicht vorstellen? Siehst du nicht, was passiert? Was müssen sie denn noch tun, damit du begreifst? Genau das ist das Unglück von uns allen. Wir können uns die Dinge nicht vorstellen, bis sie passieren. Ihr werdet noch sehn, was diese Schweinebrut alles kann. Zuerst nehmen sie die Kulturvereine unter die Lupe, dann die Galeristen und Händler. Systematisch geht das. Habt ihr mitbekommen, was sie mit Flechtheim gemacht haben?« Fragend sah alles auf Barz. »Eine Nazizeitung hat was zur Rassenfrage geschrieben. Die

Rassenfrage sei der Schlüssel zur Weltgeschichte oder so ähnlich. Ratet, wen sie abgebildet haben? Flechtheim! Sie benutzen ihn als Konterfei, nennen ihn Getreidejuden, weil seine Eltern früher mal mit Getreide gehandelt haben. In den Hetzblättern schreiben sie, dass seine Bücher und Zeitschriften eine freche jüdisch-negerische Besudelung der deutschen Volksseele seien. Sie hacken schon lange auf ihm herum. Er wird nicht hierbleiben können.« Johanna zuckte zusammen. »Aber sie werden doch Flechtheim nicht ...« Barz sah sie scharf an. »Und ob. Ich hab ihn ja nicht besonders mögen mit seinen Picassos und Derains, aber das hat er nicht verdient. Ich wette, dass sie über kurz oder lang auch hier einfallen werden. Was meint ihr, weshalb so viele abhauen? Flucht ist Alltag. Die Menschen haben kein Refugium mehr. Auch wir nicht. Die Welt des Glaubens ist untergegangen. Neulich saß ich im Zug. Das Abteil war voll. Ich habe versucht, in den Gesichtern zu lesen. Sind Verräter dabei? Spione? Späher? Keiner hat gesprochen. Nicht mal angesehen haben sie sich. Einer misstraut dem anderen. Soweit sind wir jetzt. Ich muss mir auch was überlegen.« Johanna hob beschwörend die Hände. Heckroth konterte. »Übertreib mal nicht. Das ist doch Schwarzmalerei.«

Am anderen Morgen, der Laden war noch geschlossen, Johanna stand im Nachthemd, als Barz an die Fenster der Galerie trommelte und kurz darauf aufgelöst und bibbernd bei ihr in der Küche stand. »Häuser der SPD und KPD sind überfallen worden. Bei mir waren sie auch. Sie haben das ganze Haus durchwühlt und nach Flugblättern und Zeichnungen gesucht. Drei Bilder haben sie beschlagnahmt. Meine 15. Station, die ich gegen den Krieg gemalt habe, ist fort. Und noch etwas: Gestern hat meine Frau Berufsverbot erhalten. Wir werden erstmal verschwinden. Nur, dass du es weißt.«

Scheiterhaufen

»Das ist ja schrecklich«, maulte Johanna in ein Stück militärischer Marschmusik und drehte den Knopf, bis es knackte. Atemlos stand Schwesig in der Galerie. »Vor dem Planetarium verbrennen sie Bücher! Bilder sollen auch dabei sein. Wahrscheinlich ist Barz' 15. Station dabei, das Bild, das bei dir ausgestellt war. Und natürlich die Bilder, die sie bei ihm gestohlen haben.« Johanna war gerade dabei, sich für die Nacht zu richten. Sie hatte nicht vor, sich ihm anzuschließen, aber Schwesig ließ ihr keine Ruhe. »Komm. Vielleicht können wir was tun.«

»Ich weiß nicht, ob wir uns das antun sollen.«

»Doch. Das müssen wir sehn, damit wir es glauben können. Jeder muss das sehn.« Sie zog einen Mantel über das Nachthemd und zog ihre Schuhe unterm Schrank hervor.

Sie gingen zu Fuß zum Planetarium. Die Straßen waren nass vom Regen. Johanna fror trotz des Mantels. »Die Sache ist von langer Hand bis ins Detail geplant. Um Reinheit in Sprache und Schrifttum geht es. Schon seit Wochen gibt es Aufrufe. Angeblich existiert eine schwarze Liste mit auszumerzender Literatur, wonach jeder seine eigene Bücherei reinigen soll, dann auch die von Freunden und so weiter. Jetzt haben sie in den Bibliotheken angefangen. Es ist eine grenzenlose Schweinerei. Bücher von Juden darfst du nicht mehr lesen. Alles Lüge, sagen sie. Hebräisch sollen sie jetzt schreiben. Die Liste, von der ich eben erzählt habe, geht an alle Bibliotheken. Natürlich drohen Strafen, wenn sich einer verweigern sollte. In Berlin ist es zu Übergriffen auf jüdische Dozenten gekommen. Vorlesungen werden gestört und boykottiert, jüdische Professoren am Betreten der Uni gehindert.«

Die Straße lag dunkel. Ein Auto fuhr an ihnen vorbei, warf sein Licht voraus auf Pflastersteine. Fahnenschwingende Jugendliche bogen um die Ecke. Manche trugen Fackeln. Sie gingen im Gleichschritt und sangen. Aus der offenen Tür einer Arbeiterkneipe zog Gegengesang: »Völker, hört die Signale, auf zum letzten Gefecht, die Internationale erkämpft das Menschenrecht.« Vor dem Planetarium standen massenhaft Schaulustige, Korpsstudenten im Wichs, Professoren in Talaren, Verbände von SA, SS und Hitler-Jugend, auch berittene Polizei. Lastwagen standen an den Seiten des Platzes, vollgeladen mit Büchern. Eine Blaskapelle der SA spielte. Alles war mit Scheinwerfern ausgeleuchtet. In der Mitte hatten sie einen Scheiterhaufen errichtet. »Ist ja wie im Mittelalter. Wie vor einer Hinrichtung.« Johanna zog den Schal enger. »Es ist ja auch eine. Eine Lynchjustiz.« Schwesig ballte die Fäuste. »Eine Frechheit ist das! Schande! Und das Schlimmste: Keiner tut was! Du wirst sehn, keiner wird eingreifen. Guck mal, wie sie dastehen, HJ und Studenten, die braune Garde mit Sturmriemen unterm Kinn, wie sie stur gradeaus sehn ...« Der Bannführer der Hitlerjugend stand auf einem Podest, die linke Hand krallte sich ans Pult, die rechte hielt er hoch, zur Faust geballt. Laut und schrill war seine Stimme und je lauter er schrie, desto begeisterter wurden seine verworrenen Ideen bejubelt. In den Applaus hinein wurde das Feuer entzündet. Schwesig keuchte: »Das ist wie bei der Inquisition. Eine aufgebrachte Menge, ein Scheiterhaufen, Männer mit Fackeln und Uniformen, nur dass es diesmal Bücher sind.« Unter Pfeifen und Gejohle wurden die Bücher bündelweise von den Lastwagen gehoben. Einer der Gauleiter nannte die Titel, schrie etwas von kommunistischen und jüdischen Schmierereien, von volksverhetzenden Inhalten. Immer wieder fragte er das Publikum, was er mit dem Buch machen solle und immer war die Antwort gleich: »Ins Feuer damit!« Die Feuerwehr half dort, wo es nicht brennen wollte, mit Benzinkanistern nach. Das Geräusch, wenn Bücher in die Flammen flogen, verursachte Gänsehaut. Eine ganze Stunde ging es so. Werke von Zweig waren dabei, von Remarque, Feuchtwanger, Ludwig. Zuletzt flog Heines Romanzero in die Flammen. Auch Bilder waren dabei. Barz' 15. Station konnten sie aus der Ferne nicht ausmachen. Böller krachten, Parolen überzogen den Platz, mischten sich mit Applaus. Bald war nur noch ein rauchender Aschehaufen übrig. Vorne stimmte die Hitlerjugend einen grölenden Gesang an: »Die Fahne hoch, die Reihen fest geschlossen ...«

Vor dem riesigen Feuer und dem unerträglichen Getöse verstand Johanna, dass sich etwas ausgebreitet hatte, was sich nicht mehr verscheuchen ließ, etwas, das seine Krallen tiefer und tiefer bohrte, das unerbittlich war und böse. Sie erkannte die Leute nicht mehr, teilte ihre Ideen nicht, verstand nicht. Sie waren zu einer Masse geworden, einer dumpfen, dunklen Masse, die hier zusammengeströmt war, getrieben von merkwürdigen Idealen, beherrscht von Ohnmacht und dem Drang, sich vor diesen Feuerzeichen der Gewalt zusammenzurotten. Sie sah den tragischen Glanz in den Augen der Jugendlichen, wollte etwas sagen, brachte aber keinen Ton heraus. Auch Schwesig stand nur da, krampfte die Hände ineinander und biss sich auf die Lippe.

In der Nacht schlief Johanna nicht. Als sie gegen Morgen einnickte, träumte sie von Suredas blutigen Tüchern und brennenden Bildern.

Sie war noch im Morgenmantel, als Schwesig ans Fenster klopfte. »Ey, mach auf!« Er hatte seine Freundin Maria bei sich, die sichtlich an ihm hing. Maria war, äußerlich betrachtet, das Gegenteil von Schwesig. Sie war füllig und von sehr weiblicher Gestalt, hatte flinke, graue Augen. Wenn sie lachte, zeigte sie weiße, kräftige Zähne. In ihren langen, rötlichen Haarkringeln bemerkte Johanna verfrühte Silberfäden. Schwesig war erregt, redete über die Bücherverbrennung und über Aktivitäten der KPD. »Ich hab die ganze Nacht wach gelegen. Wir müssen was tun! Das mit den Büchern können wir nicht hinnehmen. In jedem Buch steckt ein Mensch. Bücher verbrennen heißt Menschen verbrennen.« Seine Hände zitterten, als er sich eine Zigarette anzündete. »Ich werde meinen Genossen jetzt das Atelier zur Verfügung stellen. Wir haben doch kaum noch Quartiere für unsere Treffen.« Johanna erschrak. »Das ist doch viel zu gefährlich.«

»Alles ist gefährlich. Wir werden Flugblätter drucken, sie nachts an Litfaßsäulen und Bahnstationen heften. Ein richtiger Sturm wird jetzt losgehn. Ein Wirbelsturm, der sich seinen Weg mit Wut bahnt, der Zweige bricht und Vögel aufschreckt ...«
Maria krampfte die Hände, dass die Fingerknöchel weiß wurden. »Karl, pass auf, sicher haben sie ein Auge auf dich.«
»Sollen sie doch. Mir passiert schon nichts. Es braucht jetzt mutige Menschen. Und ich habe nichts zu verlieren!«

Im Mai setzten sich die Bücherverbrennungen in allen größeren Städten fort. Auch Galerien und Museen waren betroffen. In Berlin traten Professoren in Talaren vor die Scheiterhaufen, um Feuerreden zu halten. Die Presse berichtete begeistert. Auf Ochsenkarren wurden Bücher herangeschafft, obenauf steckten Mistforken. Auch Fahnen wurden verbrannt.

Aus dem Ausland meldeten sich Proteste. In New York gab es einen Aufmarsch, an dem sich Hunderttausende beteiligten. In den Niederlanden sendete Radio Hilversum Auszüge aus den verbotenen Büchern.

An einem dieser Tage waren Johanna aufgebrachte Studenten vor dem Fenster aufgefallen. Auch abends hatte sie welche gesehen. Sie trugen Fackeln und verhöhnten ein Bild von Pankok. Ein Hund hatte angeschlagen, dann war wieder alles ruhig gewesen. Sie maß diesem Vorfall keine Bedeutung bei, zu oft hatte sie Ähnliches erlebt.

Aber dann war passiert, was Barz vorausgesagt hatte.

In der Nacht kamen sie zurück, zu fünft. Mit Fäusten und Pistolenkolben schlugen sie gegen die Tür. Glas splitterte, dann flammte Licht auf. Es waren nur Sekunden, in denen sich ihre Blicke trafen. Sie sah schwere Marschstiefel, Koppelzeug und Schulterriemen, lederne Patronentaschen. Die Stimmen der Männer waren schrill, die Gesichter jung. »Kannst du nicht grüßen?« Einer von ihnen kam auf sie zu, riss ihr den Arm in die Höhe. »Du sollst grüßen!« Sie stand barfuß, in ihrem geblümten Hausmantel, den sie fest um den Körper zog. Ihr Puls jagte. »Raus hier! Die Galerie ist geschlossen. Ihr habt hier nichts ...«

»Pass auf, was du sagst.« Breitbeinig stand er vor ihr: »Weißt du, was mit Leuten passiert, die nicht grüßen?« Seine Schritte dröhnten, als er auf den Wandschrank zuging, die Schubladen aufriss. Sie stürzte ihm hinterher, zerrte an seiner Schulter: »Finger weg!« Dann ging alles rasend schnell. Blätter flogen aus der Lade, Bilder von den Wänden, Rahmen platzten, Glas zerschellte. Fassungslos taumelte sie zurück, zitternd, sah gehetzte Augen, fluchende Münder, brutale Hände, hörte das heisere Lachen des Anführers. »Was erlaubt ihr euch? Was tut ihr? Die Bilder!« In ihrer Not rief sie um Hilfe, stellte sich schützend vor eine Flusslandschaft, versuchte einzugreifen, als einer ein Messer zückte, sie beiseite schob, die Leinwand aufschlitzte, von der Sekunden später nur noch Fetzen an der Wand hingen. Immer mehr Bilder flogen auf den Boden, der schwarze Inhalt einer Tuscheflasche ergoss sich über einen Stapel Zeichnungen, tropfte auf das Portrait eines Mädchens. »Das ist die Stunde der Säuberung!«, schrie ihr einer ins Gesicht. »Ausmerzen werden wir diese Schmierereien von Geisteskranken! Alles Schund und Schande!« Er zertrat ein Aquarell, zerriss Zeichnungen, die auf der Chaiselongue lagen, zeigte auf lose Blätter: »Raus mit dem Dreck! Alles raus hier! Raus!« Hände rafften, rissen, zogen; Münder brüllten, grölten, lachten. Sie spürte, wie ihr Schweiß ausbrach, wie eine klebrige, dunkle Angst sie würgte. Wie ein Strudel war diese Angst; sie sah sich darin versinken, wollte schreien und konnte es nicht. Die Knie knickten ihr ein. Schritte entfernten sich, kamen zurück. Etwas schleifte über den Boden. Dann quietschte die Tür.

Neben dem Sofa kauerte sie und horchte. Lange wusste sie nicht, ob sie allein war. Draußen schlugen Hunde an. Die Geräusche der Nacht waren andere geworden. Männer gingen herum, vernichteten, zerstörten, schändeten.

Nicht die kleinste Illusion hatten sie gelassen. Es gab keine Lügen mehr.

Hundt war vorbeigekommen, zufällig. Das späte Licht war ihm aufgefallen, er hatte geklopft und war dann, eines seltsamen Gefühls wegen, hineingegangen um nachzusehen. Er fand sie zitternd und um Luft ringend. Mehrfach erbrach sie sich.

Alle redeten ihr zu, die Sache anzuzeigen, Hundt riet ab. »Ob du es anzeigst oder nicht – den Teufel werden sie tun und etwas gegen die eigene Brut unternehmen. Sie sind alle verhetzt. Angestachelt und aufgescheucht von der Reichsleitung der deutschen Studentenschaft. Das sind nämlich die wahren Urheber solcher Aktionen. Eine Aktion wider den undeutschen Geist nennen sie das. Eine Anzeige ist zwecklos. Du würdest kein Recht bekommen. Es sind zu viele, die den Mund halten und mitmachen.« Schwesig sah wütend aus. »Dass sie das mit dir machen. Hätte nie gedacht, dass sie sich an dich rantrauen, weil dich doch jeder kennt.«

»Studenten waren es. Jung und mit Schmissen im Gesicht.«

»Diese Milchgesichter glauben, sie können sich alles erlauben. Haben Rückendeckung von ganz oben. Übrigens, noch was. An der Akademie haben sie Professor Klee vertrieben. Auch Nauen ist raus. Und das sind sicher nicht alle. Die meisten Ateliers in der Akademie sind gekündigt worden.« Johanna hielt sich den Kopf. »Hör auf, ich will das gar nicht hören.« Dann fing sie selbst an von beschlagnahmten Bildern, von den Kisten, die in Hamburg standen, von den Wahlergebnissen. Dass bis vor kurzem in Düsseldorf noch rot gewählt worden sei. Dass die KPD immer stärker gewesen sei als die SPD. Dass es Wahlbetrug sei, wenn die Nazis jetzt stärkste Partei seien. Hundt versuchte sie zu beruhigen, schenkte ihr einen Likör ein, aber sie schüttelte nur den Kopf.

Noch Wochen nach dem Überfall fand sie keinen Schlaf, hatte Angst, das Haus zu verlassen, war schreckhaft und argwöhnisch, wenn jemand den Laden betrat.

Dann sorgte ein Zeitungsartikel für Gesprächsstoff. Ein Mitglied des Malkastens hatte in übelster Weise die Namen der Maler verhunzt, deren Bilder in dem Artikel gezeigt worden waren, den Johanna als meistgemalte Frau bezeichnete. Bei Wollheim stand jetzt Jude, bei Pudlich Bastard. Bei Hundt hieß es: Bei der Säuberung der Akademie vergessen zu entlassen.

Leute von der NSDAP hatten sich einen Spaß daraus gemacht, die Seite zu veröffentlichen. Johanna zitterte, als sie es sah.

Am Morgen darauf fand sie eine zusammengerollte Ausgabe des Stürmers in ihrem Briefkasten. Das Titelbild zeigte Barz' 15. Station, die auf dem Scheiterhaufen verbrannt war, in einer neuen Fassung. Ein Mann war abgebildet und Christus am Kreuz. Im Zentrum einer strahlenden Sonne war ein Hakenkreuz zu sehen. Darunter las sie: Die Juden haben Christus ans Kreuz geschlagen und ihn tot geglaubt. Er ist auferstanden. Sie haben Deutschland ans Kreuz geschlagen und tot gesagt und es ist auferstanden, herrlicher denn je zuvor.

Am Nachmittag saß Pankok auf der Chaiselongue.

»Sie haben das ganze Land ans Kreuz geschlagen, ans Hakenkreuz!«, sagte er, als er von Barz' 15. Station hörte. »Es wird immer trostloser. Hab gehört, dass Kaufmann weg ist. Ich wusste gar nicht, dass er Jude ist. Julo Levin ist auch verschwunden. Mit den Künstlergruppen ist es vorbei. Der einzigen, der es gut zu gehn scheint, ist Trude Brück. Sie hat geheiratet. Hast du mitbekommen, was mit Flechtheim ist?« Johanna nickte. »Also was sie mit Flechtheim machen ...«

»Jetzt machen sie nichts mehr. Er ist weg. Irgendwo auf der Flucht. SA-Männer haben den Abbruch einer Ausstellung in seiner Galerie erzwungen. Dann sind Hetzartikel gegen ihn erschienen. Sein Geschäftsführer Vömel ist der SA beigetreten und führt die Galerie jetzt unter eigenem Namen. Natürlich hat er alle Kunst entfernt, die nicht mehr gilt.« Johanna griff nach den Zigaretten. »Ich weiß auch nicht mehr, wie es weitergehen soll. Jeden Tag warte ich drauf, dass sie mir den Laden dichtmachen. Und was dann? Was wird dann sein? Die ganze Zeit denke ich dran.«

»Ja Ey, damit musst du rechnen. Es ist eine Frage der Zeit, wie lange sie sich das noch angucken. Sie wollen dich nicht. Weder dich, noch uns, noch die Bilder. Vielleicht zögern sie noch, weil du berühmt bist und weil sie Proteste fürchten. Aber kommen wird es doch.« Erregt ging Pankok auf und ab. Johanna bat ihn, sich zu setzen, doch er blieb stehen. Unruhig raufte er sich den Bart. »Ich war auf dem Heinefeld. Heute Morgen. Da kam mir eine Zigeunerin entgegen. Sie schrie und heulte. Entsetzen stand ihr im Gesicht. Sie hat was vom Himmel herabfliegen sehen. Es war zu seltsam. Ihr Geschrei hat auch die anderen angesteckt. Die haben dann in gleicher Weise angefangen.«

»Was war mit ihr?« Pankok brauchte einen Moment. Seine Augen waren fest auf Johanna gerichtet. »Sie hat den Tod gesehn, den Mulo, wie sie ihn nennt. Er ist als Gerippe vom Himmel gekommen, umschwärmt von einer großen Schar schwarzer Vögel. Und da ist sie gerannt, bis sie nicht mehr konnte und irgendwo liegen blieb. Den Kopf in den Händen vergraben, die Haare überm Gesicht, so hockte sie später vor dem Wagen. O Molari, hat sie geheult, jetzt wird was kommen, was Schreckliches wird kommen über die Sinte. Du wirst dran denken, was ich sage: Wenn man den Mulo am Himmel sieht, dann kommt was, was schlimmer ist als alles, was man sich ausdenken kann. Ich habe versucht, sie zu beruhigen, aber das war nicht möglich.« Eine Weile schwieg er. Seine Hände zuckten. Es dauerte, bis er fortfuhr. »Zuerst habe ich vorgehabt, für meinen Passionszyklus nur Modelle aus dem Kopf zu malen. Jetzt aber werde ich meine Zigeuner als Modelle nehmen. An ihnen will ich die Leidensgeschichte Christi zeigen. Ich wüsste nichts, was passender wäre. Meine Mutter Gottes hat mindestens zehn Kinder geboren, ist ausgemergelt und krank. Mein Petrus ist ein alter Russe, ein Strandgut aus dem Weltkrieg, von irgendwoher auf dem Heinefeld angeschwemmt.«

Es dunkelte, als sie sich in die Küche setzte und die Zeitung aufschlug. Fortuna Düsseldorf war in Köln vor 60.000 Zuschauern deutscher Meister geworden. Mit 3:0 hatten sie sich gegen Schalke durchgesetzt. Aufmerksam studierte sie das Foto der Torschützen: Hochgesang, Zwolanowski, Mehl. Eine Seite weiter wurden jüdische Schriftsteller angeklagt, undeutsch zu schreiben. Von abschreckenden Beispielen zur heilsamen Belehrung des deutschen Volkes schrieb das Blatt. Schon nach den ersten Zeilen schob sie die Zeitung an die Seite und stand auf. Sie trat ans Fenster, sah hinauf in den verhangenen Himmel, an dem sich der Mulo gezeigt hatte.

Im Hinterhof standen Männer an einem verwitterten Holzbalken und spielten Karten, die sie mit kurzen Handbewegungen auf den Streben warfen. Sie sahen unbekümmert aus. Einer von ihnen hatte ein rotes verschnörkeltes F für Fortuna auf die Tasche gemalt. Sicher dachten sie weder an die Juden noch an verfolgte Schriftsteller. Auch sie hatte vor Wochen noch geglaubt, dass das, was die Regierung ankündigte, einfach nicht möglich sei.

Ein Klopfen riss sie aus ihren Gedanken. Das Fenster zur Straße stand offen. Wind bauschte die Vorhänge. Draußen lärmten Autos. Scheinwerferlicht holte Gemälde aus dem Dunkel, ließ für Sekunden Gesichter und Landschaften aufblitzen. Adler stand vor der Tür. Er war betrunken, warf sich, nachdem sie ihn eingelassen hatte, in Johannas Sessel, kreuzte die Beine. Während er sich eine Zigarette anzündete, summte er ein jiddisches Lied, bei dem ihm Tränen über das Gesicht liefen: »Bay mir bistu sheyn, bay mir hos tu heyn, bay mir bistu eyner oyf der velt. Bay mir bistu sheyn, bay mir hostu heyn, bay mir bistu tayerer fun gelt.« Er hatte ein Bild und eine Flasche Genever bei sich, die er immer wieder ansetzte. Zu einem Gespräch war er nicht fähig. Erst als er die Klinke in der Hand hielt und sich verabschiedete, flüsterte er: »Johanna, kannst du dich an meine Jüdin mit den Tauben erinnern, die schöne Frau mit dem langen, schwarzen Haar, die ich letztes Jahr gemalt habe? Sie hat sich vor einen Zug geworfen. Ich geh jetzt auch. Nach Paris. Dort gibt es eine Menge Emigranten wie mich. Kaufmann ist auch dort.« Er verabschiedete sich mit einem wehmütigen Blick aus traurigen Augen.

Erst am anderen Morgen bemerkte Johanna das Bild, das er zurückgelassen hatte. Es war das Bildnis einer Frau mit dunklem, in die Stirn fallenden Haar, scharf gezogenen Brauen über mandelförmigen Augen. Dass man an das Gute glauben müsse, hatte Adler einmal gesagt. Gern wollte sie an das Gute glauben wie an eine schöne Geschichte, dachte, dass man es sich vielleicht nur fest genug vorstellen müsse, bis es Wirklichkeit werde.

»Sie haben ihn ins Getreidehaus der Schlegelbrauerei in der Bismarckstraße gebracht«, sagte Tappeser und meinte Schwesig. »Wegen Hochverrats. Ich kenne einen, der drin war. Ein Folterkeller ist das. Eigens für Verhöre. SA hat sich dort eingerichtet.« Die ganze Nacht saßen sie, debattierten, mutmaßten und überlegten, was zu tun wäre. Johanna hatte von den Vernehmungszimmern der Gestapo gehört, von grellen Lampen und Folter. Sie sah Schwesig vor sich, seinen wundgeschlagenen Körper, hörte das Sirren der Peitschen, stellte sich vor, wie die spitzen Widerhaken am Ende der ledernen Knuten sich in seinen Rücken gruben und blutige Fleischfetzen herausrissen. Auch in Tappesers Gesicht hatte sich Angst eingefressen. »Es läuft alles nach System«, sagte er, »nach einem bis ins Detail ausgeklügelten Plan. Innerhalb weniger Monate haben sie alles umgekrempelt. Und alle sind mit drin, ob sie wollen oder nicht. Aus Freunden sind Feinde geworden, aus Nachbarn Späher. Du kannst keinem mehr trauen.« Gedrückt saß er da, einen erloschenen Zigarrenstumpen im Mund. »Zeitung brauchst du auch nicht mehr zu lesen. Alles komplett verseucht. Die jüdische Konkurrenz ist weg. Jetzt haben wir Alpenrausch und Edelweiß. Blonde Mädchen und wogende Kornfelder. Alles so seicht wie verlogen.« Johanna dachte an die verbrannten Bücher. Tappeser hatte die gleichen Gedanken: »Sie zerstören unsere Kultur, unsere Bücher. Gott sei Dank gibt es Bücher nicht nur einmal. Sie tauchen wieder auf, irgendwann. Anders ist es mit Bildern. Sie sind für alle Zeiten verloren.« Bevor er ging vertraute er ihr an, dass Barz mit seiner Frau in die Lüneburger Heide geflüchtet sei und dort abwarten wolle, wie sich die Sache entwickele. »Wollheim und die Barbakoff, Dix, Schwesig, Barz, wer denn noch alles?«, sinnierte Johanna, »Barz war noch bei mir, bevor er weg ist. Du weißt ja, dass seine Frau Jüdin ist. Die Nazis verlangen, dass er sich scheiden lassen soll. Stell dir das mal vor.«

Die Gedanken an Schwesig und Barz wühlten sie auf. Sie fragte herum, blieb ohne Antwort. Sie schrieb an Maria, forschte in der Schlegelbrauerei und in der Untersuchungshaft Ulmer Höhe, alles ohne Ergebnis.

In der Galerie blieb es monatelang erstaunlich still. Weihnachten und der Jahreswechsel gingen vorbei, nichts geschah. Dann kam der Brief, den sie viel früher erwartet hatte. »Im April ist Schluss«, sagte sie zu Lisbeth, die zum Fensterputzen vorbeigekommen war und mit Lappen und Eimer auf einer Leiter stand und wischte. »Sie haben Mietschulden und Gerichtskosten addiert und sind jetzt auf eine Summe von über 3000 Reichsmark gekommen, plus ausstehende Zahlungen an die Sparkasse. Denk mal, jetzt soll ich plötzlich Mietschulden haben! Sie wissen doch genau, dass bei mir nichts zu holen ist.« Johanna tobte. Lisbeth wrang den Lappen aus. »Mutter, begreif doch! Das ist doch nur ein Vorwand. Die wollen deinen Kunsthandel nicht. Du bist denen ein Dorn im Auge. Was sie mit dir machen, machen sie mit allen, die ihnen nicht passen. Neulich habe ich Pudlich getroffen. Er meinte, die einzige Chance wäre, wenn du der Reichskammer für bildende Künste beitreten würdest. So wie alle Galeristen, die überleben wollen.« Johanna sah sie streng an. »Das will ich nicht hören.«

In die Enge getrieben fühlte sie sich. Oft hatte sie das Gefühl, Späher im Haus zu haben, die herausfinden sollten, was bei ihr gesagt wurde und was zu holen sei. Einer dieser Graugekleideten – er kam immer dann, wenn der Laden leer war und begrüßte sie mit einem schmissigen Heil Hitler – war penetrant: Alles käme einmal heraus, ihre Habe ebenso wie die politische Gesinnung. Das Reich ließe sich nicht lumpen, wenn man sich entsprechend verhielte. Es sei doch schade, dass eine Frau wie sie immer nur mit Stümpern ihr Leben verbringe.

Nach Karneval stand er wieder in der Galerie, fing von der Reichskammer der Bildenden Künste an, zählte ihr die Vorteile auf, die man ihr als Händlerin einräume, sprach von einer Neuordnung des Ausstellungswesens, von einer Gesellschaft zur Förderung der Düsseldorfer Kunst, von einer geplanten Galerie der Neuzeit am Hindenburgwall, von einer Förderung aller positiv eingestellten künstlerischen Kräfte. »Aller positiv eingestellten künstlerischen Kräfte?« Entnervt vom Gesäusel und den Lügen wies sie ihm die Tür: »Raus!« Er aber setzte sich auf die Chaiselongue, lehnte sich behaglich in die Polster, streckte die Beine und zündete eine Zigarette an, besah sich die durchgescheuerten Lehnen, das hervorquellende Rosshaar. »Mut haben Sie also auch. Aber das wissen wir ja. Und diesen Mut könnten Sie …« Mit erhobenen Fäusten baute sich Johanna vor ihm auf: »Raus! Wirds bald!« Gemächlich stand der Mann auf und ging zur Tür. Die Klinke in der Hand, ein aasiges Grinsen im Gesicht, drehte er sich nochmals um: »Sie beherbergen Juden. Und verkaufen deren Sudelwerke.«

Tags darauf sperrte man ihr Wasser und Gas. Und dann standen plötzlich Uniformierte in der Galerie, kümmerten sich nicht um ihre Proteste, sammelten nach einer Liste Bilder zusammen, trugen Werke von Dix, Gilles, Hoerle, Jawlensky, Pankok und Ernst – darunter ›Die schöne Gärtnerin‹ – über die Straße und verfrachteten sie in Jeeps der Wehrmacht. Eine unbändige Wut erfasste sie. Fassungslos sah sie dem Transport hinterher.

Ohnmächtig fühlte sie sich. Selbst Mut war ihr abhanden gekommen. Auch von den Malern kam nichts Aufmunterndes. Sureda schrieb, dass es auch in Spanien an allen Ecken schwele, dass Unabhängigkeitsbestrebungen für Spannungen sorgten, dass es Putschversuche und Aufstände gegeben habe, dass viele, die sich vor Hitler in Sicherheit bringen wollten, jetzt um ihr Leben bangten und erneut fliehen müssten. Seine Handschrift war krakelig und Johanna musste die stärkere Brille suchen: »Gestern habe ich nach langer Zeit wieder im Garten gesessen und meiner Tochter beim Spielen zugesehen. Pilar ist ordentlich gewachsen. Eine richtige kleine Dame. Wie wünsche ich mir, dass ich noch ein wenig bei ihr bleiben kann. Ich male für sie, dann bleibt ihr wenigstens etwas von mir. Liebes Ey, wer kann sagen, wann und ob wir uns noch einmal sehen werden? Wie gern hätte ich dir noch mal unsere schöne Insel gezeigt, aber es sollte nicht sein. Du bist alt und ich noch älter, so wie ich jetzt bin. Meine Kräfte muss ich auf ein Ziel versammeln. Der Tatsache bewusst, dass in dieser Welt nichts wertvoller ist als das Leben selbst, will ich es nicht töricht verschwenden, sondern alle meine Anstrengungen darauf konzentrieren, es zu vertiefen, wenn ich es schon nicht verlängern kann. Versuche doch nochmals zu kommen. Wir werden dann wieder einen schönen großen Krach haben, bei dem Tränen und Wein vergossen werden. Sei geküsst auf deine beiden Kartoffelwangen. Ich bin immer dein Freund, Jacobo.«

Mit gleicher Post kam ein Brief vom Gerichtsvollzieher. Lange sah sie auf das graue Papier, auf die mit Maschine getippten Buchstaben, auf die mit rotem Stift unterstrichene Zeile: Zwangsräumung, 6. April 1934. Mehrfach las sie die Drohung, dass, falls sie sich diesem Termin verweigern sollte, indem sie den Laden verschlossen hielte oder nicht anwesend sei, die Türe gewaltsam geöffnet werden müsse und die Sachen so lange im Gewahrsam der Stadt bleiben würden, bis sämtliche Kosten von ihr bezahlt seien.

»Aus und vorbei. Alles zu spät, das Räderwerk läuft. Es ist vorbei, alles.« Sie bemühte sich ruhig zu bleiben, aber der Puls raste und ihr Atmen wurde laut. Vor dem Spiegel im Flur betrachtete sie ihre grau gewordenen, zum Dutt frisierten Haare, die Falten im Gesicht. Sie war eine Seiltänzerin gewesen, hoch über dem Marktplatz. Viele hatten zu ihr hinaufgeschaut, ihr Münzen in den Hut geworfen und für sie den Leierkasten gedreht. Goldene schaukelnde Ohrringe hatte sie gehabt, ein glitzerndes Kleid und eine hohe Frisur.

Sie ging ins Schlafzimmer, kramte die Mantilla aus einer Schublade, die sie sich vor dem Spiegel im Flur ins Haar steckte. Tief atmete sie. Dann griff sie nach dem Telefonhörer, betätigte die Kurbel, ließ sich ein Amt geben und mit dem Direktor der Grundstücksverwaltung verbinden. Fest und sicher klang ihre Stimme. »Es stehn doch so viele Wohnungen leer. Herr Gerlach, warum helfen Sie mir nicht? Kann ich nicht wenigstens den Abstellraum behalten und hier wohnen bleiben?«

»Die Stadt hat keinen Grund, Ihnen einen Gefallen zu tun.«

»Warum nicht?«

»Weil sie sich so banausenhaft gegen den Bürgermeister benommen haben.«

»Wieso?«

»Die Presse hat den Bürgermeister in Ihrer Sache angegriffen und Sie haben das nicht gestoppt!« In all ihrem Elend musste Johanna lachen. »Ich bin doch nicht irrsinnig, dass ich der Presse den Mund verbiete, die mich alle lieben und verehren!«

»Ach, machen Sie doch, was Sie wollen!«

»Das tu ich auch!« Sie knallte den Hörer auf die Gabel.

Während Tappeser, Wendt und Hundt eine Spendenaktion organisierten, zu Solidarität und Zusammenhalt aufriefen, hielt sich Johanna an Naheliegendes: den Ausverkauf der Bilder. Oft musste sie sich zwingen nicht hinzusehen, wenn ein Bild allzu billig über die Theke ging.

Als zwei Männer Wollheims Verwundeten von der Wand nahmen und heraustrugen – ein Anwalt hatte das Bild gekauft – versuchte sie sich einzureden, dass alles eine Täuschung sei, eine Illusion und sie nur Geduld haben müsse, bis alles wieder gut werden würde.

Aber das Gute kam nicht. Zuletzt gab es nur noch eines, womit ihr zu helfen war: eine Wohnung finden.

Der 6. April war ein Freitag. Lisbeth und Maria halfen beim Ausräumen und Putzen. Johanna stand zwischen Kisten und Körben, als Pankok, seine Tochter Eva an der Hand, hereinkam, sich die Szenerie besah und von den Zigeunern anfing. »Die komplette Siedlung haben sie niedergerissen. Meine Zigeuner sind alle weg. Du bist also nicht allein. Es gibt so viel Elend. Letzten Monat habe ich mich mit Trude Brück getroffen. Sie bat mich um Rat wegen ihrer Ehe. Ihr Mann ist in die SS eingetreten und jetzt übungshalber in Dachau eingesetzt worden. Trude will sich scheiden lassen.« Johanna ließ sich auf eine der

Kisten fallen. »Ach herrje. Die Ärmste. Was diese Zeiten uns für Entscheidungen abverlangen ...« Pankok half beim Abhängen der Bilder. Hundt und Pudlich standen betreten herum. Westerfeld brachte Blumen. Hermann und Paul hatten Kisten beschafft. Hermann erzählte von einer Ausstellung im Reichswirtschaftsmuseum zum Thema Rassenkunde, flüsterte ihr ins Ohr, dass sich auch dort alles verändert habe und ein falsches Wort nicht nur die Stelle kosten könnte.

Irgendwann stand die Galerie voller Leute. Alle drucksten herum, keiner wusste, was er sagen sollte. Johannas Blick blieb an den hellen Stellen hängen, die die Bilder an den Wänden zurückgelassen hatten, an Fenstergriffen aus Messing, an Türklinken, gerillt an der Seite und abgeflacht für die Hände, am abgetretenen Parkett, das bei jedem Schritt knarrte. Schrubber, Eimer, Handfeger und Kehrblech lehnten an der Wand. In der Küche tropfte der Wasserhahn. Hermann hatte sich die letzte Kiste auf die Schultern gehievt.

Sie ging hinaus, löste die eisernen Haken vom Holz der aufgeklappten Läden und schloss die Flügel. Einen Moment stand sie, wartete, bis alle herauskamen. Einmal noch quietschte ihr die Tür entgegen. Dann drehte sie den Schlüssel. Sie spürte Küsse und Umarmungen, auch, wie jemand ihre Hand drückte. Die Gesichter sah sie verschleiert und fern: »Wir besuchen dich. Du bist ja nicht aus der Welt und bald schon ...«

»Du wirst sehen, das ändert sich auch wieder.«

»Wenn du nur weiter an die Kunst glaubst ...«

Stockkampstraße, 1934

In einem Atelierhaus in der Stockkampstraße fand sie Unterkunft. Die Wohnung war eng. Anderthalb Zimmer und eine kleine Küche, daran angrenzend ein geräumiges Atelier, in das sie ihre Bilder schaffte. Skizzen, Ölbilder, Leinwände und Pappen hingen und standen, lehnten an Wänden, lagen gerahmt und ungerahmt auf dem Boden, stützten sich Stoß an Stoß. Die größten reichten bis knapp unter die Decke: Wälder und Bäume in den Farben des Sommers, Rheinlandschaften, Kastanienbäume auf der Königsallee mit breiten, gewaltigen Kronen, Bälle und Redouten, Portraits von Johanna, Kohlezeichnungen und Holzschnitte von Pankok, Naives von Trillhaase. Dazwischen Nippesfiguren und Vasen, unter die sie Zierdeckchen geschoben hatte. Die Ölbilder von Wollheim und Max Ernst, darunter das ›Rendez-vous des amis‹ und das ›Souvenir de Dieu‹, packte sie in Decken und schob sie unters Bett.

Die ersten Tage waren kaum auszuhalten. Inmitten der Sammlung saß sie, ohne Geld, beklagte sich bei Lisbeth, dass niemand mehr Bilder kaufen werde, dass sie ihre Zeit vertue, dass es ihr übel zusetze, nicht mehr in der Altstadt zu wohnen.

Sie hatte geglaubt vor städtischen Beamten Ruhe zu haben, aber kaum, dass sie sich einigermaßen eingerichtet hatte, schickte die Stadt einen Gerichtsvollzieher, um nachzusehen, was für die rückständige Miete noch zu holen sei. Der Wert der bisher ausgesuchten Bilder betrage erst 1850 Reichsmark, was bei weitem nicht ausreiche. Prüfend ging er herum, nahm ein Bild nach dem anderen von der Wand. Lemans ›Cala‹ war darunter, Akte von Pudlich, ein Stillleben von Barz, eines von Tappeser, die ›Dame mit Vase‹ von Heckroth, Adlers alter Jude mit dem abgrundtiefen Wissen in den zerfurchten Zügen. Als er Suredas Sonnenblumen anfasste, tobte sie: »Finger weg! Mietfreier Wohnraum wurde mir versprochen. Mietfrei! Jetzt plötzlich soll ich zahlen und Schulden werden mir vorgerechnet. Und zwar rückwirkend von 1930 an. Eine Unverfrorenheit ist das! Mit welchem Recht tun Sie das?« Auf dem Tisch in der Stube war ein Stapel entstanden, den der Beamte mit einer Schnur zusammenband, aufhob und, obwohl Johanna schrie und drohte, ungerührt aus der Tür trug.

Aus Angst, dass er wiederkommen könnte, schrieb sie an ehemalige Kunden, machte Sonderpreise und war erleichtert, dass sich Lydia und Artur Bau auf einen neuen Ratenkauf einließen.
Pudlich besuchte sie, versuchte sie abzulenken, empfahl ihr, mal an was anderes zu denken und bot an, sie zu Künstlertreffen ins Chronometer in der Flingerstraße oder ins Kilian mitzunehmen, was Johanna aber heftig ablehnte. »Hilf mir lieber die Bilder verkaufen.« Schmitz brachte ihr einen Haarkamm aus Ischia und die Nachricht vom Tod Trillhaases. Er kam, um sich zu verabschieden. Ein Umzug nach Berlin stand an. Wollheim schrieb vom Lago Maggiore, aus Ascona, wo er zwischen Freidenkern und Freikörperkultlern über seine Zukunft nachdachte. Leman meldete sich aus Deià. Pankok, der Malverbot bekommen hatte, schickte eine Karte von den masurischen Seen: »Die Kinder rufen hier Häil Hiitlär. Die alten Polaken sagen: Hitlerchen wird machen, Hitlerchen wird sorgen ...«
Anfangs kam täglich jemand. Hin und wieder verkaufte sie etwas. Bald aber nahmen die Besuche ab und sie blieb allein zwischen Bildern, Fotos und Widmungsblättern, von denen die Wände voll hingen: »Meiner lieben Tante Ey in alter Liebe – dein Hundt«, »Meiner lieben Mutter Ey, von Joachim Ringelnatz«, »Meiner lieben Nachbarin, Ihr Walter Cohen«, »Für Mutter Ey zum Abschied vom schönen Rhein – Otto Dix«, »Meiner lieben Asta, dem einzigen Mädel, das mir während des Krieges treu geblieben ist – Heinz Wever.« Außerdem: Johanna neben Josefine Baker, Arm in Arm mit Trillhaase, mit Wollheim, mit Ernst, mit Schauspielern, mit Tatjana Barbakoff, mit Professor Spatz.
Vor dieser Sammlung saß sie bei schwachem Feuer und wartete. Sie hatte den grauen Haarknoten gelöst und sich in einer Schüssel die Haare gewaschen. »Jetzt sitz ich hier rum«, jammerte sie, als Lisbeth kam, »bin abgeschoben und würde doch so gern nützlich sein. Ich könnt ja auch noch so viel machen.

Wenn ich dran denke, wie es vor Jahren war. Wie mich alle umschmeichelt haben. Alle, die gesehn werden wollten. Die Rolle der Prominenten hab ich doch nie haben wollen und doch habe ich sie genutzt für die Galerie, für die Maler. Aber jetzt, wo ich keine Rolle mehr spiele, bin ich für einige einfach nicht mehr da. Früher haben wir zu Weihnachten und an Feiertagen, Neujahr und zum Geburtstag, zu jeder passenden und unpassenden Gelegenheit Körbe mit Sachen bekommen. Weißt du das noch? Brot, Blutwurst, Schwartenmagen ...«

»Ja, Mutter, das weiß ich noch. Denk einfach nicht dran. Du warst doch immer stark. Hast immer gewusst, wie es weitergeht.«

»Aber ich kann doch meine Gedanken nicht abstellen. Weißt du, was mich wütend macht?« Lisbeth zuckte mit der Schulter. »Wohl alles.«

»Nein, nicht alles. Aber, dass es Maler gibt, die früher gern bei mir gesessen haben, mich aber jetzt auf der Straße lieber nicht sehen wollen aus Angst, es könnte ihrem Ruf schaden.«

»Das glaub ich nicht.«

»Es ist aber so. Ich könnte der politischen Einstellung oder der Position schaden. Vor Jahren haben sie sich um mich geschart, um gesehen zu werden. Aber wenn man arm geworden ist, kann man so anständig sein wie man will, man ist einfach nicht mehr da. Du glaubst gar nicht, wie enttäuscht ich darüber bin.«

»Wer grüßt dich nicht?«

»Lisbeth, glaub mir, es sind einige. Aber mach dir keine Sorgen. Meine Treuen sind noch da. Die, die sich nicht beeinflussen lassen. Trotzdem, manchmal habe ich das Gefühl, als wär ich gestorben. Wenn bloß die Geldsorgen nicht wären. Wochenlang keinen Pfennig in der Tasche. Dabei müsste ich mir auch dringend einen Zahn plombieren lassen. Wenn ich die Raten von Baus nicht hätte, 40 Mark im Monat für Bilder von Max Ernst – immerhin die Miete. Ach Lisbeth, es wird mir wohl auch so gehn, dass ich erst 20 Jahre oder länger unter der Erde liegen muss. Nachher kommt der Ruhm, der niemand was kostet.«

Im November hörte sie eine bekannte Stimme im Treppenhaus und stürzte zur Tür. »Schwesig! Gott sei Dank! Schwesig!« In die Umarmung flossen Tränen. »Schwesig, Bubi, was hast du bloß durchgemacht.« Sie saßen eine Weile – Schwesig wollte alles über die Galerie und den Streit mit der Stadt wissen – als er von sich zu erzählen begann. »Da war doch diese Hatz auf die Kommunisten. Ich hatte das unterschätzt. Vorher war ich noch mit Maria in der Eifel und hab gar nicht begriffen, wie gefährlich das war. Dann, wir waren kaum zurück, haben sie vor der Tür gestanden, mich mitgenommen, weil ich Genossen mein Atelier in der Immermannstraße für Sitzungen zur Verfügung gestellt habe. Sie wussten doch nicht, wo sie sonst hätten hin sollen. Jedenfalls gab es einen Haftbefehl wegen Hochverrats. Ich hätte die Reichsverfassung gewaltsam ändern wollen, haben sie gesagt. Ich wurde zum Verhör in einen Keller in der Bismarckstraße gebracht, unter dem Restaurant Schlegel. Da unten gibt es einen riesigen Raum. Auf der einen Seite stand ein Tisch, an dem haben SS-Leute gesessen. Gegenüber, auf einer Bank, saßen ungefähr 20 Gefangene. Ich sag dir: Die haben ausgesehn! Die haben ausgesehn! Einem ist Blut aus dem Mund gelaufen. Zugeschwollene schwarzgeschlagene Augen hatten sie und was sonst noch. Ständig hat elektrisches Licht gebrannt. Tag und Nacht. Die SS hat von mir verlangt, ich soll die Adressen der untergetauchten Parteigenossen angeben. Auch die von Wollheim wollten sie wissen. Aber die hätte ich nie verraten. Sie haben mich an der Kehle gepackt, mich gegen die Wand gedrängt und mir eine Pistole an die Schläfe gesetzt. Ununterbrochen haben sie mir ins Gesicht geschlagen. Dann haben sie einen Stuhl gebracht, meinen Kopf in die Rückenlehne gesteckt, mir das Hemd ausgezogen und mich gepeitscht.« Johanna schloss die Augen, rang die Hände, wusste nicht, was sie sagen sollte. Schwesig weinte. »Sie haben mich geschlagen, bis ich nicht mehr konnte, mich in den Bauch getreten, über mich gelacht, über meinen verkrüppelten Körper. Sie wollten wissen, wie viel ich von Moskau für mein Atelier bekommen habe. Natürlich habe ich nichts bekommen und das habe ich auch gesagt, aber dann haben sie wieder grausam zugeschlagen, bis ich es nicht mehr ausgehalten habe und gesagt habe, dass es zehn Reichsmark am Tag waren. Aber dann ging es erst richtig los. Am anderen Tag kam Ablösung. Einer von der SS hat mich vor die Gefangenen gezerrt und geschrien: Der hier hat euch verpfiffen! Das kleine Miststück hat euch alle verpfiffen! Der singt alles, was wir wollen, nicht wahr, Karlchen. Dann haben sie mir die Haare abgeschnitten und mir mit einem Rasiermesser ein Hakenkreuz in die Kopfhaut geritzt. Ich musste Lieder singen und im Keller herummarschieren. Und ständig haben sie gerufen: Karlchen, mach mir die Schuhe zu! Karlchen, bring Kaffee!« Johanna hob entsetzt die Hände vor das Gesicht. »Mein Gott, was sie dir angetan haben ...«

»Den anderen im Keller ging es genauso. Ein jüdischer Schneider aus dem Warenhaus Tietz wurde brutal gefoltert, obwohl nichts gegen ihn vorlag. Wie beim Schweineschlachten auf dem Dorf ging es zu. Ich hab bloß immer das Bewusstsein verloren. Vielleicht war das ein Glück. So hab ich nicht alles mitbekommen. Dann, es war am zweiten Tag nach Mitternacht, haben sie mich aus der Zelle geholt und mir den blutig geschlagenen Rücken eines Gefangenen gezeigt, den ich vorher hatte schreien hören. Einer der SA-Führer sagte, dass ich mir das genau ansehen soll, damit ich später mal ein schönes Gräuelmärchen malen könne. Und weißt du was? In diesem Moment hab ich mir geschworen, das alles zu malen, um es später zu zeigen. Das war es, was mir plötzlich Kraft gegeben hat. Einmal sind sie in mein Atelier, haben den Maskenball und noch zwei andere Bilder geholt. Dann haben sie mich gepackt, ich soll die Bilder erklären. Dabei hat mir einer ständig ins Gesicht geboxt, bis Blut auf den Boden tropfte. Mit meinen verquollenen Augen hab ich angefangen heimlich zu zeichnen: all die Verprügelten, den toten Schneidermeister, einen Handwerker mit zerschundenem Kopf, auch die Verhöre. Später bin ich abgesondert und auf die Ulmer Höhe gebracht worden. Einzelzelle wegen Fluchtverdacht und Verdunklungsgefahr. Dort habe ich auch gezeichnet. Das Ganze endete mit einem Hochverratsprozess.

Ein Jahr und vier Monate hats gegeben. Nach Wuppertal haben sie mich verfrachtet. Maria durfte mich besuchen. Ihre Mutter hat mir manchmal Essen geschickt. Ja, und dann haben sie mich entlassen – in ein noch größeres Gefängnis. Es heißt Hitler-Deutschland.« Johanna saß starr. »Und jetzt? Was ist jetzt?«
»Jetzt will ich nur noch weg hier. So schnell wie möglich. Egal wohin. Ich zittere, wenn ich auf die Straße muss, wenn ich einen von diesen Schlächtern sehe. Im Ausland werd ich ihren Auftrag erfüllen und das Gräuelmärchen fertig malen.«

Augen wie aus Glas

Der Brief kam an einem Donnerstag. Draußen war alles hell, der Tag heiß. Johanna war auf dem Markt gewesen. Erdbeeren, Kirschen und Rhabarber gab es, protzende Sträuße von Pfingstrosen und Forsythien, erste Radieschen und duftende Kräuter. »Probiert ens Madame, dat ess jett Jodes!« Möhren, Kartoffeln und Zwiebeln hatte sie ins Netz gepackt und nach Hause getragen.
Dort hatte der Brief vor der Tür gelegen.

Liebes Ey!
Heute, es ist zum Abschiedstag, da ich nicht mehr länger leben werde. Ich habe nur eine Bitte zu machen. Lass Elinor die Bilder von mir haben, die bei dir sind. Elinor wird einige für dich lassen, wenn sie nach Deutschland fährt. Ich bin hierher gekommen, im Kreise meiner Familie zu sterben. Wenn ich viel schreibe, wird es wie das ewige Jammern. Keine Idee davon, meine Liebste. Erstens hat man freie Gedanken, auch wenn der Körper gefangen ist. Und das ist schon sehr viel, beinahe alles. Und zweitens: Es gibt immer was Schönes anzuschauen. Ich habe dich gesehen. Und ich bin froh, dass unsere Freundschaft, das Wort ist nicht ausreichend, nichts an Frische und Kühnheit verloren hat. Johanna, lebe wohl und verzeihe mir, dass ich solche Nach-

richten von mir gebe. Durchaus keine Hoffnung! Grüße alle. Ich möchte imstande sein können, lange zu schreiben – zum letzten Male. Sei ewig meiner Liebe versichert.
Jacobo

Lange saß sie über dem Brief, bis sie merkte, dass sie minutenlang auf dieselbe Stelle starrte. Sie fror, obwohl es warm war und sie eine Weste trug, aber das Frieren war weit weg, so, als ob es nicht zu ihr gehöre. Sie rückte den Stuhl zurück, stand auf, ging ans Küchenfenster. Als könne das Licht von draußen helfen, hielt sie den Brief in den Tag und las ihn erneut. Sie legte ihn auf die Fensterbank, ging in die Kammer, nahm die schwarze Spitzenmantilla aus dem Schrank, legte sie um Kopf und Schultern, steckte den Kamm ins Haar. Sie fühlte das zarte Spitzengewebe zwischen den Fingern, schloss die Augen, sah Sureda, wie er über die glühenden Hügel zeigte, sah das Meer in der Ferne blitzen, hörte die Wogen gegen die Felsen donnern, sah die gleißende Sonne, die harten Gewächse der Küste, schwarzgekleidete Frauen vor den Hütten, hörte ihre raue, laute Sprache. »Liebes Ey! Ich bin jetzt in meinem Haus, wo die Sonne von allen Seiten durchsehen kann. Ich wollte dir das Land zum zweiten Mal zeigen, wir hätten schöne Ausflüge gemacht, aber es konnte nicht sein. Auf immer bin ich dein Freund ...«

Nur zwei Tage später kam Nachricht von Elinor. Jacobo Sureda war an einem Blutsturz in seinem Haus in Genova, in den Armen seines Bruders gestorben, am gleichen Tag, an dem er Johanna geschrieben hatte. Er hatte sich noch einer Operation unterzogen, die aber zwecklos geblieben war. Elinor schrieb, dass sie noch darauf gedrungen habe, dass er sich in Deutschland operieren lassen soll, aber er hätte nicht mehr reisen wollen, wo doch Deutschland nicht mehr sein Deutschland sei. Dass er noch gemalt habe, stand im Brief, schon als es fast nicht mehr ging: Armut und Esel und Fischer, Sonne und Schatten über blühendem Land. Eine Fotografie lag bei, die letzte, die Elinor aufgenommen hatte: Sureda unter einer Palme, das schwarze

Haar matt, das Gesicht eingefallen, der Körper abgemagert, die Augen wie aus Glas.

In der Nacht wanderte Johanna von einem Zimmer zum nächsten, den Flur hinunter und wieder zurück und meinte immer wieder, sich schreien zu hören. Am Fenster stand sie, sah in die Dunkelheit. Sie war wie gelähmt, unfähig zu allem, verstört bis ins Tiefste. Immer wieder hatte sie Sureda vor Augen, stellte sich vor, wie dunkel gekleidete Männer seinen starren Körper in weiße Tücher hüllten und in einem offenen Sarg, vorbei an blühendem Oleander, über staubige Straßen trugen.

Lisbeth kam, kochte und wusch, versuchte sie abzulenken. Johannas Schmerz aber war tief und hielt sich. In unbewachten Momenten trat er hervor, im Schlaf und im Traum, krallte sich in ihr Herz und ihre Eingeweide, krampfte ihre Hände. Der Schmerz über den Tod des einen, der gegangen war und nie mehr kommen würde, war stark und getragen von der Angst, nichts mehr von dem wiederzufinden, was einmal gewesen war. Bilder von früher kamen ihr in den Kopf, aber sie waren verblasst, gehörten zu einer Zeit, die nicht lange zurücklag und doch nicht mehr ihr gehörte. Farbig war nur noch wenig, woran sie sich in ihrer Dunkelheit erinnerte: Wolken, Himmel, Bäume. Einen Tag ihrer Kindheit hatte sie hell und duftend in Erinnerung. An diesem Tag hatte der Großvater ihr gezeigt, wie man aus den ausgehöhlten Stecken des Holunders ein Blasrohr machen kann. Danach hatte er sie durch den Bach getragen. Schwarz und schlammig war die Erde am Ufer gewesen, schattig das Wasser unter den Büschen, die Füße klebrig vom Morast. »Mach dich leicht«, hatte der Großvater gesagt und ihr, als er sie aufhob, mit knotigen Händen die Wange getätschelt. Da war sie leicht geworden wie eine Feder.

Spanischen Reis wollte sie kochen nach einem Rezept, das Sureda ihr aufgeschrieben hatte. Aber Reis war nicht mehr vorrätig und so griff sie nach Weste und Tuch und ging zum Markt, wo sie Wendt traf, der sie in ein Café einlud.

Das Café war voller Leute. Wendt störte sich nicht am Geschiebe, zog Johanna auf eine Bank am Ofen, sprach über das Saargebiet, das heim ins Reich kommen sollte, scheute sich nicht, offen über das Eheverbot zwischen Juden und Nichtjuden zu lästern und kam schließlich auf Pankok zu sprechen, der sich an einer Essener Ausstellung beteiligt hatte. »Er war mit seiner Christus Passion vertreten, einem Bilderzyklus, der das Leiden Christi zeigt. Eine sehr gute, wertvolle Arbeit. Seine Apostel sind die Zigeuner vom Heinefeld. Sein Petrus ist ein alter, vertriebener Russe, Maria eines der Sinti-Mädchen und Christus am Kreuz trägt die Züge von Schwesig, den sie brutal gefoltert haben. Na ja, du kannst es dir denken. Die Anklage war unmissverständlich. Natürlich haben sie Anstoß an den Zeichnungen genommen und wollten sie durch unverfängliche Blumenstücke und Landschaften ersetzt wissen. Pankok hat abgelehnt. Da wurde er angewiesen, seine Bilder abzuhängen. Die kahlen Wände haben sie auf Geheiß des Reichsleiters frei gelassen – zur Abschreckung. Mutig wie er ist, hat Pankok ein Protestschreiben geschickt. Wenn seine Bilder das Licht des Tages scheuen müssten, dann müsste auch die große Vergangenheit ausgelöscht werden. Dann müsste das Volk auch vor Cranach, Dürer und Grünewald geschützt werden. Das hat er geschrieben. Und dass man auch die Dome und Museen schließen müsse. Und eben das wäre Unrecht und Sünde gegen den Geist der Kunst und gegen das Volk.« Johanna nickte. »Sehr mutig. Und richtig. Aber er riskiert Berufsverbot.«

»Darüber ist er sich im Klaren. Er hat seine Passion dann noch in Mülheim ausgestellt. Als ein Museum ihm bald darauf weitere Ausstellungen widmete, erregte das natürlich den Unmut der Partei. Sie wollten die Ausstellung unterbinden, aber der Museumsleiter hat von sich aus die Sache beendet und zum Glück verhindert, dass alles beschlagnahmt wurde. Dann hat noch ein Museum in Münster Bilder aus seiner Passion gezeigt. Aber jetzt ist es für ihn und seinen Christus aussichtslos geworden. Übrigens Ey, ich geh nach Bielefeld. Mit

Käten. Dort kann ich die Kaserne mit Wandbildern ausmalen. Es wird meine Existenz für eine Weile sichern.«

Unter dem großen Himmel

Wegen eines Basaltblocks für ein Grabmal war Rübsam beim Bildhauer Moog in der Eifel gewesen und hatte Barz getroffen, der dort untergetaucht war. Als Johanna davon erfuhr – Rübsam hatte ihr einen Käufer für Dix-Zeichnungen vermittelt und Bargeld auf den Tisch geblättert, ihr zudem von Barz erzählt und sie in die Eifel eingeladen – packte sie kurz entschlossen ein paar Kleider zusammen. »Ich muss mal raus hier«, sagte sie zu Lisbeth, »wenn man in der Stadt ist, weiß man gar nicht mehr, wie es auf dem Land ist. Willst du nicht mit?«

Der Zug hielt an jedem Misthaufen. Es war warm. Lisbeth döste. Johanna, rot im Gesicht und schwitzend, fächerte sich mit einer Zeitung Luft zu. Ein Schwarm Vögel erhob sich aus einem Erlengebüsch, schwang sich in die Luft, schien auf Windstößen zu schwimmen. Nach einer kurzen Wendung kehrte er um, bevölkerte wieder die Äste der Erle. Ein Bauer kam vom Feld. Er hatte eine Sense geschultert und ging gebeugt. Am Straßenrand wucherte Gras. Disteln stachen heraus. Die Frucht stand schon hoch, Klatschmohn und Kornblumen scheckten dazwischen. Felder liefen lang hinaus bis an Wälder. Die Luft glitzerte und flimmerte, Feldblumen reckten die Köpfe, Sonnendunst lag über den Hügeln, es roch nach Heu. Kühe standen auf der Weide, malmten mit den Kiefern, stießen mit schweren Köpfen nach Mücken, Zeuggeschirr klirrte. Hinter einem Waldstück sprangen Pferde eine Böschung hinunter. Dann standen sie am Wasser und tranken. Am Himmel kreiste ein Bussard. Johanna beneidete ihn um seine Flügel, dachte wie schön es sein müsse, ein Federkleid und den großen Himmel zu haben. Irgendwie hatte sie vergessen, dass es solche Landschaften gab. Friedlich, fast feierlich lag dieses Land, atmend unter dem lichten Tag. Zu lange war sie nicht aus der Stadt herausgekommen. Wie oft hatte sie vor lauter Arbeit gar nicht bemerkt, wie sich der Winter zum Sommer gewandelt hatte. Wie waren die Wolken leicht und hauchfarben, gebauscht vom Wind, die Luft floss hell und leise. Sie dachte an die Sterne, die man jetzt nicht sah, die aber doch da waren. Ein bisschen Ruhe gab ihr das Hinaufschauen.

Rübsam hatte ihr von den Steinbrüchen erzählt. Viele seiner Skulpturen waren aus schwarzer, schwerer Basaltlava gehauen, die er hier geholt hatte. Sie hielt Ausschau, aber vom Zug aus war nichts erkennbar.

In Mayen wartete Moog auf dem Bahnsteig. Lachend und winkend kam er heran. »Da seid ihr ja! Endlich!« Er küsste Johanna auf beide Wangen, auch Lisbeth wurde umarmt und bestaunt. »En richtig schön Frau biste.« Er packte sich Johannas Koffer auf die Schultern und kündigte an, ihnen einiges zeigen zu wollen. Unterwegs erzählte er, dass Rübsam keine städtischen Aufträge mehr bekäme, er hingegen gleich mehrere Steinmetzarbeiten auf Düsseldorfer Friedhöfen zu erledigen habe. Vom Marktplatz aus zeigte er auf den verdrehten Turm von St. Clemens, wies nach den Stadtmauern und der Genovevaburg auf einer Felskuppe, erzählte von Genoveva und Siegfried, dem Pfalzgrafen, und von Golo, der geviertelt worden war, weil er Genoveva des Ehebruchs bezichtigt hatte. Ein Trauerzug kam über die Straße, ernst und einfach. Glocken läuteten. Männer trugen den Sarg. Immer wieder rückten sie die Riemen auf den Schultern gerade. Kinder standen am Rand, die Gesichter ernst und unbewegt. Hinter den Trauernden ging eine zerlumpte Alte. Sie hatte getrocknete Kräuter an einen Rucksack gebunden, murmelte etwas von Kamillenblumen, hielt Johanna einen ihrer Sträuße entgegen. Moog scheuchte sie weg. »Lass Traud. Heut net.«

Sie folgten einem langen Weg, an dessen Ende Moog in eine Seitengasse bog. »Da hinten, die Straß runter, hab ich dat Auto geparkt. Bevor ich euch abgeholt hab, war ich bei Heinrich Pieroth. Ein Freund von uns. Das da vorne ist sein Fotogeschäft.«

Vor Pieroths Laden wunderte sich Johanna, dass keine Fotos ausgestellt waren. »Da hängen ja Bilder.« Sie trat näher ans Fenster. Die Mayener Steinbrüche waren zu sehen. Schroff und mächtig wirkte die Landschaft. »So sieht es also hier aus.« Lisbeth, die hinter Johanna stand, nickte anerkennend. »Ganz schön gewaltig.«

»Ja, gewaltig«, sagte Moog, »könnt ihr euch an Kreuzberg erinnern? Er war nach dem Krieg oft bei euch. Die Bilder sind von ihm. Er hat sich an eines der Eifeler Maare* zurückgezogen.« Johanna ging näher heran. »Kreuzberg. Natürlich. Pitt Kreuzberg. Was wohl aus ihm geworden ist?« Moog schmunzelte. »Wer weiß, vielleicht seht ihr ihn bald. Dann könnt ihr ihn selbst fragen.«

Bis Kottenheim war es nicht weit. Moogs Atelier mit dem Bildhauergeschäft, das er sich mit zwei Vettern teilte, lag mitten im Dorf. Welkende Rosen rankten an der Fassade, Efeu wuchs bis zur Regenrinne, Basaltfindlinge lagen aufgetürmt. Frau Moog stand im Hof, kippte Salat aus einem Eimer. Gackernd schossen Hühner heran. Als sie Johanna sah, stellte sie den Eimer beiseite und kam mit ausgebreiteten Armen auf sie zu. »Dat is richtig! Mal raus aus der Stadt. Dat wird euch gut tun.« Moog wies auf den Eingang zur Werkstatt. »Geht rein ... Gleich gibt et Kaffee.« Einem Lehrling, der an einem Stein meißelte, rief er zu, dass er Mittagspause machen könnte.

Im Atelier war es stickig. Auf den Tischen lagen Zeichnungen, Stifte und Winkel; an den Wänden lehnten steinerne Fassadenteile und Kreuzwegbilder. Eine monumentale Platte mit den 14 Nothelfern versperrte den Zugang zu einem Fenster. Jemand hatte angefangen, einen Löwen zu meißeln. Bei einer weiteren Figur waren die Umrisse eines Engels zu erkennen. Moog führte sie durch einen Flur in die Stube, wo Johanna die Hände überm Kopf zusammenschlug: Pitt Kreuzberg erkannte sie sofort an seinem markanten Gesicht. Seine Kleidung war

---

* Vulkansee in der Eifel

zusammengewürfelt; merkwürdig die Knickerbockerhosen und der aus der Mode geratene, verblichene Hut. Barz hatte sich einen Bart stehen lassen. Seine Frau Hilde saß neben ihm auf einem Sofa mit einer Strickarbeit in der Hand. Kreuzberg sprang auf, Barz lachte, packte Johanna um die Schultern. Auch Hilde erhob sich. Von allen Seiten wurde sie umarmt. »Barz! Mein lieber Barz! Und Kreuzberg, das gibt es doch gar nicht!« Lachend sah Moog einer stürmischen Begrüßung zu. »Wie du siehst, ist die Eifel ein Zufluchtsort geworden«, sagte Barz, »wie so oft schon. Wenn Moogs nicht wären …« Moog winkte ab. »Ach wat, jeder muss tun, wat er kann.« Dann bat er alle an den Tisch. »Jetzt setzt euch erstmal.« Während er Johanna die Jacke abnahm, sagte er: »Barz hat einen schönen Auftrag bekommen. Er hat schon angefangen. Ihr werdet et noch sehn.« Er räumte die Zeichnungen beiseite, entnahm einem Wandschrank bauchige Gläser, die er mit Schnaps füllte. »Ein guter Trester von der Mosel.« Gleichzeitig leerten sie die Gläser. »Das freut mich, das freut mich«, wiederholte Barz, knuffte Lisbeth in die Seite. Der Lehrling brachte Tassen und dampfenden Malzkaffee. »Ja, ihr seid en Lichtblick. Bei uns is die Lage nämlich net grad rosig. Seit dem Krieg is dat so. Zwei Kriegerdenkmäler haben wir gemacht. Wenn et net so ne traurige Sache wär. Wir arbeiten auch für Kirchen«, erklärte Moog und zeigte auf eine Skulptur mit gesenktem Kopf, die in einer Nische des Zimmers stand. »En Totenwächter. Haben wir renoviert. Jetzt kommt noch en Taufstein.« Sehr genau wollte er wissen, wie es um Johanna stand, um Kunst und Künstler. Seine Frau hatte er gebeten Döppekuchen mit Speck zu backen und während Hilde und Lisbeth beim Backen halfen, saßen die Männer mit Johanna am Tisch, redeten und rauchten. Barz erzählte von seiner Flucht. »Damals, nach der Bücherverbrennung bin ich aus Düsseldorf raus. Du weißt ja, dass sie mein Atelier durchwühlt und Bilder beschlagnahmt haben. Ich hatte doch das Judenviertel gemalt. Du kannst dir denken …« Johanna nickte. »Es ging auch um die Plakate und Zeichnungen«, fuhr er fort, »als Staatsfeind haben sie mich eingestuft. Und dann Hilde. Es ist nicht leicht, mit einer

Jüdin unterzutauchen.« Barz kippte seinen Schnaps, verzog das Gesicht. »Brrrr.« Mit der Hand wischte er sich über den Mund. »Es hat einen Prozess gegen uns gegeben.« Er schwieg, als Hilde Teller ins Zimmer trug.

Laut und beschwingt ging es zu, Schüsseln gingen von Hand zu Hand. Kreisten ihre Gespräche anfangs um die verflossenen Jahre in der Galerie, so kamen sie, nachdem der Tisch abgeräumt war und Moog Likör ausgeschenkt hatte, auf Politik zu sprechen. Das Laute und Fröhliche verschwand, Sorge breitete sich über die Gesichter. Johanna beklagte ihre verlorenen Bilder, die Art und Weise, wie die Stadt mit ihr umgegangen war. Moog berichtete von Rübsam und dessen Skulptur für das 39. Regiment, das die Nazis zusammengeschlagen hatten; Barz von seiner Festnahme: »Ich war lange nicht mehr in Düsseldorf«, sagte Kreuzberg – seine Hände waren rot und voller Frostbeulen – »und ich weiß auch nicht, ob ich jemals wieder hin will.« Er begann von seinem Sohn zu erzählen, der, weil er Kommunist war, von SS-Leuten beinahe totgeprügelt worden war und im holländischen Exil lebte.

Als die Frauen den Tisch abräumten und Hilde in der Küche verschwand, setzte Barz seinen Bericht fort: »Bei dem Prozess ging es auch darum, dass ich einen Moskauer Sender abgehört haben soll. Sie haben mir vorgehalten, in meiner Wohnung Kommunisten beherbergt zu haben. Hilde haben sie auch verhört. Sie hat tagelang gezittert. Aber sie konnten uns nichts nachweisen. Das war mehr als knapp. Vorbereitung zum Hochverrat haben sie es genannt. Sie werfen mir vor, gegen das Reich zu arbeiten.« Er hob das Glas und zitierte das Gesetz: »Wer es unternimmt, dem Reich einen Nachteil zuzufügen, wird mit dem Tode oder mit lebenslangem Zuchthaus bestraft ... Tja, einen eingefleischten Kommunisten nennen sie mich, womit sie natürlich Recht haben. Und dann meine Frau, eine Jüdin, was natürlich alles besagt. Sie haben alles eingetragen und Meldung gemacht an die Staatspolizei in Berlin. Wir sind dann sofort in die Eifel.«

»Was sind das bloß für Zeiten, die wir erleben ...« Moog ballte die Fäuste. »Wir müssen dagegenhalten, wat wir haben! Alles! Ich ruh net eher, als bis dat Schwein tot ist.«

Am Abend, in Moogs Atelier, gingen Zeichnungen von Barz herum. »Fuchs, der Steinbruchbesitzer, hat mir den Auftrag gegeben, Arbeiterräume auszumalen. Wenn ihr wollt, kommt doch morgen vorbei. Dann arbeite ich wieder dran.« Zwei Vettern von Moog kamen dazu, Ernst und Berthold. Sie hatten dasselbe offene Lachen, auch die Art, wie sie die Augen kniffen, war allen eigen. Nach und nach fanden sich weitere Leute ein; ein taubstummer Anstreichermeister mit einem staubigen Gesicht drängte sich auf die Bank am Ofen, ein Lavagrubenbesitzer brachte eine Flasche Schnaps. Zwei mit den Moogs befreundete Maler stritten sich wegen einer Perspektive von Barz, die, wie der lautere von beiden meinte, völlig unstimmig sei. Barz mischte sich ein, erklärte seinen Standpunkt zur modernen Malerei, ein Thema, das bald von allen aufgegriffen wurde. Hin und her flogen die Meinungen. Ernst Moog berief sich auf Techniken in der Bildhauerei, was aber keiner so genau verstand; Kreuzberg erzählte von den Eifeler Maaren, wo er den Anfang allen Ursprungs zu erfassen glaubte. Spät kam Moogs Freund, der Fotograf aus Mayen, der einen jungen Mann dabei hatte, den er allen als angehender Schriftsteller vorstellte. Interessiert griff er nach Barz' Zeichnungen, in die er sich lange vertiefte. Sein Freund erzählte von seinem Roman und welche Stellen ihm besonders zu schaffen gemacht hatten. »Ist hier einer dabei, der mir mit Exlibris dienen kann? Mit Geld sieht es allerdings schlecht aus.«

»Mit Geld ist es immer schlecht«, lachte Barz, »aber wir haben auch nichts gegen Naturalien.« Er deutete auf Kreuzberg. »Kreuzberg ist ein Meister des Exlibris.« Einer der Vettern stand auf, holte Papier und Tusche. Nach einer Stunde lagen drei Entwürfe für den Roman auf dem Tisch. Der Student wählte ein Liebespaar, das über einem Dorf schwebte. Er versprach, Kreuzberg eine Flasche Mosel vorbeizubringen. Weit nach Mitternacht zogen sie ins Gasthaus zur Eiche, wo Lisbeth, müde vom Tag, ihr Zimmer bezog und sich Johanna mit den Männern an die Theke setzte, Bier vom Fass bestellte und rauchte.

Das Atelier der Moogs war Treffpunkt für Künstler und Poeten. Jeden Abend füllte es sich mit Leuten und mit Gesprächen. Am langen Eichentisch mit den gedrechselten Stühlen fühlte sich Johanna an frühere Abende erinnert. »Fast wie damals«, sagte sie und geriet ins Erzählen, während Barz Tabak zu Zigaretten drehte und Moog die Schnapsgläser nicht leer werden ließ. »Jetzt fehlen nur noch Wollheim, Schwesig, Adler. Ich wüsst so gern, was mit ihnen ist.«

»Schwesig ist in Belgien«, sagte Barz, »in Antwerpen. Er hat politisches Asyl erhalten, als er die Bilder vom Folterkeller gezeigt hat.«

»Ihm sind wirklich alle Felle davongeschwommen. Er hat unglaublich viel mitgemacht. Und immer noch mehr und noch mehr.« Johanna seufzte. »Als wir mit dem Zug durch die Eifel gefahren sind, hab ich gedacht, dass sich hier nichts verändert hat. Die Felder sehn aus wie immer. Der Himmel, so groß. Einen Bauer hab ich gesehn und Kühe. Alles wie immer.« Moog nickte. »Gar nix is wie immer. Manchmal mein ich, dat sogar der Wind anders pfeift als früher und die Vögel dumpfer singen.«

»Du freust dich nicht mehr«, sagte der Fotograf und Moog nickte. »Die Nazis – en Schand sind die. Bald fangen in Berlin doch die Olympischen Spiele an. In der Zeit wollen sie angeblich die Juden in Ruh lassen. Die lassen sogar zwei Halbjuden starten. Einen Eishockeyspieler und eine Fechterin. Alles Lüge und Alibi. Nur dat et im Ausland gut aussieht.« Dann sprach er über die Frauen im Dorf, die allein dastanden, über die Jungen, die eingezogen worden waren, über die Briefe, die kamen. Er sprach über das Weinen, die schwarzen Kleider, das verlogene Beileid der Regierung.

Am nächsten Tag besuchte Johanna mit Lisbeth den Steinbruch, wo Barz in den Arbeiterräumen malte. Von Wandgemälden war nicht viel zu sehen, nur Skizzen deuteten Landschaften an. Jemand hatte eine NS-Fahne und ein Bild des Führers aufgestellt. »Ist besser so«, sagte Barz mit Blick auf die Fotografie. »Fuchs ist in Ordnung. Er weiß über mich Bescheid. Hier komme ich endlich wieder zum Malen. Du glaubst nicht, wie ich das vermisst habe. Außerdem lenkt es mich ab. Auch Moog unterstützt mich. Wenn er nicht wäre ... Er versteckt meine Bilder. Er hat so einen Hass auf den Führer.« Barz zeigte ihnen die Räume und erklärte, was er vorhatte. »Zwei Wände nur Steinbrüche, also das lange Stück hier. Und da hinten eine große Eifellandschaft. Dafür wäre eigentlich Kreuzberg der Richtige!«

»Es ist gut, dass du den Auftrag hast. Du brauchst ihn dringender. Kreuzberg lassen sie zwar hungern, aber er darf malen.«

»Ach, die Zeiten sind für uns alle entsetzlich. Aber ich fürchte mich nicht. Nicht vor denen. Sorge hab ich nur wegen Hilde.«

»Weißt du, was ich manchmal glaube? Ich glaube, sie haben Angst vor euch, weil sie euch was zutrauen. Warum sonst verbieten sie eure Kunst?« Barz blieb vor einer Skizze mit Pferden stehen. »Ja, Kunst kann gefährlich sein. Trotzdem muss sie frei bleiben. Immer. Vielleicht hat der Führer so einen Hass, weil er es selbst nur zum Dekorationsmaler gebracht hat. Jahrelang hat er sich mit kitschigen München-Aquarellen über Wasser gehalten. Jetzt rächt er sich an allen, die Namen und Ansehen haben, wo er doch nur ein Kleckser ist. Bloß, warum muss sich das gesamte Volk seinen Minderwertigkeiten unterwerfen? Aber Johanna, wir machen trotzdem weiter. Weißt du, dass ich dich so gern noch mal malen würde? Komm doch morgen, vor dem Mittag. Was meinst du?«

Die schöne Gärtnerin

Die Wochen in Kottenheim waren ruhig gewesen. Auf Spaziergängen durch die Basaltbrüche hatte sie inmitten des uralten Gesteins, ähnlich wie an Abenden vor dem besternten Firmament, das Gefühl gehabt, die Auswüchse der Zeit seien seicht und schwach. Aber die Sorgen nagten und waren auch auf dem Portrait, das Barz von ihr gemalt hatte, spürbar.

Es war eine Stimmung, die hartnäckig festsaß und sich, wenn überhaupt, nur kurzfristig vertreiben ließ. Im Herbst hatte Rübsam sie zu einer Schiffstour abgeholt. Die Köln-Düsseldorfer feierte 100-jähriges Bestehen und Rübsam hatte Karten für die Strecke Koblenz-St. Goar geschenkt bekommen. Aber trotz der frischen, windigen Fahrt rheinaufwärts, trotz Wein und süßem Kuchen, trotz Gesang und Geschunkel und selbst vor großen Kulissen wie Ehrenbreitstein, Schloss Stolzenfels, den Burgen Katz und Maus und dem Loreleyfelsen stellte sie immer die gleichen Fragen: »Wie mag es wohl Schwesig gehn? Ob Wollheim noch malt? Was wohl aus Dix und Ernst geworden ist?«

In der Stockkampstraße saß sie über dem Notizbuch, in das sie ihre Erinnerungen notierte, als es spätabends klopfte. »Ey! Bist du da? Mach auf!« Sie war schon für die Nacht gerichtet, in Hemd und Schlappen, zog sich eine Weste über und hatte kaum die Tür geöffnet, da fiel ihr Leman um den Hals. »Johanna, gutes Ey. Hoffentlich komme ich nicht zu spät. Aber ich musste dich sehn. So oft hab ich an dich gedacht.« Sie lachte, freute sich über eine Kiste Orangen, die er mit dem Fuß in die Wohnung schob.

Leman hatte sich verändert. Es war nicht nur, dass er älter geworden war, er schien bekümmert und gedrückt. Deutliche Geheimratsecken hatten sich gebildet und sein Blick war stechend geworden. Das Hemd war ausgeblichen, der Anzug speckig. Seine Hände waren in ständiger Bewegung. Er saß kaum, da fing er von mallorquinischen Bauern und Arbeitern an, von ihrer Armut, von Basken und Katalanen, die von der Regierung unterdrückt wurden, von der Kirche, die sich, allzu mächtig, gegen jeden Versuch der Verweltlichung wehrte, vom Militär, das einen kaum noch kontrollierten Staat im Staat bildete. »Im Februar haben wir eine Volksfront-Regierung gebildet aus Sozialisten und Kommunisten. Von da ab verschärften sich die Gegensätze mit den Nationalisten. Im Sommer glich das Land schon einem Pulverfass, zumal die separatistischen Bewegungen der Basken und Katalanen für weiteren Zündstoff sorgten. Dann gab es den Putsch der Rechten gegen die Volksfront-Regierung. Allen voran Franco. Euer Führer unterstützt die Sache. Jetzt stecken wir in einem Bürgerkrieg, der uns noch alle umbringt. Franco ist für uns das, was Hitler für euch ist. Du kannst dir nicht vorstellen, wie es zugeht. Todesschwadrone durchkämmen die Insel. Sie ermorden Republikaner, Atheisten, Fremde. Tausende sind es schon. Auch die Kirche unterstützt die Rechten. Es ist wie im Mittelalter. Kirchenzeug wird eingeschmolzen und das Geld, das sie herausschlagen, in Waffen umgesetzt. Düstere Fanatiker sind es, die Ketzergerichte halten. Wer vor den Nazis nach Mallorca abgehauen ist, bangt jetzt wieder um sein Leben. Tausende sind auf der Flucht. Es geht ihnen genauso wie in Deutschland. Jederzeit kann man gefangen genommen, auch im Namen der Freiheit und des Vaterlands getötet werden. Von einer Insel kommt ja auch niemand weg. Es gibt kein Entrinnen. Die Konten sind gesperrt. Die sitzen alle in der Falle. Im Meer schwimmen Leichen. Es heißt, Deutschland liefert Waffen. Europa ist bald ganz in den Händen der Faschisten.« Johanna goss Leman Tee in eine Tasse. »Gibt es denn gar nichts Schönes mehr? Hast du nichts, was einen freuen könnte?«

»Wenig. Die Welt ist aus dem Ruder geraten. Stell dir vor«, fuhr er fort, »es gäbe ein sozialistisches oder kommunistisches Spanien, das sich mit Frankreich verbünden würde – ein Schreckensbild für den Führer. Außerdem will er sich mit Italien gut stellen. Mussolini unterstützt ja auch die Franco-Truppen. Wir Maler müssen unsere Bilder zurücklassen oder zerstören, damit wir nicht mit verdächtigem Material erwischt werden. Ach Johanna, was soll das noch werden?« Johanna dachte an

brennende Scheiterhaufen mit Büchern, Bildern, Menschen. »Ich weiß es nicht. Vieles hab ich für möglich gehalten, aber das? Gut, dass Jacobo das nicht erlebt«, sagte sie und zum ersten Mal dachte sie, dass sein früher Tod vielleicht eine Gnade war. Leman war auf Suredas Begräbnis gewesen und berichtete ihr von einem traurigen Tag. Von überall her seien die Leute gekommen, sogar aus Amerika. Als er von der kleinen Pilar sprach, die an der Hand Elinors hinter seinem Sarg hergetrippelt sei, stand Johanna auf und ging zum Fenster. Sie wollte nicht, dass Leman ihr Gesicht sah. »Was hab ich dieses Land gemocht. Wie schön war es dort. Wie gut. All die freundlichen Leute. Und Jacobo, mein Jacobo.«
»Ja, und nun richten sie alles zugrunde. Alles. Eychen, ich weiß auch nicht, ob ich dort bleiben kann.«

Im Februar hatte Johanna sich überreden lassen, Karneval zu feiern. Pudlich und Hundt hatten sie abgeholt, ihr ein Hütchen aufgesetzt und Luftschlangen um den Hals gelegt. Tanzen wollte sie nicht und dennoch konnte sie kurzzeitig das Schwere ablegen und sich zwischen Schlagern, Likör und bierlaunigen Malern selig fühlen.
Im Mai wurde die Reichsausstellung »Schaffendes Volk« eröffnet. Anderthalb Jahre lang war die Propagandaschau vorbereitet worden. Grünzonen hatte man erweitert; sogar ein neues Stadtviertel war entstanden. Massen strömten an den Rhein, um den Wirtschaftsaufschwung zu feiern, um das neue deutsche Wohnen und Arbeiten, die neue deutsche Kunst zu sehn. »Wenn meine Maler nicht dabei sind, geh ich nicht hin«, sagte Johanna zu Hundt, der sich die Schau angesehen hatte und ihr von Landschaften, Blumenstillleben, Tierbildern, Handwerker- und Soldatenbildern berichtete: »Alles saubere, klare deutsche Kunst. Mit staubgesaugten Landschaften. Eine Verharmlosung ist das.« Für den Führer, der kurz vor Ende der Ausstellung grüßend von seinem Mercedes aus vorbei an quetschenden und jubelnden Menschenmassen entlang der Königsallee

gefahren war, hatte sie nur wenig Worte: »Wie eine Marionette sieht der aus.«

Als sich Hinweise mehrten, dass Kampfflieger der Legion Condor die baskische Stadt Guernica zerstört hatten, trauerte sie. Sie dachte an das, was Leman gesagt hatte. Das Licht und die Wärme Spaniens kamen ihr in den Sinn, die Menschen, mit denen sie dort verbunden war, Sureda, der an Freundschaften zwischen den Ländern geglaubt hatte. »Wie falsch sie sind. Hier feiern sie den Aufschwung und dort zerschlagen sie alles.«

Im Herbst reiste sie für vier Wochen nach Lübeck, um Maria zu besuchen. Auch zu Baus in Hamburg fuhr sie und zu Irene, der Enkelin, die in einer Reinbeker Papierfabrik arbeitete. Was sie sah und hörte war bedrückend. Zurück kam sie mit einer heftigen Erkältung, die sich den ganzen Winter hielt.

Das Jahr begann mild und ohne Schnee. Der verregnete Frühling trug nicht dazu bei, dass sich Johannas Stimmung besserte. Im Sommer schaffte es Hundt, sie aus grüblerischen Stunden zu reißen. Ins Kino hatte er sie geschleppt, wo sie sich über Quatsch amüsierten. Auch in die Brauerei zur Uel und bei Karl Müller, einem Künstlerlokal an der Akademiestraße, das als Schifferkneipe aufgemacht war, waren sie eingekehrt. Und in Fatty Lemkes Atelier in der Hunsrückenstraße, wo der Wirt eine Art Montmartre am Rhein geschaffen hatte, Johanna allerdings das Gefühl nicht los wurde, dass das Lokal beschattet wurde. Manchmal, freitags, nahm Hundt sie mit ins Pitterstübchen, wo sie sich einen ansäuselten und dachten, damit für Stunden aus der Welt zu verschwinden.

Dann aber verlor sie wieder die Lust am Ausgehen. »Das ist zum Heulen«, sagte Johanna, als sie Hundt in seinem Atelier besuchte und er ihr einen Zettel über den Tisch schob, den sie, um ihn lesen zu können, dicht vor die Brille hielt. »Gestern hab ich gehört, dass sie Pankoks Passion verboten haben. Wegen Gotteslästerung. Die Gestapo hat seine Wohnung durchwühlt. Die Blätter haben sie nicht gefunden. Und jetzt das hier.« Wieder sah sie auf den Zettel. Schwarz gedruckte Buchstaben auf

rotem Grund sprangen ihr entgegen. »Entartete Kunst ... Aus München sagst du? Und bei uns soll jetzt auch so eine Schau veranstaltet werden?« Hundt nickte. »Ich hab meine Sachen in einem Puppenwagen in eine Scheune im Bergischen gebracht. Vorübergehend zumindest. Wir müssen versuchen, zu retten, was zu retten ist. Bloß die Museen können nichts verstecken. Die schöne Gärtnerin von Max Ernst, die zuletzt im Kunstmuseum hing, wird auch an den Pranger gestellt. Sie ist beschlagnahmt, so wie hundert andere, die sie aus den Museen schleifen.« Um Johannas Mund zuckte es. »Beschlagnahmt, wenn ich das schon höre! Bei mir haben sie auch beschlagnahmt. Geklaut haben sie, nichts anderes.« Wieder starrte sie auf den Zettel und las. »Geisteskranke Nichtskönner nennen sie die Maler. Gequälte Leinwand schreiben sie, seelische Verwesung, krankhafte Phantasien. Und die schöne Gärtnerin ist also dabei, sagst du?«
»Ja. Das Bild hängt in einem Saal, wo es um die Verhöhnung der deutschen Frau geht. Von Dix zeigen sie den Schützengraben, von Adler das Katzenzüchterbild. Von Wollheim drei Bilder, darunter die erotischen Landschaften. Vollendeter Wahnsinn steht drüber. Auch Sachen von Trillhaase und Uzarski hängen dort. Von Pankok die Zigeunerlithos. Es sollen sehr gute Klees und Campendonks dabei sein. Sie nennen es eine Schau von Missgeburten. Alle sind mit Schmähsprüchen versehen. Hundsgemein werden sie präsentiert: dicht an dicht, ohne Rahmen, in engen Treppenhäusern und zu kleinen Räumen, kommentiert und kredenzt in einem schäbigen Katalog. Pausenlos bellt Hitlers Stimme aus den Lautsprechern. Dass er kurzen Prozess mit dieser Entartung machen will, dass es schade ist, dass man die Leute nicht einsperren kann und solche Sachen eben. Alles treten sie in den Dreck, diese größenwahnsinnigen, wild gewordenen Spießer. Flechtheim wird als Prototyp des geldgierigen jüdischen Kunsthändlers und Kulturbolschewisten angeprangert.« Mit dem Finger fuhr sie entlang der Zeilen: »Von Judencliquen preisgekrönt, von Literaten gepriesen, steht hier. Dass die staatlichen Institute gewissenlos Millionenbeträge deutschen Volksvermögens verschleudert hätten, während deutsche

Künstler hungerten. Also dazu könnte ich was sagen.« Ihr Kinn zitterte. »Soll ich an Scherers schreiben? Das ist eine Arztfamilie aus München. Sie waren früher oft bei mir. Wegen Max Ernst. Sie könnten mal hingehn und nach den Bildern sehn. Hach, ich könnte heulen, wenn ich dran denke.«

»Wenn ich in München wäre, ich würde auch hingehn. Der Eintritt ist frei«, sagte Hundt, »nur für Jugendliche verboten. Und natürlich für Juden. Der Hinweis für die Juden ist übrigens in Blattgold unter geschliffenem Glas ausgeführt. Jetzt wollen sie mit den Bildern touren: Berlin, Frankfurt, Düsseldorf.« Johannas Wut verwandelte sich in Trauer. Eine Weile stand sie versunken. »In Düsseldorf soll das auch gezeigt werden? Sie wissen nichts, gar nichts. Es sind so gute Bilder dabei. Jetzt gehn sie also alle zum Teufel.«

»Kommt drauf an.«

»Auf was? Nachher verbrennen sie doch alles.« Hundt blies Rauchwolken in die Luft. »Nicht alles. Mit den Bildern wird richtig Geld gemacht. Manche gehen nach Holland. Dort sind die Meisterwerke der Modernen zu Billigpreisen zu haben. Auch in die Schweiz werden sie geschafft. Wird alles gegen Devisen verschachert. Hier verbrennen sie nur Rahmen, Kartons und bedrucktes Papier, billige Kunstdrucke. Jedenfalls nichts von Wert. Ein richtiger Ausverkauf ist das. Sie machen zu Geld, was zu Geld zu machen ist. Nur wo sie keinen Profit draus schlagen, vernichten sie.«

»Dann wissen sie also, dass die Sachen wertvoll sind?«

»Natürlich. Aber was sie nicht wissen: Mit dieser Schau öffnen sie vielen Besuchern die Augen darüber, was gespielt wird. Es könnte sein, dass der Schuss nach hinten losgeht.« Hundt grinste. »Die Entarteten haben viel mehr Besucher als Hitlers Bilder im Haus der deutschen Kunst. Was dich freuen wird: In Paris hat sich aus den Reihen emigrierter Künstler als Protest gegen die hiesige Kulturpolitik ein freier Künstlerbund gegründet. Bald werden sie freie deutsche Kunst zeigen. Wollheim mischt mit. Er ist Schriftführer. Du weißt ja, dass die Barbakoff bei ihm ist.«

Scherben

Im Mai las Johanna die Ankündigungen von der Ausstellung entarteter Bilder im Kunstpalast. »Ich kann nicht hingehn«, sagte sie zu Lisbeth, die sie drängte mitzukommen. »Wenn auch viele alte Freunde dort warten. Aber nein, ich kann nicht. Es ist besser so, denn wenn ich die Schmähreden höre, muss ich kotzen. Da sind mir meine Freunde zu lieb.«

Lisbeth ging allein. Ein Faltblatt brachte sie nach Hause, das Johanna mit suchendem Blick durchforschte. »Klee, Otto Mueller, Nolde ... wer war denn von unseren dabei?« Lisbeth zog ihr den Zettel weg. »Mutter, es ist besser, du denkst nicht mehr dran. Wir können es nicht ändern. Von Untermenschen haben sie geredet. SA-Leute waren da und haben Bilder bespuckt.«

»Warum tun sie das? Warum nur?«

Den ganzen Sommer machte Johanna einen Bogen um den Kunstpalast. Sie wollte auch nichts mehr hören von den Bildern und wenn jemand etwas sagte, winkte sie ab. »Lasst doch. Es ist doch sinnlos ...«

Ende Oktober begann die Gestapo mit einer großangelegten Abschiebung polnischer Juden. In der Nacht wurden sie aus ihren Wohnungen geholt, in schwer bewachten Zügen und Lastwagen zur deutsch-polnischen Grenze abtransportiert und über die Sperren gejagt. Die unvorbereiteten polnischen Grenzbeamten verweigerten den Abgeschobenen zunächst mit Waffengewalt die Einreise, die Deutschen wiederum die Rückkehr, so dass die Leute tagelang ohne Nahrung in überfüllten Grenzbahnhöfen saßen, bis sie entweder passieren durften oder interniert wurden. Unter den Internierten befand sich Zindel Grynszpan, ein Schneidermeister aus Hannover, nebst seinen Angehörigen. Als Anfang November sein in Paris lebender 17-jähriger Sohn Herschel vom Martyrium seiner Familie und tausend anderer Juden hörte, schrieb er einen Abschiedsbrief an seine Eltern, besorgte sich für 245 Francs im Waffengeschäft A la Fine Lame in der Rue du Faubourg Saint Martin beim Waffenhändler Carpe einen Trommelrevolver samt Munition, lud den Revolver auf der Toilette des Lokals Tout va bien und fuhr mit der Metro zur Station Solferino. Gegen 9.30 Uhr betrat er das Gebäude der deutschen Botschaft in der Rue de Lille, gab an, zwecks Abgabe eines wichtigen Dokumentes den Botschafter sprechen zu müssen, verschaffte sich Zutritt zum Amtszimmer des der NSDAP zugehörenden deutschen Legationssekretärs Ernst vom Rath, schoss ihm mehrere Male in Schulter, Milz und Magen, so dass vom Rath zusammensackte.

Von all dem ahnte Johanna nichts, als sie Tage später mit der Straßenbahn zu Lisbeth fuhr. Es war neblig und trüb. Eine feuchte Novemberkälte reizte die Lungen. Sie hustete und nieste. Die Straßenbahn quietschte. Fahrgäste standen dicht gedrängt, klammerten sich an Haltegriffe. Die meisten sahen müde und zerschlagen aus. Zwei Jungen in kurzen Hosen und Jacken mit Schulterklappen und Armbinden, um den Hals trugen sie Tücher mit Lederknoten, kreischten vor Begeisterung, als die Bahn an einem Stoffgeschäft vorbeifuhr, an dem die Fenster eingeschlagen waren. Jemand hatte einen Davidstern auf die Fassade geschmiert, Stoffballen und Garnrollen lagen bis auf den Gehweg, Scherben glitzerten. Johanna war irritiert. Ein paar Häuser weiter war es eine Musikalienhandlung, bei der die Schaufenster zerschlagen und ausgeräumt waren. Möbelstücke, zerfetzte Aktenordner, Notenständer und auseinandergerissene Fotoalben ragten aus einem Schutthaufen. Ähnlich sah es vor dem Korsettgeschäft Mendelsohn aus und vor der Buchdruckerei Pinhas. Auch hier waren die Auslagen leer geräumt. Halb verbrannte, aufgequollene Bücher, ein demoliertes Klavier, Teile einer Lampe und zerbrochene Blumentöpfe lagen zerstreut. Vor einem Kleidergeschäft wühlten zwei Männer in einer Kiste. Einer warf dem anderen lachend Bündel von Seidenstrümpfen vor die Brust. Bis an die Gleise der Bahn lag Glas. Leute gingen suchend herum. Scherben knackten unter ihren Schritten. Eine Frau rutschte und strauchelte. Der Geruch nach verkohltem Holz und gasigem Rauch zog ins Abteil. Wieder musste Johanna husten. Ihr Puls raste.

Was sie sah, war unfassbar. Ihre Gedanken liefen irre, sprangen und überschlugen sich. Hilflos sah sie sich um, versuchte in den Gesichtern zu lesen, Worte und Gesten zu begreifen. Sie stand vom Sitz auf, wollte etwas sagen, schwankte und klammerte sich an einen der Haltegriffe.

Anstatt zu Lisbeth zu fahren, kehrte sie um und fuhr nach Hause. Verstört saß sie in der Stube. Sie war froh, als es klopfte und Pudlich vorbeisah. Er trug eine Zeitung unterm Arm, die er auf den Tisch warf. »Tausende sind es. Weg. Abgeholt. Unzählige Geschäfte und Wohnungen zerstört. Die Synagoge auf der Kasernenstraße haben sie in Brand gesteckt. Auch die in Benrath. In der Zeitung schreiben sie von einer jüdischen Verschwörung.« Er nässte die Finger mit Spucke, blätterte ungeduldig in den Seiten. Johanna sah, dass er völlig aufgelöst war. Seine Stimme zitterte. »Hier – lies! Sie schreiben, die Leute hätten sich empört über den feigen Mord in Paris und ihren Zorn an den Juden ausgelassen. So stellen sie es dar! In Wirklichkeit war es durch und durch organisiert. SS und SA vorneweg. Den Martinszug haben sie überrannt. Stell dir vor, zuerst die Kinder mit den Laternen. Und dann gings ans Plündern und Morden. Der Pöbel war natürlich instruiert. Mit Stangen haben sie Türen und Fenster eingeschlagen, die Leute rausgeholt und in Schlafhemden und barfuß durch Glasscherben getrieben. In Lastwagen hat man sie gepfercht. Sie kommen in Lager. Viele sind auf der Flucht, man hört von Selbstmorden. Sogar Tote hat es gegeben. Davon steht hier nichts, natürlich nicht. Was für eine Zeit kommt da? Sag mir, Johanna, was tun wir?« Er setzte sich, hielt sich den Kopf. »Das ist das Ende. Unten vor deiner Tür steht einer und verkauft Tafelsilber und Schmuck. Eine Hand wäscht die andere, hat er gesagt. Dass er sich nicht schämt. Aber was können wir tun? Was bloß?« Johanna wischte sich die Augen. »Wir müssen uns weiter gegenseitig helfen und das tun, was wir immer tun. Kleine, ganz normale Sachen.«

Geschäfte standen plötzlich leer. Auch Wohnungen. Leute, die gestern noch dort wohnten und arbeiteten, verschwanden über Nacht. Manche kamen nicht mehr von der Arbeit nach Hause, andere waren noch an Bushaltestellen oder Hauseingängen gesehen worden, dann nie mehr. Geräuschlos und unauffällig gingen diese Dinge vonstatten. Die Zurückgebliebenen schwiegen, schüttelten den Kopf, schlossen Fenster und Türen. Auch Worte verschwanden, durften nicht mehr gesagt werden, veränderten die Bedeutung. Das Gefühl, dass es jeden jederzeit treffen, dass jeder verschwinden könne, selbst treueste Bürger, dass der Arm des Staates weit reiche und niemand vor Zugriff geschützt sei, hinterließ bei Johanna eine unruhig schwelende Angst. Von geheimen Listen hatte sie gehört, von Lagern, Verhören, Erschießungen und Folter. Ihr Misstrauen wurde nicht weniger, als sie in der Zeitung las, dass die Wirtschaftskrise überwunden sei und Deutschland als eines der ersten Länder wieder Vollbeschäftigung erreicht habe. Hermann, dem sie die Passage zeigte, unkte, dass dies bloß an Roosevelts kreditfinanzierten Konjunkturprogrammen läge und dass der ganze Aufschwung allen noch um die Ohren flöge, auch in Düsseldorf, wo man an allen Ecken und Enden bauen und erweitern müsse. Die gute Wirtschaftslage war tatsächlich nicht zu übersehen: Arbeitslose waren von der Straße verschwunden, auch wenn dabei Rüstungsaufträge eine Rolle spielten. Fabrikschlote qualmten wieder. Der Nordpark wurde angelegt; eine nationalsozialistische Mustersiedlung war in Planung. Eine Stadtplanungsgesellschaft wurde ins Leben gerufen, die für die gesamte Innenstadt einen Bebauungsplan nach Berliner Muster aufstellte. Dazu gehörte ein an die Königsallee anschließendes gewaltiges Straßenkreuz im Hofgarten, dessen einer Arm quer durch die Altstadt über eine neue Brücke zum Oberkasseler Ufer führen sollte. Den Abschluss an der Königsallee sollte eine gigantische Ton- und Kongresshalle bilden. Am Corneliusplatz sollte ein Opernhaus entstehen. Für ein Rathaus lagen Pläne vor, auch für ein Gauleitungsgebäude im Rheinpark mit einem mehrere hundert Meter hohen Turm. Für die gesamte Rheinfront waren neue Gebäude vorgesehen. Mit Fanfaren und Trompetenstößen eröffnete der Führer Autobahnen, Bahnhöfe, Ausstellungen und Parteitage. Im Radio gab es Übertragungen aus Bayreuth mit herrlichen Chören und viel Applaus. Caracciola erreichte mit seinem Mercedes auf dem Nürburgring 432 Stundenkilometer. Richard Strauss eröffnete die Reichsmusiktage, Marika Rökk steppte, Zarah Leander sang und Lisbeth fand eine Stelle als Souffleuse am Theater.

»Bei mir ist es immer dasselbe«, schrieb Johanna an Schmitz, »ich lese und höre Radio. Manchmal schneide ich Bilder aus alten Zeitschriften aus, gute Reproduktionen und klebe sie auf Karton. Das gibt mir etwas Abwechslung. Und dann, lache nicht, bin ich dabei, mein Leben aufzuschreiben. Es wird ja Quatsch sein, doch es kann auch mal gut sein. Vielleicht irgendwann, wenn wieder alles besser ist. Die nettesten Erinnerungen kommen ja manchmal erst, wenn man sich das Schwerste, was einen quält, heruntergesprochen oder aufgeschrieben hat. Mir kommt beim Schreiben so viel in den Sinn: Komisches und Trauriges. Vor allem aber meine Maler. Wenn ich nur jemand hätte, der mir alles mal tippen könnte. Meine Schrift ist doch so schlecht.«

Hedwig Mommertz, Lisbeths Freundin, die dem flehentlichen Ausdruck in Johannas Augen nicht widerstehen konnte, erklärte sich bereit, wenn Johanna diktiere, alles in die Maschine zu tippen und Durchschläge zu machen.

Über den Winter kam Hedwig jeden Abend nach der Arbeit, bepackt mit einer gusseisernen Schreibmaschine, die in einem hölzernen Koffer steckte, der mit Krokodillederimitat bespannt war. Der Name der Firma war in Goldschrift angebracht: Rheinmetall. Die Tasten waren rund, die Zeichen standen schwarz auf weiß unter kleinen Glasscheiben.

Während Johanna rauchte und erzählte, mühte sich Hedwig ihr zu folgen. Seite um Seite spannte sie zwischen die Walzen, dahinter Blaupapier für die Durchschläge. Nach jeder vollen Zeile drückte sie einen verchromten Hebel, der links am Wagen angebracht war, nach rechts. Die Tasten gingen schwer; jeder Anschlag klackte und übertönte die Worte, so dass Hedwig oft nachfragen musste und den Faden verlor. Stundenlang war das Geklapper der angeschlagenen Buchstaben zu hören. Hedwig begradigte weder Satzbau noch Ausdrücke, tippte alles genau so, wie es Johanna sagte. Manchmal verhedderten sich die Hebel, an denen die Buchstaben befestigt waren und Hedwig fluchte, weil das Entzerren schwarze Finger gab. Oft war es auch so, dass Johanna sich wiederholte oder etwas neu geschrieben haben wollte. Dann riss Hedwig das Papier aus der Maschine, zerknüllte es und schwor, sich nie mehr auf so etwas einzulassen.

Nachdem Hedwig nicht mehr kam, verbrachte Johanna ganze Wochen nahezu untätig. Im Sessel saß sie, sinnierte, trank Tee und rauchte. Sie dämmerte dahin, als warte sie auf etwas, was ihr selbst unklar war. Hin und wieder schrieb sie Briefe mit immer ähnlichem Inhalt: »Hier sitz ich jetzt, gucke auf den Hocker, auf dem meine alten Beine liegen. Die Ruhe hier ist mir zuwider. Es ist immer dasselbe: Morgens um acht trinke ich Kaffee. Um ein Uhr gibts Essen, um halb sechs wieder Butterbrot und Kaffee mit Lisbeth, die täglich bei mir vorbeischaut. Vor meiner Nase sind überall arbeitende Leute. Morgens wünschte ich, es wäre Abend und abends rufe ich den Tag herbei. Ich komme auch kaum noch aus meiner Bude raus. Früher war meine Sehnsucht ja immer reisen, reisen. Wenn ich wenigstens noch schreiben könnte. Ich möchte meine Erinnerungen weiterschreiben. Aber selbst das geht gerade nicht.«

So lange es warm war, ging sie manchmal bis zum Hofgarten, spazierte entlang der Pfade. Auch am Rhein war sie gewesen und im zoologischen Garten, wo sie den Tieren zusah und dachte, dass selbst Raubtiere weniger gefährlich als Menschen seien. Je kälter es wurde, desto seltener verließ sie das Haus. Wieder saß sie in der Stube, sann über Verflossenes, wartete auf Besucher, schnippelte Bilder aus Zeitschriften, schrieb an ihren Erinnerungen.

Weihnachten verbrachte sie bei Lisbeth, wo sie sich beschwerte, dass sie alles eingebüßt habe, zu nichts mehr nutze sei, dass man sie abgeschoben, ins Nichts gedrängt, ihr alle Lust genommen habe. Lisbeth hatte Hühnchen gebraten, den Tisch mit Tannenreisig und Lametta geschmückt. In der Nachbarwohnung wurde gesungen. »Fro-oie-e, frooije dich, o Christenheit ...« Auch Lisbeth stimmte ein Lied an, versuchte Johanna abzulenken, wechselte das Thema, fing vom Wetter an. Dann brachte sie dampfende Kartoffeln, Soße und eine Schüssel mit Spinat, füllte Johanna den Teller. Mit der Gabel in der Hand saß Johanna da, starrte vor sich hin, aß nicht. »Wenn ich zurücksehe, wird die Zeit so flach. Solange man im Leben steht, merkt man das nicht. Aber jetzt wird alles um mich herum immer weniger und das, was ich zurücklasse, immer mehr. Wenn ich an den Tag denke, an dem ich die Galerie geräumt habe oder an die Zeit in Brüssel, als ich 19 war, oder, noch weiter zurück, an die Stachelbeerhecken in unserem Garten, die unsere Mutter jeden Morgen mit dem begoss, was sich nachts in unseren Nachttöpfen sammelte, da kommt es mir komisch vor, dass, egal was passiert, immer ein neuer Tag kommt. Ist das nicht seltsam? Vielleicht ist das das ewige Leben, das sie uns versprechen. Vielleicht haben wir es ja jetzt schon, können es bloß nicht erkennen.«

»Das mit dem ewigen Leben stelle ich mir anders vor. Jetzt iss doch Mutter, es wird sonst kalt.« Johanna stocherte im Gemüse. »Trotzdem ist es so, dass man die Zeit spürt, sogar ihre Anwesenheit. Manchmal kommt sie herein, wenn ich das Fenster öffne. Sie ist überall, hängt in den Bäumen, in den Sträuchern. Auch im Licht. Sie beherrscht alles. Einfach alles. Weißt du, dass ich manchmal die Bäume rot und den Himmel blau sehe, so wie meine Maler?« Gedankenverloren kaute sie. Ihr Gesicht wirkte angestrengt, als sie fortfuhr: »Bei allem muss ich ja auch noch sehn, wie ich rund komme. Die Stadt hat so viele Lokale frei. Zum Beispiel einen kleinen Laden mitten in der Stadt, wo Künstler ausstellen dürfen, das würde ich so gern machen. Wenn die Stadt mir ein Gehalt von – sagen wir – 100 Mark geben würde, wär ich alle Sorgen los. Aber nein, das machen die nicht. Für die bin ich das rote Tuch. Sie machen sich alle was in die Hose, wenn mein Name genannt wird. Zwar verbeugen sie sich bis auf die Erde, wenn sie mich sehn, sind aber froh, wenn ich sie nicht anspreche. Ausgenutzt haben sie mich nach Strich und Faden.« Lisbeth goss Soße über das Gemüse. »Jetzt hab ich was vergessen.« Sie stand auf, ging zum Schrank und holte eine Karte, die in einem der Glasfenster steckte. Zum neuen Jahr hatte Pankok eine Karte geschrieben, auf die er einen Affen gemalt hatte, der sie kritisch ansah: »Das Jahr 1939 ist mit Vorsicht zu betreten«, war zu lesen.

Schwarze Nächte

Den Sommer über hatte sie damit geliebäugelt, an die Schweizer Grenze zu fahren. Sie hatte gehört, dass Otto Dix dort gute Geschäfte machte, dass auch Max Ernst sehr gefragt sei und stellte sich vor, vielleicht Bilder in die Schweiz verkaufen zu können. Paul und Hermann warnten sie, mit entarteter Kunst zu reisen.

Die Fahrt scheiterte an Geldmangel und an einem Umstand, von dem sie nie geglaubt hätte, dass er eintreten könnte. Wie viele andere war sie der Überzeugung gewesen, dass der Führer im letzten Moment vor der militärischen Macht Englands und Frankreichs zurückschrecken und die ausgesprochenen Drohungen nicht wahr machen würde. Von Hermann wusste sie, dass Italien einen verzweifelten Versuch unternommen hatte zu vermitteln, um ihn abzuhalten, Polen den Krieg zu erklären. »Der englische Botschafter ist anscheinend in der Kanzlei Ribbentrops in Berlin erschienen. Der aber hat an allen Forderungen festgehalten. Dass man sich nicht länger täuschen lassen dürfe ... Jetzt ist klar, auf was die Sache hinausläuft.« Was Hermann dann sagte, blieb wie in der Luft hängen: »Krieg. Das gibt Krieg.«

Nur Stunden nachdem er es ausgesprochen hatte, gab es die ersten Kämpfe zwischen der polnischen Armee und den einfallenden deutschen Truppen. Im Radio wurde Marschmusik gespielt.

Auf der Straße stand ein Bauer mit seinem Wagen. Sein Pferd stampfte ungeduldig und hinterließ Pferdeäpfel auf dem Asphalt. Der Himmel war wolkenlos. Kinder gingen von Tür zu Tür. Sie sammelten Altpapier und Spinnstoff für das Winterhilfswerk. Groschen schepperten in ihren Sammelbüchsen.

Bald zogen Truppen mit Flakgeschützen durch die Straßen. Stellungsbefehle wurden verschickt, Lebensmittel rationiert, für Abend und Nacht Verdunkelung angeordnet, das Hören feindlicher Sender verboten. Sirenen wurden ausprobiert, Vollalarm und Entwarnung geübt, Keller und Hauseingänge markiert, Bunker und öffentliche Luftschutzkeller, Feuerlöschteiche und Stollen gebaut. Nachts gab es manchmal Fliegeralarm, der die Leute in provisorisch hergerichtete Keller trieb. Als im Mai bei einem Luftminenangriff in Häusern am Hermannplatz und an der Dorotheenstraße Türen und Fenster platzten, besichtigte ein Strom von Neugierigen die Schäden, die allerdings so gering waren, dass sich niemand wirklich bedroht fühlte. Im Ganzen verliefen die ersten Monate so, wie die staatliche Propaganda es vorausgesagt hatte.

Johanna litt. Immer weniger wusste sie, wie sie sich über Wasser halten sollte. Lisbeth kam täglich vor den Theatervorstellungen, sorgte für Bezugscheine, tauschte Lebensmittel gegen Zigaretten und Zigaretten gegen Lebensmittel. Hermann und Paul halfen, auch die Maler, sofern sie noch da waren.

Rübsam war wegen eines Basalts in der Eifel gewesen und brachte Johanna Eier und geräucherten Speck von Moog. Er hatte einen Auftrag für eine Plastik bekommen, wusste aber nicht, ob er sich darüber freuen sollte. »Mann und Ross – lebensgroß. Ich nenne es Mensch und Pferd. Werde den Versuch gar nicht erst machen, meine Sachen den Vorstellungen der Nazis von Männlichkeit und Macht anzupassen.« Er war nur noch Haut und Knochen. Aufgelöst lehnte er an Johannas Kommode, die Hände in den Ärmeln seines Pullovers vergraben. »Kunst muss frei bleiben. Aber sie vergreifen sich an allem. Weißt du eigentlich, dass es im Düsseldorfer Adressbuch exakt 263 Dienststellen der Partei gibt? Von der Gauleitung bis zur Reichsfachschaft deutscher Hebammen und zum Sängergau in der Reichsmusikkammer. Maßnahmen der Gleichschaltung sagen sie. Aber das Schlimmste, das Allerschlimmste ist der Krieg.« Johanna sah, dass er Angst hatte. »Mir haben sie das Mutterkreuz verliehen«, sagte sie. »Als Zeichen des Dankes haben sie gesagt. Der Ortsgruppenleiter hat mich vorgeschlagen. Weil ich doch so viele Kinder hab. Am Muttertag war er hier und wollte es mir um den Hals hängen. Aber das wollte ich nicht. Ein Zeugnis hab ich auch bekommen. Eigentlich hätte es eine Feierstunde geben sollen, aber ich hab denen gesagt, dass ich das nicht will.« Ungläubig sah Rübsam sie an. Sie ging zur Schublade, entnahm eine blaue Schachtel, öffnete den Deckel, zog ein blauweißes Band in die Höhe, an dessen Ende ein Kreuz baumelte und hielt es ihm vor die Nase. Das Kreuz war goldfarben. Ein blau emailliertes Langkreuz mit weißem Rand war mittig mit einer weiß gehaltenen Scheibe belegt. Auf der Scheibe war ein schwarzes Hakenkreuz und eine Schrift eingelassen: Der deutschen Mutter. Von den Ecken gingen metallene Strahlenbündel aus. Auf der Rückseite war Hitlers handschriftlicher Namenszug zu lesen. »Zuerst räumen sie mir die Galerie und dann das hier. Was zu essen oder ein Hörrohr wäre mir lieber gewesen. Ich hör nämlich immer schlechter.« Jupps Lächeln war schwach. »Stell dir vor, der Führer hätte dir ein Hörrohr schicken lassen …« Johanna packte das Kreuz zurück in die Schachtel. »Weißt du, Jupp, von den Malern brauch ich dir ja nichts zu sagen. Aber neulich hab ich einen Mann gesehn, so einen alten, bärtigen Juden. Er lag nicht weit von hier auf den Knien und schrubbte den Gehsteig. SS stand um ihn rum. Und lachende Leute. Ich hab mich geschüttelt, war voller Wut, aber dann bin ich doch ganz normal weitergegangen. Da hab ich gemerkt, dass sie dressierte Hunde aus uns allen machen, wenn wir nichts sagen und weggucken. Dem Alten gilt das Gleiche wie mir, wie jedem von uns. Aber mir bringen sie das hier.« Sie legte die Schachtel zurück in die Schublade, die sie energisch zuschob.

Den ganzen Tag war sie wegen Lebensmitteln auf den Beinen gewesen. Wieder war viel zu wenig dabei herausgekommen. »Dieses verdammte Schlangestehen! Und dann diese Untätigkeit hier. Das macht mich krank. Geld hab ich auch keins mehr. Kaum hab ich die erste Rechnung gestundet, ist die zweite schon da. Wenn wir nicht verhungern wollen, werde ich mich von Mäxchens ›Rendez-vous‹ trennen müssen«, sagte sie zu Lisbeth und sah auf Ernsts Gruppenbild vor Tiroler Felsen. »Ich schreibe an Baus. Vielleicht ist es in Hamburg besser. Und dann versuche ich es noch in München bei Scherers, den Ärzten, die schon einiges gekauft haben. Ich will ihnen alles anbieten, was ich habe. So schnell wie möglich. Man kann nie wissen. Am Ende nehmen sie mir meine Bilder noch weg und dann hab ich gar nichts mehr. Gut, dass das Mäxchen jetzt in Amerika ist. Er hat mehrere Ateliers und ist sicher schon Millionär geworden. Schade, dass ich die Sachen nicht rausbekommen kann, dann würden wir nicht so erbärmlich leben wie jetzt.«

Zwei Bilder von Wollheim gingen nach München. Das Geld kam postwendend. Auch Baus signalisierten Interesse und boten Ratenzahlungen an. Während Lisbeth Bilder in Papier und dann in Kisten packte, dachte Johanna über Preise nach.

Düsseldorf, 8.12.1941

Meine lieben Dr. Baus,
endlich kann ich euch mitteilen, dass die Bilder heute an eure Adresse Elbchaussee abgehen. In der Kiste sind: Rendez-vous des amis, Hiob von Adalbert Trillhaase, Je m'appelle Max Ernst, La mort de Max Ernst und die Federn und Band von Goller. Was nun die Preise angeht: Das Goller-Bild in Öl hattet ihr ja damals für einen ganz niedrigen Preis von 150 Mark bekommen. Den Trillhaase hatte ich mit 450 Mark gerechnet, das kleine Max-Ernst-Bild für 400 Mark und den großen Max Ernst

weiß ich wirklich nicht, wie ich ihn euch rechnen soll. Macht mir doch einen Preis, was es euch wert ist. Für 1500 Mark kann ich es sofort verkaufen. Doch es ist eins von den internationalen Bildern. Das Beste. Eins, das ich nicht für einen Spottpreis hergeben kann. Sprecht mal offen aus, was ihr geben mögt und könnt, meine lieben Baus. Ich tu für euch, was ich kann. Ein Foto von mir könnt ihr aussuchen. Ich glaube, ich habe noch ein oder zwei andere. Ich muss mal den Grafikschrank durchsehen. Eure alte Ey

P.S. An Max Ernst verdiene ich nichts. Ich bin aber auch schlimm damit umgegangen. Jedem Maler, der Freude an seinen Bildern hatte, habe ich das Tauschen erlaubt. Wenn 1933 nicht gekommen wäre, wäre ich mit meiner Sammlung nach Chicago gegangen und als gemachte Frau zurückgekehrt. Doch Frau Ey denkt und Adolf lenkt. Mäxchen werden wir wohl nicht so schnell wiedersehn. Er ist nach New York ausgewandert. Hoffentlich bekommt ihm das.

Längst hatte der Krieg seine Krallen ausgefahren. Täglich jaulten Sirenen, brüllten ihre auf- und abschwellenden Tonfolgen, bohrten sich schmerzhaft in Ohren und Köpfe. Tag und Nacht gerieten durcheinander; es war ein ständig gellender, unheimlicher Gesang, der zu deuten war. Manchmal wusste Johanna nicht, ob es Voralarm, Alarm oder Entwarnung war, was sie hörte.

Im Keller des Hauses wurde ein Luftschutzraum eingerichtet. Vom Fenster aus sah sie Männer in Arbeitsanzügen über den Hof gehen und im Eingang verschwinden. Sie trugen Balken und Wassereimer. Am Mittag kam ein Brief von Baus, in dem sie einen Besuch ankündigten. Sofort begann Johanna Mappen und Bilder zu sichten. »Ob sie noch mal was kaufen?«, fragte sie Lisbeth, »ich mach es wirklich billig. Hermann sagt, ich muss aufpassen, wenn ich was verkaufe. Weil doch alles als entartet gilt. Gott sei Dank machen sich Baus nichts draus. Die leben einfach mit meinen Bildern. Es sind prima Leute. Wenn ich ihre Raten nicht hätte ...«

Baus brachten ihr eingelegte Heringe und kauften nochmals zwei Bilder auf Ratenbasis, jeden Monat 50 Mark. Johannas Bedenken wegen entarteter Kunst fegte Lydia mit einem Lächeln vom Tisch: »Wir haben alle deine Bilder aufgehängt. Uns fragt keiner. Die Sachen sind doch viel zu kompliziert. Die wenigsten befassen sich wirklich damit. Wenn es heikel wird, hänge ich das Hitlerbild in den Flur. Damit hält man uns für gute Nazis. Wir sind ja auch anerkannte Ärzte.«

Ein Flächenbombardement der Royal Air Force auf Lübeck war der erste große zerstörerische Gegenschlag der Alliierten gegen das Deutsche Reich. Johanna bibberte wegen Maria. Es dauerte Wochen, bis sie Nachricht hatte. Maria schrieb, dass die Bomben ihr nicht mehr gelassen hätten als zwei Taschen, dass sie mit einem Panjewagen bis Hamburg gekommen und jetzt bei Irene in Reinbek untergekommen sei. Sie schrieb auch, dass sie gesund und in Sicherheit sei.

Bald geriet auch Düsseldorf unter Beschuss. Nach mehreren Luftangriffen war der Ostflügel der Akademie nach einem Angriff völlig ausgebrannt. Auch Schauspielhaus und Tonhalle waren zerstört, die Straßenzüge zwischen Hauptbahnhof und Derendorf getroffen. In den Industriebetrieben wurden Skulpturen eingeschmolzen, umgegossen zu Kriegsgerät. An der Oberkasseler Brücke standen Luftabwehrgeschütze. Zeitungen riefen die Bürger auf, Gegenstände aus Metall zu spenden. Abends marschierten SA-Kolonnen, kontrollierten die Straßen, leuchteten mit Scheinwerfern die Hausfronten ab.

Wochenlang schon währte die Verdunkelung. Die Nächte waren schwarz, wirklich schwarz, undurchdringlich und ohne Schatten. Nur Sterne gab es, wie in die Nacht gehängt. Manchmal, wenn Johanna Geräusche in der Küche hörte, stand sie auf, zog sich eine Weste über und ging in die Stube zu Lisbeth, die oft bei ihr schlief und immer zur gleichen Zeit, kurz vor Mitternacht, den Kopf unter einer Wolldecke, über einem Radio hing. Das Rauschen und Piepsen aus der stoffbezogenen Lautsprecheröffnung tat weh in den Ohren. Jedes Mal fing Johanna damit an, dass es zu gefährlich sei, aber jedes Mal erntete sie einen ärgerlichen Blick. »Pssst. Ruhig. Gleich kommt was.« Lisbeth drehte den Senderknopf. Ein durchsichtiger Stab, schwach beleuchtet von einer kleinen Birne, bewegte sich auf der Wellenlängenskala von Station zu Station, die irgendwo im Äther lagen: Gleiwitz, Kalundborg, Königsberg, Kattowitz, Hilversum, Mährisch-Ostrau, Budapest II und Memel, Beromünster. Wieder rauschte und pfiff es. »Tock, tock, tock, tock, England, hier ist England, hier ist England.« Lisbeth schob das Ohr an die Lautsprecher. »Psst, das ist es ...« Weit weg klang eine Männerstimme, wie aus einer anderen Welt: »Deutsche, die ihr die Wahrheit über den Krieg im Osten erfahren wollt! Deutsche, die ihr am Kampf zur Befreiung der Heimat vom faschistischen Joch teilnehmen wollt! Hört unsere Sendungen! Hört sie täglich!« Die Stimme klang weit entfernt, brach ab. Wieder rauschte es. Lisbeth kurbelte am Knopf. Es dauerte, bis es weiterging: »Es geht zu Ende, Deutsche, glaubt mir und seid getrost! Gerade in diesem Augenblick sage ich es euch, wo es wieder einmal nach Erfolg und Sieg und Eroberung aussieht. Es geht zu Ende – nicht mit euch, nicht mit Deutschland. Die sogenannte Vernichtung Deutschlands ist ein ebenso leeres Wort, ein ebensolches Unding wie der Sieg Hitlers. Aber zu Ende geht es, ein Ende wird es haben und zwar bald mit dem scheusaligen System, dem Raub-, Mord- und Lügenstaat. Aus wird es sein mit seiner Schundphilosophie und mit den Schandtaten, die daraus erflossen. Man wird abrechnen, vernichtend abrechnen, mit seinen Bonzen, seinen Machern und Helfern, Dienern und Nutznießern, seinen Generälen, Diplomaten und Gestapo-Hyänen ...« Triumphierend sah Lisbeth nach Johanna. »Hast du gehört, Mutter? Sie kommen, Mutter, sie kommen. Es ist nur noch eine Frage der Zeit.« Wieder rauschte und pfiff der Empfänger. Wieder kurbelte Lisbeth. Rauschen unterbrach eine tiefe Frauenstimme. »Vor der Kaserne, vor dem großen Tor, stand eine Laterne und steht sie noch davor, so wolln wir uns da wieder sehn, bei der Laterne wolln wir stehn ...« Lisbeth kurbelte weiter. »Sie haben die Störsender voll aufgedreht.« Eine Weile noch dauerten ihre Bemühungen, angestrengt blickten ihre grauen Augen. Wenn sie etwas verstanden hatte, flüsterte sie es Johanna zu. Plötzlich bildete sich eine Falte zwischen ihren Augenbrauen. Verärgert drehte sie den Knopf aus. »Sie haben Rostow erobert. Es geht also weiter. Sie siegen wieder und wir werden sie nicht los.«

Hunger

Heinz Wever war alt geworden; sein Haar grau und strähnig, die Haut vernarbt. Johanna hatte ihn lange nicht gesehen. Er nannte sie Asta, was sie an alte Zeiten erinnerte und brachte ihr drei Büchsen Sauerländer Blutwurst. »Jetzt hab ich wieder was aufs Brot«, freute sich Johanna und Wever sah ihr an, dass sie gerührt war. »Ich weiß gar nicht, wann ich mich zuletzt an so was satt gegessen hab. Da muss ich aufpassen, dass ich nicht gleich alles esse und mir mal wieder so richtig den Magen verderbe. Wurst habe ich schon lange nicht mehr gehabt.« Wever hatte Pudlich getroffen, wusste aber kaum Neues. »Zu mir kommt er immer seltener«, sagte Johanna, »er hat einen guten Draht zu Vömel, dem Nachfolger von Flechtheim, der, wie ich gehört hab, von Flechtheims Flucht ordentlich profitiert hat. Vömel stellt alles aus, was Pudlich ihm bringt. Sowieso hat Pudlich massenhaft Ausstellungen. Er lädt mich immer ein, dass ich kommen soll, aber ich bring es einfach nicht fertig hinzugehn. Hab dann immer ein Gefühl, als ob ich was haben wollte. Wer mich gern hat, muss auch Zeit finden, nach der Stockkampstraße zu kommen, oder was meinst du?« Wever nickte. »Er wird schon kommen. Was Vömel betrifft, er ist der letzte Kunsthändler der Stadt, der trotz der Zustände, wenn auch nach außen hin angepasst, heimlich unter dem Ladentisch weiterhin gute Kunst verkauft. Weißt du eigentlich, dass

Tappeser tot ist? Leberzirrhose.« Johanna fuhr zusammen. »Er hat mir viel geholfen, als es mit der Galerie so schlecht stand.«

»Er hat allen geholfen. Zuletzt hat er Rübsam aufgenommen, als sein Atelier am Worringer Platz zerbombt wurde.« Eine Weile schwiegen sie. Dann griff Wever nach seinen Zigaretten. »Erzähl mir doch, was du so den ganzen Tag machst.« Johanna stand auf und suchte nach Streichhölzern. »Was soll ich schon machen? Nichts. Morgens seh ich, wie die anderen zur Arbeit rennen. Wie gern wär ich dabei. Ach, es ist alles nichts. Wenn das Alter Gaben hat, dann sicher nicht Weisheit oder so was. Man sitzt herum, denkt ständig an Verflossenes. Meine Maler – immer tanzen sie vor meinen Augen und in meinem Kopf. Sie sind alle in der Welt da draußen, wie mag es ihnen gehn? Weißt du noch, wie ich das erste Bild verkauft hab?« Wever nickte. »Ach Asta, wenn wir dich nicht gehabt hätten. So wie bei dir ist in Düsseldorf nie über Kunst geredet worden. Du hast alles heller gemacht.«

»Heller? Ich? Dabei hatte ich doch von nichts eine Ahnung. Hab nie gelehrte Bücher gelesen und mit Bildern nichts zu schaffen gehabt, bis ihr kamt. Oft hab ich euch nicht verstanden. Ich war doch eine andere Sprache gewöhnt, rauer und grober. Aber dann hab ich immer mehr das Organ für die Kunst bekommen. Wie schön war es, wenn bei all dem Ulk und Leichtsinn plötzlich einer vom Geistesblitz getroffen wurde. Was hab ich nicht alles gelernt in all den Jahren. Hätt nie geglaubt, dass in meinen Kopf so viel reinpassen könnte. Ja, ja, und wie häng ich immer noch an meinen Malern.«

»Deine Galerie war ein guter Ort. Vielleicht der beste.«

Die Hände im Schoß lehnte sie sich zurück. »In den Jahren mit euch hatte ich die Zeit in Wickrath vergessen, in der ich so viel Angst hatte. Auch die Zeit mit Robert, den ich geheiratet hab, war weg. Wie war ich damals von allem so müde. Abends wollte ich nicht nur meine Kleider ausziehn, sondern meine Haut noch mit. Und jetzt sitze ich hier und denke. Weißt du, dass ich ganz viel an meine Kinder denke? Besonders an die, die nicht bei mir geblieben sind. Es waren acht. Acht Kinder hab ich verloren. Und jetzt bin ich manchmal froh, dass sie das alles nicht mitmachen müssen. Wer weiß, was sie für ein Leben gehabt hätten. Der Krieg und alles ... Heute Morgen war einer von der Volkswohlfahrt hier und hat Gasmasken verteilt. Gestern haben sie Alarm geübt. Wenn ich an meine lebenden Kinder denke, werd ich manchmal närrisch vor Angst. Oft denke ich, dass es die Toten besser haben. Ach Wever, jetzt spinne ich wieder Gedanken.« Über das Dach jagte ein Flugzeug. Johanna hielt sich die Ohren zu, sah nach dem Fenster. »Die Tommys soll der Kuckuck holen. Fast jede Nacht sind sie da, rasen über die Stadt, drehen ab, kommen wieder. Lisbeth läuft herum wie eine Maus im Käfig, denn die Schießerei geht manchmal los, bevor Alarm angekündigt ist. Wir müssen doch über den Hof. Ich bleib immer ruhig im Bett. Was kommen soll, kommt doch. Jetzt hab ich schon drei Kriege steigen sehn. 1870 war ich sechs und hab geschrien, wenn ich einen gefangenen Zuaven sah, wegen der roten Hosen und der langen schwarzen Schnurrbärte. Dann der Weltkrieg, wo ich zwei tüchtige Jungs dabei hatte und der allerscheußlichste jetzt, von dem ich noch gern das Ende sähe. Einmal wollte ich mir wahrsagen lassen ...« Sie brach ab, dachte an Sureda, schwieg. Eine Uhr tickte. Wever stand auf und ging zum Fenster. »Wenn das alles vorbei ist, werden sie uns die größte Schande aller Zeiten zuschreiben. Was jetzt passiert, wird alles ans Licht kommen und sie werden sagen, dass wir alle Verbrecher gewesen sind, Auswurf des Menschengeschlechts.« Er hustete. Sein Atem war von einem pfeifenden Geräusch begleitet. »Jetzt muss ich aber«, sagte er und griff nach seiner Kappe. Sie fragte ihn nach einem Foto, er hatte keines dabei, versprach aber, sobald es ihm möglich sei, eins zu schicken.

Jeden Vormittag zog Johanna los. Sie ging in einem verblichenen Kattunkleid, ohne Hut und mit nackten Beinen, um Strümpfe zu sparen. Stundenlang stand sie eingekeilt in einer dichten Menschenschlange vor der Bäckerei und oft, wenn sie an der Reihe war, gab es nichts mehr. Selbst die Gesichter derer, die mit Brot herauskamen, waren ausdruckslos, die Münder zusammengepresst zu einem harten Strich.

Auch die Künstler hungerten. Malen konnten nur die wenigsten. »Jetzt haben sie das mit den Berufsverboten doch geschafft«, sagte Hundt, mit dem sie vor einer Kartoffelausgabestelle Schlange stand. »Weißt du noch«, flüsterte er, »wie wir gedacht haben, dass sie das nicht durchsetzen können? Aber sie haben ihre Mittel: Leinwand und Farben kriegst du ja nur noch auf Bezugsschein. Und die werden nur an Mitglieder der Reichskulturkammer ausgegeben. Oder an Künstlervereine. Wer nicht organisiert ist, kann nicht malen. Das mit dem Farbenmachen hat auch seine Grenzen. Woher nimmst du Öl, Wachs, Leim oder Kreiden? Es läuft also auf Berufsverbot hinaus. Sowieso ist alles Willkür. Pudlich zum Beispiel haben sie als entartet eingestuft. Vor einiger Zeit hat er aber den Corneliuspreis bekommen. 3000 Mark gab es. In der Tonhalle ist er geehrt worden. Es geht ihm nicht schlecht. Vömel kauft ihm nach wie vor Bilder ab. Was sagst du dazu?«

»Ach, keiner versteht doch diese Willkür. Aber wenigstens ist einem von uns geholfen.«

»Das im Nationalsozialismus erzogene, geschulte und disziplinierte deutsche Volk kann die volle Wahrheit vertragen. Es weiß, wie schwierig es um die Lage des Reiches bestellt ist und seine Führung kann es deshalb auch auffordern, aus der Bedrängtheit der Situation die nötigen harten, ja auch härtesten Folgerungen zu ziehen. Wir Deutsche sind gewappnet gegen Schwäche und Anfälligkeit, und Schläge und Unglücksfälle des Krieges verleihen uns nur zusätzliche Kraft, feste Entschlossenheit und eine seelische und kämpferische Aktivität, die bereit ist, alle Schwierigkeiten und Hindernisse mit revolutionärem Elan zu überwinden.« Die Stimme von Goebbels war anders als sonst. Johanna hörte nur mit halbem Ohr zu. Lisbeth war dabei, ein Bild von Wollheim für den Banker Wohltat zu verpacken. Johanna stand hinter ihr, reichte Schnur und Schere. »Kann man das nicht ausmachen? Dass du dir dieses Zeug überhaupt anhörst. Hermann hat gesagt, dass der Krieg so gut wie verloren ist, dass unsere Wehrmacht aus Stalingrad nicht mehr rauskommt«, sagte Lisbeth und drehte den Knopf des Radios leiser. »Er soll aufpassen, was er sagt.« Johanna schrieb ein paar Zeilen an Wohltat, bedankte sich für die Treue, erwähnte, dass sie sich einsam fühle ohne die Künstler und ohne Bilder und dass ihr nur noch wenig geblieben sei. Wieder breitete sich Goebbels' Stimme im Zimmer aus: »Die Engländer behaupten, das deutsche Volk habe den Glauben an den Sieg verloren. Ich frage euch: Glaubt ihr mit dem Führer und mit uns an den endgültigen Sieg des deutschen Volkes? Ich frage euch: Seid ihr entschlossen, mit dem Führer in der Erkämpfung des Sieges durch dick und dünn und unter Aufnahme auch schwerster persönlicher Belastungen zu folgen?« Lisbeth brachte Packpapier, stellte fest, dass das Papier nicht reichte, verschwand wieder in der Küche. »Zweitens: Die Engländer behaupten, das deutsche Volk ist des Kampfes müde. Ich frage euch: Seid ihr bereit, mit dem Führer diesen Kampf mit wilder Entschlossenheit und unbeirrt durch alle Schicksalsfügungen fortzusetzen, bis der Sieg in unseren Händen ist?« Der Sportpalast schien aus allen Nähten zu platzen. Lang anhaltender Jubel und Heil-Rufe drangen aus dem Empfänger. Johanna legte Papier auf dem Tisch zurecht, drehte das Bild auf den Rücken, wickelte Zeitungspapier um die Kanten. »Drittens: Die Engländer behaupten, das deutsche Volk hat keine Lust mehr, sich der überhandnehmenden Kriegsarbeit, die die Regierung von ihm fordert, zu unterziehen. Ich frage euch: Seid ihr und ist das deutsche Volk entschlossen, wenn der Führer es befiehlt, zehn, zwölf und – wenn nötig – vierzehn und sechzehn Stunden täglich zu arbeiten und das Letzte herzugeben für den Sieg?« Lisbeth half das Papier einzuschlagen, hielt die Schnur zwischen den Zähnen, die Schere in der Hand und zischte: »Wie viele haben schon das Letzte hergegeben, sogar das Allerletzte ...«

»Viertens: Die Engländer behaupten, das deutsche Volk wehrt sich gegen die totalen Kriegsmaßnahmen der Regierung. Es will nicht den totalen Krieg, sondern die Kapitulation. Ich frage euch:

Wollt ihr den totalen Krieg? Wollt ihr ihn, wenn nötig, totaler und radikaler, als wir ihn uns heute überhaupt noch vorstellen können?« Lisbeth ging zum Radio, drehte den Knopf, bis es knackte. »Ich kann das nicht mehr ertragen. Ich kann diese Stimme nicht mehr aushalten. Wer jubelt denn da immer noch? Sieht denn keiner, was die anrichten?«

Immer deutlicher machte sich der Mangel an Arbeitskräften bemerkbar. Zwangsarbeiter, Kriegsgefangene und KZ-Häftlinge aus dem Osten wurden eingesetzt, meist junge Frauen und Männer, die, in Lagern untergebracht, unter unmenschlichen Verhältnissen schufteten.

Nachts lag alles dunkel. Zivilschutz patrouillierte durch die Straßen. Im Tabakladen an der Ecke verkauften sie Papierklebebänder, die die Fenster vor Bombenexplosionen schützen sollten. Angst wuchs. Fleischzuteilungen wurden gekürzt, dann Brotrationen. Ständig brüllten Sirenen, ständig flogen Tieffliger. Täglich verbrachten sie Stunden im Keller zwischen Koffern, Stützbalken und Sandsäcken. Oft zitterten die Wände, die Ohren dröhnten, Staub rieselte, es prasselte und splitterte. Stunden zogen sich, in denen der Magen rumorte, der Atem vorsichtig ging, sie unaufhörlich nach Einschlägen horchten und graue, staubige Luft atmeten. Manchmal hörten sie Schreie von draußen. Dann kauerten sie sich an die Wand, starrten an die Decke, hörten den Tod, wie er wartete und die Sense schärfte. In einer dieser Alarmpausen schrieb Johanna an Baus: »Kann ich das Bild ›Je m'appelle Max Ernst‹, das schöne Bild mit der Treppe, nicht eintauschen gegen Lebensmittel? Wenn ich welche haben könnte, wäre mir geholfen. Wir haben hier wirklich nichts zum Leben. Eure alte Ey.«

Am Abend, im verdunkelten Zimmer, zählte sie die Schicksale ihrer Maler an den Fingern ab: »Adler ist in Paris. Wollheim auch. Kaufmann ist anscheinend in Amerika. Heckroth und Sopher sind irgendwo, auch Pankok ist weg. Macht sechs. Uzarski hat seine Arbeit beim Rundfunk verloren und wechselt ständig den Wohnort. Barz und Dix verstecken sich, Schwesig ist fort und Julo Levin ... Sind schon elf.« Immer wenn sie an Julo Levin dachte, unterbrach sie die Zählung. Sie sah sein lachendes Gesicht und die Bilder, die voller Fröhlichkeit und Farben gewesen waren. Bei Levin war sie sicher, dass er nicht mehr lebte, sondern in einem dieser Lager umgekommen war, genauso wie Franz Monjau und Lou, die Frau von Ernst, die, ohne dass es jemand mitbekommen hatte, über Nacht verschwunden war. Mit der Hand vor den Augen saß sie regungslos.

»Ich muss ihre Bilder retten. In den Keller kann ich sie nicht mitnehmen. Die großen schon gar nicht. Wenn ich wenigstens die Mappen aus dem Grafikschrank fortbringen könnte«, sagte sie zu Hermann, der spät noch nach ihr sah und bat ihn, ihr beim Ausräumen des Schrankes zu helfen und die Sachen in Kisten zu packen. »In der Eifel wären sie sicher«, beschwor sie ihn, »wenn du für mich nach Kottenheim fahren könntest ... Wenigstens mit diesen hier. Es sind doch Bilder, wertvolle Bilder, in denen manchmal ein Leben steckt.«

Feuerspuren

In der Nacht hörte man das Grollen am Himmel deutlicher als am Tag. Johanna lag auf der Chaiselongue. Ihr Schlaf war unruhig. Sie hörte, wie ein Auto vor dem Fenster bremste und Leute ausstiegen. Marschschritte knallten über das Pflaster. Irgendwo schlug eine Uhr. Kurz darauf heulten Sirenen. Ein lautes tiefes Heulen wie aus Stahl füllte Straßen, Häuser, Zimmer. Dann setzte die Sirene wieder aus. Kurz darauf heulte sie wieder, setzte wieder aus und begann von Neuem. Lisbeth polterte in die Stube. »Mutter, komm in den Keller ...« Schlaftrunken richtete Johanna sich auf: »Ach Lisbeth, was kommen soll, kommt doch. Ob ich nun im Keller bin oder nicht. Wir waren doch heute schon unten.« Sie drehte sich wieder nach der Wand, zog die Decke ans Kinn, murmelte etwas von überstandenen Angriffen und dass sie sicher sei, in der Nähe der englischen

Kirche, die an ihr Gebäude anschloss, auch einen weiteren zu überleben. »Mutter! Komm endlich!« Sie hörte, wie draußen Fenster geöffnet wurden, eine Frauenstimme mehrmals einen Namen rief und eine Autotür zuschlug. Schritte drangen an ihr Ohr. Es mussten Soldaten sein; ihre Stiefel lärmten. »Mutter!« Lisbeth ließ nicht locker. Johanna stand auf, trat ans Fenster und schob den Vorhang beiseite. Der Himmel war mondlos. Schwarz hingen die Lampen an Drähten über der Straße und schwankten. Dächer lehnten sich aneinander wie Schatten, grau lag die Straße. Nebenan war die Kirche, aber sie konnte sie nicht sehen. Männer vom zivilen Luftschutz eilten Plätzen zu, wo sich Leute versammelt hatten, die mit Koffern und Decken in Kellereingängen verschwanden. Das ferne Brummen eines Flugzeugs kam näher, drehte ab und kam zurück. Immer neue Jagdbomber dröhnten heran. Am Horizont zuckten Lichter, hingen wie Quallen sekundenlang wie aufgehängt über den Dächern. Dann zerplatzte die Luft, zerriss unter dem Heulen der Sirenen, füllte sich mit Pfeifen und gewaltigem Motorenlärm. Silberstreifen und Feuerspuren rieselten herab. Johanna zog sich die Weste über, griff nach Koffer und Handtasche, hastete hinter Lisbeth die Treppe hinunter. Die meisten hatten ihre Wohnungen verlassen. Nur im Parterre hörte sie noch jemand rumoren. Alles war aufgewühlt und fiebrig, von hinten wurde geschoben. Johanna hatte Mühe, die Stufen zu erkennen, suchte Halt am Geländer. Wo sie ihre Füße hinsetzte, sah sie nur Schwärze. Vom Hof aus rief eine Frau immer wieder denselben Namen. Sie hörte Schritte und Türenschlagen, sah hastende, bepackte Menschen mit verzerrten Gesichtern.

Der Keller war niedrig und gut gebaut mit Schächten und Seitengängen; entlang der Wände standen Bänke. Schon als sie kamen, war er überfüllt, aber immer noch drängten Leute mit Matratzen, Decken und Koffern hinein. Das Licht der Petroleumlampen machte ihre Gesichter flach und bleich, die Augen groß und dunkel.

Johannas Herz flatterte, der Atem ging stoßweise. Sie stand neben Lisbeth an der Wand, hörte wie Lisbeth stöhnte. »Denk ans Theater, an die Musik«, flüsterte Johanna. Aber sie selbst stand reglos, horchte nach oben. Eine Explosion ging über in die nächste, Luft und Erde bebten und zitterten, Kalk rieselte von der Decke. Schon nach kurzer Zeit war die Luft zum Ersticken. So schlimm war es lange nicht gewesen.

Suchend ging ihr Blick über die niedrige Decke. Sie stellte sich vor, von Steinen zerquetscht und begraben zu werden, liegenzubleiben zwischen Schutt und Staub, fühlte, wie sich Lisbeths Hand an ihren Arm krallte, roch die Angst einer Schwangeren, die gebeugt und keuchend, mit einem schmerzlichen Ausdruck im Gesicht, neben ihr stand, ein Bild der Muttergottes von Tschenstochau in der Hand. Zwei Mädchen in dünnen Leinenkleidern drängten sich aneinander; eine Alte auf einer Kiste wisperte: »Seid ruhig, ganz ruhig! Es ist gleich vorbei.«

Der Angriff hielt an, immer mehr Kalk rieselte, bald waren es kleine Steine, ein Riss klaffte und dann es war, als sauge etwas die Luft weg. »Das Haus ist getroffen! Wir müssen raus!« Ein Durcheinander entstand, Leute drängten, rempelten, stöhnten. Ein Mann aus der Nachbarschaft, den Johanna vom Grüßen kannte, kam mit einer Spitzhacke und machte sich an der Wand zu schaffen. »Wir graben einen Gang zum Nebenkeller! Die Treppe brennt!« Breitbeinig stand er, peilte die Mitte der hinteren Wand an, weit holte er aus. Seine Schläge dröhnten; Schweiß glänzte auf seinem nackten Rücken. Immer tiefer grub sich die Hacke in den Stein. Es dauerte, bis ein Loch entstand. »Los, hier lang!« Einer nach dem anderen zwängte sich durch. Oben brausten Flieger, platzten Bomben. In einem Gang fanden sie sich wieder, der in einen Nebenkeller führte. Hustend, schreiend und keuchend, oft auf allen vieren, flüchteten sie von einem Keller in den anderen, von einem Durchbruch zum nächsten, über zusammengefallene Treppen und Wände, durch einen Ausgang über die Straße, wurden weitergerissen in den Keller des Stadtarchivs in der Prinz-Georg-Straße. Zwischen brüllenden Kommandos stolperte Johanna über einen Balken, rappelte sich auf, verlor den Koffer. Immer noch öffneten sich Bombenschächte an kreischenden Flugzeugen. Immer noch fielen Lichtertrauben, dröhnten Explosionen. Dicht und schwer war der Rauch. Johanna konnte kaum die Augen öffnen. Die Lungen voll davon rang sie um Luft. Ein Mann drückte ihr eine Tüte mit Löschsand in die Hand. Lisbeth hatte einen Bottich mit Wasser entdeckt und hielt ihr ein rotes, abgerissenes Stück einer Hakenkreuzfahne entgegen: »Nimm! Halt es vor den Mund!« Vor sich sah sie nur Schultern, Arme, Kopftücher. Sie fühlte drängende Hände im Rücken, roch Angstschweiß, wurde gedrückt und gepresst, heulte und betete, schrie nach Lisbeth, krallte sich an ihre Tasche, trat einem Jungen auf die Füße, der am Boden hockte, die Knie an den Leib gezogen. Von oben prasselte und scheppterte etwas, es war ein Knattern, Heulen und Bersten. »Diese verfluchten Engländer! Jetzt geht es um alles.« Ein Mann riss ahnungslos eine Tür auf und gab den Weg für die Flammen frei, Hitze zog herein, Panik brach aus. Jemand verrammelte die Tür. »Haltet Ruhe, Ruhe!« Für Sekunden flammte ein brennendes Streichholz in die Schwärze. Das kurze Licht offenbarte Angst und Verwirrung. Dann versank wieder alles im Dunkel.

Gegen drei wurde es ruhiger. Irgendwann kam Entwarnung. Die Starre löste sich. Johannas Augen brannten, vom ständigen Husten schmerzte der Kopf. Lisbeth fror.

Draußen empfing sie ein rötliches, trübes Licht. Tief und dumpf war der Lärm des Feuers. Johanna wusste nicht mehr, wo sie war, atmete Staub und Rauch, der unten rot und oben dunkel war und den ganzen Himmel einnahm. Leute rannten herum, ziellos. Ein Lastwagen hupte. Sie rief nach Lisbeth, die sie in ihrer Angst glaubte verloren zu haben, rief immer noch, als sie Lisbeth neben sich wusste.

Die ganze Häuserreihe stand in rotem Rauch, der mit Funkenregen aus Mauern schlug und bis in die Dächer wirbelte. Die Straße lag voller Trümmer, die Luft brannte in Kehle und Augen. Es stank nach Verkohltem. Von manchen Häusern standen nur noch Gerippe. Etagen hingen ins Freie, Mauern waren durchlöchert, Reste von Tapeten klebten in den Ecken, Fußböden hingen schief, Flammen schlugen aus Löchern, wo früher Fenster und Türen waren, Dächer rutschten ab. Durch die Balken schien der dunkle violette Himmel. Immer wieder brachen, begleitet von einem brausenden Geräusch, Mauern und Fassaden von Häuserskeletten. Verletzte lagen auf der Straße wie auf einem Schlachtfeld, winselten und stöhnten. Jemand trug eine Bahre an Johanna vorbei, auf der ein Junge lag. Sein Körper war schmutzig und blutig. Er reckte die Hände nach einem der Trümmerhaufen: »Mutter! Mutter!« Die Straße war nicht wiederzuerkennen. Alles war überschüttet von Steinen, Schutt, verbogenen Eisenbetonpfeilern, zerfetzten Teilen von Türen und Fenstern. Die zusammengesunkenen Häuser hatten Lücken hinterlassen, die jetzt Sicht boten auf weiter Entferntes. Mit Schippen und Spitzhacken waren Soldaten dabei, Durchgänge zu schaffen. Das Werkzeug knirschte, wenn es zwischen Bruch und Splitter fuhr. Im trüben Licht suchten Leute nach Verletzten, kratzten mit verzweifelten, zerschundenen Händen da, wo sie Lebenszeichen zu hören glaubten. Sie rutschten über Balken und Steine, rissen sich die Knie auf, mühten sich, ihre Habe unter dem Schutt hervorzuzerren. Ein Soldat mit Helm und Gewehr schob Lisbeth von der Straße. »Platz da für die Hilfsmannschaften! Wenn ihr jemand vermisst, geht in die Kirche!« Soldaten brachten Tote, legten sie nebeneinander in einer Reihe auf den Boden, das Gesicht zum Himmel. Die meisten lagen sonderbar verdreht, mit weit geöffneten Augen. Manche waren plattgedrückt. Nasen fehlten, Arme und Beine. Eingeschlossen von Bränden verglühten Menschen in Kellern. Johanna sah, wie sich eine Frau aus einem der Schutthaufen wühlte. Ihr Haar war verbrannt. Erstarrt stand Lisbeth, konnte die Augen nicht abwenden. »Das ist das Ende«, sagte sie, »Mutter, das Ende.«

Alles war verschoben, auch die Anordnung der Häuser. An der brennenden Front einer Schneiderwerkstatt orientierten sie sich. Schutt rutschte bei jedem Schritt. Sie kletterten über Sparren und Eisenträger. Ihre Augen tränten; die Säure der Bombendämpfe biss. Auf einem Mauerrest blieben sie stehen. Lisbeth schrie: »Das Haus! Mutter! Das Haus!« Dort, wo das

Haus gestanden hatte, drang Rauch in tiefen Schwaden zu ihnen hinauf. »Ich sehe nichts.« Johanna zitterte. Als der Rauch sich hob und den Blick freigab, knickten ihre Knie ein. Um sie herum war eine Kraterlandschaft entstanden, unmenschlich und fremd, etwas, das einem in einem Alptraum den Schlaf raubte, das aber nicht wirklich sein konnte. »Die Bilder ...« Sie machte ein paar Schritte in Richtung des Hauses, aber Lisbeth riss an ihrem Arm: »Da kannst du jetzt nicht hin.«

Qualm und Hitze röteten die Augen und machten das Atmen schwer. Lisbeths Wangen glühten und Johannas Haut fühlte sich an wie Pergament: rau und sandig und wie taub. Lange saßen sie auf dem Schutthaufen, das brennende Haus vor Augen, hörten das Rufen der Leute und das Klappern der Schaufeln. Es waren Leute in verdreckten Arbeitsanzügen, mit weggesengten Haaren und Augenbrauen, die Haut flammendrot.

Ein Soldat hatte Lisbeth gesagt, dass die Stadtteile im Norden weniger betroffen seien, weswegen sie vorschlug, nach Unterrath zu gehen, wo Freunde vom Theater wohnten. Es war die einzige Adresse, von der sie glaubten, dass sie noch existierte.

Wirbelnder Ruß und haushohe Trümmer behinderten ihr Fortkommen. Sie mussten Umwege gehen, um nicht über Tote zu stolpern. Immer wieder verweigerten Uniformierte Durchgänge. Ströme von Menschen waren stadtauswärts unterwegs. Manche stürmten Autos, die noch fuhren, hingen an Türen und Trittbrettern. Immer wieder wurden sie hinuntergestoßen. Tote und Verletzte lagen auf Decken und Zeltplanen. Fuhrwerke waren bepackt mit Kisten, Koffern, Decken.

Johanna schrie und jammerte, heulte wegen der verbrannten Bilder, verfluchte den Krieg, die Bomben, den Hass. »Das haben sie nun von ihrem Krieg. Ein Massengrab ist aus dieser Stadt geworden. Hoffentlich haben Hermann und Paul das überstanden. Überall brennt es. Und die Kinder, ach die Kinder ...« Lisbeth machte keinen Versuch, sie zu beruhigen.

Der Himmel war rot, Dämmerung und Feuer waren kaum zu unterscheiden, aber als sie am Morgen in Unterrath ankamen, hatte sich das Licht verändert und Helle gebracht. In den nördlichen Stadtteilen hatte es weniger Einschläge gegeben, aber auch hier stiegen Brände mit Flammen und Rauch in den Himmel.

Das Haus der Theaterleute stand noch. Es herrschte ein furchtbares Durcheinander und es dauerte, bis Lisbeth einen ihrer Bekannten entdeckte. Schwarzer Staub lag fingerdick. Von der Küche, die sich in einem Erker befunden hatte, war nur noch ein breites Loch übrig. Die Hausbesitzer hatten freigeräumt, was möglich war, aber Schlafplatz gab es nur noch im Flur, jeder andere Winkel war belegt. Sie mussten große Schritte machen, um an Gepäck und Leuten vorbeizukommen. Im Flur, selbst bei offener Tür, roch es nach Schweiß und Erbrochenem.

Erschöpft nickte Lisbeth auf einem Strohsack ein. Johanna fand Platz auf der Ecke einer Matratze, auf der zwei schlafende Säuglinge lagen. Auf dem Schoß hielt sie ihre Tasche. Ins Gewimmere eines Kindes öffnete sie den Verschluss und zog einen Umschlag mit alten Briefen, Fotos und Zeitungsausschnitten heraus. Eine Aufnahme zeigte Robert als Braumeister vor einem riesigen Bierfass. Neben anderen Nichtigkeiten, die sie aufbewahrt hatte, war sie vergilbt. Alles im Umschlag war fleckig: das Papier der Briefe, die Bleistiftkritzeleien von Hundt, Pankok und Schwesig, das Notizbuch mit ihren Erinnerungen, der Katalog der Sammlung Ey, ein Kinderbild von Klärchen, das Hochzeitsbild, aufgezogen auf dunklem Karton. Robert und sie als Paar, steif geradeaus blickend, inmitten herausgeputzter Gäste in dunklen Anzügen und bauschigen Kleidern, vom Fotografen auf einer Treppe arrangiert.

Überall klebte Ruß. An Kleidern und Gesichtern, am Boden, an Wänden. Auch der Geruch nach Feuer, verbranntem Fleisch und Fäulnis hielt sich. Tagelang glühten die Schutthaufen. Viele der Toten blieben dort, wo die Bomben eingeschlagen waren. Männer warfen Kalk und Desinfektionsmittel, warnten mit Tafeln, auf die sie Totenköpfe gepinselt hatten: »Verseuchtes Gebiet«. Es gab Zonen, da war alles schwarz vom Rauch und weiß vom Kalk. Häftlinge in gestreiften Anzügen wurden in großen Kolonnen mit Pferdewagen angekarrt, mit Schippen ausgerüstet, um Schutt wegzuräumen. Im Rhein lagen Schiffswracks. Brücken, Straßen, Unter- und Überführungen waren getroffen, auch die Kanalisation war zerstört. Straßenbahnen lagen umgekippt. Vermummte Gestalten suchten Schutthügel ab, sammelten Metallschrott, zogen Bretter und Eisenstangen aus den Trümmern, Brecheisen und Forken, zerbeulte Töpfe und verbogenes Besteck, vieles kaum noch identifizierbar.

Tausende lebten in Bunkern und Kellern, behalfen sich mit Dachpappen, Wellblechen und alten Brettern, hungerten und verwahrlosten, schliefen auf Zeitungen, redeten sich durch die Nächte mit immergleichen Geschichten, die sich ständig wiederholten. Manche wuschen sich nicht mehr, die Kleider stanken. Sie streunten herum wie hungrige Wolfsrudel, plünderten, was noch nicht geplündert war, organisierten und hamsterten. Die Obdachlosenauffangstellen waren hoffnungslos überfüllt. Auf einem Friedhof waren die Gräber weggebombt worden. Hauswände waren vollgeschrieben mit Nachrichten für Verwandte und Freunde. Eingeritzte Adressen waren zu lesen und Namen von Vermissten. Zettel klemmten zwischen Steinen: Wer hat Nachricht von Irma Arnoldy? – Heinz und Hedi, wir sind bei Tante Frieda. Erna tot. – Christa und Helmut, wir sind in der Eifel, bei Milbers. Bitte um Meldung über Peter Leuwer.

Ein Leben aus Koffern und Taschen begann. Vor einem ausgebrannten Gebäude hatte das Rote Kreuz eine Notspeisung eingerichtet, was vorübergehend half. Jeden Morgen zog Lisbeth los, um Essbares aufzutreiben. Johanna konnte sich nicht erinnern, sich jemals über keimende Kartoffeln gefreut zu haben, aber Auswahl gab es nicht und so kochte sie Kartoffelsuppe und Kartoffelbrei, diesmal auf einem offenen Feuer auf der Straße, in einem Topf, der nicht ihr gehörte.

Über eine Woche dauerte es, bis sie Nachricht von Hermann und Paul hatte. Beide waren ausgebombt und in einer Unterkunft des Roten Kreuzes untergebracht. Um Jahre gealtert schien ihr Paul, der Stunden gebraucht hatte, um von der Altstadt nach Unterrath zu kommen. Er brachte ihr ein Hemd zum Wechseln und ein Stück Seife. Sein Gesicht war grau, ein Auge zuckte, der Arm war verbunden. »Bei uns ist alles voll mit Feldbetten und Matratzen, es wimmelt von Frauen und Kindern. Überall stehn Koffer, Taschen, Schuhe; überall liegen Leute. Sie sind dreckig und schreien nachts. Es gibt keinen Zentimeter Platz. Es stinkt und alles ist verlaust. Zu essen gibt es auch nichts. Nur Mehlsuppe. Viele sind krank. Es ist am besten, Mutter, wenn du zu Irene nach Reinbek gehst«, riet er und reichte ihr einen Zigarettenstummel, »da hast du ein Dach überm Kopf. Maria ist doch auch dort. Wir können dir nicht helfen, weil es hier nichts mehr gibt. Im Norden ist es vielleicht nicht so schlimm.« Seine Hand zitterte, als er ihr Feuer gab. Johanna zog an der Zigarette. Der Stummel leuchtete auf. »Und von was soll ich da leben? Wie soll ich überhaupt hinkommen? Ich hab doch nichts mehr.« Ihr fiel ein, dass sie noch Bilder ins Rahmengeschäft gebracht und einem Buchhändler zwei zur Auswahl mitgegeben hatte. Auch bei einem Architekten in Leverkusen hingen Bilder, die noch nicht bezahlt waren. Aber sicher würde auch dort alles in Schutt und Asche liegen und ein Zusammensuchen war in ihrer Lage undenkbar. »Meine ganze Sammlung ist weg. Alles, was noch oben in der Wohnung war. Allein vom Mäxchen waren neun große, schöne Bilder dabei. Jetzt muss ich wieder bei Null anfangen. Ich bin ja so froh, dass der Hermann noch Sachen in die Eifel gebracht hat. Als ob ich was geahnt hätte.«

Lisbeth blieb bei den Theaterleuten. Paul gelang es, Johanna aus der Stadt zu bringen und Geld für eine Fahrkarte vierter Klasse nach Hamburg aufzutreiben. Im Tausch gegen Zigaretten war ein Bauer bereit gewesen, sie mit einem Brauereigespann bis kurz vor Essen mitzunehmen. Auf dem Bock zog es und sie war froh, dass nicht Winter war. Am Abend stieg sie in einen Zug, von dem es hieß, dass er bis Hamburg fahren würde.

Im überfüllten Abteil saß sie am Fenster, die Tasche auf dem Schoß, spähte in die Schwärze, horchte nach dem Rattern der Räder, einem Geräusch, das sich veränderte, wenn der Zug über

Brücken und Weichen fuhr. Das Abteil war verdunkelt. Jemand kramte in einem Beutel; sie hörte Flüstern.

Hinter Essen verlangsamte der Zug die Geschwindigkeit, bis er nur noch kroch und nach langem Ächzen auf freier Strecke stehenblieb. Johanna öffnete das Fenster. Ein Geruch von feuchter Erde strömte herein. Scheinwerfer aus Militärfahrzeugen beleuchteten eine Baustelle. Männer in Sträflingsanzügen schwangen Spitzhacken und Hämmer, bearbeiteten die Gleise. Die Wachen, uniformierte SS-Leute in blankpolierten Stiefeln, hielten Waffen im Anschlag. Die Reisenden reckten die Köpfe, drängten an die Fenster. »Jetzt müssen die endlich auch mal ran«, sagte eine Frau mit einem Kapotthut, »das ist doch jetzt mal ehrliche Arbeit. Die wissen doch sonst gar nicht, was Arbeit ist ...« Über den Kopf eines Kindes hinweg erzählte sie von ihrem vermissten Mann und einem gefallenen Sohn. Dann packte sie Brot aus, verteilte Brocken unter den Reisenden.

Auch in der Nähe von Osnabrück hielt der Zug, blieb wegen einer gesprengten Brücke stundenlang auf freier Strecke stehen, fuhr rückwärts, rangierte und musste umgeleitet werden. Ein anderes Mal stoppte er, weil ein Blindgänger gefunden worden war. Zwei Mal bremste er in einem Tunnel. Es gab kein Licht, nur Stimmen und Türenschlagen und glühende Punkte von Zigaretten. Endlos schien ihr die Zeit, bis der Zug wieder anruckte. Als er den Tunnel verließ, dämmerte es. In der Ferne drängten sich Kühe um Wassertröge, ein Bauer ging gebückt, mit geschulterter Sense. Weiden und Haselsträucher, dahinter Äcker, Wälder und Dörfer kamen heran und zogen vorbei, lagen im Zwielicht wie Straßen und Menschen, verloren sich im Takt der hämmernden Räder. Die Namen der Stationen hatte sie nie gehört. Sie versuchte, die Augen offen zu halten, denn immer, wenn sie zufielen, sah sie brennende Häuser vor sich, roch den Rauch, hörte das Krachen von Balken, die Schreie der Verletzten. Einmal dachte sie, was wohl passieren würde, wenn sie einfach irgendwo ausstiege und verschwände.

Der Zug hielt überall. Bahnsteige standen voller Pappkoffer, Gepäckbündel und verschwommener, unscharfer Gestalten.

Im Halbdunkel liefen sie durcheinander. Eine Frau kam dicht ans Fenster. Sie wies auf ein Foto, das sie um den Hals trug. Es war das Foto eines Mannes in Uniform. Johanna zuckte mit den Schultern, schüttelte den Kopf. Sie fror. Gern hätte sie etwas getrunken. Stunden verbrachte sie mit Warten in den schäbigen Sälen der vierten Klasse und auf Bahnsteigen, sah auf schimmernde Gleise, die aus den Bahnhöfen hinausführten, las die Spruchbänder der vorbeifahrenden Züge: Räder müssen rollen für den Sieg. Die Güterwaggons, die vorbeifuhren, hielten nicht. Sie waren voller Menschen, Flüchtlinge und Evakuierte, die eingequetscht zwischen Gepäckstücken weiter und weiter transportiert wurden.

Alles war Johanna schwer: die Leute, die suchend und unruhig auf und ab gingen, die gelbgesichtigen Kinder, die finsteren Blicke der Uniformierten, das Ungewisse. Den letzten Teil der Strecke fuhr sie mit einem Bus. Es war ein alter Kasten, in dem es nach Benzin stank. Ein Bauer transportierte einen Korb mit Hühnern, die, wenn der Bus bremste, aufgeregt gackerten und mit den Flügeln schlugen. Die Straße war fast leer. Ein Auto überholte sie. Es war ein Mercedes, in dem SS-Offiziere saßen.

In Hamburg war es windig. Sie glaubte, die Nordsee zu riechen. Eine Frau zeigte ihr den Weg zur Haltestelle, von der aus Busse nach Reinbek fuhren. Die halbe Nacht verbrachte sie in einem zugigen Unterstand.

Als sie in Reinbek ankam, dämmerte es. Auf morgenfrühen Wegen begegneten ihr Arbeiter und Marktfrauen. Der Fußweg, den Paul ihr beschrieben hatte, zog sich. Die Schnur des Kartons schnitt in die Hand. Neben einer Fabrik, die wie ein Bollwerk in den Himmel ragte, befand sich ein leergeräumter Bäckerladen. Zerrissene Kartons lagen im Fenster. Eine Reihe von Wohnhäusern folgte. Geschäfte und Kneipen, eine Metzgerei – die Fenster waren zerschlagen und mit Papier zugeklebt – eine Schusterwerkstatt, eine Sattlerei, Wäscherei, eine Destille und eine Tanzdiele, alles schien verlassen.

»Wenigstens haben wir unser Leben noch«, war das Erste, was sie zu Maria sagte, nachdem sie sich in Irenes Wohnung um den Hals gefallen waren. Irene, mager, in Kittelschürze und mit klobigen Männerschuhen an den Füßen sowie einem über der Stirn geknoteten Kopftuch feuerte sofort den Herd. Während sie Suppe wärmte, erzählte sie von Horst, ihrem Mann, den sie seit zwei Jahren nicht gesehen hatte. Sie kramte Briefe hervor, heulte während sie las, zeigte Johanna Fotos: Horst und Irene als Brautpaar, Horst und Irene an der Nordsee, Horst und Irene an einem Tisch sitzend mit Freunden. »Jetzt ist er in Russland. Der letzte Brief kam Ende April. Das war vor fünf Wochen. Er hat sonst immer geschrieben. Immer.« Auch Maria vermisste ihren Mann. Sie litt anders als Irene. Ihre Stimme wurde zynisch, als sie von der Gefechtslage und den Umständen erzählte, die ihn das Leben gekostet hatten. »In soldatischer Pflichterfüllung, getreu seinem Fahneneid, für das Vaterland den Heldentod gestorben – das haben sie geschrieben. Dass ich ihn ehren und mich selbst für den Sieg des Vaterlands einsetzen soll ...« Immer wieder drückte sie Johannas Arm: »Ach, lass uns von anderem reden. Ich bin so froh, dass du jetzt hier bist. Erzähl uns von dir, von Düsseldorf.«

»In Düsseldorf ist alles kaputt. Ich weiß gar nicht, wie viele Angriffe wir erlebt haben. Der schlimmste kam Pfingstsamstag. Bomben über Bomben. Die wollten gar nicht mehr aufhören. Danach all die Toten. Lisbeth ist jetzt bei einer Freundin, die sie vom Theater kennt. Paul und Hermann in einer Unterkunft vom Roten Kreuz. Ansonsten überall Elend. Ich hab meine ganze Sammlung verloren. Alles verbrannt.« Maria kam mit Gläsern und einer Flasche Aufgesetztem. »Prost! Mir losse doch dä Mot net sinke, lommer uns noch ene drinke! Oder Mutter?«

»Ja, trinken wir drauf, dass das Elend bald aufhört!« Gleichzeitig leerten sie die Gläser. »Denkt euch, Hermann hat drei Tage vor dem Angriff noch Bilderkisten in die Eifel gebracht. Aber vielleicht bleibt mir nicht mal das. Wer weiß, wie es in der Eifel aussieht.« Sie seufzte. »Ach, es ist schrecklich. Alles haben sie zerschlagen. Die Straßen sind nicht mehr zu erkennen. Leute sitzen auf Trümmerhaufen mit Koffern, Taschen und Kindern. Die Schlangen vor den Volksküchen hören gar nicht mehr auf. Die Kö ist ein einziges Trümmerfeld. Die ganze Schadowstraße, Graf-Adolf-Platz, Bismarckstraße – kein Haus mehr. Tonhalle, Malkasten, Bahnhof und Schauspielhaus sind auch weg. Wahrscheinlich hatten sie es auf die Hallen von Rheinmetall abgesehen. Überall fahren Lastwagen, vollgeladen mit Leuten und Gepäck. Frauen sind mit Kinderwagen und Leiterkarren unterwegs, alle so müde und kaputt, mit Bündeln auf den Rücken, viele in Winterkleidern, trotz der Hitze. Wo sollen die bloß hin mit den Kindern? Ich muss auch immer an meine Maler denken. Was sie wohl machen? Ob sie noch leben?« Maria rückte neben sie, erzählte von Reinbek und ihrer Arbeit in einem Gardinengeschäft. Irene half als Verpackerin in einer Konservenfabrik. »Wir füllen Schmalzfleisch in Dosen. Notrationen für die Wehrmacht.« Sie lachte und fügte hinzu: »Gehungert wird hier also nicht.«

Irenes Wohnung war eng und vollgestopft. Johanna schlief in der Stube, wo es eine Couch gab, hielt sich aber am liebsten in der Küche auf. Von dort aus konnte sie in fremde Wohnungen sehen. Fast an jedem Fenster stand ein Vogelkäfig. Katzen lagen auf Wellblechdächern, Pflanzen wucherten aus Konservendosen. Tagsüber, wenn Maria und Irene arbeiteten, war Johanna allein. Sie erkundete das Quartier, die Hamburger Straße, wo sie wohnten, Mühlenteich und Dänenbrücke, entdeckte einen Park, der sie an Sureda und Mallorca erinnerte. Lange saß sie auf einer Bank an einem See, betrachtete das Licht, das sich im Wasser spiegelte, das Tanzen der Mücken auf der Oberfläche und schwimmende Wolken, die sich unter einer Wasserfontäne kräuselten. Eine Handvoll unverschämter, tschilpender Spatzen balgten sich um einen Wurm. Zwei Jungen, kurzgeschoren und in Lederhosen, spielten mit Holzschiffchen, die sie an Seilen hielten, riefen sich Kommandos zu. Irgendwo quietschte eine Schaukel. Alles war leicht und schwebend. In Düsseldorf gab es das alles nicht mehr. Beim kleinsten Gedanken an Düsseldorf hatte sie ausgebrannte Häuser und schreiende Menschen vor Augen. Mit einem Lotterielosverkäufer kam sie ins Gespräch; fremd war ihr sein Plattdeutsch. Mit zuen Türen, auffen Fenstern und appen Beinen konnte sie nur wenig anfangen.

Schon in der ersten Woche schrieb Johanna an Baus. Zurück kam eine Einladung.

Mit dem Bus fuhr sie nach Hamburg. Entlang der Elbchaussee standen Villen und Herrenhäuser, eingegliedert in großzügige Parkanlagen. Das Haus, in dem Baus wohnten, lag direkt am Fluss, gegenüber der Werft. Johanna hatte kaum die Klingel berührt, da fiel Lydia ihr um den Hals. »Wir haben schon gewartet.« Artur Bau hielt ihr seine warmen, weichen Hände entgegen, die Kinder, drei Söhne in kurzen Hosen und Kniestrümpfen, machten einen Diener. Im Flur leuchteten alte Bekannte von den Wänden: das ›Rendez-vous des amis‹, im Esszimmer die ›Heilige Cäcilie‹. Im Wohnzimmer entdeckte Johanna zwei Aquarelle von Pudlich in einem Erker, dann ging sie auf Max Ernsts Bild mit der Treppe zu, strich mit der Hand darüber. »Wenn ihr wüsstet, was es mir bedeutet, die Bilder hier zu sehn. Wie gut, dass ihr sie habt. Das Bild mit der Treppe … Gut, dass ihr es damals behalten habt. In Düsseldorf wäre es verbrannt.« Die vertrauten Bilder und die lachenden Baus ließen sie für einen Moment glauben, die Welt sei heil geblieben. Auch die Kinder von Lydia und Artur, die Johanna neugierig beäugten, gaben ihr dieses Gefühl.

Sie setzten sich um einen runden, massiven Tisch, auf dem eine Schale mit Gebäck stand. Während Johanna vom Elend in Düsseldorf erzählte, verteilte Lydia Tassen und brachte Kaffee. »Merkwürdig«, sagte Bau und sah nach der ›Heiligen Cäcilie‹, »ich habe bisher gar nicht darüber nachgedacht, dass die Bilder in Gefahr sind. Wenn es los geht, sind sie bei uns überhaupt nicht sicher. Die Wohnung liegt gefährlich, direkt gegenüber der Werft. Es gibt hier U-Boot-Bunker. Ein ideales Ziel für die Engländer.« Lydia erschrak. »Er hat Recht. Wir müssen uns was überlegen.«

Am Nachmittag zeigten Baus ihr Stadt und Hafen: die Reemtsma-Zigarettenfabrik in Altona-Bahrenfeld, wo Artur als Betriebsarzt tätig war, auch die Klinik, in der Lydia als Kinderärztin arbeitete. Sie brachten Johanna in ein Schiffsmuseum, von dort in die Kunsthalle. Gemälde und Skulpturen waren wie überall; das Museum beschränkte sich auf Offizielles. Vor Ansichten wogender Roggenfelder, blondgezopfter Mädchen und Bauern mit geschulterten Sensen hatte Artur plötzlich eine Idee: »Ich nehme unsere Bilder mit zu Reemtsma in den Bunker. Sie sind nirgends sicherer als dort. Der Betrieb ist übrigens ein Musterbetrieb der Nazis.« Johanna lachte. »Willst du mich nicht auch dort unterbringen?«

Wochenlang war es heiß und trocken. Nicht einmal in der Nacht sanken die Temperaturen, so dass Johanna selbst das Leintuch zuviel war. In früheren Jahren, schwärmte Irene, sei sie an solchen Abenden mit ihrem Mann hinaus an die Kanäle gezogen. Lampions hätte man dort aufgehängt, für Musik und Tanz gesorgt.

Jetzt lag alles verdunkelt. Uniformierte patrouillierten, immer häufiger heulten Sirenen. Es gab kaum noch eine Nacht ohne Alarm; Johanna schlief in Kleidern, um vorbereitet zu sein. Bei jedem Alarm schreckte sie hoch, eilte ans Fenster, versucht das Brummen in der Luft zu deuten, spähte nach Leuchtfontänen. Dann rief sie Maria und Irene, griff Jacke und Tasche und stürzte aus dem Zimmer, die Treppen hinunter ins Freie, um in den Garten zu gelangen, wo sie Schutz in einer Grube suchten, die ein Nachbar ausgehoben hatte.

An einem Juliabend verbreitete sich das Gerücht, dass starke feindliche Bomberverbände im Anflug auf Hamburg seien. Stunden hockten sie geduckt und starr vor Angst in dem feuchten Erdloch, den rotglühenden Himmel über sich, äugten nach Flugzeugen, horchten nach Aufschlägen und Explosionen. Manchmal zitterte der Boden, Maria schrie. Und dann glaubte Johanna das Haus schwanken zu sehn, hielt den Atem an, spürte wie Maria sich an ihren Arm klammerte. »Es muss halten, bete, dass es hält!«

Am Morgen sahen sie, dass eine Luftmine das Haus nur um wenige Meter verfehlt hatte. Die Straße war aufgerissen, ein tiefer Trichter entstanden, ein Kübelwagen des Luftschutzes lag umgestürzt. Fahrer und Beifahrer waren tot.

Zehn Tage und Nächte dauerte das Inferno über Hamburg. Beim zweiten Angriff der Engländer auf die östlichen Stadtteile verbanden sich die Flächenbrände zu Feuerstürmen, die Orkanstärke erreichten und Menschen unrettbar in ihre Feuerschlote zogen. Die Temperaturen brachten Glas zum Schmelzen. Ein dichter Funkenregen verbrannte alles, was im verflüssigten Asphalt der Straßen steckenblieb. Rauchwolken verdunkelten bis Reinbek den Himmel und ließen es selbst morgens nicht hell werden.

Sofort danach setzten Karawanen von Obdachlosen ein. Prozessionen des Elends. Frauen, Kinder und Alte mit Bettzeug, Kinderwagen, Leiterwagen, Schiebekarren und müden, abgezehrten Gesichtern suchten Zuflucht in Scheunen und Ställen. Sie sahen merkwürdig ausgestopft aus, weil sie alles, was sie noch an Kleidung besaßen, am Körper trugen. Suchend und bettelnd zogen sie von Tür zu Tür.

Ein Mann klopfte bei Johanna und fragte nach Brot. Müde und gebückt stand er in der Tür, redete von einer Frau und von Kindern, die er zuletzt in einem Keller gesehen hatte, berichtete, dass die Briten die Absicht hätten, Hamburg komplett zu vernichten, dass der Hafen getroffen und Schiffe versenkt worden seien, dass Mineralölbetriebe brennen würden, dass jetzt ein weiterer Großangriff bevorstünde und die bisher verschonten Stadtteile an der Reihe seien. Johanna war wie versteinert. Etwas Dunkles, Drohendes breitete sich aus. Wollheims Verwundeter kam ihr in den Sinn. Sie roch das Blut, glaubte an ein Zeichen, sah die ganze Welt brennen. Draußen auf der Straße rempelte sie eine Frau mit einem Wägelchen an. »Gehn Sie fort von hier«, warnte sie, »hier bleibt bald kein Stein mehr auf dem anderen.«

Tagelang blieb die Gegend dunkel vom Rauch und überrieselt von Aschenregen. Auch auf Reinbek fielen Bomben. Es waren nicht viele, aber auch die wenigen rissen Löcher in Häuser, ließen Dächer zusammenstürzen, verbrannten Existenzen, verschütteten Straßen und töteten. In der Nähe des Hauses war ein Blindgänger explodiert. Von einem Hühnerstall blieb ein Bretterhaufen und die Scheune stand ohne Seitenwände auf zwei wackligen Balken. Das Dach hing schief.

Die Flüchtlingsstelle wusste nicht mehr wohin mit den Ausgebombten. Ein Kinosaal wurde geräumt und zwei Schulsäle. Auch das Haus, in dem Johanna lebte, war bald voll bis zum Dach. War es auf zwei Zimmern schon eng gewesen, so mussten sie jetzt auf ein Zimmer zusammenrücken. Zwei Frauen aus Dresden kamen dazu, Bekannte von Irene. Sie bewohnten die Stube, zu fünft waren sie jetzt. Arbeit hatte niemand. Das Gardinengeschäft, in dem Maria gearbeitet hatte, existierte nicht mehr. Auch die Konservenfabrik hatte die Produktion eingestellt.

Völlig überraschend kam Lydia, brachte Johanna außer den Raten für Bilder ein viertel Pfund Ersatzkaffee. Ihr Gesicht war ein einziger Schmerz. Zuerst hatte Johanna angenommen, dass sie Unterkunft suche, dann aber verstand sie, dass sie ihretwegen gekommen war. »Wie gut, dass euch nichts passiert ist. In Hamburg ist es grauenhaft. Eine Millionenstadt, die drittgrößte im Reich ... Zigtausende Leichen liegen wie auf einem Schlachtfeld. Sie sind aufgedunsen und zerstückelt. Frauen mit toten Kindern im Arm, in Fetzen von Kleidung, die kaum die Blöße bedecken. Und dann dieser Verwesungsdunst. Dieser grausam-süßliche Gestank, der in der Nase klebt. Du machst dir kein Bild. Zwischen den Reihen der Toten gehen Leute, wühlen zwischen den Trümmern, suchen und fragen. Von den Toten sind viele so zugerichtet, dass man sie gar nicht erkennen kann. Sie kommen in Massengräber. Anders geht es ja nicht bei dieser Hitze. Es besteht Seuchengefahr. Die Klinik ist auch zerbombt. So wie die Wohnung. Gut, dass wir die Bilder noch weggebracht haben.«

»Und du? Wo bist du jetzt?«, fragte Johanna, »ihr könnt vielleicht hier ...«

»Nein, nein. Lass. Das ist nett gemeint, aber ich bin mit den Kindern bei einer Tante untergekommen.« Plötzlich brach sie in Tränen aus: »Ich wollte dir auch sagen, dass sie Artur eingezogen haben. Momentan schicken sie alles an die Ostfront.«

Zu Johannas 80. Geburtstag kam Lydia erneut und brachte eine befreundete Fotografin mit, die eine Klappkamera dabei hatte, mit der sie Johanna von allen Seiten ablichtete. Während es klackte und klickte las Lydia Arturs Briefe aus Russland vor, die hoffnungsvoll und furchtlos klangen.

Eine Handvoll Kohlblätter

Ganz langsam, mit schleichenden Fingern tastete sie nach der Uhr, sah auf den Zeiger, der die Sekunden zählte, die Minuten, die Stunden. Jeden Tag dachte sie, dass sich bald alles ändern müsse, aber die Wochen und Monate gingen hin, die Blätter an den Bäumen wurden grün, dann braun. Dann fielen sie ab und vom ganzen Gebüsch blieben nur Skelette übrig und immer noch war kein Ende in Sicht. Fremde Truppen verschanzten sich in den übrig gebliebenen Häusern, in die immer noch Geschosse einschlugen. Menschen vegetierten in Kellern und Löchern, die sie in die Erde gruben. Ein Volkssturm wurde aufgestellt, in dem alle waffenfähigen Männer ab 16 Jahren zusammengefasst waren. Die Verteidigung der deutschen Städte bis zum letzten Blutstropfen war befohlene Sache.

Jede Nacht mussten sie hinunter in den Garten, oft zweimal. Sie waren alle abgemagert und froren permanent. Die Winterkartoffeln waren aufgebraucht und die Kartenstellen gaben keine Kohlenbezugsscheine mehr aus. Manchmal wunderte sich Johanna, dass sie noch lebten. Satt wurden sie nie. Als es im Frühjahr hieß, alle Lebensmittel seien ausverkauft, rannte sie trotz Dröhnens in der Luft und obwohl die Tiefflieger ihr

Furcht einjagten, mit Lebensmittelkarten los, aber alles, was sie nach stundenlangem Anstehen und Warten zurückbrachte, waren eine Handvoll Kohlblätter.

Aus dem Osten kamen lange Flüchtlingstrecks. Tiefflieger flogen so tief, dass man Nummern und Embleme erkennen konnte. Sie beschossen die Trecks, verfolgten Zivilisten, feuerten auf Schulen, Straßen und Gleise. Volkssturm, uneinheitlich uniformiert, aber bewaffnet mit Pistolen und Panzerfäusten, marschierte mit entschlossenen Gesichtern. Flüchtlinge berichteten, dass Berlin unter Artilleriefeuer läge und die Toten und Verwundeten in den Straßen nicht mehr zu zählen seien.

Ende April verbreitete sich das Gerücht, wonach der Führer im heldenhaften Kampf um Berlin gefallen und Admiral Dönitz zu seinem Nachfolger bestimmt habe. Englische Sender meldeten, dass die Gotenlinie, ebenso wie alle anderen Linien und Fronten, durchbrochen worden war und Russen ins zerstörte Berlin drangen. Anfang der Woche wurde gemunkelt, Hamburg werde von allem Militär geräumt und kampflos übergeben. Plötzlich wimmelte es in Reinbek von englischen Soldaten. Sie fuhren in endlosen Kolonnen mit Panzern, Jeeps, Last- und Mannschaftswagen, befahlen den Leuten ihre Häuser zu verlassen, beschlagnahmten Kirchen, Schulen, bezogen Quartier, wo es ihnen gefiel. Wehrmachtsbetriebe arbeiteten nicht mehr, Uniformträger zeigten sich plötzlich in Zivil; manche verschwanden.

Johanna verließ das Haus nur, wenn sie musste. Leibesvisitationen, Straßenkontrollen, Ausgangssperren und Razzien beängstigten sie. Irene, die sich regelmäßig auf Hamsterfahrt ins Umland begab, um bei den Bauern den Kaffee, den sie auf Karte bekam, gegen Essbares einzutauschen, wehrte sich gegen Johannas ständige Befürchtungen. »Du willst nicht, dass ich mich auf Schwarzmärkten herumtreibe. Aber kein Mensch kann sich nur mit Lebensmittelkarten versorgen. Natürlich geh ich. Eine von uns muss doch gehn. Heute Morgen hab ich zwei Stunden an der Wasserpumpe gestanden, dann eine gute Stunde in einem Kuhstall für einen Viertelliter Milch, nachmittags über drei Stunden beim Bäcker, alles umsonst. Immerhin hab ich zwei Gummistücke von Autoreifen bekommen. Für die Schuhe. Vielleicht kann ich sie tauschen. Und jetzt muss ich wieder an die Pumpe, Wasser holen.« Mit in ängstlicher Geste verflochtenen Fingern fing Johanna wieder von Schwarzmärkten an. Irene schüttelte den Kopf. Sie kam näher, kramte in ihrer Westentasche und legte Johanna zwei Zigaretten auf den Tisch. »Amerikanische. Wertvoller als Geld. Wir haben doch keine Wahl. Jetzt gibt es auch kein Fett mehr und Butter schon gar nicht. Im Radio sagen sie, dass die Frauen Fett sparen können, indem sie die Messer besser abputzen. Stell dir mal vor, wie blöd die sind! Die Messer besser abputzen ...« Irene tippte sich an die Stirn.

Wochen hatte sie nichts von Baus gehört. Im Mai kam Nachricht von Lydia. Dass sie alles überstanden und am Stadtrand eine Wohnung gefunden habe, dass sie auf Artur warte und Johanna sehen wollte.

Sie trafen sich am Hafen. Von weitem schon winkte Lydia mit einer Zeitung. »Johanna, weißt du es schon? Die Stadt hat sich ergeben. Und es ist mir völlig egal, was die Engländer jetzt mit uns machen. Hauptsache es ist Schluss und sie hören auf mit den Bomben. Du wirst sehn, jetzt dauert es nicht mehr lange, dann kommt Artur zurück!« Sie umarmten sich, Lydia weinte. Eingehakt gingen sie ein Stück entlang der Kaimauer. Sie mussten aufpassen, wohin sie ihre Füße setzten. Johanna war nicht gut zu Fuß. Beine und Hüften machen ihr zu schaffen.

Weit kamen sie nicht, denn der größte Teil des Hafens war Sperrgebiet. Etwas Geisterhaftes lag über den zerstörten Anlagen. Schiffswracks säumten die Hafengewässer. Sie lagen stark rostend, was jetzt, bei Niedrigwasser, deutlich sichtbar wurde. Weit draußen fuhren Schiffe mit fremden Flaggen.

An einem Geländer blieben sie stehen und sahen auf die Bewegungen des Wassers. »Zuerst hab ich gedacht, es ist alles vorbei«, sagte Lydia, »wie wenn man vor dem Nichts steht. Wenn man nicht mal mehr eine heile Tasse hat. Aber ich will weitermachen. Schon wegen der Kinder. Von Artur hör ich seit

Wochen nichts. Die Post kommt nicht durch. Trotzdem bin ich ganz sicher, dass er zurückkommt.« Johanna drückte Lydias Arm. »Wenn du nur fest genug dran glaubst ...« Dann machte sie sich an ihrer Tasche zu schaffen und zog einen Brief heraus. Dreimal schon hatte sie ihn gelesen und wieder drehte und wendete sie das Blatt. »Von meinem Paul. Er ist mit seiner Frau in einer Notunterkunft, wo sie leidlich zurechtkommen. Sie haben aber anscheinend Aussicht auf Besseres. Hermann und Lisbeth geht es auch einigermaßen. Hauptsache, sie leben. Zu essen haben sie fast nichts. Aber wer hat das schon? Paul hat Männe Hundt in einer Suppenküche getroffen. Kanntest du Hundt?«, fragte sie Lydia, die mit den Schultern zuckte. »Ein ganz Treuer ist das. Er hat kein Dach mehr über dem Kopf, aber er lebt. Pudlich soll in Eupen untergekommen sein. Er muss wohl auch alles verloren haben, sogar das, was seine Galerie im Keller hatte. Julo Levin ist lange schon fort. Keiner weiß was, nur dass er sich geweigert hat, zu emigrieren, weil er darin einen Verrat an Verwandten und Freunden sah. Bevor sie ihn geholt haben, hat er Zwangsarbeit für SA und SS gemacht.« Johanna suchte nach einem Taschentuch und schnäuzte sich die Nase. »Ach, wär er doch bloß abgehauen. Das ist doch alles unsäglich! Wie sie sich alle durchschlagen! Sie hausen in Baracken, in Schrebergärten und Zirkuswagen. Pankok haben sie bespitzelt. Er versteckt sich irgendwo in der Eifel. Barz kennt seit Jahren nichts anderes als Verstecke, heimliche, nächtliche Ortswechsel und Flucht. Wie gehetzte Hunde leben sie. Pankok hat Barz eine Weile geholfen. Was jetzt ist, weiß ich nicht.« Ein verwahrlostes Kind kam ihnen entgegen. Im Arm hielt es eine nackte Puppe mit Porzellankopf und starren Augen. Kurz blieb es stehen und spuckte ins Wasser. Hinter einem Schutthaufen durchwühlten Jugendliche einen Lastwagen. Sie rannten weg, als Lydia und Johanna sich näherten. »Was aus den jungen Leuten geworden ist«, sinnierte Johanna, »sie haben nichts anderes gelernt als unsinnige Befehle ausführen, haben sich schlagen lassen für den Führer. Werkzeuge waren sie, sonst nichts. Dass es eine Ehre sei, für das Vaterland zu sterben, hat man ihnen eingebläut. Ich hab Studenten gesehn, die Bücher und Bilder verbrannt haben. Sie haben schreckliche Lieder gebrüllt, alle auf Kommando. In der Galerie waren sie auch, haben Bilder von den Wänden gerissen. Und später haben sie Häuser angezündet und getötet. Immer auf Befehl.«

»Ja, und jetzt ist das Kommando weg. Einfach weg. Was jetzt? Jetzt stehn sie da und sehn sich um. Es ist Frühling, die Sonne scheint, alles blüht. Was sie wohl denken? Ob sie sich an der Sonne freuen? Eher nicht. Wahrscheinlich denken sie, es wird schon wieder. Bloß nicht aufgeben, der Führer ist doch unsterblich. Aber Johanna, was ist jetzt? Was ist mit denen, die geglaubt haben, was der Führer gesagt hat?«

Das tausendjährige Reich versank in einem Meer aus Blut und Tränen. In Asien tobte der Krieg weiter und endete erst mit einer Bombe, von der Johanna hörte, dass eine ganze Stadt auf einen Schlag zerfetzt worden war. Sie versuchte Genaueres zu erfahren, aber die Zeitungen schrieben nichts und keiner wusste etwas.

In Nürnberg begannen die Kriegsverbrecherprozesse, was Johanna wenig interessierte. Viel zu beschäftigt war sie damit, Nahrung zu beschaffen. Bis weit vor Reinbek ging sie, wo Bauern aus der Umgebung manchmal Gemüse und Milch anboten. Die Milch, die sie in einer Blechkanne heimtrug, war blau vom Wasser, mit dem man sie verdünnt hatte. Oft hatten die Bauern selbst nichts oder tauschten die Ware nicht gegen das, was Johanna anzubieten hatte. Dann sammelte sie Reste von Möhren, Kohlblätter und Grünzeug auf, das von den Handwagen gefallen war, eilte damit nach Hause, kochte auf dem Kohlenherd eine wässrige Suppe. Maria hatte eine Stelle als Telefonistin angefangen, Irene arbeitete stundenweise als Akkordarbeiterin in einer Bindfadenfabrikation. Beides reichte nicht zum Sattwerden.

Es war ein Sonntag gewesen, ein warmer und sonniger Tag, an dem es die Leute in die Parks zog. Mit Irene ging sie ein Stück entlang der Hamburger Straße, an deren Ende sie in eine Gasse einbogen. Eine junge Frau kam ihnen entgegen. Sie schob einen Kinderwagen und winkte Irene zu. Irene blieb stehen. Kurz wechselte sie mit der Frau ein paar Worte, während Johanna illustrierte Zeitungen betrachtete, die an der Seite eines Kiosks in Drahtfächern klemmten. Eine oben hängende Zeitschrift war in der Mitte aufgeschlagen und zeigte Fotos, die Johanna starr werden ließen. Die Qualität des Papiers war billig, die Druckfarbe bläulich und schlecht. Auf dem rechten Foto lagen hoch aufgetürmt Damen-, Herren- und Kinderschuhe, wirr durcheinander. Auf dem mittleren klammerte sich ein ausgemergelter Mann in einem Streifenanzug, knochig und mit großen Augen, an das Drahtgitter eines Zaunes. Das dritte Foto zeigte einen Berg von Leichen, nackt, zum Teil verwest, ein Berg aus Fleisch und Knochen, Tote, mit verdrehten Gliedern und aufgerissenen Mündern. Johanna schreckte zurück. Sekundenlang stand sie bewegungslos. Der verwunderten Irene rief sie zu, doch nicht mehr zum Mühlenteich zu wollen, sondern zurück, nach Hause.

Die Fotos brannten sich ein.

Immer mehr kam heraus über Hitlers Krieg, über getötete und misshandelte Kriegsgefangene, über Verschleppung und Zwangsarbeit, über die Vernichtung von Leben. Was über das Schicksal der Juden zutage trat, war unfassbar. Auch, dass die Sieger erstaunlich wenig Nazis fanden. Alle wandten sich von Hitlers Erbe ab; viele verschwanden ins Ausland. Über die anderen wurde verhandelt. Wochenlang und allabendlich sendete der Rundfunk Prozessberichte aus Nürnberg.

Täglich wartete Johanna auf Nachrichten aus Düsseldorf, schrieb Briefe an Adressen, wo früher Künstler gewohnt hatten. Manchmal, an Sonntagen, kam Lydia Bau. Sie war an einer Kinderklinik angestellt worden, wo sie Schichtdienst ableistete. Ihre Besuche brachten Abwechslung. »Sieh mal«, sagte Lydia, als sie ihr am Tag nach St. Martin eine Ausgabe des Hamburger Abendblattes auf den Tisch legte, »es ist was drin über entartete Kunst. Vielleicht magst du es lesen.«

»Schreiben sie endlich, wie es wirklich war?« Johanna griff nach der Zeitung, setzte sich die Brille auf und vertiefte sich in die Zeilen. Als sie aufsah, standen Tränen in ihren Augen. »Vielleicht gibt es ja doch noch Gerechtigkeit und ich krieg ein paar Bilder zurück. Hoffentlich ist nicht alles kaputt.« Sie schob die Zeitung über den Tisch, wo Maria saß und rauchte. »Guck mal.« Zwei Mädchen von Otto Mueller waren zu sehen, darunter, etwas kleiner, eine Kreuzigung von Nolde, daneben, noch kleiner, der ›Turm der blauen Pferde‹ von Marc. Mit dem Finger wies Johanna auf ein Foto am Ende des Artikels. Dunkel gekleidete Herren betraten einen der Ausstellungssäle, allen voran Hitler und Goebbels. »Da – der Führer mit Goebbels. Wie selbstherrlich sie aussehn. Aber guckt mal, guckt mal, an der Wand …« Aufgeregt wies sie auf ein Bild im Hintergrund des Fotos, das nur schwer erkennbar war. »Hier, neben dem Dix hängt die schöne Gärtnerin, die mir das Mäxchen damals gebracht hat. Es war eines seiner besten Bilder. Ich hatte es lange bei mir. Verspottet haben sie es. Eine Verhöhnung der deutschen Frau wäre es. Könnt ihr euch das vorstellen? Meine Gärtnerin? Und daneben ein Dix.« Immer wieder tippte sie mit dem Finger auf das Foto.

Der Artikel ging ihr nicht aus dem Kopf. An alles war sie erinnert: an den Überfall in der Galerie, an die Boykottzettel, an Berufsverbote, Flucht und Exil ihrer Maler, an Schwesigs riskante Handzettel, an die vielen Bilder, die sie verloren hatte. Sie beschloss, dem Redakteur des Artikels zu schreiben und den Katalog der Sammlung Ey beizulegen. Am nächsten Tag schon saß sie über dem Brief, versuchte das eigene Schicksal und das ihrer Kunstwerke in Worte zu fassen.

Keine Woche später tauchte ein Redakteur bei ihr auf, stellte Fragen, schoss Fotos, notierte, was Johanna sagte. Ein Zeitungsartikel mit einem Foto erschien. Auf dem Foto sah sie ernst und bedrückt aus. Das graue Haar war dünn geworden, das Gesicht faltig, die Augen hinter der Brille wirkten müde. Der Artikel füllte eine halbe Seite. Als eine der bekanntesten

Galeristinnen vor dem Krieg hatte man sie bezeichnet, auch als meistgemalte Frau Deutschlands. In knappen Worten war ihr Leben beschrieben, so wie sie es erzählt hatte. Kurz waren sie auf das Thema entartete Kunst eingegangen.

Der Beitrag war kaum erschienen, da standen zwei Herren des Nordwestdeutschen Rundfunks vor der Tür. Einer von ihnen, der sich als Dr. Seidel aus Düsseldorf vorstellte und angab, sie zu kennen, hatte den Artikel gelesen und fragte, ob sie bereit sei, am ersten Weihnachtstag ins Funkhaus zu kommen und im Rundfunk zu sprechen. »Es sollen Ihnen natürlich keine Kosten entstehen. Wir werden Sie selbstverständlich abholen. Wir stellen Ihnen ein paar Fragen und sie brauchen nur zu antworten.« Johanna war stolz.

Die Tage vor Weihnachten waren feucht und windig. Johanna ging zum Marktplatz, wo die Waren der nächsten Woche, die auf Bezugsschein zu bekommen waren, ausgerufen wurden. Aber nicht einmal Kartoffeln oder Kohlen oder Briketts gab es. Enttäuscht las sie die Anschläge. Leute mit grauen Gesichtern und ausdruckslosen Augen kamen ihr entgegen. Obwohl keine Flieger mehr am Himmel erschienen und auch keine Bomben mehr fielen, war doch kaum Erleichterung spürbar. Familien waren zerrissen, Vertriebene und Ausgebombte zogen umher, schliefen auf Parkbänken. Kinder bettelten. Zu viele waren ohne Bleibe, auf der Suche nach Unterkunft, unterwegs in einem zerstörten und besetzten Land.

Zu Hause waren die Fenster mit Pappe verklebt und machten alles dunkel. In der Wohnung froren sie. Brennzeug war knapp wie im Krieg. Irene lag angezogen im Bett unter der Decke. In die Kirche gingen sie nicht, denn auch dort war es kalt und warme Sachen fehlten. Trotz der Lebensmittelsonderzuteilung, die es für Heilig Abend gab, hungerten sie. Zu gern wäre Johanna ins Theater gegangen. Sie hatte ein Plakat des Hamburger Schauspielhauses gesehen, wonach im Gewerkschaftshaus am Besenbinderhof Shakespeares Zähmung der Widerspenstigen gegeben werden sollte. Das Theater warb sogar mit einem beheizten Zuschauersaal. Aber Geld war keines da und so blieben sie zu Hause, wo Maria kleine, harte Mehlkuchen gebacken, einen Zweig mit Tannenzapfen geschmückt und rote Kerzen angezündet hatte. Letztere waren aus Wachsresten gegossen. Als Dochte dienten zerschnittene Schnürsenkel. Während Irene eine stille, heilige Nacht besang, dachte Johanna über die Rede im Radio nach. 15 Minuten Zeit hatte sie. Sie überlegte, was sich in 15 Minuten sagen ließe, was wichtig wäre, was weniger. Sie formulierte Sätze und wollte von Maria und Irene wissen, wie sich ihre Stimme anhörte. Ununterbrochen brühte sie Muckefuck. »Was gäb ich jetzt um eine Zigarette. Wenn ich wenigstens eine hätte, wo doch Heilig Abend ist und weil ich doch im Radio spreche.« Sie kramte das Notizbuch mit ihren Erinnerungen aus der Tasche, blätterte darin herum und las ein paar Seiten vor.

Am Morgen lachte Irene über Johannas Bemühen, die Frisur zu richten und das Kleid aufzubürsten. »Dich sieht doch keiner! Du musst doch nur reden ...« Dann aber fing sie selbst an, sich das Haar in Wellen zu legen und die Schuhe zu polieren. »Ich geh mit. Ich war noch nie beim Radio.«

Von einem jungen Mann, der einen Kübelwagen fuhr, wurden sie abgeholt. Entlang verschütteter Straßenzüge brachte er sie nach Harvestehude. Immer wieder musste der Wagen ausweichen, die Route ändern. Es dauerte, bis sie ankamen. Dr. Seidel, der sie begrüßte, zeigte ihnen die Räume. Das Funkhaus in der Rothenbaumchaussee war unzerstört geblieben. Der Raum, in den sie geführt wurden, war hoch und kahl. Über Boden und Decke liefen Kabel und Leitungen zu Abspielgeräten und Tonbändern. Ein Ansager verlas vor einem stehenden, ringförmigen Mikrofon Proklamationen der Militärregierung, übermittelte in mehreren Sprachen Hinweise für Vermisste und Suchende. Das Pausenzeichen gab er, indem er mit einem Löffel gegen eine Tasse schlug. Ein Techniker war mit der Regelung der Lautstärke beschäftigt. »Wir sind der Sender für die gesamte britische Zone«, erklärte Seidel, »momentan arbeiten wir an einem festen Programm. Und wählen streng aus. Guter

Journalismus ist wichtiger denn je. Gerade jetzt. Endlich steht auch das Funkhaus in Köln wieder. Köln ist ein Nebensender von uns. Vielleicht interessiert es Sie, weil Sie doch aus dem Rheinland sind. Wir senden auf dem Mittelwellenkanal. Und seit September in ganz Nordwestdeutschland. Wenn Sie gleich sprechen, haben Sie Tausende von Zuhörern!« Irene zupfte Johanna an der Weste. Begeistert flüsterte sie: »Vielleicht hört dich ja jemand in Köln. Stell dir vor, in Köln, da kennen dich doch viele ...«

Das Abspielen der britischen Nationalhymne sorgte dafür, dass Johanna nervös wurde. Nach den Anfangstakten eines Beethoven-Stückes und dem Hinweis der zweisprachig verlesenen Stationsansage – »Here is Radio Hamburg, a Station of the Allied Military Government – hier spricht Hamburg, ein Sender der alliierten Militärregierung« – schob Seidel sie vor das Mikrofon, lächelte ihr aufmunternd zu, fragte sie nach ihrer Herkunft, nach ihrem Beruf, nach ihrem Alter. Ein wenig zitterte ihre Stimme. Erst als sie nach der Galerie befragt wurde, verlor sie die Scheu, redete über ihre Künstler, erwähnte die Kampfzeiten nach dem ersten Krieg, sprach über die Verfolgten, über die, die ins Exil gegangen waren, über Bilder, die verbrannt, verhöhnt und zerstört worden waren. Seltsam war ihr die eigene Stimme vorgekommen. Auch der Satz, dass sie wieder nach der Heimat wollte, schien von jemand anderem gesprochen.

Weit weg von Düsseldorf hatte sie sich gefühlt, aber jetzt brachte ihr die Rede im Rundfunk auf seltsame Weise Kunst und Künstler zurück. Reporter wurden auf sie aufmerksam. Es folgten Zeitungsartikel mit Fotos. Besucher klopften an, fragten nach Bildern und Malern. Was sie kaum fassen konnte: Sogar aus Düsseldorf kam Post. Von Pankok erreichte sie eine Karte mit einem Johanna-Portrait und dem Satz: »Unterkriegen lässt sich die alte Ey nicht.« Schmitz schickte Grüße aus Bad Säckingen, schrieb, dass er in Düsseldorf gewesen sei und ihre Stimme im Radio erkannt hätte, freute sich, dass sie noch lebte; zu oft schon sei ihr Tod gemeldet worden.

In den ersten Tagen des Januars parkte ein Wagen vor dem Haus. Zwei gut gekleidete Herren stiegen aus, beide mit Hut und Aktentaschen, beide mit blankpolierten Schuhen. Im Treppenhaus fragten sie nach Johanna und wurden nach oben geschickt.

Lange hatte Johanna keine so guten Anzüge mehr gesehen. Sie war auch beeindruckt von der Begrüßung per Handkuss, genierte sich, wegen des vollgestopften Zimmers die Herren einzulassen. Dann aber bat sie sie doch hinein, ließ sie auf ihrem Bett Platz nehmen. Als Hinsen und Neumann stellten sie sich vor, sahen sich um, fragten nach Bildern. Ihre Sprache war heimatlich und warm. Sie sagten dat und wat, erzählten von Düsseldorf, dass der Rhein zugefroren sei und Schlittschuhläufer jetzt ihren Spaß hätten. Sie schimpften auf den Führer, bedauerten den Einschnitt, den der Krieg für die Kultur bedeutete, waren einhellig der Meinung, dass genau jetzt der Zeitpunkt gekommen sei, der rheinischen Kunst wieder auf die Beine zu helfen. Eine Weile wusste Johanna nicht, auf was die Sache hinauslaufen sollte. »Falls Sie wegen Bildern kommen ...« Neumann, den Hut zwischen die Beine geklemmt, beugte sich vor: »Wir würden gern wissen, ob Sie net wieder in die Heimat zurückwollen.« Er zückte ein silbernes Zigarettenetui, bot Johanna an, sich zu bedienen: »Sie rauchen doch, net wahr?« Wochen hatte sie auf diesen Genuss verzichtet. Allein das Anzünden mit Hinsens klackendem Feuerzeug war Labsal. Sie zog sich einen Stuhl neben die Herren, setzte sich, zog genießerisch an der Zigarette. »Sind Sie gekommen, um mich abzuholen?« Neumann grinste. »Sozusagen. Wir hätten Ihnen nämlich nen Vorschlag zu machen.« Er sah Hinsen bedeutungsvoll an, der daraufhin das Wort ergriff: »Sehn Sie, Frau Ey, Düsseldorf liegt in Schutt und Asche. Über 200 Luftangriffe hat es gegeben. Wir müssen mit allem von vorne anfangen. Auch mit der Kunst. Und wer wäre für nen Neuanfang besser geeignet als Sie?«

»Ich bin über 80.«

»Aber dat macht doch nix. Sie sehn doch, wat Ihre Rede im Rundfunk ausgelöst hat. Man spricht über Sie. Sie sind gefragt, nach wie vor. Sie kennen sich aus, haben Erfahrung.«

»Was meinen Sie?« Neumann fuhr fort: »Wie wäre es, wenn Sie mit unserer Hilfe wieder ne Galerie zwecks Ausstellung von moderner Kunst eröffnen würden? Bilder sind ja sicher noch da.«

»Ich hab nix mehr. Alles verbrannt oder beschlagnahmt. Oder entartet. Wenn ich Glück habe, sind mir ein paar Kisten mit Zeichnungen geblieben.«

»Dann fangen wir damit an. Um die entarteten und beschlagnahmten Bilder müssen wir kämpfen. Sicher kommt einiges zurück. Und Kontakte haben sie doch auch noch. Alles wird wieder so wie früher. Mit den Künstlern, die Ihnen am Herzen liegen. So hätten die jungen Talente wieder Gelegenheit, ihre Kunst an die Öffentlichkeit zu bringen.« Verwirrt sah sie von einem zum anderen. Wie viele Jahre hatte sie darauf gewartet, wie viele Jahre davon geträumt. Sie hörte Wollheim lachen und auf den Tisch schlagen, sah, wie Hundt einen Likör kippte, wie Pudlich dasaß, eingehüllt in den Rauch seiner Selbstgedrehten und zeichnete. »Das meinen Sie wirklich?«

»Ja, meinen wir! Und damit Sie leben können, versprechen wir Ihnen zehn Prozent vom Reingewinn, außerdem freie Wohnung, zwei Zimmer und Küche sowie 200 Mark monatlich.« Johanna sprang auf. »Wenn ich Ihnen wenigstens ne Tasse Kaffee machen könnte.«

»Brauchen Sie net, Frau Ey. Dat können wir dann in Düsseldorf nachholen. Mitte Mai soll es losgehn. Sofern Sie einverstanden sind. Alle nötigen Details lassen wir Ihnen brieflich zukommen.«

Johanna schwebte, als sie sich verabschiedeten.

Tagelang hatte sie kein anderes Thema, lag Maria und Irene in den Ohren, malte sich aus, wie alles sein würde, konnte kaum fassen, dass ihr Wunsch nach Rückkehr ins Rheinland so bald schon Wirklichkeit werden sollte. Sie überlegte, wie sie am schnellsten an die Bilder herankommen könnte, die in der Eifel lagerten, schrieb an Hermann und Paul, auch an Moog nach Kottenheim, dachte, dass auch die Stadt Düsseldorf ihr jetzt die beschlagnahmten Bilder, soweit noch vorhanden, herausgeben oder aber Schadenersatz leisten müsse, vielleicht auch für die verbrannten.

Jeden Tag wartete sie auf Post, aber nichts geschah.

Seit Hinsen und Neumann dagewesen waren, war sie von Heimweh geplagt. Sie redete von nichts anderem als von der Galerie und von Düsseldorf, begann das Rheinische zu vermissen. Als Anfang März der Vermieter anklopfte und eine weitere Flüchtlingsfamilie ankündigte, stand Johannas Entschluss fest: »Sobald die Züge fahren, bin ich weg. Es ist Zeit. Wir müssen jetzt alle wieder was anfangen. Und was kann ich hier schon tun?«

Sie saß schon auf Koffern, als Lydia anklopfte. »Wir wollten dich noch mal sehen, bevor du abreist. Sieh mal, wer hier ist.« Mit glänzenden Augen sah sie auf ihren Mann. Artur Bau war mager geworden. Seine Haare waren stumpf, die Haut fahl. Er streckte Johanna seine Hand entgegen. »Jetzt ist es endlich vorbei, was?« Bei einem Tee zählte er Orte auf, an denen er gewesen war. Die Namen klangen fremd und weit weg. Über das, was dort geschehen war, schwieg er. Etwas Schweres lag über ihm, das sogar den Klang seiner Stimme verändert hatte. Lydia hingegen war euphorisch. Sie hatte Pläne, sprühte vor Leben. Artur saß schweigend neben ihr. Auch zu Johannas Vorhaben schwieg er. Er fragte auch nichts, nickte nur zu diesem und jenem. Erst als sich Johanna nach den Bildern erkundigte, ging ein Lächeln über sein Gesicht. »Die Bilder sind gerettet. Auch das ›Rendez-vous des amis‹. Ich habe es aus dem Bunker zurückgeholt. Es hängt wieder in unserer Wohnung. Vorerst haben wir kein Geld, es zu bezahlen. Willst du es mit nach Düsseldorf nehmen?« Johanna zögerte, dachte an die geplante Galerie. Dann aber entschied sie: »Nein. Es soll erst mal hier bleiben. Vielleicht kauft ihr es ja doch noch.«

Düsseldorf, Flingerstraße

Briten hatten die Geschicke der Stadt übernommen. Im unzerstörten Stahlhof hatten sie Quartier bezogen. Der größte Teil des Schutts war beiseite geschafft. Unkraut und Dornengestrüpp wucherten auf übriggebliebenen Trümmerhaufen. Häuser mit vorspringenden Giebeln, spitzen Dächern und verzierten Gauben hatten dort gestanden; sie waren nicht mehr da. Von einzelnen Häusern waren nur noch Fassaden übrig. Verbogene Stahlträger hingen dazwischen wie schwarze Schlangen. Ein Schwarm Tauben umkreiste den eingestürzten Turm einer Kirche. Dächer waren zerfressen, Fenster mit Pappen zugeklebt. Mit quietschendem Geräusch schwang eine Tür im Luftzug. Ein Geländer war erhalten geblieben; sinnlos führte es ins Leere. Zwei spielende Hunde balgten sich auf der regenfeuchten Straße vor einer Notküche, wo Leute um Suppe anstanden. Hinter der Notküche schleppten Frauen, bekleidet mit Kopftüchern, Kitteln und derben Schuhen, Mauerreste und Balken, Toilettenbecken und Rohre aus einer Ruine. Sie arbeiteten mit Handwinden und Spitzhacken, befreiten Ziegelsteine von Mörtelresten. Schuttgefüllte Eimer gingen von Hand zu Hand, ergossen sich in Schubkarren und Loren. Auch die Ziegel wanderten von Hand zu Hand. Zwei hagere, abgekämpfte Frauen, hustend in Staubwolken, schichteten sie auf Holzböcken. Ein Mann stand bei ihnen. Er fluchte auf die Frauen, drohte ihnen mit seinen Krücken, zwischen denen er erbärmlich hing.

Abgemagerte Gestalten mit fiebrigen Augen und Kippen im Mundwinkel lungerten in den Straßen, lauerten auf Beute. Sie waren Offiziere und Deserteure gewesen, KZ-Gefangene oder Flüchtlinge, die nur eines im Sinn hatten: Überleben.

Nichts war mehr so, wie Johanna es in Erinnerung gehabt hatte. Nur der Rhein floss breit und behäbig, umspülte Reste von Brücken und liegengebliebene Schiffswracks.

Der Krieg war vorbei und war es nicht. Die alten Gesetze galten nicht mehr, aber niemand wusste, wie die neuen aussahen. Immerhin war sie wieder in Düsseldorf. Maria war für ein paar

Tage mitgekommen. Lisbeth hatte ihnen in der Wohnung, die sie mit einer Freundin teilte, ein Zimmer geräumt. Paul und Hermann kamen mit ihren Familien. Die Enkel, in geflickten Kleidern, aber blankpolierten Schuhen, sangen ihr ein Willkommenslied, brachten Kaffee und ein Sträußchen Märzbecher. Die ersten Tage flogen an ihr vorbei, waren gefüllt mit Wiedersehensfreuden, Umarmungen, Erinnerungen. Immer wieder wischte sich Johanna Tränen aus den Augen. »Ist es nicht ein Wunder, dass wir gesund und munter sind ...«

Wie ein Lauffeuer verbreitete sich die Nachricht ihrer Rückkehr. Der Nordwestdeutsche Rundfunk holte sie erneut ans Mikrofon, fragte, wie sie Düsseldorf wiedergefunden habe und wie ihre neuen Pläne aussähen.

Einen Tag später klopften Neumann und Hinsen an, brachten ihr eine Flasche Likör und drei Gläser aus Kristall. Sie zeigten sich erstaunt, dass Johanna bereits in Düsseldorf war, legten aber sofort durchdachte Pläne auf den Tisch. »Wie gesagt, ein westdeutsches Zentrum der Kunst wollen wir eröffnen. Unter Ihrem Namen. Mit einem Künstlercafé und einer Galerie. Und jeden Monat ne andere Ausstellung moderner Kunst. Ne Leuchtreklame haben wir in Auftrag gegeben: Westdeutsches Künstlerzentrum Mutter Ey GmbH Düsseldorf. Dat soll drauf stehn. Darauf stoßen wir an! Na, wie hört sich dat an, Frau Ey?« Bei dem Namen Mutter zuckte Johanna zusammen. Hinsen hob das Glas, das er mit Likör gefüllt hatte. Johanna zögerte. »Mutter Ey? Ich bin doch keine Mutter für alle. Das haben sie früher schon immer geschrieben. Es hat mir nie gefallen.« Hinsen versuchte sie vom Gegenteil zu überzeugen. »Mutter – dat klingt gut. Und dat waren Sie doch auch. Für all die Künstler, die bei Ihnen ein- und ausgingen. Sie waren doch wie ne Mutter. Sie können dat ruhig lassen. Es hört sich sehr gut an.«

»Aber das bin ich wirklich nicht.« Sie mokierte sich, Hinsen hielt dagegen. Am Ende hoben sie die Gläser darauf und es war die Aussicht wieder eine Galerie zu führen, Bilder auszusuchen und Maler um sich zu haben, die sie davon abhielt, sich weiter gegen den Namen zu wehren. Als Neumann einwarf, dass jeder Düsseldorfer wisse, wer Mutter Ey sei, nickte sie.

»Überleg dir das, Mutter. Du bist doch über 80.« Lisbeth riet ab. Auch Maria gab einiges zu bedenken, bevor sie nach Hamburg zurückreiste. Paul kam und schüttelte den Kopf. »Mutter! Du kannst die Uhr nicht zurückdrehen. Es wird nie mehr so wie es war. Zuviel ist passiert. Die Zeiten haben sich geändert.« Hermann zweifelte ebenfalls an ihren Plänen. »Das ist doch alles viel zu hoch gesteckt. Wie die sich das vorstellen ... Aber wir werden wohl nichts machen können. Bockig warst du ja schon immer. Hoffentlich wirst du nicht enttäuscht.« Alle redeten ihr ins Gewissen, warnten sie, ihren Namen für windige Spekulanten herzugeben.

Die Gespräche wirkten nach. In der Nacht lag sie wach. War sie wirklich zu alt? Auf was ließ sie sich ein? Waren die Pläne Gespinste? Hin und her drehte sie sich. Plötzlich richtete sie sich im Bett auf, knipste das Licht an und sagte zu der verstörten Lisbeth, die neben ihr lag und sich verschlafen nach ihr umdrehte: »Immer wieder haben sie mir alles kaputtgeschlagen. Aber einmal noch will ich es so haben, wie es mal war. Einmal noch will ich in meiner Galerie stehn, zwischen Bildern, bei meinen Malern, bei meiner Kunst. Weißt du, es ist gut, dass ich noch für alles schwärmen kann, denn Phantasie ist eine Krankheit, eine für mich schöne Krankheit, die mir immer über vieles hinweggeholfen hat. Ich will wieder Farben riechen und Kaffee kochen und versorgen. Nur einmal noch, Lisbeth.«

Es gefiel ihr, dass die beiden Herren auch an eine Unterkunft für sie gedacht hatten. In der Flingerstraße, im selben Haus, in dem auch das Zentrum eröffnet werden sollte, fand sie eine Bleibe. Es beruhigte sie, wieder in der Altstadt zu sein. Die Wohnung lag im ersten Stock. Es gab eine Stube mit Blick auf die Straße, ein Schlafzimmer, eine winzige Küche und eine Toilette auf dem Flur. In der Stube standen ein Tisch mit vier Stühlen, eine Nähmaschine mit Holzhaube und gusseisernem

Gestell, eine Deckenlampe, die die Form eines Körbchens hatte. Für die Küche hatte Hermann einen Kochherd aus Emaille beschafft. Ein Spülstein mit fließendem Wasser war in die Wand eingelassen, darüber ein Fenster, so dass sie beim Abwaschen in den Hinterhof sehen konnte. Im Hof hatte jemand Dachziegel aufgeschichtet. Kaninchenställe, Persilkartons und Unrat türmten sich um den Stamm einer verkohlten Buche, die ihre Äste wie verbrannte Hände zum Himmel reckte. Dohlen hockten im schwarzen Gezweig. Ab und zu flogen sie mit großem Geschrei die Runde.

Anders als in Hamburg, wo sie viel allein gewesen war, kamen jetzt täglich Besucher. Manchmal hatte sie nicht genug Stühle. Als Barz und Schwesig auftauchten, konnte sie sich kaum einkriegen vor Glück. Immerzu brauchte sie ein Taschentuch. Auch Hundt klopfte an, Rübsam kam, seinen Hund im Schlepp. Pankok brachte seine Tochter Eva mit und ein Paket mit Mehl und Rüben. Indem er sie herzlich umarmte, flüsterte er ihr ins Ohr: »Du bist doch wirklich unverwüstlich, altes Ey.« Bei einem Kaffee erfuhr sie Tröstliches. »Wir haben Terror, Schmerzen und Unrecht gemalt. Sehr mutige Bilder. Keiner deiner Maler hat sich einschüchtern lassen.«

»Ja, meine mutigen Maler ... Was ist eigentlich mit deiner Passion Christi? Hast du sie retten können?« Er nickte. »Die Bilder haben überlebt. Anders als meine Sinti.« Er stand auf, ging zum Fenster. In schnellem Flug jagten Schwalben vorbei, ließen sich fallen und stiegen wieder auf. Im Hof lärmten Kinder, die sich hinter Mülltonnen versteckten. Sein Blick blieb an der Buche hängen. »Sieh mal, Johanna«, rief er und bat sie ans Fenster zu kommen, »der versengte Baum – er treibt wieder aus.«

Vor allem Schwesigs Besuch rührte sie. Die Jahre in den Lagern waren ihm anzusehen. Die Augen waren grau wie seine Haare und Hände, das Gesicht unrasiert und verquollen. Seine Finger zitterten, als er eine Tasse Tee an den Mund hob und den Dampf abblies: »Ich war so stolz, dass mich dieses Land ausgebürgert hatte. Aber wie beschämend war es, von den Fremden als Deutscher behandelt zu werden. Wir waren Gefangene ohne Rotes Kreuz, ohne Genfer Konvention. Als die Truppen des Führers in Flandern auftauchten, grinste uns die Wahrheit an. Die belgische Polizei umstellte uns und trieb uns auf die Fremdenbüros. Dort Warten und Stehen. Frauen und Kinder wurden nach Hause geschickt, aber wir Männer marschierten in die Kasernen. Ein Polizist sagte: Ja, jetzt ist Krieg. Der Rest zählt nicht. Auf dem harten Betonboden der Kaserne lagen wir wie Vieh. Wer keine Decke hatte, suchte sich eine Zeitung als Unterlage. Morgens liefen die Pisseimer über. Mit alten Besen kämpften wir gegen die Lachen. Und dann diese Fahrten in überfüllten vernagelten Güterwaggons, ohne Wasser, ohne Essen, tagelang quer durch Frankreich. Beim ersten Halt in der Normandie waren alle bewusstlos, viele tot. Dann die Hölle von Perpignan. Tausende waren dort eingepfercht. Ein Brot für neun Mann pro Tag, kein Essgeschirr, Ruhr und Dysenterie überall. Natürlich kein Arzt weit und breit; die Leute starben, wo sie lagen oder standen. Wir waren zu dritt in einer winzigen Zelle ohne Fenster. Zwei Pritschen standen dort, damit war der Raum voll. Stehen war unmöglich. Pinkeln und kacken mussten wir in einen Eimer. Den haben sie nie geleert. Wohin denn auch? Es war ein fürchterlicher Gestank. Immer noch meine ich, diesen bestialischen Geruch an mir zu haben. Manchmal haben sie uns auf den Hof gelassen. Dort konnte man keine zehn Schritte gehen. Überall Stacheldraht, alles voll von diesem rostigen Stacheldraht. Das Lager in Gurs war noch schlimmer. Alles voller Wachen. Dauernd wurde was geschrien und kommandiert. Da durfte man nicht hergehen, dort war was verboten. Nur an bestimmten Stunden konnte man jenen Weg nehmen, am Nachmittag musste es ein anderer sein … Vor allen Dingen aber konnte man sterben. Die ganze Barackenstadt lag im Morast. Alles voller Morast und Ratten. Es war furchtbar, dauernd durch den Sumpf zu waten. Das gab Krätze und Flechten, offene Beine und Knochenfraß. Und Tote. Aber ich bin rausgekommen. Als ich wieder hier war, musste ich Zwangsarbeit in den Trümmern leisten. Dort brach Flecktyphus aus. Ich bin also weg. Abgehauen an die Mosel. Kurz bevor die Amerikaner kamen, haben mich die Braunen geschnappt und wieder misshandelt. Das einzige, was geholfen hat: mein Stift und die Zeichnungen. Die waren wie Waffen. 48 Zeichnungen sind es geworden.«

»Dass du das überhaupt ausgehalten hast, schwach wie du bist.«

»Schwach aber zäh …« Schwesigs Lachen klang bitter. »Ja, deinen Malern wurde übel mitgespielt. Barz hat übrigens Nachricht von Wollheim. Der hat ordentlich die Schnauze voll von Europa und plant in die USA zu gehn.«

»So oft hab ich an ihn gedacht. Weißt du, wie es ihm geht?«

»Er macht sich schwere Vorwürfe wegen Tatjana.«

»Was ist mit ihr?« Schwesig zupfte an seinen Fingernägeln. »Sie hatten wohl noch eine ganz gute Zeit bis zur Internierung. Tatjana hatte Auftritte in Ascona, Budapest und Paris. Wollheim hat die Aktivitäten der Emigranten unterstützt. Du kennst ihn ja. Aber dann sind sie verhaftet worden. Sie kam ins Lager nach Gurs, Wollheim in ein anderes. Tatjana konnte dann wieder raus, Wollheim auch und es ist ihm irgendwie gelungen, sie zu finden. Für eine Weile sind sie in einem Dorf untergekommen. Dann aber wurde Wollheim wieder aufgegriffen. Er kam in ein Lager für Juden, die in die polnischen Mordlager deportiert werden sollten. Tatjana ist nach seiner Festnahme mit zwei Freundinnen in die Nähe von Lourdes gezogen. Dort hat sie versucht, für ihn eine Ausreisegenehmigung für die USA zu bekommen. Kurz darauf ist Wollheim aus dem Lager geflüchtet. Wie auch immer – er hat es zu Tatjana geschafft. Eine Bäuerin hat ihn versteckt. Das war lebensgefährlich, weil eine Garnison in der Nähe lag. Zwei Jahre haben sie das durchgehalten. Grauenhaft, so lange in einem Versteck zu hausen. Irgendwann konnte Tatjana nicht mehr und ist trotz Wollheims Einwände mit ihrer Freundin an die Côte d'Azur, wo viele Juden hingeflüchtet sind. Die Gegend stand damals noch unter italienischer Verwaltung. Aber dann haben die Deutschen das Gebiet übernommen und alles nach Juden durchkämmt.«

»Konnte sie noch raus?«

»Sie hat es versucht, wollte in die Schweiz. Aber es war zu spät. Sie ist bei einer Razzia in Nizza aufgegriffen und in ein Lager nach Paris überstellt worden.« Er machte eine Pause. »Von dort ist sie nach Auschwitz gekommen. Sie war in einem Konvoi, der direkt in die Kammern gebracht wurde.« Eine Weile saßen sie schweigend. Schwesig sah, dass Johannas Kinn zitterte. »Und Wollheim?«

»Er ist als Anarchist gesucht worden. Aber er hat überlebt und wird sich sicher bei dir melden. Er lebt in Paris. Eine Emigrantin vermittelt ihm Malaufträge. Hoffentlich macht ihm das wieder Mut. Jetzt will er anscheinend in die USA.« Er beugte sich vor, legte seine Hand auf ihren Arm. »Es geht alles weiter und wir müssen auch weiter denken. Und Hoffnung haben. Auf mich hat am Ende das Schönste gewartet: Hannelore, eine Schauspielschülerin. Stell dir vor, ich werde sie heiraten. Im August schon. Hättest du das für möglich gehalten? Ich und heiraten? Kinder wollen wir auch.«

In der Nacht dachte Johanna an Wollheim, erinnerte sich daran, wie er das erste Mal bei ihr aufgekreuzt war, an sein flammendes Haar, die Stiefel mit den Gamaschen. Auch an Tatjana dachte sie, konnte die Sinnlosigkeit nicht fassen, stellte sich eine dunkle Menschenmasse vor, in Räume gepresst, voll Todesangst, ausgehungert, nackt, schreiend und um Luft ringend. Immer wieder tropften Tränen ins Kopfkissen.

Mutter Ey GmbH

Johanna war beschäftigt wie lange nicht. Die Vormittage verbrachte sie mit ihrer Korrespondenz, denn unzählige Briefe kamen, manche mit bunten, fremden Marken. Wenn ihre Maler schrieben, lagen oft Zeichnungen und Radierungen für die neue Galerie bei, sogar Ölbilder.

Am dringendsten war ihr, die Bilder aus der Eifel zurückzuholen. Hermann wollte fahren, fand aber niemand, der ihm ein Fahrzeug lieh. Jupp Rübsam versprach, dass er sich den Ford seines Schwagers borgen und sich, sobald die Straßen einigermaßen frei wären, auf den Weg machen werde.

Mit Lisbeth stellte Johanna eine Liste der verbrannten und verschwundenen Bilder zusammen. »Es waren 148 Bilder und viele Plastiken. Sie nahmen mir neun der größten und schönsten im Wert von gut 40.000 Mark, dann für die Miete von 1928 bis 1934 auch neun Bilder.« Sie kamen auf insgesamt 280 Werke, Kataloge, Bücher und Rahmen, darunter die für Chicago vorgesehenen Kisten mit einem geschätzten Wert von über einer halben Million. »Wenn sie mir die beschlagnahmten Bilder nicht zurückgeben können, müssen sie mich zumindest entschädigen. Die Bilder waren damals schon sehr viel mehr wert als der Kredit.« Lisbeth stand hinter ihr, sah ihr beim Schreiben über die Schulter. »Also, ich hab jetzt mal alles aufgelistet. Das darf sich ruhig scharf anhören. Die haben doch meine Notlage verschuldet. Dazu sollen sie sich mal äußern und dann ruhig lesen, was ich alles für den Ruf der Stadt getan habe.« Den ganzen Nachmittag feilte sie an dem Brief und als Lisbeth am Abend anfing zu kochen, bat sie: »Hör doch mal. Kann ich das so schreiben?« Als wäre jemand Wichtiges im Raum, räusperte sie sich und streckte den Rücken. »... die Stadt hat nämlich in Wiesbaden, wo die letzte Ausstellung meiner Bilder stattfand, sich für ein Darlehen von 4000 Mark für über 30.000 Mark Bilder als Pfand aus der Ausstellung genommen und hat dieselben teilweise für viel Geld in der Schweiz verkauft. Dann hat die Stadt in meiner Wohnung für ungefähr 10.000 Mark Kunst genommen für die

Miete Hindenburgwall, wo ich doch mietfrei wohnen sollte.« Lisbeth nickte. »Ja, hört sich gut an. Schreib ruhig rein, was sie sich mit dir erlaubt haben. Hoffentlich musst du keinen Prozess anstrengen und du kriegst die Sachen auch so zurück.«

An die Sparkasse schrieb sie einen ähnlichen Brief. Die Korrespondenz zog sich. Die Bilder seien nicht mehr auffindbar, schrieben sie und entschuldigten sich. Entschädigt wurde sie nicht. Auch der Kriegsschaden in der Stockkampstraße wurde nicht ausgeglichen.

Stattdessen beschlossen die Stadtverordneten, sie zur Ehrenbürgerin zu ernennen. Ein Ehrensold auf Lebenszeit wurde ihr zugesprochen. »250 Reichsmark, das ist nicht mehr als recht«, sagte Johanna, als sie davon erfuhr. Auf Lisbeths Vorschlag hin, die Sache zu feiern, reagierte sie gereizt: »Damals haben sie mir den Hals zugehalten. Übel sind sie mit mir umgesprungen. Sie schulden mir was. Das ist doch nur ein kleiner Ausgleich. Nichts zum Leben und nichts zum Sterben. Es ist das Mindeste, was sie tun können. Es würde ihnen schlecht zu Gesicht stehen, wenn sie es nicht täten. Bloß zu feiern gibt es da gar nichts.«

Im Radio hatte sie es gehört. Die britische Militärregierung hatte Düsseldorf zur Landeshauptstadt gemacht. Von North Rhine-Westphalia war die Rede. Als Johanna Lisbeth den Wortlaut nachzusprechen versuchte: »... änd itts Käpittel will bi Dusseldorf ...«, musste sie lachen. »Es geht doch immer alles weiter«, wunderte sie sich. Jedem, der sie besuchte, zeigte sie das Notizbuch mit den Lebenserinnerungen, aber niemand geriet darüber derart in Euphorie wie Hinsen und Neumann. »Dat ist phantastisch! Und goldrichtig! Zur Eröffnung der Galerie könnten wir dat Ganze rausbringen. Sie werden sehn, Frau Ey, passender geht es gar net.« Johanna beklagte, dass sie nicht fertig sei, da die Kriegsjahre fehlten und auch ein paar Kapitel, die sie bei Sureda gelassen hatte. Sie einigten sich darauf, dass das Buch, wenn es zur Eröffnung nicht klappen sollte, bald danach erscheinen würde. »Es wäre zu schade, Frau Ey, wenn Sie das Manuskript in der Schublade verlottern ließen. Es ist zu wertvoll. Kennen Sie keinen, der alles noch mal ins Reine tippen und vielleicht auch den Rest dazu schreiben könnte?«

Wieder half Hedwig Mommertz, Lisbeths Freundin, der sie schon in der Stockkampstraße einiges diktiert hatte. Wieder versanken Tage im Schreibmaschinengeklapper. Am Ende lagen 50 Seiten mit vier Durchschlägen auf dem Tisch. Außerdem hatte sie eine Kiste mit Fotos von Malern und Bildern zusammengetragen.

Am Morgen öffnete sie das Fenster. Nasskalter Morgendunst fiel ins Zimmer. Die Bäume standen fast kahl, Misteln schmarotzten an den Ästen. Beim Gang in die Küche stolperte sie über den Kohleneimer, prallte gegen die Tür vom Kämmerchen und schlug sich die Schläfe blutig. Lisbeth, die sofort angerannt kam, versicherte sie, außer Schrammen sei nichts passiert. Dann aber stellte sie fest, dass sie den rechten Arm kaum noch bewegen konnte. Auch die Schmerzen nahmen zu und bis zum Mittag war der Arm unterhalb des Ellenbogens dick geschwollen. Bis zum Abend quälte sie sich herum. Dann rief Lisbeth einen Arzt, der einen Bruch feststellte und sie in ein Krankenhaus einwies, wo man ihr einen Gipsverband anlegte.

Den Arm in einem Tragetuch lag sie auf der Couch, als Rübsam zwei Kisten mit unversehrten Aquarellen, Grafiken und Gouachen aus der Eifel brachte. Auch kleinere Ölbilder waren dabei. Mit dem gesunden Arm hob sie ein Bild nach dem anderen ans Licht, freute sich über jedes Blatt. »Wie gut, dass der Hermann damals gefahren ist ...«

Bald darauf kamen Neumann und Hinsen, notierten und taxierten, prüften und schätzten.

Zur Eröffnung der Mutter Ey GmbH gab es ein riesiges Geläuf. Hoffnungslos überfüllt war der Laden, auch das Künstlercafé. Leute standen bis auf die Straße, so dass die Bahnen steckenblieben und nicht mehr fuhren. Die Rheinbahn-Kapelle spielte, Blechinstrumente glänzten in der Sonne. »Irgendwo auf der Welt gibts ein kleines bisschen Glück und ich träum davon in jedem Augenblick. Irgendwo auf der Welt gibts ein bisschen Seligkeit, und ich träum davon schon lange, lange Zeit ...« Johannas schwarzes Kleid, das bis auf den Boden reichte, rüschelte und raschelte. Sie trug den verletzten Arm in einer Binde, hatte Pankoks Elfenbeinbrosche angesteckt, die Haare zum Dutt frisiert, lachte und sang: »Wenn ich wüsst, wo das ist, ging ich in die Welt hinein, denn ich möcht, einmal recht, so von Herzen glücklich sein. Irgendwo auf der Welt fängt mein Weg zum Himmel an; irgendwo, irgendwie, irgendwann ...« Ihr Blick ging über singende Presseleute mit Fotoapparaten, über die Stadtbeamten, über Leute von der Akademie. Sie entdeckte Hermann und Paul mit den Enkeln, Schwesig, Barz und Rübsam, Pudlich und Uzarski, hinter ihnen Pankok mit grauem Vollbart, neben ihm seine Tochter, weiter hinten Artur und Lydia Bau, kräftig winkend und Hundt mit Pfeife und seiner neuen Frau, einer 20-jährigen Fabrikantentochter aus Herscheid. Viele Altstädter weinten und beim Lied vom alten Schlossturm schunkelten sie: »Am alten Schlossturm zu Düsseldorf am Rhein, da wohnt ein kleines, blondes Mägdelein, ein stilles Weinhaus, gerade vis-a-vis, die schönen Stunden dort vergess ich nie ...« Lisbeth musste ihr einen Stuhl bringen, so zittrig wurden ihr die Knie. Ein Kulturabgeordneter trat ans Mikrofon, entfaltete einen Zettel, räusperte sich: »Auch wir begrüßen die Betreuerin der jungen, freischaffenden Künstler aus den Jahren nach dem ersten Krieg und hoffen, dass sie in bester Gesundheit mithelfen kann, das Kulturleben in unserer schwer getroffenen Stadt wieder zu entfalten ...« Er endete damit, dass, nachdem im Bombenhagel Aula und ein Teil des Ostflügels zerstört worden waren, nun wieder Unterricht in der Akademie abgehalten werde, was alle mit Applaus quittierten. Als er den Namen Theo Champion erwähnte und Johanna verstand, dass der zu den neuen Professoren gehörte, rief sie laut: »Der war auch bei mir!« Der Bürgermeister ehrte sie für treue Dienste, der Direktor der Kunstakademie sprach über ihre Selbstlosigkeit. Von der Synagogengemeinde und der KPD wurden Glückwunschbriefe verlesen. Zwei Sänger vom Theater brachten ihr Ständchen, ein

Abgeordneter des Malkastens einen Strauß Rosen. Sogar Radschläger zeigten ihre Kunst. Lisbeth half ihr aufzustehen, ging mit ihr die Schritte zum Mikrofon. Alle klatschten, jubelten. »Vielen Dank, vielen Dank. Es ist schön, dass ihr alle gekommen seid. Ihr glaubt gar nicht, wie froh ich bin, dass ich wieder hier bin, in der Altstadt. Und ich freu mich auch, dass ihr mich nicht vergessen habt und dass jetzt alles weitergeht!« Wieder gab es Applaus und noch einen, als Barz sich durch die Reihen quetschte und ihr, während sie dastand und winkte, einen glitzernden spanischen Kamm ins Haar steckte.

Die Kottenheimer Bilder waren das erste, was in den neuen Kunsträumen zu sehen war. Ein Architekt aus Leverkusen, der sich während des Krieges Bilder ausgesucht hatte, brachte drei Werke von Wollheim zurück, weil er das Geld nicht hatte, alle zu bezahlen. Johanna konnte es kaum fassen.

Von Anfang an war die Ausstellung nur leidlich besucht. Verkauft wurde so gut wie nichts. Auch eine zweite Ausstellung brachte wenig. Anfangs war Johanna täglich im Kunstzentrum. Von ihrem Korbsessel aus beobachtete sie die Passanten. Manchmal blieb jemand stehen, betrachtete die Bilder, schlenderte weiter. Nur selten kam jemand herein. Ganze Nachmittage saß sie allein in dem großen Saal, hörte das Ticken der Wanduhr, sah wie das Licht Raum und Bilder veränderte, dachte, dass vielleicht das Licht die Zeit sei, die sich behutsam aber stetig vorantastete, durch das Zimmer kroch und alles verwandelte.

Das Warten zermürbte. Bald ging sie nur noch an Nachmittagen.

Das einzige, was sie aufrecht hielt, waren ihre Maler, die gelegentlich vorbeisahen. Für Pankok, der seit Herbst Professor an der Akademie war, hatte sie, als er ihr Zeichnungen brachte, eine Bowle zubereitet und Leute eingeladen. Eine kleine Feier hatte es werden sollen und Pankok war auch ungewöhnlich ausgelassen gewesen. Als sie aber am Abend mit ihm allein in der Galerie saß, wirkte er erschöpft und deprimiert. »Hundert Mal war ich auf dem Heinefeld und hab nach meinen Zigeunern gesucht. Überall hab ich herumgefragt. Sie gehn mir nicht aus dem Kopf. Ihre Schuld war nur das Zigeunersein. Nur ihr einfaches, schönes Dasein und ihre Weigerung, es Fron und Knechtschaft zu opfern. In meiner Passion Christi sind alle zu sehn. Meine Mutter Gottes, die Jüdin Maria, verkörperte eine Frau namens Ringela. Sie ist in Sachsenhausen ermordet worden. Den Juden Jesus verkörperte unser Freund Schwesig. Die anderen, die ich gemalt habe – alle verschwunden. Nur zwei habe ich wiedergefunden. In den Baracken des alten Nazi-Sammellagers am Höherweg. Dort vegetieren sie dahin. Von der Lebenslust, der Unbezähmbarkeit, die ich an ihnen bewundert habe, ist nichts geblieben. Stattdessen Angst und Misstrauen. Sie schweigen über das, was geschehen ist, haben Angst vor den Behörden. Sie singen auch nicht mehr. Das Todeslager hat ihnen alles genommen. Und die Leute? In ihren Augen ist Balo immer noch ein Nichtsnutz, der nicht arbeiten will und Fisili eine zerlumpte Schlampe, die Leute anbettelt und stiehlt. Den Spießern bleiben sie ein Gräuel, sie, die schwarzen Lieblinge der Freiheit. Dabei wollen sie doch nur in ihren Wagen leben, ganz einfach nur leben.« Pankok setzte sich, einen kalten Zigarrenstumpen im Mund. »Was sich die Menschen angetan haben und immer noch antun. Hiroshima zuletzt. Davon müssen wir Maler jetzt Zeugnis geben.«

Mit Barz ging es ähnlich. Waren Leute dabei, lachte und scherzte er, aber kaum, dass sie mit ihm allein war, wurde er ernst und still. Einmal hatte Johanna ihm von Pankok und den Zigeunern erzählt und er war in Tränen ausgebrochen. »Pankok. Du ahnst ja nicht, was wir ohne ihn gemacht hätten. Überhaupt, ohne die Leute, die uns geholfen haben. Damals, im September 44, war es am schlimmsten. Hilde sollte sich mit Proviant und Gepäck am Schlachthof melden. Aber du weißt ja, von dort gingen die Transporte in die Lager. Also sind wir fort. Zuerst in einen Keller nach Oberkassel und von dort in die Eifel zu Pankok. Ich weiß nicht mehr, wie wir es bis Pesch geschafft haben. Aber wir sind tatsächlich angekommen, verdreckt und elend. Pankok hat sofort gesehn, was mit uns los war. Er hat uns versteckt und für Essen gesorgt.« Er stand auf, nahm ein Bild von Pankok von der Wand, auf dem ein Zigeunerkind abgebildet war. Dann setzte er sich wieder, das Bild in der Hand. »Aber dann kam Einquartierung und wir mussten weiter. Wir sind dann zu einem Pfarrer nach Kirchheim. Sein Haus war von SS beschlagnahmt, aber es gelang ihm, uns auf den Speicher zu bringen, wo er noch andere versteckt hielt. Als an den Weihnachtstagen die Front näher rückte, sind wir zurück nach Düsseldorf. In der Kunsthalle haben wir Obdach gefunden. Hilde hat das nicht ausgehalten, hatte ständig Anfälle und wollte partout zur Gestapo gehen, weil sie mir nicht mehr lästig fallen wollte, weil ich es doch so schwer hätte mit ihr. Sie war so deprimiert, so hoffnungslos. Im März kamen dann die Amerikaner. Du kannst dir nicht vorstellen ...« Er zog ein Taschentuch aus dem Ärmel seines Pullovers und wischte sich die Augen. »Plötzlich war alles vorbei, wir konnten es kaum fassen. Frei sein, frei sein, nach zwölf Jahren.« Eine Weile schwieg er und sah auf Pankoks Bild. »Wir haben Glück gehabt. Glück, weil es solche Menschen gab in diesem Land, die an uns taten, was sie tun wollten und nicht taten, was sie tun sollten.«

Zeit aus Ewigkeit

»Ich mag den ganzen Trubel um mich nicht mehr«, verriet sie Lisbeth, die ihr zur Nacht eine Nudelsuppe kochte. »Sie reden immer dasselbe. Loben meine Verdienste um die Kunst, wie tapfer ich gewesen sei und wie mutig. Aber das war in einer ganz anderen Welt. Jetzt ist alles anders. Vielleicht liegt es an der Zeit, die so leer geworden ist. Und es ist nichts da, womit ich sie füllen könnte. Es ist auch zuviel passiert.« Müde schluffte sie zum Fenster. »Ich fühl mich tatsächlich alt werden. Die Lebendigkeit und der Kampf fehlen und all die Menschen, die es wert waren, dass man den Kampf führte.« Die grauen Haare, die sie zu einem Dutt gebunden hatte, waren licht geworden. Das schwarze, weite Kleid machte sie blass. Einen Ärmel des Kleides hatte sie aufgekrempelt; der Gipsverband war zu sehn. Sie rieb über die verletzte Stelle. »Erst die Hüften. Jetzt der Arm. Dann Ischias im Rücken. Ich glaub nicht, dass es noch mal was wird, obwohl der Doktor sagt, es wäre vorübergehend.« Lisbeth stand am Herd und rührte. »Lass doch den Mut nicht so sinken. Vor Kurzem warst du noch voller Elan.« Johanna schüttelte den Kopf. »Ach Lisbeth, was soll ich noch? Ich werde diesen Sommer wohl noch erleben, vielleicht noch einen. Das Leben dauert einfach nicht ewig. Und was soll eigentlich das ganze Gedrisse? Meine Kraft schrumpft, die Gedanken zerbröseln. Sogar die Unruhe, die ich immer hatte, ist verschwunden. Früher war alles mögliche Zeug in meinem Kopf. Alles dringend und wichtig. Aber jetzt, wo ich nur noch wenig Zeit hab ...« Sie bemerkte Lisbeths besorgte Stirnfalten und den gequälten Gesichtsausdruck, schlappte zurück zum Tisch und steckte sich eine Zigarette an. »Meine Freunde sind in der Welt draußen. Alle, die mit mir damals zusammen saßen. Immer denke ich, wo sie wohl sind und was sie machen. Ich seh sie noch vor mir: Wollheim und Pankok, als sie mir nach dem ersten Krieg ihre neuen Bilder gebracht haben. Ich habe gedacht, vielleicht gewöhnt sich das Publikum an moderne Kunst. Ich wollte was Neues, Interessantes bieten, dachte gar nicht an die Folgen.« Eine Weile schwieg sie, rauchte. »Weißt du, wie gern ich es hatte, wenn Wollheim die Geige ausgepackt hat? Überhaupt mit diesen geistigen Leuten zu reden, das war was. Ich hatte ja keine Lateinbücher gelesen, war eine Arbeiterin mit Schaffhänden, aber wir haben uns doch verstanden. Glaub mir, es waren die besseren Menschen.« Sinnend sah sie auf die Tischdecke, fuhr mit dem Finger über die Faltkanten, blies den Rauch ihrer Zigarette in den schwach geheizten Raum. »Weißt du, die Zeit damals, sie war wie aus der Ewigkeit geschnitten.«

Im Kunstzentrum blieb es still. Auch im Café. Einmal noch wurde es bunt, als nämlich das Kommödchen ein paar Tage mit Literaten, Malern und Schauspielern ein Gastspiel gab. Danach versank wieder alles. Artur Bau schrieb, dass sie ihn als Arzt suspendieren wollten und er Einspruch erheben werde, zu diesem Zweck aber Hilfe brauchte. Erst nach zweimaligem Lesen verstand sie, dass er in der Partei gewesen war und um ein Entlastungsschreiben bat. Lisbeth, der sie davon erzählte, war entsetzt. »Das hätt ich von dem nie gedacht. Der war doch gar nicht so.«

»Nein. War er auch nicht. Im Brief steht ja auch Kategorie 5. Ein Mitläufer. Ach, wer weiß, warum er das gemacht hat. Ich kenne ihn länger als 20 Jahre. Er hatte immer Freude an meiner entarteten Kunst. Jede freie Minute haben die beiden damals bei mir im Laden verbracht. Vor allem Lydia. Aber auch er. Ich weiß noch, mit welchem Widerwillen er damals die Hitlerjugend betreut hat und dann der Krach, als er für die rote Hilfe gezeichnet hat. Ich weiß nicht, wie ich die langen Jahre ohne die Raten von Baus überstanden hätte. Sie sollen ihn in Ruhe lassen. Er ist wahrscheinlich eingetreten, um in Ruhe gelassen zu werden. So wie viele.«

»Aber er war doch in der Partei! Er war ein Nazi!«

»Ach, woher denn. Ich werde ihn jedenfalls entlasten.«

Johannas Brief an den Entnazifizierungsrat half. An Baus schrieb sie: »Ich denke immer so viel nach und überlege nachts mein zukünftiges Leben. Mit dem Kulturzentrum ist es anders gekommen, als ich gedacht habe. Ich spiele mit dem Gedanken, drei bis vier der besten Bilder für einen billigen Preis herzugeben. Der Käufer würde ein gutes Geschäft machen und ich könnte mich zurückziehen. Habt ihr unter euren Bekannten nicht einen Freund meiner Bilder?«

Ein wenig Aufschwung versprach sie sich von der Herausgabe ihrer Lebenserinnerungen. »Jetzt hab ich den Schluss beinahe fertig«, sagte sie zu Lisbeth, »und es gibt auch jemand, der es vielleicht druckt. Ich hätte auch gern die Fotos dabei. Damit man sich alles vorstellen kann.« Aber so sehr sich Johanna bemühte, die Veröffentlichung gestaltete sich schwierig. Dem Journalisten Leyendecker, den sie gebeten hatte, etwas aus den Unterlagen zu machen, mangelte es an Kunstdruckpapier für die Fotos. Auch Hinsen und Neumann konnten nichts tun. Barz, dem sie davon erzählte, tröstete sie damit, sie portraitieren zu wollen. Er kam immer, wenn er frei hatte, meist sonntags, berichtete von den Fortschritten, eine neue Rheinische Sezession auf die Beine zu stellen. Jeden Tag sah Johanna, wie sich die Leinwand veränderte, wie ihre Umrisse klarer hervortraten, die Züge deutlicher wurden. »Ich nenne es: Johanna Ey, 83 Jahre. Was meinst du?« Johanna zögerte mit der Antwort. »Es ist das letzte, Barz. Weißt du das?« An diesem Abend hatte er einen Kugelschreiber mit einem Plastikgehäuse dagelassen, auf dem, wenn man die Spitze nach unten hielt, eine blonde Frau in einem glitzernden Kleid zu sehen war. Wenn sie den Kugelschreiber drehte, floss Farbe nach unten und die Frau stand plötzlich in einem Badeanzug da.

Obwohl ein hartnäckiger Schnupfen ihr zusetzte, besuchte sie mit Lisbeth eine Ausstellung von Pankok. »Otto Pankok – Maler der Gegenwart«, las sie auf den Transparenten des Kulturbundes und nickte. In den Sälen waren Bilder von Sinti zu sehen. Pankok war umzingelt von Presseleuten. Er winkte, als er Johanna erkannte. Pudlich, den sie in den Gängen traf, war voll des Lobes. »Die Sinti, die er hier gemalt hat, sind die, die überlebt haben. Demnächst soll er im Radio sprechen.« Pudlich war, anders als die anderen, zuversichtlich, was seine Zukunft betraf. Er war für Bühnenbilder und Kostüme zu Inszenierungen von Gustav Gründgens vorgeschlagen worden und sicher, genommen zu werden. Auch Schwesig – eine Frau hing an seinem Arm und er sah glücklich aus – war gekommen, um Pankoks Bilder zu sehen. Von ihm erfuhr sie, dass eine neue Kulturkammer gegründet worden sei, dass man ihn aber nicht zur Gründungsversammlung eingeladen hätte. »Ich bin aber trotzdem hin. Säuerlich begrüßt haben sie mich und schräg geguckt. Dabei kann ich doch nichts dafür, dass ich wieder da bin und von der Vorsehung vorm Vergasen gerettet worden bin. Statt meiner haben sie Flechtheims Nachfolger, den

SS-Mann Vömel, in die Kulturkammer aufgenommen und der macht jetzt auch wieder Ausstellungen. Wenn ich an Flechtheim denke ...« Johanna nickte. »Ja, Flechtheim hat mich ja später als Kollegin akzeptiert. Vor dem Krieg hat er mich mal gelobt dafür, dass ich euch jungen Malern Kaffee und Brot gegeben habe. Ich bin immer noch stolz drauf, dass ich das Mäxchen vor ihm entdeckt habe.«

»Aber weißt du was noch passiert ist, Tante Ey? Ich hab einen meiner Folterer wiedererkannt und ihn des Mordversuchs angeklagt. Wegen dem, was er mir angetan hat, ist er nicht mehr zu belangen. Ist wohl verjährt. Ein Mordversuch wäre allerdings was anderes. Vielleicht hab ich Aussichten, dass er verurteilt wird. Aber nur vielleicht. Sie sitzen nämlich wieder in allen Löchern, von überall kriechen sie raus. Stell dir vor, da macht sich so eine Schwamm-drüber-Mentalität breit. Das ist kaum zu fassen! Und niemand tut was. Es ist immer noch überall diese Nazischeiße.«

Nachtstück

Mitte August war sie noch zu einem Spaziergang am Rhein gewesen. In den Tagen zuvor hatte es stark geregnet und der heiße Sommer war von einem Tag auf den anderen schwach geworden. Kinder planschten noch, zittrig und blaulippig warfen sie Kiesel über das Wasser. Frühes Laub war gefallen, der Tag war gelb und satt, es roch herb und bitter.

Den Rest der Woche verbrachte sie im Bett, wo sie, von vielen Kissen gestützt, um Luft rang. Morgens horchte sie nach den Geräuschen der erwachenden Straße, nach dem Tellergeklapper von nebenan, nach den Stimmen der zur Schule eilenden Kinder. Manchmal setzte sie sich auf, sah aus dem Fenster nach nistenden Tauben oberhalb einer Dachtraufe, dachte an die Nebel, die bald aus dem Rhein aufsteigen und kniehoch an den Ufern stehen würden, an die kahlen Äste der Bäume, an moderndes Laub. Bisweilen ging sie in die Stube, wo sie vom

Fenster auf die Straße sah, beobachtete junge Frauen mit Kinderwagen, Männer, die zur Arbeit eilten, Alte, die zusammenstanden und schwätzten.

Neuerdings mochte sie die Nächte. Wenn Stille und Dunkelheit sie umfingen, konnte sie beliebig mit sich selbst reden, auf eigene Weise sinnen. Grübelnd lag sie in ihrem Bett, links die Wand mit dem graublau-geblümten Tapetenmuster, rechts der Nachttisch, darauf die Lampe mit dem Schirm, ein paar Zeitungen, der Aschenbecher mit den Zigarettenstummeln.

Lisbeth sah täglich nach ihr, brühte Tee, kochte Suppe, verabreichte Kampfer, versuchte, ihre Ängste vor Winter, Kälte und Einsamkeit zu mindern. »Mutter, es ist doch erst August ...«

Sie konnte nicht mehr lesen, weil die Augen nicht mehr mitmachten und die Arme zu schwach waren, ein Buch zu halten. Auch Besucher konnte sie nicht lange ertragen. Als Rübsam kam, sprach sie vom Sterben. »Mit dem Leben ist es ja nicht viel, aber man klammert sich doch dran, wenn man es schon mal hat. Bloß für mich ist es nicht mehr weit her damit. Ich bin nur noch in der Vergangenheit. Jupp, du bist ein guter Bildhauer. Du sollst mir mein Grabmal richten. Wenn es schon sein muss, dann von dir.« Rübsam hob abwehrend die Hände, aber sie schüttelte nur den Kopf. »Weißt du, was ich mir wünsche, was draufstehen soll?« Er wollte etwas sagen, aber sie ließ ihn nicht zu Wort kommen. »Der Vers von Wollheim soll drauf. Er hat ihn für mich geschrieben. Du weißt doch, welchen ich meine?« Rübsams fragender Blick veranlasste sie aufzustehen und in einer Schatulle zu kramen. Mit einem verblichenen Zettel in der Hand, den sie dicht vor die Brille hielt, stand sie vor ihm und las: »Deine Augen sind die leuchtenden, Erquickung spendenden Signale dem Wanderer, der auf langem Wege kommt, Heimat hoffend. Deine Hände sind Balsam auf müden, verzweifelten Seelen ... Deine Füße sind der sanfte Abendtritt des Schlafs. Deine Zigaretten zerbeißen den Schmerz zerrissener Ehen. Dein warmer Ofen ist Zentrum armer, obdachloser Gesellen ... Kennst du es nicht?«

Am Abend, nachdem er gegangen war, setzte sie sich ans Fenster, sah den hellen Streifen der Sonne schmaler werden, von den Bäumen auf ein Dach gleiten, über das Dach auf ein Rasenstück. Wieder hatte sie das Gefühl, das lautlose und tückische Schleichen der Zeit zu fühlen, das Rinnen des Lebens, den ewigen Wechsel von hell und dunkel, Tag und Nacht, Sommer und Winter. Ruhig saß sie, sah Wolken herankommen und vergehen, mochte diesen Blick ins Nichts. Das abgehackte Getippe einer Schreibmaschine drang an ihr Ohr. Buchstabe für Buchstabe zog zu ihr hinauf, sie versuchte sich ein A vorzustellen, ein E, versuchte die Buchstaben zu unterscheiden, die Geschwindigkeit, mit der sie getippt wurden.

In der Nacht glaubte sie ein Grammophon zu hören. Es war ein kratzendes Geräusch, aber so sehr sie sich mühte, die Melodie zu enträtseln, desto weniger fiel sie ihr ein. Tastend suchte sie nach dem Knopf der Nachttischlampe und verzog das Gesicht, als das Licht anging. Sie setzte sich auf, öffnete die Schublade der Bettkommode. Der Schlüssel lag gleich vorne. Es war ein langer schwarzer Schlüssel mit einer eingravierten Zahl und einer Kordel. Sie hatte ihn nie abgegeben, obwohl sie mehrfach dazu aufgefordert worden war. Jahrelang hatte sie ihn in der Handtasche verwahrt; sogar als die Bomben fielen. Sie nahm den Schlüssel, stand auf, zog sich einen Mantel über das Nachthemd, schlüpfte in die Schuhe. Auf der Treppe begegnete ihr eine Frau, die sie mit Señora ansprach. Die Frau war groß und schön, trug eine schwarze Mantilla aus Spitzen und schleppte einen Jungen in einem Matrosenanzug hinter sich her. Auf der Straße hatten sich alte Männer um eine Feuertonne versammelt. Ein wenig irritierte es sie, dass ihre Füße nicht richtig auf dem Boden standen, bemerkte, dass auch sie sich anders fortbewegte als sonst, schneller und leichter. Vor allem war alles lautlos. Das Geräusch ihrer Schritte fehlte, auch die Stimmen der Männer. Es gab kein Hundegebell, kein Autohupen.

Das Haus am Hindenburgwall hatte sich verändert und doch erkannte sie es sofort. Von den Fensterläden blätterte der Lack. Da, wo er sich in großen Blasen löste, die bei Berührung zerbröselten, hatten sich faule Stellen gebildet. Die eisernen Köpfe, die die Läden hielten, waren geschrumpft und verrostet. Die Stufen waren abgetreten. Salpeter fraß in den Stein. Früher hatte der Schlüssel nach einer halben Umdrehung geklemmt und man hatte die Tür ein wenig anheben müssen. Jetzt waren die Angeln eingerostet und nur durch Drücken und Rütteln zu bewegen. Unter Stöhnen gaben sie nach, die Scheiben in der Tür klirrten, wie sonst auch, das Holz war verzogen und schrammte über die Bodenkacheln. Ein Keil wurde sichtbar, den sie zwischen Tür und Boden klemmte.

In der Stube standen Schrubber, Besen und Kehrschaufel gelehnt an einer Wand, auf der sich Schimmel ausbreitete. Der große Schrank fehlte und auch die Chaiselongue, dafür stand nun eine lange Holzbank vor einem Tisch mit Löwenfüßen. Spinnweben klebten in den Zimmerecken, zogen sich über Wände und Fenster, die blind geworden waren. Vorhänge waren herabgerissen, hingen schief. Bei jedem Schritt und obwohl sie den Boden kaum berührte, erhob sich Staub. Jemand hatte einen Strauß frischer Blumen vor das Fenster gestellt. Sie waren größer und bunter als alle Blumen, die sie kannte und dufteten nach Farben. Vor der Tür zur Küche lag Mäusekot. Sie ging zurück, griff nach Kehrschaufel und Besen. Als sie sich bückte, hörte sie das Grammophon wieder. Obwohl kein Fenster geöffnet war, spürte sie, wie warme Sommerluft hereinzog, und plötzlich erkannte sie die Melodie, schleuderte die Schuhe von den Füßen, warf Schaufel und Besen in die Ecke, tanzte um den Mäusehaufen. Kastagnetten klapperten, eine Geige wirbelte, Füße stampften. Vor dem Fenster ragte der Eiffelturm in den Himmel, schief und durchlöchert.

Jemand knipste ein Licht an. Unter der Decke brannte eine schirmlose Glühbirne. Eine dünne Wand trennte sie von der Küche, in die sie jetzt hineinsehen konnte. Sie winkte und rief. Wollheim stand auf einer Bühne. Sein Haar war rot wie Feuer, sein Gesicht maskenhaft erregt, mit stechenden Augen. Auf und ab ging der Geigenbogen, die Geige jaulte, die Saiten vibrierten. Er spielte virtuos und mit großem Geschick hinter einem hölzernen Notenständer, wobei er das Instrument in allen möglichen Posen hielt. Zwischendurch unterbrach er, kippte den Wein, der ihm hingehalten wurde. Neben ihm hantierte Pankok an einem Holzstock. Er sah aus wie ein Baum. Ein Zigeunerjunge lag vor ihm auf einem Teppich. Sie hörte, wie er sagte: »Molari, du bist ja reich. Das ist ja schrecklich. Du hast ja nen Teppich wie ne Wiese. Komm, wir legen uns auf den Teppich und trinken Kaffee. Dann ist es so wie bei uns im Wagen.« Während Uzarski seinen Hund kämmte, stürzten Kinder auf sie zu, umfaßten ihre Beine, krallten sich in ihr Kleid. Acht waren es, sie nannte alle mit Namen, hob eines nach dem anderen in die Höhe, drehte sich zu ihrem Gejauchze. Plötzlich verstummte die Musik, die Kinder verschwanden. Ein Mann trat ein, von dem sie nur den Rücken sah. Er hatte Bilder geschultert, die er auf einen Tisch legte. Eins nach dem anderen hob er hoch und hielt es in ihre Richtung. Adlers melancholische Gestalten schienen aus dem Rahmen zu steigen, auch Trillhaases Bibelfiguren flüsterten und wisperten, Wollheims Landschaften und Ernsts Wälder flirrten, Opheys Bagger und Lokomotiven schienen lebendig, Dix' Huren nahmen ihre Masken ab. Das letzte Bild war verschwommen. Sie mühte sich, es zu erkennen, kniff die Augen. Je länger sie hinsah, desto deutlicher hoben sich Linien ab. Sureda saß auf einem Stein und winkte. Hinter ihm lag das Meer. Auf und ab spielten die Wellen. Wo die eine versank, stieg eine neue auf. Wie ein Atemzug war das, ein Auf und Nieder, ein Wachsen und Zerrinnen, einmalig und doch für immer.

*   *   *

Foto: Galerie Remmert und Barth, Düsseldorf.

Johanna Ey starb am 27. August 1947. Drei Tage später wurde sie in einem Ehrengrab auf dem Düsseldorfer Nordfriedhof beigesetzt. Jupp Rübsams Entwurf ihres Grabmals wurde nicht ausgeführt. Auf der schlichten Grabplatte liest man: »Hier ruht Mutter Ey.«

Zeittafel Johanna Ey

1864	Johanna Ey, geborene Stocken, wird am 04. März als Tochter des Webers Peter Stocken und seiner Frau Josefa, geb. Engels in Wickrath bei Mönchengladbach geboren
1882	Arbeit in Düsseldorf
1884	Aufenthalt in Brüssel
1885	Geburt der Tochter Maria Klara in Uccle bei Brüssel
1888	Heirat mit dem Braumeister Robert Ey am 1. Mai, Geburt und Tod des Sohnes Paul Franz, Wilhelm II. wird deutscher Kaiser
1890	Geburt der Tochter Josepha Helena Johanna Maria
1891	Geburt des Sohnes Emil Paul
1893	Geburt des Sohnes Hermann Paul Robert
1897	Geburt der Tochter Anna Elisabeth
1899	Geburt des Sohnes Rudolf Alois Gerhard
1901	Tod des Sohnes Rudolf Alois Gerhard
1901-1903	mehrere Fehlgeburten und Totgeburten
1904	Trennung von Robert Ey, Arbeit als Verkäuferin in der Bäckerei Carl Theisen in Düsseldorf
1907	Eröffnung einer eigenen Backwarenhandlung und Kaffeestube in der Ratinger Str. 45, nahe der Kunstakademie
1908	Scheidung von Robert Ey
1914-1916	Ausbruch I. Weltkrieg, Schließung der Kaffeestube, Arbeit in einer Militärbekleidungsstelle
1916/17	Eröffnung einer Kunsthandlung am Hindenburgwall 1a
1918	Ende I. Weltkrieg, Kunsthandlung am Hindenburgwall 11
1919	Gründung der Gruppe »Junges Rheinland«
1920	»Neue Kunst Frau Ey«
1921	Alliierte Truppen besetzen u.a. Düsseldorf
1925	Johanna Ey wird meistgemalte Frau Deutschlands

1926	Bekanntschaft mit dem spanischen Dichter und Maler Jacobo Sureda
1927	Erste Reise nach Mallorca
1929	Ausbruch der Weltwirtschaftskrise
1933	Zweite Reise nach Mallorca
1934	Entartete Kunst, Schließung der Galerie
1939	Ausbruch II. Weltkrieg
1943	Johanna Ey wird ausgebombt und geht nach Hamburg
1945	Ende II. Weltkrieg
1946	Rückkehr nach Düsseldorf, Ehrenbürgerin der Stadt
1947	Eröffnung der Mutter Ey GmbH in der Flingerstraße 2-6
1947	Tod am 27. August in Düsseldorf

Quellen- und Literaturverzeichnis

Albers, Richard: Frauen in der Weimarer Republik, Grin Verlag München, 2013.

Anna, Susanne (Hrsg.): Ich, Johanna Ey, Schriftenreihe Stadtmuseum Düsseldorf, erschienen anlässlich der Ausstellung »Ich, Johanna Ey« mit einem Kurzroman von Marlene Streeruwitz, Droste Verlag Düsseldorf, 2010.

Aretz Christel; Kämmereit Peter: Ernst Viebig – Die unvollendete Symphonie meines Lebens, Rhein-Mosel-Verlag Zell, 2012.

Arntz, Hans-Dieter: Otto Pankok und Mathias Barz in der Eifel, in: Judenverfolgung und Fluchthilfe im deutschbelgischen Grenzgebiet, Euskirchen, 1990 sowie www.hans-dieter-arntz.de.

August-Macke-Haus e.V. (Hrsg.): Gert H. Wollheim, Phantast und Rebell, Schriftenreihe Nr. 34, Stollfuß Verlag Bonn, 2000.

Bau, Christian; Hemmleb, Maria: Rendez-vous der Freunde (Film), die thede film, Hamburg, 1992.

Baumeister, Annette: Erinnerungen der Johanna Ey, Droste Verlag Düsseldorf, 1999.

Böll, Heinrich: Aufsätze, Kritiken, Reden 1, DTV Taschenbuch München, 1985.

Clarenbach, Dietrich: Wenn man Rheinländer ist ..., Zum 120. Geburtstag von Max Clarenbach, www.clarenbach.com/dc/dc-mcartikel.htm, 2000.

Das Kunstblatt: Das Rote Malkästle, Frau Ey schreibt Biografie, 14. Jahrgang, März 1930.

Düsseldorfer Lokal-Zeitung:

– Uebrigens ..., in: Düsseldorfer-Lokal-Zeitung, 26. Jg., Nr. 8, 21. Februar 1931, Quelle: Künstlerverein Malkasten, Düsseldorf, Archiv, Inv.-Nr. KVM: 597.

– Das Feigenblättchen ..., in: Düsseldorfer-Lokal-Zeitung, 26. Jg., Nr. 10, 7. März 1931, Quelle: Künstlerverein Malkasten, Düsseldorf, Archiv, Inv.-Nr. KVM: 597.

Dearborn, Mary v.: Ich bereue nichts! Das außergewöhnliche Leben der Peggy Guggenheim, Bastei Lübbe Bergisch Gladbach, 2007.

Der Spiegel: Mehr Bilder als Backwaren, Mutter Ey stellt wieder aus, 12.07.1947, Heft 28.

Die zwanziger Jahre: Inflation, Ruhrkampf, Separatisten, Sendung auf Phoenix, 10.11.2009.

Endt, Rudi vom: Düsseldorf – so wie es war, Droste Verlag Düsseldorf, 8. Auflage 1988.

Endt, Rudi vom: Ein Malkastenfest und seine Folgen, Archiv Künstlerverein Malkasten Düsseldorf, Blatt 1448.

Erdmann-Macke, Elisabeth: Erinnerungen an August Macke, Fischer Taschenbuch Verlag Frankfurt a.M., 1987.

Ernst, Jimmy: Nicht gerade ein Stillleben, Erinnerungen an Max Ernst, Kiepenheuer & Witsch Köln, 1984.

Fischer, Lothar: Max Ernst, Rowohlt Reinbek, 1979.

Flechtheim Alfred (Hrsg.): Der Querschnitt: Heft 4, 9. Jg. 1929, Ullstein Verlag Berlin.

Fleckner, Uwe (Hrsg.): Das verfemte Meisterwerk, Schicksalswege moderner Kunst im Dritten Reich, Akademie Verlag Berlin, 2009.

Forte, Dieter: Das Haus auf meinen Schultern (Trilogie), Fischer Verlag Frankfurt, 1999.

Goebbels, Günter (Hrsg.): Tatjana Barbakoff – Eine vergessene Tänzerin in Bildern und Dokumenten, Katalog zur Ausstellung im Kulturbahnhof Eller e.V., Düsseldorf, 2009.

Goebbels, Günter (Hrsg.): Die junge Kunstszene im Rheinland 1909–1938. Im Mittelpunkt: Das Junge Rheinland, der Kreis um Johanna Ey, in Zusammenarbeit mit der Justizvollzugsschule Rheinland-Pfalz in Wittlich, zur Ausstellung 08/2000 bis 08/2001.

Goebbels, Günter (Hrsg.): Portrait Mathias Barz, in Zusammenarbeit mit der Justizvollzugsschule Rheinland-Pfalz in Wittlich, zur Ausstellung 07/1998 bis 07/1999.

Goebbels, Günter (Hrsg.): Karl Schwesig, in Zusammenarbeit mit der Mahn- und Gedenkstätte Steinwache in Dortmund, zur Ausstellung vom 01.10.2000 bis 31.01.2001.

Goebbels, Günter: Trude Brück – Gertrud Weingarten, Dokumentation, Langenfeld, 2004.

Goebbels, Günter: Otto Pankok 1919 bis 1922, Dokumentation, Rev. 01, 9/2006.

Goebbels, Günter: Johann Baptist Hermann Hundt, Dokumentation, Langenfeld, 1993

Gruner + Jahr: Die Geschichte der Kunst, Expressionismus, in: Geo Epoche, Edition Nr. 4, Hamburg, 2011.

Haus Lörick e.V.: Otto Pankok – Künstler aus dem Kreis um Johanna Ey, Düsseldorf-Lörick, 1993.

Hausmann, Michael: Johanna Ey – a critical reappraisal, A Thesis submitted to the University of Birmingham for the degree of Doctorate of Philosophy, Birmingham, May 2010. (Online-Bezugsquelle: archiv.ub.uni-heidelberg.de/artdok/2351/)

Heilige Schrift des Alten und Neuen Testaments nach der Übersetzung Martin Luthers, Deutsche Bibelstiftung Stuttgart, 1978.

Hofmann, Karl Ludwig; Präger Christmut; Bessel, Barbara (Hrsg.): Otto Pankok, Zeichnungen, Grafik, Plastik, Elefanten Press Verlag GmbH Berlin, 1982.

Hohmeyer, Jürgen: Hiob bejaht (Otto Dix), in: Der Spiegel, Heft 38, 1985.

Illies, Florian: 1913. Der Sommer des Jahrhunderts, S. Fischer Verlag GmbH Frankfurt, 2013.

Joist, Conrad-Peter (Hrsg): Landschaftsmaler der Eifel, Eifelverein Düren, 1997.

Jürgens-Kirchhof, Annegret: Niedergeschlagene Soldaten, Die Helden des ersten Weltkriegs in der bildenden Kunst, in: Carl, Horst (Hrsg.): Kriegsniederlagen, Erfahrungen und Erinnerungen, Oldenbourg Akademie Verlag Berlin, 2004.

Kandinsky, Wassily: Über das Geistige in der Kunst, Benteli Verlag Bern, 8. Auflage 1965.

Kerler, Otto: Sieben Monate in den Vogesen, in Flandern und in der Champagne, Briefe aus dem Felde an seine Mutter, Becksche Verlagsbuchhandlung München, 1916.

Klapheck, Anna: Jankel Adler, Monographien zur rheinisch-westfälischen Kunst der Gegenwart, Band 32, Aurel Bongers Verlag Recklinghausen, 1966.

Klapheck, Anna: Mutter Ey – Eine Düsseldorfer Künstlerlegende, Droste Verlag Düsseldorf, 1958.

Körner, Hans; Wilkens, Manja: Johanna Ey als Spanierin, Kreis der Freunde des Seminars für Kunstgeschichte der Heinrich-Heine-Universität Düsseldorf (Hrsg.), Düsseldorfer kunsthistorische Schriften, 2000.

Labs, Sandra: Johanna Ey und die Avantgarde der Düsseldorfer Kunstszene, Diplomica Verlag Hamburg, 2012.

Lamszus, Wilhelm: Das Menschenschlachthaus, Weismann Verlag München, 1984.

Landeshauptstadt Düsseldorf / Stadtmuseum Düsseldorf: Düsseldorfer Künstlerszene 1933–1945, Druckerei Meyer und Kühler Düsseldorf, 1987.

Lauber, Heinz: Judenpogrom: Reichskristallnacht, November 1938 in Großdeutschland, Bleicher Verlag Gerlingen, 1981.

Macke, Wolfgang: Hans Thuar, Aurel Bongers Verlag Recklinghausen, 1969.

Mai, Manfred: Deutsche Geschichte, Beltz & Gelberg Weinheim Basel, 2003.

Mann, Golo: Deutsche Geschichte des 19. und 20. Jahrhunderts, Fischer Taschenbuch Verlag Frankfurt, 7. Auflage 2000.

Möller, Horst: Die Weimarer Republik, DTV München, 2004.

Müller, Sabine Elsa: Der Animateur der Dinge (Bruno Goller), Art Kunstmagazin, 02.11.2012.

Osborn, Max: Mutter Ey, Vorwort zum Katalog der Wanderausstellung Sammlung Ey, Otto Fritz Druckerei Düsseldorf, 1931.

Overbeck, Cyrus; Müller, Oliver: Otto Pankok, Maler, Grafiker, Bildhauer, Droste Verlag Düsseldorf, 1995.

Pankok, Eva: Mein Leben, Droste Verlag Düsseldorf, 2007.

Pankok, Hulda: Grabrede für Mutter Ey, in: wwwalt.philfak.uni-duesseldorf.de/frauenarchiv/fka_neu/pankok/?text=1947.html.

Pankok, Otto: Stern und Blume, Städtisches Museum Mülheim an der Ruhr, 1987.

Pankok, Otto: Die Passion, Gütersloher Verlagshaus Gerd Mohn Gütersloh, 1970.

Pinthus, Kurt (Hrgs.): Menschheitsdämmerung, Rowohlt-Verlag Berlin, 2009.

Pitzen, Jutta: Jupp Rübsam, Sparkassenstiftung »Natur und Kultur«, Kreis Viersen Krefeld, 1991.

Rautenberg, Hanno: Wie der Mensch zum Künstler wurde, Zeit-Online, www.zeit.de, 12.12.2007.

Remmert u. Barth (Galerie, Hrsg.): Gert H. Wollheim, Die wilden Jahre 1919–1925, Düsseldorf, 1984.

Remmert u. Barth (Galerie, Hrsg.) Peter Barth: Johanna Ey und ihr Künstlerkreis, Düsseldorf, 1984.

Remmert u. Barth (Galerie, Hrsg.) Peter Barth: Otto Dix und die Düsseldorfer Künstlerszene 1920 bis 1925, Düsseldorf, 1983.

Remmert u. Barth (Galerie, Hrsg.): Von Nolde bis Dix, Der Düsseldorfer Arzt Hans Koch und »Das Graphische Kabinett von Bergh & Co.« Düsseldorf, 1995.

Remmert u. Barth (Galerie, Hrsg.): Otto Pankok zum 100. Geburtstag, Düsseldorf, 1993.

Remmert u. Barth (Galerie, Hrsg.): Robert Pudlich: Frühe Werke, Düsseldorf, 1991.

Remmert u. Barth (Galerie, Hrsg.): Christian Rohlfs: Gemälde, Aquarelle, Zeichnungen, Düsseldorf, 1993.

Remmert u. Barth (Galerie, Hrsg.): Adalbert Trillhaase zum 130. Geburtstag, Düsseldorf, 1988.

Remmert u. Barth (Galerie, Hrsg.): Dada oder nicht Dada, Düsseldorf, 2003.

Remmert u. Barth (Galerie, Hrsg.): Karl Schwesig: Leben und Werk, Kaufmann & Frölich Berlin, 1984.

Remmert u. Barth (Galerie, Hrsg.): Dix-Pankok-Wollheim, Düsseldorf, 1989.

Remmert u. Barth (Galerie, Hrsg.): Im Mittelpunkt: Die 20er Jahre, Düsseldorf, 2000.

Remmert u. Barth (Galerie, Hrsg.): 1919 – Bilder eines Jahres, Düsseldorf, 1999.

Remmert u. Barth (Galerie, Hrsg.): Großes Ey wir loben dich, Düsseldorf, 2007.

Richter, Horst: Geschichte der Malerei im 20. Jahrhundert, Dumont Buchverlag Köln, 1977.

Schaefer, Barbara (Hrsg.): 1912, Mission Moderne, Die Jahrhundertschau des Sonderbundes, Ausstellungskatalog zur Ausstellung im Wallraf-Richartz-Museum & Fondation Corboud, Köln, 2012.

Schreiner, Gerth: Mutter Eys Weg zur Kunst, in »Der Uhu«, April-Heft, Heft 7, 2. Jahrgang Berlin, 1926.

Schreiner, Gerth: Die Republik der vierzehn Jahre, bij Uitgeverij de Gemeenschap, Bilthoven, Holland, 1939.

Schröer, C.F.: Dr. Koch, Mutzli und der Maler Dix, www.eiskellerberg.tv/allgemein-artikeldetail-txt/items/dr-koch-mutzi-und-der-maler-dix.html, 2010.

Schroyen, Sabine: Anpassung an die offizielle Kulturpolitik, in: Künstlerverein Malkasten (Hrsg.), 150 Jahre Künstler-Verein Malkasten 1848-1998, Düsseldorf, 1998.

Schwilk, Heimo: Stahlgewitter – Crescendo der Vernichtung, Die Welt, 29.06.2006.

Seeler-Herzog, Brunhild: Palma de Mallorca, Die Kathedrale La Seu, Merian Magazin, Jahreszeiten Verlag Hamburg, August 2009.

Seifert, Anja: Körper, Maschine, Tod, Zur symbolischen Artikulation in Kunst und Jugendkultur des 20. Jahrhunderts, VS Verlag für Sozialwissenschaften Wiesbaden, 2004.

Sontheimer, Michael: Stärker als Spiel, Alkohol und Weiber, Der jüdische Galerist Alfred Flechtheim, in: Der Spiegel 26/2012.

Sureda, Jacobo: Filmsequenz (Fragment) von Johanna Ey auf Mallorca, Datierung des Datenträgers: März 1933.

Städtische Kunsthalle Düsseldorf (Hrsg.): Avantgarde gestern, Das Junge Rheinland und seine Freunde, Hang-Druck Düsseldorf, o. J.

Stadtmuseum Düsseldorf (Hrsg.): Das Junge Rheinland, Eine Friedenssache, Classen Verlag Düsseldorf, 1988.

Stadtwerke Düsseldorf (Hrsg): Düsseldorf- Aus dem Leben einer Stadt 1865–1965, Frankfurt, 1965.

Strobl, Andreas: Otto Dix. Eine Malerkarriere der zwanziger Jahre, Reimer Verlag Berlin, 1996.

Tarkowskij, Andrej: Die versiegelte Zeit, Gedanken zur Kunst, Ullstein Verlag Frankfurt, 1984.

Termeer, Ernst: Erwin Wendt – Malerei und Graphik, Druckerei Heinrich Winterscheidt Düsseldorf, 1997.

Thelen, Albert Vigoleis: Die Insel des zweiten Gesichts, DTV München, 1999.

Viebig, Clara: Die Wacht am Rhein, Rhein-Mosel-Verlag Zell, 2014.

Wernz-Kaiser, Heike (Hrsg.): Pitt Kreuzberg, Ein Maler in der Eifel, Selbstverlag der Volksbank RheinAhrEifel eG. Bad Neuenahr-Ahrweiler, 2007.

Wiese, Stephan von; Lagler, Anette; Lux, Ulla (Hrsg.): Gert Wollheim 1894–1974, Eine Retrospektive, Wienand Verlag Köln, 1993.

Wiese, Stephan von: Graphik des Expressionismus, Gert Hatje Verlag Stuttgart, 1976.

Wiese, Stephan von: Vergebene Mühen – vertane Chancen, gescheiterte Reformansätze im Malkasten Ende der 20er Jahre, in: Künstlerverein Malkasten (Hrsg.), 150 Jahre Künstler-Verein Malkasten 1848–1998, Düsseldorf, 1998.

Wilbert, Jan: www.eifel-und-kunst.de/ Kunstportal über Künstler der Eifel

Woerl, Leo: Erzherzog Ludwig Salvator aus dem österreichischen Kaiserhause als Forscher des Mittelmeeres, Woerl Leipzig, 1899.

Ferner zahlreiche Briefe von und an Johanna Ey, Zeitungsberichte, Telefonate, Interviews sowie Internetquellen, Homepages der im Buch erwähnten Künstler u.a.:
- www.dhm.de/sammlungen/zendok/weimar/scheide.html, Dokument: Rede Scheidemann, Philipp (SPD) Der 9. November 1918.
- www.zeit.de/1963/02/max-ernst-magier-eines-bewegten-lebens
- www.mallorcazeitung.es/leben/2009/06/25/mallorca-deutsche-unterm-hakenkreuz-glimmende-lunte-inselparadies/15345.html
- www.jp-schmitz.de/ hier: Briefe Johanna Ey
- www.hans-dieter-arntz.de/ hier: Der Maler Otto Pankok als Lebensretter im Dritten Reich, Ein Beitrag zur Judenverfolgung in der Eifel

Mit Zitaten aus Werken von:
Max Ernst, Heinrich Böll, George Sand, Charles William Wood, Otto Pankok, Albert Vigoleis Thelen, Paul Westheim, Ingrid Bachér, Miguel de Cervantes, Joan Maragall, Conrad Felixmüller, Gerth Schreiner, Gert Wollheim, Antonio Tabucchi, Johannes Bobrowski, Dieter Forte, Clara Viebig, Andrej Tarkowskij, Ludwig Salvator.

Danke:
Jochen Arlt, Houverath
Manuela Bahles, Bad Neuenahr-Ahrweiler
Dr. Peter Barth, Galerie Remmert und Barth, Düsseldorf
Christian Bau, Hamburg
Gisela und Gerd Becker, Daun
Juliane Behrle-Maziej, Herbolzheim
Marie-Louise Borchers, Erkrath
Mathilde Brennecke, Freiburg
Annette Burger, Otto-Pankok-Gesellschaft Hünxe
Michael Dillinger, Zweibrücken
Dr. Klara Drenker-Nagels, August-Macke-Haus Bonn
Klaus Ewertz, Gerolstein
Franz-Josef Ferber, Daun
Thom Fischer, Berlin
Günter Goebbels, Langenfeld
Prof. Klaus Hansen, Pulheim
Dr. Michael Hausmann, Karlsruhe
Agnes Leclerc, Freiburg
Klaus Locher, Freiburg
Marlen Meyer, Messerich
Estrella Lopez Molina, Freiburg
Marisa Ossio-Torres, Freiburg
Jutta Osterhof, Berlin
Eva Pankok, Hünxe
Karlheinz Pieroth, Aachen
Herbert Remmert, Galerie Remmert und Barth, Düsseldorf
Dr. Wolfgang Reuter, Lippstadt
Hella und Heribert Ries, Sehlem
Sabine Schroyen, Künstlerverein Malkasten, Düsseldorf
Michael Spiegelhalter, Freiburg
Heike Wernz-Kaiser, Bad Neuenahr-Ahrweiler
Jan Wilbert, Hürth

Weitere Bücher von Ute Bales

ISBN 978-3-89801-080-1
280 Seiten • Gebunden
19,80 EUR

»Ich habe keine Tochter mehr«, sagt der Vater, als Angelika gegen seinen Willen im Juni 1919 den aufstrebenden Maler Heinrich Hoerle heiratet. Angelika ist 19 Jahre alt und empfindet den Bruch mit dem Elternhaus wie eine Befreiung. Aber die Zeit ist hart. Die Novemberrevolution scheitert, die Folgen des Ersten Weltkriegs sind augenfällig. Britische Militärs haben die Kontrolle über die Stadt übernommen, Kriegsversehrte dominieren das Straßenbild; die Leute hungern.
Für kurze Zeit gehört Angelika zum Kreis um Max Ernst, Hans Arp und Johannes Theodor Baargeld. Dann schließt sie sich mit Freunden zur Gruppe »Stupid« zusammen.
Sie ist 22, als sie an Tuberkulose erkrankt. Mittellos lässt Heinrich sie zurück ...

ISBN 978-3-89801-057-3
520 Seiten • Gebunden
22,80 EUR

Pitt Kreuzberg beginnt 1907 ein Studium an der Düsseldorfer Kunstakademie. Er trifft auf eine Gruppe Künstler, die mit grellen Farben und starken Kontrasten den konservativen Kunstbetrieb erschüttern. In den Atelierhäusern und in der Backstube von Johanna Ey, einem Künstlertreff, geht es um mehr als bloßes Abbilden. Das Wesen der Welt ergründen und darstellen, wird zur tragenden Idee. Als sich Pitt Kreuzberg 1913 in der Eifel niederlässt und in der rauen Vulkanlandschaft seinen künstlerischen Auftrag erkennt, stehen nicht nur die Bauern des Dorfes dem brotlosen Maler misstrauisch gegenüber.

Weitere Bücher von Ute Bales

ISBN 978-3-89801-442-7
246 Seiten • Gebunden
19,80 EUR

Er kniete auf dem nassen Boden und zog die Mütze vom Kopf. Regen tropfte ihm ins Haar, ein Tropfen, noch einer, wieder einer, immer mehr. Die Tropfen blieben kurz hängen, drehten sich, liefen die Haare hinab, zogen sie mit ihrem Gewicht nach unten, bis sie sich anlegten und strähnig wurden. »So ein Berg«, sagte er, »das muss einfach klar sein, darf nicht einem gehören, auch nicht allen, sondern – niemandem.«

Der Roman erzählt vom Fortgehen und Bleiben und vom Verschwinden einer Landschaft mit einer langen Vergangenheit.

ISBN 978-3-89801-402-1
410 Seiten • Gebunden
22,80 EUR

Sie ist Anfang zwanzig; er Mitte dreißig, Oberarzt mit besten Karriereaussichten, verheiratet. Nichts an ihm ist zufällig, nichts nebensächlich. Sie ist bereit, als er fragt, ob sie seine Arbeit unterstützen will. Saubere Menschen sind sein Ziel. Eine Rasse ohne Makel. Sie tut, was er sagt, verbeugt sich vor jedem seiner Worte.
Eva Justin und Robert Ritter entscheiden während der NS-Zeit über das Schicksal tausender von Menschen. Die Gutachten, die sie über die Sinti und Roma erstellen, bilden die Grundlage für deren Deportation in die Konzentrationslager. Nach dem Krieg setzen beide ihre Karrieren ungehindert fort.

Ausführliche Information über die Werke der Autorin:
www.ute-bales.de